AF873344

JOHANN KASPAR BLUNTSCHLI

ALLGEMEINES STATSRECHT

BAND II

Elibron Classics
www.elibron.com

Elibron Classics series.

© 2005 Adamant Media Corporation.

ISBN 1-4212-1040-1 (paperback)
ISBN 1-4212-1039-8 (hardcover)

This Elibron Classics Replica Edition is an unabridged facsimile of the edition published in 1868 by J. G. Gotta, München.

Elibron and Elibron Classics are trademarks of Adamant Media Corporation. All rights reserved.

This book is an accurate reproduction of the original. Any marks, names, colophons, imprints, logos or other symbols or identifiers that appear on or in this book, except for those of Adamant Media Corporation and BookSurge, LLC, are used only for historical reference and accuracy and are not meant to designate origin or imply any sponsorship by or license from any third party.

BLUNTSCHLI'S

ALLGEMEINES

STATSRECHT.

ZWEITER BAND.

ALLGEMEINES

STATSRECHT

VON

BLUNTSCHLI.

VIERTE AUFLAGE.

ZWEITER BAND.

MÜNCHEN.
LITERARISCH-ARTISTISCHE ANSTALT
DER J. G. COTTA'SCHEN BUCHHANDLUNG.
1868.

Inhalt.

Sechstes Buch.

Die Souveränetät und das Statsoberhaupt.

		Seite
Cap. I.	Der Begriff der Souveränetät	1
Cap. II.	Statssouveränetät und Regentensouveränetät	5
Cap. III.	I. Inhalt der Statssouveränetät	14
Cap. IV.	II. Die Fürstensouveränetät	20
Cap. V.	Das Statsoberhaupt.	
	I. Entstehungsformen in der Monarchie	22
Cap. VI.	II. Das Erbrecht insbesondere	29
Cap. VII.	Persönliche Erfordernisse der Fähigkeit zur Thronfolge	40
Cap. VIII.	III. Entstehungsformen in der Republik	45
Cap. IX.	Uebergang der Verpflichtung des Regenten auf den Nachfolger	50
Cap. X.	IV. Begründung der Regentschaft	53
Cap. XI.	V. Verlust der Herrschaft	58
Cap. XII.	VI. Rechte des Statsoberhaupts.	
	A. Majestätsrechte	62
Cap. XIII.	B. „ Unverantwortlichkeit und Verantwortlichkeit	71
Cap. XIV.	C. Regierungsrechte. Stellvertretung nach Auszen	85
Cap. XV.	D. Regierungsrechte. Innere Gewalt.	
	1. Amts-, 2. Ehrenhoheit, 3. Politische Leitung	90
Cap. XVI.	4. Militär-, 5. Polizeihoheit	96

Seite
Cap. XVII. 6. Die Justizhoheit 101
Cap. XVIII. 7. Die Finanzhoheit. 8. Die Oberaufsicht. 9. Die Sorge für die Culturverhältnisse 107
Cap. XIX. 10. Formen der Ausübung. Verordnung und Befehl 110
Cap. XX. 11. Die Ausnahmsgewalt der Regierung. Statsnothrecht 112

Siebentes Buch.

Der Statsdienst und das eigentliche Regiment.

Cap. I. Die Arten und die rechtliche Natur des Statsdienstes . 120
Cap. II. Anstellung der Statsdiener 125
Cap. III. Rechte und Verpflichtungen der Statsbeamten . . . 132
Cap. IV. Ende des Statsdienstes 145
Cap. V. Das Statsministerium 153
Cap. VI. Vom Statsrathe 163
Cap. VII. Die Militärgewalt. Das stehende Heer und die Landwehr 168
Cap. VIII. Die Polizei.
1. Das Wesen der Polizei 176
Cap. IX. 2. Die Gliederung und die Hauptfunctionen der Polizeigewalt 183

Achtes Buch.

Vom Gericht.

Cap. I. Die Natur und die Arten des Gerichts 201
Cap. II. Gemeinsame Grundsätze für die Rechtspflege 207
Cap. III. Organisation der Civilrechtspflege 218
Cap. IV. Die Strafrechtspflege 233
Cap. V. Die Verwaltungsrechtspflege 242
Cap. VI. Die Grenzen der Gerichtsbarkeit. Verwaltungsstreitigkeiten 247

Neuntes Buch.

Von der Culturpflege des Stats.

Cap. I. Verhältnisz des States zur Religion 264
Cap. II. I. Der Schutz der individuellen Religionsfreiheit. Bekenntniszfreiheit 268
Cap. III. Die rechtlichen Schranken der Bekenntniszfreiheit 284
Cap. IV. II. Von der Statsreligion 287

Seit

Cap. V. III. Verhältnisz des Stats zur Kirche 294
Cap. VI. Rechte des modernen Stats mit Bezug auf die Kirche 317
Cap. VII. Von dem Aufsichtsrechte insbesondere 327
Cap. VIII. Der Stat im Verhältnisz zur Wissenschaft und Kunst . 344
Cap. IX. Der Stat und die Volksschule 351
Cap. X. Die Berufs-, technischen und gelehrten Schulen . . . 361
Cap. XI. Die Universitäten 367
Cap. XII. Die Akademie 378

Zehntes Buch.

Die Wirthschaftspflege.

Cap. I. Art und Richtungen der Wirthschaftspflege 384
Cap. II. I. Finanzhoheit.
A. Unmittelbares Statsgut 386
Cap. III. B. Die Regalien 392
Cap. IV. C. Das Recht auf Gebühren und Gefälle . . 404
Cap. V. D. Das Steuerrecht 409
Cap. VI. E. Der Statskredit 420
Cap. VII. II. Die Volkswirthschaftspflege.
A. Allgemeine Anstalten 427
Cap. VIII. B. Besondere Anstalten 437

Eilftes Buch.

Von den Gemeinden.

Cap. I. Historische Erinnerung 454
Cap. II. Die rechtliche Natur der Gemeinden 464
Cap. III. Organismus der Landgemeinde 469
Cap. IV. Organisation der Stadtgemeinden 475
Cap. V. Gemeindebann und Gemeindevermögen 488

Zwölftes Buch.

Freiheitsrechte.

Cap. I. Die Freiheit als Rechtsbegriff 492
Cap. II. I. Individuelle Freiheitsrechte.
A. Schutz der Existenz 499

			Seite
Cap. III.		B. Der freie Gebrauch des Körpers, Berufsfreiheit	503
Cap. IV.		C. Freiheit der Meinungsäuszerung. Preszfreiheit	511
Cap. V.		D. Schutz des Hausfriedens und des freien Verkehrs	521
Cap. VI.	II. Politische Freiheitsrechte.		
		A. Von der Rechtsgleichheit	526
Cap. VII.		B. Recht zu Petitionen und Beschwerden	533
Cap. VIII.		C. Das Vereinsrecht	536
Cap. IX.		D. Die Volksversammlungen	542
Cap. X.		E. Das Recht des Widerstandes	548

Sechstes Buch.

Die Souveränetät (Statshoheit) und das Statsoberhaupt.

Erstes Capitel.

Der Begriff der Souveränetät (Statshoheit).

Der Name und der Begriff der Souveränetät ist zunächst romanischen Ursprungs. Souveränetät (supremitas in dem Latein des Mittelalters) bedeutet oberste Statsgewalt, höchste Statsmacht (suprema potestas), und Souverän wird genannt, wem dieselbe zu selbständigem Rechte zusteht.

Seitdem Bodin diesen Begriff zuerst in dem Geiste des französischen Königthums zu einem Grundbegriff des Statsrechtes erhoben und wissenschaftlich ausgebildet hat, hat derselbe einen sehr groszen Einfluss auf die Statslehre und die Statspraxis geübt.

Von den meisten Publicisten der letzten Jahrhunderte wurde die Souveränetät in absolutem Sinne verstanden, als völlig unabhängige und unbegrenzt herrschende Statsgewalt. In dieser Auffassung stimmte Ludwig XIV. von Frankreich mit dem französischen Convente von 1793 völlig überein. Beide sagten von sich: wir sind der Stat und der Stat ist allmächtig.[1] Beide mit Unrecht. Der moderne Repräsentativstat weisz nichts von einer absoluten Statsgewalt und eine absolute Unabhängigkeit gibt es überall nicht auf Erden. Weder die politische Freiheit noch das Recht der übrigen Organe und Bestandtheile des States vertragen sich mit einer solchen schrankenlosen Souveränetät, und wo immer Menschen versucht haben dieselbe zu üben, da hat auch die Geschichte solche Anmaszung verurtheilt. Selbst dem State als einem Ganzen kommt solche Allmacht nicht zu; denn auch er ist nach auszen durch das Recht der übrigen Staten und nach innen durch die eigene Natur und durch das Recht seiner Glieder und der Individuen in ihm beschränkt.[2]

Die deutsche Sprache hat keinen völlig entsprechenden Ausdruck. Die „Obergewalt“ oder wie die ältere Statssprache in der Schweiz lautete „der höchste und gröszte Gewalt“[3] bezeichnet nur die Autorität nach Innen, nicht zugleich die Selbständigkeit nach Auszen. Das Wort „Statshoheit“ umfaszt beides, aber vorzugsweise im Hinblick auf die Würde. Doch gewährt dasselbe den Vortheil, dasz sich weniger als an den Namen Souveränetät die falsche Vorstellung des Absoluten anknüpfen läszt.

Die Souveränetät, Statshoheit bedeutet Unabhängig-

[1] *Thiers*, hist. de la Révol. franç. II, p. 200 von der Ansicht der Jacobiner: „Die Nation kann nie auf ihre Befugnisz verzichten: Alles zu thun und Alles zu wollen zu jeder Zeit; diese Befugnisz begründet ihre Allmacht (sa toute-puissance), und diese ist unveräuszerlich. Die Nation hat sich daher Ludwig XIV. nicht verpflichten können.“ Indessen hat damals schon der Abt Sieyes den Irrthum erkannt. Bluntschli, Gesch. d. Statsw. S. 326.

[2] Hannoversche Erklärung von 1814 bei Hormayr Lebensbilder I, S. 111: „In dem Begriffe der Souveränetätsrechte liegt keine Idee der Despotie. Der König von Groszbritannien ist unläugbar ebenso souverän als jeder andere Fürst in Europa, und die Freiheiten seines Volks befestigen seinen Thron, anstatt ihn zu untergraben.“

[3] Blumer Rechtsgesch. der Schweizer Demokratien II. 140. 141.

keit, Machtfülle, Ueberordnung und Einheit der Statsgewalt. Die wesentlichen Erfordernisse derselben sind also:

1. Unabhängigkeit der Statsgewalt. Zwar nicht in absolutem, aber in dem relativen Sinne, dasz dieselbe nicht einer anderen öffentlichen Gewalt untergeordnet oder unterthänig sei, also weder einem fremden State, noch einer Behörde oder einem Körper im State. Die relative Beschränkung aber, sei es durch das Völkerrecht oder das Bundesrecht, sei es durch die erforderliche Zustimmung anderer Behörden oder repräsentativer Körper, ist nicht damit im Widerspruch.

2. Fülle statlicher Hoheit und Macht. Zwar hat man früher wohl auch von „souveränen Gerichtshöfen" (cours souveraines) gesprochen, von denen es keine Berufung mehr gab an eine höhere Instanz. Aber dieser Sprachgebrauch, welcher auf ein einzelnes Merkmal der Souveränetät einen einseitigen Nachdruck legt, ist nicht zu billigen. Würde jeder Beamtung im State, insofern es von ihr keine Berufung an eine vorgesetzte Behörde gibt, Souveränetät zugeschrieben, so würde damit dieser Begriff seiner intensiven Kraft beraubt und in eine Menge unzusammenhängender Souveränetätstheile zersplittert.

3. Ferner ist die souveräne Macht ihrer Natur nach die oberste im State. Es kann somit keine andere statliche Gewalt in dem Statsorganismus ihr übergeordnet sein. Die französischen Seigneurs des Mittelalters hörten auf „Souveräne" zu sein, als sie in den wesentlichen Beziehungen statlicher Selbständigkeit und Hoheit dem Könige, ihrem Lehensherrn, sich wieder unterordnen muszten. Die deutschen Kurfürsten konnten seit dem XIV. Jahrhundert Souveränetät in ihren Ländern behaupten, weil sie in Wahrheit die oberste Statsmacht in denselben zu eignem Rechte besaszen.[4]

[4] Die französische Bezeichnung der Landeshoheit der deutschen

4. Da der Stat ein organischer Körper ist, so ist Einheit der Souveränetät ein Erfordernisz seiner Wohlfahrt.[5] Die Spaltung der Souveränetät führt in ihrer Consequenz zur Lähmung oder Auflösung des States, und ist daher mit der Gesundheit des States nicht verträglich.

Anmerkungen. 1. Rousseau, dessen Lehre von der französischen Revolution in die That übersetzt worden ist, gründete die Souveränetät auf den „allgemeinen Willen" (la volonté générale) und substituirte so irrthümlich der soprema *potestas* die suprema *voluntas*. Aus diesem Grunde erklärt er, im Widerspruche mit der Geschichte, die Souveränetät für unveräuszerlich, denn „wohl lasse sich die Macht nicht aber der Wille übertragen." Contr. soc. II. 1. Dieser erste Grundirrthum, welcher das Recht als Willkür faszt und in demselben nur das Product des Willens, nicht auch dessen nothwendige Vorbedingung und Schranke erkennt, welcher von dem „Sollen" nichts weisz, war ungemein fruchtbar an neuen Irrthümern. Der Wille ist eine Entfaltung und Aeuszerung des menschlichen Geistes und Gemüthes, nicht aber wie die Souveränetät eine Rechtsinstitution des States. Der Wille kann wohl die Ausübung des Rechtes beseelen, auch wohl Veränderungen in der Rechtsordnung hervorbringen, aber er ist für sich kein Recht. Der Wille des Souveräns setzt die Souveränetät voraus, nicht umgekehrt diese jenen.

2. Der Gedanke, dasz die Souveränetät die Quelle des States und der Rechtsordnung und demgemäsz der Souverän über dem State sei, ist unlogisch. Statsmacht und Statshoheit lassen sich nur denken, wenn man den Stat voraus denkt. Die Souveränetät ist daher ein statsrechtlicher, nicht ein überstatsrechtlicher Begriff.

Reichsfürsten und Reichsstädte in dem Entwurfe des westphälischen Friedens: „que tous les princes et Estats seront maintenus dans tous les autres droits de *souveraineté*, qui leur appartiennent" war damals für Deutschland neu, und die Absicht weiterer Lockerung des Reichsverbandes in dem Worte sichtlich dargelegt; aber dem Wesen nach hatten schon lange vorher die meisten deutschen Länder in der That wenn auch nur eine unvollkommene Souveränetät erlangt.

[5]) Imman. Herrm. Fichte, Beiträge zur Statslehre, 1848, geht aber zu weit, wenn er die Souveränetät geradezu als „Einheit der Regierung" erklärt. Die Machtfülle und Hoheit ist immerhin der wesentliche Inhalt der Souveränetät.

Zweites Capitel.

Statssouveränetät (Volkssouveränetät) und Regentensouveränetät.

Wem kommt die Souveränetät zu? Die Parteien sind geneigt auf diese Frage in ganz verschiedenem Sinne zu antworten, und auch die Wissenschaft hat mancherlei Schwierigkeit aus dem Wege zu räumen und Vorurtheile zu überwinden, bis es ihr gelingt, zu einer einfachen und wahren Lösung hindurch zu dringen.

1. Eine besonders seit Rousseau und der französischen Revolution sehr verbreitete Meinung antwortet: Dem Volke und bekennt sich für das Princip der sogenannten Volkssouveränetät.

Da fragt sich aber voraus: was versteht sie unter dem „Volk"? Die einen verstehen darunter lediglich die Summe der Individuen, die zum State sich zusammen finden, d. h. sie lösen im Gedanken den Stat in seine Atome auf und sprechen der unorganischen Masse oder der Mehrheit dieser Individuen die höchste Gewalt zu. Diese äuszerste radicale Meinung ist offenbar im Widerspruch mit der Existenz des States, welche die Grundlage der Souveränetät ist. Sie ist daher mit gar keiner Statsverfassung vereinbar, auch nicht mit der absoluten Demokratie, welche sie zu begründen vorgibt; denn auch da übt wohl die geordnete Volksversammlung (Landsgemeinde), nicht aber die atomisirte Menge die Statsgewalt aus.

2. Die andern denken dabei an die gesammte gleiche Statsbürgerschaft, welche in Gemeinden versammelt ihren Willen ausspricht, d. h. sie denken an die Souveränetät des Demos in der Demokratie. Beschränkt auf diese Statsform hat das Princip einer so verstandenen Volkssouveränetät einen Sinn und eine Wahrheit; es ist dann mit Demokratie sogar wörtlich gleichbedeutend. Schon für die Repräsentativ-

demokratie aber verliert der Satz groszen Theils seine Anwendung, weil in der regelmäszigen Thätigkeit die oberste Macht nicht von der Bürgerschaft unmittelbar, sondern nur mittelbar von den Repräsentanten derselben ausgeübt wird. Ganz unvereinbar ist derselbe mit allen andern Statsformen, denen sie die sonderbare Zumuthung macht, dasz das Statshaupt sich dem niedrigsten Statsbürger gleich stelle, und die Regierenden sich als Minderheit der Mehrheit der Regierten unterordnen. Sie weist im Statskörper den Füszen die Stellung des Kopfes an und diesem den Platz der Füsze.

3. Zuweilen werden auch die beiden Meinungen nicht scharf unterschieden, sondern gehen in einander über. Die eine ist anarchisch, die andere ist absolut demokratisch. Dennoch behaupten ihre Vertheidiger gewöhnlich die Allgemeingültigkeit derselben. Das aber ist gerade das Gefährliche dieser Theorie, dasz ihre Anerkennung den vollständigen Umsturz aller andern Statsformen, mit einziger Ausnahme der unmittelbaren Demokratie, und die Umwandlung jener in diese im Princip voraussetzt und fordert.

Dieselbe ist daher wohl schon von ganz entgegengesetzten Parteien[1] verfochten worden, aber immer nur von solchen, wenn anders mit Bewusztsein, welche mit der be-

[1] Wir erinnern hier voraus an die Theorie des Jesuitengenerals Lainez und der Jesuiten Bellarmin und Mariana, welche, in der Absicht die Oberherrlichkeit der Kirche über den Stat zu begründen, und auch die Könige dem Papste, der allein von Gott seine Gewalt empfange, nicht wie jene von der Menge des Volkes, zu unterwerfen, die Volkssouveränetät in Schutz nahmen. Vgl. darüber L. Ranke's hist. polit. Zeitschr. II, S. 606 ff. Einfluszreicher aber war in neuerer Zeit die Ausführung dieser Lehre durch Rousseau. Er nennt das aus allen Einzelnen gebildete Volk den Souverän. Nach ihm ist jedes Individuum zugleich ein Theilhaber der Souveränetät und hinwieder ein Unterthan des Souveräns, und da er die Souveränetät für den allgemeinen Willen und diesen für unveräuszerlich erklärt, so kommt er consequent zu dem Satze, dasz die Mehrheit jederzeit berechtigt sei, der bestehenden Obrigkeit den Gehorsam aufzukündigen, diese zu entsetzen und die Verfassung beliebig zu ändern. Indem sie das thut, übt sie nach Rousseau nur

stehenden Statsordnung oder Statsregierung unzufrieden dieselbe zu untergraben und zu stürzen strebten. In der Hand der französischen Revolution war dieselbe daher auch eine furchtbare Waffe der Zerstörung. Schon die Nationalversammlung in ihrer Kriegserklärung vom 20. April 1792 verkündete die Rosseau'sche Theorie officiel: „Ohne Zweifel hat die französische Nation laut erklärt, dasz die Souveränetät nur dem Volke zugehört, welches in der Ausübung seines höchsten Willens durch die Rechte der folgenden Geschlechter beschränkt, keine unwiderrufliche Macht übertragen kann; sie hat offen anerkannt, dasz kein Herkommen, kein gesetzlicher Ausspruch, keine Willenserklärung, kein Vertrag eine Gesellschaft von Menschen einer Autorität unterwerfen kann, so dasz sie nicht mehr das Recht hätte, dieselbe zurückzunehmen. Jede Nation hat allein die Macht, sich ihre Gesetze zu geben, und das unveräuszerliche Recht, dieselben zu ändern. Dieses Recht gebührt entweder gar keiner oder allen mit vollem Fuge." Der nachherige Convent enthüllte die weitern Consequenzen dieses Princips nach der Zerstörung des Königthums.

Aber auch in unsern Tagen haben wir wieder die thatsächliche Verkündigung des nämlichen Grundsatzes auf dem Stadthause zu Paris erlebt. Durch einen solchen souveränen Act der aufgeregten Pariser Bevölkerung wurde im Februar 1818 die constitutionelle Monarchie abgeschafft, die Republik proclamirt und die Dictatur eines improvisirten Regierungs-

„Acte ihrer Souveränetät" aus, und vor der leibhaften Manifestation eines so geäuszerten Volkswillens verschwindet auch die abgeleitete Autorität der Stellvertretung des Volks in den Nationalversammlungen in Nichts. Das Volk aber kann, wie Rousseau meint, sich selber nicht binden weder durch Verfassung noch durch Gesetze, denn diese sind nur Aeuszerungen seines Willens, die so lange gelten als dieser Wille selbst sie aufrecht erhalten will. — Dasz mit dieser Lehre die Fortdauer der Rechtsordnung nicht bestehen kann, und solche Freiheit ohne Bestand und ohne Treue ist, bedarf keines weitern Beweises.

ausschusses eingesetzt. In einer von Lamartine selber redigirten officiellen Kundmachung heiszt es wörtlich: „Jeder Franzose, der das Mannesalter erreicht hat, ist Statsbürger, jeder Bürger ist Wähler. Jeder Wähler ist Souverän. Das Recht ist gleich und es ist ein absolutes für Alle. Es kann kein Bürger zum andern sagen: Du bist in höherem Masze Souverän als ich. Erwäget Eure Macht, bereitet Euch dieselbe auszuüben und seid würdig, in den Besitz Eurer Herrschaft einzutreten.“ [2]

4. Zwar wohlgemeint aber unbefriedigend sind die Versuche einzelner französischer Statsmänner, dem verderblichen Begriffe jener Volkssouveränetät, welcher entweder alles Statsrecht auflöst, um die Statshoheit zu begründen, oder alle Staten in Demokratien verwandelt, den einer Souveränetät bald der Vernunft bald der Gerechtigkeit entgegenzusetzen. [3] Durch Hinweisung auf jene oder diese gedachte man dem Miszbrauche zu begegnen, welchen das Volk von der Souveränetät

[2] *Lamartine*, histoire de la révolution de 1848, II, p. 449.

[3] Z. B. Royer-Collard in der Rede vom 27. Mai 1820: „Es gibt zwei Elemente in der Gesellschaft: das eine ein materielles, d. h. das Individuum, seine Kraft und sein Wille (ist denn das Individuum, seine Kraft und sein Wille materiell? Und ist nicht auch hier wieder der alte Irrthum wahrnehmbar, dasz vom Individuum aus das Statsrecht bestimmt werde?); das andere ein moralisches, d. h. das Recht, welches aus den berechtigten Verhältnissen hervorgeht. Wollen Sie die Gesellschaft aus dem materiellen Elemente ableiten? Die Mehrheit der Individuen, die Mehrheit der Willen soll der Souverän sein. Das ist die Volkssouveränetät. Wenn mit Willen oder gegen ihren Willen diese blinde und gewaltsame Souveränetät in die Hand eines Einzelnen oder einer Classe übergeht, ohne ihren Charakter zu ändern, so wird sie zwar zu einer weiseren und gemäszigteren Macht, aber sie bleibt immerhin rohe Kraft. Das ist die Wurzel der absoluten Macht und der Privilegien. Wollen sie im Gegentheil die Gesellschaft auf das moralische Element, d. h. das Recht begründen? Dann ist die Gerechtigkeit der Souverän, weil die Gerechtigkeit die Regel des Rechts ist. Die freien Verfassungen haben den Zweck, die rohe Kraft zu entthronen und die Gerechtigkeit zur Herrschaft zu erheben.“

machen möchte. Allein diese Vorstellung übersieht, dasz das Recht nur der Person, das statliche Hoheitsrecht nur einer statlichen Persönlichkeit zukommen und von dieser nach Grundsätzen der Vernunft und Gerechtigkeit ausgeübt werden kann. Dem Irrthum, der in der absoluten Demokratie die alleinige Grundform des States erkennt, tritt hier der Irrthum der Ideokratie entgegen, in der wohlgemeinten Absicht, die Volksmehrheit durch die Herrschaft der Idee zu leiten. Aber es bleibt dieser Widerspruch erfolglos, weil die Macht der Persönlichkeit stärker ist als alle Fiction.

5. Eine andere Meinung nennt die als Einheit gedachte, zwar noch nicht oder nicht zureichend organisirte, aber der Organisation fähige Nation mit ihren Instincten, ihrer Sprache, ihren Gefühlen, ihren socialen Gegensätzen das Volk und spricht der Nation das Recht zu, den Stat beliebig umzubilden.

Wir haben in der „Nation" die Anlage zur Volksbildung, d. h. zum State anerkannt (Buch II. Cap. 2) und müssen daher zugestehen, dasz damit mittelbar auch die Anlage zur Ausbildung der Statshoheit anerkannt ist. Aber nicht mehr als die ursprüngliche Kraft, noch nicht ihre Bethätigung, die leere Möglichkeit, noch nicht ihre Verwirklichung.

Die Volkssouveränetät in diesem Sinne, oder wie sie nach dem deutschen Sprachgebrauch richtiger genannt würde die Nationalsouveränetät ist demnach ein unreifer, unentwickelter, vorstatlicher Gedanke, der erst die Statenbildung abwarten musz, um dann in statlicher Gestalt wirklich zu werden.

6. Man kann aber und man musz sogar das Volk in statlichem Sinne verstehen, als die geordnete Gesammtheit in Haupt und Gliedern, die wir als die lebendige Seele der Statspersönlichkeit anerkennen.

Inwiefern der Stat als Person erscheint, insofern kommt ihm ohne Zweifel Unabhängigkeit, Machtfülle, höchste Autorität, Einheit d. h. Souveränetät zu. Der Stat als Person ist souverän. Deszhalb nennen wir diese Souveränetät Statssouveränetät.

Sie ist nicht vor dem State, noch auszer dem State, noch über dem State, sie ist die Macht und Hoheit des States selbst. Sie ist das Recht des Ganzen und so gewisz das Ganze mächtiger ist, als irgend ein Theil des Ganzen, so gewisz ist auch die Souveränetät des ganzen States der Souveränetät eines einzelnen Gliedes im State überlegen.

Wäre nicht die Sprache durch die Parteikämpfe verwirrt, so könnten wir diese Statssouveränetät schicklicherweise Volkssouveränetät heiszen, indem wir unter Volk nicht eine aufgelöste Menge von Individuen, sondern die politisch gegliederte Gesammtheit verstehen, in welcher das Haupt die oberste und jedes einzelne Glied die seiner Natur gemäsze Stellung und Aufgabe hat. In diesem Sinne haben französische Publicisten — nach dem entgegengesetzten Sprachgebrauch der Franzosen und der Deutschen — diese Souveränetät auch wohl „Souveraineté de la nation" genannt.[4] Gegenwärtig aber wäre jene Bezeichnung den heftigsten Miszverständnissen ausgesetzt, und daher haben wir den unverfänglichen Ausdruck Statssouveränetät gewählt.

Diese Statssouveränetät zeigt sich nach Aussen und im Innern, dort als Selbständigkeit und Unabhängigkeit eines

[4] Stüve, Sendschreiben von 1848: „Den Satz, dasz dem Volke, der Nation: Souveränetät zustehen müsse, wird Niemand bestreiten, sobald man die wahre Gesammtheit der Nation in ihrer verfassungsmäszigen Gestaltung, also Fürst und Volk, als das Subject der Souveränetät betrachtet. Macht man aber den Anspruch, dasz nicht das Ganze einer solchen festgegliederten Ordnung, sondern irgend ein einzelner Theil, sei es der Fürst, der da ruft: Ich bin der Stat, oder das Parlament, welches den König entfernt oder wohl gar die blosze Menge der Individuen im Lande das Volk ausmachen, so ist der Begriff in sich unwahr und jede Folgerung aus dem Unwahren führt zum Verderben." *Sismondi*, Études I, p. 88 unterscheidet ebenso scharf zwischen der „souveraineté du peuple," die er verwirft, und der „souveraineté de la nation," die er anerkennt.

jeden Einzelstates im Verhältnisz zu den andern Einzelstaten, beziehungsweise auch des Weltstates gegenüber der Kirche, hier als gesetzgebende Macht des ganzen geordneten Volkskörpers.

In diesem Sinne pflegen auch die Engländer ihrem Parlamente, an dessen Spitze der König steht, und welches das gesammte Volk darstellt, Souveränetät zuzuschreiben.[5] Es ist das aber nicht etwa eine Eigenthümlichkeit des englischen Statsrechts, sondern eine Grundansicht der modernen Repräsentativverfassung überhaupt, welche den Fürsten zwar als Haupt, aber gerade deszhalb auch als ein Glied des Volkes betrachtet und welche die höchste, auch thatsächliche Ausübung der Souveränetät, die Gesetzgebung nicht dem Haupte allein zugesteht, sondern nur dem Haupte in Verbindung mit dem repräsentativen Körper, d. h. nur dem ganzen Statskörper. Die patrimoniale Statslehre, welche den Stat wie ein Eigenthum des Fürsten ansieht und daher nur den Fürsten Souveränetät zuschreibt und die absolutistische Statslehre, welche den Stat mit dem Fürsten identificirt und daher die Statssouveränetät als Fürstensouveränetät faszt, verkennen beide, dasz alle Macht des Fürsten wesentlich nur concentrirte und zusammengefaszte Volksmacht ist und dasz das Volk und der Stat als Rechtswesen bleibt, wenn gleich Fürsten fallen und Dynastien untergehen.[6]

[5] Dieser Gedanke ist bereits in einer Rede des Königs Heinrich VIII. von England im Parlament ausgesprochen: „Gleicherweise vernehmen wir von den Richtern, dasz unsere königliche Würde nie erhabener steht, als während der Parlamentsversammlungen, wo wir als Haupt und ihr als Glieder dermaszen zu einem politischen Körper verbunden und vereinigt sind, dasz unserer eigenen Person und dem gesammten Parlament für geschehen und angethan gilt, was auch nur dem geringsten Mitgliede des Hauses widerfährt.“ John Russell, Geschichte der englischen Verfassung etc. 3.

[6] Zöpfl (Grundsätze des gemeinen deutschen Statsrechts §§ 54—56) verwirft nicht blosz für die deutschen Staten auch diese Statssouveränetät und behauptet, die Monarchie könne überhaupt nur die

7. Auszer dieser dem ganzen Stats- oder Volkskörper selbst inwohnenden Souveränetät gibt es aber noch innerhalb des States eine Souveränetät des obersten Gliedes, des Hauptes, die Regenten- oder, da sie in der Monarchie am klarsten hervortritt, die Fürstensouveränetät. Im Verhältnisz zu allen andern einzelnen Gliedern des Statsorganismus und den einzelnen Statsbürgern kommt dem Oberhaupte der Nation wieder die oberste Macht und Stellung zu. So wird auch in dem englischen Statsrecht der König in besonderem Sinne der Souverän genannt, und so

Fürstensouveränetät, wie die Republik nur die Volkssouveränetät anerkennen. Das römische Statsrecht, welches die majestas populi Romani sowohl in der republikanischen als in der kaiserlichen Periode proclamirte und die lex immer als voluntas populi Romani auffaszte und welches hinwieder zur Zeit der Republik den Consuln ein regium imperium und dem Senate die ganze oberste Verwaltungs- und Steuerhoheit (doch gewisz ein Stück Regierungssouveränetät) beilegte, bleibt bei dieser Annahme ebenso unerklärt, wie das englische Statsrecht, welches die Souveränetät des Parlaments und des englischen Stats (Volks) in Harmonie bringt mit der Souveränetät des Königs. Dasz völkerrechtlich auch die deutschen Staten (ganz abgesehen von den Fürsten) als souveräne Personen gelten, kann nicht bestritten werden. Wer aber eine Person ist im Verhältnisz zu andern Staten, wird auch eine Person sein im Verhältnisz zu den Individuen im State und zu den Würdeträgern des States. Die Gesetze sind auch in Deutschland Statsgesetze, und die Statsschulden werden auch in Deutschland von den fürstlichen Schulden unterschieden; d. h. auch das deutsche Statsrecht kann sich — trotz aller Reminiscenzen an die frühere patrimoniale oder absolute Fürstengewalt — vor der nun so ziemlich in der ganzen civilisirten Welt durchgedrungenen Einsicht nicht verschlieszen, dasz das Volk doch noch etwas anderes und höheres bedeute als die Gesammtheit der Gehorchenden und dasz der Stat eine Existenz, eine Hoheit und Machtfülle habe, die nicht ganz von der Hoheit und Machtfülle der Fürsten aufgezehrt werde. Ich gebe Zöpfl zu, dasz man durch die ausschlieszliche Behauptung der Fürstensouveränetät nicht logisch genöthigt wird, dieselbe als schrankenlos aufzufassen; aber die neuere Geschichte hat unwiderleglich bewiesen, dasz die Ueberspannung der fürstlichen Gewalt und die Miszachtung der Volksrechte in den deutschen Ländern ebenso wie in den romanischen Ländern in dem Princip der ausschlieszlichen Fürstensouveränetät jederzeit eine gefährliche Unterstützung gefunden hat.

in jedem monarchischen State dem Monarchen als solchen hinwieder Souveränetät beigelegt.

Zwischen jener Statssouveränetät und dieser Fürstensouveränetät ist kein Widerspruch. Die Souveränetät wird nicht dadurch gespalten, dass etwa die eine Hälfte dem Volke, die andere dem Fürsten zugetheilt wird. Das Verhältnisz derselben ist nicht das zweier eifersüchtiger Mächte, die sich um die Herrschaft streiten. In beiden ist Einheit und Fülle der Macht; aber es versteht sich von selbst, dasz hinwieder das Ganze, in welchem das Haupt selbst seiner obersten Stellung im Körper gemäsz inbegriffen ist, auch dem Haupte für sich allein übergeordnet ist. Das ganze Volk (der Stat) gibt das Gesetz, aber innerhalb dessen Schranken bewegt sich das Haupt mit voller Freiheit in der Ausübung der ihm zugehörigen obersten Macht. Die Statssouveränetät ist vorzüglich die des Gesetzes, die Fürstensouveränetät die der Regierung. Wo jene ruht, da ist diese wirksam. Ein wirklicher Conflict ist nicht leicht, im Princip überall nicht möglich, denn er würde den Conflict des Oberhauptes für sich allein mit dem Oberhaupte in Verbindung mit den übrigen Gliedern des States, also einen Conflict der nämlichen Person mit sich selber voraussetzen.

Während somit zwischen der demokratischen Volkssouveränetät und der Fürstensouveränetät kein wahrer Friede denkbar ist, sondern nothwendig die eine die andere unterwerfen und aufheben musz, so ist dagegen zwischen der Statssouveränetät und der Fürstensouveränetät die nämliche Harmonie wie zwischen dem ganzen Menschen und seinem Kopf.

Anmerkung. Zuweilen versteht man unter der Volkssouveränetät nicht die oberste Macht der Volksmehrheit, sondern nur den Gedanken, dasz eine Statsform oder Regierungsweise, welche mit der Existenz und Wohlfahrt der Mehrheit des Volkes unverträglich sei, auch unhaltbar sei, oder dasz die Statsform und Regierung für das Volk da sei. Dieser Gedanke ist nicht zu bestreiten, aber er ist in jener Bezeichnung durchaus falsch ausgedrückt.

Will man ferner den Satz, dasz alle Statsgewalt ursprünglich von dem Willen der Volksmehrheit abgeleitet sei, die Volkssouveränetät heiszen, so ist zwar zuzugeben, dasz viele Statsverfassungen, wie insbesondere die demokratischen, aber auch einzelne Monarchien, z. B. das römische und das französische Kaiserthum, nach der Lehre des römischen und des französischen Statsrechts auf einem Willensact der Volksmehrheit beruhen. In dieser Weise erklären mehrere schweizerische Verfassungen, nicht dasz das Volk souverän sei, wohl aber, dasz „die Souveränetät auf der Gesammtheit des Volkes beruhe und von dem groszen Rathe ausgeübt werde." Z. B. Zürcher Verfassung von 1831 §. 1. Aber auch dieser Satz hat keineswegs für alle Staten Geltung, und der Ausdruck Souveränetät, der ein fortdauerndes Recht bedeutet, kann nur uneigentlich auf solche geschichtliche Vorgänge angewendet werden.

Durchaus verwerflich endlich und selbst mit dem demokratischen Statsrecht unvereinbar ist der Sinn, der oft schon practisch dem Worte Volkssouveränetät beigelegt wurde, dasz das Volk im Gegensatze zur Regierung oder gar jede gereizte und mächtige Volksmasse berechtigt sei, die Regierung nach Willkür zu verjagen und die Verfassung zu brechen.

Drittes Capitel.

I. Inhalt der Statssouveränetät.

1. Das statlich geordnete Volk, der Stat, hat vorerst ein Recht auf Anerkennung und Achtung seiner Würde und Hoheit, oder wie die Römer sie genannt haben, seiner Majestät.[1] Jede schwere Verletzung der Ehre, Macht und selbst der Ordnung des römischen States galt daher den Römern als ein crimen laesae majestatis.

2. Die Unabhängigkeit des States von fremden Sta-

[1] *Cicero* de Oratore II, 39: „majestas est amplitudo ac dignitas civitatis. Is eam minuit, qui exercitum hostibus populi Romani tradidit." Partit. orat. c. 30 — „minuit is, qui per vim multitudinis rem ad seditionem vocavit." *Auctor* ad Herennium II, 12 —: „minuit quia ea tollit ex quibus civitatis amplitudo constat — qui amplitudinem civitatis detrimento adficit." Vgl. *Heineccii* Antiquit. rom. IV, 18, 3. 46.

ten ist ferner eine nothwendige Eigenschaft und Wirkung seiner Souveränetät. Wenn ein Stat genöthigt wird die statliche Ueberordnung eines andern States anzuerkennen, so verliert er seine Souveränetät und unterwirft sich der Souveränetät des letztern.[2]

Indessen zerstört nicht jede Unterordnung eines States die Souveränetät desselben völlig, da die Abhängigkeit, welche mit derselben verbunden wird, nicht eine absolute ist und in manchen Verhältnissen die ursprüngliche Unabhängigkeit und Selbständigkeit wieder vortritt. In zusammengesetzten Staten, Statenbünden, Bundesstaten und Statenreichen haben die Einzelstaten, obwohl sie in gewissen Beziehungen dem Ganzen untergeordnet sind, dennoch als Staten noch eine relative, zwar nicht dem Inhalte aber dem Umfange nach beschränkte Souveränetät. So spricht man in der Schweiz von der Cantonalsouveränetät für den Bereich der Cantonalangelegenheiten im Gegensatze zu der Bundessouveränetät für die Bundessachen. Aehnlich ist in Nordamerika und im deutschen Bunde zwischen der Souveränetät der Einzelstaten und der des Bundeskörpers zu unterscheiden.

Von einer relativen Souveränetät des dem Gesammtstate (Reich oder Bund) untergeordneten Einzelstates läszt sich indessen nur da noch reden, wo dieser noch für sich als Stat organisirt ist, d. h. alle wesentlichen Organe (gesetzgebender Körper, Regierung u. s. f.) noch in sich und damit auch ein ihm eigenthümliches Statsleben hat und selbstkräftig übt, aber nicht da mehr, wo er in das Verhältnisz eines bloszen Theils — einer Provinz — des gröszeren Ganzen gebracht worden ist. Wie in allen relativen Verhältnissen, so gibt es auch hier einen kaum bemerkbaren Uebergang von einem zum andern.

[2] Die Römer waren daher gewohnt, in ihre Friedensschlüsse mit unterworfenen Staten die Formel aufzunehmen: „imperium majestatemque populi Romani conservato sine dolo malo.“ *Cicero* pro Balbo. 16. *Livius* 38. 11.

Nach Auszen wird die Statssouveränetät in unsrer Zeit gewöhnlich durch das Statshaupt repräsentirt, nicht durch den gesetzgebenden Körper, aber mehr aus Gründen der Zweckmäszigkeit, als aus Rechtsgründen.

3. Im Innern äuszert sich die Souveränetät vorerst in dem Rechte des Volks, die Formen seines statlichen Daseins selbständig zu bestimmen, nöthigenfalls zu ändern. Man nennt diese Befugnisz auch wohl die constituirende Gewalt des Volkes.[3] Was einem Theile des Volkes, der bloszen Volksmehrheit ohne die Regierung nicht zugestanden werden kann, gebührt dagegen unzweifelhaft dem gesammten Volke in seiner statlichen Ordnung. Der einzelne Unterthan darf sich den Anordnungen des Volks nicht widersetzen, selbst wenn seine politischen Rechte durch dieselben verletzt würden; denn der obersten Statsmacht musz das Individuum sich auf dem Gebiete des öffentlichen Rechtes unterordnen, soll der Stat seine Einheit, Zusammenhang und Ordnung bewahren.

Allerdings ist es für die sittliche und die rechtliche Beurtheilung nicht gleichgültig, ob die Aenderung auf dem Wege der Reform oder der Revolution vollzogen werde. Die Reform setzt voraus: 1) dasz die Aenderung durch den nach der Verfassung befugten Organismus, in den Repräsentativverfassungen somit durch den Statskörper, welcher die gesammte Nation darstellt, eingeführt werde, d. h. auch formell

[3] Washington Abschiedsrede von 1769: „Die Grundlage unsers politischen Systemes ist das anerkannte Recht des Volkes, seine Verfassung zu constituiren und zu ändern. Aber bis dasz dieselbe umgewandelt oder abgeändert ist durch einen offenbaren Act des Nationalwillens, musz die Verfassung von jedem Bürger verbindlich und heilig geachtet werden. Das Recht und die Macht des Volkes eine Verfassung einzuführen, schlieszt die Idee in sich, dasz jeder Einzelne sich derjenigen unterwerfen musz, die eingeführt ist. Jede Opposition gegen die Ausführung der Gesetze, jede Verbindung die darauf ausgeht, die Thätigkeit der bestehenden Regierung zu behindern oder aufzuhalten, ist in directem Widerspruch mit dem aufgestellten Princip."

rechtmäszig sei; 2) dasz auch bei der Umgestaltung des Rechts der Geist des Rechts geachtet, somit das abzuändernde und aufzuhebende Recht nur insoweit als es wirklich veraltet und unpassend geworden ist, beseitigt, das neue nur insofern es reif und in den neuen Lebensverhältnissen begründet erscheint, hervorgebracht werde.

Wird entweder die Form der Verfassung miszachtet, oder in dem Inhalte der Aenderung das Princip des Rechts verletzt, so ist ein solcher Act nicht mehr Reform, sondern Revolution.

Das Recht der Reform ist eine nothwendige Aeuszerung der Lebenskraft des Stats. Dieses Recht bestreiten heiszt die Entwicklung des Volks läugnen und die Revolution veranlassen.

Die radicale Statslehre behauptet aber auch ein Recht des Volks zur Revolution. Aber schon der Begriff des Statsrechts steht dieser Annahme entgegen, denn die Revolution ist entweder ein gewaltsamer Bruch der Statsverfassung oder eine Verletzung des Rechtsprincips. Desshalb sind Revolutionen in der Regel keine Rechtshandlungen, wenn sie auch mächtige Naturerscheinungen sind, die auch das öffentliche Recht ändern. Wo die entfesselten Naturkräfte, welche in der Nation leidenschaftlich erregt sind, mit vulkanischer Gewalt die Revolution hervorrufen und bestimmen, da ist die regelmäszige Wirksamkeit des Statsrechts gestört. Diesen Ereignissen gegenüber ist das Statsrecht ohnmächtig. Es ist nicht im Stande, die Revolution in den Bereich seiner Normen und Gesetze zu ziehen. Es ist wohl eine grosze Aufgabe der Politik, die ausgebrochene Revolution so bald als möglich wieder in die geregelten Bahnen der Reform und der Statsordnung überzuleiten. War das Recht zu schwach, sie zu hindern oder die Reform zu träge, ihr zuvorzukommen, so vermögen beide jetzt nicht mehr sie zu regeln.

Von einem Rechte der Revolution kann daher nur ganz ausnahmsweise und nur in dem Sinne gesprochen werden, wie von einem Nothrechte des Volks, seine Existenz zu retten oder seine nothwendige Entwicklung zu verwirklichen, wenn die Wege der Reform verschlossen sind. Die Verfassung ist doch nur die äuszere Organisation des Volks. Wird durch sie der Stat selbst in die Gefahr des Untergangs versetzt und das Leben des Volks gelähmt oder werden die vitalen Interessen der öffentlichen Wohlfahrt bedroht, dann wird das Nothrecht einer lebensfähigen und lebenskräftigen Natur begründet, sich Luft zu machen und die nothwendig gewordene Wandlung zu vollziehen: „Die Noth kennt kein Gebot.“ [4]

4. Ebenso liegt in der Statssouveränetät die Befugnisz, die erforderlichen Gesetze zu geben. Die gesetzgebende Gewalt im engern Sinne wie die constituirende ist ein Ausflusz der Statssouveränetät und zugleich ihre regelmäszige Offenbarung.

5. Auszerdem aber beruht im Princip auch alle andere Statsgewalt auf ihr, weszhalb denn auch die Verfassung und die Gesetzgebung alle andern Aeuszerungen der Statshoheit und Macht begränzen und ordnen. Aber während sie in der Constituirung und Gesetzgebung activ erscheint, verhält sie sich hier in der Regel ruhend. In der Monarchie insbesondere finden wir vielmehr die dem täglichen und veränderlichen Bedürfnisz des States gewidmete Thätigkeit der übrigen Statsgewalten in der Souveränetät des Monarchen concentrirt. Das Volk in seiner Gesammtheit ruht, sein Haupt handelt hier, sei es unmittelbar, sei es durch die Vermittlung der

[4] Niebuhr, ein Statsmann, dessen Neigungen so entschieden conservativ waren, dasz der Ausbruch der französischen Julirevolution von 1830 ihm das Herz gebrochen, äuszert über diese Frage (Gesch. des Zeitalters der Revol. I. S. 211): „Wer den Satz „Noth kennt kein Gebot“ verkennt, redet dem abscheulichsten das Wort. Wenn ein Volk mit Füszen getreten wird und auf's Blut gemiszhandelt ohne Hoffnung auf Besserung, wie die Griechen unter den Türken, wo kein Weib ihrer Ehre sicher war, wo keine Spur von Recht bei den Tyrannen zu erlangen ist; da ist die höchste Noth und da ist Empörung gegen die Unterdrücker so rechtmäszig wie irgend etwas. Wer da die Rechtmäszigkeit des Aufstandes verkennt, der musz ein elender Mensch sein.“

mannichfaltigen Aemter und Behörden, die von ihm abgeleitet sind.

Wenn aber das Organ, welches die regelmäszige Action zu besorgen hat, unfähig oder untauglich dazu wird, wenn insbesondere der Thron erledigt wird und für keine Nachfolge durch die Verfassung gesorgt ist, so wird die Souveränetät des States selbst wieder wirksam, um diesen Mangel zu beseitigen und den Thron neu zu besetzen.

6. Unverantwortlichkeit. Vor einem höhern Standpunkte zwar gibt es keine Unverantwortlichkeit der Menschen für ihre Handlungen oder Unterlassungen. Und in der That nicht blosz das ewige Gericht Gottes über die Welt schlieszt den Gedanken einer Unverantwortlichkeit auch der Völker aus.[5] Auch auf der Erde in den Schicksalen und Leiden der Völker wird diese Verantwortlichkeit nicht selten schmerzlich empfunden. Aber es ist unmöglich, innerhalb eines States ein Gericht zu bestellen, vor welchem die Gesammtheit des Volkes selbst, oder seine Stellvertretung als Inhaber der obersten Statsmacht zur Rechenschaft gezogen werden kann. Würde das versucht, so wäre insofern wenigstens der Stat selbst dem Gerichte unterthänig, und so das Glied über den Körper, der Theil über das Ganze geordnet.

Würde aber ein Stat für die Ausübung seiner Statssouveränetät einem andern State verantwortlich sein, so wäre seine Souveränetät eben deszhalb eine beschränkte, und der Oberhoheit des richtenden Stats untergeordnete.

Nur durch Ausbildung des Völkerrechts, beziehungs-

[5] Robespierre hat im Jacobinerclub (Februar 1793) das Gegentheil verfochten: „Ich habe inmitten der Verfolgungen und ohne Unterstützung behauptet, dasz das Volk niemals unrecht habe; ich habe diese Wahrheit in einer Zeit zu verkünden gewagt, als sie noch nicht anerkannt war; der Lauf der Revolution hat dieselbe entwickelt." Aber das französische Volk hat die schweren Folgen seiner Verirrungen mit groszem und nachhaltigem Unglück büszen müssen, und die Geschichte hat über dasselbe ein ernstes Strafgericht gehalten.

weise einer höhern statlichen Weltordnung, vor welcher die einzelnen souveränen Staten sich beugen müszten als einem Gesammtreiche, könnte die statliche Verantwortlichkeit der Einzelstaten auch rechtlich organisirt werden. Vielleicht ist es der Zukunft vorbehalten, diese Idee zu verwirklichen. In der Gegenwart kann sie nur als Idee geahnt, oder erkannt werden; aber zum realen Rechte ist dieselbe noch nicht geworden.

7. Alle besondern Statsgewalten sind hinwieder den Organen der Statssouveränetät verantwortlich. Sie läszt sich von den Ministern und obersten Statsbeamten Rechenschaft geben über die Verwaltung.

Anmerkung. Die constituirenden Versammlungen der neuern Zeit haben nach dem Vorgange der französischen Nationalversammlung von 1789 gewöhnlich nicht das Princip der Statssouveränetät, sondern das der Volkssouveränetät im Rousseau'schen Sinne zu dem Grundgedanken ihrer Politik erhoben. Rousseau selber geht indessen noch weiter, indem er keiner repräsentativen Versammlung die volle Souveränetät beilegt, sondern den Volksmassen verstattet, in jedem Moment auch diese ihrem Willen zu unterwerfen und durch unmittelbare Acte einzugreifen. Auch die Consequenz seiner Doctrin ist jedesmal in roher Gestalt neben und auszer jenen constituirenden Versammlungen, dem rothen Schweife der Kometen ähnlich, aus dem politischen Horizonte sichtbar geworden, oft zum Schrecken jener „souveränen“ Körper selbst, welche die chaotischen Massen um sie her entzündet hatten.

Viertes Capitel.

II. Die Fürstensouveränetät.

Die zweite dem Statsoberhaupte für sich allein zukommende Souveränetät findet sich in dem modernen Statsrechte nur noch in der Monarchie anerkannt. Nur der Monarch, nicht auch der Präsident der Republik, obwohl auch dieser Souveränetätsrechte ausübt, hat nach demselben einen persönlichen Anspruch, als Souverän geachtet zu werden.

Das alte Statsrecht der römischen Republik ging weiter. Auch den Consuln, die sich in die alte königliche Gewalt getheilt hatten, und später auch dem Senate wurde „Majestät" zugeschrieben. Die neueren Republiken aber sind eifersüchtiger auf die ausschlieszliche Volkshoheit, und betrachten die republikanischen Häupter der Statsregierung lediglich als Mandatare des souveränen Volkes, auf welche die demselben innewohnende Majestät nicht zu selbständigem Rechte übertragen sei.[1]

Zuweilen meint man, die Fürstensouveränetät finde sich nur in der Erbmonarchie und die Wahlmonarchie schliesze dieselbe aus. Diese Meinung verwechselt das Wesen der fürstlichen Macht, die als solche eine souveräne ist, mit der Frage, wie dieselbe im einzelnen Falle bestellt werde. Auch ein Wahlfürst hat die oberste Statsmacht zu selbständigem Rechte nicht minder als der Erbfürst. Die altrömischen Kaiser und die deutschen Kaiser im Mittelalter waren sicherlich Souveräne, obwohl Wahlfürsten: und der englische König Wilhelm von Oranien war es nicht minder, als seine Nachfolger, ungeachtet mit ihm eine neue Dynastie auf den Thron berufen wurde.

Dagegen kann die Wissenschaft eine ursprüngliche (originäre) Fürstensouveränetät von einer abgeleiteten (derivativen) unterscheiden, während eine solche Unterscheidung auf die Statssouveränetät keine Anwendung leidet, diese vielmehr immer eine ursprüngliche ist. Die erstere ist die, welche dem Fürsten ursprünglich inwohnt, kraft des seiner Person angebornen oder von ihr selbständig ergriffenen Rechtes. Von der

[1] *Rousseau* (Contr. soc. II. 2) begründet die Unzulässigkeit einer Regentensouveränetät überdem damit, dasz der „allgemeine Wille" nur dem ganzen Volk zustehen könne; ein Theil des Volkes dagegen könne nur einen besonderen Willen äuszern, nur jenes daher Gesetze, dieser höchstens Decrete erlassen. Das ist aber eben der Irrthum, dasz die höchste Statsmacht nur in der Gesetzgebung und nicht auch in der Regierung offenbar werde.

Art ist die Souveränetät des Erbfürsten, die des Eroberers und die eines Fürsten, der wie Karl der Grosze oder Friedrich Wilhelm I. von Preuszen die Krone sich selber auf das Haupt setzt. Auch diejenige der deutschen Wahlkaiser, welche ihre Souveränetät nicht von den Kurfürsten, sondern von Gott ableiteten, musz als eine originäre aufgefaszt werden.

Die letztere dagegen wird als eine von dem Volke oder den Wählern übertragene und abgeleitete betrachtet. So wurde nach dem römischen Statsrecht die kaiserliche Macht selbst von dem römischen Volke verliehen.[2] Von der Art ist auch die neuere Wahlmonarchie gewöhnlich.

Den näheren Inhalt der Fürstensouveränetät zu bestimmen ist die Aufgabe der folgenden Erörterung über die Rechte des Statsoberhauptes.

Fünftes Capitel.

Das Statsoberhaupt.

I. Entstehungsformen in der Monarchie.

Für die Bildung des Statsoberhauptes kennt die Geschichte mancherlei verschiedene Formen:

1. Die Wahl. Sie war die Regel des römischen Statsrechtes, im Mittelalter für die geistlichen Herrschaften, der Aebte, Bischöfe und selbst des Papstes, in Ungarn, in Polen, in Venedig, dessen Doge ein lebenslänglicher Fürst war, im deutschen Kaiserreiche.

2. Das Erbrecht. Dieses ist zur regelmäszigen Form der neuern Monarchie geworden, wie es sich im spätern Mittelalter in den dynastischen Familien der einzelnen europäischen Staten allmählich fester gestaltet hat.

[2] Oben Buch IV. C. 17 S. 372.

3. Aus Erbrecht und Kur gemischt war das System Karthago's und der ältern germanischen Völker.[1]

4. Die Einsetzung des Nachfolgers durch den Regenten kam in Rom in der Form einer statsrechtlichen Adoption vor[2] und war auch eine vorübergehende Institution Peters des Groszen in Ruszland.

5. Für abhängige Staten auch Bezeichnung und Verleihung durch den Oberherrn, wie unter den Karolingern und in den ersten Jahrhunderten des deutschen Reiches für einzelne Völkerstämme, in unsern Zeiten noch durch Napoleon und in dem türkischen Reiche.

6. Zuweilen namentlich im Zusammenhang mit der Gründung und Anerkennung neuer Staten ist auch durch Statsverträge ein Oberhaupt neu bestellt worden.

7. Eine nicht normale, aber in Zeiten der Revolution, des Krieges oder überhaupt groszer Krisen und Gefahren keineswegs seltene Form ist die der Selbsterhebung,[3] welche, wenn sie nicht zugleich moralisch gerechtfertigt[4] erscheint, als Usurpation bezeichnet wird.

8. Einsetzung durch fremde Uebermacht.

Ueber den Werth dieser verschiedenen Formen und vorzüglich über die Vorzüglichkeit der Erblichkeit vor der Wahl oder umgekehrt dieser vor jener haben die Ansichten der

[1] Vgl. oben Buch IV. Cap. 15.

[2] Kaiser Galba, als er den Piso zum Thronfolger adoptirte: „Augustus in domo successorem quaesivit, ego in republica. Neque enim hic ut in ceteris gentibus, quae regnantur, *certa dominorum domus*, et ceteri servi: sed imperaturus es hominibus, qui nec totam servitutem pati possunt nec totam libertatem." *Taciti* Hist. I. 15, 16. *Machiavelli* zu *Liv.* I. bemerkt, die Nachkommen der römischen Kaiser seien der Mehrzahl nach schlecht, die Adoptivnachfolger dagegen gut ausgefallen.

[3] Vgl. unten Cap. 11.

[4] Friedrich der Grosze im Antimach. 6: „Es scheint mir im Allgemeinen, dasz ein Privatmann nur unter der Voraussetzung ohne Verbrechen zum Königthum aufsteigen kann, wenn er entweder in einem Lande mit Wahlfürsten geboren ist, oder wenn er sein Vaterland befreit.

Statsmänner und die Meinungen der Völker vielfach gewechselt. Zu Gunsten der Wahl wird voraus geltend gemacht dasz nur sie, nicht auch die Erblichkeit die Gewähr gebe für die individuelle Tüchtigkeit und Fähigkeit des Regenten; und allerdings kann nicht bestritten werden, dasz eine freie Abwägung und Würdigung der persönlichen Eigenschaften des Regenten das Princip der Wahl, dagegen nicht ebenso von Einflusz ist, wenn das verfassungsmäszige starre Erbrecht die Folge bestimmt. Ueberdem offenbart sich in der Wahl die freie Zuneigung und Unterordnung der Regierten im Verhältnisz zu dem Wahlfürsten. Die Alten sprachen sich denn auch eher für das Princip der Wahl aus.[5]

Dagegen hat in der neuern Theorie und Praxis das Princip des Erbrechts umgekehrt ziemlich allgemeine Aufnahme und Anerkennung gefunden.[6] Gegen die Wahlmonarchie wird hauptsächlich angeführt:

1. dasz es factisch sehr zweifelhaft sei, ob die Wahl wirklich den Würdigsten erhebe, und zwar nicht blosz des Irrthums wegen, von welchem die Einsicht der Wähler nicht frei ist — dieser Mangel könnte nur wenig in Betracht kommen, da wir ohnehin in menschlichen Dingen nicht Vollkommenheit erwarten — sondern weil die Kräfte, Interessen und Leidenschaften der Mächtigen und der Parteien im Lande in einem Momente, wo die höchste Statsmacht als Preis winkt, streitend auf den Kampfplatz treten und die Freiheit der Wahl häufig hemmen, beschränken oder aufheben, die Wahl somit nur zum

[5] *Cicero* de Rep. II. 12 für die Wahl: „Novus ille populus (Romanus) vidit id, quod fugit Lacedaemonium Lycurgum, qui regem non deligendum duxit sed habendum, qualiscunque is foret, qui modo esset Herculis stirpe generatus. Nostri illi etiam tum agrestes viderunt, virtutem et sapientiam regalem non progeniem quaeri oportere.“ Auch Aristoteles Pol. II. 8 gibt dem aus Wahl und erbrechtlicher Rücksicht gemischten System der Karthager den Vorzug vor dem rein erbrechtlichen der Lakedämonier.

[6] Unter den neuern hat ausnahmsweise *Sismondi* in seinen Études sur les Constit. die Vorzüge der Wahlmonarchie verfochten.

Schein wird, und die Macht den Ausschlag gibt. Die römische Kaisergeschichte ist reich an Belegen für dieses Bedenken.

2. Die Gefahr, dasz sogar zwiespältige Wahlen zu Stande kommen und die Wohlfahrt des Landes durch den Krieg zweier Gegenhäupter zerstört werde. Die Erinnerung an das deutsche Reich führt uns eine Reihe solcher innern Kämpfe vor Augen. Indessen kann die Ausbildung eines wohlgeordneten Wahlsystems, wie auch die Erfahrungen im deutschen Reiche gezeigt haben, diese Gefahr mindern, und nicht ohne Grund macht Sismondi auf die geschichtliche Erfahrung aufmerksam, dasz zwar in den Wahlreichen die innern Kriege über die Thronfolge häufiger seien, dasz die Erbfolgekriege aber in den Erbreichen hartnäckiger geführt werden, länger dauern und das Land mehr ruiniren.[7]

3. Dasz wechselnde Wahlen „ein Reich mit Königshäusern, zwieträchtigen und habsüchtigen, erfüllen."[8] Dieser Nachtheil wird schwer auf dem Frieden und der Ruhe einer lebensreifen oder gar einer verdorbenen Nation lasten, wie die Geschichte des altrömischen Kaiserreichs beweist. In einem jugendlich aufstrebenden Volke aber äuszert sich der Widerstreit solcher

[7] Sismondi a. a. O. S. 114 ff. vergleicht das deutsche Reich seit 1002 (dem Aussterben der sächsischen Ottone) bis 1520 (der entschiedenen Erbherrschaft Oesterreichs) als Wahlreich mit dem französischen Königreich seit 996 (Folge des Sohnes von Hugo Capet) bis zu dem nämlichen Schluszmoment als Erbreich und berechnet, dasz in Deutschland von 25 Wahlen 11 bestritten waren und Bürgerkriege zur Folge hatten, dasz aber diese häufig von den Päpsten erregten Kriege zusammen nur einen Zeitraum von 43 Jahren erfüllten, in welchem freilich das lange Zwischenreich von 1256 bis 1273 nicht mitgezählt wird, weil sich die Gegenkönige nicht bekriegten. Während dieser Periode hatte Frankreich 23 Könige, und nur selten kam es über die Erbfolge zum Streite. Dennoch dauerten die mit den Engländern geführten Erbfolgekriege 23 Jahre, und es kamen noch 26 Kriegsjahre für Frankreich im Interesse der Successionsansprüche der königlichen Dynastie in Neapel und Mailand hinzu.

[8] Dahlmann, Politik. I. S. 83. Er beschränkt diese Folge auf inländische Wahlen. Sie paszt aber auch auf ausländische.

Fürstenhäuser eher als belebender Wetteifer in Förderung der nationalen Ehre, Wohlfahrt und Freiheit, wie ebenso die ältere römische Geschichte in den Zeiten des Königsthums und der königlichen Magistraturen während der ersten Jahrhunderte der Republik bezeugt.

4. Der Schaden eines Zwischenreiches, in welchem der alte König nicht mehr da ist und ein neuer noch nicht gewählt ist. Läszt sich auch dafür sorgen, dasz dasselbe nur kurze Zeit dauert — die katholische Kirche hat in den Ordnungen des päpstlichen Conclave einen Versuch der Art gemacht — oder lassen sich auch bei Erwählung des Nachfolgers bei Lebzeiten des Vorgängers die Fälle des Zwischenreichs vermindern, so läszt sich das Uebel doch nicht ganz vermeiden. Auf der andern Seite aber können die Gegner des Erbrechts auf ein gröszeres mit diesem verbundenes Uebel, das ebensowenig zu vermeiden ist und länger dauert, auf die Zeiten der Regentschaft hinweisen, in welchen der unmündige Thronfolger nicht zur Herrschaft gelangt, und statt seiner Andere in seinem Namen aber nicht immer für ihn regieren.[9]

5. Die stäte Furcht, dasz der Wahlfürst das Streben habe, die Herrschaft auch auf seine Familie zu vererben und die beständige Gefahr, dasz die Verfassung der Wahlmonarchie durch den Monarchen selbst in ihrem Wesen bedroht werde. Dieselbe ist gewöhnlich um so gröszer, je fähiger der Wahlfürst ist die Regierung zu leiten, und je energischer er die oberste Macht handhabt.[10]

[9] Die französische Geschichte ist sehr reich an derartigen Erfahrungen. Vgl. auch Sismondi a. a. O. S. 218.

[10] Zu weit aber geht Dahlmann, wenn er gegen die Wahlmonarchie anführt: „Eine Verfassung könne nicht gut sein, deren natürlicher Feind jeder König als Familienvater sei.“ Der Hang, das Erworbene auch zu behaupten und auf seine Nachkommen fortzupflanzen und so die Errungenschaft in ein Erbgut zu verwandeln, wurzelt allerdings tief in der menschlichen Natur; aber die Pflichten und Sorgen des Vaters lassen sich dennoch mit denen des Königs wohl vereinigen, ohne

Zu Gunsten der Erbmonarchie läszt sich anführen:

1. Die Dynastie und das Volk, das Haupt und der Körper sind beide nicht durch die Dauer eines Menschenlebens beschränkt, sondern setzen ihr Leben in ununterbrochenem Zusammenhang durch Jahrhunderte fort. Die Stätigkeit und gewissermaszen die Unsterblichkeit des Volks ist auch zur Eigenschaft ihres politischen Centrums erhoben, und es gewinnt dadurch hinwieder der Stat an Dauerhaftigkeit und innerer Harmonie. Der Erbfürst erscheint eher als eine selbständige Macht.

2. Weil so der Erbfürst als höchster Ausdruck der Volksmacht sammt seiner Familie verwachsen ist mit dem Dasein des Volks, so sind die natürlichen Interessen der Dynastie zugleich zu Volksinteressen geworden, und es ist die Sicherheit und Wohlfahrt der Dynastie unauflöslich verbunden mit der dauernden Sicherheit und Wohlfahrt des Volks. Der Erbfürst kann, wenn er nicht an seinem eigenen Blute sündigt, nie zu sich sagen: „Après moi le déluge," wozu sogar ein bedeutendes Individuum, welches den Stat regiert, wenn sein Ehrgeiz oder seine Genuszsucht gereizt wird, zum Unheil des States sich eher verleiten läszt.

3. Zwischen der Dynastie und dem Volke bildet sich so ein festes durch gemeinsame Schicksale und die Macht der Geschichte verstärktes Pietätsverhältnisz. Sie fühlen sich verbunden wie das Haupt und die Glieder eines Körpers. Das Volk ist stolz darauf in der Hoheit und Ehre des Erbfürsten die Verkörperung seiner politischen Einheit zu erkennen. Die ausdauernde und aufopfernde Kraft seiner Treue an das angestammte Fürstenhaus entwickelt sich, die persönliche Liebe wird lebendig und diese moralische Erhebung der

dasz jener zur Feindschaft gegen eine Verfassung genöthigt wird, welche auch dem Sohne, wenn er würdig erfunden wird, und diesem leichter als andern den Weg zur Krone öffnet. Die Begründung Dahlmanns würde auch auf die Erblichkeit der Aemter passen, beweist somit zu viel.

Seele spannt und steigert die Anlagen des Nationalcharakters und stählt seine Thatkraft.

4. Der Erbfürst wird eher Masz halten in seinen Begehren und in der ganzen Regierungsweise. Nicht zu neuem Erwerben ist er gereizt, ihm liegt die Erhaltung näher, und solche Rücksicht ermäszigt die Leidenschaften und fordert zu ruhiger Sorge auf, bei welcher auch der Stat in der Regel am besten gedeiht.

5. Die Existenz des Erbfürsten hemmt aber auch den Ehrgeiz und die Herrschsucht der Andern. Auch der kühnste Aufschwung eines durch Macht oder Verdienst ausgezeichneten Unterthans findet in der Dynastie eine Schranke, die er nicht überschreiten kann. Auch die Leidenschaften und der Wettstreit der Parteiführer werden durch den ruhig auf dem Gipfel des politischen Lebens thronenden Herrscher vor dem Aeuszersten zurückgehalten, und es gelingt ihnen weniger, den Stat aus seinen Fugen zu heben.

Selten wird indessen die Abwägung der Gründe und Gegengründe darüber entscheiden, ob die Erb- oder die Wahlherrschaft zum Statsprincip erhoben werde. Den Ausschlag geben regelmäszig die vorhandenen historischen und die Machtverhältnisse, und gewisz musz dem bestehenden Rechte als solchem ein sehr groszer Werth beigelegt werden, welcher für sich schon die Wage zum Sinken bringt.[11]

Die Geschichte zeigt uns wenig Beispiele, in welchen die Erbherrschaft in eine Wahlherrschaft umgewandelt wurde, es wäre denn vorübergehend durch Verdrängung der alten und Berufung einer neuen Dynastie, öfter von umgekehrter Richtung, nach welcher es glücklichen Wahlfürsten gelungen, ihr Herrscherrecht auf ihre Nachkommen fortzupflanzen. Ebenso weisz die Geschichte von glücklichen und von unglücklichen

[11] Auch Sismondi erkennt wiederholt das an, „denn jede Erschütterung der Statsordnung, die nicht zur Nothwendigkeit geworden, ist ein furchtbares Uebel." S. 280.

Wahl- und Erbreichen zu erzählen. Die Erfolge, je nachdem in einer Nation auf das tüchtige Individuum oder auf die edle Rasse[12] der Nachdruck gelegt wurde, waren in verschiedenen Zeiten sehr verschieden. Wenn der Charakter des Volks entartet ist, so wird auch die Wahl gerade die Schlimmsten zur Herrschaft erheben — die Geschichte des römischen Kaiserreichs zeugt warnend dafür —: aber auch Dynastien sind dem Gesetze des organischen Lebens unterworfen, und wenn sie im Alter ihre Kräfte verlieren wie die Merowinger in dem Frankenreich, oder wenn ihr Familiengeist mit dem Geiste des Volks in dauernd feindlichen Widerspruch geräth wie zwischen den Stuarts und England, oder wenn eine tiefe Spaltung zwischen ihnen eingerissen ist, wie zwischen den ältern Bourbonen und Frankreich, oder wenn die Fürsten der Particularstaten wie in Italien dem Einheitsdrang der ganzen Nation keine Befriedigung gewähren und sich auf fremde Gewalt stützen, so drängen die Ereignisse mit unwiderstehlicher Gewalt zur Beseitigung solcher Dynastien und zur Herstellung eines harmonischen Verhältnisses des neuen Fürsten mit dem Volke.

Sechstes Capitel.

II. Das Erbrecht insbesondere.

Das ausgebildete moderne Statsrecht ist durch seine öffentliche Natur darauf hingewiesen auch die erblich geordnete

[12] Der Glaube des Volkes an den Werth der Abstammung und an die Ueberlieferung auch der Herrschereigenschaften durch die Vermittlung des Blutes und der königlichen Erziehung ist jedenfalls ein Fundament der Sicherheit der Erbmonarchie. Dasz derselbe sogar in Frankreich nicht erstorben, beweist die Wahl Ludwig Napoleons. Wo aber wie dort mehrere Dynastien in Betracht kommen, scheint wenn überhaupt noch Monarchie, die Wahlmonarchie den Vorzug zu verdienen. (Ich lasse diese vor dem 2. Dec. 1851 geschriebene Stelle unverändert stehen.)

Thronfolge voraus aus dem öffentlichen Gesichtspunkt zu betrachten; und insofern unterscheidet sich die statsrechtliche Folge durchaus von der privatrechtlichen Succession. Auf der andern Seite aber, da auch jene innerhalb einer bestimmten Familie vor sich geht, steht sie in Verbindung mit dem Familienerbrechte und erinnert immerhin an privatrechtliche Verhältnisse und Ordnungen.

1. Die Nothwendigkeit, die Erbfolge zum voraus verfassungsmäszig zu regeln, tritt hier in dem Lichte des Statsinteresses besonders klar hervor.[1] Regel ist somit, wie freilich im deutschen Privatrechte auch, nicht aber im römischen Rechte, die gesetzliche Familienerbfolge, im Gegensatze zu einer auf veränderlicher Willensbestimmung beruhenden. Auch darin stimmt die Thronfolge mit dem Charakter der deutschen Stammgutssuccession überein, dasz der Nachfolger sein Recht keineswegs von dem unmittelbaren Vorgänger ableitet, noch lediglich als Stellvertreter und Fortsetzer der Persönlichkeit des Erblassers gilt, sondern dasz er aus selbständigem Rechte in das Königthum eintritt und dieses fortsetzt. Die ganze Dynastie, innerhalb welcher die Folge genauer regulirt ist, erscheint so in ununterbrochenem Zusammenhange als ein Körper, aus welchem nach bestimmter Ordnung das Statsoberhaupt immer wieder hervorgeht, so oft der Tod den jetzigen Monarchen dahinrafft. Es gibt kein Zwischenreich. „Der König stirbt nicht." Es bedarf somit keiner Antrittserklärung und die Krone geht von Rechtswegen sofort über.[2]

[1] In dem frühern Mittelalter war das Erbrecht keineswegs so genau bestimmt, daher waren auch die Kämpfe verschiedener Erbprätendenten häufiger.

[2] Ebenso das französische Sprichwort: „le roi ne meurt jamais," und die Redensart „le roi est mort, vive le roi." Vgl. Loysel Inst. Cont. I. 3. Es ist das ganz das nämliche Princip, welches im deutschen Privaterbrecht durch das Sprichwort bezeichnet wird: „Der Todte erbt den Lebendigen," „le mort saisit le vif," und ebenso den unmittelbaren Uebergang der Gewere (saisine) zur Folge hat.

2. Der Thronfolger hat demnach ein bestimmtes Anrecht auf die Folge, welches ihm nicht willkürlich von dem herrschenden König entzogen werden kann: ein Anrecht, welches nicht erst mit dem Tode des letztern zu einem wirklichen Rechte wird, sondern schon vorher als ein festes Recht der Anwartschaft (jus devolutionis) einen Werth und eine reale Bedeutung und Anspruch auf Schutz und Anerkennung hat.

In Europa hat zwar das Lebenssystem auf die Ausbildung dieser Grundsätze eingewirkt, aber offenbar folgen dieselben ebenso bestimmt aus dem öffentlichen Charakter der Thronfolge — d. h. aus dem Statsinteresse. Sie werden daher von dem Untergange des Lebenswesens nicht mitbetroffen.

3. Das Recht der Thronfolge wird in dem modernen Statssystem durch die Statsverfassung bestimmt, wovon es einen wichtigen Theil bildet.

Da dasselbe somit nicht auf dem individuellen Willen des regierenden Fürsten beruht, so kann auch in der repräsentativen Verfassung nicht durch Testament, noch durch Ehevertrag, noch selbst durch Hausgesetz der dynastischen Familie eine mit der Statsverfassung im Widerspruch stehende Aenderung in derselben herbeigeführt werden.

Während des Mittelalters, so lange noch die Landeshoheit einem Privatvermögen ähnlich behandelt und öffentliches und Privatrecht vielfach vermischt wurden, galten darüber andere Ansichten, die theilweise noch als Ueberlieferungen der Vorzeit in das moderne Statsrecht hinüber ragen, aber offenbar nun im Verschwinden begriffen sind.[3]

[3] Ausnahmweise kam auch im deutschen Reiche das Recht zu testiren vor; so in dem falschen Statut für Oesterreich von 1156: „Dux Austriae *donandi* et *deputandi* terras suas cuicunque voluerit habere debet *potestatem liberam*, si quod absit, *sine heredibus liberis* decederet, nec in hoc per imperium debet aequaliter impediri.“ Zöpfl, deutsche Rechtsgeschichte I. S. 148. In ausgedehnterem Masze kamen aber die Erbverträge besonders die Erbverbrüderungen vor, durch welche

4. Dagegen folgt aus der statsrechtlichen Bedeutung des Rechtes zur Thronfolge, dasz nach dem entwickelten System des Repräsentativstates Aenderungen in demselben auf dem nämlichen Wege herbeigeführt werden können, wie Aenderungen in der Verfassung, d. h. durch einen Act des gesammten Repräsentativkörpers. Die Zustimmung der übrigen betheiligten Glieder der Dynastie, ausser dem Monarchen, ist dabei freilich wünschenswerth, aber, wenn sie nicht durch die Verfassung selber gefordert wird, nicht mehr nothwendig, so wenig als die Zustimmung anderer politisch Berechtigter zur Umgestaltung ihrer politischen Rechte durch neue Gesetze.[4]

ein vertragsmäsziges Thronfolgerecht auch für eine fremde Dynastie begründet wurde. Für die Reichslehen wurde indessen zu ihrer Gültigkeit a) die Zustimmung aller derer gefordert, deren Anwartschaft auf die Thronfolge dadurch benachtheiligt werden könnte; b) die Bestätigung des Kaisers und c) auch da schon zuweilen der Landstände, welches letztere Erfordernisz den öffentlichen Charakter der Thronfolge in der That zu wahren geeignet war. Wahlcapitulation Leopolds I. v. 1658, Art. VI. §. 5: „Wie wir dann auch die vor diesem unter ihnen (den Churfürsten) den Reichsconstitutionibus gemäsz gemachten uniones gleicher gestalt, zuvörderst aber die unter Churfürsten, Fürsten und Ständen aufgerichteten Erbverbrüderungen hiemit confirmiren und approbiren.“ Wahlcapitulation Carls VI. von 1711 Art. I. §. 9. Vgl. Zachariä, deutsches Stats- und Bundesrecht §. 74. Zöpfl deutsches Statsrecht §. 211 ff. Urkunde für Braunschweig-Lüneburg von 1374: „Auer Slote stede Lande vnd Lüde der Herscop tu Brunschwig en shall he nich verkopen noch verlaten ane Willen vnd Vulbord syner Broderen vnd der Manscop vnd Stade in der Herscop to Brunschwig.“

[4] Für England sind das längst anerkannte Sätze. Vgl. Blackstone, Comm. I. 3, 3: „Es steht unzweifelhaft in der Macht der gesetzgebenden Gewalt dieses Königreichs, des Königs und der beiden Häuser des Parlaments, von dem erblichen Rechte abzugehen, und durch besondere Ordnungen, Beschränkungen und Vorsorgen den unmittelbaren Thronfolger auszuschlieszen und die Folge auf eine andere Person überzutragen.“ Schwedische Verf. von 1809, Art. 1: „Das schwedische Reich soll ein Erbreich mit der Successionsordnung für die männlichen Nachkommen eines verstorbenen Königs sein, welche die Stände des Reichs feststellen werden.“ Spanische Verf. von 1837, Art. 54: „Die Personen, welche zu regieren unfähig sind, oder etwas gethan haben, weszhalb sie verdienen,

Die Aenderung kann sich auf die Thronfolgeordnung im Allgemeinen beziehen, und ein neues System der Erbfolge einführen.[5] Oder es kann ein einzelnes Individuum von der Thronfolge ausgeschlossen werden oder eine ganze Linie bisher berechtigter Personen.[6] Oder es kann ein Individuum, oder ein Geschlecht neu berufen werden.[7]

5. In dem Rechte zur Erbfolge ist ein Vorzug des männlichen Geschlechts vor den Frauen überall anerkannt. jedoch in verschiedenen Staten in verschiedenem Umfang.

a) Nach dem französischen System, welches mit den Grundsätzen des römischen Statsrechts übereinstimmt und noch in Schweden, Belgien und Preuszen gilt, werden die Frauen absolut von der Thronfolge ausgeschlossen.[8]

ihr Recht an die Krone zu verlieren, sind durch ein Gesetz von der Thronfolge auszuschlieszen." Zöpfl, d. Statsrecht §. 215 und Stahl, Rechtsphilosophie, Bd. II. S. 267 vertreten hier noch die ältere privatrechtliche Ansicht, dass den Agnaten ein jus quaesitum auf die Thronfolge zustehe.

[5] Von der Art war die pragmatische Sanction des österreichischen Kaiserhauses von 1724 für manche Kronländer, ebenso die Ferdinands VII. von Spanien von 1830, letztere freilich ein einseitiger Act des Königs.

[6] So die Stuarts in England, die Nachkommen Gustavs IV. in Schweden und die ältere Linie der Bourbonen in Frankreich. Eine sehr alte gesetzliche Bestimmung in der *lex Bajuvariorum* II. 10: Si quis filius Ducis tam superbus vel stultus fuerit, ut patrem suum dehonestare voluerit per consilium malignorum, vel per fortiam et regnum ejus auferre ab eo, dum adhuc pater ejus potest judicio contendere, in exercitu ambulare, populum judicare — — sciat se ille filius contra legem fecisse et de hereditate patris sui se esse dejectum." Landfrieden Friedrichs II. von 1235 c. 11.

[7] In dieser Weise kann auch in unserer Zeit die Form der Adoption den Uebergang erleichtern, wie das in Schweden zu Gunsten des Marschalls Bernadotto im Jahr 1810 geschehen ist.

[8] *Lex Salica*, 62, 6: „De terra vero salica nulla portio hereditatis mulieri veniat: sed ad virilem sexum tota terrae haereditas perveniat."

b) Nach dem in Deutschland vorherrschenden Systeme werden die Frauen zwar durch den ganzen Mannsstamm ausgeschlossen. Wenn aber der Mannsstamm erlischt, so geht die Thronfolge auch auf die nächste Frau über, in dem Sinne, dasz von da an wieder der neue Mannsstamm den Vorzug erhält.[9] Ebenso in Holland.[10]

c) Das englische System, wornach die Frauen nur von den männlichen Gliedern der nächsten Parentel ausgeschlossen werden, aber den Männern aus ferner stehenden Parentelen vorgehen. Eine Folge dieses Systems ist der öftere Wechsel der Regentenhäuser.[11] Dasselbe ist nun auch in Spanien und Portugal anerkannt.[12]

6. Die Einheit des States erfordert die Untheilbarkeit des Reiches. Daher können nicht mehrere Personen zugleich den Thron erben. Wo das Reich wie eine gewöhnliche Erbschaft unter mehrere Erben getheilt wurde, wie das in der fränkischen Monarchie und in manchen Staten des Mittelalters geschah, war das noch ein Ausflusz privatrechtlicher Vorstellungen von der Statsherrschaft.[13]

7. Das Erbrecht auf die Thronfolge setzt die Geburt aus einer wahren und echten Ehe voraus. Uneheliche Kinder sind somit ausgeschlossen, ebenso die Kinder aus einer morganatischen Ehe, d. h. einer Ehe, bei deren Eingehung

Das ursprünglich für das Privatrecht ausgesprochene Princip wurde auch auf das Statsrecht angewendet. Schwedische Verf. von 1809 Art. 1 und 94. Belgische Verf. von 1830 Art. 60. Preuszische von 1850 Art. 53.

[9] Bayerische Verf. von 1818 II. §. 4, 5. Würtembergische von 1817 II. §. 9 u. 10. Oesterreich, pragmatische Sanction von 1724, in Folge welcher das Haus Lothringen den Habsburgern succedirte.

[10] Verf. von 1815 Art. 14—19.

[11] Blackstone I. 3, 2. So ging die Thronfolge innerhalb der letzten zwei Jahrhunderte auf die Häuser Oranien, Braunschweig und Hannover und geht nun auf das Haus Koburg über.

[12] Spanische Verf. von 1837 Art. 51. Portugiesische von 1826 Art. 87.

[13] Vgl. oben Buch IV. Cap. 19, S. 387.

vertragsmäszig bestimmt wurde, dasz die Kinder dem Stande des Vaters nicht folgen sollen.[14] Nach dem oben (4) erörterten Grundsatz kann freilich durch ein Statsgrundgesetz auch ein solches Kind ausnahmsweise für erbfähig erklärt werden, nicht aber durch eine blosze zunächst nur privatrechtlich wirkende Legitimation.

8. Viele neuere Verfassungen fordern überdem die Geburt aus einer ebenbürtigen Ehe. Als ebenbürtig gilt dann nur die Ehe zwischen Gliedern souveräner oder souverän gewesenen Häuser,[15] denen nach deutschem Statsrecht auch die Geschlechter der mediatisirten deutschen Standesherren beigeordnet werden. Dagegen wird im Sinne einzelner neuen Hausgesetze, die hier theilweise noch engere Begriffe haben als selbst das Mittelalter, die Ehe mit den Gliedern anderer Geschlechter, selbst wenn diese nach der Landesverfassung zu dem hohen oder Pairsadel des Reichs gehören, nicht für ebenbürtig gehalten.[16]

Diese Beschränkung der Ehe ist vornehmlich dem deutschen Statsrechte[17] eigenthümlich, welches aus dem Privat-

[14] II. Feud. 29. Die Ausschlieszung der Kinder aus morganatischer Ehe kann freilich eine beschränkte sein, lediglich zu Gunsten gewisser Personen, so dasz, wenn diese wegfallen, auch jene wieder successionsfähig werden. Ein Beispiel in Baden. Vgl. Zöpfl, deutsches Statsrecht §. 228.

[15] Die Napoleonische Familie gehört nicht minder zu diesen, als die beiden Bourbonischen Linien von Frankreich.

[16] Bayerische Verf. II. §. 3. Hannover v. 1840 §. 12. Hausgesetz v. 1836: „Als ebenbürtig werden diejenigen Ehen betrachtet, welche Mitglieder des Hauses entweder unter sich abschlieszen oder mit Mitgliedern eines andern souveränen Hauses oder aber mit ebenbürtigen Mitgliedern solcher Häuser, welche laut Art. 14 der Bundesacte den Souveränen ebenbürtig sind."

[17] Wahlcapitulation Karls VII. von 1742 Art. 22 §. 4 von Kaiser: „noch auch den aus unstreitig notorischer Miszheirath erzeugten Kindern eines Standes des Reichs oder aus solchem Hause entsprossenen Herren zu Verkleinerung des Hauses, die väterlichen Titel, Ehren und Würden beilegen viel weniger dieselben zum Nachtheil der wahren Erb-

rechte den keineswegs glücklichen an die Gegensätze der Kasten erinnernden Begriff der Miszheirath entlehnt und in engem Sinne auf das System der Thronfolge übergetragen hat. Statsrechtliche Gründe für dieselbe, die im Sinne der modernen Entwicklung allein maszgebend sein können, gibt es nicht. Sie ist daher eher als ein Rest einer veralteten Anschauungsweise, nicht als eine nothwendige Bestimmung des jetzigen States zu betrachten.

8. Dagegen rechtfertigt es sich in der That aus Gründen der Statsehre und Wohlfahrt, wenn für eine Ehe, durch welche das Successionsrecht auf den Thron fortgepflanzt wird, die Genehmigung des Statsoberhauptes oder des Repräsentativkörpers gefordert wird. Diesen kommt es zu, die Würde und die Interessen des States in vollem Masze auch hier zu wahren. Wenn aber das geschehen ist, so ist schwer zu begreifen, weszhalb denn die Freiheit des fürstlichen Individuums noch durch herkömmliche Vorurtheile über die ausschlieszliche Reinheit des Blutes weiter beschränkt werden sollte. Manche neuere Verfassungen enthalten daher auch derartige Vorschriften.[18]

folger und ohne deren besondere Einwilligung für ebenbürtig und successionsfähig erklären, auch dergleichen vorhin bereits geschehen, solches für null und nichtig ansehen und achten." Vgl. Zachariä, d. St. u. B. R. §. 68 Zöpfl, St. R. §. 225—26. Schwedische Thronsuccessionsordnung von 1816. Vgl. Schubert Verf. II. S. 389. Dem englischen Statsrecht war dieses Erfordernizs vor der Thronbesteigung des Hauses Hannover unbekannt.

[18] Für England Statut von 1782. Vgl. Dahlmanns Politik I. S. 87. Bayern Verf. II. § 3: „Zur Successionsfähigkeit wird eine rechtmäszige Geburt aus einer ebenbürtigen mit Bewilligung des Königs geschlossenen Ehe erfordert." Spanische Verf. v. 1837 Art. 49: „Bevor der König eine Vermählung eingeht, wird er die Cortes davon benachrichtigen und ihrer Genehmigung sind die Stipulationen und Ehecontracte unterworfen, die den Gegenstand eines Gesetzes ausmachen. Dasselbe ist in Bezug auf die Ehe des unmittelbaren Thronerben zu beobachten. Weder der König noch sein unmittelbarer Thronfolger dürfen eine Vermhälung mit Personen eingehen, welche das Gesetz von der Thronfolge ausschlieszt.

10. Die **Erbfolge-Ordnung** ist in neuerer Zeit regelmäszig auf die Grundsätze der **Primogeniturordnung** gebaut, d. h. es succedirt der erstgeborne Sohn des verstorbenen Monarchen, oder wenn dieser verstorben wäre. der erstgeborne Enkel von demselben, mit Ausschlieszung selbst des zweitgebornen Sohn's: und in derselben Weise geht je die **erstgeborene Linie** (Parentel) allen andern Linien und in **jener** das **erstgeborene Glied** allen andern Gliedern vor; diesz nicht blosz in der Nachkommenschaft, sondern ebenso unter den Seitenverwandten.[19] Die Verwandtschaft wird nach dem Verhältnisz zu dem **letzten** Regenten **gemessen**, ungeachtet das Erbrecht keineswegs von dessen Willen abhängig ist, und nicht nach dem Verhältnisz zu dem ersten Inhaber des Thrones, von welchem immerhin das Successionsrecht hergeleitet wird. Der Unterschied dieser beiden Berechnungsweisen wird da klar, wo der ganze Mannsstamm ausgestorben ist und die Succession nun auf die **Cognaten** übergeht.[20]

Portugiesische Verf. von 1826 Art. 90: „Die Vermählung der Prinzessin, vermuthlichen Thronerbin, wird immer mit Einwilligung des Königs und nie mit einem Fremden vor sich gehen. Wenn der König — schon aufgehört hätte zu leben, so wird sie nicht ohne Einwilligung der allgemeinen Cortes ins Werk gesetzt werden können. Ihr Gemahl wird keinen Theil an der Regierung nehmen und den Namen König erst dann tragen, wenn die Königin ihm einen Sohn oder eine Tochter geboren hat.“ **Schwedische** Verf. von 1809 §. 44: „Kein Prinz des königlichen Hauses, er sei Kronprinz, Erbfürst oder Fürst, darf sich ohne Wissen und Einwilligung des Königs vermählen. Geschieht es dennoch, so hat er das Erbrecht zum Reiche sowohl für sich als für seine Kinder und Nachkommen verwirkt.“

[19] Z. B.:

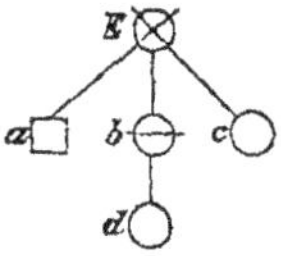

Der Enkel d geht der Tochter a und dem Sohne c vor.

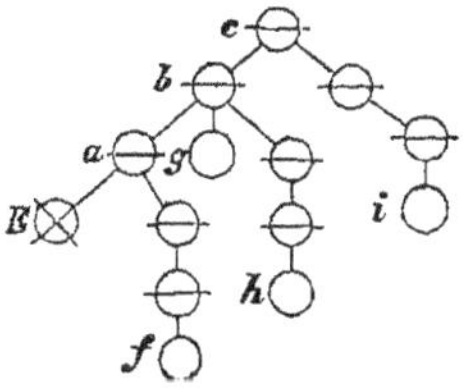

Der Groszneffe f schlieszt den Oheim g und die Vettern h und i aus, g schlieszt h und i, und h schlieszt i aus

[20] Bekanntermaszen war die Frage, ob die dem letzten Regenten zunächst stehende **Erbtochter** oder die früher durch den Vorzug des

In Deutschland wurde das Recht der Erstgeburt zuerst in den Kurfürstenthümern eingeführt. Dann ging es auch auf andere deutsche Länder über.[21] Vordem erregte das zweifelhafte Erbrecht fast überall öftere und verderbliche Streitigkeiten.

11. Die statsrechtliche Verlassenschaft des regierenden Fürsten ist nunmehr genau zu sondern von seiner privatrechtlichen Erbschaft. Zu jener gehören voraus alle dem Statsoberhaupte als solchem zustehenden öffentlichen Rechte, dann aber auch alles Vermögen, welches nach der Verfassung oder durch Hausgesetz oder in Folge besonderer Stiftung oder letztwilliger Verordnung der Staatsver-

Mannsstamms ausgeschlossene und dem ersten Regenten näher verwandte Regredienterbin und deren Nachkommen den Vorzug haben, bei Veranlassung des Aussterbens des Habsburgischen Mannsstamms in Oesterreich von groszer practischer Bedeutung. Sie wurde aber zu Gunsten der erstern beantwortet. Ebenso Bayerische Verf. II. §. 5. Auch in der Cognatensuccession wird übrigens meistens nicht nach dem römischen Grundsatz der Gradnähe, sondern nach dem deutschrechtlichen der nähern Parentelen und innerhalb dieser des nächsten Grades succedirt, so dasz z B.

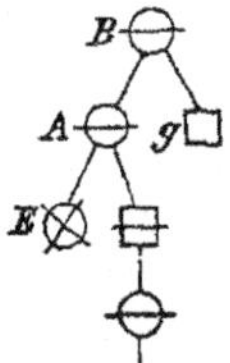

die Grosznichte f, als der Parentel A zugehörig, der Tante g in der Parentel B vorgeht.

Zweifelhaft ist es aber, ob, wenn Parentel und Grad gleich sind, die ältere Frau durch den jüngeren Mann ausgeschloszen, oder in diesem Fall keine Rücksicht auf das Geschlecht genommen wird. Die erstere Auffassung gilt in England (Blackst. I. 3, 2), die letztere in manchen deutschen Staten. Bayer. Verf. II. 5. Würtemb. §. 7. Vgl. Zachariä, D. St.-R. §. 73.

[21] Goldene Bulle von 1356 VII. §. 2. „Praesenti lege perpetuis temporibus valitura decernimus, ut postquam iidem Principes Electores seculares, et eorum quilibet esse desierit, jus vox et potestas electionis hujusmodi ad filium suum primogenitum, legitimum, laicum, illo vero

lassenschaft zugewiesen worden ist[22]. Die Privatverlassenschaft wird aus dem reinen Privatvermögen des Fürsten gebildet. Die erstere fällt dem Regierungsnachfolger an nach den statsrechtlichen Bestimmungen über die Thronfolge. Die Succession in die letztere wird durch die Regeln des Privaterbrechts normirt. Der Thronfolger ist somit nicht nothwendig

non extante, ad ejusdem primogeniti filium similiter laicum, libere, et sine contradictione cujuspiam devolvatur. §. 3. Si vero primogenitus hujusmodi, absque haeredibus masculis, legitimis, laicis ab hac luce migraret, virtute praesentis Imperialis edicti, jus vox et potestas electionis praedictae ad seniorem fratrem laicum per veram paternalem lineam descendentem et deinceps ad illius primogenitum laicum devolvatur." In Bayern wurde die Primogenitur durch Herzog Albrecht den Weisen 1506 eingeführt, nachdem lange zuvor Kaiser Ludwig vergeblich sich für die Untheilbarkeit und Einheit des Landes bemüht hatte. In den altindischen Fürstenhäusern war das Recht der Erstgeburt ebenfalls bekannt Rama (Holtzmann) V. 1814: „In unserem Stamme hat von jeher der älteste Sohn das Königthum ererbt."

[22] Ausführliche Bestimmungen der Art in der bayerischen Verf. III. §. 2: „Zu dem unveräuszerlichen Statsgute, welches im Falle einer Sonderung des Statsvermögens von der Privatverlassenschaft in das Inventar der letztern nicht gebracht werden darf, gehören: 1) Alle Archive und Registraturen; 2) alle öffentlichen Anstalten und Gebäude mit ihrem Zugehör; 3) alles Geschütz, Munition, alle Militärmagazine und was zur Landeswehr nöthig ist; 4) alle Einrichtungen der Hofcapellen und Hofämter mit allen Mobilien, welche der Aufsicht der Hofstäbe und Hofintendanten anvertraut, und zum Behuf oder zum Glanze des Hofes bestimmt sind; 5) alles was zur Einrichtung oder zur Zierde der Residenzen und Lustschlösser dient; 6) der Hausschatz, und was von dem Erblasser mit demselben bereits vereinigt worden ist; 7) alle Sammlungen für Künste und Wissenschaften, als: Bibliotheken, physikalische, Naturalien- und Münzcabinette, Antiquitäten, Statuen, Sternwarten mit ihren Instrumenten, Gemälde- und Kupferstichsammlungen und sonstige Gegenstände, die zum öffentlichen Gebrauche oder zur Beförderung der Künste und Wissenschaften bestimmt sind; 8) alle vorhandenen Vorräthe an baarem Gelde und Capitalien in den Statscassen oder an Naturalien bei den Aemtern, sammt allen Ausständen an Statsgefällen; 9) alles was aus Mitteln des Stats erworben wurde." Und nach §. 2 werden auch die „neuen Erwerbungen aus Privattiteln an unbeweglichen Gütern" zu dem Statsvermögen gezogen, „wenn der erste Erwerber während seines Lebens nicht darüber verfügt hat."

Privaterbe, noch weniger dieser auch Thronfolger, und die Privatgläubiger des Erblassers haben auf die Statsverlassenschaft keinen Anspruch.

Siebentes Capitel.

Persönliche Erfordernisse der Fähigkeit zur Thronfolge.

1. Während des Mittelalters übten die Grundsätze des Lehensrechts in den meisten Staten auch auf die Succession in die Fürstenthümer einen Einfluzs aus. In den weltlichen Fürstenthümern waren daher, wie nach dem Longobardischen Lehensrechte mit Bezug auf die Lehen,[1] Geistliche und Mönche von der Folge ausgeschlossen. Die Abhängigkeit des katholischen Klerus von dem päpstlichen Stuhle, und der specifisch weltliche Charakter des States begründen auch für die moderne Statsverfassung die Regel, dasz zur Thronfolge weltlicher Stand erfordert wird, Geistliche somit nur dann fähig zu derselben werden, wenn sie den geistlichen Stand in einer von dem State anerkannten Form aufgegeben haben.[2] Es versteht sich, dasz die geistlichen Fürstenthümer hier eine Ausnahme machen.

Auf Protestanten findet diese Ausschlieszung keine Anwendung, da der Gegensatz zwischen Geistlichen und Laien hier nicht so ausgebildet ist und Uebergänge aus dem kirchlichen Berufe und Amte in die weltlichen kein Hindernisz erleiden.

[1] II. Feud. 26 §. 6: „Qui clericus efficitur, aut votum religionis assumit, hoc ipso feudum amittit." Goldene Bulle in der Cap. 6. Note 21 mitgetheilten Stelle.

[2] Ob das nach Kirchenrecht zulässig sei, ist eine andere Frage, deren Beantwortung indessen auf das Statsrecht nicht nothwendig maszgebend wirkt.

2. In manchen neuern Staten wird für die Thronfolgefähigkeit ein bestimmtes religiöses Bekenntnisz erfordert, und ein abweichender Glaube als Ausschlieszungsgrund betrachtet.

Im Mittelalter, welches auf die Einheit des Glaubens und die gegenseitige unauflösliche Verbindung der weltlichen und der religiösen Ordnung den entschiedensten Nachdruck legte, verstand sich das von selbst. Selbst der Kaiser konnte in den Kirchenbann gesetzt werden und in Folge davon das Reich verlieren, „wenn er an dem Glauben zweifelte."[3] In dem modernen Stat, dessen Ordnung von dem kirchlichen Verbande mehr abgelöst worden, und in welchem die Ausübung politischer Rechte nicht ebenso abhängig ist von dem individuellen Glaubensbekenntnisz, ist dieses Erfordernisz nicht mehr als Regel anzusehen, obwohl es immerhin auch für den Stat ein Uebel ist, wenn das Statsoberhaupt persönlich einem andern Glauben zugethan ist, als den das Volk bekennt,[4] denn theils wird die Pietät und das Vertrauen des Volks zu dem Könige durch den Gegensatz des religiösen Glaubens erschwert, theils ist Gefahr da, dasz ein glaubenseifriger Fürst seine Macht miszbrauche, um die religiösen Interessen des Volkes zu stören und zu hemmen statt zu fördern. Der jetzigen Rechtsentwicklung in den christlichen Staten erscheint es indessen noch immer gemäsz, wenn die christliche Religion für das Statsoberhaupt vorausgesetzt wird.[5]

[3] Sachsensp. III. 57. §. 1. „Den Kaiser ne mut de paves noch neman bannen seder der tiet dat he gewiet is, ane umme dre sake; of he an'me geloven tvifelt, oder sin echte wif let, oder gotes hus zostoret," III. 54 §. 4.

[4] Für die deutschen Staten ist es seit dem Westphälischen Frieden anerkannter Grundsatz, dasz die Verschiedenheit der christlichen Confession keine Ausschlieszung von der Thronfolge nach sich zieht.

[5] Ausdrücklich fordert die Würtembergische Verf. §. 5: „dasz der König sich zu einer der christlichen Kirchen bekennen" müsse, wodurch sowohl offenkundige Sectirer als Nichtchristen ausgeschlossen werden. Vgl. R. Mohl, Würt. Statsr. I. S. 148.

Das englische Statsrecht geht weiter, indem es England für ein „protestantisches Königreich" erklärt, „dessen Wohlfahrt nicht bestehen könne, wenn es von einem päpstlichen Fürsten regiert werde," und daher alle Personen, „welche die päpstliche Religion bekennen oder mit einem Papisten verheirathet sind" für unfähig erkennt, die Krone zu erhalten.[6] Ebenso wird in Schweden[7] das „Augsburgische" Bekenntnisz von dem Könige gefordert. Auch die neue griechische Verfassung schreibt vor (Art. 40) dasz der Thronfolger die Religion der „orthodoxen christlichen Kirche des Orients" bekennen müsse, und in Ruszland gilt für die Glieder des Kaiserhauses das nämliche Erfordernisz der griechischen Confession.

3. Damit die Thronfolge zur Anwendung komme, ist ferner vorauszusetzen, dasz nicht die Person des Nachfolgers an Mängeln leide, welche dieselbe zur Regierung absolut untauglich machen. Das ältere Statsrecht legte darauf mit Recht einen Werth, und ein innerer Grund, weszhalb in unserer Zeit derartige Mängel unberücksichtigt bleiben sollen, besteht nicht. Vielmehr ist es unlogisch, wenn das moderne Statsrecht das Successionsrecht aufhebt, insofern solche Mängel vorhanden sind, welche eine gedeihliche Regierung nur erschweren, aber fortbestehen lässt, wenn die Regierung durch das von ihnen behaftete Individuum geradezu unmöglich ist. Das Auskunftsmittel der Reichsverwesung hilft nicht aus, da diese immerhin für den Stat manche Uebel und Gefahren nach sich zieht und ihrer Natur nach nicht für dauernde und absolute, sondern für vorübergehende und relative Unfähigkeit des Regenten die nöthige Ergänzung gewährt. Wohl aber liegt es im öffentlichen Interesse, allfälligen Streitigkeiten

[6] Erklärung der Rechte von 1689 und Acte von 1701. Die Acte über die Emancipation der Katholiken von 1829 änderte daran nichts.

[7] Grundgesetz von 1772 Art. 1: „Die Einigkeit in der Religion und in dem rechten Gottesdienst ist die kräftigste Grundmauer zu einem löblichen, einträchtigen und wahrhaften Regimente."

darüber rechtzeitig vorzubeugen und daher im einzelnen Fall zum voraus durch einen Act der gesetzgebenden Gewalt solche offenbar untaugliche Personen von der Thronfolge auszuschlieszen.

Als solche Mängel kommen in Betracht:

a) körperliche. Der Sachsenspiegel schlieszt Zwitter, Zwerge und Krüppel auch von dem Erbe zu Landrecht aus, ebenso den Aussätzigen:[8] noch viel eher daher von dem Fürstenthum. Die Krankheit des Aussatzes, als ein heilbares Uebel, kann jedenfalls nicht mehr als Ausschlieszungsgrund gelten; aber mit der Würde des States ist es sicher nicht vereinbar, dasz die höchste Ehre und Macht einem Menschen zustehe, welcher an einem der übrigen genannten Mängel leidet.

Strenger noch waren die Bestimmungen des Lehensrechtes, welches auch Stumm- oder Taub- oder Blindgeborene von der Lehensfolge ausschlosz.[9] Dasz dieselben keine bindende Autorität mehr haben, seitdem der Stat seines feudalen Charakters entkleidet ist, kann nicht bestritten werden. Nur die Analogie der Verhältnisse wirkt noch fort, und ähnliche Gründe können auch das neuere Verfassungsrecht zu ähnlichen Anordnungen bestimmen.[10]

[8] Sächs. Landr. I. 4 §. 1: „Upe altvile unde uppe dvergne ne irstirft weder len noch erve noch uppe kroppelkint. De meselseke man ne vntveit weder len noch erve."

[9] Sächs. Landr. I. 4 §. 1: „Wirt ok ein kint geboren, stum oder handeles oder votelos oder blint, dat is wol erve to lantrechte unte nicht len erve." Nach Longobard. Lehenrechte war die Frage bestritten: II. Feud. 36: „Mutus et surdus coecus claudus vel aliter imperfectus, etiamsi sic natus fuerit, totum feudum paternum retinebit. Obertus et Gerardus et multi alii. Quidam tamen dicunt, eum qui talis natus est, feudum retinere non posse." Vgl. darüber Tabor in der Zeitschr. für deutsches Recht von Beseler u. s. f. IX. S. 262, die Stelle der Goldenen Bulle unten in Note 11. Kurpfälzische Verordnung von 1374: „bei einem unserer Erben, der der elteste sy und by gutem Wizen und Sinnen sy, und on natürlicher Gebresten seiner Glider sy."

[10] Das würtembergische Hausgesetz von 1808 schlosz unheilbar

b) Geistige Mängel. Blödsinn und Wahnsinn schlieszen nach der goldenen Bulle von 1356 aus.[11] Diese Beschränkung war freilich zunächst für die Kurländer ausgesprochen, aber offenbar nicht in der Absicht, um dieser willen einen besondern Rechtsgrundsatz einzuführen, sondern vielmehr ein hergebrachtes allgemeines Princip, welches ebenso für andere Länder passte, in seiner Anwendung auf jene zu bekräftigen. Um indessen das Erbrecht vor Erörterung und Streit zu sichern, ziehen auch in diesem Falle einzelne neuere Verfassungen die Aushülfe durch Reichsverwesung der Ausschlieszung von der Thronfolge vor. Ob das aber im Interesse der Monarchie und der Nation liege, darf billig bezweifelt werden.[12]

c) Moralische Unwürdigkeit.[13] Damit diese die Ausschlieszung bewirke, wird aber im Sinn des neuern Rechts ein das Successionsrecht des schuldigen Thronfolgers aufhebender Act der Gesetzgebung dem Anfall des Erbrechtes vorhergehen müssen.

Blinde aus. Die Verfassung aber §. 11—13 und das erneuerte Hausgesetz von 1828 nahmen die Beschränkung nicht wieder auf.

[11] Goldene Bulle XXV. §. 3. „Primogenitus filius succedat, sibique soli jus et dominium competat, nisi forsitan mente captus, fatuus, seu alterius famosi et notabilis defectus existat, propter quem non deberet seu posset hominibus principari."

[12] Der Gefahr von Thronfolgestreitigkeiten kann leicht durch den Entscheid der Gesetzgebung vorgebeugt werden, nicht so der grösseren Gefahr einer ein volles vielleicht hohes Menschenalter fortdauernden Verwesung. Dahlmann Politik I, S. 89: „Eine Ausschlieszung der Art würde jedenfalls vom regierenden Könige nach gehaltenem Familienrathe und mit dessen Zustimmung (?) ausgehen müssen, und nur in dem Falle eintreten dürfen, wenn auszer dem Statsministerium die Ständeversammlung die Richtigkeit der Thatsache anerkannt hat."

[13] *Lex Bajuvar.* II. 10 oben Cap. 6 Note 6.

Achtes Capitel.

III. Entstehungsformen in der Republik.

1. Die Regierung berufen, den täglich wechselnden Bedürfnissen des States ihre Sorge zu widmen, und durch die That je nach Umständen lebendig einzugreifen, bedarf theils der Einheit des Willens für ihre Plane und Anordnungen, theils fortgesetzter, nie ermüdender Thätigkeit. Beides ist weder durch Volksversammlungen noch durch repräsentative Kammern irgend genügend zu erreichen. In der neuern Republik ist daher die Regierungsgewalt gewöhnlich entweder in einer nur wenig zahlreichen Behörde, oder geradezu in einem einzigen Chef des Stats concentrirt. Das erstere System ist — wenn auch nicht überall — in der Schweiz,[1] das letztere in Amerika herkömmlich.[2] In beiden tritt ein monarchisches Element sichtbar hervor, ausgebildeter und entschiedener aber in dem letztern. Für grössere Staten ist dasselbe unentbehrlich. Als Frankreich 1795 einem Directorium von 5 Mitgliedern die „vollziehende Gewalt" anvertraut hatte, wurden die innern Gebrechen einer derartigen Collegialregierung bald so lebhaft empfunden, dasz die Individualherrschaft des ersten Consuls um jener Folie willen um so ruhmvoller und heilsamer erschien: und auch im Jahr 1848 machte die neu erstandene Republik nur in kürzerer Zeit die nämliche Erfahrung wiederum. Nur das Individuum

[1] In dem Bunde der Bundesrath, in den Kantonen die Regierungscollegien. Früher hatten aber die Landammänner in den Ländern, die Bürgermeister und Schultheiszen in den Städten und der schweizerische Landammann nach der Mediationsverfassung im Bunde eine hervorragende Stellung als individuelle Standeshäupter. Die neuere Genfer Verfassung und die Neigung zu dem Directorialsystem, die sich in unsern Tagen kundgibt, sind Anzeichen für eine neue individuelle Concentration der Regierungsgewalt.

[2] Vgl. darüber Story, Comm. III. 36 § 202.

vermag der Action die nöthige Energie, dem Regierungssystem die erforderliche Einheit, der Phantasie, der Achtung und dem Vertrauen des Volkes einen lebendigen Ausdruck und Anhalt und der politischen Verantwortlichkeit einen realen Sinn zu verschaffen. Das Collegium lähmt und spaltet die Regierungsmacht, schwächt und mindert schon durch seine äuszere Erscheinung den Glauben des Volkes an die Obrigkeit und die Verehrung für dieselbe — und macht die Verantwortlichkeit zu einer getheilten und illusorischen. In kleineren, weniger bewegten Republiken werden diese Mängel nicht ebenso fühlbar, und da sträubt sich das republikanische Gefühl lebhafter gegen die individuelle Auszeichnung eines Regierungshauptes. Daher wird da wohl das System der Collegialregierung vorgezogen. Durchaus fehlerhaft aber ist eine Einrichtung desselben, welche die Parteispaltungen und Gegensätze, die in dem repräsentativen Körper der gesetzgebenden Gewalt ihre natürliche Berechtigung haben, auch in die Regierung versetzt, und so die nöthige Harmonie und Einheit in dieser zerstört.[3]

2. Als Regel für die Bestellung der Regierung gilt die Wahl. Musz das Volk darauf verzichten, selbst zu regieren, so will es durch die freie Ernennung des Regenten einen mittelbaren Einflusz auf die Richtung des Regiments äuszern und zugleich seine Macht und sein Vertrauen offenbaren.

Es ist schon oft bemerkt worden, die Völker seien unfähig selber zu regieren, aber nicht unfähig einen Regenten

[3] Nach dem Wahlsystem, das in der Schweiz herrscht, ist solcher Zwiespalt in der Regierung schwer zu vermeiden. Würde den Präsidenten der Collegien ein Vorschlagsrecht für die Wahlen der Mitglieder oder ein Veto gegen disharmonische Ernennungen zugestanden, so wäre für eine relative Einheit auch da gesorgt. Ein innerlich zwiespältiges Regierungscollegium in der Republik ist noch weniger zu ertragen, als ein aus feindlichen Elementen zusammengesetztes Ministerium in der Monarchie, denn dieses findet in dem Monarchen wieder die Einheit, welche dort nur in der Behörde selbst gemacht werden muss.

zu wählen. Das Volk wird selten einen mittelmäszigen, noch seltener einen schlechten Menschen zu seinem obersten Magistrate wählen. Es kann sich undankbar, es kann sich auch feindselig erweisen gegen hervorragende politische Männer, seine Gunst ist nicht frei von Laune. Aber es hat einen natürlichen Instinct für persönliche Grösze und ein offenes Auge für die Eigenschaften, die den Regenten auszeichnen sollen. Der kleinliche Neid gegen eine ausgezeichnete Persönlichkeit ist ihm fremd und die Intrigue stört es nicht. Es liebt den Ruhm und den Glanz und fühlt sich selber in seinen Ersten geehrt. Es ist hienach noch eher geeignet, einen guten und seiner würdigen Regenten zu wählen als den gesetzgebenden Körper richtig zu besetzen.[4]

Daher ist für die Republik die unmittelbare Volkswahl wie sie in Rom sich während Jahrhunderten so vortrefflich bewährt hat, und in der Schweiz in den unmittelbaren Democratien ebenfalls zum Vortheil und zur Ehre dieser Länder geübt worden ist, durchaus nicht zu verwerfen und der Wahl durch den gesetzgebenden Körper, welche nun in den schweizerischen Repräsentativkantonen regelmäszig und ebenso in dem Bunde angeordnet ist, eher vorzuziehen. Diese Verschiedenheit der Wahlordnung steht übrigens in Beziehung zu der Frage der Individual- oder Collegialregierung. Eine besondere Geschäftskenntnisz in einzelnen Zweigen, im Finanzwesen oder in der Verwaltung weisz freilich der repräsentative Körper besser zu würdigen und die tauglichsten Personen dafür eher zu finden; wo daher diese einen Bestandtheil der Collegialregierung bilden, wie in der Schweiz, da läszt sich die Wahl derselben nicht dem Volke selbst anvertrauen. Aber wo zunächst das ganze Regierungssystem in einem oder zwei Individuen als Statshäuptern concentrirt wird, da ist die unmittelbare Volkswahl vorzüglicher.[5]

[4] *Sismondi*, Etudes I. §. 271.

[5] Vgl. auch oben Buch IV. Cap. 9 S. 333. Die beiderlei Rücksichten

In Nordamerika gelangte man für die Wahl des Präsidenten zu einem gemischten System. Dem Convente wollte man die Wahl nicht überlassen, um den Intriguen in demselben hier keine Macht zu geben, den Präsidenten nicht zu sehr von der Majorität desselben abhängig zu machen und dem Volke einen wirksamen Einflusz auch auf das Regierungssystem zu verschaffen. Auf der andern Seite aber scheute man die Gefahr des Tumultes und fieberhafter Aufregung unter dem Volke, wenn dieses unmittelbar die Wahl selbst vornehme, und erwartete gröszere Einsicht von Ausschüssen des Volkes, die als Wahlmänner fungiren. Daher liesz man je im einzelnen Falle innerhalb der Einzelstaten von diesen besondere Wahlmänner bezeichnen, welche in geheimer Abstimmung ihre Stimme abgeben sollen, und verstattete dann dem Hause der Repräsentanten nur den Entscheid, wenn dieser nicht schon durch die Hauptwahl gegeben, sondern mehrere Personen als würdig neben einander gestellt waren.[6]

3. Die Statsinteressen machen eine stätig fortwirkende Regierung wünschenswerth, damit die Tradition der Politik und der Geschäfte erhalten bleibe, auch weitreichende Plane und dauernde Unternehmungen ins Werk gesetzt werden können, der Anker der Sicherheit und des Vertrauens in den Gemüthern festen Halt bekomme. Aber ein auf Lebenszeit gewählter Regent ist ein Monarch, und der Fortbestand der Republik ist unmöglich ohne eine kurze Amtsdauer der Statshäupter. Eine Vereinigung der beiden entgegengesetzten Anforderungen läszt sich so finden, dasz das Amt zwar

könnten so geeinigt werden, dasz das Volk die Wahl der Standeshäupter, und auf deren Vorschlag die Groszen-Räthe die der übrigen Regierungsglieder erhielten.

[6] Die ausführlichen Bestimmungen in der Verfassung von 1787. II, §. 2 u. 3 und die Zusatzartikel von 1804. Vgl. Story, Comm. III. 36. §. 206, 207.

auf kurze Zeit verliehen wird, das gewählte Individuum aber wieder wählbar ist.[7]

Diesem Systeme huldigen denn auch die meisten neuern Republiken. Nur die französische Verfassung von 1848, Art. 45, verbot die Wiederwahl des Präsidenten der Republik für die nächste Amtsperiode von 4 Jahren. Es war das aber ein offenbares Zeichen, dasz die Verfasser der neuen republikanischen Verfassung kein Vertrauen auf die republikanische Gesinnung der französischen Nation hatten, und dieselbe vor dem Rückfall in die Monarchie mit ängstlicher Sorge zu bewahren suchten, ohne Erfolg, wie sich in Bälde gezeigt hat.

4. Die persönlichen Erfordernisse für das Statshaupt oder die Mitglieder der Regierung machen hier geringere Schwierigkeit als in der Erbmonarchie. Die freie Wahl gibt die Möglichkeit, die individuelle Fähigkeit und Tüchtigkeit nach den Umständen zu würdigen und zu berücksichtigen.

Gewöhnlich wird indessen verlangt:

a) volles Statsbürgerrecht der zu Wählenden, zuweilen sogar angeborenes Bürgerrecht derselben, damit der Denkungsweise oder dem Einflusse des Auslandes jede Aussicht auf Regierung der Republik verschlossen werde.[8]

b) Ein gereiftes Alter.[9]

[7] Washington, Brief vom 28. April 1788: „Ich kann in keiner Beziehung ein Interesse darin sehen, uns der Dienste eines Mannes zu berauben, welcher in einer groszen Krise vielleicht ganz allgemein als der Fähigste erkannt wird, dem State seine Dienste zu leisten.“ Jefferson dagegen fürchtete, die Wiederwählbarkeit werde practisch dahin führen, dasz der einmal gewählte Präsident immer wieder gewählt werde. Die Erfahrung in Nordamerika selber hat diese Befürchtung widerlegt. Vgl. Story III. 36. §. 204. Niemals ist aber die amerikanische Praxis über eine einmalige Wiederwahl hinausgegangen, so dasz spätestens nach 8 Jahren eine Personalveränderung stattfand.

[8] Nordamerik. Verf. II. §. 5. Vgl. Story III. 36 §. 208.

[9] In Nordamerika für den Präsidenten 35 Jahre, a. a. O; in der Schweiz oft nur das Alter der Volljährigkeit.

Neuntes Capitel.

Uebergang der Verpflichtung des Regenten auf den Nachfolger.

Der Nachfolger setzt nicht die Person des Vorgängers, wohl aber das Amt, die statliche Institution der Regierung fort. Daraus folgt als leitendes Princip: Blosz persönliche Verpflichtungen, die der Vorgänger übernommen, gehen nicht von Rechtes wegen auf den Nachfolger über; wohl aber amtlich begründete Verpflichtungen. Das Leben des States und des Statsoberhauptes dauert fort, wenn schon das Individuum stirbt.[1]

Im Einzelnen folgt daraus:

a) die Rechtsgültigkeit der von dem Regenten erlassenen Verordnungen, der von ihm ausgegangenen Anstellungen, und der von ihm amtlich abgeschlossenen Verträge erlischt nicht mit seinem Tode, sondern dauert ohne Unterbrechung fort.[2])

b) Ganz dasselbe gilt auch von den Anwartschaften, welche der Regent einem Dritten, sei es in Bezug auf ein Lehen, eine Pfründe oder ein Amt, ertheilt hat, vorausgesetzt, dass dieselbe bei Lebzeiten des Regenten einen bestimmten, wenn auch erst in der Zukunft zu realisirenden Rechtsan-

[1]) Die frühere Theorie darüber litt hauptsächlich an der Vermengung der politischen Principien der Folge mit privatrechtlichen Grundsätzen des Erbrechts. Richtig schon Baldus Consil. I. cons. 27. II Lib. Cons. 159: „Imperator mori non potest, sed ipsa dignitas, officium imperatoris est immortale; quae faciunt itaque reges, nomine non suo sed regni i. e. gentis suae, illa obligant gentem et principem ejus successorem, nisi laederent facta ipsum regnum, quia regni tutela est commissa, non dilapidatio." Vgl. Zachariä, D. St. §. 76.

[2] Schreiben des Kaisers Franz II. an die Kurfürsten von 1796: „Man überläszt hierbei einem jeden, die weitaussehenden Folgen zu berechnen, welche nothwendig in ganz Deutschland entstehen würden, wenn je die Meinung herrschend werden sollte, dasz der Nachfolger in der Regierung an die Handlungen seiner Vorfahren, die sie in ihrer Eigenschaft als regierende Fürsten vorgenommen haben, der Regel nach nicht gebunden sei."

spruch gab. Wenn dagegen der Sinn nur der war, dem Dritten eine Hoffnung und eine wahrscheinliche Aussicht auf das Lehen oder das Amt zu eröffnen, so kann eine derartige Verpflichtung auf den Nachfolger nicht übergehen, weil der Vorgänger selbst nicht juristisch verpflichtet war. Hoffnungen sind keine Rechte und Aussichten keine Forderungen.[3] Wohl mag die Rücksicht auf die Pietät gegen die Wünsche des Vorgängers und auf das moralische Uebel einer von dem Statsoberhaupte verschuldeten Täuschung eines andern den Nachfolger bestimmen, auch die so angeregte Erwartung zu erfüllen und ihn davon abhalten, seinen eigenen Wünschen den Vorzug zu geben. Aber das ist nicht ein Gebot des Statsrechts, sondern eine Maxime weiser Politik.

c) Leidet die Verfügung des Vorgängers aber an einer formellen Nichtigkeit, z. B. weil die für Amtshandlungen nöthige Contrasignatur der Minister fehlt, oder weil das Statshaupt nach der Verfassung zu solcherlei Handlungen überall nicht befugt war,[4] so ist der Nachfolger in keiner Weise zur Anerkennung derselben verpflichtet. In diesem Falle ist schon bei Lebzeiten des Vorfahren kein wirkliches, sondern nur ein Scheinrecht vorhanden, welches durch die Macht der Person des Regenten, nicht durch das Amt desselben geschützt wird.

Dagegen können wir von dem unbefangenen Standpunkte des allgemeinen Statsrechts nicht zugeben, dasz auch ma-

[3] So läszt sich der frühere Streit der Publicisten leicht lösen. Vgl. v. Kamptz, Erörterungen der Verbindlichkeit des weltlichen Reichsfürsten aus den Handlungen seines Vorfahren, 1800. Ganz passend ist die Bestimmung der Bayerischen Verf. III. §. 5: „Anwartschaften auf künftige der Krone heimfallende Güter, Renten und Rechte, können ebensowenig als auf Aemter und Würden ertheilt werden."

[4] In der Altenburger Verfassung §. 14 ist der Satz ausgesprochen: „Die Regentenhandlungen des Vorfahrers sind von dem Landesnachfolger anzuerkennen und zu vertreten, sofern sie ohne Ueberschreitung der verfaszungsmäszigen und hausgesetzlichen Befugnisz unternommen wurden."

teriell ungerechte Handlungen des Vorfahren, oder solche, welche die Interessen der Statswohlfahrt verletzen, somit schädlich sind, ohne weiteres von dem Nachfolger als unverbindlich angesehen werden dürfen. Tragen dieselben einmal den äuszeren Stempel des Rechts an sich, und sind sie insofern als formelles Recht zu achten, so kann der Tod des Regenten ihnen diesen Charakter nicht nehmen, denn jener Mangel wird dadurch nicht gröszer als er zuvor war.

d) Immerhin liegt aber ein wichtiges Correctiv in dem Gedanken, dasz aus dem obigen Princip keineswegs die Unabänderlichkeit der Rechtsverhältnisse folgt, welche der Vorgänger begründet hat. Der Uebergang der Regierung von einem Individuum auf das andere unterbricht und stört die bestehende Rechtskraft nicht. Aber zu einer Aenderung ist der Nachfolger gerade so befugt, wie der Vorgänger selbst, denn der Stat und seine fortschreitende Entwicklung kennen keine sich ewig gleich bleibenden Rechtsverhältnisse. Die Aenderung musz aber theils in rechtmässiger Form[5] vollzogen werden, theils müssen dabei wohlerworbene Rechte[6] geschont und geachtet werden.

e) Blosze Privatschulden gehen keineswegs auf den Regierungsnachfolger als solchen über, sondern nur auf den Privaterben nach den Grundsätzen des Privatrechts. Das gilt auch dann, wenn dieselben zwar mit Bezug auf das Stammgut der Krone, aber nicht in der Eigenschaft des Landesherrn von diesem contrahirt worden sind. Nur wenn jenes durch die Verwendung bereichert worden ist, so bewirkt, wie bei Fideicommisz- oder Lehengütern, die Billigkeit, welche nicht

[5] Wenn somit der Vorfahr z. B. auf königliche Rechte verfassungsmäszig verzichtet hat, so kann der Nachfolger diese auch dann nicht einseitig wiederherstellen, wenn solche für die Statswohlfahrt ersprieszlich sind, sondern es bedarf dazu in der Repräsentativverfassung der Mitwirkung der Kammern. Vgl. auch Zöpfl, D. St. §. 226.

[6] Vgl. oben Buch V. 16 S. 503 f.

zugesteht, dasz die Bereicherung auf Unkosten der Privaten stattfinde, die Verpflichtung, die Schuld bis auf den Betrag des vorhandenen Mehrwerthes des Stammguts zu bezahlen.

Zehntes Capitel.

IV. Begründung der Regentschaft.

1. Die Minderjährigkeit des Thronfolgers hindert in der Erbmonarchie den Anfall der Regierungsrechte nicht, aber nur der Volljährige kann dieselben selbständig ausüben. Die Minderjährigkeit macht daher eine Stellvertretung, d. h. die Regentschaft nöthig.

Die Uebel, welche mit jeder Regentschaft für den Stat verbunden sind, haben schon frühzeitig bewirkt, dasz die Gränzen der Minderjährigkeit, ungeachtet die Regierung nicht zu den leicht und bald zu erwerbenden Künsten gehört, enger gezogen worden sind, als in dem Privatrecht. Die Gefahr, welche aus der noch unentwickelten Jugend des Regenten für den Stat erwächst, erschien geringer als die einer fortdauernden, mit dem monarchischen Princip schwer zu versöhnenden Regentschaft. Die goldene Bulle hat so für die deutschen Kurfürsten das Alter von 18 Jahren[1] als das Alter der statsrechtlichen Volljährigkeit der Fürsten festgesetzt, während in dem deutschen Privatrechte dieselbe erst mit 21, oder nach römischem Rechte mit 25 Jahren erlangt wird. Auch in den neueren Staten darf das Alter von 18 Jahren als Regel angesehen werden. In den deutschen Staten ist dieselbe nun mit seltenen Ausnahmen anerkannt,[2] ebenso in England, den Niederlanden, in

[1] VII. §. 4: „Quam (legitimam aetatem) in principe electore decem et octo annos completos censeri volumus et statuimus perpetuo haberi. Quam dum attigerit, jus vocem potestatem et omnia ab ipsis dependentia tutor ipse sibi totaliter cum officio teneatur protinus assignare."

[2] Zachariä, D. St. §. 79.

Belgien u. s. f. Nach der schwedischen Verfassung von 1809, Art. 93, darf der König von da an nur dem Statsrathe, dem höchsten Tribunal, den Hofgerichten und Collegien beiwohnen, aber noch nicht an Beschlüssen Theil nehmen. Die Vormundschaft hört erst auf, wenn er auch das Alter der privatrechtlichen Volljährigkeit erreicht hat, im Gegensatze dazu hat die spanische Verfassung von 1837, Art. 56, die Minderjährigkeit sogar auf das Alter von 14 Jahren beschränkt.[3]

2. Das mittelalterliche Statsrecht hatte die Neigung, die Stellvertretung des minderjährigen Thronfolgers aus dem Gesichtspunkte der persönlichen Vormundschaft zu behandeln. Dem modernen Statsrecht aber ward die Aufgabe, schärfer zu trennen, und die privatrechtliche Vormundschaft, welche durch die Sorge für das Individuum bestimmt wird, von der statsrechtlichen Regentschaft, welche in dem Bedürfnisz des Stats nach einer Regierung ihren Grund hat, vollständig zu unterscheiden.[4] Es ist daher zuläszig, dasz andere Personen Vormünder des minderjährigen Fürsten, und andere Reichsverweser für denselben sind; jenen kommt die Verwaltung seines Privatvermögens, diesen die Ausübung der Regierung zu.

Es ist demnach nicht zu billigen, wenn auch gegenwärtig noch behauptet wird, die Regeln des Privatrechtes über die Bestellung der Vormundschaft (z. B. durch Testament, oder Gesetz, oder obrigkeitliche Anordnung) kommen da jederzeit zur Anwendung, wo nicht das positive Statsrecht etwas Anderes bestimmt habe. Die Uebertragung der privatrechtlichen

[3] Die Verfassung von 1812, §. 185, forderte noch ein Alter von 18 Jahren. In Frankreich begründete seit Karl V. (1374) schon der Antritt des 14ten Jahres die Volljährigkeit des Königs. Schäffner, französ Rechtsgezch. II. S. 307.

[4] Erklärung Hannovers in der Bundesversammlung von 1829: „Die vormundschaftliche Regierung über einen souveränen Stat läszt sich nicht mit der vormundschaftlichen Verwaltung des Vermögens eines Privatmanns auf eine Linie stellen.“ Es ist daher auch gerathen, den Ausdruck Vormundschaft für jene zu vermeiden.

Normen auf das öffentliche Gebiet versteht sich nirgends mehr von selbst. Vielmehr musz umgekehrt gesagt werden: Die Regentschaft kann nur durch einen statsrechtlichen Act begründet werden, wenn nicht ausnahmsweise das positive Statsrecht noch auf die privatrechtlichen Formen der Begründung verweist.

Die neueren Grundgesetze enthalten in dieser Beziehung oft genauere Bestimmungen. Nach den einen wird die Regentschaft ein für allemal nach bestimmter Ordnung normirt.[5] Nach den andern wird im einzelnen Falle eine Regentschaft ernannt. Dem Statsrechte der constitutionellen Erbmonarchie entspricht es dann am genauesten, wenn die Ernennung weder dem Monarchen für sich allein, noch den Kammern für sich[6] überlassen, sondern durch ein Gesetz des gesetzgebenden Körpers vollzogen wird.[7] Ist bei Lebzeiten des regierenden Monarchen dieses Gesetz nicht erlassen, so ist, wie das in den Niederlanden vorgeschrieben ist, den nächsten Anverwandten des minderjährigen Nachfolgers mindestens ein berathendes Votum zu gestatten.

[5] Nach der bayer. Verf. II. §. 10 „kann der Monarch unter den volljährigen Prinzen des Hauses den Reichsverweser für die Zeit der Minderjährigkeit seines Nachfolgers wählen. Hat er das nicht gethan, so gebührt die Reichsverwesung dem volljährigen Agnaten, welcher nach der Erbfolgerung der nächste ist." Nach der spanischen Verfassung von 1837, Art. 57, kommt die Regentschaft dem Vater oder der Mutter, oder dem Nächstberechtigten zur Thronfolge zu. Die portugiesische von 1826, §. 92, bezeichnet den nächsten Verwandten des Königs zum Regenten, und fordert für jenen ausdrücklich die Volljährigkeit von 25 Jahren. In Preuszen §. 56 u. 57 gelangt erst der nächste fähige Agnat zur Regentschaft; subsidiär wählen die Kammern.

[6] Nach der belgischen Verfassung, §. 81, setzen die vereinigten Kammern die Regentschaft ein. Aehnlich ernennen in Schweden, Verf. von 1809 Art. 93, die Reichstände einen oder mehrere „Vormünder."

[7] So in England und in den Niederlanden: Verf. §. 36. Ebenso in Frankreich. Vgl. die Abhandlung von R. v. Mohl, Statsrecht, Völkerr. und Politik. I. S. 144 und Pözl, Art. Regentschaft im D. Statswörterbuch.

3. Die Minderjährigkeit ist aber nicht der einzige Grund, welcher eine Regentschaft nöthig macht. Wenn auch nach dem Regierungsantritt eine persönliche Unfähigkeit des Monarchen sich zeigt, die Regierung auszuüben, und dieselbe nicht so umfassend und dauernd ist, um den Uebergang der Thronfolge selbst zu rechtfertigen, so bedarf es wieder der Regentschaft. Dahin gehören:

a) körperliche Gebrechen, z. B. Taubheit, Blindheit, Stummheit und schwere Krankheit;

b) Wahnsinn und ähnliche Geistes- oder Gemüthskrankheit, z. B. Blödsinn, ein hoher Grad von Trübsinn;

c) lange Abwesenheit oder Gefangenschaft;

d) grobe Verletzung der Regentenpflicht, z. B. Tyrannei, gewaltsame Miszachtung der Verfassung, offenbare und gemeinverderbliche Miszregierung;

e) Privatverbrechen, welche die moralische Ehre des Regenten verdunkeln;

f) Unwürdigkeit des Benehmens und Lebens, welche dem Fürsten die öffentliche Achtung völlig raubt, und ihn moralisch zur Fortführung der Regierung untauglich macht.[8]

Die Anerkennung besonders der drei zuletzt genannten moralischen Gründe für Bestellung einer Regentschaft hat freilich, insofern nicht wie in den zusammengesetzten Staten durch die höhere Ordnung der Reichs- oder Bundesverfassung für Bewahrung der Rechtsordnung in den Einzelstaten gesorgt ist, sowohl principielle als factische Schwierigkeiten; jenes, weil die Körperschaft, welche darüber zu erkennen hat, in gewissem Sinne über die Person des Monarchen zu Gericht sitzt,

[8] Eine Reihe von Beispielen aus deutschen Staten werden bei Klüber, Deutsches Bundesrecht, §. 24 Note b angeführt. In dem alten deutschen Reich war indessen für die Beurtheilung solcher Fälle besser gesorgt, früher durch die kaiserlichen Reichs- und Hofgerichte, später durch die Prüfung und das Erkenntnisz der Reichsversammlung. Zweckmäsziger ist aber die gänzliche Entfernung als die blosze Entmündigung der moralisch untauglichen Regenten.

freilich nur in der negativen Weise, dass sie ihm die Regierung des Stats nicht länger zugesteht;[9] dieses, weil gerade ein schlechter Fürst seine Macht nicht leicht ohne Kampf fahren lassen, sondern eher benutzen wird, seine politischen Gegner, die sich für eine Regentschaft erklären würden, zu verfolgen und zu unterdrücken. Daher bestreiten manche Publicisten[10] für das neuere Statsrecht die Zuläszigkeit einer Regentschaftsernennung aus diesen Gründen, und lassen dieselbe nur in den drei erst genannten Fällen zu, die immerhin, weil sie sich mehr an die thatsächliche Erscheinung halten, als eine moralische Beurtheilung nöthig machen, leichter festzustellen sind. Gibt es aber kein legitimes Mittel, die letzteren Fälle zu berücksichtigen und für Abhülfe zu sorgen, so wird der Stat der noch schlimmeren Gefahr einer revolutionären Lösung der Frage ausgesetzt. Wir werden im Verfolge, wenn von der Unverantwortlichkeit des Monarchen die Rede sein wird, darauf zurückkommen.

4. In republikanischen Staten ist das Bedürfnisz einer Regentschaft seltener, indem der häufigste Fall, die Minderjährigkeit, überall nicht eintritt. Ueberdem ist, wenn sich später eine Verhinderung des Statschefs ergibt, regelmäszig durch das Amt des Vicepräsidenten für die Fortsetzung der Regierung gesorgt.[11] Dagegen kann ähnlich, wie in der Wahlmonarchie, hier eher, wenn der Präsident und Vicepräsident sterben oder ihre Amtsdauer ausgelaufen, und der Nachfolger noch nicht gewählt ist, das Bedürfnisz einer Zwischenregierung (interregnum) eintreten.

[9] Bei Berathung des badischen Entwurfs des Regentschaftsgesetzes wurde der Antrag gestellt, dasz eine aus den Kammern gewählte Jury einen einstimmigen Wahrspruch bilde, welcher dem Entscheid der Kammern zu Grunde liege.

[10] Z. B. Zachariä, D. Statsrecht, §. 80.

[11] Nordamerikanische Verfassung II. 1. Story III. 36, §. 205.

Eilftes Capitel.

V. Verlust der Herrschaft.

1. Entsagung, Abdankung. Sie beruht auf dem freien Willen des Regenten, auf die Regierungsrechte zu verzichten, und die damit verbundenen Pflichten von sich abzuwälzen. Ein Amtszwang, welcher denselben auch wider Willen festhielte, wäre unnatürlich, schon um der groszen moralischen Verantwortlichkeit willen, welcher die Kräfte eines Individuums nicht gewachsen sein können, und verderblich für den Stat, dem mit erzwungener Regierungsthätigkeit nichts geholfen sein kann.[1]

Die Entsagung kann indessen in der Erbmonarchie eine unbedingte sein, in dem Sinne, dasz die Thronfolge eben so eintritt und fortgeht, wie wenn der Monarch gestorben wäre, oder eine bedingte, d. h. lediglich zu Gunsten des bestimmten Nachfolgers wirkende, so dasz, nach dem Absterben des letztern, der abdankende Fürst neuerdings zur Thronfolge berufen wird.

2. Der ausdrücklichen Entsagung steht die stillschweigende gleich, welche aus den Verhältnissen geschlossen werden kann, obschon die Herstellung dieses Ereignisses leicht dem Zweifel und Streit ausgesetzt ist. Sie darf gefolgert werden, wenn der Monarch dauernd das Land verlässt, das er zu regieren hat, oder sich dauernd allen Regierungspflichten und Geschäften entzieht. Dieses Argument wurde in der englischen Revolution von 1688 auch von der entschieden dynastisch gesinnten Partei in dem Englischen Parlamente anerkannt. Ebenso kann die Veräuszerung des Statsgebietes von Seite des Monarchen interpretirt werden, ganz abgesehen von der Frage, ob dieselbe gültig sei oder nicht.

[1] Eine Ausnahme kommt daher auch nur in kleinen Republiken, die einer Gemeindeverwaltung ähnlich sind, vor, wie in einzelnen Bergkantonen der Schweiz.

3. Der Eintritt einer absoluten Unfähigkeit, Regent zu sein, nach den Bestimmungen der Statsverfassung, z. B. nach der englischen der Uebertritt desselben in die katholische Kirche. Manche neuere Verfassungen begnügen sich, auch in solchen Fällen, wie in denen relativer Unfähigkeit, die Bestellung einer Reichsverwesung anzuordnen.

4. Die Entsetzung, in der Republik auch gegenwärtig noch anerkannt, nach dem Statsrechte des Mittelalters auch in Monarchien häufig geübt, wird von dem Statsrechte der modernen Monarchie gewöhnlich nicht mehr gestattet.[2]

5. Die Entthronung, sei es a) durch das Machtgebot eines Eroberers oder eines übermächtigen fremden States, oder b) in Folge einer innern Revolution, welche den Monarchen oder die Monarchie stürzt, oder c) durch Usurpation eines Individuums, welches sich der Statsgewalt bemächtigt. Die Geschichte kennt eine grosze Zahl von Beispielen der Art aus alter und neuer Zeit.

Znnächst ergibt sich in allen diesen Fällen nur eine factische Zerstörung der bisherigen Herrschaft, nicht eine rechtliche Erledigung des Thrones. Verzichtet der Monarch nicht auf sein Recht, so wird der Zwiespalt zwischen seinem Rechte und den factischen Verhältnissen sichtbar, und dem Könige *de jure* steht ein König oder eine Regierung *de facto* feindlich entgegen: eine Spaltung des idealen Rechts und der realen Macht, welche jederzeit für den Stat, dessen Existenz die Vereinigung beider erfordert, ein schweres Leiden und auf die Dauer unerträglich ist.

Der illegitime Herrscher wird, so weit seine wirkliche Macht reicht, von den Unterthanen Gehorsam fordern; und da die Wohlfahrt und die Rechtsordnung in dem State ohne eine factische Regierung nicht bestehen können, so wird er denselben auch finden. Der einzelne Unterthan kann den Kampf mit der überwiegenden Statsgewalt nicht aufnehmen

[2] Näher wird davon Cap. 13 gehandelt.

und bestehen und die übrigen Organe des Stats, die Polizei, das Heer, die Gerichte werden jede Auflehnung der Individuen oder einzelner Classen der Bevölkerung unterdrücken und bestrafen. Der legitime Herrscher aber hat die Macht nicht, die ihm treuen Bürger zu schützen, und kann daher auch nicht fordern, dasz sie für seine Rechtsansprüche, die er selber nicht aufrecht zu halten vermag, sich hinopfern.[3] Aber eben so wenig kann ihm zugemuthet werden, auf dieselbe für die Zukunft zu verzichten; und ihn dazu zu nöthigen, in ähnlicher Weise wie die Unterthanen, dazu fehlt der factischen Regierung hinwieder die Macht.

Hier begegnen wir dem groszen Einflusz, welchen auf dem Gebiete des Statsrechts der Besitz auf die Rechtsbildung äuszert. Man darf zwar nicht so weit gehen, schon dem Besitz an und für sich die Bedeutung des Rechts zuzugestehen, das hiesze Zerstörung des Rechtsbegriffs, dem die reale Unterlage zwar nothwendig, aber die sittliche Eigenschaft nicht minder unentbehrlich ist. Auch im Verhältnisz zu den Unterthanen kann der Usurpator nicht sofort, wie er die Macht ergriffen hat, als legitimer Herrscher angesehen werden. Erst wenn die Repräsentation des Volkes und die übrigen Organe des States, insbesondere die Gerichte, denselben als Regenten anerkannt haben, dann ist für die einzelnen Statsbürger die Unterordnung unter den factischen Herrscher auch zur Rechtspflicht geworden, und kann jener in diesem Verhältnisz das Recht eines legitimen Regenten ansprechen.

Der entthronte Herrscher aber verliert sein Recht durch Verjährung, sobald er durch die Verhältnisse genöthigt

[3] Unter Heinrich VII. wurde im Jahr 1494 eine englische Parlamentsacte erlassen, durch welche ausdrücklich untersagt wurde, jemanden gerichtlich wegen Verraths oder eines andern Vergehens zu verfolgen und zu bestrafen, weil er einem Könige de facto seine Dienstpflicht geleistet habe. Sie findet sich in dem Book of Rights von Edgar Taylor S. 136.

wird, den Kampf um die Herstellung der Herrschaft aufzugeben, d. h. wenn einerseits im eigenen Lande jeder factische Widerstand aufgehört hat und auch die Aussicht denselben zu erneuern verschwunden ist, und anderseits die Möglichkeit, von auszen her durch völkerrechtliche Einwirkung oder Krieg die Wiedereinsetzung zu vollziehen, zerstört ist. Ersteres ist geschehen, wenn die ganze Nation sich dem neuen Herrscher unterworfen hat; letzteres wenn die auswärtigen Mächte diesen ihrerseits anerkannt haben, und jenen somit verhindern, sein Recht von ihrem Gebiet aus mit Kriegsgewalt zu erneuern.[4]

6. Die Reichsverwesung, Regentschaft erlischt, wenn der Grund, um dessen willen sie bestellt wurde, aufhört, somit wenn der minderjährige Monarch stirbt, und der Thronfolger zur Regierung befähigt ist, oder wenn jener volljährig wird. Ist es zweifelhaft, ob der Grund aufgehört habe, so wird darüber in der nämlichen Form entschieden werden müssen welche verfassungsmäszig zur Bestellung der Regentschaft erfordert wird.[5]

[4] Vgl. oben Einleitung Cap. 9 S. 25 f. und Zöpfl, Statsrecht II. §. 206. Er legt mit Recht auf die Anerkennung der Groszmächte einen Werth; aber wenn einmal ein neuer Herrscher von denselben anerkannt worden und so auch völkerrechtlich legitimirt ist, lo läszt sich das nun wirkliche Recht nicht wieder durch spätere Weigerung fernerer Anerkennung illegitim machen, wie Zöpfl mit Hinweisung auf den Fall Napoleon des Ersten behauptet. Diese spätere Weigerung kann die Bedeutung einer völkerrechtlichen Entthronung haben, und ist dann neue Rechtsbildung nicht Rückbildung in frühere Zustände. Man kann die Geschichte nicht nachträglich ungeschehen machen. Gerade die Napoleonische Geschichte macht das klar.

[5] Zachariä, Deutsches Bundesrecht §. 83.

Zwölftes Capitel.

VI. Rechte des Statsoberhauptes.

A. Majetätsrechte.

1. Der Monarch als Souverän ist zugleich gewissermaszen die Personification der Hoheit und Würde des Stats. Demgemäsz hat er das Recht der Majestät, welches auch da gilt, wo der Titel „Majestät" dem Fürsten fehlt.

Der Titel Majestät gebührt nach der neuern statlichen Courtoisie nur den Kaisern und den Königen, nicht aber andern Fürsten, auch wenn dieselben souveräne Landesherren sind. Zuerst hat die römische Statssprache das Kaiserthum damit beehrt.[1] Von da ging der Sprachgebrauch auf die fränkische Monarchie[2] über, und durch deren Vermittlung auch auf die deutschen Kaiser.[3] Im spätern Mittelalter gaben auch die Könige dem Kaiser diesen Titel, erhielten denselben aber nicht von der kaiserlichen Kanzlei zurück.[4] Erst

[1] Die Kaiser wurden zuweilen so angeredet, brauchten aber auch von sich selber den Ausdruck „nostra majestas" Vgl. c. 17 C. de omni agro deserto: „sub canonis solutione, quem *nostrae majestatis* auctoritas per annos singulos solvendum esse praescripsit."

[2] Karl der Grosze bediente sich des Titels schon, bevor er die Kaiserkrone auf sein Haupt gesetzt hatte, und noch früher sprach Theodorich der Grosze als König von Italien von seiner „regia majestas." Vgl. Pfeffinger: *Vitriarius* Illustr. I. IV. 9.

[3] Es ist daher ein Irrthum, wenn Droysen (Befreiungskriege I. S. 23) meint, Karl V. habe sich zuerst Majestät heiszen lassen. Dieser Kaiser hielt zwar strenge auf die Etikette, und so mochte auch dieser Titel unter ihm zu regelmäszigerem Gebrauche kommen. Aber fortwährend hatten auch die frühern Kaiser den Titel der Majestät erhalten und von sich gebraucht. Eine Reihe von Beispielen sind gesammelt bei Pfeffinger a. a. O., z. B. Friedrich II. im Jahre 1213: „praesens privilegium *majestatis nostrae* aurea bulla jussimus communiri."

[4] Noch bei den Regensburger Verhandlungen erhob die kaiserliche Kanzlei Einsprache dagegen, dasz dem Könige von Frankreich der Titel Majestät von dem Reiche beigelegt werde: „Hielten sie davor, dasz das Wort „Dignitas" oder „Königliche Würde" zu behalten; als weiln es

seit dem westphälischen Frieden wurde es üblich, auch von Reichs wegen die Könige als Majestäten zu beehren, und auch die Kurfürsten fingen nun an, die nämliche Auszeichnung zu begehren.[5]

Der Titel kann auch für sich allein, ohne die eigentlichen Majestätsrechte, vorkommen. In diesem Sinne gebührt derselbe regelmäszig der Gemahlin des Königs, und kann auch von dem Könige, welcher auf die Herrschaft verzichtet, somit aufgehört hat, Souverän zu sein, als Zeichen der höchsten Ehre beibehalten werden.

Unabhängig von dem Titel ist das Recht der Majestät. Eine Verletzung der höchsten statlichen Ehre des Monarchen wird daher als ein eigenthümliches Verbrechen, als „Majestätsbeleidigung" (crimen laesae majestatis) behandelt, und mit schwererer Strafe belegt, als wenn irgend die Ehre eines andern Individuums verletzt wird.[6]

Das republikanische Statsrecht der neuern Zeit hat für seine Regierungshäupter sowohl das Recht der Majestät aufgegeben, als den Titel nie in Anspruch genommen. Das

also im römischen Reich herkommen und solches prädicat: Dignitas gebraucht würde, wenn auch nur ein Fürst des Reichs allein an einen König schriebe, und würde derowegen hierdurch eine Einführung und sonderlichen denen anwesenden Fürsten ein Präjudiz gemachet, so man niemals vorhero hätte thun, ja auch keines Königes Gesandten gestatten wollen, seinem König das Prädicat Majestät zu geben, weiln sonsten niemand anders als dem Römischen Kayser und dem Regi Romanorum solch Prädicatum Majestatis gegeben würde." Indessen liesz sich damals schon die Mehrheit in dem Fürstenrathe bestimmen, den Königen von Frankreich und von Spanien diesen Titel zuzugestehen, die Kurfürsten aber bezogen sich auf den Entscheid des Kaisers.

[5] Als der Kurfürst von Brandenburg 1688 in der Vollmacht seiner Gesandten die Formel: „mit unserem Churfürstlichen Majestät Insiegel" brauchte, machte das Kurmainzische Directorium erst Einwendungen, liesz sich dann aber bestimmen, dieselbe anzuerkennen. Vgl. Pfeffinger a. a. O.

[6] Die Gesetze und die Jurisprudenz der Römer haben diesen Begriff in ausgedehntem Umfang und mit groszer Härte in das Strafrecht eingeführt.

altrömische dagegen dehnte jenes, wenn auch nicht diesen, auf die Magistrate aus.[7]

2. Dem Monarchen wird Unverletzlichkeit zugeschrieben, und seine Person als geheiligt erklärt. Auch diese Vorstellung ist zuerst in dem römischen Rechte näher bestimmt worden. Um die Volkstribunen sicher zu stellen, wurden dieselben für *sacrosancti* erklärt, d. h. wer dieselben verletzte, dessen Leib und Gut war den Göttern verfallen.[8] Mit der tribunicischen Gewalt ging diese Eigenschaft auf die römischen Kaiser über, und als das Christenthum eingeführt ward, bekam der Begriff der Heiligung eine kirchliche Färbung.

In den katholischen Ländern sind die beiden Vorstellungen noch lebendig; in protestantischen dagegen wird in neuerer Zeit die statliche Unverletzlichkeit wohl festgehalten, nicht aber auch die kirchliche Heiligung.[9]

3. Dem Monarchen kommen die Reichsinsignien zu, als sichtbare Symbole seiner Würde und Macht. Dahin gehören: die Krone, als Sinnbild der Majestät,[10] das Schwert.

[7] *Lex Cornelia* de majestate: „Praetor qui ex hac lege quaeret, de eo quaerito, qui intercessionem sustulerit, aut magistratui, quo minus munere suo fungatur, impedimento fuerit."

[8] Vgl. *Livius* III. 55: „Ipsis tribunis, ut *sacrosancti* viderentur (cujus rei prope jam memoria aboleverat), relatis quibusdam ex magno intervallo ceremoniis, renovarunt: et quum religione *inviolatos* eos, tum lege etiam fecerunt, sanciendo: Ut qui tribunis plebis, aedilibus, judicibus, decemviris nocuisset, ejus *caput Jovi sacrum* esset: familia ad aedem Cereris, Liberi, Liberaeque venum iret."

[9] Bayerische Verf. von 1818 II. §. 1: „Seine Person ist heilig und unverletzlich." Spanische Verf. von 1837 §. 44: „Die Person des Königs ist heilig und unverletzbar, und hat keine Verantwortlichkeit." Oesterreichische von 1849 §. 14: „Der Kaiser ist geheiligt, unverletzlich und unverantwortlich." Dagegen Niederländische von 1848 §. 53: „Der König ist unverletzlich." Preuszische von 1850 §. 43: „Die Person des Königs ist unverletzlich."

[10] Der deutsch-römische Kaiser vereinigte drei Kronen, die deutsche (von Aachen), die longobardische und die römische. Das Kreuz auf der Krone deutete auf die Eigenschaft desselben als Schirmherr und Glied der christlichen Kirche. Vgl. Pfeffingers Vitriarius I. 8 §. 2 f.

als Zeichen der Gewalt, die das Recht schützt und das Unrecht straft,[11] der Ring der königlichen Würde und der Glaubenstreue,[12] der Scepter, als Symbol der Gerechtigkeit, der Weisheit und der Gnade.[13] Ueberdem haben die einzelnen Reiche auch ihre besondern Insignien. So wurde dem deutschen Kaiser ein goldener Reichsapfel bei der Krönung gereicht, zum Zeichen der Herrschaft über die Erde, und der zweiköpfige Adler konnte als Symbol der inneren Gegensätze gedeutet werden, welche in dem deutschen Reiche zu Einem Körper verbunden waren, so waren die Lilien das Symbol der französischen Könige, die Löwen das der englischen. Zuweilen wählten die verschiedenen Könige auch verschiedene Insignien.

4. Der Glanz des Königthums wird ferner durch den Hofstat, und die Ehrerbietung, die dem Statsoberhaupte zukommt, durch ein ausgebildetes Ceremoniel dargestellt. Auf

[11] Die Formel bei der Krönung des deutschen Kaisers: „Accipe gladium. Esto memor, de quo Psalmista prophetavit, dicens: Accingere gladio tuo super femur tuum, Potentissime etc.: ut in hoc vim aequitatis exerceas, per eundem molem iniquitatis potentissime destruas, sanctam Dei ecclesiam ejusque fideles propugnes atque protegas, neque minus sub fide falsos quam Christiani nominis hostes exteras atque dispergas, viduas atque pupillos clementer adjuves atque defendas, desolata restaurata conserves, ulciscaris injusta, conserves bene disposita; quatenus hoc agendo virtutum triumphator gloriosus, justitiae cultor egregius, cum mundi salvatore, cujus typum geris, in nomine ejus sine fine regnare merearis, qui cum patre et spiritu santo vivit et regnat Deus, in secula seculorum, amen."

[12] Krönungsformel des deutschen Kaisers: „Accipe regiae dignitatis annulum et per hunc Catholicae fidei cognosce signaculum et hodie ordinaris caput et princeps regni et populi ita perseverabis autor et stabilitor Christianitatis et Christianae fidei fieri ut felix in opere cum rege regum glorieris per aevum: Cui est honor et gloria, per infinita, secula seculorum, amen."

[13] Die Formel: „accipe virgam virtutis atque veritatis, qua intelligis mulcere pios et terrere reprobos, errantibus viam pandere, lapisque manum porrigere, disperdasque superbos et releves humiles — diligas justitiam et odio habeas iniquitatem."

die Ordnung des erstern hat die fränkische Einrichtung der vier Hofämter, welche während des Mittelalters an allen Höfen der Fürsten nachgebildet wurde, groszen Einflusz geübt. Das letztere ist theilweise noch durch Formen und Vorstellungen bestimmt, welche dem byzantinischen Kaiserreich entlehnt sind. Da aber in diesem das Princip der absoluten Monarchie herrschte und in manchen Beziehungen auch theokratische Anschauungen einwirkten, wie sie dem Orient eigen waren, so wird zuweilen hier ein Widerspruch fühlbar mit der menschlichfreieren Natur des modernen States.

5. Die Würde der Monarchie bedingt und erheischt auch den Glanz und Reichthum des äuszern Lebens. Bescheidener und anspruchsloser ist der Charakter des republikanischen Regiments, aber auch in der Republik ist es weder würdig noch nützlich, wenn die obersten Magistrate von Nahrungssorgen gedrückt und ein kärgliches Leben zu führen genöthigt sind, so dasz dieselben von reichen und selbst von wohlhabenden Privatpersonen verdunkelt und überragt werden. Wo vollends, wie in der Monarchie die äuszere Ehre der Nation in einem Individuum und seiner Familie dauernd concentrirt und in das hellste Licht gestellt wird, da ist Reichthum des Monarchen ein nothwendiges Erfordernisz.

Dieser Reichthum soll so grosz sein, dasz der Monarch nicht nur den für seine statliche Mission nothwendigen Aufwand betreiben kann, sondern auch im Stande ist, in weitem Umfange freie Wohlthätigkeit zu üben und die Blüthen der Wissenschaft, der Kunst und der Gewerbe in seinem Lande durch Unterstützung und Anerkennung des Talentes zu schönster Entfaltung zu fördern. „Ein Fürst gleicht," wie Friedrich der Grosze[14] sagt, „gewissermaszen dem Himmel, welcher täglich seinen Thau und seinen Regen ausgieszt und immer einen unerschöpflichen Schatz hat die Erde zu befruchten." Auch der Luxus der Fürsten, wenn das rechte Masz gehalten

[14] Antimachiavel.

wird und nicht in Ausschweifung und Geschmacklosigkeit ausartet, oder unedel wird, ist als eine Wohlthat für das Land zu betrachten, nicht als ein Uebel. Der Reichthum des Königs ist, wie kein anderer Privatreichthum, wie er selber, voraus den öffentlichen Interessen geweiht. Sein Haushalt unterscheidet sich dadurch im Princip von der Oekonomie eines Privaten. Privatspeculationen zu machen ist unköniglich.[15]

In dem römischen Reiche wurde das Aerar der Republik nach und nach von der Begehrlichkeit des kaiserlichen Fiscus verschlungen und das Statsvermögen wie alles Statsrecht dem Kaiser allein zugeschrieben. In den mittelalterlichen Staten des romanischen und germanischen Europa's besaszen die Fürsten weite Domänen und hatten feste Rechte auf öffentliche Einkünfte, zugleich aber die Pflicht, die regelmäszigen Kosten der Regierung und Rechtspflege aus ihrem Vermögen zu bestreiten. In der neuern Zeit kamen sorgfältigere Unterscheidungen auf:

a) das eigentliche Statsvermögen, nicht mehr dem Monarchen allein, sondern dem ganzen State zugehörig, nimmt alle öffentlichen Einkünfte in sich auf und ist bestimmt, ebenso alle Ausgaben und Verwendungen des States zu tragen;

b) das für den königlichen Haushalt insbesondere bestimmte Vermögen, die sogenannte Civilliste, deren laufende Einnahmen der freien Verwendung des Monarchen anheimfallen;

[15] Friedrich der Grosze, so sparsam er war, erkannte doch sehr wohl das Bedürfnisz des königlichen Luxus für einen groszen Stat. Er erinnert dabei (im Antimachiavel) an Phidias, dessen Statue der Athene dem Volke nicht gefiel, als sie noch zu ebener Erde neben einer andern Statue derselben gestellt war, dann aber allgemeine Bewunderung und den entschiedenen Vorzug erwarb, als sie auf ihren hohen Standpunkt erhoben worden war, und bemerkt ebenso wahr als schön, dasz es auch für den Stat eine „Optik der groszen Verhältnisse" gebe, die beachtet werden müsse.

c) das reine Privatvermögen des Fürsten.

Das Institut der Civilliste wurde zuerst in England eingeführt, anfangs durch einzelne Parlamentsacte, später als bleibende Einrichtung,[16] früher noch theilweise mit andern herkömmlichen öffentlichen Einnahmen und Belastungen der Krone vermischt, in neuerer Zeit vollständig davon ausgeschieden. In unserm Jahrhundert wurde denn diese Sonderung in den meisten Staten mit constitutionell-monarchischer Verfassung vollzogen. Es ist nicht zu verkennen, dasz zwar durch dieselbe das königliche Einkommen abhängiger von der Zustimmung der Volksvertretung geworden ist als zuvor, so lange noch Statsvermögen und Krongut mehr vermischt waren; aber auf der andern Seite haben in Folge dieser Umwandlung auch die Monarchen gewonnen durch gröszere Sicherheit der regelmäszigen Zahlungen, durch Befreiung von mancherlei wechselnden und nicht selten auch plötzlich steigenden Lasten, durch klarere Uebersichtlichkeit und Ordnung des Haushaltes, und das Volk durch erhöhten Einflusz auf die eigentliche Statsökonomie, Entfernung der Gefahren eines verschwenderischen Hofes und Erschwerung des Stimmenkaufs, auszerdem beide durch die erleichterte Möglichkeit, die Grösze der Civilliste den veränderten Bedürfnissen der Zeit anzupassen.[17]

Unvereinbar ist die Civilliste freilich mit dem Patrimonialstat, welcher umgekehrt den Stat selbst wie ein Privatgut der fürstlichen Dynastie betrachtet, aber keineswegs mit einem energischen und vollmächtigen Königthum, wie der moderne Stat es kennt. Das Haupt empfängt seine Nahrung auch von den Organen des Leibes; weszhalb sollte es daher für das Statshaupt, welches durch seine Herrschaft dem ganzen Körper

[16] Zuerst nach der glorreichen Revolution von 1689 bei der Thronerhebung Wilhelms III. und Marias. Vgl. über die Geschichte der engl. Civilliste Th. Ersk. May, Verf.-Gesch. Englands 1. Cap. 4.

[17] Sieyes Werke II, 203: „Ein Amtsgehalt von 30 Millionen ist der Freiheit sehr zuwider und nach meiner Meinung sehr antimonarchisch.“

dient, anstöszig sein, seine Ausstattung und seinen Unterhalt von diesem zu bekommen?

Die Civilliste besteht gewöhnlich aus einer fixen jährlichen Rente und auszerdem in dem Genusse der Paläste, Schlösser, Sammlungen, Kleinodien u. s. f., welche für die Familie und den Hof des Königs bestimmt sind. In England[18] wird die Grösze der Rente je bei dem Regierungsantritt des Königs für dessen Regierungsperiode durch ein Parlamentsgesetz bestimmt: ein System, welches zur Zeit der Restauration in Frankreich[19] angenommen wurde und in die Verfassungen von Belgien §. 43, der Niederlande §. 27 und andere übergegangen ist. In den deutschen Staten wird dieselbe entweder durch bleibende Verfassungsbestimmungen oder Gesetze ein für allemal festgesetzt, oder besteht in den Einkünften der besondern für diesen Zweck ausgeschiedenen Krondomänen.[20] Die spanische Verfassung dagegen §. 49 und die portugiesische §. 27 stellen es lediglich dem Ermessen der Cortes allein anheim, die Civilliste bei dem Regierungsantritte des Königs zu bestimmen und in Griechenland §. 357 kann je nach 10 Jahren dieselbe gesetzlich neu geordnet werden. In Norwegen (Verf. §. 75) darf der Storthing sogar jährlich die Civilliste festsetzen.[21] Der Würde der Krone ist es jedenfalls nicht zuträglich, wenn die Ausstattung derselben zum Gegenstand öfterer

[18] Blackstone Comm. I. 8, 9.

[19] Verfassung von 1815 §. 23 und von 1830 §. 19.

[20] Bayerisches Verfassungsgesetz von 1834. Preuszisches Gesetz von 1820 Verf. §. 59. Die früherhin geltende Vorstellung eines privatrechtlichen Kammergutes ist für die neuere Statsentwicklung völlig unhaltbar geworden. Beachtung aber verdient bei der Ausmittelung der Civilliste, dasz die deutschen Fürsten reiche Kammergüter an den Stat übergeben und schon deszhalb einen gerechten Anspruch auf eine ehrenvolle Dotation haben. Vgl. Zachariä, deutsches Statsrecht §. 210. Oesterreichische Verf. §. 36.

[21] Dahlmann, Polit. I. S. 95 heiszt das nicht mit Unrecht „einen schimpflichen Zustand des ersten Hauswesens im Reiche, den kein Privatmann ertragen würde.“

Verhandlungen der Kammer und so zur Zielscheibe der Parteileidenschaft, des Neides und des Unverstandes gemacht wird.

Wo die Civilliste gehörig ausgeschieden ist von dem übrigen Statsvermögen, da wird durch einen Ueberschusz der jährlichen Einnahmen des Statsvermögens über die Ausgaben dieses, nicht aber jene bereichert. Der Vorschusz dagegen der Einkünfte der Civilliste über die Ausgaben derselben vermehrt das Privatvermögen des Monarchen, wenn nicht besondere Gründe im Wege stehen.

Die Apanagen der Prinzen und ihrer Familien werden besser getrennt von der Civilliste als in dieselbe eingeschlossen. Die Stellung des Monarchen ist einzig im State und darf daher auch nicht abhängig gemacht werden von der Zahl und den Bedürfnissen der Prinzen, und es haben diese zunächst blosz einen Anspruch auf standesmäszigen Unterhalt, nach Maszgabe des Stammvermögens der Krone, welcher mehr nach den Grundsätzen des Privatrechts als des Statsrechts zu normiren ist, während das Recht des Monarchen selbst vorherrschend von statsrechtlicher Natur ist. Die Ehre der Dynastie und die Würde des States sind freilich auch in diesem Verhältnisse zu berücksichtigen, aber sie haben hier doch nur eine untergeordnete Bedeutung. Das System der Apanagen ist in Europa aufgekommen, seitdem der statsrechtliche Gesichtspunkt der Einheit der Landesregierung die Untheilbarkeit des Statsgebietes und zugleich mit diesem den Anfall des Domänen- und des Krongutes an den einen Nachfolger in dem Fürstenthum zur Folge hatte. Die früheren mehr privatrechtlichen Erbansprüche der übrigen Anverwandten des Monarchen wurden daher zurückgewiesen, und diese muszten sich für den Verlust ihres Erbrechtes mit einer Abfindung begnügen, wie sie den ökonomischen Kräften des Kammergutes und den Lebensbedürfnissen der Apanagirten gemäsz schien und ziemlich frei von dem regierenden Fürsten selbst bestimmt wurde.[22] In

[22] Goldene Bulle XXV. §. 5. „Qui (der Erstgeborene) tamen apud

dem neueren Statsrechte werden die Apanagen regelmäszig durch das Gesetz bestimmt.

Dreizehntes Capitel.

B. Majestätsrechte. Unverantwortlichkeit und Verantwortlichkeit.

1. Die Frage der Verantwortlichkeit des Statsoberhauptes wurde zu verschiedenen Zeiten und unter verschiedenen Völkern verschieden beantwortet. Das römische Statsrecht, auch während der Republik, huldigte dem Princip der Unverantwortlichkeit der obersten Magistrate, so weit ihr politischer Amtskreis reichte. Die ältern germanischen Völker im Gegensatze hielten den Grundsatz der Verantwortlichkeit selbst ihrer Könige für natürlicher. In unserer Zeit bekennen sich die monarchisch regierten Staten durchweg -- mit Ausnahme der Napoleonischen Verfassung — zu dem ersteren Princip, suchen aber factisch die Unverantwortlichkeit der Könige durch die Verantwortlichkeit ihrer Minister zu beschränken, ohne die sie nicht zu handeln vermögen. Die Republiken umgekehrt stehen zu dem letzteren Grundsatze. Betrachten wir die leitenden Gedanken und ihre Entwicklung näher.

2. Die Römer liebten eine energische Gewalt. Vor dem Miszbrauche derselben suchten sie sich während der Republik theils durch kurze Amtsdauer und öftere Neuwahl, theils durch Theilung der Gewalt unter zwei oder mehrere Inhaber derselben

alios fratres et sorores clementem et pium exhibebit continuo, juxta datam sibi a Deo gratiam et juxta suum bene placitum et ipsius patrimonii facultates." Der Ausdruck *apanagium* erklärt sich aus dem mittelalterlichen Wort apanare, d. h. panem et cibum porrigere. Verschieden davon war das sog. *paragium* oder besser *partagium* (Vgl. Du Cange u. d. W.), welches in einer Abfindung in Hoheitsrechten und Liegenschaften bestand, somit auf einer unvollständigen Durchführung des Princips der einheitlichen Thronfolge beruhte.

zu schützen: aber sie fürchteten, dasz die Kraft des Amtes gelähmt und seine Hoheit und Würde verletzt werden könnte, wenn der Träger derselben während seiner Amtsperiode verantwortlich gemacht würde, und es schien ihnen unnatürlich, dasz der höchste Magistrat der Jurisdiction eines ihm gleichen oder niedrigeren Magistrates unterworfen werde. Es wurde daher als ein Bruch des hergebrachten Rechtes angesehen, als Tiberius Grachus zuerst auf Absetzung seines Collegen im Tribunal des M. Octavius antrug und dieselbe durchsetzte,[1] und noch Cicero verkündete von den Consuln den Satz: Nemini parento.[2] Selbst wegen ihrer Provincialregierung konnten die Magistrate erst, nachdem ihre Amtsdauer vollendet war, belangt werden. Die Unverantwortlichkeit des römischen Kaisers aber deckte auch seine Diener, wenn er sie nicht selber zur Verantwortung zog.[3] Der Kaiser selbst hatte zwar die moralische Verpflichtung, Recht und Gesetz zu achten;[4] aber wenn er ausnahmsweise über ihre Schranken hinausging, so gab es kein statsrechtliches noch gerichtliches Mittel, ihn zur Rechenschaft zu ziehen; und insofern konnte man sagen, der Kaiser sei nicht durch die Gesetze gebunden.[5]

3. Eine von Grund aus verschiedene Ansicht findet sich dagegen in dem germanischen Mittelalter häufig. Die Interessen der Regierungsmacht und Hoheit schienen den germanischen Völkern nicht von solcher Bedeutung, um ihnen

[1] Rubinos Untersuch. I. S. 32.

[2] *De Legib.* III. 3.

[3] Oben Buch IV. Cap. 17. Note 9.

[4] *Tacitus*, Annal. III. 26: „Praecipuus Servius Tullius sanctor legum fuit quis etiam reges obtemperarent.“ c. 4. C. de Legib. Imp. *Theodosius et Valentinianus:* „Digna vox est majestate regnantis, legibus alligatum se principem profiteri; adeo de auctoritate juris nostra pendet auctoritas.“

[5] *Ulpianus*, L. 31. D. de Legibus: „Princeps legibus solutus est; Augusta autem non est, Principes tamen eadem illi privilegia tribuunt, quae ipsi habent.“ *M. Antoninus* phil.: „Nemo nisi solus Deus judex principis esse potest.“

die Rücksichten der Gerechtigkeit aufzuopfern,[6] und obwohl auch sie in der Regel nur dem höheren Richter verstatteten,

[6] Gregor von Tours III. 30 von den Gothen: „Sumserunt Gothi hanc detestabilem consuetudinem (der Bischof ist ein Romane und in den Begriffen des römischen Rechts erzogen), ut si quis eis de regibus non placuisset, gladio eum adpeterent, et qui libuisset animo, hunc sibi staturerent regem.“ Dem schwedischen König Olof Schooszkönig erklärte der Lagmann Thorgny in dem öffentlichen Dinge zu Upsala in Gegenwart des norwegischen Gesandten: „Dieser König, der jetzt da ist, will nicht, dasz Einer wage zu ihm zu reden, als was ihm selbst wohlgefällig zu hören ist, und das betreibt er mit aller Hitze. Seine Steuerländer aber läszt er durch Sorglosigkeit sich aus den Händen gehen, und dennoch will er Norwegen beherrschen, was kein König vor ihm begehrte, daher Mancher in Unruhe leben musz. Deszhalb wollen wir Bauern, dasz Du König Olof mit Norwegens Könige Friede schlieszest und ihm deine Tochter Ingegard zur Frau gebest. Willst Du die Ostländer wieder gewinnen, die Deine Verwandten und Voreltern gehabt haben, so folgen wir Dir Alle. Willst Du aber unser Begehren nicht erfüllen, so werden wir Dich überfallen und Dich tödten und nicht länger Unfrieden und Unrecht dulden. Denn so haben es unsere Voreltern gemacht: sie stürzten fünf Könige in einen Brunnen bei Mulathing, die so von Hochmuth erfüllt waren, wie Du gegen uns.“ Vgl. Wilda, Strafrecht der Germanen S. 31. Weitere Nachweisungen bei C. Maurer, Beitr. zur Rechtsgeschichte des Nordens I. S. 13. Leges Lamecenses in Portugal v. J. 1153 Art. 22: „Und der Procurator des Königs Lorenzo Venegas hat gefragt: Wollt ihr, dasz der Herr König zu den Cortes des Königs von Leon gehen und ihm oder irgend einer andern Person auszer dem Herrn Papst, welcher ihn zum König erhoben hat, Tribut zahlen soll? Und alle haben sich erhoben und mit den bloszen Schwertern gegen den Himmel gerichtet gesprochen: Wir sind frei, unser König ist frei, unsere Hände haben uns befreit, und der Herr König, welcher solche Dinge zugestanden haben sollte, soll sterben, und wenn er noch König seyn sollte, nicht mehr über uns regieren. Und der Herr König mit der Krone auf dem Haupt erhob sich abermals und sprach auf ähnliche Weise mit entblösztem Schwerte zu Allen: ihr wiszt, wie viel Schlachten ich für eure Freiheit aus gekämpft habe, ihr seyd davon Zeugen, mein Arm und dieses Schwert sind Zeugen, wenn Jemand solche Dinge zugestanden haben sollte, so soll er sterben, und wenn es mein Sohn und Enkel wäre, so soll er nicht regieren. Und alle Stände haben gesprochen: ein gutes Wort, sie sollen sterben, und wenn der König ein solcher gewesen ist, dasz er zu einer fremden Oberherrschaft seine Einwilligung gibt, so soll er nicht regieren. Und wiederum sprach der König: so soll es geschehen.“ Schubert, Verf. II. S. 133. Noch im Jahr 1641

über die ihm untergeordneten Personen das Gericht zu hegen, so lieszen sie doch, wenn der höhere Richter selber das Recht und den Frieden brach, ihn vor seinem Stellvertreter zur Verantwortung ziehen.

Es war eine Idee des Mittelalters, dasz der Kaiser[7] berufen sei, auch über die Fürsten Gericht zu halten, eine Idee, welche indessen nur innerhalb des deutsch-römischen Reiches practisch wurde, indem die übrigen christlichen Könige

erklärten die drei Stände von Portugal bei der Erhebung des Hauses Braganza auf den Thron: „Es ist auch nach dem natürlichen und menschlichen Rechte, selbst wenn die Stände der Königreiche alle ihre Autorität und Gewalt den Königen übertragen und bewilligt hätten, um sie zu regieren, dasz diesz nichtsdestoweniger doch nur unter der stillschweigenden Bedingung geschehen sein würde, sie mit Gerechtigkeit zu leiten und zu beherrschen, nicht aber mit Gewaltthätigkeit. Daraus folgt, dasz wenn die Unterthanen von ihren Souveränen tyrannisch behandelt worden sind, es auch in ihrer Gewalt steht, ihnen die Krone zu nehmen.“ Schubert, Verf. II. S. 139. Assisen von Jerusalem B. C. 26: Bien sachies *quil n'est mie seignor* de faire tort: car se il le faiseit done ni avereit il desous lui nul home qui droit deust faire ne dire, puisque le sire mayme ce fauce por faire tort.“

[7] Carta divisionis imperii a. 817 c. 10: „Si autem — evenerit, ut aliquis illorum propter cupiditatem rerum terrenarum, quae est radix omnium malorum, aut divisor aut oppressor Ecclesiarum aut pauperum extiterit, aut tyrannidem, in qua omnis crudelitas consistit, exercuerit, primo secundum Domini praeceptum per fideles legatos semel bis et ter de sua emendatione commoneatur; ut si his renisus fuerit, arcessitus a fatre coram altero fratre paterno et fraterno amore moneatur et castigetur. Et si hanc salubrem admonitionem penitus spreverit, communi omnium sententia quid de illo agendum si decernatur, ut quem salubris ammonitio a nefandis actibus revocare non potuit, *imperialis* potentia communisque omnium sententia coerceat.“ Sachsenspiegel III. 55 §. 1: „Over der vorsten lif unde ir gesunt ne mut neman richtere sin, wan de Koning“ Reichsabschied Friedrichs II. von 1235 c. 24: Wenn die Klage den Fürsten an ihren Leib, ihre Ehre, an ihr Recht, an ihr Erbe oder ihr Leben geht, so richtet der Kaiser selbst. Nach dem Schwabenspiegel c. 106 kann er indessen, wenn er auszer Landes fährt, dem Pfalzgrafen vom Rhein „den gewalt geben, daz er an siner stat richter si über der fürsten lip.“ Die Beispiele sind auch nicht selten in der deutschen Geschichte, dasz die Reichsacht über Fürsten ausgesprochen und vollzogen wurde.

und Fürsten die Weltherrschaft des Kaisers nur im Titel und Rang, nicht in der Wirklichkeit anerkannten. Wurde auch später die Entsetzung eines Reichsfürsten dem freien Urtheile des kaiserlichen Gerichtes nicht mehr überlassen, sondern von der Zustimmung des Reichstages abhängig gemacht, so blieb doch die Zuläszigkeit derselben bis zur Auflösung des deutschen Reiches anerkannt.[8]

Sogar der Kaiser, ungeachtet seine höchste Macht von Gott abgeleitet wurde, war nicht unverantwortlich. In gewöhnlichen Klagen, die ihm nicht an die Herrschaft gehen, wird er vor dem Pfalzgrafen vom Rhein belangt.[9] Die Kurfürsten aber sind berechtigt, ihn durch Urtheil selbst des Reiches zu entsetzen.[10] Erst in den letzten Jahrhunderten, als die Grund-

[8] Wahlcapitulation Karls VI. v. 1711 Art. XX. „Wir sollen und wollen auch in Acht und Oberachtsachen darauf halten, dasz niemand Churfürst, Fürst oder Stand — ohne rechtmäszig und genugsame Ursach auch ungehört und ohne Vorwissen Rath und Bewilligung des Heil. Reichs Churfürsten, Fürsten und Stände in die Acht oder Oberacht gethan werde.“ — „Wann es dann (nach der gerichtlichen Verhandlung in Reichshofrath oder Kammergericht) zum Schlusz der Sachen kommt, so sollen die ergangene Acta auf öffentlichen Reichstag gebracht, durch gewisse hierzu absonderlich vereidigte Ständ aus allen drei Reichscollegien in gleicher Anzahl der Religionen examinirt und überlegt, deren Gutachten an gesambte Churfürsten, Fürsten und Stände referirt, von denen der endliche Schlusz gefaszt und das also verglichene Urtheil, nachdeme es von Uns und unserem Commissario gleichfalls approbirt, in Unserem Nahmen publicirt werden.“

[9] Sachsenspiegel III. 52 §. 3: „klaget man over den richtere, he sal antwerden vor dem scultheiten, wen die scultheite is richter siner scult; als is die palenzgreve over den keyser, unde die burchgreve over den marcgreven.“ Vgl. I. 58.

[10] Sachsenspiegel III. 54 §. 4 „De koning sol hebben vrenkisch recht svanne he gekoren is: von svelker bord he ok si, wanne alse de vranke sinen lif nicht verwerken ne mach, he ne werde in der hanthaften dat gevangen, oder ime ne si sin vrenkisch recht verdelt, also ne mach deme koninge neman an sin lif spreken, ime ne si dat rike vore mit ordelen verdelt.“ Schwabenspiegel c. 105 (Wackernagel): „Dem künige mac nieman an den lip gesprechen, im werde daz riche ê widerteilet mit der fürsten urteile, über des küniges

sätze des römischen Rechts mehr in Aufnahme gekommen waren, und die moderne Ansicht von der Souveränetät verbreitet wurde, bestritten die Juristen ein solches Entsetzungsrecht der Fürsten gegenüber dem Reichsoberhaupt.

4. Für das neuere Recht ist zu unterscheiden die privatrechtliche, die strafrechtliche und die politische Verantwortlichkeit oder Unverantwortlichkeit des Monarchen.

Auf dem Gebiete des Privatrechts hat sogar das römische Recht, welches eine absolute Macht des Kaisers proclamirte, dennoch für Verantwortlichkeit desselben gesorgt. Der Kaiser in Person freilich konnte nicht gerichtlich verklagt werden, auch nicht in seiner Eigenschaft als Privatschuldner, aber insofern der Kaiser auch Privatperson war und in privatrechtlichen Vermögensbeziehungen stand, wurde statt seiner sein Vermögen als eine juristische Person, als Fiscus den andern Privatpersonen gleich behandelt. In dieser Form konnten auch die Privatpersonen den Schutz der Gerichte ansprechen und zwar sowohl gegen den Fiscus als Statsvermögen als gegen das Privatvermögen des Kaisers, welches die Rechte und die Pflichten des Fiscus hatte.[11]

Das neuere Statsrecht hat keinen Grund, die privatrechtliche Klage gegen das Statsoberhaupt in stärkerem Masze zu

lip unde über sin êre mac nieman urteil sprechen wan die fürsten, unde krieget er mit iemande vmbe guot oder umbe anders iht daz des riches ist, da sullen über sprechen fürsten unde graven unde vrîen unde des riches dienstman." Pfeffinger, I. 9, 4 führt eine Aeuszerung des Erzbischofs Ruthard von Mainz an, als es sich um die Entsetzung Heinrichs IV. handelte: „Quousque trepidamus, o socii? Nonne officii nostri est, Regem consecrare? Consecratum investire? quod ergo principum decreto impendere licet, eorundem autoritate tollere non licet? Quem meritum investivimus, immeritum quare non divestiamus?" Die Entsetzung König Wenzels ist bekannt.

[11] L. 6. §. 1 de jure fisci *Ulpianus:* „Quodcunque privilegii fisco competit, hoc idem et Caesaris ratio et Augustae habere solet." Auf der einen Seite genosz der Fiscus freilich wichtige Privilegien, auf der andern aber erklärt *Modestinus* L. 11 de jure fisci: „Non puto delinquere eum, qui in dubiis quaestionibus contra fiscum facile responderit."

hemmen, als das römische Recht es gethan. Nur daran ist festzuhalten, dasz es unschicklich und der Würde des Monarchen zuwider wäre, würde derselbe persönlich vor dem ihm untergeordneten Richter als Beklagter belangt. In dieser Beziehung ist das Recht des Mittelalters durch die Ausbildung der Souveränetät antiquirt. Dagegen kann die Civilliste des Fürsten oder seine Privatcasse als juristische Person um so unbedenklicher belangt werden, als auch gegen die Statscasse, den Fiscus im neueren Sinn, die Privatklage nicht gehindert ist.[12]

In dieser Beziehung steht das englische Recht hinter der deutschen Rechtsentwicklung zurück, indem dasselbe zwar auch factisch in Privatstreitigkeiten gegen den König den Unterthanen Schutz gewährt, aber in der unpassenden Form der Gnade, nicht des Rechts.[13]

5. In dem Strafrechte verhält es sich anders. Da hilft der Ausweg nicht, statt des Königs den Fiscus oder die Civilliste zur Rechenschaft zu ziehen; denn diese können kein

[12] In Bayern wurde das richtige Princip schon in den Landesfreiheiten von 1507 anerkannt. Rudhart, Gesch. der Landstände II. S. 21. R. Mohl, Statsrecht von Würtemberg I. S. 178. Preuszisches Landrecht II. 13 §. 17: „Rechtsangelegenheiten, welche die Personen- und Familienrechte des Landesherrn und seines Hauses betreffen, werden nach den Hausverfassungen und Verträgen bestimmt. §. 18. Andere Privathandlungen und Geschäfte derselben sind nach den Gesetzen des Landes zu beurtheilen.“ Oesterreichisches Gesetzbuch §. 20: „Auch solche Rechtsgeschäfte, die das Oberhaupt des Stats betreffen, aber auf dessen Privateigenthum oder auf die in dem bürgerlichen Rechte gegründeten Erwerbungsarten sich beziehen, sind von den Gerichtsbehörden nach den Gesetzen zu beurtheilen.“

[13] Blackstone, I. 7 §. 1: „Wenn jemand in Eigenthumssachen ein Rechtsbegehren gegen den König hat, so musz er bei dem Kanzleihof sein Gesuch anbringen, wo ihm der Kanzler Recht als Gnade gewährt, nicht als Zwangspflicht.“ Blackstone beruft sich auf das vermeintliche Naturrecht, wie es Pufendorf darstellt, wornach der Unterthan den Souverän nicht anhalten könne, ihm seine Schuldigkeit zu thun, obwohl kein weiser Fürst sich weigern werde, eine eingegangene Vertragspflicht zu erfüllen. Der innere Widerspruch dieses Satzes springt in die Augen.

Verbrechen begehen, und der Verfolgung des Statsoberhauptes wegen eines Verbrechens selbst steht theils der Umstand im Wege, dasz die Gerichte dem König unter- nicht übergeordnet sind, theils die Ehre der Krone und das Statsinteresse, welche den Scandal eines Criminalprocesses gegen den Monarchen und die damit verbundene Gefahr für die öffentliche Ruhe nicht ertragen. Es erscheint als ein geringeres Uebel, wenn ein einzelnes Verbrechen des Souveräns ungeahndet bleibt, als wenn durch das Strafverfahren die Rechtsordnung und der Friede des gesammten States erschüttert würde. Das neuere monarchische Statsrecht hält daher hier an dem Grundsatze der Unverantwortlichkeit fest.[14]

6. Die Unverantwortlichkeit des Monarchen in Regierungsangelegenheiten ist ebenso zu einem allgemein anerkannten Princip des heutigen Statsrechts erhoben worden,[15] aber immerhin mit anderer Begründung und in anderer Form als in dem alten Römerreiche.

Vorerst ist der römische Grundsatz, dasz der Monarch nicht durch die Gesetze gebunden sei, entschieden aufgegeben, und das entgegengesetzte Princip, dasz der Monarch die Verfassung und die Gesetze zu achten verpflichtet sei, in der modernen nicht mehr absoluten Monarchie allgemein anerkannt. In dieser Beziehung hat die germanische Vorstellung, dasz das Statsoberhaupt, als an der Spitze der Rechtsordnung stehend, von derselben gehalten werde und dasz seine Macht selber auf dem Rechte beruhe, daher auch das Recht wahren müsse,[16] über die römische der absoluten Herrscher-

[14] Blackstone Comm. I. 7 §. 1.

[15] Siehe die oben Cap. 12 Note 9 angeführten Stellen, in denen gewöhnlich der Unverantwortlichkeit des Königs noch ausdrücklich gedacht ist.

[16] Bracton bei Blackstone a. a. O.: „Rex debet esse sub lege, quia lex facit regem," und „Nihil enim aliud potest rex, nisi id solum quod de jure potest." Statut 12 und 13 Will. III. c. 2. Blackstone I. 6. Maximilian I. von Bayern, Ermahnungen an seinen Sohn bei Adlz-

gewalt den Sieg erlangt. Diese Verpflichtung wird von dem Monarchen feierlich anerkannt und gewöhnlich in dem Verfassungs- und Könungseid vor Gott und den Menschen öffentlich beschworen.[17] Je weniger es rechtliche Mittel gibt,

reiter III. S. 616: „Nihil Principi *libeat*, nisi quod *licet*. Ipsius est perpetuo habere pro oculis non solum quantum sit commissum sed etiam *quatenus permissum* sit.“

[17] Auch dieser Eid, dem das bloszе fürstliche, wenn auch weniger feierliche Versprechen dem Wesen nach gleich zu achten ist, ging aus dem mittelalterlichen Statsleben in das moderne über. Alter Krönungseid Eduards IV. von England: „Ceo est le serement que le roy jurre a soun coronement: que il gardera et maintenera lez droitz et lez franchisez de seynt esglise — et quil gardera toutez sez terrez, honoures et dignites droiturelx et franks del coron du roialme d'Engleterre en tout maner dentierte sanz null maner damenusement, — — et quil grauntera a tenure lez leyes et coustumez du roialme et a soun poiar lez face garder et affirmer que lez gentez du peoble avont faitez et estiez, et les malveys leyz et coustumes de tout oustera.“ Neuer Eid bei Blackstone: Wollt ihr feierlich versprechen und schwören, das Volk dieses Königreichs England und die dazu gehörigen Herrschaften, gemäsz den in dem Parlament festgesetzten Statuten, und nach den Gesetzen und Uebungen dieses Reiches zu regieren? Ich verspreche es feierlich, so zu thun.“ — Die spätere Eidesformel für die deutschen Kaiser lautete: Vis sanctam fidem catholicam et apostolicam tenere et operibus justis servare? Vis sanctis ecclesiis ecclesiarumque ministris fidelis esse tutor et defensor? Vis regnum tibi a Deo commissum, secundum justitiam praedecessorum tuorum regere et efficaciter defendere? Vis jura regni et imperii, bona ejusdem injuste dispersa recuperare et conservare et fideliter in usus regni et imperii dispensare? Vis pauperum et divitum, viduarum et orphanorum apertus esse judex et pius defensor? Vis sanctissimo in Christo patri ac domino, Romano pontifici et sanctae ecclesiae debitam fidem reverenter exhibere?“ Der Kaiser beantwortet alle Fragen mit Volo und schwört am Schlusse: „Omnia promissa in quantum divino fultus fuero adjutorio fideliter adimplebo, sic me Deus adjuvet et sancta Dei Evangelia.“ Bayer. Verf. X. §. 1: „Bei dem Regierungsantritt schwört der König — folgenden Eid: „Ich schwöre nach der Verfassung und den Gesetzen des Reichs zu regieren, so wahr mir Gott helfe und sein heiliges Evangelium.“ Niederländische §. 53. Belgische §. 80. Griechische §. 36. Oesterreichische §. 13: „Der Kaiser beschwört bei der Krönung die Verfassung.“ Preuszische §. 54: „Der König leistet in Gegenwart der Kammern das eidliche Gelöbnisz, die Verfassung des Königreichs fest und unverbrüchlich zu halten und in Uebereinstimmung mit derselben und den Gesetzen zu regieren.“

den König zur Beachtung des bestehenden Rechts zu zwingen, desto nöthiger und heilsamer erscheint diese Einrichtung, welche in seinem Gewissen das Gefühl der Pflicht durch ernste Mahnung belebt und stärkt.

7. Englische Publicisten haben, um die Unverantwortlichkeit des Königs neben der Verpflichtung desselben auf Verfassung, Gesetze und Uebungen zu begründen, zu der Fiction ihre Zuflucht genommen: „Der König kann nicht Unrecht thun." In ähnlicher Weise, wie die katholische Kirche dem Papste Unfehlbarkeit zuschreibt, legt die englische Statstheorie dem Könige „Vollkommenheit" bei. Die Reinheit des königlichen Amtes und die Vollkommenheit der monarchischen Idee wird auf den leibhaften König übergetragen; und das Parlament hat oft schon Mitglieder, welche die Reden oder Handlungen des Königs selbst zu tadeln wagten, zur Strafe in den Thurm geschickt.[13]

Dieser ganze Gedanke ist indessen weit eher ideokratisch als monarchisch. Die innere Unwahrheit desselben kann durch keine Phrase verdeckt werden. Das Zeugnisz der Geschichte und die Erkenntnisz der menschlichen Natur erklären sich allzu laut dagegen, als dasz derselbe irgend Glauben finden könnte. Das Statsrecht darf aber dem gesunden Menschenverstand keine Zumuthung machen, welche derselbe für absurd hält, und nicht über solche Nebelbilder dauernde Institutionen aufbauen. Nur wenn der König überall nicht handeln darf, kann er auch nicht Unrecht thun. Wenn er selber willenlos und zum bloszen idealen Symbole wird, dessen sich andere bedienen, um in seinem Namen nach ihrem Willen zu thun, wenn er genöthigt wird, die Gefühle seines Herzens und die Gedanken

[13] Blackstone, Comm. I. 7 §. 1 und 2 geht so weit zu sagen: „Der König ist nicht blos unfähig unrecht zu thun, sondern sogar unfähig unrecht zu denken." Diese Theorie ist übrigens in England erst in den letzten Jahrhunderten aufgekommen. Der alte „mirror of Justices" noch spricht von „Unrecht, das der König gethan."

seines Geistes zu verschlieszen, wenn es ihm versagt wird, für die Wohlfahrt seines Volkes zu sorgen, wenn er jeder menschlichen Autorität und Willensbethätigung entkleidet wird, nur dann ist er auch vor Miszgriffen und Fehltritten gesichert. Dann aber ist auch die individuelle Macht des Königthums vernichtet. So wenig ist daher jenes Princip monarchisch, dasz gerade die consequente Durchführung desselben das Wesen der monarchischen Statsform, die „Individualregierung" zerstören müszte.[19] Die Wahrheit ist: „Der König soll kein Unrecht thun:" aber eine unwahre und sowohl des Königs als des Volkes unwürdige und schädliche Fiction ist es zu behaupten: „Der König kann nicht Unrecht thun."

8. Die wahren Gründe der Unverantwortlichkeit des Königs können nicht in der Unfehlbarkeit desselben, sondern nur einmal darin gesucht werden, dasz es in der Ordnung des modernen States kein Gericht gibt, welches über dem Monarchen steht, und fürs zweite darin, dasz die Sicherheit und die Ruhe des States durch einen Procesz gegen den König gefährlicher erschüttert würde als durch einzelne unrechtmäszige und politisch schädliche Handlungen desselben. Gäbe es ein hohes völkerrechtliches Gericht, welches, über dem Einzelstate stehend, die Principien der Gerechtigkeit auch in den höchsten Regionen menschlicher Macht zu schützen vermöchte, ohne den Stat in die Anarchie und die gewaltsamen Parteikämpfe zu stürzen, so könnte, wie das in dem römisch deutschen Reiche des Mittelalters vorbildlich geschehen ist, der Grundsatz der Unverantwortlichkeit ohne Gefahr und Schaden aufgegeben werden; und es wäre das allerdings ein Fortschritt in der menschlichen Rechtsentwicklung, welcher zugleich die individuelle Macht der Monarchie stärken würde; denn es ist in der Natur jeder Verantwortlichkeit, zwar den Miszbrauch der per-

[19] Stahl. Das monarchische Princip S. 9: Die „Erhabenheit, die dem König hier eingeräumt wird, ist nur die Erhabenheit des Knopfes am Kirchthurme, um den kein Mensch sich kümmert."

sönlichen Kräfte zu bedrohen, aber zugleich die freie und selbständige Entfaltung derselben anzuregen. Der unverantwortliche König von England läszt sich regelmäszig durch die Mehrheit der Volksvertreter im Parlament zu der Wahl seiner Minister bestimmen. Der verantwortliche Präsident von Nordamerika wählt dieselben ohne Rücksicht auf das Repräsentantenhaus nach freiem Ermessen; und selbst in Frankreich hat der verantwortliche Präsident manches wagen dürfen und gewagt, wovor der unverantwortliche König sich gescheut hätte.[20]

Die Unverantwortlichkeit des Monarchen ist somit nicht ein ideales Erfordernisz des monarchischen Princips — vor Gott und vor der Weltgeschichte gibt es keine Unverantwortlichkeit[21] so wenig des Königs als der Völker und Staten — sondern nur ein geringeres Uebel als eine Verantwortlichkeit, welche bei unseren zur Zeit noch höchst mangelhaften völkerrechtlichen Zuständen nicht richtig organisirt und practisch geübt werden könnte. Sie ist überdem keine absolute, denn die offenbare Tyrannei berechtigt zum Widerstand und in der Revolution liegt auch ein Gericht der Volksgeschichte.

[20] Sehr bestimmt hat sich auch Louis Napoleon in der Proclamation vom 14. Jan. 1852 gegen das Princip der Unverantwortlichkeit des Statshauptes erklärt: „Écrire en tête d'une charte que ce chef est irresponsable, c'est mentir au sentiment publique, c'est vouloir établir une fiction qui s'est trois fois évanouie au bruit des révolutions." Aber das entgegengesetzte Princip hat doch auch in Frankreich noch keine organische Gestalt gewonnen.

[21] Sogar dem Zerrbilde der historischen Verantwortlichkeit, der oft kurzsichtigen und anmaszlichen Censur der Tagesmeinung, die Shakespeare so unübertrefflich durch König Heinrich V. (Act IV, Sc. 1) schildern läszt, entgehen die Mächtigsten der Erde nicht:

„Nur auf den König! Legen wir dem König
Leib, Seele, Schulden, bange Weiber, Kinder
Und Sünden auf, — wir müssen alles tragen.
O harter Stand! Der Grösze Zwillingsbruder,
Dem Odem jedes Narren unterthan,
Desz Sinn nichts weiter fühlt als eigne Pein."

9. Dem Grundsatz der Unverantwortlichkeit der Könige hat das moderne Statsrecht ganz im Gegensatz zu dem römischen Statsrecht den der Verantwortlichkeit seiner Räthe und Minister beschränkend zur Seite gestellt.

Wirkliche Regierungshandlungen kann der constitutionelle Regent — in der Regel wenigstens — nur mit Hülfe eines Ministers ausüben. Daher wird dieser für die Verfassungs- und Gesetzmäszigkeit des Regierungsactes verantwortlich erklärt, und so mittelbar auch der König verhindert Unrecht zu thun, weil es ihm schwer fallen wird, einen Minister zu finden, der geneigt ist, die Verantwortlichkeit solchen Unrechtes auf seinen eigenen Schultern zu tragen. In der That eine merkwürdige Erfindung des neuern Rechtes, welche eben in der Zeit Beifall fand, als das ältere germanische Princip der Verantwortlichkeit der Könige vor dem aufsteigenden Glanze der Souveränetätsidee erblich. Durch dieselbe wird eine wichtige, obwohl nicht für alle Fälle ausreichende Garantie dafür geleistet, dasz die königliche Macht nicht schrankenlos über die königliche Pflicht wegschreite. In gewöhnlichen Fällen und Zeiten wird schon der Gedanke an diese Verantwortlichkeit der Minister auch den Fürsten und die Hofpartei vor widerrechtlichen Zumuthungen und Versuchen zurückhalten, und die Minister zur Vorsicht und zur Schonung der bestehenden Verhältnisse mahnen. Die moralische Kraft dieses Grundsatzes hat daher eine weit gröszere Anwendung, als die immerhin seltenen und schwierigen Verantwortungsprocesse vermuthen lassen. Auf der andern Seite aber darf nicht übersehen werden, theils dasz diese mittelbare Beschränkung des Monarchen nicht in allen Fällen, namentlich dann nicht hilft, wenn der König dennoch ohne die verantwortlichen Minister handelt und seine Handlungen Anerkennung finden,[22] theils dasz durch dieselbe

[22] Sehr interessant sind die Verhandlungen des französischen Convents über die Verantwortlichkeit oder Unverantwortlichkeit des Königs, nach den Ereignissen vom 10. August 1793 und nachdem es offenbar ge-

die Macht und der Einflusz der Minister auch im Verhältnisz zum Regenten so sehr gehoben wird, dasz leicht — wie das in einzelnen Staten geschehen ist — der Schwerpunkt der Regierung von dem Königthum weg und auf das Ministerium übergeht.[23]

10. In den modernen Republiken ist der Grundsatz, dasz auch die Häupter und Mitglieder der Regierung verantwortlich seien, allgemein anerkannt.

In Civilsachen können dieselben ohne Bedenken auch persönlich von den gewohnten Gerichten belangt werden, und selbst wegen gemeiner Verbrechen sind sie dem regelmäszigen Processverfahren unterworfen. Insofern sie als Privatpersonen Schuldner geworden sind oder ein Vergehen verübt haben, werden sie gleich andern Privatpersonen behandelt; die Würde des Amtes deckt sie nicht. Wenn aber die Verantwortlichkeit auf ihre amtliche Stellung und amtliche Pflicht Bezug hat, dann bedarf es auch in der Republik, damit nicht die natürlichen Machtverhältnisse verschoben werden, einer eigenthümlichen Behandlung. Würden auch in solchen Sachen die ordentlichen Gerichte einschreiten, so würde die Justiz unvermeidlich das practische Uebergewicht über die Regierung erlangen, und die öffentliche Ordnung wäre verkehrt. Auch sind die ordentlichen Gerichte wenig fähig, eine Ge-

worden, dasz der König zu seiner Rettung mit der Revolution feindlichen Mächten sich verbündet habe. Den Entscheid gab freilich die rohe Gewalt der erregten Volksleidenschaft, und zugleich mit dem König wurde das besiegte Königthum vernichtet. Der Churfürst Maximilian I. von Bayern hat in seinen Ermahnungen sehr gut hervorgehoben, wie wenig die Verantwortlichkeit der Minister und Fürsten wahrhaft decke: „Ex ministrorum delictis publicum dedecus et culpae nomen ad principem redit, qui si prohibere possit, ne delinquant, delicta quae non arcet probare immo aliquando jubere creditur."

[23] Vgl. oben Buch IV. Cap. 22 S. 436 und unten Buch VII. Cap. 5. u. 6.

richtsbarkeit zu üben, mit welcher politische Erwägungen und Rücksichten enge verflochten sind.[24]

Aus diesen Gründen werden nach den schweizerischen Verfassungen die Regierungen für ihre Amtsführung meistens den groszen Räthen[25] verantwortlich erklärt, die Inhaber der Regierungsgewalt somit der höchsten Gesetzgebungsmacht, in Nordamerika der Präsident und die übrigen Beamten auf Klage der Repräsentantenkammer dem Senate.[26]

Vierzehntes Capitel.

C. Regierungsrechte. Stellvertretung nach Auszen.

1. Nach Auszen ist das Haupt des States nun regelmäszig der Stellvertreter seiner Ehre, seines Rechtes und seiner Macht, sogenannte Repräsentativgewalt des Statshaupts. Das monarchische und das republikanische Statsrecht unserer Zeit stimmen hier in der Hauptsache überein;

[24] Vgl. unten Buch VII. Cap. 6.

[25] Z. B. Züricher Verf. §. 14: „Wegen Verletzung der Verfassung, Gesetze oder Amtspflichten erläszt der grosze Rath an den Regierungsrath und das Obergericht Mahnungen für die Zukunft, oder setzt die Mitglieder dieser Behörden vor dem groszen Rath in Anklagestand." Bundesverf. §. 74, 14.

[26] Bundesverf. I. 3: „Der Senat soll allein die Macht haben, über Statsanklagen zu richten." II. 4: „Der Präsident, der Vicepräsident und alle bürgerlichen Beamten der vereinigten Staten sollen vom Amte entfernt werden auf eine Anklage und Ueberführung vor dem Senat wegen Hochverraths, Bestechung oder anderer hohen Verbrechen und Vergehen." Vgl. Story III. 10 §. 102 ff. Vgl. Französ. Verf. v. 1848 §. 68: „Der Präsident der Republik, die Minister, die Agenten und Bewahrer der öffentlichen Autorität sind, jeder so weit es ihn betrifft, für alle Handlungen der Regierung und Verwaltung verantwortlich." §. 91: „Ein oberster Gerichtshof entscheidet, ohne weitere Appellation und Recurs auf Cassation, über die durch die Nationalversammlung gegen den Präsidenten der Republik oder die Minister geführten Anklageacte." §. 92: „Der oberste Gerichtshof besteht aus 5 Richtern und 36 Geschwornen."

nur ist in jenem die Macht des Regenten vollständiger anerkannt als in diesem.[1]

Ihm kommt es daher voraus zu, den officiellen Verkehr der Staten unter einander zu vermitteln, d. h. Gesandte an fremde Staten zu senden und zu beglaubigen, und Gesandte solcher bei sich zu empfangen und anzuerkennen. In der ersteren Beziehung bedarf zwar der constitutionelle König sowohl zu der Ernennung seiner Gesandten als zu ihrer Instruction der Mitwirkung des Ministers; aber daraus folgt weder, dasz für dieselben das persönliche Vertrauen des Monarchen entbehrlich sei, wenn sie das der Minister besitzen, noch dasz der erstere verhindert werde, persönlich mit seinen Gesandten zu verkehren. Vielmehr ist auch in der constitutionellen Monarchie an dem Grundsatz fest zu halten, dasz der Monarch nicht gehemmt werden darf, von sich aus — und auch ohne Vorwissen und Mitwirkung der Minister — die Zustände frei zu prüfen und sich über die Verhältnisse zu unterrichten, und dasz er nur zu wirklichen Statsacten der Zustimmung der Minister bedarf. Eine Verhandlung mit einem fremden Stat kann gültig nicht ohne die Minister geführt und geleitet, Berichte aber über die Verhältnisse des fremden Hofes und States können wohl auch unmittelbar und ausschlieszlich für den Monarchen bestimmt werden.

Auszer ihm darf Niemand im Lande einen fremden Gesandten anerkennen noch ein solcher, ohne accreditirt zu sein, die Verrichtungen eines Gesandten üben. Der höhere Statenverkehr geht nur durch die Häupter der Staten selbst und ihre unmittelbaren Bevollmächtigten vor sich; und nur in untergeordneten, durch Verträge, Herkommen oder Gesetz gebilligten

[1] Blackstone I. 7, 1. Französische Verf. v. 1811 §. 14. Spanische von 1837, §. 47. Portugiesische von 1826 §. 75, 6—8. Niederländische §. 55. Belgische §. 68. Preuszische §. 48. Nordamerikanische II. 2, 2. Schweizerische Bundesverfassung §. 90, 8. Französische von 1848 §. 53, 60. von 1852 §. 6. Norddeutsche Bundesv. §. 11.

Fällen des Geschäftsverkehrs in Privat- und Polizeisachen kommen Ausnahmen vor, in denen auch niedere Behörden verschiedener Staten, zumal an den Gränzen, mit einander verkehren. In jedem Momente aber ist das Statshaupt berechtigt, auch in solchen Dingen die Vertretung des eignen States an sich zu ziehen und jenen Verkehr zu hemmen. Vor dem höhern Recht verschwindet dann das niedere.

2. Der König hat das Recht, Krieg zu erklären und Frieden zu schlieszen. Beide sind in Form und in Inhalt Handlungen der nationalen Politik, deren oberste Leitung in dem Regenten concentrirt ist. Eine Partei oder eine Heeresabtheilung kann ohne Ermächtigung desselben Feindseligkeiten verüben, aber nicht einen Krieg beginnen,[2] die Waffen niederlegen, aber nicht Frieden schlieszen. Den Kammern einen unmittelbaren Antheil an diesen Beschlüssen verschaffen, wäre theilweise Verlegung der Regierung in den gesetzgebenden Körper und würde, wenigstens in dem alten Europa, die höchsten Interessen des States, der das thäte, in schwere Gefahr bringen. Die Verhandlung in den Kammern könnte leicht dem Feinde nützen und würde nur selten der Heimat frommen. Wo es sich um Thaten des Moments handelt, da ist sowohl stille

[2] *Pomponius* in L. 118 de Verb. Signif.: „hostes sunt quibus bellum publice populus Romanus decrevit; caeteri latrunculi vel praedones appellantur." *Hugo Grotius* de jure belli ac pacis III. 3. Blackstone I. 7, 3. Französische Verf. v. 1815. §. 14 von 1852 §. 6. Niederländische § 56: „Der König erklärt den Krieg. Er gibt davon unmittelbare Kenntnisz den beiden Kammern." Belgische §. 68. Spanische von 1837 §. 47, 4. Preuszische §. 48. Eigenthümlich ist die Bestimmung der schwedischen Verfassung §. 13: „Will der König Krieg anfangen oder Frieden schlieszen, so ruft er einen auszerordentlichen Statsrath von dem Statsminister, Statsräthen, Hofkanzler und sämmtlichen Statssecretären zusammen, stellt ihnen die Ursachen und Umstände, die hierbei zur Ueberlegung kommen, vor, und frägt sie hierüber nach ihrer Meinung, die jeder für sich, mit der Verantwortlichkeit, welche Art. 107 bestimmt, zu Protokoll abzugeben hat. Der König besitzt hierauf die Macht, den Beschlusz zu fassen, und auszuführen, welchen er für des Reiches Beste hält."

Ueberlegung und ruhige Prüfung der Verhältnisse und Aussichten, als Einheit des Willens und rasche Durchführung der gefaszten Entschlüsse nöthig, und beides ist der schwerfälligen und zugleich von Parteien bewegten Kammerverhandlung nicht möglich.

Freilich ist diese Macht des Monarchen eine grosze, und es ist zuzugeben, dasz die mittelbaren Hülfsmittel, welche den Kammern zu Gebote stehen, um die drückenden Folgen eines vielleicht ungerechten oder unverständigen Krieges abzuwenden, wenn der Krieg ausgebrochen ist, selten ganz helfen. Die Anklage und Verurtheilung der Minister kann die Opfer an Menschenleben, Vermögen und Ruhe, welche der verderbliche Krieg verschlungen, nicht ersetzen; und die Verweigerung von Subsidien ist, wenn einmal die Ehre und das Wohl des States bei der Kriegsführung betheiligt ist, eine moralische Unmöglichkeit, und würde sie trotzdem beschlossen, dem Heere gegenüber factisch nicht durchzusetzen. Wohl aber ist der mittelbare Einflusz dieser controlirenden Rechte der Kammern nicht gering, und der Gedanke daran fordert die Regierung zu erhöhter Vorsicht auf; und die offenbare Stimmung der Kammern gibt auch den Ministern eine zuweilen erwünschte Gelegenheit, durch ihren Rücktritt eine nöthige Wendung der Politik zu erleichtern.

Der Friede indessen ist nicht blosz Beendigung des Krieges, sondern häufig auch Begründung einer neuen bleibenden Ordnung; daher kommen, soweit der Friedensschlusz derartige Bestimmungen enthält, folglich auch ein Statsvertrag ist, die für solche geltenden Beschränkungen zur Anwendung.

Das republikanische Statsrecht hat eine Scheu davor, eine so unbeschränkte Macht in die Hand der Regierung zu geben. Die Bundesverfassung Nordamerika's theilt daher das Recht der Kriegserklärung dem Congresse zu, aber das Recht Friedensverträge abzuschlieszen dem Präsidenten mit Zustimmung des Senates. Die Gründer dieser Einrichtung haben erwogen, dasz wohl der Krieg, nicht aber der Frieden der republikanischen Verfassung gefährlich, und dasz es rathsam sei, den Entschlusz zum Kriege zu erschweren, den Abschlusz des Friedens aber zu erleichtern.[3] Nach der schweizerischen Bundesverfassung (§. 74. 6) ist nur die Bundesversammlung zu „Kriegserklärungen und Friedensschlüssen" befugt.[4]

3. Ebenso hat das Statsoberhaupt das Recht, ausschlieszliche Bündnisse und Statsverträge mit auswärtigen Staten gültig abzuschlieszen.[5] In der Monarchie, wo dieses Recht in weitestem Umfange anerkannt und geübt wird, gilt indessen theils die allgemeine Beschränkung, dasz Bestimmungen derselben, welche in den Bereich der Landesgesetzgebung gehören, auf eine für die Statsangehörigen verbindliche Weise nur auf dem Wege der Gesetzgebung eingeführt werden können, theils sind in einzelnen Verfassungen noch besondere Modificationen ausdrücklich vorgeschrieben.[6]

---

[3] Verfassung I. 8. und II. 2. Story III. 21 §. 164 ff.

[4] Vgl. franz. Verfassung von 1848 §. 53 und 54.

[5] Vgl. darüber oben Buch V. Cap. 9 S. 525. Blackstone, I. 7, 2.

[6] Oben Buch V. Cap. 9. S. 526. Schwedische Verf. §. 12: „Der König hat das Recht, mit fremden Mächten Unterhandlungen und Bündnisse einzugehen, nachdem er den Statsminister für die auswärtigen Angelegenheiten und den Hofkanzler darüber gehört hat." Niederländische §. 57: „Der König schlieszt und bestätigt Friedens- und alle andern Verträge mit den fremden Mächten. Er theilt den Inhalt dieser Verträge den beiden Kammern der Generalstaten mit, so weit er sie für das Interesse und die Sicherheit des States zulässig erachtet. Verträge, welche mit der Abtretung oder Vertauschung eines Theiles des Grundgebietes in Europa oder in andern Welttheilen verbunden sind, oder einige andere Bestimmungen oder Veränderungen enthalten, welche gesetzliche Rechte betreffen, werden von dem Könige nicht eher bestätigt, als bis die Generalstaten diese Bestimmungen oder Veränderungen genehmigt haben." Belgische §. 68: „Der König schlieszt Bündnisse, Friedens- und Handelsverträge. Sobald das Interesse und die Sicherheit des States es erlauben, setzt er die Kammern davon in Kenntnisz und fügt die nöthigen Mittheilungen bei. Die Handelsverträge, sowie diejenigen, welche den Stat belasten, oder einzelne Belgier verpflichten, haben nur Kraft, wenn sie die Zustimmung der Kammern erhalten."

Fünfzehntes Capitel.

D. Regierungsrechte. Innere Gewalt.

1. Amts-, 2. Ehrenhoheit. 3. Politische Leitung.

Die Regierungsmacht ist nicht eine blosze Ansammlung einzelner Befugnisse sondern eine centrale Fülle von statlicher Macht, welche dem Lichte vergleichbar, das seine Strahlen überallhin entsendet, in verschiedenen Richtungen in besondern Befugnissen ausströmt. In der Monarchie ist diese Einheit und Fülle der Macht in einem Individuum concentrirt. Dem Monarchen gebührt voraus ein Antheil an der Gesetzgebung, auszer der Initiative auch ausschlieszlich die Sanction, durch welche erst dem Gesetze der Stempel der statlichen Geltung verliehen wird. Dazu verkündet er als Regent die sanctionirten Gesetze: und es wird so in ihm die Harmonie und Einheit des Statsorganismus sichtbar dargestellt. Die Sanction

Spanische Verf. von 1837 §. 48: „Der König musz durch ein specielles Gesetz autorisirt werden: 1) um irgend einen Theil des spanischen Gebietes zu veräuszern, abzutreten oder zu vertauschen; 2) um fremde Truppen im Reiche zuzulassen; 3) Offensiv-Allianztractate, besondere Handelsverträge und solche, worin Subsidien an eine fremde Macht festgesetzt werden, zu ratificiren." Portugiesische von 1826. Befugnisse (des Königs) sind: — 7) Allianz-, Offensiv-, Defensiv-, Subsidien-, Handelsverträge zu schlieszen, sie nach deren Abschlieszung zur Kenntnisz der allgemeinen Cortes zu bringen, wenn das Interesse und das Wohl des States es gestatten. Im Falle die zu Friedenszeiten geschlossenen Verträge eine Abtretung oder Austauschung vom Gebiete des Königreichs oder von Besitzungen, worauf das Königreich Anspruch hätte, veranlaszten, so sollen dieselben nicht ratificirt werden, ohne dass die allgemeinen Cortes sie bestätigt hätten. Oesterreichische von 1849 §. 17: „Der Kaiser schlieszt mit fremden Mächten Verträge. Bestimmungen in solchen Verträgen, welche dem Reiche neue Lasten auflegen, bedürfen der Zustimmung des Reichstages." Preuszische §. 48: „Letztere (die Verträge mit fremden Regierungen) bedürfen zu ihrer Gültigkeit der Zustimmung der Kammern, sofern es Handelsverträge sind oder wenn dadurch dem State Lasten oder einzelnen Statsbürgern Verpflichtungen auferlegt werden. Norddeutsche Bundesv. §. 11.

ertheilt oder verweigert er als Haupt des gesetzgebenden Körpers. Die Verkündung (Promulgation) befiehlt er als Inhaber der Regierungsgewalt, in der Absicht, für die Durchführung und Anerkennung der Gesetze zu sorgen.[1] In der Republik, welche die Sanction der Gesetze, wie in Nordamerika, in ein bloszes beschränktes Veto umgewandelt oder der Regierung ganz entzogen und nur die Initiative gelassen hat, wird doch regelmäszig, wie in der Schweiz, die Promulgation dieser zugewiesen.[2]

Im übrigen ist die Macht des Regenten im Innern keineswegs eine blosz vollziehende,[3] sondern vielmehr eine selbständig ordnende, befehlende, schützende, sorgende und verwaltende. Die Interessen der öffentlichen Wohlfahrt und die Handhabung des Rechts sind nach den Bedürfnissen des wechselnden Lebens vornehmlich ihm und seiner Leitung anvertraut: und das Gesetz zieht nur gewisse Schranken, innerhalb welcher sie die täglich wirksame Regierungsgewalt bewegen musz, und bezeichnet auch wohl die principiellen Richtungen, welche bei ihren Entschlüssen und Anordnungen einzuhalten sind. Diese selbst aber werden von dem Regenten mit freiem Willen und je nach den Umständen bestimmt.

Im Besonderen ist hervorzuheben:

1. Die Amtshoheit.

Die Monarchie ist die Quelle aller übrigen Amtsgewalt im State. Alle Statsämter werden von dem Monarchen besetzt, und sind ihm untergeordnet. Dieses Princip, welches der Einheit des Statsorganismus zur festen Stütze geworden ist, hat erst in der modernen Monarchie wieder volle Anerkennung gefunden;[4] in ihm wird auch der Gedanke be-

[1] Vgl. oben Buch V. Cap. 11 S. 534.

[2] Siehe oben a. a. O. S. 534 und schweiz. Bundesverf. §. 90. 4, 5.

[3] Buch V. Cap. 2.

[4] Vgl. oben Buch IV. Cap. 23. S. 444. *Montesquieu* Esprit de Lois II. 4. Blackstone I. 7, 4. Spanische Verf. von 1826 §. 75, 3. Oesterreichische von 1849 §. 10: „Der Kaiser ernennt und entläszt

währt, dasz alle amtliche Gewalt von oben stufenweise abgeleitet sei.

Auch der constitutionelle Monarch übt hier einen groszen persönlichen Einflusz aus auf die öffentlichen Angelegenheiten. Je höher das Amt, und je näher dem Monarchen, desto entschiedener wird sich sein eigener Wille Geltung verschaffen. Die Minister insbesondere, deren er bedarf zu Helfern und zu Organen seiner Regierung, ernennt und entläszt er völlig frei. Freilich wird ein weiser Monarch nicht seine Laune walten und sich nicht durch blosze persönliche Zuneigung und Abneigung in seiner Wahl bestimmen lassen, er wird dabei das öffentliche Interesse voraus erwägen und so denn auch auf die Harmonie mit den Kammern einen sehr hohen Werth legen; aber es besteht für den Monarchen keine Rechtspflicht, seine Minister je nach den Wünschen der Kammermehrheiten zu wählen oder zu entlassen. Die Politik wird ihn wohl bestimmen, nur solche Minister zu wählen oder zu behalten, welche auch das Vertrauen der gegenwärtigen oder der künftigen Kammer zu erwerben wissen, denn das entschiedene und dauernde Misztrauen der Kammer schwächt die Autorität der Regierung und lähmt ihre Macht. Aber die Wahl selbst steht dem Monarchen frei.[5] Die Zustimmung eines bisherigen Ministers zu der Ernennung des Nachfolgers ist kein absolutes Erfordernisz ihrer Gültigkeit; der Monarch kann, wenn dieselbe verweigert würde, durch den neu ernannten Minister selbst die Ernennung contrasigniren lassen. Seine Freiheit darf hier nicht gehemmt werden, und es sorgt das constitutionelle Statsrecht nur dafür, dasz auch für diesen Regierungsact eine Person verantwortlich sei.

die Minister, besetzt die Aemter in allen Zweigen des Statsdienstes und verleiht den Adel, Orden und Auszeichnungen." Preuszische §. 47: „Der König besetzt alle Stellen im Heere, sowie in den übrigen Zweigen des Statsdienstes, sofern nicht das Gesetz ein anderes verordnet." Die Belgische §. 66 beschränkt den Einflusz des Königs mehr.

[5] Oben Buch IV. Cap. 23 S. 442 und unten Buch VII. Cap. 5.

Bei der Besetzung der übrigen Statsämter ist er an die Mitwirkung der Minister gebunden; freilich wieder nicht so, dasz er einfach die Vorschläge derselben zu erwarten und gutzuheiszen hat, sondern so, dasz ihm unbenommen ist, die Initiative zu ergreifen, selber taugliche Männer in Vorschlag zu bringen und die Vorschläge der Minister zu verwerfen. Dieses wichtige Attribut der monarchischen Gewalt mit Einsicht auszuüben und die rechten Männer zu den Aemtern zu finden und zu berufen, war von jeher eine Eigenschaft ausgezeichneter Fürsten, und kaum gewährt eine andere Befugnisz denselben eine höhere Befriedigung und nachhaltigeren Einflusz auf das öffentliche Wohl.

Aehnlich ist das Ernennungsrecht des Präsidenten der Vereinigten Staten normirt; nur ist derselbe bei der Besetzung einiger besonders wichtiger Aemter an den Rath und die Zustimmung des Senats gebunden, und kann der Congresz die Wahl niederer Beamten auch an den Präsidenten allein oder an Gerichtshöfe oder den Chef eines Departements übertragen.[6] Noch beschränkter ist das Wahlrecht der schweizerischen Regierungen, indem eine grosze Zahl von Stellen entweder von dem repräsentativen Körper oder durch Volkswahl besetzt werden. Eine bedenkliche Folge des letzteren Systems aber ist es, dasz die Harmonie der Regierungsorgane leicht durch widerstrebende Parteieinflüsse gestört und nicht selten die Kraft der Regierung durch die Opposition der Beamten gelähmt wird,

[6] Bundesverf. von Nordamerika II. 3: „Er ernennt und bestellt mit Rath und Einwilligung des Senats Gesandte, andere öffentliche Minister und Consuln, die Richter des Obergerichts und alle übrigen Beamten der Verein. Staten, deren Ernennung nicht in dieser Verfassung oder durch ein Gesetz bestimmt wird. Der Congresz kann aber durch ein Decret die Ernennung solcher niedern Beamten, als ihm gutdünkt, dem Präsidenten allein oder den Gerichtshöfen oder den Chefs der Departements auftragen." Französ. Verf. von 1848 §. 64: „Die Minister ernennt und entläszt der Präsident frei, höhere Beamte im Ministerrathe, niedere auf Vorschlag des betreffenden Ministers." Vgl. auch §. 65.

deren sich jene bedienen sollte, ihre Beschlüsse ins Leben zu führen.

2. Die Ehrenhoheit.

Statliche Würden und Ehren wie der Adel, Orden, Rang, Titel und ähnliche Auszeichnungen werden wieder in der Regel von dem Statsoberhaupte verliehen.[7] Es ist ein schönes Vorzugsrecht der Könige, das persönliche Verdienst aufzusuchen aufzumuntern und vor der Welt zu ehren. Ein Fürst, der diese schwere Kunst zu üben versteht, wird die moralischen Kräfte in seinem Volke vielseitig anregen, stärken und auf die öffentliche Wohlfahrt hinlenken; und er wird zugleich die göttliche Gerechtigkeit nachahmen, welche die Tugend belohnt. Leider ist aber der Miszbrauch, welcher zumal in den letzten zwei Jahrhunderten mit diesem Rechte getrieben wurde, noch in so frischer Erinnerung und zum Theil sind kindische, zum Theil ärgerliche Gewohnheiten und Vorurtheile auch in den höchsten Kreisen der Gesellschaft noch so mächtig, dasz selbst dem vernünftigen Gebrauche desselben ein weitverbreitetes Misztrauen im Wege steht. Unserer Zeit thut eine Reinigung und Wiederbelebung nicht eine Zerstörung dieser Ehrenrechte noth. Wenn die blosz höfischen Auszeichnungen nicht entbehrt werden können, so sollten doch die eigentlichen Verdienstorden davon unterschieden, an ernste Bedingungen geknüpft und mit ansehnlichen Rechten ausgestattet und wirksam gemacht werden.[8]

[7] Blackstone I. 7, 4. Russel. Verf. von Engl. Cap. 34. Schwedische Verf. §. 37. Holländische §. 63, 64. Portugiesische §. 75, 10. Preuszische §. 50.

[8] Das hat Napoleon bei der Gründung seiner Ehrenlegion wohl eingesehen, und es ist ein merkwürdiges Zeugnisz für den Grundgedanken derselben, dass die Institution selbst in der republikanischen Verfassung von 1848 §. 108 dem neugereizten Hasse gegen den Adel gegenüber festgehalten wurde. Freilich wird auch der persönlichen Eitelkeit ein Spielraum eröffnet und ein Köder geboten; aber so lange diese nicht aus der menschlichen Natur ausgerottet und der Antheil, den sie auch an guten und heilsamen Thaten hat, nicht ausgeschieden noch entbehrt

3 Politische Leitung (gouvernement politique).

Die französische Statssprache faszt unter dem Ausdruck gouvernement politique alle die Befugnisse und Pflichten zusammen, welche die oberste politische Leitung des Stats auch im Innern im Gegensatz zu bloszer Geschäftsverwaltung (Administration) charakterisiren. Die Administration hat es mit dem Kleinen und Einzelnen, die politische Regierung mit dem Groszen und Ganzen zu thun. Diese weist die Richtung, in welcher die Statsverwaltung sich bewegen soll. Sie vorzugsweise läszt sich von politischen Ideen bestimmen, und wahrt die politischen Interessen. Je nach Umständen gibt sie durch ihre Initiative die Anregung zu Arbeiten aller Art in der Gesetzgebung oder Verwaltung, oder sie tritt hemmend entgegen, wenn sie findet, dass die Verwaltung in verderbliche Richtung gerathe. In diesem Sinne werden auch innerhalb der Ministerien die vorzugsweise politischen Minister von den Fachministern unterschieden. Bei jenen erscheint die politische Bedeutung, bei diesen die technische Geschäftskunde als überwiegend und entscheidend. Die Politik herrscht, die Verwal-

werden kann, wird es gerathener sein, derselben ein verdienstliches Ziel zu eröffnen, als in rigoristischem Eifer den Glanz der Ehre zu verwerfen, weil sich ein Stück Eitelkeit in ihm spiegeln mag. Napoleon äuszerte auf St. Helena (*Las Cases* Mémoir. V. S. 39) über die Orden: „Die altgewordenen und verdorbenen Nationen können nicht wie die tugendhaften Völker des Alterthums regiert werden. Für einen der heutzutage Alles dem öffentlichen Wohle opfert, gibt es Tausende und Millionen, die nur ihre Interessen kennen, ihre Genüsse, ihr eitles Behagen. Jeder Arbeiter musz den Stoff zu behandeln verstehen, der ihm zur Hand ist; das ist das Geheimnisz der Wiederbelebung der monarchischen Formen, der Rückkehr der Titel, Kreuze, Orden. Auf der Stufe der Civilisation, auf welcher wir zur Zeit stehen, sind sie geeignet, bei der Menge Achtung zu wecken und zugleich dem Beehrten Selbstachtung zu empfehlen." Es gibt schwerlich, die Chinesen ausgsnommen, ein Volk, das mehr auf Titeln hält, als das deutsche, und dennoch ist es den Vertretern desselben zu Frankfurt im Jahr 1848 eingefallen, die Titel ohne Amt abschaffen zu wollen. So grosze Sprünge machen zuweilen die Völker von einem Extrem ins andere entgegen gesetzte.

tung arbeitet. Wie in dem Betrieb einer Fabrik die Speculation des Fabrikherrn bestimmt, was für Rohstoffe und zu welcher Waare dieselben verarbeitet und veredelt werden sollen, während die Techniker die Arbeit selber im Einzelnen anordnen und vollziehen, so bestimmt die politische Leitung, was im State zu thun und was anzustreben sei, während die Administration für die Ausführung im Einzelnen sorgt.

Es läszt sich kein Feld der Verwaltung ganz unabhängig stellen von der politischen Leitung. Wenn das Statsinteresse es erfordert, so musz diese überall da eingreifen können, wo diese Interessen verletzt werden, und überall da anregen, wo dieselben zu befriedigen sind. Aber auch die Verwaltung hat hinwieder ihr besonderes Recht, welches die politische Leitung nicht miszachten darf, und zwar nicht blosz soweit die technische Geschäftsordnung ein willkürliches Eingreifen und eine Störung der politischen Leitung nicht erträgt, sondern auch so weit die gesetzliche Ordnung der Verwaltung von dieser zu achten ist. Man darf die politische Leitung nicht als eine absolute Willkürgewalt verstehen. Auch sie wird durch die Verfassung und die Gesetze näher bestimmt und beschränkt.[9]

Sechzehntes Capitel.

4. Militär-, 5. Polizeihoheit.

4. Militärhoheit.

Der Monarch ist das Haupt der Kriegsverfassung des Landes. Sowohl die Land- als die Seemacht steht unter seinem obersten Befehl. Er läszt Truppen ausheben oder werben,

[9] Vortreffliche Bemerkung darüber bei Vivien Études administratives, Paris 1859 (3 Édit.) 1. S. 30 ff.

ernennt die Officiere, wenigstens die höheren, verleiht das Commando, läszt Militärstraszen, Festungen bauen, sorgt für das Kriegsmaterial.[1]

Im Mittelalter konnten auch die Stände Truppen halten. Die Einheit des modernen States aber läszt eine solche Theilung der Heeresmacht, welche zum Bürgerkrieg führt, nicht mehr zu. Die Einheit des Befehls ist für die Kraft und somit für den Zweck des Heeres unentbehrlich.

Ob das Heer nur dem Könige, oder ob es auch der Verfassung Gehorsam und Treue zu schwören habe, ist eine auch in unsern Tagen lebhaft bestrittene Frage. Practisch wichtig wird sie, wenn der Fürst und die Verfassung in Conflict gerathen, und jener die Macht des Heeres zu Maszregeln verwenden will, welche den Vorschriften der Verfassung widerstreiten oder zu widerstreiten scheinen. Ein unbefangenes Urtheil musz anerkennen, dasz der Verfassungseid, wenn derselbe den Sinn erhält, dasz das Heer zu keinen verfassungswidrigen Handlungen hülfreiche Hand leiste, dem Fürsten eine Verletzung der verfassungsmäszigen Zustände erschwert;[2] auf der andern Seite aber nicht minder, dasz ein zwiefacher Eid und eine zwiefache Verpflichtung in das Gewissen des Heeres leicht Zwiespalt bringt, die Disciplin lockert und die Armee bis zur Auflösung oder zum Selbstmord in innerem Parteikampfe rei-

[1] Blackstone I. 7, 2. Schwedische Verf. §. 14. Holländische §. 58. Belgische §. 68. Preuszische §. 46, 47.

[2] Dasz der Verfassungseid auch ächte Soldatenherzen dazu bestimmen kann, ihren Gehorsam zu verweigern, hat ein unverwerflicher Zeuge bestätigt. Napoleon erzählt von seiner eigenen Jugend (bei Las Cases V. 168): „Die Meinungen des Tages nahmen nach und nach auch sogar unter den Officieren der Armee überhand, besonders seit jenem berühmten Eid für die Nation, das Gesetz und den König. Wenn ich bis dahin den Befehl erhalten hätte, meine Kanonen gegen das Volk zu richten, so zweifle ich nicht, dasz die Gewohnheit, das Vorurtheil, die Erziehung, der Name des Königs mich bestimmt hätten, zu gehorchen; aber nachdem ich den Nationaleid einmal geleistet, wäre das vorbei gewesen und ich hätte nur auf die Nation gesehen."

zen und treiben kann. Durchaus verderblich, weil der Natur und Bestimmung dez Heeres widersprechend, ist es jedenfalls, dasselbe zu einem berathenden Körper[3] zu machen, welcher erst die Verfassungsmäszigkeit der einzelnen Befehle zu prüfen und nur, wenn es sich davon überzeugt, zu gehorchen habe, doppelt verderblich in einer Zeit, welche der Kritik und Sophistik einen so freien Spielraum eröffnet hat, wie die unsrige. Der militärische Gehorsam und die persönliche Treue gegen das Oberhaupt ist und bleibt die Regel, auch da, wo der Verfassungseid vorgeschrieben ist; und nur in äuszersten und wahren Nothfällen eines offenkundigen und tyrannischen Miszbrauchs der Militärgewalt von Seite des Fürsten wird sich die Verweigerung des Gehorsams von Seite des Heeres rechtfertigen lassen. Ist aber der Geist des Heeres gesund und für Recht und Freiheit im Groszen empfänglich, so wird ein solcher Miszbrauch auch da nicht leicht möglich sein, wo dasselbe nur dem Könige, nicht auch der Verfassung geschworen hat; und ist das Heer von Verehrung und Liebe zu seinem Kriegsherrn erfüllt, so wird auch der Verfassungseid dasselbe schwerlich bestimmen, gegen seine Befehle Widerspruch zu erheben, auch wenn er einen Bruch der Verfassung für nöthig hält. Der Königseid schützte Jakob II. von England so wenig vor dem Abfall seiner Truppen als der französische Verfassungseid die Directorialregierung vor dem Sturze durch Napoleon. Der Geist ist somit auch hier entscheidend, nicht die Form.

Aus diesen Betrachtungen folgt: Im Zweifel ist der Verfassungseid des Heeres nur so zu erklären, dasz dasselbe schwört, seiner natürlichen Bestimmung gemäsz, die Verfassung wie die Rechtsordnung und Freiheit überhaupt zu schützen und nicht seinerseits zu verletzen, nicht aber so, dasz der Ge-

[3] Sogar die republikanische Verfassung für Frankreich von 1848 §. 104 erkennt die Sätze an: „Die öffentliche Macht ist wesentlich zum Gehorsam verpflichtet. Kein bewaffnetes Corps darf Berathschlagungen halten.“ Vgl. Verf. von Portugal §. 115.

horsam gegen den Kriegsherrn, welcher die Grundlage der Militärverfassung ist, durch statsrechtliche Erörterungen und Berathungen über die Verfassungsmäszigkeit einzelner Befehle gelockert und der Zwiespalt in dem Heere legitimirt werde. Die Verantwortlichkeit für die Verfassungsmäszigkeit des Befehls trägt der Minister. oder der commandirende General, nicht der gehorchende Officier und Soldat. Nur wenn eine Verfassung jenem Eide eine andere und eingreifendere Bedeutung ausdrücklich gegeben und so die Gefahr der militärischen Unordnung für geringer erklärt hat als die des Miszbrauchs der Militärgewalt, ist eine andere Auslegung gerechtfertigt.[4]

Gut ist es, wenn der Monarch nicht blosz formell an der Spitze des Heeres, sondern in persönlicher Beziehung zu demselben steht. Freilich kommt hier auf die Individualität Alles an. Friedrich II. sprach den Satz aus: „Ein groszer Fürst musz die Leitung seiner Truppen selber übernehmen. Sein Heer ist seine Residenz, sein Interesse, seine Pflicht, sein Ruhm. Alles bestimmt ihn dazu,“[5] und demgemäsz handelte

[4] Eine eigenthümliche Bestimmung enthält die schwedische Verfassung §. 38: „Alle vom Könige ausgehenden Expeditionen und Befehle, welche das Kriegscommando betreffen, sollen, um gültig zu sein, von dem Vortragenden contrasignirt werden, welcher verantwortlich ist, dasz sie mit dem darüber geführten Protocoll übereinstimmen. Sollte der Vortragende irgend finden, dasz der Beschlusz des Königs gegen die Regierungsform streite, so hat er darüber im Statsrathe Vorstellungen zu machen. Besteht der König dennoch darauf, dasz ein solcher Beschlusz ausgefertigt werden soll, so ist es des Vortragenden Recht und Pflicht, seine Contrasignatur dazu zu verweigern, und als Folge hievon sein Amt niederzulegen, welches er nicht eher zurücknehmen darf, als bis die Reichsstände sein Verhalten geprüft und gebilligt haben. Inzwischen sollen sein Sold und Einkünfte ihm verbleiben.“

[5] Im Antimachiavell 12: Viel zu weit aber ging Machiavell selbst im Fürten 14: „Ein Fürst soll kein anderes Ziel, keine anderen Gedanken haben, er soll nichts anderes zu seinem Handwerk machen als den Krieg und die Kriegskunst.“ Der Fürst ist in erster Linie Regent und Statsmann, erst in zweiter Feldherr. Gewichtiger und wahrer ist, was Vellejus Paterculus (Hist. 1) dem Scipio Africanus nachrühmt: „Sem-

er als König. Ein Fürst aber, der keine Feldherrngaben besitzt, handelt sehr verkehrt, wenn er in Person den Feldherrn spielt. Er stürzt sich, die Armee und den Stat ins Unglück.

Misztrauen gegen die Regierungsgewalt ist ein Kennzeichen der modernen Republik. Sie kann sich der Besorgnisz nicht erwehren, dasz ein Magistrat, welcher über die Armee frei verfügt, die Militärmacht benutzen könnte, um sich monarchische Gewalt anzumaszen und sich zum Herrscher im State aufzuschwingen. Es gilt das vorzüglich von den Republiken, welchen ein Präsident vorsteht. In Nordamerika hat sich daher der Congresz selbst nicht blosz die Milizorganisation, sondern auch das Recht vorbehalten, die Miliz zu versammeln und Aufstände zu unterdrücken, und dem Präsidenten ist nur der Oberbefehl über die kleine ständige Armee und die Flotte des Bundesstates, über die Miliz der Einzelstaten aber blosz dann überlassen, wenn dieselbe auf Befehl des Congresses versammelt ist.[6] In Frankreich durfte der Präsident zwar über die bewaffnete Macht verfügen aber nicht das Obercommando in Person ausüben.[7] Der schweizerische Bundesrath darf nur, wenn die Bundesversammlung nicht anwesend ist, Truppen aufbieten, und ist gehalten auch dann, wenn die Truppen für längere Zeit in Anspruch genommen werden oder die Zahl von 2000 Mann übersteigen, die Bundesversammlung einzuberufen und deren Anordnungen zu beachten.[8]

5. Die Polizeihoheit.

Nicht nur wird die gesammte Statspolizei im Namen und unter der Oberleitung des Monarchen geübt, sondern es darf und soll auch auf diesem Felde der politischen Thätigkeit der Monarch unter Umständen persönlich handeln. Indessen

per aut belli aut pacis servit artibus, semper inter arma ac studia versatus aut corpus periculis aut animum disciplinis exercuit."

[6] Verfassung I. 8. II. 2.

[7] Verfassung von 1848 §. 50.

[8] Bundesverfassung §. 90, 11. §. 74, 9.

wird ein persönliches Eingreifen hier doch nur ausnahmsweise stattfinden, theils wenn es gilt die Sicherheit des States vor groszen und äuszersten Gefahren zu retten, theils wo ein persönliches Einschreiten dazu dient, die gewöhnliche Thätigkeit der Polizeiorgane zu controliren, wach und rege zu erhalten und willkürlichen Miszbrauch zu schrecken. Als Regel bedarf aber das tägliche Bedürfnisz mit seinen unendlichen Ansprüchen einer unausgesetzten Sorge besonderer Beamten und Behörden, weszhalb denn das Princip und der Organismus der Polizei in dem folgenden Buche besonders zur Sprache kommen wird.

Siebenzehntes Capitel.

6. Die Justizhoheit.

In der alten Welt und im Mittelalter war der König in Person oberster Richter. Auch der deutsche König hegte und leitete das Fürstengericht. Wohin in dem Reiche er persönlich kam, da konnte er selber zu Gerichte sitzen und da erbleichte vor ihm jede andere Gerichtsgewalt.[1]

Das ist im modernen State seit den letzten Jahrhunder-

[1] Sachsenspiegel III. 26, §. 1: „Die koning is gemene richtere over al." III. 52. §. 2: „Den koning küset man to richtere over egen, unde len unde over jewelkes mannes lif. Die keiser mach aver in allen landen nicht sin, unde al ungerichte nicht richten to aller tiet, dar umme liet he den vorsten grafscap unde den greven scultheitdum." III. 60 §. 2: „In svelke stat des rikes de koning kumt binnen deme rike, dar is ime ledich monte (Münze) unde toln (Zoll) unde dat gerichte." Mir ist es wahrscheinlich, dasz dieser Gedanke des Mittelalters in — vielleicht späterer — Zukunft nochmals aufleben wird. Die Kaiseridee ist ohne ihn unvollständig. Soll der Kaiser den Weltfrieden schirmen und das Unrecht auch der Mächtigen beugen und bessern, so musz er selbst zu Gericht sitzen können. Indessen unsere Zeit ist dafür nicht reif.

ten anders geworden. Alle eigentliche richterliche Function ist der persönlichen Thätigkeit und selbst dem Einflusse des Königs entzogen und an Richter übertragen worden, welche zwar von ihm ihr Amt ableiten und in seinem Namen das Recht handhaben, aber selbständig nicht nach seinem Ermessen und Auftrag handeln. Der Satz des neuern Statsrechts: „Alle Gerichtsbarkeit geht vom König aus"[2] hat somit heute einen ganz andern viel beschränkteren Sinn als in früheren Zeiten. Aber sinnlos, wie Manche meinen, ist er nicht. Dem Begriffe der Monarchie widerstreitet es, dasz irgend eine Amtsgewalt im State sei, welche dem Monarchen nicht untergeordnet wäre. Die materielle Abhängigkeit der Gerichte in Verwaltung der Rechtspflege freilich ist aufgegeben, und soll es sein, weil hier die festen Normen des Rechts den Richter binden und leiten; und der Einflusz oder die Theilnahme des Monarchen selbst würde eher die Unbefangenheit und Unparteilichkeit des Gerichtes trüben als aufrecht halten. Seine Macht ist so grosz und glänzend, dasz die Gerechtigkeit von ihr verdunkelt und verschoben zu werden fürchten musz. Aber die Ableitung aller richterlichen Amtsgewalt von dem Oberhaupte des Stats und die formelle Unterordnung der Richter unter dasselbe wird auch in der constitutionellen Monarchie fortwährend anerkannt.[3]

Im Einzelnen äuszert sich die Justizhoheit des Monarchen noch in folgenden Richtungen wirksam:

a) In dem Rechte allgemeine reglementarische Vorschriften zu erlassen, innerhalb der Schranken der Verfassung und Gesetzgebung, die auch die Gerichte zu befolgen haben.

[2] Blackstone I. 7, 3. Französische Verf. 1815 §. 57, von 1852 §. 7. Bayerische VIII. §. 1. In der preuszischen und österreichischen von 1849 ist derselbe nicht aufgenommen. Diese bestimmt §. 100: „Alle Gerichtsbarkeit geht vom Reiche aus."

[3] Die schwedische Verfassung von 1809 §. 17, 21 läszt ausnahmsweise den König in Person an dem höchsten Tribunal theilnehmen.

b) In dem Rechte die Richter zu ernennen und ihnen die Amtsgewalt zu verleihen. Verschieden von der Stellung der Richter ist die der Urtheiler, Schöffen, Geschwornen, welche keine Amtsgewalt üben, sondern nur das Recht im einzelnen Falle finden und weisen. Daher ist es auch weder nöthig und überdem aus Gründen einer unbefangenen Rechtspflege auch nicht gut, dasz dieselben von der Statsgewalt bestellt werden.

c) In der Form der gerichtlichen Erkenntnisse, welche „im Namen des Königs" verkündet und vollzogen werden, worin die Idee, dasz die statliche Gerechtigkeit von dem Könige geschirmt werde, veranschaulicht wird.[4]

d) In dem Rechte zur Visitation über die Gerichte, den Geschäftsgang, die Handhabung der Ordnung, die Protokolle und Acten und deren Verwaltung, welche dem Justizministerium und seinen Organen zukommt. Dahin gehört auch die Befugnisz, sich statistische Berichte über die Geschäftsthätigkeit geben zu lassen.

e) In dem Rechte zu gerichtlicher Verfolgung wegen Verbrechen Auftrag zu geben. welche in Fällen, wo die Sicherheit und die Politik des States betheiligt ist, ohne Schaden dem Einflusse auch der Regierung nicht völlig entzogen werden darf. Ein übermäsziger Eifer der Statsanwälte, in deren Gesichtskreise höhere Statsrücksichten nicht Platz finden, kann hier eben so schädlich wirken als ein zu laxes oder furchtsames Verhalten derselben, und das Correctiv für beide Fehler kann nur in dem

[4] Preuszische Verf. §. 68: „Die richterliche Gewalt wird im Namen des Königs durch unabhängige, keiner andern Autorität als der des Gesetzes unterworfene Gerichte ausgeübt. Die Urtheile werden im Namen des Königs ausgefertigt und vollstreckt." Bentham schlägt vor, die Formel: „de par le roi" umzuwandeln in „de par la justice." Aber weszhalb sollte nicht die Gerechtigkeit in dem Könige personificirt erscheinen dürfen?

Einflusse der obersten Statsgewalt selbst, welche alle Verhältnisse freier überblickt, gefunden werden.

f) In dem Rechte, eine strafrichterliche Untersuchung niederzuschlagen (jus aboliendi),[5] welches zu beschränken immerhin im Interesse der Gerechtigkeit liegt.

g) In dem Rechte, die Strafe zu mildern und dem Begnadigungsrechte.[6] Es ist in der That ein hoher Vorzug der Monarchie, dasz in ihr auch die Gnade, wie sie einer edeln Menschenbrust entquillt, die unvermeidlichen Härten des kalten Rechts zu mildern und das starre Gesetz mit den mannichfaltig wechselnden Bedürfnissen des Lebens zu versöhnen trachtet, ihren Platz findet und einem Menschen anvertraut wird.[7] Der König selbst kann keine Strafe verhängen, das thut in seinem Namen der Richter nach dem Gesetz. Aber der König kann selbst Verzeihung gewähren. Uebt er die

[5] Preuszische Verf. §. 49: „Der König kann bereits eingeleitete Untersuchungen nur auf Grund eines besondern Gesetzes niederschlagen.“ Dagegen bayerische VIII. §. 4: „Der König kann in keinem Falle irgend eine anhängige Streitsache oder angefangene Untersuchung hemmen.“

[6] Blackstone IV. 31, 2. Schwedische Verf. §. 23. Holländische §. 66. Bayerische III. §. 4. Belgische §. 73. Spanische §. 47, 3. Preuszische §. 49. Französische von 1852 §. 8.

[7] Shakspeare im Kaufmann von Venedig IV. 1:

„Die Art der Gnade weisz von keinem Zwang.
Sie träufelt, wie des Himmels milder Regen,
Zur Erde unter ihr; zwiefach gesegnet:
Sie segnet den der gibt und den der nimmt;
Am mächtigsten im Mächt'gen zieret sie
Den Fürsten auf dem Thron mehr als die Krone;
Das Scepter zeigt die weltliche Gewalt,
Das Attribut der Würd' und Majestät,
Worin die Furcht und Scheu der Kön'ge sitzt.
Doch Gnad' ist über diese Sceptermacht,
Sie thronet in dem Herzen des Monarchen,
Sie ist ein Attribut der Gottheit selbst,
Und ird'sche Macht kommt göttlicher am nächsten,
Wenn Gnade bei dem Rechte steht.“

Gnade nicht mit weichlicher Schlaffheit sondern mit weiser Groszmuth aus, so wird dieselbe auch die Ordnung des Rechts nicht auflösen, sondern befestigen.[8] Auch der Act der Gnade ist übrigens ein Act mit Rechtswirkung und bedarf daher in der constitutionellen Monarchie der Contrasignatur der Minister.

h) In dem Bestätigungsrechte bei Todesurtheilen, welche ohne die persönliche Gutheiszung des Monarchen nicht vollstreckt werden dürfen;[9] eine unverwerfliche Garantie für das Leben der Bürger.

i) In der Anordnung und dem Befehle zur Execution der Strafurtheile.

k) In dem Rechte, Beschwerden über verweigerte oder verzögerte Rechtspflege anzunehmen und Förderungsbefehle (promotoriales) und sogenannte *Mandata de*

[8] Martin Luther in den Tischreden: „Gnade und Recht musz ein Fürst brauchen. Denn wo eitel Gnade ist und der Fürst nicht zürnt, so wird nicht allein der Hof, sondern auch das Land voll böser Buben, geht alle Zucht und Ehre unter. Wiederum wo eitel oder zu viel Zürnens und Strafens ist, daraus wird Tyrannei und können die Frommen nicht Athem holen von täglicher Furcht und Sorge. Die Heiden sagen: Strengstes Recht ist gröszteѕ Unrecht. Wiederum mag gesagt werden von der Gnade: Eitel Gnade ist die gröszte Ungnade. Gleichwie ein Vater keine gröszere unväterliche That an seinem Kinde begehen kann, denn dasz er der Ruthe spart und dem Kindlein seinen Muthwillen läszt, denn mit solcher thörichter Liebe zieht er zuletzt dem Henker einen Sohn." Aehnlich der Kurfürst Maximilian I. in den Monita ad filium bei Adlzreitter Boicae gentis Annal. III. S. 616: „Si benignitate ac clementia dominatum temperaveris, tibi erunt candida et laeta omnia. Firmissimum atque facillimum imperium, quo obedientes delectantur: delectantur autem et non tam timent Principem quam timent pro Principe, quando eum advertunt afflictis parcere, vindictae lenitatem admiscere, non dominationem et servos sed Rectorem et cives cogitare, habere subjectos in oculis. Tam principi exosa esse debent multa supplicia quam medico funera. Ars enim ac laus gubernantis servare potius quam perdere descendendo ad extrema."

[9] Dasselbe hängt historisch mit der Vorstellung des Mittelalters zusammen, dasz das Blutgericht ein specifisch königliches Gericht sei.

administranda justitia zu erlassen, und die Hindernisse, welche der Handhabung der Rechtspflege entgegenstehen, wegzuräumen.

l) In dem Rechte, Moratorien (induciae moratoriae) zu ertheilen. Ein bedenklicher Eingriff in das Privatrecht, aber in seltenen Ausnahmsfällen bei groszer Landesnoth doch unentbehrlich, sollen die Schuldner nicht ohne Nutzen dem Andrange gewissenloser Gläubiger geopfert werden. Das Institut ist aus dem römischen Recht überliefert, und wurde unter der früheren deutschen Reichsverfassung als ein kaiserliches Reservatrecht betrachtet, dann auch von den Landesherren und nicht ganz selten miszbräuchlich geübt. Nothwendig ist es aber, dasz dieser allerdings nicht völlig zu entbehrende theilweise Rechtsstillstand (Justitium) nur mit groszer Vorsicht und nur in wahrer Noth verstattet werde; daher bedarf es schützender Formen, deren Beachtung auch das Ermessen des Statsoberhauptes, oder selbst wo dieses Recht nur durch ein Specialgesetz ausgeübt werden darf, des Gesetzgebers beschränkt. [10]

Dagegen ist jede Cabinetsjustiz als unzulässig verworfen. [11]

[10] Vgl. Zachariä §. 176.

[11] *Montesquieu*, Esprit des Lois VI. 5. In Deutschland war dieselbe schon in der Reichsverfassung verboten. Wahlcapitul. XVI. §. 7: „Wir wollen dem Processe dieser Reichsgerichte seinen stracken Lauf, auch keinem vor dem andern eingreifen oder Processe avociren, viel weniger über die sententias und judicatas camere von unserm Reichshofrathe cognosciren lassen, dem Kammergerichte durch keine absonderliche kaiserliche Rescripte die Hände binden — überhaupt dem Reichshofrath und Kammergericht keinen Einhalt thun, noch von andern im Reiche directe oder indirecte zu geschehen, gestatten.“ §. 8. „Insonderheit wollen wir an das Reichskammergericht für uns allein keine Instruction noch Inhibitionen, eben so wenig auch in particulari an Unsern und des Reichs Kammerrichter in Justizsachen keine Verfügung noch auch Rescripte àuf Einsendung der Protocollorum pleni et senatum er-

In der neuern Republik ist die Gerichtsbarkeit gewöhnlich völlig getrennt von der Regierung und selbst die formelle Unterordnung der Gerichte unter diese aufgehoben.[12] Von der frühern Justizhoheit auf Seite des Statsoberhauptes ist dann wenig mehr zurückgeblieben, als zuweilen ein Einflusz auf Besetzung der Richterstellen, der dann aber mehr zufällig erscheint, das Recht die Verfolgung von Verbrechern einzuleiten und die Pflicht, die Urtheile zu vollstrecken.[13]

Achtzehntes Capitel.

7. Die Finanzhoheit. 8. Die Oberaufsicht. 9. Die Sorge für die Culturverhältnisse.

7. Die Finanzhoheit.

Die Sorge für Bestreitung der Statsbedürfnisse, und zu diesem Behuf die Verwaltung des Statsvermögens, der Bezug der Statseinkünfte, die Verwendung derselben für die öffent-

lassen. Wiener Schluszacte von 1820 §. 29 und Bundesbeschlusz vom 7. Oct. 1830.

[12] Das Wort von Montesquieu (Esprit des Lois XI. 6): „Il n'y a point encore de liberté si la puissance de juger n'est pas séparée de la puissance législative et de l'exécutrice Si elle était jointe à la puissance exécutrice, le juge pourrait avoir la force d'un oppresseur" fand in Nordamerika einen fruchtbaren Boden, und es genügte den Nordamerikanern nicht, die eigentliche Rechtspflege unabhängig von der Regierung zu stellen, sondern sie wollten die Gerichtsgewalt in jeder Beziehung von der Regierungsgewalt trennen und dieser als einer gleichen Statsmacht neben ordnen. Dieser Gedanke wurde denn auch in den neueren Schweizerverfassungen nachgebildet.

[13] Ausnahmsweise hat der Präsident der Vereinigten Staten (Verf. II. 3) doch das Recht der Strafmilderung und Begnadigung, auszer im Fall der Anklage gegen die Statsverwaltung; ebenso der französische Präsident (Verf. §. 55), nicht aber die schweizerischen Regierungen.

lichen Bedürfnisse, der Voranschlag und die Statsrechnung ist wieder so organisirt, dasz der Regent an der Spitze dieser gesammten Verwaltung steht. In dieser Beziehung unterscheidet sich die Republik wenig von der Monarchie. Auch jene erkennt das Bedürfnisz einer einheitlich geregelten und ausgebildeten Verwaltung, und ist, wo es sich um diese handelt, nicht so eifersüchtig als wo die eigentliche Regierung ihre Autorität zu äuszern sucht.

8. Das Oberaufsichtsrecht.

Das Recht zur Oberaufsicht unterscheidet sich von den übrigen Regierungsrechten, dasz in ihm das befehlende, ordnende und schirmende, d. h. das eigentliche Regierungselement nur mittelbar in zweiter Linie, in erster dagegen nur die receptive Eigenschaft der Kenntisznahme von den bestehenden Zuständen offenbar wird. Die Oberaufsicht erstreckt sich daher auch über den Organismus und die Thätigkeit der Statsbehörden und Beamten hinaus auf Verhältnisse und Personen, welche wesentlich selbständig und von der Anordnung des States unabhängig sind.

Im Allgemeinen ist die Statsgewalt berechtigt, von allen Erscheinungen Kenntnisz zu nehmen, welche in dem Statsgebiete sichtbar werden, insofern die Interessen oder das Recht des States durch dieselben betroffen werden. Die Regierung musz dafür gleichsam ihr Auge offen haben, damit sie rechtzeitig veranlaszt werde, die angemessenen Maszregeln einzuleiten und anzuordnen, um Schaden von dem State abzuwenden und die Wohlfahrt desselben zu fördern.

Das Institut der königlichen Sendboten in der fränkischen Monarchie und die statistischen Bureaus in unsern Tagen sind Einrichtungen, welche zur Ausübung dieses Rechts dienen; auch die erstere d. h. Absendung von Regierungscommissarien in die verschiedenen Provinzen und Kreise, um sich auszerhalb der gewöhnlichen bureaukratischen Ordnung durch persönliche Anschauung von den Zuständen zu unterrichten, darf dem modernen Stat nicht fremd bleiben.[1] Freilich soll sich der Stat davor hüten, in die Geheimnisse des Privat- und Familienlebens sich einzudrängen, und die persönliche Freiheit durch eine unwürdige und belästigende Aufpasserei und Spionerei zu stören und zu beängstigen; auch darf der Stat nicht unerlaubte Mittel wählen, um die Aufschlüsse zu erhalten deren er bedarf, und das Aufsichtsrecht, das ihm zusteht, nicht zu einer Bevormundung steigern, die ihm nicht zukommt.

Im Besondern ist hervorzuheben die Oberaufsicht über die Gemeinden, Corporationen, Actiengesellschaften und Stiftungen; die Zustimmung zu deren Entstehung ist nöthig, wo öffentliche Interessen betheiligt sind, aber entbehrlich, wo die Verbindung der Individuen und die Stiftung ein rein privatrechtliches Dasein hat, ohne Bezug auf die Statsordnung oder den öffentlichen Credit.[2]

9. Die Sorge für die Culturverhältnisse.

Dahin gehört die Beziehung des States zur Erziehung, die Sorge für die Schule und öffentliche Bildungsanstalten, zur Wissenschaft und Kunst, deren Wesen zwar nicht vom State bestimmt wird, deren mächtigen Einflusz auf die öffentliche Wohlfahrt der Stat aber zu überwachen und in dieser Beziehung auf den rechten Bahnen zu erhalten Recht und Pflicht der Regierung ist.

Aber auch das Verhältnisz des States zur Kirche gehört

[1] In Baden erinnert das neue Institut der Landescommissare, welche dem Ministerium des Innern angehören, und die Verwaltung in ihren Kreisen persönlich beaufsichtigen, an die alten Sendboten.

[2] Das römische Recht der Kaiserzeit beschränkt in diesen Dingen die Freiheit des Privatlebens mehr als das Interesse des Stats es erfordert.

hierher, der grószten und innerlich selbständigsten Gemeinschaft in und neben dem State.

Das neunte Buch ist diesen Beziehungen gewidmet.

Neunzehntes Capitel.

10. Formen der Ausübung. Verordnung und Befehl.

Durch die bisher genannten Rechte wird der Inhalt der Regierungsgewalt keineswegs erschöpft. Jene sind einzelne Ausflüsse der Machtfülle, welche in dieser als einer unerschöpflichen Quelle je nach dem Bedürfnisse des States fortsprudelt, und wenn dasselbe es erheischt, auch in neuer Richtung ausströmt.

Formell wird die Regierungsgewalt ausgeübt:

a) durch Erlassung von allgemeinen Verordnungen *(jus edicendi)*;

b) durch Erlassung von Anordnungen, Befehlen und Verboten im einzelnen Fall (jus jubendi).

Von den ersteren war schon oben die Rede.[1] In dem letzteren Recht äuszert sich auch formell das eigentliche Wesen der Regierungsgewalt. Es ist eine krankhafte und schwächliche Vorstellung unserer Zeit, welche in der Regierung nur eine Verwaltung sehen will und die entscheidende Kraft des statlichen Befehls in einen vagen und schwankenden Einflusz und Rath der Regierung abschwächen möchte. Soweit der Stat in seinem Rechte ist, darf und soll die Regierung nicht blosz wünschen, ermahnen, empfehlen, sondern das Erforderliche bestimmt anordnen und ihren Anordnungen auch den Vollzug sichern.[2] Hieher gehören Befehle, Aufträge, Rescripte, Concessionen, Banne, Verbote u. s. f.

[1] Buch V. Cap. 8.

[2] Washington, von Natur jeder willkürlichen Statsgewalt abgeneigt hat dennoch dieses Bedürfnisz wohl gefühlt und scharf bezeichnet.

Beschränkt ist die Regierung in der Ausübung dieses Anordnungsrechtes durch die bestehende Verfassung, Gesetzgebung und Rechtsordnung überhaupt, innerhalb welcher sie sich bewegen musz, die sie nicht verletzen darf. Veranlaszt wird sie zu ihrer Anordnung durch das Bedürfnisz der öffentlichen Wohlfahrt, und bestimmt zu dem Inhalt derselben durch die Rücksicht auf die Tauglichkeit der erlaubten Mittel zu dessen Befriedigung.

Jene Beschränkung läszt sich mit Bezug auf die Regierungsgewalt leichter, auch äuszerlich eher festhalten, als gegenüber der Gesetzgebung. Insbesondere sind die Gerichte innerhalb ihrer eigenen Competenz nicht gebunden, bei Entscheidung von Processen, Verordnungen oder Befehlen der Regierung, welche, sei es formell, sei es in ihrem Inhalte, widerrechtlich sind, als rechtsgültig anzusehen und ihr Urtheil darauf zu begründen. Vielmehr sollen sie, soweit ihre Competenz reicht, die bestehende Rechtsordnung auch wider den Willen der Regierung schützen. Auf der andern Seite aber dürfen sich die Gerichte ebenso wenig zu Aufsichts- und Controlbehörden über die Regierungsbeschlüsse eigenmächtig erheben, noch sind gegen jede Verordnung oder jeden Befehl der Regierung, deren Form oder Inhalt einem Gesetze zuwiderläuft, processualische Rechtsmittel zulässig. Eine Berufung von den Verfügungen der Regierung an die Gerichte ist somit in der Regel nicht gestattet.[3]

Die untern Regierungsbehörden dagegen sind in der Regel verpflichtet, auch die dem Inhalte nach widerrecht-

Brief vom 31. Oct. 1786: „Sie reden davon, wir sollen unsern Einflusz ausüben, um die gegenwärtigen Unruhen in Massachusetts zu beschwichtigen. Ich weisz nicht, wo dieser Einflusz zu finden ist, und wenn er möglich wäre, wäre er denn für so arge Unordnung ein passendes Heilmittel? Einflusz ist keineswegs Regierung.“ Vgl. Story III. 37. §. 124.

[3] Die genauere Erörterung dieser Fragen wird unter Buch VIII. Cap. 5. folgen.

lichen Verfügungen der ihnen vorgesetzten Regierung innerhalb ihres Amtskreises zu befolgen, denn jene haben keine von dieser unabhängige Stellung, sondern sind ihr vollständig untergeordnet. Aus diesem Grunde haben denn auch sie nicht die Verantwortlichkeit für solche Beschlüsse zu tragen, sondern nur die Regierung selbst, beziehungsweise das Ministerium, von welchem dieselben ausgehen.[4]

Ausnahmen von diesen Regeln können durch die Verfassung oder das Gesetz für einzelne Fälle begründet sein.

Zwanzigstes Capitel.

11. Die Ausnahmsgewalt der Regierung. Statsnothrecht.

Der Stat ist ein Wesen von so hoher Art, dasz die Erhaltung seiner Existenz, für welche zu sorgen die erste Pflicht der Regierung ist, im Nothfall auch eine wirkliche Verletzung des individuellen Rechtes und der bestehenden Ordnung zu rechtfertigen vermag. Wenn es wirklich gilt, den Stat zu retten und die Rettung nicht möglich ist ohne Eingriff in vorhandene Rechte der Privaten oder selbst ganzer Classen der Bevölkerung, so kann und darf die Regierung nicht, um diese zu schonen, jenen untergehen lassen, sondern soll, den Grundsatz vor Augen: „*salus populi suprema lex esto*,“ alles das thun, was zur Erhaltung und Rettung des States nöthig ist.

1. Darauf beruht die sogenannte Ausnahmsgewalt, das Nothrecht der Regierung, welches dem Nothrecht des Volks entspricht. Allerdings ist dieselbe nicht ohne Gefahr für Recht und Freiheit, und würde sie zur Regel erhoben für die Ausübung der Regierungsgewalt, so wäre das eine absolute Gewalt, welche zur Tyrannei führen müszte. Aber trotzdem ist dieselbe als Ausnahme in Nothfällen

[4] Vgl. noch Buch VII. C. 3.

geradezu unentbehrlich, soll nicht das Ganze dem Theil geopfert werden. Um das Schiff im Sturme zu retten, wird ein tüchtiger Capitän ohne Scheu das Eigenthum seiner Passagiere den empörten Wellen preisgeben; um einer Armee zum Siege in der Schlacht oder zu sicherm Rückzuge zu verhelfen, wird der Feldherr einzelne Bataillone, wenn das das einzige Mittel ist, dem sichern Tode aussetzen. Der Statsmann, der Regent kann nicht anders handeln, wenn die zwingende Noth über den Stat einbricht.

Politisch begabte Völker haben das jederzeit anerkannt, und durch ihre Verfassung selbst zum voraus für eine solche Ausnahmsgewalt gesorgt. Das war der Gedanke der römischen Dictatur und jener berühmten Formel: Videant consules ne quid detrimenti capiat respublica. In Venedig hatten ebenso einige wenige Räthe die Macht, in Nothfällen dringende Beschlüsse zur Rettung des States zu fassen. Das ist der Sinn der Suspension der Habeas-Corpus-Acte in England und der Verhängung des Belagerungszustandes und des Standrechtes auf dem Continent. Die letztere Methode, in einzelnen Fällen unentbehrlich, hat in andern die schweren Nachtheile, dass sie die bürgerliche Amtsgewalt beschränkt, anstatt erweitert, und die militärische Gewalt über das Bedürfnisz hinaus überspannt.

Weder Monarchien noch Republiken[1] sind davor sicher,

[1] Machiavelli zu Livius I. 34: „Republiken, welche in dringender Gefahr nicht zur dictatorischen oder einer ähnlichen Gewalt ihre Zuflucht nehmen, werden bei Ereignissen von groszer Bedeutung zu Grunde gehen. Die römische Dictatur, so lange sie der Verfassung gemäsz gegeben und nicht mit Gewalt genommen wurde, war der Stadt immer heilsam." Die extreme Politik — und hierin haben die revolutionäre und die despotische grosze Aehnlichkeit mit einander — war im Interesse nicht blosz des States sondern ihrer Parteiherrschaft von jeher eifrig in der Benutzung und in übermäsziger Ausdehnung dieses Rechtes; wie denn überhaupt die menschliche Leidenschaft durch die Schranken des Rechts nur schwer zurückgehalten wird. Mirabeau hat die Allgewalt der französischen Nationalversammlung mit Hinweisung auf

nie in solche Noth zu kommen. Dadurch dasz für die Ausnahmsgewalt in der Verfassung nicht oder ungenügend gesorgt wird — und in manchen Staten hat die Furcht vor Miszbrauch zu der Nichtanerkennung derselben verleitet — wird die Noth selber dem State nicht erspart; die Mittel aber ihr zu begegnen sind erschwert. Energische Statsmänner, welche die Regierung des States leiten, werden freilich auch unter dieser Voraussetzung das Naturgesetz höher achten als die geschriebene Verfassung, und trotz ihrer legalen Verantwortlichkeit eher selber untergehen, als den Stat verderben lassen. Aber sie werden viel gröszere Schwierigkeiten zu überwinden haben, da auch die formelle Legalität ihrer Befehle und Anordnungen angefochten werden kann, als wenn sie ausnahmsweise mit einer dictatorischen Gewalt ausgerüstet worden sind. Schwächere Naturen werden dagegen nicht wagen, was die Noth fordert, zu thun, und rettungslos wird der Stat der äuszern oder innern Gefahr erliegen.

2. Damit das Ausnahmsrecht zur Anwendung komme,

jenes Nothrecht vertheidigt (Thiers, Révol. franc. I. 150) in jener merkwürdigen Entgegnung an Maury: „Man fragt, seit wann die Abgeordneten des Volkes zur Nationalversammlung geworden sind? Ich antworte: An dem Tage, als sie den Zutritt zu ihren Sitzungen von Soldaten versperrt fanden und an dem ersten Orte, wo sie sich versammeln konnten, zusammen kamen, und schwuren eher zu sterben als die Rechte der Nation zu verrathen und aufzugeben. Unsere Vollmachten, von welcher Art sie vorher sein mochten, haben an diesem Tage ihre Natur verändert. Wie auch die von uns geübte Macht beschaffen ist, unsere Anstrengungen, unsere Arbeiten haben dieselbe legitimirt, und die Zustimmung der ganzen Nation hat sie geheiligt. Ihr erinnert Euch alle an das Wort jenes groszen Römers, welcher die legalen Formen verletzt hatte, um das Vaterland zu retten. Meine Herren, ich schwöre, dass Ihr Frankreich gerettet habt.“ Mit ähnlichen Gründen wurde freilich auch die Einsetzung eines *Comité du Salut public* (Wohlfahrtsausschuss) unseligen Andenkens vertheidigt. Und Napoleon I. hat ebenso obschon mit besserem Rechte, seine Usurpation vom 18. Brumaire begründet. Insofern der Grund wahr ist, ist er auch Recht, wenn er bloszer Vorwand und Lüge ist, dann ist er Unrecht. *Las Cases, Mem.* IV. S. 302.

musz eine wirkliche Noth, oder wenigstens eine dringende Gefahr solcher Noth des States vorhanden sein. Das blosze Interesse an der höheren Wohlfahrt desselben rechtfertigt dasselbe keineswegs; denn wäre jenes schon genügend, so würde die Ausnahme zur Regel erhoben, die allgemeine Rechtsordnung stäten Erschütterungen preisgegeben und die Freiheit jeder Sicherheit beraubt. Für jenes zu sorgen ist die regelmäszige Pflicht der Regierung, aber zugleich soll diese Sorge mit Beachtung der bestehenden Rechte geübt werden.

Einzelne Verfassungen haben für amtliche Constatirung solcher Noth nähere Bestimmungen getroffen, in der Absicht, die Ausnahmszustände möglichst zu beschränken. In Rom war ein Senatsbeschlusz erforderlich, in England bedarf es sogar einer Parlamentsacte, durch welche allein die Habeas-Corpus-Acte suspendirt werden kann.[2] Nach der französischen Verfassung von 1848. §. 106 kann der Belagerungszustand nur in den gesetzlich bezeichneten Fällen erklärt werden. Die preuszische (§. 111) spricht nur von Krieg und Aufruhr als von Nothfällen, in denen einzelne Bestimmungen der Verfassung auszer Kraft gesetzt werden können. Die Praxis der Statsmänner und der Minister hat sich indessen durch diese Beschränkung nicht von weitern nothwendig erscheinenden Maszregeln zur Rettung des Stats abhalten lassen.

Wo es an besondern Vorschriften fehlt, ist anzunehmen, dasz der Entscheid darüber dem Statsoberhaupt zustehe, freilich in der constitutionellen Monarchie unter Verantwortlichkeit des contrasignirenden Ministers, schicklicherweise auch nach Vernehmung des Statsrathes. Dem Statsoberhaupt und nicht dem repräsentativen Körper, welcher theils in der Noth vielleicht nicht einmal anwesend ist, theils nicht den Beruf und die Fähigkeit hat, dringende momentane Bedürfnisse zu beurtheilen und die geeigneten Mittel für ihre Befriedigung

[2] Blackstone I. 1, 2.

zu bestimmen. Den Kammern aber gebührt auch hier die Controle über die Ausübung dieses immerhin bedenklichen Rechtes, welches leichter als irgend ein regelmäsziges Recht der Regierung zu Gewaltthat und Unterdrückung, die durch keine Noth erfordert wird, miszbraucht werden kann, und besonders in reactionären Zeiten oft miszbraucht worden ist.

3. So lange die verfassungsmäszigen und gesetzlichen Mittel der Statsgewalt ausreichen, um der Noth zu widerstehen und trotz der Noth den Stat und die öffentliche Ordnung zu wahren, so lange wird keine Ausnahmsgewalt begründet. In demselben Verhältnisz, in welchem die drohenden Gefahren der Zukunft vorhergesehen und für gesetzliche Hülfe gesorgt wird, verengert sich der Bereich des Nothrechts. Wo das Recht der Regierung, ausnahmsweise provisorische Gesetze zu erlassen, in der Verfassung anerkannt ist, wie z. B. in Preuszen, da ist dasselbe keine Anwendung des Statsnothrechts im engern Sinne mehr, sondern eine vorher bestimmte und durch die übrige Verfassung und Gesetzgebung begrenzte gesetzgeberische Competenz des Statshaupts.

4. Wenn nicht für Nothfälle eine besondere Magistratur, wie die römische Dictatur geordnet ist, so versteht es sich, dasz dieselbe nur von dem Statsoberhaupte selbst, nicht von untergeordneten Statsbehörden ausgeübt werden darf. Nur wo ein augenblickliches Einschreiten, z. B. bei plötzlicher Ueberraschung durch eine feindliche Macht, unvermeidlich ist zu vorläufiger Vertheidigung des Stats, können auch diese, ja sogar Privaten, wenn es noth thut, im Vertrauen auf die Billigung der Statsregierung und unter Mittheilung des Geschehenen an diese zum Behuf näherer Befehle provisorisch handeln.[3]

[3] Zachariä, D. St. R. §. 152. Ein groszartiges, von dem Könige wohl gewürdigtes Beispiel hat der preuszische General York 1812 gegeben.

Ist aber die Unfähigkeit des Statshauptes selbst die Ursache der Noth, dann bedarf es des ergänzenden Einschreitens der zunächst berufenen Autoritäten, wie der Minister, der Kammern, unter Umständen eines Feldherrn.

5. Die Maszregeln werden durch den Zweck, d. h. die Abwendung des dem State drohenden Schadens sowohl bestimmt als begrenzt.

In der ersteren Beziehung ist es ein vergebliches Bemühen, dieselben zum Voraus bezeichnen zu wollen. Die Noth kann eine Suspension und sogar eine Aufhebung politischer oder eine Verletzung von Privatrechten rechtfertigen. Die erstere, z. B. das Verbot von politischen Versammlungen und Vereinen, die Suspension der Preszfreiheit, die Anordnung auszerordentlicher Gerichte wird, eben weil die Noth zunächst von politischer Natur ist, noch eher erfordert, als die Verletzung des Privateigenthums oder die Beschränkung des Geschäftsverkehrs und der Privatfreiheit. Dem höchsten Rechte der Existenz des Stats musz aber in der Noth jedes andere damit nicht verträgliche Recht weichen.

Aus der zweiten Beziehung ergeben sich die natürlichen Schranken dieses Rechts:

a) Die zu treffenden Maszregeln dürfen nicht härter, die damit verbundene Verletzung oder Beschränkung bestehender Rechte insbesondere nicht gröszer sein, als der zu erreichende Zweck es durchaus erfordert.

b) Dieselben dürfen auch nicht länger dauern, als die Abwendung der Noth es erheischt. In manchen Staten ist daher die dictatorische Gewalt durch bestimmte kurze Zeitperioden begränzt worden, um so der Gefahr, dasz die Ausnahmsgewalt bleibend und deszhalb zum Despotismus werde, zu begegnen.

c) Wo blosz provisorische Maszregeln ausreichen, sind keine definitiven zu verfügen, und immer musz der regelmäszigen Gesetzgebung das Recht vorbehalten sein, auch jene zu überwachen und für möglichst baldige und völlige Herstellung des gewohnten Rechtszustandes zu sorgen. Das gilt ganz vorzüglich von provisorischen allgemeinen Verordnungen, welche während des Nothstandes eingeführt werden.

d) Niemals darf die Ausnahmsgewalt bis zur Aufhebung der Verantwortlichkeit der leitenden Minister auch für die Ausnahmsverfügungen ausgedehnt werden, denn das wäre keine Maszregel wider die Noth, sondern die Ausbeutung der Noth im Interesse der Willkür. Im Gegentheil je eingreifender das Nothrecht geübt wird, desto gröszer wird auch die Pflicht der handelnden Personen, für die Nothwendigkeit ihrer Maszregeln Rechenschaft zu geben, und die Verantwortlichkeit derselben zu tragen.

e) In der Regel darf auf solchem Wege auch kein neues dauerndes Recht geschaffen, sondern es soll nur die Verletzung des vorhandenen Rechts aus Noth entschuldigt werden. „Rechte zu verletzen kann wohl die Noth gebieterisch erheischen, nie aber das Unrecht formell (und dauernd) an die Stelle des Rechts zu setzen.“[4] Das Ausnahmsrecht ist nur für den Ausnahmsstand da, nicht aber um neues Regelrecht zu schaffen. Daher ist die Begründung neuer Privatrechte durch einen Machtspruch, die Verhängung einer Strafe ohne richterliche Verhandlung und Beurtheilung, ganz besonders aber die dauernde Umgestaltung der Statsverfassung in der Regel nicht als Ausübung des Nothrechts zu rechtfertigen. Indessen gilt das doch wieder nur als Regel. So weit die wahrhafte Noth reicht, so weit musz auch das Mittel reichen ihr zu begegnen. Wenn der Grund des Nothstandes in der Verfassung selber liegt

[4] Zachariä, D. St. R. II. S. 153.

und diese keine verfassungsmäszige Hülfe darbietet — das aber ist in unseren von heftigen Revolutionen und Reactionen hin und her geworfenen Verfassungszuständen nicht selten der Fall —; so musz wer den Stat retten will, auch die nöthigen Aenderungen in der Verfassung selbst vorläufig vornehmen und ins Leben führen. Den fortbestehenden Gewalten, beziehungsweise dem hergestellten Volks- und Statskörper steht es dann zu, auch diese Veränderung zu controliren und den vorübergehenden Eingriff in das bestehende Recht als Fortbildung neuen Rechtes anzuerkennen und gutzuheiszen.[5]

[5] Der König Friedrich Wilhelm IV. von Preuszen hat im Jahre 1849 und der Präsident Louis Napoleon hat am 2. Dec. 1851 sich auf diese Ausnahme berufen, jener, indem er die zweite Kammer aufhob und ein neues Wahlgesetz octroyirte, dieser, indem er die Nationalversammlung auflöste und dem französischen Volk eine neue Verfassung vorschlug. Wie verschieden man auch darüber denken mag, ob das eine richtige oder miszbräuchliche Anwendung des Nothrechts gewesen sei, das läszt sich nicht läugnen, dasz sowohl das preuszische als das französische Volk dieselbe hinterdrein gebilligt und legitimirt hat.

Siebentes Buch.

Der Statsdienst und das eigentliche Regiment.

Erstes Capitel.

Die Arten und die rechtliche Natur des Statsdienstes.

1. Die Ausbildung des Begriffs des Statsdienstes gehört vorzugsweise der neueren Statsentwicklung an. Im Mittelalter war derselbe durch eine unpassende Beimischung privatrechtlicher, später auch absoluter Vorstellungen vielfach getrübt. Der Ausdruck Statsdienst bezeichnet gut die beiden Haupteigenschaften desselben, nämlich die Begründung desselben durch einen besondern Auftrag der Statsgewalt, sodann die Art desselben als eines dem State geweihten öffentlichen Dienstes. Nur wer jenen Auftrag empfangen und solche Functionen für den Stat zu üben hat, ist Statsdiener (*fonctionnaire public*).

Ausgeschlossen sind somit die Mitglieder der gesetzgebenden Kammern, der Provincialstände, die Geschworenen, in der Regel auch Gemeindebeamte, Advocaten, blosze Privatdiener des Monarchen, bei genauer Sonderung der Kirche vom Stat auch die Diener der Kirche, Bischöfe, Pfarrer u. s. f., sei es weil diese Personen nicht von der Statsgewalt ihren Auftrag erhalten haben, auch wenn sie öffentliche Functionen ausüben, sei es weil ihr Dienst nicht dem State angehört.[1]

2. Eine besondere Art des Statsdienstes schlieszt sich an das Statsamt an. Das Statsamt ist ein einzelnes Organ im Statskörper mit einer besondern ihm eigenthümlichen statlichen Function. Als solches bedarf es daher einer, wenn auch beschränkten eigenen Willensbestimmung, um seiner Aufgabe in eigenthümlicher Weise Genüge zu thun. Erfüllt wird das Amt von der Person des Beamten, welcher in dem Amte individuell wirkt. Statsbeamte im weitern Sinne heiszen daher diejenigen Staatsdiener, welche, obwohl in Anerkennung und Beachtung der Unterordnung unter das Statsoberhaupt, dennoch mit freier Selbstbestimmung die ihnen aufgetragenen öffentlichen Functionen ausüben; in engerm Sinne aber nur diejenigen, denen eine obrigkeitliche Gewalt (imperium oder jurisdictio) die Ausübung eines eigentlichen Hoheitsrechts übertragen ist, im Gegensatze zu denen, welchen keine Statsmacht, sondern nur ein Zweig der Statscultur oder Statswirthschaft und öffentlicher Pflege anvertraut ist. Die erstern heiszen Statsbeamte im engern Sinn, eigentliche Statsbeamte, die letztern können wir mit einem guten alten Wort öffentliche Pfleger nennen. Beiderlei Aemter sind öffentliche Aemter, die erstern sind aber eigentliche Statsämter, obrigkeitliche Aemter, die letztern sind Pflegeämter.

Zu den öffentlichen Pflegern gehören dann z. B. die Professoren und Lehrer an öffentlichen Schulen, die Directoren und Aerzte an öffentlichen Spitälern, Statsärzte überhaupt, Statsingenieure, aber auch manche Finanzbeamte wie Cassiere, Domänenverwalter.[2]

[1] Es können ihnen wohl einzelne statliche Functionen auferlegt werden. Dadurch wird ihr eigentlicher Charakter aber nicht geändert. Vgl. Welcker im Statslexikon u. d. W. Statsdiener.

[2] Schmitthenner, Statsrecht S. 503. Der Ausdruck technische

Die eigentlichen Statsbeamten sind entweder Regierungs- oder Justizbeamte. Die erstern haben wirkliche Regierungsfunctionen auszuüben (imperium) und sind auf der einen Seite eben darum innerhalb ihrer Amtssphäre mit der Macht ausgerüstet, was sie für zweckmäszig und erforderlich halten im öffentlichen Interesse anzuordnen, zu befehlen und ihren Befehlen Folge zu verschaffen, auf der andern Seite aber auch im Einzelnen hinwieder dem höheren Auftrage ihrer Vorgesetzten unterworfen und von diesen abhängig. Die Justizbeamten dagegen haben nicht die Macht, mit freiem Willen zu bestimmen, was ihnen das öffentliche Interesse zu erfordern scheint, sondern nur die, das erkannte bestehende Recht auszusprechen und nach festen Rechtsregeln zu handhaben (jurisdictio), aber bei dieser Thätigkeit werden sie lediglich durch ihr eigenes Wissen und Gewissen, und nicht durch einzelne Aufträge der Statsregierung gebunden und bestimmt. Im normalen Zustande sind vorzugsweise die erstern zu liberaler, die letztern zu conservativer Thätigkeit berufen.

3. Von beiden Arten der Statsbeamten sind die Statsangestellten und die Amtsgehülfen zu unterscheiden. Sie sind zwar auch Statsdiener, aber sie haben kein eigentliches Amt, daher auch weder eine Amtsgewalt noch eine selbständige Amtssphäre, sondern sind lediglich Gehülfen der ihnen vorgesetzten Beamten und von diesen abhängig; z. B. Kanzellisten, Aufseher in öffentlichen Anstalten, Finanzgehülfen u. s. f. Zu dem Range von Statsdienern sind sie erhoben, weil sie immer noch eine organische Thätigkeit im öffentlichen Dienste und insofern eine, wenn auch niedere geistige Function ausüben. Wenn auch diese zurücktritt, und die blosz mechanische Dienstleistung als Hauptsache er-

Beamte, den er den eigentlichen Regierungsbeamten entgegensetzt, und unter welchem er die Richter mitbegreift, würde besser für die obige Gattung von Statsbeamten passen.

scheint,[3] so hört auch die Eigenschaft eines Statsdieners auf, ungeachtet dieselbe von dem State benutzt und gefordert wird. Lakaien, Portiers, Pedellen, Waibel, Gerichtsdiener, Gendarmen gehören zu dieser letzteren Classe, welche man füglich Statsbediente nennen kann. Ihr Rechtsverhältnisz ist denn auch mehr nach Analogie der Bestimmungen des Dienstvertrags im Privatrecht zu behandeln als nach den wesentlich statsrechtlichen über den Statsdienst.

4. Ferner ist der Gegensatz zwischen Civilbeamten und Militärstellen, zuerst von dem Kaiser Konstantin dem Groszen ausgebildet,[4] auch in den modernen Staten von Bedeutung. Als Statsdiener sind nur die Officiere, nicht auch die Soldaten zu betrachten, weil nur jene ein Commando haben, und bei diesen überhaupt entweder die allgemeine Bürgerpflicht, Militärdienste zu leisten, oder die privatrechtliche Form der Werbung den Dienst begründet. Von den Civilämtern unterscheiden sich die Militärstellen hauptsächlich theils durch die strengere Disciplin, den militärischen Gehorsam, theils dadurch, dasz ihre Functionen nur mittelbar obrigkeitlich, weil von secundärer blosz vollziehender Natur sind.

5. Das Rechtsverhältnisz des Statsdieners ist nicht, wie man das früher wohl versucht hat, als ein privatrechtliches Vertragsverhältnisz aufzufassen, sondern es ist von wesentlich statsrechtlicher Natur. Der Gesichtspunkt des Mandats paszt darauf so wenig als der überdem unwürdige der Dienstmiethe. Weder die Begründung, noch der Inhalt, noch die Aufhebung des Statsdienstes läszt sich aus demselben erklären.

[3] Auf diesen Gegensatz hat Schmitthenner, Statsrecht S. 503 mit Recht aufmerksam gemacht. Wenn er aber die Statsangestellten Subalternbeamte heiszt, so wird damit nur die Unterordnung ausgedrückt, die auch unter den wirklichen Beamten stattfindet. Man kann den Gegensatz auch bezeichnen Statsbeamte und Amtsgehülfen.

[4] Vgl. oben Buch V. Cap. 1, S. 397. Gibbons Geschichte des römischen Reichs Cap. 16.

Die Begründung desselben geschieht im öffentlichen Interesse durch einen in Form und Inhalt Norm gebenden Willensact des Stats, das Anstellungsdecret.[5] Man hat wohl diesen Act ein Specialgesetz genannt, ein Ausdruck, welcher indessen besser vermieden wird, da er in der Regel nicht durch den gesetzgebenden Körper, sondern in Monarchien durch den Monarchen, in Republiken bald durch die Regierung bald durch die Volkswahl geübt wird. Dieser Act ist selbst in dem immerhin seltenen Falle, wo demselben eine Unterhandlung und ein wirklicher Vertrag, z. B. mit einem Ausländer, dessen Dienste ein Stat zu erwerben wünscht, vorhergeht, wesentlich ein einseitiger Willensact der übergeordneten Statsgewalt, und nie kann aus jenem Vertrage eine Civilklage auf wirkliche Anstellung gegeben und das Decret etwa durch gerichtlichen Zwang dem State abgedrungen werden. Vielmehr berechtigt auch dann ein solcher Vertrag nur zu einer Entschädigungsforderung von ganz privatrechtlichem Inhalt, wenn das Anstellungsdecret vom State nicht vollzogen werden sollte.

[5] Gönner, der Statsdienst aus dem Gesichtspunkt des Rechts. Landshut 1808. — Zachariä, D. St. 136. Schmitthenner, Statsrecht S. 509 verwirft zwar jene legistische Auffassung mancher neueren Juristen, die sonderbar genug das römische Privatrecht für uns sogar in einem Verhältnisse als maszgebend ansahen, wo die Römer selbst in ihrem State nie daran gedacht, dasselbe anzuwenden; aber er behauptet doch, der Statsdienst werde durch Vertrag, nur keinen obligatorischen eingegangen. Dieser Vertrag nämlich „gehe der Bestallung als causa praecedens voran, wie der Investitur bei dem Lehen der Lehensvertrag." Aber diese Ansicht ist ebenfalls irrig. Vorhergehende Verträge der Art kommen in der Wirklichkeit nur ausnahmsweise vor, denn die Anfrage, ob jemand ein Amt annehmen würde, und die Zusage desselben bewirkt noch keinen Vertrag. Ein solcher Vertrag müszte somit fingirt werden, und dafür gibt es keinen Grund. Wo er aber ausnahmsweise vorkommt, da wirkt er auch nur privat- nicht statsrechtlich, gehört also nicht hieher. Die Annahme der Anstellung, welche dieser nachfolgt, und die Ablehnung derselben sind zwar freilich Willensacte des Individuums, welches das Amt übernimmt oder ausschlägt. Aber sie ändern den obrigkeitlichen Charakter des Decretes nicht.

Das Wesen ferner des Statsdienstes liegt in den Functionen, welche vom State aus bestimmt werden und einen öffentlichen, organischen Charakter haben. Das Amt besteht nur, insofern der Stat zu seinem Leben seiner bedarf, in keiner Beziehung aber um des Individuums willen, welches dasselbe inne hat. Es kann daher auch seiner Natur nach nicht zu eigenem Privatrechte verliehen noch als solches Gegenstand des Privatverkehrs werden. Wo derlei geschehen ist, wie im Mittelalter und spät noch in Frankreich, da war eben der Stat selbst noch in den Banden des Privatrechts gefangen und noch nicht zu vollem Bewusztsein seines politischen Daseins gelangt.

In der mit dem Amte verbundenen Besoldung liegt allerdings ein privatrechtliches Element, aber dieses ist von untergeordneter Bedeutung. Es bestimmt das Wesen des Statsdienstes nicht. Daher hat es auch zu allen Zeiten mancherlei Statsämter und Stellen gegeben, mit denen keine Besoldung verbunden war, ohne dasz darum der Statsdienst seine Natur verändert hat.

Zweites Capitel.

Anstellung der Statsdiener.

1. Die Erblichkeit der Aemter, im Mittelalter allenthalben in Europa eingeführt, wird in den modernen Staten mit Recht eben so allgemein verworfen. Die Geschichte des Mittelalters hat unwiderleglich bewiesen, dasz die Erblichkeit der Aemter diese in Herrschaften umwandle, und so die Einheit und Ordnung des States auflöse. Die Functionen des Amtes erfordern überdem persönliche Befähigung des Statsdieners. Diese aber ist nicht erblich, sondern individuel.

Die Erblichkeit der Ansprüche auf das Amt gewährt somit keine Garantie für die Tüchtigkeit des Beamten, und versperrt zum Schaden des States anderen fähigen Individuen den Weg zu öffentlicher Wirksamkeit.

Nur ganz ausnahmsweise kommen daher in dem neuern State noch Erbämter, und gewöhnlich nur da vor, wo mit denselben keine Functionen der Statsgewalt, sondern nur Ehrenrechte verbunden sind, wie die Erbhofämter.

2. In den republikanischen Staten sowohl des Alterthums als theilweise auch der neuern Zeit, wie in der Schweiz und in Amerika, ist ein entgegengesetztes System, der Ernennung auf bestimmte Zeitfrist, meistens von wenig Jahren, herrschend geworden, zuweilen mit, zuweilen auch ohne die Möglichkeit der Erneuerungswahlen. Für Gemeindeämter, welche in der Regel keine höhere Ausbildung erfordern, und nur selten alle Kräfte eines Menschenlebens absorbiren, ist dieses System wohl zu billigen. Für Statsämter aber, welche eine jahrelange Berufsbildung erheischen — wie das in unsern neuern künstlichen Lebensverhältnissen unumgänglich nöthig geworden ist — ist dasselbe mit groszen Nachtheilen verbunden. Es befördert nämlich, indem es dem Ehrgeize Einzelner und den Parteiumtrieben Vieler einen willkommenen Spielraum eröffnet, ungemein den Wechsel der Beamten, untergräbt so die Sicherheit zahlreicher, dem State geweihter Existenzen, und damit die Ruhe des States selbst, und hindert und stört vielfach die nachhaltige und dauerhafte Wirksamkeit der Aemter. Diese Nachtheile werden durch den Vortheil, unfähige oder solche Beamte, welche das Vertrauen verloren haben, leichter zu entfernen und durch Männer zu ersetzen, von welchen bessere Dienste gehofft werden, sicher nicht aufgewogen. Weniger bedenklich ist dieses System indessen in einer Aristokratie, welche von Natur zur Stätigkeit und Mäszigung geneigt ist, als in einer Demokratie, welche ohnehin den Wechsel liebt, gerade darum aber auch eine natürliche Neigung

hat, die Aemter nur auf kurze Zeit zu besetzen. Für diese kommt die Gefahr hinzu, dasz der Stat die Dienste gerade der ausgezeichnetsten und tauglichsten Individuen entbehren musz, theils weil diese es vorziehen, einen andern sichereren Lebensberuf zu wählen, theils weil der Wechsel der Stimmungen sie öfter ohne inneren Grund aus den Aemtern entfernt.

3. Die Freiheit des Individuums, ein Amt anzunehmen oder auszuschlagen, zu welchem es berufen wird, ist als Regel anzuerkennen, nicht weil der Statsdienst auf Vertrag zu gründen ist, sondern weil die Natur eines individuellen geistigen Dienstes einem directen Zwange nicht gehorcht, einer mittelbaren Nöthigung aber nur schwer und unvollständig sich fügt, vielmehr individuelle Freiheit als normale Quelle tüchtiger Wirksamkeit fordert, und weil kein Statsbürger als solcher genöthigt werden kann, dem State besondere ausgezeichnete Opfer zu bringen. Diese Regel wird denn auch in den neuern Staten fast überall anerkannt, in Republiken nicht minder als in Monarchien.[1]

Ausnahmen kommen gewöhnlich nur da vor, wo das Statsamt sich dem Gemeindeamt annähert oder mit diesem zusammentrifft. Die geringeren Ansprüche, welche hier an das Individuum gestellt werden, und das verbreitete Bedürfnisz solcher Stellen haben den Gedanken an eine allgemeine Bürgerpflicht in solchen Fällen annehmbar erscheinen lassen.[2]

4. Die individuelle Fähigkeit zu öffentlichen Aemtern wird nach dem deutschen Beamtensystem näher geprüft, und nur solche Personen können zu denselben berufen wer-

[1] Auch in der Schweiz und in Nordamerika gilt die Regel. Für dieses vgl. Story III. 37. §. 120. Für Deutschland Zachariä D. St. §. 136.

[2] So wo eine Stadt zum State geworden, wie die freien Reichsstädte, oder wo, wie im Kanton Appenzell, das Statswesen so einfach wie eine Gemeinde geartet ist.

den, welche die Statsprüfung bestanden haben. Dieses System hat offenbar grosze unverkennbare Vorzüge vor dem in den meisten andern Staten noch geltenden Systeme, welches bei Anstellungen nicht an die Liste der geprüften Candidaten gebunden wird. Einmal nämlich gibt es eine erhöhte Gewähr für gründliche Vorbildung und Berufstüchtigkeit, und überdem wehrt es in erheblichem Masze den ungebührlichen Einflüssen des Parteispiels und der Hofintrigue. Es sichert die Laufbahn des Talentes, und entfernt zudringliche und unwissende Bewerber. Nur darf dieses System nicht in pedantischer Weise behandelt werden, und sind auch die nöthigen Ausnahmen offen zu laszen, nicht blosz für Ausländer, deren Fähigkeit auch ohne Statsprüfung auf anderm Wege offenbar geworden ist, sondern auch für ausgezeichnete Inländer. Gerade die am meisten begabten Menschen gehen oft einen eigenthümlichen Lebensweg, und da wäre es eine Thorheit, würde der Stat ihrer Dienste entbehren müssen, weil sie nicht auf den gebahnten Wegen vorgegangen sind, sondern in schwierigeren Verhältnissen ihre Fähigkeiten bewährt haben. Es gilt das vorzüglich für die Aemter, die eine erhöhte statsmännische oder wissenschaftliche Befähigung erfordern, wie Minister und Statsräthe oder Professoren an Universitäten. Für solche Ausnahmsfälle läszt sich indessen leicht sorgen, ohne die Regel irgend zu gefährden oder zu schwächen.

Ein anderer Uebelstand, der sich in Deutschland an das im Uebrigen treffliche System angehängt und die Früchte desselben vielfach zerstört hat, besteht darin, dasz die erste Anstellung sowohl der Aspiranten auf den Statsdienst als das Vorrücken der Statsdiener zu sehr nach mathematischen Rücksichten des Dienstalters bestimmt wird, und die ausgezeichnete Qualität zu wenig in Betracht kommt. Gute Köpfe werden oft durch vieljährige fabrikähnliche Beschäftigung mit untergeordneten Diensten abgemattet, und wenn sie nach langen Mühen und Entbehrungen endlich aufwärts steigen, und höhere geistige Anforderungen an sie gestellt werden müssen, so sind sie erlahmt und ihre beste Kraft erstorben. Auch dieses Uebel ist aber nicht in dem Wesen des Systems begründet, sondern nur eine Folge seiner bureaukratischen Entartung, die dadurch hinwieder fortwährend genährt wird.

Die Prüfung ist gewöhnlich eine doppelte, zuerst nach der Vollendung der Universitätsstudien eine theoretische, von den Professoren geleitete — eine Einrichtung, welche gut geleitet theils auf das Universitätsstudium wohlthätig zurückwirkt, theils der Befähigung der Examinatoren und der Examinanden durchaus angemessen, und durch andere Mittel nicht leicht zu ersetzen ist — sodann später eine practische. Während dieselbe allgemeine wissenschaftliche Vorbildung für Juristen und Verwaltungsmänner gefordert werden darf, wäre im Besonderen doch eine Scheidung je nach der besondern Richtung und Bestimmung der Candidaten entweder für die Regierung und Verwaltung oder für die Justiz zweckgemäsz, denn nur wenige Individuen werden zugleich für Gerichts- und für Verwaltungsstellen sich eignen, und leicht kann die Nöthigung, zu vielerlei Kenntnisse zu umfassen, der höheren Befähigung für eine bestimmte Art der statlichen Berufsbildung Abbruch thun. In dieser Hinsicht ist die noch allzusehr überwiegende Rücksicht auf die eigentliche Jurisprudenz im Gegensatze zu höherer statsrechtlicher und nationalökonomischer Bildung ein überliefertes Gebrechen der in Deutschland bestehenden Anordnungen.[3]

Für niedere Statsanstellungen werden keine Statsexamen,

[3] R. v. Mohl in der Zeitschrift für Rechtswissenschaft des Auslandes von Mittermaier XVI. S. 431 ff. Ed. Laboulaye de l'enseignement et du noviciat administratif en Allemagne in Wolowsky Revue XVIII. Bluntschli Deutsche Rechtsschulen. 2. Aufl. S. 92 ff. Vivien Ét. Adm. I. S. 205.

sondern nur practische Uebung, und insbesondere blosze Schreiberdienste gefordert.

Weniger fest und wohlgeordnet sind die Anstellungsverhältnisse in andern Staten. Insbesondere ist es ein Mangel sowohl mancher constitutioneller Monarchien, als mancher Republiken, dasz häufig noch die Aemter nach bloszen Parteirücksichten an die politischen Freunde und Günstlinge der jeweiligen Minister oder der einfluszreichen Parteihäupter vergeben werden,[4] auch wenn dieselben das Fach, in dem sie arbeiten sollen, weder studirt noch sich darin geübt haben, mit Hintansetzung tüchtigerer Individuen. Jede Regierung, zumal in Zeiten bewegter politischer Kämpfe, wird zwar die politische Gesinnung der Candidaten bei Anstellungen keineswegs auszer Acht setzen dürfen, will sie nicht sich selber verwunden und schwächen, aber wo die Parteigunst oder Ungunst allein oder vornehmlich entscheidet, da wird der Statsdienst selbst vernachlässigt, und der Zweck der Statseinrichtungen den Schwankungen und Leidenschaften der Parteien preisgegeben.

Für Richterämter hat das Bedürfnisz in den meisten Staten richtige Grundsätze wenigstens in Uebung gebracht. Hier ist denn auch eine juristische Vorbildung ein so offenbares Erfordernisz bei dem Zustande des modernen Rechts, dasz dasselbe weniger als bei eigentlichen Regierungsstellen verkannt worden ist.

5. Da die individuelle Tüchtigkeit die Haupteigenschaft ist, welche von den Beamten verlangt werden musz, diese

[4] Auch in England werden oft unfähige Leute durch das Stellenpatronat einfluszreicher Parlamentsglieder in die Aemter gebracht. Das Selfgovernment vermindert wohl die Geschäfte der Regierung aber nicht das Erfordernisz von Kenntnissen und Fähigkeiten, um die noch bleibenden Geschäfte richtig zu erledigen. Vgl. Gneist, Engl. Verf.- u. Verw.- Recht. Bd. II. In Amerika hat der Präsident Jackson einen Wechsel der Bundesbeamten aus Parteirücksichten zuerst im Groszen durchgeführt.

aber nicht durch eine bestimmte Abstammung bedingt ist, so ist es als ein Fortschritt des neueren States festzuhalten, dasz der Weg, zu den Aemtern zu gelangen, allen Statsbürgern offen, und nicht mehr einzelnen, insbesondere adeligen oder patricischen Classen, ausschlieszlich oder vorzugsweise zugänglich ist.[5]

6. Dem deutschen Systeme eigenthümlich ist die Verwendung der Statsamtscandidaten zu freiwilliger Aushülfe als Practicanten, Referendare, Auscultatoren in den Regierungsbureaus und bei den Gerichstbehörden, welche man das Noviciat genannt hat. Sie folgt auf die theoretische Statsprüfung, und bereitet sowohl die practische Prüfung als die wirkliche Anstellung vor. Die Aspiranten auf den Statsdienst erlangen auf solche Weise practische Kenntnisse und Fertigkeiten, und ihre Brauchbarkeit für das Amt wird weiter erprobt. Ein zu steifes Festhalten an solch äuszerer Stufenordnung, und ein pedantisches Schreiberwesen, welches sich an diese anschmiegt, fördern zwar wieder das Uebel der Bureaukratie,[6] können aber, ohne die Vorzüge des Noviciates aufzugeben, wohl vermieden werden.

7. Die Frage, wann die Anstellung beginnt, ist zwar schon mehrfach bestritten worden. Erinnert man sich aber daran, dasz dieselbe ihrem Wesen nach ein einseitiger Act der Statsgewalt ist, welche ein Individuum mit dem Amte betraut, so wird man unbedenklich antworten: Der Moment, in welchem dieser Willensact als vollendet offenbar wird, d. h. die zu Protokoll genommene und unterzeichnete Ernennung oder Wahl ist als Anfang der Amtsdauer zu betrachten, und von da an hat der Beamte nicht

[5] Bayerische Verfassung IV. §. 4. und §. 5: „Jeder Bayer ohne Unterschied kann zu allen Civil-, Militär- und Kirchenämtern oder Pfründen gelangen." Französische von 1816. §. 3. Preuszische §. 4.

[6] Martin Luther schon hat dasselbe wohl erkannt. Er heiszt die Bureaukraten „Leute die nur eine Handthierung, ein Handwerk aus der Obrigkeit machen."

allein auf seine privatrechtliche Besoldung, sondern auch auf die Uebertragung der mit seinem Amte verbundenen statsrechtlichen Befugnisse, wo es jener überhaupt noch bedarf, ein Recht. Die Mittheilung des Decrets an denselben, so wie die spätere Einweisung und Einkleidung in das Amt sind nur Wirkungen der vollendeten Anstellung, und nicht die Vollendung dieser.[7]

Drittes Capitel.

Rechte und Verpflichtungen der Statsbeamten.

1. Der Beamte hat vorerst ein Recht, die mit seinem Amte verbundenen öffentlichen Functionen auszuüben. Die amtliche Ermächtigung, diese Befugnisse auszuüben, heiszt seine Competenz (Zuständigkeit).

Dieses wichtigste Recht ist von rein statsrechtlicher Natur. Daher ist dasselbe auch mit der Verpflichtung, die erforderlichen Functionen auszuüben, unauflöslich verbun-

[7] Vgl. darüber den Streit zwischen dem Präsidenten Jefferson und dem obersten Gerichtshofe von Nordamerika bei Story III. 37. §. 120. Jener behauptete: erst die Zustellung der Ernennungsurkunde an den Beamten, nicht schon die Bestellung verleihe diesem das Recht. Dieser dagegen bewies ausführlich, dasz der Anstellungsact der Zustellung der Urkunde und der Annahme vorhergehe, und in sich alle Bedingungen der Wirksamkeit enthalte, so dasz der anstellenden Regierung von da an nicht mehr das Recht zustehe, die Anstellung ungeschehen zu machen. Zachariä, D. St. §. 136 beschränkt die Wirkung der Anstellung auf die privatrechtlichen Folgen. Indessen ist diese Beschränkung weder nöthig noch richtig, denn eben als Statsact (nicht als Privatvertrag) wirkt schon die beurkundete Ernennung, und die Verschiebung der Amtspflichten in Ausübung des Amts bis zur Einkleidung widerspricht der früheren Gültigkeit des Rechtes auch mit Bezug auf die Einweisung in das Amt keineswegs.

den, so dasz es nicht von der Willkür des Beamten abhängt, ob er von seinem Rechte Gebrauch machen wolle oder nicht. Dasselbe ist ihm nicht zu beliebiger Disposition, sondern zum öffentlichen Dienste übertragen. Aus demselben Grunde hat kein Beamter dem State gegenüber ein dauerndes, in seiner Person begründetes Recht auf den Umfang der Amtscompetenz, noch auf die Form seiner öffentlichen Geschäftsthätigkeit. Vielmehr ist er in beiden Beziehungen theils den Ordnungen der Gesetzgebung, durch welche auch gegen seinen Willen Competenz und Geschäftsform geändert werden können, theils den Vorschriften seiner vorgesetzten Oberbehörde unterworfen. Es können ihm daher auch neue, zu seinem Amte gehörige Dienstleistungen aufgetragen werden, ohne dasz er sich solchem Auftrage entziehen darf. Das Amt ist in seiner ganzen Existenz und Art abhängig von dem State, und in Folge davon das Amtsrecht und die Amtspflicht des Beamten nicht minder.

2. Das Recht auf einen dem Amte gemäszen Titel und Rang steht zwar der Person des Beamten zu, aber auch dieses Recht beruht auf politischen Motiven, und hat keinen privatrechtlichen Charakter.

Eine Aenderung von beiden auf dem Wege der Gesetzgebung ist daher wieder nicht als ein Eingriff in das Privatrecht zu verwerfen, sondern vollkommen zuläszig. Dagegen kann der Rang und Titel auch über die Dauer des Amtes hinaus nachwirken, und so zu einem Privatrechte eines auszer Function tretenden Beamten werden.

3. Das Recht auf Ersatz der Auslagen, die der Beamte im Interesse des Statsdienstes gemacht, und des Schadens, den er im öffentlichen Dienste erlitten hat, ist eine rein privatrechtliche Wirkung seiner Stellung, und steht besoldeten und unbesoldeten Beamten gleichmäszig zu.

4. Dasz der Beamte auch für seine Dienstleistung selbst eine Vergütung zu fordern habe, versteht sich nicht eben so

von selbst. Vielmehr hängt es von dem State ab, mit den einen Aemtern eine Besoldung zu verbinden, und andere unbesoldet zu lassen. Im erstern Falle nimmt das Recht des Beamten, weil auf Geldleistung von Seite der Statscasse gerichtet, wieder einen privatrechtlichen Charakter an.

Man kann indessen in der Besoldung zwei Elemente unterscheiden, und in manchen deutschen Staten findet sich diese Unterscheidung gesetzlich anerkannt und normirt in dem Gegensatze des Standes- und des Dienstgehaltes. Der erstere nämlich beruht auf dem Bedürfnisse eines dem Stande eines Beamten gemäszen Unterhalts, wofür der Stat zumal in den Fällen, wo er die Kräfte eines ganzen Berufslebens fordert, würdig zu sorgen eben so wohl eine dringende Veranlassung als ein Interesse hat. Der letztere dagegen gründet sich auf den mit der wirklichen Ausübung des Amtes zusammenhängenden Dienstaufwand und die Repräsentationskosten.[1] Dieser Unterschied wird für den Fall wichtig, wenn Beamte aus dem activen Dienste in den Ruhestand treten. Dauert nämlich das Recht auf den Standesgehalt fort, so hören dagegen nun die Ansprüche auf den Dienstgehalt auf. Jener ist somit in höherm Masze privatrechtlich, dieser enger mit dem Amte und den öffentlichen Functionen in demselben verbunden. Wo an einzelne Functionen Sporteln und Gebühren geknüpft sind, die als besondere Emolumente den Beamten zufallen, da haben diese jederzeit den formellen Charakter des Dienstgehaltes, auch wo sie materiell mitberechnet sind, für den Lebensunterhalt des Beamten zu sorgen. Da aber dem State das Recht unverkümmert verbleiben musz, derlei Functionen lediglich aus dem Gesichtspunkte des öffentlichen Interesses zu bestimmen, so musz hierin der Gezetzgebung freiere Hand in der Festsetzung und Abänderung solcher Gebühren gelassen werden; und nur

[1] Gönner a. a. O. S. 144. Beilage IX. zur bayerischen Verf. §. 17—19.

die Billigkeitsrücksichten treten ein, um die Gesetzgebung zu einer angemessenen Erhöhung der fixen Besoldung zu bewegen, wenn eine tief eingreifende Verminderung der Sportelbezüge angeordnet wird. Ein Privatrecht auf eine genau entsprechende Entschädigung für solchen Verlust läszt sich nicht durchsetzen.

5. Aus der privatrechtlichen Natur der Besoldung ergibt sich das Recht des Beamten, insofern er ohne seine Verschuldung das Amt abzutreten genöthigt wird, für die noch nicht abgelaufene Amtszeit einen Ruhegehalt, Pension, zu fordern. Als Grundlage dieser Forderung ist der Standesgehalt anzusehen, oder wo nicht zum Voraus eine derartige Ausscheidung getroffen ist, die Besoldung selbst, jedoch mit einem den nun wegfallenden Dienstverrichtungen und Repräsentationskosten entsprechenden Abzug. Zweckmäszig ist es, wenn das Gesetz genauere Bestimmungen über die Grösze und die Bedingungen solcher Pensionen zum voraus anordnet; denn wenn auch im Allgemeinen das Recht auf Pension in manchen Fällen schon aus den Anstellungsverhältnissen folgt, so ist doch das Masz derselben ohne gesetzliche Norm im Einzelnen schwer zu bestimmen, und eine gerade hier mit mancherlei Nachtheilen verbundene Willkür kaum zu vermeiden. Ein ausgedehntes Pensionensystem kann zwar zu einer schweren Last für die Statscasse werden, welche durch dasselbe zu Leistungen verpflichtet wird, für welche der Stat keine entsprechenden Gegenleistungen mehr empfängt. Aber so wenig bei unsern Zuständen Besoldungen entbehrt werden können für diejenigen Statsämter, welche als Beruf ausgeübt werden, so wenig und aus den nämlichen Gründen ist ein entsprechendes Pensionensystem zu vermeiden. Im Verhältnisz zu andern Erwerbszweigen des Handels, der Fabrikation, der bürgerlichen Gewerbe überhaupt ist die ökonomische Sicherstellung des Beamten und seiner Familie, einige seltene Fälle ausgenommen, eine beschränkte und meistens nur nothdürftige, und doch be-

gehrt der Stat gewöhnlich gröszere Opfer und geistigere Bildung von seinen Beamten, und erfordert die Thätigkeit dieser höhere Geistesgaben und Arbeiten, als das bürgerliche Leben in der Regel von den Männern der Industrie verlangt. Es ist daher Pflicht des States, die Existenz derer, welche ihm ihr Leben widmen, vor Noth und unwürdigem Mangel zu bewahren, und das ist ohne ein billiges Pensionensystem nicht möglich. Dem Volke aber wird die Last durch bessere Dienste der activen Statsdiener vergolten, und das gröszere Uebel der Bestechlichkeit und Erpressung, welches dem Mangel sich anhängt, in seinem Ursprung überwunden.

Auf die hinterlassene Wittwe und die Kinder der verstorbenen Statsdiener die Sorge auszudehnen, dazu ist der Stat rechtlich nicht verpflichtet, denn das Amt ist höchstens auf Lebenszeit vergeben, und die Besoldung daher auch nicht erblich. Aber in manchen Staten besteht die heilsame Einrichtung, dasz auch dafür eine öffentliche Pensionscasse gegründet ist, welche vorzüglich aus Abzügen von dem Gehalte der Beamten genährt wird, und für den Hinterlassene nach bestimmten Verhältnissen Pensionen bezahlt.

6. Die Pflichten des Beamten folgen grösztentheils schon aus seinen Rechten; überdem der Gehorsam, den er seinen Vorgesetzten schuldet, die Treue, die er dem Oberhaupte des States und dem Lande und Volke widmet, und das Geheimnisz, das er zu beachten hat, aus seiner Stellung in dem Statsorganismus. Der Dienst- und Amtseid, der gewöhnlich von ihm gefordert wird, begründet nicht erst diese Verpflichtung, sondern legt dieselbe ihm näher und bekräftigt sie. Er ist auch keine Bedingung der Amtspflicht, noch eine Veränderung ihres Umfanges.

Die Art des Gehorsams wird durch die besondere Natur des einzelnen Amtes näher bestimmt. Sie ist eine andere bei Regierungs-, eine andere bei Justizbeamten, weil die Unterordnung jener innerhalb des Regierungsbereiches strenger auch auf Abhängigkeit in materieller Hinsicht gerichtet ist, bei der Justiz dagegen materielle Selbständigkeit des Richters ein Erfordernisz einer gerechten Rechtspflege ist. Aber auch in der Amtssphäre der Regierung ist jener Gehorsam kein absoluter, sklavischer, sondern durch die bestehende Rechtsordnung und die Grundprincipien der Sittlichkeit näher begränzter und bestimmter. Im Einzelnen freilich gehört die Frage, ob und inwieweit der Beamte zum Gehorsam verpflichtet sei, zu den schwierigen.

a) In formeller Beziehung versteht sich, dasz der Beamte nur die innerhalb der Competenz der Oberbehörde und in gehöriger Form erlassenen Befehle und Aufträge derselben seinem Amte gemäsz zu vollziehen hat, dagegen Zumuthungen, welche auszerhalb der geordneten Amtssphäre liegen, und vielleicht aus bloszen Privatgelüsten eines Vorgesetzten entspringen, oder in ungehöriger Form, z. B. ohne Unterschrift, wo diese erforderlich ist, erlassen sind, ablehnen kann, denn er ist kein Privatdiener, sondern ein Statsdiener, und die Prüfung der formellen Beschaffenheit des Auftrags ist schon darum unerläszlich, weil daran allein seine Wirklichkeit und Rechtmäszigkeit zu erkennen ist.

Wo jedoch die Competenzfrage streitig und zweifelhaft ist, da kann es unmöglich in dem Ermessen des untern Beamten stehen, diese Frage zu verneinen, wenn die vorgesetzte Behörde dieselbe bejaht, und dadurch die öffentlichen Functionen ins Stocken zu bringen. In solchen Fällen ist dem subalternen Beamten nur das Recht offen, und wo nach der Ueberzeugung desselben für die Rechtsordnung oder die Wohlfahrt des States Schaden aus rücksichtsloser Befolgung entstehen könnte, die Pflicht auferlegt, seine Bedenken der Oberbehörde vorzutragen, und die weiteren Entschlieszungen derselben nach erneuerter Prüfung abzuwarten.

b) In keinem Falle ist der Gehorsam des Beamten so ausgedehnt, dasz er durch höheren Befehl angehalten werden kann, die obersten Principien der Religion und der Sittlichkeit zu verletzen, oder an einem Verbrechen Theil zu nehmen. Jene zu verletzen, oder dieses zu begehen, kann niemals Aufgabe des States und der amtlichen Functionen sein. Von dem Statsdiener darf nicht verlangt werden, was der Mensch zu verweigern durch das Menschenrecht, der Religionsgenosse durch das Gebot der Religion, oder der Bürger durch das Strafgesetz des States selbst verpflichtet ist.

c) Der blosze gesetzwidrige oder ungerechte Inhalt einer Verfügung aber berechtigt den subalternen Beamten keineswegs zum Ungehorsam, sondern wieder nur dazu, die ihm nöthig scheinenden Vorstellungen der Oberbehörde vorzutragen. Der Beamte darf voraussetzen, dasz diese nicht habe dem Gesetz oder der Gerechtigkeit zuwider handeln wollen. Es ist möglich, dasz sie die Sache selbst nicht nach allen Seiten geprüft, die schädlichen Folgen einer Gesetzesverletzung übersehen, möglich dasz die bescheidene oder freimüthige Aufklärung darüber eine Aenderung des Auftrages zur Folge habe. Der Beamte darf nicht versäumen, auch seine Oberbehörde wie den Stat selbst vor einem Miszgriffe zu bewahren, den jene später bereuen würden, wenn er das durch seine Berichterstattung zu erreichen vermag. Hilft aber diese nicht, und beharrt die vorgesetzte Behörde auf ihrer Instruction, dann ist Gehorsam Pflicht des Unterbeamten. Dann aber hat die Verantwortlichkeit dafür nicht dieser, sondern jene allein zu tragen. Die entgegengesetzte Annahme würde die Einheit der Statsregierung auflösen und ihre Macht lähmen, und so für die Statsordnung weit verderblichere Folgen haben, als eine einzelne Gesetzwidrigkeit, für welche die befehlende Behörde verantwortlich ist.[2]

[2] Dieser Grundsatz ist auch in einzelnen Verfassungen ausdrücklich ausgesprochen; z. B. für Hannover 1833, §. 161: „In gehöriger Form erlassene Befehle vorgesetzter Behörden befreien sie (die Beamten) von der Verantwortung und übertragen dieselbe an den Befehlenden,“ und

Die Verfassungswidrigkeit der Aufträge ist zunächst, wo nicht besondere Vorschriften Ausnahmen anordnen, ganz ebenso zu behandeln; und auch hier darf nicht zugegeben werden, dasz die Unterbehörde, durch ihren Widerstand gegen die Anordnung ihrer Obern die verfassungsmäszige Unterordnung im State selbst zur Anarchie umkehre und verderbe, weil sie vermeint, die Verfügung jener stehe in einem Widerspruch mit einer einzelnen Verfassungsbestimmung.

7. Der Geist der Treue reicht weiter als die Pflicht des Gehorsams. Diese wird erfüllt, wenn der Beamte die erhaltenen Aufträge in Form und Inhalt vollzieht. Jene aber bindet und hält ihn in seinem übrigen, freien Wirken. Wenn gleich die Treue nicht mehr wie vormals in der mittelalterlichen Lehensverfassung als das vorherrschende Lebensprincip der Statsordnung betrachtet werden kann, vielmehr in dem modernen State theils durch die Gesetzgebung die Befugnisse der Aemter schärfer bestimmt sind, theils die politische Thätigkeit des Beamten weniger von der persönlichen Verbindung mit dem Oberhaupte des States als vielmehr von den Bedürfnissen des States ihren Anstosz und ihre Richtung empfängt, so ist doch die Treue auch in dem modernen Statsleben kein veralteter und kein entbehrlicher Begriff. Es beruht noch auf ihr der moralische Zusammenhang und die Harmonie des Beamtenorganismus groszentheils.

von Meiningen §. 104 und von Altenburg §. 37 geradezu: „Die Verantwortlichkeit für jede gesetzwidrige Verfügung haftet zunächst auf demjenigen, von welchem sie ausgegangen ist; Befehle einer höhern Behörde decken solche nur, wenn sie in gehöriger Form von dem competenten Obern ausgegangen sind, wodurch dann dieser verantwortlich wird.“ Gönner a. a. O. §. 79 scheint die „gloria obsequii“ nicht anders zu verstehen, obwohl er allerdings in der Begründung nicht glücklich den Beamten zur „Maschine“ macht; denn die Verpflichtung zur Remonstration gegen ungerechte Aufträge erkennt er an, und beschränkt auch die Pflicht des Gehorsams in formeller und materieller Beziehung. S. 208. Der Ausdruck Gönners hat übrigens einen mönchischen Beigeschmack.

Der Beamte, welcher in einzelnen und sogar in wichtigen Beziehungen eine andere politische Ueberzeugung hat als seine Obern und diese unter Umständen ausspricht, verletzt zwar die Treue nicht schon aus diesem Grunde. Aber wenn er sich mit den dauernden Grundprincipien, worauf die Statsregierung beruht, im Widerspruch befindet und als Feind jener handelt, wenn er z. B. in der Monarchie sich als Republikaner erklärt und für die Einführung der Republik arbeitet, oder umgekehrt in der Republik als Beamter für die Monarchie wirkt, dann verletzt und bricht er das Band der Treue, das ihn als ein Glied eines einheitlichen Statsorganismus mit diesem verbindet. Ebenso wenn der Regierungsbeamte an systematischer, d. h. consequent auf Sturz oder Lähmung der Regierung gerichteter Opposition Theil nimmt, so ist das ein Treubruch, den keine Regierung dulden kann, wenn sie nicht an innerm Zwiespalt zu Grunde gehen will.[3] Die systematische Feindschaft von Regierungsbeamten gegen die Leiter der Regierung (das Ministerium) ist, auch wenn im Einzelnen kein Ungehorsam vorliegt, Auflösung des Treuverhältnisses und führt zur Anarchie. Nicht die abweichende und selbst nicht die feindliche Gesinnung ist ein Treubruch, denn diese kann das Individuum in sich verschlieszen und dennoch in amtlicher Stel-

[3] Washington (in der Vorrede Guizots zu seinem Leben, I. c. XXIII.): „So lange ich die Ehre haben werde, die öffentlichen Angelegenheiten zu leiten, werde ich nie mit Wissen an irgend eine wichtige Stelle einen Mann setzen, dessen politische Maximen mit den allgemeinen Ansichten der Regierung in Widerspruch sind. Das wäre meines Erachtens politischer Selbstmord.“ Wie lebhaft auch deutsche Statsmänner das Uebel empfunden haben, welches dem State untreue Beamte bereiten, zeigt folgende leidenschaftliche Aeuszerung des Ministers Stein (Leben desselben von Pertz II, S. 501): „Der Frechheit und Verwilderung in der Stimmung besonders des grözten Theils der öffentlichen Beamten wird nicht anders entgegengewirkt werden können, als durch sehr strenge Maszregeln, plötzliche Entsetzungen, Verhaftungen, Verbannungen nach kleinen Orten der Menschen so sich bemühen schädliche Meinungen zu verbreiten oder die Beschlüsse der Regierung zu untergraben.“

lung seine Pflicht in weitestem Umfang in guten Treuen erfüllen, aber die amtliche Bethätigung solcher Gesinnung ist es, denn dabei kann weder die nöthige Harmonie der Statsgewalt noch ihre Sicherheit bestehen. Ist aber der Gegensatz zwischen der Ueberzeugung des Regierungsbeamten und dem Statsprincip oder der politischen Richtung der Regierung so schroff und unversöhnlich geworden, dasz jener sich durch sein Gewissen gedrungen fühlt, seine Feindschaft durch Wort und That zu äuszern, und nicht mehr in Treuen diesem State zu dienen und seinen Obern sich unterzuordnen vermag, dann kann er diesem innern Conflict der Ueberzeugung und der Amtstreue als ein ehrlicher Mann schwerlich anders entgehen, als indem er auf ein Amt resignirt, in welchem er die Treue nicht halten kann. Selbständiger in dieser Hinsicht sind die Justizbeamten gestellt, weil ihre Amtsführung nicht politisch und nicht abhängig ist von dem Willen der Regierung.

Eine fernere Wirkung der Treuverbindung der Beamten überhaupt ist es, dasz dieselben ohne die Zustimmung des Statsoberhauptes nicht zugleich einem fremden State dienen, noch Orden, Pensionen und ähnliche Auszeichnungen, welche auf eine engere Beziehung zu einem auswärtigen Fürsten oder Lande schlieszen lassen, annehmen darf.

8. Das Dienstgeheimnisz, die Amtsverschwiegenheit, zu welchen die Beamten regelmäszig verpflichtet sind, ist nicht absolut zu verstehen, sondern nur insoweit zu beachten, als durch Mittheilung von Thatsachen, zu deren Kenntnisz der Beamte in seiner amtlichen Stellung gelangt ist, dem State oder den Individuen Schaden zugefügt würde, oder als nicht eine höhere Verpflichtung dieselbe nöthig macht. Eine pedantische Ausdehnung des Geheimnisses über diesen Bereich oder gar eine böswillige Ausbeutung derselben, um verfassungs- und gesetzwidrige Handlungen zu verbergen und eine frivole Ausplauderei sind die entgegengesetzten Klippen, die zu vermeiden sind.

9. Das Interesse an der Bewahrung der öffentlichen Ordnung begründet das Recht des States gegen Beamte, welche ihre Pflicht vernachlässigt oder verletzt haben, einzuschreiten, und die nöthigen Zwangsmittel oder Strafen zu verhängen. In dieser Beziehung wird zwischen den eigentlichen Amtsverbrechen, welche der strafgerichtlichen Verfolgung und Bestrafung unterliegen, und andern Amtspflichtverletzungen, welche dem Disciplinarverfahren anheim fallen, unterschieden. Für jene ist der Standpunkt der öffentlichen Gerechtigkeit entscheidend, für diese die Rücksicht auf die Statswohlfahrt überwiegend. Der allgemeine Gegensatz von Gericht und Polizeigewalt kommt hier zur besondern Anwendung. Die erstern werden nach den Normen der gemeinen Strafgesetze und in den Formen des gewohnten Strafprocesses beurtheilt. Nur in zwei Beziehungen hat die Rücksicht auf die Interessen des States verschiedene Modificationen hervorgerufen; einmal insofern die strafgerichtliche Verfolgung eines Amtsverbrechens nach französischem Vorbild an die Vorbedingung einer Anordnung oder Zulassung einer höheren Regierungsstelle oder einer eigens dafür ermächtigten Statsbehörde geknüpft ist, also nicht durch die gewöhnlichen Gerichtsstellen von Amtswegen eingeleitet werden darf, und zweitens indem für die Beurtheilung der Beamten zuweilen besondere Gerichtshöfe angewiesen sind.[4] Das englische Verfahren verwirft beide Modificationen, schützt aber die (aristokratischen) Beamten durch andere Mittel gegen frivole Anklagen.[5]

[4] Bayerisches Edict über die Verhältnisse der Statsdiener §. 16. Die preuszischen Verordnungen vom 10. und 11. Julius 1849 unterscheiden zwischen Amtsverbrechen und bloszen Dienstvergehen, und enthalten ausführliche Vorschriften über das Disciplinarverfahren in den Fällen der letzten Gattung. Die erstere bezieht sich auf die Dienstvergehen der Richter, die zweite regelt das Verfahren gegen die nichtrichterlichen Beamten. Vgl. Dollmann Artikel Amtsverbrechen und Amtsvergehen in Bluntschli's Deutschem Statswörterbuch.

[5] Fischel Verfassung Englands S. 351. Cox Statseinrichtungen

Das Disciplinarverfahren ist ausgedehnter und hält auch in den Fällen die Ordnung des Amtes aufrecht, wo der Strafrichter keinen hinreichenden Grund finden kann, in dem Beamten den Verbrecher zu erkennen. Ein reisprechendes Urtheil desselben befreit somit den Beamten keineswegs von der Gefahr einer disciplinarischen Ahndung seines den öffentlichen Bedürfnissen und Pflichten des Amtes widersprechenden Benehmens. Das Disciplinarverfahren erstreckt sich auf alle, auch auf die geringsten Dienstvergehen, und jede Vernachlässigung der Amtspflicht. Ja sogar das Privatbenehmen des Beamten auszerhalb des Amtes ist demselben insofern unterworfen, als dasselbe auf die Ehre und das Vertrauen, deren der Beamte um des Amtes willen bedarf, einen nachtheiligen Einflusz äuszert.[6]

Die Strafmittel des Disciplinarwegs sind entweder blosze einfache Ordnungsstrafen, wie die Warnung, der Verweis, eine beschränkte Geldbusze oder Strafen, welche die Einstellung (Suspension) im Amte, die Versetzung des Beamten auf eine andere Stelle, unfreiwillige Versetzung in den Ruhestand oder die Entlassung zur Folge haben. Zu den ersteren sind schon die vorgesetzten Behörden gewöhnlich ermächtigt, ohne ein eigentliches processualisches Verfahren, die letztern dagegen treffen auch die Rechte des Beamten so schwer, dasz zum Schutze desselben vor willkürlicher und ungerechter Verfolgung processualische Rechtsmittel unerläszlich sind. In manchen Staten kann die Strafe der Entlassung sogar nur von den gewöhnlichen Ge-

Englands, übersetzt von Kühne S. 305. Wie schwer es auch in England ist, gegen den furchtbaren Amtsmiszbrauch der Machthaber eine Klage mit Erfolg anzustellen, das hat neuerlich die Geschichte der Unterdrückung des Negeraufstandes in Jamaica gezeigt.

[6] Preuszische Verordnung von 1849 §. 1: „Zu diesen Pflichten (des Beamten) gehört, dasz der Beamte sich durch sein Verhalten in und auszer dem Amte der Achtung, des Ansehens und des Vertrauens würdig beweise, die sein Beruf erfordert.“

richten und nur die der Suspension oder Versetzung und Pensionirung auch von höhern Aufsichtsbehörden verhängt werden. Allein die ausschliessliche Competenz der Gerichte, welche zwar wohl berufen und fähig sind, die verbrecherische That eines Beamten wie eines Bürgers zu erkennen und zu beurtheilen, aber immer in dem Angeklagten voraus den Menschen, nur nebenher auch den Beamten sehen, und welche auszer Stande sind, auch die statsrechtlichen Bedürfnisse des Amtes in ihrer vollen Macht und die verderblichen Wirkungen, welche ein ungehöriges Benehmen eines Beamten für die Einheit und Harmonie der Statsgewalt hat, in ihrem vollen Umfang zu überblicken und zu ermessen, ist keineswegs zu billigen. Wo dieselbe angeordnet ist, da hat das Interesse des jeweiligen Beamten über das des bleibenden Amtes und des States, und in Wahrheit das Privatrecht über das Statsrecht den Sieg erfochten. Nur einem Gerichtshofe, welcher schon in seiner Zusammensetzung Garantie dafür darbietet, dasz er auch die statsrechtlichen Momente, die hier in Betracht kommen, zu würdigen wisse, kann ohne Schaden für den Stat eine ausschliessliche Competenz für solche Fälle eingeräumt werden. Gibt es einen solchen nicht, so musz den höhern Aufsichtsbehörden das Recht verbleiben, unwürdige oder untaugliche Beamte nöthigenfalls aus dem Amte zu entfernen.[7]

[7] Preuszische Verordnung vom 11. Julius 1849 §. 20: „Die Dienstentlassung musz insbesondere dann erfolgen, wenn der Beamte die Pflicht der Treue verletzt, oder den Muth, den sein Beruf erfordert, nicht bethätigt, oder sich einer feindseligen Parteinahme gegen die Statsregierung schuldig gemacht hat."

Viertes Capitel.

Ende des Statsdienstes.

1. Da der Beamte um des Amtes willen ernannt wird, nicht dieses um der Person des Beamten willen besteht, so zieht die Aufhebung des Amtes von Rechtes wegen auch das Ende des Beamtenverhältnisses für das Individuum nach sich. Ueber die Fortdauer und Art des Amtes wird nur nach Gründen der öffentlichen Wohlfahrt entschieden. Die privatrechtlichen Ansprüche des angestellten Beamten aber auf den Standesgehalt werden durch die statsrechtliche Aufhebung des Amtes nicht beseitigt. Vielmehr hat derselbe auch nachher auf so lange einen Anspruch darauf, als er, hätte das Amt fortgedauert, in demselben auch ein Recht auf die Besoldung gehabt hätte.

2. Wie die Freiheit der Annahme oder Ablehnung eines Amtes als Regel gilt, so ist auch die Freiheit der Resignation als Regel des neueren Statsrechtes nun anerkannt, obwohl allerdings aus jener nicht ohne weiters auf diese geschlossen werden kann, denn aus der Freiheit eine Verpflichtung auf sich zu laden, folgt nicht die Freiheit, eine übernommene Verpflichtung wieder abzuschütteln. Aber wo die geistige Kraft und die gemüthliche Stimmung des Individuums, die durch Zwangsanstalten nicht nach Belieben erzeugt werden können, so sehr in Betracht kommen wie bei den öffentlichen Aemtern, da frommt auch eine blosze erzwungene Fortsetzung des Dienstes dem State nicht.[1] Wo dagegen schon die An-

[1] Preuszisches Landrecht II. 10. §. 95: „Die Entlassung (auf Ansuchen des Beamten) soll nur alsdann, wenn ein erheblicher Nachtheil für das gemeine Beste zu besorgen ist, versagt werden.“ Bayerisches Edict von 1818, §. 22: „Der Statsdiener kann zu jeder Zeit, ohne alle Motivirung, seine Entlassung aus dem Statsdienste nehmen. Er verliert in diesem Falle den Standes- und Dienstesgehalt mit dem Titel und Functionszeichen.“

nahme eines Amtes Bürgerpflicht ist, da ist es auch die Fortsetzung des Dienstes wenigstens während einer bestimmten Zeitperiode.[2]

Die Resignation bewirkt indessen nicht ohne weiters die Auflösung der Amtspflicht. Der Beamte darf das Amt nicht nach Willkür verlassen, das wäre Desertion. Sie ist nur ein zureichender Grund, um die Statsgewalt, welche das Amt verliehen hat, zu bewegen, dasselbe dem Beamten wieder abzunehmen. Erst die Entlassung also von Seite des States befreit denselben von der Amtspflicht; und immerhin verbleibt der Oberbehörde das Recht, nach dem öffentlichen Bedürfnisse den Moment der Entlassung näher zu bestimmen.

Die Entlassung in Folge einfacher Resignation des Beamten hebt die aus dem Amte hervorgehenden Rechte, sowohl die politischen als die privatrechtlichen, auf.

3. Anders, wenn der Statsdiener berechtigt ist, die Quiescirung, Inruhestandsetzung, zu verlangen. In diesem Falle gehen wohl die eigentlichen politischen Amtsbefugnisse für ihn verloren, nicht aber wieder die persönlichen Ehrenvorzüge, als Titel und Rang, noch die Ansprüche auf Besoldung. Gewöhnlich wird das Masz der Pension, auf welche derselbe einen Anspruch hat, je nach den Dienst- und den Lebensjahren stufenweise bestimmt. Jenes Recht wird begründet theils durch hohes Alter (in Deutschland oft 70, in Belgien 65 Jahre), verbunden mit langem Dienstalter (30—40 Jahre), theils durch früher eintretende Dienstunfähigkeit, z. B. wegen Krankheit. Dasselbe versteht sich indessen nur dann von selbst, wenn durch den Statsdienst selbst das Gebrechen herbeigeführt worden, welches den Beamten unfähig macht, denn unter dieser Voraussetzung ist der Stat aus allgemeinen Rechts-

[2] Z. B. nach englischem Recht wird der Sheriff (scire-gerefa), der das Amt ein Jahr lang verwaltet hat, für die drei nächsten Jahre von der Verpflichtung frei, dasselbe zu übernehmen. Blackstone, Comm. I. 9, 1.

gründen verpflichtet, den Schaden zu vergüten, welchen sein Beauftragter in Folge der Ausübung seiner aufgetragenen Pflicht erlitten hat.[3]

4. Die Frage, ob und in welchen Fällen ein Beamter gegen seinen Willen aus dem Amte entlassen werden könne, ist in verschiedenen Staten in neuerer Zeit verschieden beantwortet worden. In Deutschland wurde schon zur Zeit des deutschen Reiches unter dem Einflusse der gelehrten Juristen die privatrechtliche Seite in dem Amte zu Gunsten der persönlichen Sicherstellung der Beamten mit groszem Nachdrucke hervorgehoben. Das Amt galt als ein in der Regel auf Lebenszeit verliehenes Recht, welches von der Statsgewalt nicht aus Gutfinden dem Beamten entzogen werden dürfe. Nur durch gerichtliches Urtheil sollte derselbe wegen Verletzung seiner Dienstpflicht entsetzt werden dürfen.[4] Es fehlte zwar nicht ganz an Stimmen, welche darauf hinwiesen, dasz auch eine ehrenvolle Entlassung zuweilen aus Statsgründen zu rechtfertigen sei, aber gegen Ende des vorigen Jahrhunderts wenigstens breitete sich die erstere Meinung immer mehr aus, und es wurde dieser Grundsatz auch in manchen neuern Verfassungen wie ein Fortschritt der Freiheit und eine wichtige Garantie gegen Regierungswillkür proclamirt, theils in Deutschland, theils in neuerer Zeit auch in der Schweiz, obwohl da die meisten Aemter nur periodisch vergeben werden.

In England dagegen hielt schon das politische Parteileben das Bewusztsein wach, dasz das Amt vornehmlich um des States und nicht um des Individuums willen gegeben

[3] Bei Zachariä D. St. §. 142 sind einige Bestimmungen in deutschen Ländern zusammengestellt. Ueber Belgien vergl. Gesetz vom 31. Jul. 1844.

[4] Für den Reichshofrath wurde es in der Wahlcapitulation von 1792 ausdrücklich ausgesprochen §. 10: „Auch soll kein Reichshofrath seiner Stelle anders als nach vorhergegangener rechtlicher Cognition und darauf erfolgtem Spruche Rechtens entsetzt werden.“ Vergl. auch den Reichsdeputations-Hauptschlusz von 1803, §. 91.

sei, und es wurde umgekehrt alles Gewicht auf die politische Bedeutung des Amtes gelegt, daher der Grundsatz festgehalten, dasz das Statsoberhaupt wie das Amt zu geben, so auch zu nehmen berechtigt und in der Freiheit dieser Befugnisz nicht zu beschränken sei. Nur zu Gunsten der Unabhängigkeit der Richter wurde eine Ausnahme von diesem Princip eingeführt. Unter Wilhelm III. wurde zuerst bestimmt, dasz die Richter des gemeinen Rechts nicht wie früher „durante bene placito“ sondern „quamdiu bene gesserint,“ d. h. auf Wohlverhalten ernannt seien, aber auch ihre Entfernung wegen Nichtwohlverhalten dem immerhin statlichen Ermessen des Königs und des Parlaments vorbehalten.[5] Auch das nordamerikanische Statsrecht beruht auf diesen Grundsätzen.[6] Eben so waren in Frankreich die Regierungsbeamten von alter Zeit her willkürlich entlaszbar, und nur für die Richter die Unabsetzbarkeit schon in dem sechzehnten Jahrhundert zur Regel erhoben.

Thatsächlich genieszen indessen auch in Frankreich die Beamten eine ziemliche Sicherheit und nur die Revolution oder besonders heftige politische Kämpfe verlangen zuweilen eine Anzahl Opfer.[7]

In dem deutschen System ist zwar eine Uebertreibung der privatrechtlichen Rücksichten unverkennbar, aber wenn dasselbe davon entkleidet und der statsrechtliche Gesichtspunkt nach Gebühr beachtet wird, so hat es vor dem willkürlicheren System anderer constitutioneller Staten nicht blosz den Vorzug, dasz es die Privatexistenz des Statsdieners sichert, sondern ebenso den, dasz es auch die Ruhe des Statsorganismus vor Parteiumtrieben und launischer Gunst oder Ungunst schützt.

[5] Statut 13, Will. III. ch. 3. Unter Georg III. wurde auch die frühere Erlöschung des Richteramtes durch den Tod des Königs aufgehoben.

[6] Vergl. Story III. 38, §. 228.

[7] Vivien Étud. Admin. I. 260 f.

Allerdings musz als Grundprincip anerkannt werden, dasz das Amt für den Stat da ist, und dasz geradeso wie der Stat die Aemter in seinem Interesse bestellt und übergibt, er auch berechtigt sein musz, aus Gründen der Statswohlfahrt einem Beamten das Amt zu entziehen und einer andern Person zu übertragen. Der Natur der Sache nach steht dieses Recht zunächst der nämlichen Person zu, welche das Amt zu besetzen hat, somit im Zweifel dem Statsoberhaupt.[8] Dasselbe musz auch in den Staten anerkannt werden, in welchen die Absetzung nur durch die Gerichte ausgesprochen werden kann, soweit nämlich der Entzug des Amtes rein politische und nicht auch privatrechtliche Folgen hat.[9]

Diese Regel erleidet indessen Beschränkungen, theils im Interesse einer von der Regierung unabhängigen Rechtspflege, theils im Interesse der privatrechtlichen Ansprüche der Beamten auf eine gesicherte Stellung. In der erstern Beziehung wird in den Staten, welche auf eine freie und selbständige Rechtspflege einen Werth legen, in neuerer Zeit meistens der Grundsatz anerkannt, dasz Richter gegen ihren Willen durch die Regierung weder entlassen, noch anderswohin versetzt, noch anders als mit Belassung ihres vollen Gehalts in den Ruhestand gelegt werden dürfen, sondern es dafür entweder wie in England eines Parlamentsbeschlusses, oder wie in Deutschland eines gerichtlichen Urtheils bedürfe.[10]

[8] Es ist inconsequent, wenn in Nordamerika das Recht der Absetzung von Beamten dem Präsidenten allein auch in den Fällen überlassen worden ist, wo die Anstellung auf der Mitwirkung des Senats beruht. Gesetz von 1789, Story III. 37, §. 119. Nun seit 1868 geändert.

[9] Zachariä §. 144. Indessen giebt es Staten, welche diesen Grundsatz verkennen und so weit gehen, das Recht des Beamten auf seine Amtsbefugnisse als ein während einer gewissen Zeit überall nicht aus öffentlichen Gründen entziehbares aufzufassen.

[10] Bayerische Verf. VIII. §. 3: „Die Richter können nur durch einen Rechtsspruch von ihren Stellen mit Verlust des damit verbundenen Gehaltes entlassen oder derselben entsetzt werden.“ Belgische §. 100: „Der Richter werde auf Lebenszeit ernannt. Ein Richter kann

In der zweiten Beziehung sind verschiedene Fälle zu unterscheiden. Das Motiv nämlich zur Entfernung eines Beamten kann:

a) in einem Verbrechen desselben liegen, woraus seine moralische Unwürdigkeit für das Amt offenbar wird;
b) in der erfahrungsmäszig hergestellten moralischen Untauglichkeit desselben, indem es ihm an dem nöthigen Fleisze oder an dem Muthe gebricht, dessen das Amt bedarf, ohne dasz er wirkliche Verbrechen begangen hat;
c) in der geistigen Unfähigkeit desselben, die Aufgabe des Amtes zu verstehen und die erforderlichen Functionen auf eine für den Stat nützliche Weise zu vollziehen, z. B. weil er das Gedächtnisz verloren hat, blödsinnig geworden ist u. dgl.;
d) in äuszern auszer der Person des Beamten liegenden Verhältnissen, welche seine Wirksamkeit im Amte lähmen oder ihn des erforderlichen Vertrauens berauben; ein Fall, der in Zeiten aufgeregter Leidenschaften oder bei Verwicklungen mit auswärtigen Mächten — ich erinnere an die Entlassung des Ministers Stein aus Rück-

nur durch einen Urtheilsspruch seines Amtes beraubt oder für eine Zeit lang entsetzt werden. Die Versetzung eines Richters kann nur in Folge einer neuen Ernennung und mit seiner Bewilligung stattfinden." Spanische §. 66. Portugiesische §. 120—123. Oesterreichische von 1849 §. 101: „Kein vom State bestellter Richter darf nach seiner definitiven Bestellung, auszer durch richterlichen Spruch, von seinem Amte zeitweilig entfernt oder entlassen, noch auch ohne sein Ansuchen an einen andern Dienstort überwiesen oder in den Ruhestand versetzt werden. Diese letztere Bestimmung findet jedoch auf Versetzungen in den Ruhestand, welche wegen eingetretener Dienstuntauglichkeit nach den Vorschriften des Gesetzes erfolgen, sowie auf jene Veränderungen im Richterpersonale, welche durch Aenderung in der Einrichtung der Gerichte nothwendig werden, keine Anwendung." Preuszische §. 87. „[Die Richter] können nur durch Richterspruch aus Gründen, welche die Gesetze vorgeschrieben haben, ihres Amtes entsetzt oder zeitweise enthoben werden."

sichten auf den Kaiser Napoleon I. — selbst bei einem Beamten eintreten kann, der seine Pflicht vollständig erfüllt hat, vielleicht gerade deszhalb, weil er es gethan.

In allen diesen Fällen musz der Stat ein Mittel haben, durch Entfernung des Beamten sich selber vor öffentlichem Schaden zu bewahren; aber nur in dem ersten unter a) sind die Gerichte geeignet, nach den gewöhnlichen Regeln des Strafrechts das Urtheil auszufällen. Dieser Fall wird daher auch mit Recht dem gerichtlichen Verfahren allein überlassen, und an die gerichtliche Entsetzung der Verlust von Titel, Rang, Besoldung und Pensionsanspruch als nothwendige Folge geknüpft.

Der zweite Fall unter b) eignet sich mehr zu dem Disciplinarverfahren, welches nicht nothwendig und nicht im öffentlichen Interesse den gewohnten Gerichten zugetheilt wird, obwohl allerdings dafür gesorgt sein musz, dasz der Beamte sich frei vertheidigen dürfe. Je nach der grös̈zern oder geringern Verschuldung ist denn hier die Entlassung ohne nachtheilige Folgen für die bürgerliche Ehre und die übrigen politischen Rechte des Entlassenen, aber mit dem Verlust aller aus dem Stat hervorgehenden persönlichen Ansprüche auf Besoldung — oder die Quiescirung mit einem den Verhältnissen gemäszen Ruhegehalte auszusprechen. Es ist klar, dasz der Regierung für diese freiere Hand gelassen werden musz, als für jene, indem dieselbe die privatrechtlichen Ansprüche des Beamten nicht verletzt, sondern zunächst nur seine öffentliche Stellung afficirt.

Der dritte Fall unter c) rechtfertigt die Quiescirung, in der Regel aber nicht die Entlassung, weil hier nicht eine Verschuldung des Beamten, sondern nur ein geistiger Mangel die Entfernung veranlaszt.

Der vierte Fall endlich d) begründet entweder die Quiescirung oder die Versetzung auf einen andern Posten von wesentlich derselben Beschaffenheit unter Beibehaltung des gleichen Ranges und voller Besoldung. In beiden letztern Fällen sprechen allgemeine Rechtsgründe dafür, dasz die höhern Oberaufsichtsbehörden die Sachlage prüfen und das Nöthige einleiten, und da wo die Anstellung von dem Statsoberhaupte ausgeht, jedenfalls nicht ohne Gutheiszung und Befehl des Statsoberhauptes die Entfernung ausgesprochen werde.

Eine blosz willkürliche Entfernung nach Gutdünken der Regierung ohne Motive und ohne dem Beamten die Gelegenheit zu verschaffen seine Interessen zu wahren, wird zwar noch in manchen neuern Staten geübt, widerspricht aber den Erfordernissen eines wohlgeordneten Beamtenwesens.

5. Eine blosz vorübergehende Einstellung, Suspension des Beamten kann zur Strafe verhängt oder nur als einstweilige Maszregel durch ein öffentliches Bedürfnisz gerechtfertigt werden. In jenem Falle kann diese Strafe in Folge des Strafverfahrens durch das Gericht oder in Folge des Disciplinarverfahrens durch die competente Oberaufsichtsbehörde ausgesprochen werden. Sie hemmt die amtliche Wirksamkeit des Beamten, und zieht gewöhnlich auch den Verlust der Besoldung für die Zwischenzeit oder wenigstens eines Theils der Besoldung nach sich.

Als provisorische Maszregel kann dieselbe schon durch das Gesetz zum Voraus für gewisse Fälle angeordnet sein, z. B. als Folge der Versetzung in den Anklagezustand wegen eines Verbrechens. Sie kann aber auch aus andern Gründen im einzelnen Falle durch die Oberaufsicht getroffen werden, namentlich auch da, wo das Institut der Quiescirung nicht anerkannt ist, um einen verhaszt gewordenen Beamten einstweilen der gegen ihn erregten Leidenschaft zu entziehen. Wo dieselbe nicht als Strafe zu betrachten ist, da dürfen die privatrechtlichen Ansprüche des Beamten demselben auch nicht entzogen werden. Freilich folgt daraus nicht, dasz er das Recht auf vollen Gehalt beibehalte, denn nur ein Theil desselben hat einen privatrechtlichen Grund, wohl aber, dasz das Recht auf den Standesgehalt ihm unversehrt bleibe. Auch wenn er während der Untersuchung wegen eines Verbrechens suspendirt worden ist, dauert vorläufig dieser Anspruch fort, vorbehalten die gerichtliche Einbehaltung des Gehaltes zur Sicherung für Entschädigungsforderung und Busze wegen des Vergehens, dessen der Beamte beschuldigt ist. Erst das Strafurtheil selbst aber zerstört für die Zukunft den Anspruch auf Besoldung. [10]

Fünftes Capitel.

Das Statsministerium.

1. Die Minister dienen dem Statsoberhaupt, um dasselbe in den verschiedenen Richtungen seiner statlichen Functionen zu unterstützen. In der constitutionellen Monarchie ist der König bei allen eigentlichen Statshandlungen an die Mitwirkung des betreffenden für diese Handlung verantwortlichen Ministers gebunden. Aber auch in der Republik, an deren Spitze ein Präsident steht, bedarf dieser regelmäszig der Mitwirkung von Ministern oder Statssecretären. Nur hat er diesen gegenüber, da er die Verantwortlichkeit in Person auf sich nimmt, eine noch freiere Stellung.

Die Minister sind aber nicht blosze Diener des Statshauptes und keineswegs verpflichtet alle seine Befehle oder Wünsche auszuführen. Sie haben vielmehr selbständig als leitende Statsmänner und Statsdiener zu prüfen, was dem Rechte gemäsz und dem State nützlich sei und ihre Ueberzeugung auch gegenüber dem Statshaupte zu vertreten.

Die Harmonie der Grundansicht zwischen König und

[10] Vgl. Zachariä §. 145 gegen Heffter.

Ministern ist eine Bedingung der Wirksamkeit der Regierung. Deszhalb hat der König die freie Wahl der Minister und es darf ihm keine Person als Minister aufgedrungen werden, zu der er kein Vertrauen fassen kann. Deszhalb kann aber auch Niemand genöthigt werden, Minister zu werden oder zu bleiben, wenn er seinerseits kein Vertrauen zu dem Statshaupt hat. Das wechselseitige Vertrauen braucht übrigens keine familiäre Intimität, keine persönliche Freundschaft zu sein. Es genügt das politische Vertrauen des Königs, dasz diese Minister im gegenwärtigen Moment sich zu der Leitung der Statsangelegenheiten eignen und der Minister, dasz der König sie in ihrer Handlungsweise gewähren lasse und ihnen seine Unterstützung nicht vorenthalte.

2. Die Eintheilung der Geschäfte je nach ihrer Art und Richtung kann verschieden bestimmt werden. Gut aber ist es, wenn jeder umfassende Geschäftskreis in einem Minister seine Vereinigung und Oberleitung findet. denn jeder erfordert die Hingebung und die Geisteskraft eines ganzen Mannes. Die regelmäszigen Departemente sind:

a) das Aeuszere, wohin alle diplomatischen Verhandlungen mit und alle Beziehungen zu fremden Staten in Bundesstaten und Statenbünden überdem auch die organischen Verhältnisse zu dem Bundeskörper und zu den verbündeten Staten gehören;

b) das Innere, den ganzen innern Organismus und alle Regierungsthätigkeit nach Innen umfassend, so weit nicht einzelne, besonders wichtige Geschäftszweige eigene Ministerien erfordern;

c) das Kriegsministerium für die militärischen Einrichtungen und Functionen des States;

d) das Polizeiministerium für die Handhabung der Polizeigewalt des States, zuweilen auch mit dem Justizministerium verbunden, zuweilen als eine blosze Unterabtheilung des Ministeriums des Innern behandelt;

e) das Justizministerium für den Antheil an der Rechtspflege, welcher dem Statsoberhaupte verblieben ist;

f) das Finanzministerium für die Ausübung der Finanzhoheit und die Finanzverwaltung;

g) das Cultusministerium für die Beziehungen des States zur Religion, zu den Kirchen und Sekten, zur Wissenschaft und Kunst und für das gesammte Schulwesen;

h) die Ministerien für öffentliche Arbeiten, Landwirthschaft, Handel und Gewerbe, um der Wichtigkeit dieser Zweige willen für das neuere Statsleben öfter aus dem Ministerium des Innern und der Finanzen ausgeschieden.

In der Republik werden diese Geschäftskreise zuweilen durch Collegien, Räthe verwaltet, der demokratischen Neigung gemäsz, welche gegen die individuelle Concentrirung der Autorität und Macht misztrauisch ist.

Das Preuszische System besteht in einer Verbindung der individuellen Leitung der Minister mit der collegialen Berathung und Abstimmung durch die Räthe des Ministeriums.

3. In dem Statsoberhaupt finden alle Ministerien wieder ihre höhere Einigung. Daraus folgt, dasz der Monarch mit jedem Minister in unmittelbarem Verkehr bleiben musz. Aber auch unter den Ministern selbst ist Einverständnisz in der Hauptrichtung der Politik in hohem Grade wünschenswerth. Es besteht eine natürliche Wechselwirkung der verschiedenen statlichen Thätigkeiten auf einander, und es ist unvermeidlich, dasz die Maszregeln, die ein Minister einleitet, auch hinwieder Einflusz haben auf die Anordnungen des andern. Daher ist die Institution eines Gesammtministeriums, welches die Minister unter sich verbindet und in wichtigen Fällen zu gemeinsamen Berathungen führt, vorzüglicher, als wenn die Einzelnminister nur in dem Statsoberhaupte geeinigt werden, einander aber fremde gegenüber stehen. Die Harmonie des Gesammtministeriums vermehrt seine

Stärke, sowohl in dem Verhältnisz zu dem Könige als in dem zu dem Volke und den Kammern. Aber es darf diese Einheit desselben nicht so sehr angezogen werden, dasz sie die höhere Einheit in dem Könige und dessen Macht gewissermaszen ersetzt und dadurch aufhebt. Sie darf weder den unmittelbaren Verkehr des Königs mit den einzelnen Ministern unterbrechen und hemmen, noch denselben verhindern, einen einzelnen Minister zu entlassen, ohne deszhalb das ganze Ministerium umzugestalten.

An der Spitze des Gesammtministeriums steht der Ministerpräsident. Der practische Sinn der Engländer zieht es vor, das Präsidium mehr aus formellen Motiven mit einer Person zu besetzen, die sich eher durch ihre sociale Stellung, äuszeren Rang und Autorität auszeichnet, während andere Nationen häufig den wirklichen Chef der Regierungspolitik mit dieser Stellung betrauen. Das erstere System hat den doppelten Vorzug, dasz es auf der einen Seite die Eifersucht des Monarchen weniger reizt, und dasz es auf der andern den leitenden Minister den Pfeilen seiner politischen Gegner weniger blosz stellt, ohne die reale Macht desselben zu schwächen.[1] Aber das letztere System sichert in höherem Grade die Einheit uud Energie innerhalb des Ministeriums und entspricht mehr der Wahrheit der Verhältnisse.

4. Der Minister bringt seine Vorschläge an den König zur Sanction, und contrasignirt die Verfügung, welche der König anordnet. Dem Statsoberhaupt steht das Recht zu, den Vorschlag frei zu prüfen, zu diesem Zwecke

[1] Friedrich der Grosze sprach sich darüber im Antimachiavell C. 22. so aus: „Le Roi qui a assez de santé, des organes en méme tems assez vigoureux et assez déliés pour soutenir le pénible travail du Cabinet, manque à son devoir s'il se donne un premier ministre; mais je crois qu'un Prince, qui n'a pas ses dons de la nature, se manque à lui-mème et à son peuple, s'il n'emploie pas tout se qu'il a de raison à choisir un homme sage qui porte le fardeau dont le poids seroit trop fort pour son maître.“

auch Rath einzuholen, wo er es für gut findet, und nach eigenem Ermessen entweder zu genehmigen oder abzulehnen. Die Ablehnung in einzelnen Fällen ist noch nicht ein Grund für den Minister zurück zu treten. An und für sich liegt darin keinerlei Misztrauen gegen den Minister und seine Wirksamkeit. Nur wenn sich bei solcher Gelegenheit ein so groszer und andauernder Zwiespalt der Gesinnung offenbart, dasz ein Einverständnisz in der Hauptrichtung der Regierungspolitik nicht mehr vorhanden noch herzustellen ist, dann wird dieser Conflict nicht anders zu lösen sein, als durch die Entlassung des Ministers, sei es dasz der König von sich aus dieselbe verfügt, oder der Minister sie begehrt. Beiden Personen musz dieselbe jederzeit frei stehen.

Der König ist indessen nicht gehalten abzuwarten, ob der Minister einen Vorschlag an ihn bringt. Er kann demselben auch den Auftrag geben, ihm einen Antrag auszuarbeiten und zur Genehmigung vorzulegen, und ihm seine vorläufige Meinung und seinen Willen eröffnen. Auf der andern Seite ist es die Pflicht des Ministers, seine eigene Ueberzeugung hinwieder dem König zu offenbaren, vor verkehrten oder ungerechten Maszregeln zu warnen, und nöthigenfalls seine Mitwirkung bei der Vollziehung zu versagen.

Wünschenswerth ist es, dasz der König in den täglichen kleinern Geschäften, die nicht von höherer politischer Bedeutung sind, die Minister in der Regel gewähren lasse, und nur ausnahmsweise, insbesondere um die Minister vor Schlendrian oder Willkür zu bewahren, oder aus andern Gründen einen thätigeren Antheil nehme. Dagegen ist es, soll die Monarchie eine Wahrheit sein, nöthig, dasz er die grosze Politik, den innern Zusammenhang der Regierungsmaszregeln und den Zweck der allgemeinen Statswohlfahrt ohne Unterlasz sorgfältig und selbständig beachte, und auf dieselbe auch je nach seinen individuellen Kräften selbstthätig einwirke, obwohl in steter

Verbindung mit seinen Ministern. Es darf nicht der eine heimlich wider den andern handeln.[2]

5. Jeder wirkliche Regierungsact, den das Statsoberhaupt erläszt, bedarf zu seiner formellen Gültigkeit der Contrasignatur des betreffenden Ministers. In Folge derselben hat er denn die Verantwortlichkeit dafür zu übernehmen, und es dient ihm in keiner Weise zur Entschuldigung, wenn er sich auf den Willen des Oberhauptes beruft. Er darf sich nicht hinter dieses flüchten, sondern hat die Maszregel, so weit ihre Verantwortlichkeit zur Sprache kommt, als seine eigene zu vertreten, so weit sie aber der formellen Autorität bedarf und wohlthätig wirkt, als Handlung des Oberhauptes darzustellen.

Die Verantwortlichkeit des Ministers hat verschiedene Formen:

a) vor der öffentlichen Meinung, die, besonders wo die Presse frei ist, den Minister mit tausend Augen scharf beobachtet. Jeder seiner Schritte ist der Kritik, häufig einer bittern und feindlichen ausgesetzt. Die Unverantwortlichkeit des Statshauptes deckt ihn nicht; und es hilft ihm nichts, wenn der Fürst erklärt, der Minister habe in seinem Geiste und nach seinen Befehlen gehandelt.

b) Vor den Kammern, welche den Beschwerden

[2] Brief der Königin Victoria im Sommer 1850, bei Gelegenheit der griechischen Frage dem Parlament im Februar 1852 mitgetheilt: „Die Königin verlangt, dasz Lord Palmerston deutlich angebe, was er in einem gegebenen Fall vorschlägt, damit die Königin ebenso deutlich wisse wozu sie ihre königliche Sanction ertheilt. Zweitens, nachdem sie einmal ihre Sanction zu einer Maszregel gegeben, darf diese nicht willkürlich von dem Minister abgeändert oder modificirt werden. Eine solche Handlung müszte sie als einen Mangel an Aufrichtigkeit gegen die Krone betrachten und sofort kraft ihres verfassungsmäszigen Rechts einen solchen Minister entlassen. Sie erwartet von dem was zwischen dem ersten Lord der Schatzkammer und dem Minister des Auswärtigen vorgeht, ehe man auf diesen Verkehr wichtige Entscheidungen basirt, in Kenntnisz gesetzt zu werden, ferner die auswärtigen Depeschen und die Entwürfe der Antworten darauf bei guter Zeit vorgelegt zu erhalten."

über die Regierung einen legalen Ausdruck zu geben, und diese auch an den Monarchen zu bringen berechtigt und berufen sind. Ihnen steht es zu, den Ministern gegenüber auch ihr Misztrauen auszusprechen.

Da es immerhin ein groszes Uebel für den Stat ist, wenn die Minister in der Mehrheit der Kammern kein Vertrauen haben, indem um dieses Mangels willen manche vielleicht wohlthätige Maszregel unterbleiben musz, weil die Kammern ihre Zustimmung dazu einem verhaszten Ministerium nicht geben wollen, so ist es sehr erklärlich, wenn ein entschiedenes Misztrauensvotum die Minister bestimmt, ihr Amt in die Hand des Statsoberhauptes aufzugeben. Aber ein statsrechtliches Gesetz ist das nicht; und für jeden Stat kann es Zeiten und Verhältnisse geben, welche ein Verharren der Minister in ihrem Amte fordern, ungeachtet sie vielleicht für einige Zeit nur eine Minderheit der Kammern für sich haben. Sogar in England, welches sich dem System der Parlamentsregierung aus historischen Gründen mehr zuneigt, als das Wesen der constitutionellen Monarchie erfordert oder vielleicht erträgt, und wo die Minister übungsgemäsz bald bereit sind, sobald sie im Parlament einzelne, zuweilen nicht bedeutende, Schlappen erleiden, auf ihr Amt zu resigniren, hat doch schon mehr als ein Minister, z. B. der grosze Pitt, längere Zeit gegen ein feindlich gesinntes Unterhaus die Zügel der Regierung festgehalten.[3] In England aber hat diese Uebung weniger Bedenken, als auf dem Continent, theils weil dort der Reichthum an Statsmännern, welche das Vertrauen des Königs verdienen und zugleich das der Parlamenthäuser haben, gröszer

[3] Das Unterhaus richtete damals eine Adresse an den König: „dasz die Fortdauer einer Verwaltung, welche das Vertrauen der Vertreter des Volks nicht besitze, dem Statswohle nachtheilig sein müsse.“ Aber schlieszlich gewann Pitt doch das Vertrauen des Volks und die neuen Wahlen verschafften ihm eine Majorität. Ersk. May, Verf.-Gesch. I. 56 ff.

ist, theils weil der Stat auf der festen Grundlage einer mächtigen Geistes-, Vermögens- und Adelsaristokratie beruht, die um ihrer Interessen, ihrer Sitten und ihrer überlieferten Einsicht willen jede maszlose Opposition scheut.[4] In den romanischen und germanischen Staten des Continents aber, die noch nicht zu einer festen und sichern Ruhe gelangt sind, wo auch die demokratischen Elemente eine gröszere Gewalt haben, kann es noch öfter Pflicht der Minister sein, einstweilen noch auszuharren, obwohl sich eine Majorität gegen sie erklärt hat. Hätte Graf Bismarck nicht während Jahren dem Misztrauen und der Abneigung auch der Preuszischen Volksvertretung widerstanden, so hätte er den Preuszischen Stat nicht zu den Erfolgen des Jahres 1866 führen und die nationale Neugestaltung Deutschlands nicht gründen können. Auf die Dauer aber kann keine Regierung die Zustimmung der Volksmehrheit entbehren.

Der normale Zustand nämlich ist der, dasz Männer als Minister die Geschäfte leiten, welche zugleich das Vertrauen der Krone und beider Kammern besitzen.

c) Auf eine Statsklage vor dem Statsgericht. In den einen Staten steht jene jeder Kammer für sich allein, in andern der einen Volkskammer, in andern nur beiden Kammern vereint zu. Unter der letzten Voraussetzung wird die Wirksamkeit der Klage sehr beschränkt. Ebenso verschieden ist die Frage beantwortet, wem das Gericht in solchen Klagen gebühre, ob dem Oberhause oder einem besondern Statsgerichtshof.[5]

6. Die politische Verantwortlichkeit der Minister ist eine andere als die juristische. Wo jene ausgebildet ist, da ist auch wegen Miszregierung eine Klage zulässig. Diese dagegen rechtfertigt nur dann eine Klage, wenn der Minister die bestehende Rechtsordnung (Verfassung oder Ge-

[4] Vgl. Rob. v. Mohl, Gesch. und Literat. d. Statswiss. II. S 160.
[5] Oben Buch V. Cap. 11 und Cap. 12.

setze) verletzt und ein Vergehen verübt hat. Jene tritt in allen Fällen ein, wo der Minister sich unfähig zeigt, die Regierung in einer für die Statswohlfahrt dienlichen Weise zu führen, auch wenn er unzweckmäszig handelt, diese nur wenn er Unrecht thut. Da ein Stat auch ohne Verfassungs- und Rechtsbruch zu Grunde gerichtet werden kann, und da ein Geschäftsführer nach natürlichem Recht nicht blosz für eine treue sondern ebenso für eine zweckmäszige Geschäftsleitung verantwortlich ist, so musz es auch ein Rechtsmittel geben einen statsverderblichen Minister vom Amt zu entfernen.

In Schweden ist auf diese zwiefache Beziehung der Verantwortlichkeit in dem Organismus selbst Rücksicht genommen. Die Klage wird in beiden Richtungen von dem Bureau der Stände eingeleitet. Aber wegen Miszregierung geht die Beschwerde an die Stände, wegen eines Verfassungs- oder Rechtsbruchs durch Vermittelung des Statsanwaltes an den obersten Gerichtshof. Die Stände, wenn sie die Beschwerde gegründet finden, haben das Recht, die Entfernung des angeklagten königlichen Rathes oder Statssecretärs dem Könige zu empfehlen; und da es Statsgesetz ist, dasz die Räthe des Königs fähig, erfahren, rechtschaffen und im Besitz der öffentlichen Achtung sein sollen, so ist es nun klar, dasz einem wegen Miszregierung verurtheilten Rathe die letztere Eigenschaft fehlt, er mithin nicht länger im Amte bleiben darf. Der Statsgerichtshof aber urtheilt über die Schuld nach Rechtsgrundsätzen, und bestimmt die gesetzliche Strafe.[6]

Nach dem englischen System findet eine solche Trennung der verschiedenen Richtungen der Verantwortlichkeit nicht statt, sondern das Oberhaus urtheilt auf die Klage des Unterhauses über alle Beschwerden gegen die Minister zugleich, seien diese nun mehr von politischer, oder mehr von juristischer

[6] Lindblad in der Revue étrangère et française von Foelix III. §. 59. Schwedische Verf. von 1809 §. 109, 107.

Natur. Eine genaue Beschränkung der Fälle, in welchen die Anklage zulässig sei und eine Bestrafung einzutreten habe, ein Verantwortlichkeits- und Strafgesetz haben die Engländer nie für wünschenswerth gehalten, sondern es vorgezogen, in jedem Falle nach dem Statsbedürfnisse zu verfahren.[7] In frühern Jahrhunderten hart bis zur Grausamkeit, ist ihre Praxis milder und humaner geworden. Ich betrachte es als eine Vervollkommnung dieses Systems, wenn in Nordamerika der Senat zwar auch die politische und die strafrechtliche Seite der Klage zugleich verhandelt und erwägt, aber sich in dem Urtheile darauf beschränkt, die politische Strafe der Entsetzung und der Amtsunfähigkeit auszusprechen, und wenn eine weitere Criminalstrafe nothwendig erscheint, die fernere Verurtheilung dem gewöhnlichen Geschwornengerichte überläszt.

In Frankreich war die Klage der Deputirtenkammer vor der Pairskammer beschränkt auf Statsvergehen, diese aber durch so dehnbare Begriffsbestimmungen weit genug ausgedehnt, dass auch blosze Miszregierung darin Platz fand, Als Klagegründe wurden bezeichnet der Verrath (trahison), alle Angriffe auf die Sicherheit des Königs und des Stats, so wie der Constitution umfassend; die Erpressung (concussion), wohin unrechtmäszige Erhebung von Steuern und Gebühren, Bestechung und Unterschlagung öffentlicher Gelder gezogen wurde, und die Veruntreuung (prévarication), worunter jede andere Gesetzesverletzung, Gewaltmiszbrauch und jede Gefährdung der Statsinteressen verstanden ward.[8]

In Deutschland[9] wird der juristische Gesichtspunkt

[7] Vgl. Lord Russell, Gesch. der engl. Verf. C. 19. Auch in England gab es Juristen, welche die Verantwortlichkeit auf Verbrechen im Sinn des gewöhnlichen Strafrechts beschränken wollten. Sie sind aber nicht durchgedrungen. O. de Kerchove. De la responsabilité des Ministres. Gand. 1867.

[8] Vgl. Rauter in Mittermaiers Zeitschrift für Rechtswissenschaft VII. S. 99. VIII. S. 199. IX. S. 210 ff. Verfassung von Portugal §. 103.

[9] Preuszische Verf. §. 61: „Die Minister können durch Beschlusz

vorzüglich hervorgehoben, und das politische Moment bis jetzt noch zu wenig beachtet, weszhalb denn auch gewöhnlich ein bloszer Statsgerichtshof, und nicht ein politischer Körper den Procesz zu leiten und das Urtheil auszusprechen berufen wird. Nur in Baden wird das Anklagerecht der Zweiten Kammer auch auf statsgefährliche Miszregierung ausgedehnt, und die Erste Kammer in Verbindung mit einer Anzahl Mitglieder aus den Richter-Collegien als Statsgerichtshof eingesetzt.[10]

7. Damit die Verantwortlichkeit der Minister nicht zum Scheine nur bestehe, wird regelmäszig in den neuern Verfassungen das Recht des Monarchen, eine Untersuchung niederzuschlagen oder nach der Verurtheilung zu begnadigen, beschränkt oder aufgehoben.[11]

Sechstes Capitel.

Vom Statsrathe.

1. Die Institution eines Statsrathes ist in unsern Tagen oft für entbehrlich erklärt worden. Die Kammern, sagt man, sind nun dafür da, die Gesetze zu berathen, und in dem Gesammtministerium können auch die wichtigeren Verordnungen verhandelt werden. Alle übrigen Geschäfte des Statsrathes aber können eben so gut an die einzelnen Departements der Minister vertheilt werden.

einer Kammer wegen des Verbrechens der Verfassungsverletzung, der Bestechung und des Verrathes angeklagt werden. Ueber solche Anklage entscheidet der oberste Gerichtshof der Monarchie in vereinigten Senaten."

[10] Gesetz vom Jahre 1868. Vgl. Bluntschli's Bericht an die Erste Kammer.

[11] In England Statut von 1690. Belgische Verf. §. 89: „In keinem Falle kann der König durch einen mündlichen oder schriftlichen Befehl einen Minister der Verantwortlichkeit entziehen." §. 91: „Der König kann einen Minister, der durch den Cassationshof verurtheilt ist, nur auf das Verlangen von einer der beiden Kammern begnadigen." Portugiesische v. 1826. §. 105.

Wahr ist es, dasz diese Institution in der absoluten Monarchie noch wichtiger ist als in der constitutionellen, indem sie dort die Functionen der Kammern groszentheils mit übernehmen musz. Sie ist aber auch, wo es Kammern für die Gesetzgebung gibt, nichts weniger als überflüssig. Zunächst nicht für die Gesetzgebung selbst. Naturgemäsz gehen die Gesetzesvorschläge, welche an die Kammer gebracht werden, zumeist von der Regierung aus; und das ganze Gelingen des gesetzgeberischen Werkes hängt vorzüglich von der Tauglichkeit des Regierungsentwurfes ab. Diesen vorzuberathen und zu begutachten ist nun die erste Hauptaufgabe des Statsrathes. Die Minister können wohl den Impuls geben, die Richtung bezeichnen, die Arbeiten leiten, aber es bedarf zu ruhiger und gründlicher Erwägung eines nicht, wie die Minister es sind, von den drängenden und aufregenden Anforderungen der Politik und des activen Dienstes getriebenen und eingenommenen, sondern eines zu ruhiger Prüfung gestimmten Körpers, in welchem die umfassendste Geschäftskenntnisz, freier Ueberblick über die Gesetzgebung und das Herkommen, Einsicht in die Bedürfnisse des States und eine gesicherte, dem Parteigetriebe entrückte Lebensstellung sich beisammen finden. Diese Aufgabe zu erfüllen, sind die Kammern weder fähig noch berufen; den Ministern selber fehlt es dazu an der Ruhe, und einem eigens dazu berufenen Collegium von Experten, das vorbereitend wohl grosze Dienste leisten kann, an der Einsicht in den Zusammenhang mit den übrigen Verhältnissen und Gewohnheiten des States. Auch ist es gut, wenn die — oft doch nur vorübergehenden Minister — in dem festen Statsrathe eine Schranke finden, die ihrem Eigenwillen zwar gelegentlich unbequem sein mag, aber für die Wohlfahrt des dauernden States eine nicht verwerfliche Gewähr gibt.[1]

[1] Rauter in Mittermaier's Zeitschrift XIV. S. 209 macht darauf aufmerksam, dasz diese sorgfältige und stille Prüfung durch erfahrene

Der Statsrath ist somit ein Institut für freies Nachdenken für die weise Ueberlegung um den König her, wie die Kammern die Interessen und Meinungen des Volkes zu vertreten haben. Napoleon nannte ihn: „sa pensée en délibération“ wie die Minister: „sa pensée en exécution.“

2. Dem Statsrathe kommt auch gewöhnlich die Berathung und Begutachtung der allgemeinen Verordnungen zu, welche von der Regierung erlassen werden, und in dieser Beziehung, wo die Kammern nicht mitwirken, ersetzt er gewissermaszen auch die Functionen, welche bei der Gesetzgebung diesen zustehen. Um so weniger ist seine Thätigkeit hier entbehrlich. Dem Monarchen musz auf Vorschlag des Ministers der Entscheid bleiben, aber nachdem er den Statsrath vernommen hat, wird er sich mit gröszerer Sicherheit nun entscheiden.

3. Zuweilen wird der Statsrath auch vernommen, wenn sehr eingreifende Entschlüsse, namentlich im Interesse der Statssicherheit, zu fassen sind. Uebereilung kann in solchen Zeiten eben so gefährlich sein, als Verzögerung. Nur der practische Tact des Statsmannes kann den rechten Moment und die richtige Form finden; aber es darf wohl als ein allgemeiner Grundsatz hervorgehoben werden, dasz Beschlüsse, durch welche die gewöhnliche Gesetzgebung und Ordnung ausnahmsweise suspendirt werden, und zur Rettung des States eine auszerordentliche Gewalt in Wirksamkeit treten soll, der reifen Vorberathung des Statsrathes bedürfen. Dasz das nöthige Geheimnisz gewahrt bleibe und nicht etwa einzelne Mitglieder des Statsrathes selbst die vielleicht nothwendige Maszregel vereiteln können, dafür läszt sich gar wohl sorgen. Der Monarch darf auch nicht an die Zustimmung des Statsrathes gebunden sein, denn die Kraft der Regierungsgewalt erträgt

Geschäfts- und Statsmänner, besonders in den alten Staten Europa's, deren Recht und Cultur so schwer in allen Beziehungen zu übersehen ist, unentbehrlich sei.

solche Fesseln nicht, aber hören soll er den Rath der erfahrensten Männer, bevor er den unwiderruflichen Befehl gibt.

4. Oft ist dem Statsrathe auch der oberste Entscheid in sogenannten Verwaltungsstreitigkeiten[2] zugewiesen, z. B. bei Fragen der Expropriation, ob die Abtretung nothwendig sei, oder in dem Steuerwesen, ob gewisse Classen oder Objecte steuerpflichtig seien; und ebenso die oberste Prüfung und der Entscheid in Privatverhältnissen, über welche eine besondere Aufsicht des States vorbehalten und für welche die Genehmigung des States erforderlich ist, z. B. betreffend die Bildung von Actiengesellschaften, Genehmigung oder Aufhebung öffentlicher Corporationen, Ertheilung von Privilegien u. dgl.

5. Endlich wird dem Statsrathe schicklicher Weise eine Controle eingeräumt über die Thätigkeit der Minister. Es ist theils für den Monarchen von hoher practischer Bedeutung, theils für die Statsbürger eine wichtige Garantie ihrer Rechte und Interessen, dasz eine hohe statsmännische Behörde da sei, vor welcher auch die Minister über ihre Handlungsweise Rechenschaft geben und Rede stehen müssen über die Beschwerden, die wider sie erhoben werden. Manche Uebelstände, die sonst leicht verheimlicht werden, kommen so zu Tage und können geheilt werden ohne alle Gefahr für die öffentliche Autorität; und zu mancher Verbesserung für die Zukunft kann von da aus der Impuls gegeben werden.[3]

6. Die Institution des Statsrathes ist in Europa sehr alt, wenn auch die Befugnisse und die Zusammensetzung desselben in verschiedenen Staten und Ländern verschieden bestimmt wurden.[4] In ihm soll die höchste Einsicht des States

[2] Davon unten Buch VIII. Cap. 9.

[3] Auch Gneist Engl. Verf.- u. Verwaltungsrecht Bd. II. S. 922 hebt mit Nachdruck die Vorzüge einer Regierung mit Statsrath vor der Cabinetsregierung ohne Statsrath hervor.

[4] Ueber die Ausscheidung des französischen Conseil du Roi, Conseil

vereinigt werden. Es ist der prüfende und rathende Verstand des Statshauptes. Derselbe darf daher nicht als eine blosze Belohnung für lange Amtsthätigkeit, nicht als eine Sinekure des Dienstalters behandelt werden. In ihm müssen statsmännischer Geist und Charakter, umfassende Rechtskunde und practische Geschäftsreife einen ehrenvollen Platz und eine würdige Wirksamkeit finden. Die Minister dürfen auch nicht das Uebergewicht in dem Statsrathe haben; ihre active Geschäftsleitung und seine wesentlich controlirenden Functionen sind innerlich verschieden und wo das Organ für jene das Organ für diese beherrscht, da wird dieses unbrauchbar. In dem Statsrathe sollen die Minister mitreden und mitberathen, aber besser ist's, wenn sie nur eine begutachtende,

d'Etat aus dem Parlament in Frankreich vergl. Schäffner Rechtsgesch. II. S. 325 ff. Napoleon legte einen groszen Werth auf seine Schöpfung eines Statsrathes. Bei *Las Cases* Mémoir. de St. Hélène I. S. 313 äuszert er sich darüber: „Der Statsrath war im Allgemeinen aus wohl unterrichteten Männern und tüchtigen Arbeitern gebildet, von gutem Rufe. Der Kaiser verwendete die Statsräthe auch individuell für Alles und mit Vortheil. In ihrer Verbindung waren sie sein wirklicher Rath, sein Gedanke in dem Stadium der Ueberlegung, wie die Minister sein Gedanke in der Handlung. Im Statsrathe wurden die Gesetze vorbereitet, welche der Kaiser dem gesetzgebenden Körper vorschlug, wodurch er zu einem wesentlichen Elemente auch der Gesetzgebungsmacht wurde. Dort wurden die kaiserlichen Decrete redigirt, seine Verordnungen über die öffentliche Verwaltung; da wurden die Projecte der Minister geprüft, erörtert und verbessert. Der Statsrath nahm die Berufung an und entschied in oberster Instanz in allen Verwaltungsstreitigkeiten, und erhob sich hier zuweilen über alle andern Gerichtshöfe, sogar über den Cassationshof. Da wurden die Beschwerden gegen die Minister geprüft, sogar die Berufung von dem Kaiser auf den besser unterrichteten Kaiser. So wurde der Statsrath, jederzeit von dem Kaiser selbst präsidirt und oft in offenem Widerspruch gegen die Minister oder ihre Handlungen oder Unterlassungen reformirend, zu dem natürlichen Zufluchtsort der Interessen oder Personen, welche sich durch eine hohe Autorität verletzt fühlten. Und wer den Sitzungen desselben beigewohnt hat, der weisz, mit welchem Eifer die Sache der Bürger dort vertheidigt ward."

nicht eine entscheidende Stimme in demselben haben.[5] Endlich kann dafür gesorgt werden, dasz der Statsrath Fühlung mit den Kammern behalte, indem auch parlamentarische Gröszen in demselben eine würdige Stellung finden. Dadurch wird für die leicht gefährdete Harmonie der gesetzgebenden Organe mit der Regierung eine wichtige Garantie gewonnen.

Siebentes Capitel.

Die Militärgewalt. Das stehende Heer und die Landwehr.

1. Die Militärgewalt des States ist unter allen die gewaltigste, weil ganz und gar auf Offenbarung der äuszern Macht des States gerichtet und dieser Bestimmung gemäsz organisirt. In dem Heereskörper sind daher Einheit und Energie des Befehls und voller, unbedingter Gehorsam in ganz anderem Sinne nothwendig, als in irgend einer andern Sphäre des Statslebens. Denn die äuszere Macht beruht grösztentheils auf physischen und mechanischen Gesetzen, und diese verlangen ungehemmte Bewegung der Mittel der Gewalt, bis das Ziel erreicht ist. Würde hier dem individuellen Willen der Officiere und Soldaten eine freie Entwickelung gestattet, so würde mit der Einheit des Heeres auch die Kraft desselben zu Grunde gehen und die ganze Bestimmung desselben wäre verfehlt. Die Kriegsmacht des States ist seine Stärke und der Beruf des Kriegers ein vorzugsweise statlicher, und daher edler und ehrenvoller. Diese Kriegsmacht musz zum Angriffe und zur Vertheidigung gerüstet sein; und es ist eine sonderbare Behauptung Mancher,[1] dasz „nur der Vertheidigungskrieg dem constitutionellen System zusage.“ Sogar wenn der Krieg nur als ein groszer Rechtsstreit der Staten

[5] Napoleonische Verf. v. 1852. §. 53: „Les ministres ont rang, séance et voix délibérative au conseil d'Etat.“

[1] Rotteck in der Fortsetzung von Aretins Statsrecht der const. Monarchie II. S. 157.

angesehen wird, so ist für den Stat der Angriff unter Umständen so nöthig, als für den rechtlichen Privatmann in dem bürgerlichen Rechtsstreit die Klage.

Eine besondere Statsgewalt, die etwa wie die Rechtspflege der Regierungsgewalt selbständig gegenüber treten dürfte, ist die Militärgewalt nicht, wenn gleich zugegeben werden muss, dasz das Heer zuweilen einen ihm eigenen politischen Charakter besitzt, der wohl gewürdigt werden musz. Das Heer ist vielmehr der Arm des States, welcher dem Kopfe dienen musz. Seine Machtentfaltung darf nicht von der Politik abgelöst werden, sondern ist immer nur ein Mittel der Politik, und diese musz von der Regierungsgewalt bestimmt werden, wenn man nicht in die rohe Barbarei der Praetorianer- und Janitscharenherrschaft zurück sinken will.

2. Die Heeresverfassung hat seit der Auflösung der mittelalterlichen Vasallentruppen und der Beschränkung des spätern Söldner- und Landsknechtssystems in den letzten Zeiten eine groszartige Umbildung erfahren. Inzwischen aber sind die europäischen Heere so furchtbar angewachsen, dasz sie den Wohlstand der Länder und die friedliche Entwicklung der Cultur bedrohen.

Wir unterscheiden vornehmlich folgende Wehrsysteme:

a) Die stehenden Berufsheere, mit ermäszigtem Friedens- und erweitertem Kriegsstand.

Anfangs in Frankreich entstanden und da vornehmlich zu höherer Ausbildung gelangt, ist dieses System während der letzten Jahrhunderte in den europäischen Monarchien das herrschende geworden. Es passt vorzugsweise zur absoluten Monarchie, indem es dem Fürsten eine grosze und durchgreifende Heeresgewalt zu freiester und ausschlieszlicher Verfügung stellt. Das stehende Heer wird von dem bürgerlichen Leben möglichst geschieden und ganz und gar für den Kriegsberuf durchgebildet. Der Monarch kann es beliebig im Innern und nach Aussen verwenden. Es dient einer abenteuernden Eroberungs-

und Einflusspolitik in fremden Welttheilen und Ländern, ebenso wie zur Vertheidigung der nationalen Interessen. Es ist daher nicht blosz als Schutz der Verfassung und der Volksfreiheit, sondern ebenso als Gefahr für diese Güter verwendbar. Wie ungeheuer diese Macht angewachsen ist, zeigt die französische Geschichte. Zur Zeit König Heinrichs IV. zählte das stehende Heer 37,000 Mann; unter Richelieu schon 100,000 Mann. Napoleon I. hatte dasselbe im Jahre 1812 für den Krieg mit Russland bis über 600,000 Mann gesteigert. Napoleon III. hat den normalen Effectivbestand in Friedenszeiten noch vor der neuesten Gesetzgebung von 1868, die wieder eine sehr bedeutende Erhöhung vorschreibt, auf 400,000 Mann gebracht.

Um den Gefahren zu begegnen, welche aus groszen stehenden Heeren für die Repräsentativverfassung entstehen[2], gestattet das englische Parlament nur eine kleine stehende Armee und behält sich vor, alljährlich die dafür nöthigen Gelder zu bewilligen oder zu versagen. Aber die Grösze des Heeres wird mehr durch das Machtverhältnisz der andern Staten als durch die innern Rechtszustände und die Parteimeinungen des eigenen Landes bestimmt.[3] Die insulare Lage Englands hat einen grössern Antheil an der gemäszigten Zahl des englischen Heeres als die englische Verfassung.

Am beszten zu dem Princip des stehenden Heeres, das wesentlich aus Berufssoldaten gebildet wird, paszt das Werbesystem; denn die Wahl des militärischen Lebensberufs setzt ebenso wie die Wahl irgend eines andern Berufs individuelle Begabung und Neigung voraus. Ein Statszwang, welcher die Individuen ohne Noth aus ihren bürgerlichen Verhältnissen,

[2] Lord John Russel macht sogar für England auf diese Gefahr nachdrücklich aufmerksam in seiner Geschichte der englischen Verfassung. Cap. 32.

[3] Friedrich der Grosze in seinem Essai sur les formes du gouvernement: „Le nombre des troupes qu'un État entretient, doit être en proportion des troupes qu'ont ses ennemis; il faut qu'il se trouve en même force ou le plus faible risque de succomber.“

aus ihrer Wirthschaft, ihrem Gewerbe, ihren Studien herausreiszt und denselben auf viele Jahre hin entfremdet, ist ein sehr bedenklicher Eingriff in die persönliche Freiheit. Die Werbung des stehenden Heeres erkennt diese Freiheit an und schafft unter Umständen eine sehr tüchtige Armee, in welcher die Berufspflicht durch die Berufslust gehoben wird.[4] Allerdings erhöht die Werbung auch die Bedenken gegen das ganze Wehrsystem, indem es ebenso leicht auf fremde Söldner anwendbar ist, als auf nationale Freiwillige. Eine kaufmännische und reiche Nation wird dann leicht den Waffen entwöhnt und geräth unter Umständen eher unter fremde Herrschaft.[5]

England, Holland[6] und die Vereinigten Staten von Amerika haben noch, so weit letztere auch ein kleines stehendes Heer unterhalten, die ältere Werbmethode beibe-

[4] Stahl, Statslehre II. S. 414 sagt: „Der Werbecontract habe etwas Unsittliches, indem er Lebensaufopferung und Lebensberuf zum Gegenstand des Kaufes mache.“ Allein jeder Beruf beruht zunächst auf individueller Anlage und Willensbestimmung, und der Sold ist doch nur das nothwendige Aequivalent für die Berufsleistung, welche wie bei den Aemtern von dem State bestimmt wird. Wer sich anwerben läszt, erklärt nur, dasz er Willens sei, als Soldat dem State berufsmäszig zu dienen. Darin liegt nichts Unsittliches. Auch bezeugt die Geschichte, dasz geworbene und sogar fremde Truppen, die Schweizer voraus, die kriegerische Tugend bis zur heldenmäszigsten Aufopferung entfaltet haben, und schon mancher für friedliche Arbeit unbrauchbare Bursche ist durch die Strenge und die Männlichkeit des Kriegerberufes zu einem tüchtigen Menschen geworden. In jedem kräftigen Volke gibt es Elemente, die nur für den Soldatenstand taugen.

[5] Ueber den Gegensatz von nationalen Truppen, fremden Sold- und fremden Hülfstruppen vgl. Machiav. im Fürsten C. 12 und 13 Friedrich II. eben da: „Die besten Truppen, die ein Stat haben kann, sind die nationalen.“ Indessen das ist nur bedingt wahr.

[6] Holländische Verfassung §. 177: Das Tragen „der Waffen zur Handhabung der Unabhängigkeit und zur Vertheidigung seines Grundgebiets bleibt eine der ersten Pflichten aller Bewohner.“ §. 178. „Der König sorgt dafür, dasz zu allen Zeiten eine hinreichende Land- und Seemacht unterhalten werde, angeworben aus Freiwilligen, seien sie Eingeborne oder Ausländer.“

halten. Frankreich und nach seinem Vorbild Oesterreich, Ruszland und bis auf die neueste Zeit auch manche deutsche Staten haben dagegen ihre stehenden Heere auf die allgemeine Dienstpflicht der Bürger gegründet (sogenannte Conscription) und dieselbe nur durch das Recht der ausgeloosten Dienstpflichtigen, einen Stellvertreter zu erkaufen zu ermäszigen gesucht.[7]

b) Das Milizsystem, wie es am beszten in der Schweiz eingeführt, aber auch in den nordamerikanischen Freistaten in Uebung ist, bildet dazu den schärfsten Gegensatz. Mit viel geringeren Kosten schafft es weit gröszere Heere, indem es die ganze männliche Bürgerschaft des Landes in den Waffen übt, aber ohne sie ihrem bürgerlichen Beruf zu entfremden. Das Milizheer ist daher unbrauchbar für kriegerische Abenteuer und nur verwendbar für nationale Kriege. An militärischer Bildung und Erfahrung steht es zwar weit zurück hinter den stehenden Berufsheeren, aber zur Vertheidigung des Landes fällt es schwer ins Gewicht. Seine Schwäche wird besonders in dem Mangel von Berufsofficieren und Unterofficieren fühlbar, seine Stärke ist der patriotische Geist, der es erfüllt. Es kann nicht leicht zu einer Gefahr werden für die Volksfreiheit; aber wenn ein ernster Krieg ausbricht, so erfordert es zu Anfang desselben ungeheure Opfer an Menschenleben und an Volksvermögen. Es paszt eher für demokratische Republiken als für monarchische Staten.

c) In der Mitte steht das Preuszische Wehrsystem, welches die Vorzüge der stehenden Heere mit dem der Volkswehr zu verbinden und ihre Mängel zu vermeiden sucht.[8]

[7] Französ. Verf. v. 1848 §. 102: „Jeder Franzose ist, mit Ausnahme der durch das Gesetz bestimmten Fälle, zum Kriegsdienste und zum Dienste in der Nationalgarde verpflichtet. Die Vergünstigung für jeden Bürger, sich von der persönlichen Ableistung des Kriegsdienstes zu befreien, wird durch das Recrutirungsgesetz geregelt werden."

[8] In einem Zeitungsartikel sprach sich 1843 Louis Napoleon sehr entschieden für dieses preuszische und gegen das französische System aus.

Zum Erstaunen von Europa hat es sich in dem deutsch-österreichischen Kriege von 1866 über alle Erwartungen hinaus und glänzender noch bewährt, als zur Zeit der deutschen Befreiungskriege gegen Napoleon I.

Dieses dritte System, auf der allgemeinen Wehrpflicht ruhend, besteht aus einem stehenden Heere, dessen Ersatzheer und der Landwehr. Sein stehendes Heer ist die militärische Schule für das Gesammtheer, und bildet zugleich den activsten Bestandtheil in diesem. Es ist weniger zahlreich als das ausschliesslich stehende Heer, (1% der Bevölkerung), indem es sich auf die beiden andern Bestandtheile stützen kann und erfordert demnach geringere Kosten. Es hält daher auch die Soldaten nur eine kürzere Zeit unter den Waffen (drei Jahre) und macht es ihnen bälder möglich, dem bürgerlichen Beruf sich wieder zu widmen. Indem es sich über den grószten Theil der männlichen Jugend ausbreitet, erzieht es das ganze Volk militärisch, entwickelt so die männliche Tugend in ihm und erfüllt es mit statlichem Geist. Seine Schule ist viel intensiver und wirksamer als die des Milizheeres und doch schafft es wie dieses ein Volksheer. Wie weitere Ringe um den Kern des stehenden Heeres schlieszen sich an dasselbe die Ersatzmannschaft der folgenden 4 Jahrgänge und die Landwehr der letzten 5 Dienstjahre an, die beide zuvor in dem stehenden Heere gedient haben, aber nun blosz zu Uebungen im Frieden zusammen gezogen werden.[9]

Wie das stehende Heer vorzugsweise zur ersten Action

[9] Ihre natürliche Bestimmung sind jedenfalls nicht auswärtige Feldzüge. Eine ausnahmsweise Verwendung der Art sollte daher nicht von dem bloszen völlig willkürlichen Befehle der Regierung abhängen. Die spanische Verfassung von 1837 bestimmt in §. 77: „Der König kann im Fall der Noth über die Nationalmilizen verfügen innerhalb ihrer Provinz, sie jedoch nicht ohne Zustimmung der Cortez auszerhalb derselben verwenden.“ Belgische Verf. §. 123: „Die Mobilmachung der Bürgergarde kann nur kraft eines Gesetzes stattfinden.“

bestimmt ist, so hat die Landwehr hauptsächlich die Aufgabe zur Landesvertheidigung und als Reserve zu dienen.[10] Indessen kann nach dem Preuszischen Recht nöthigenfalls die ganze Armee ins Ausland geführt werden.

Diese Heeresverfassung erschwert immerhin jede blosze Eroberungs- oder Unterdrückungspolitik, ist aber ein gewaltiges Schutz- und Trutzmittel einer nationalen Politik. In Preuszen und Deutschland leidet aber dieselbe, wie die militärischen Zustände in ganz Europa in Folge der allgemeinen Unsicherheit an einer Ueberspannung der Volkskräfte.

Durchaus nothwendig ist es, dasz die Landwehr mit dem stehenden Heere in einer organischen Verbindung bleibe,[11] so dasz die ganze Wehrkraft eines Volkes ein in sich einiger Körper sei und die Landwehr an der Ehre der Linie, wie diese an der Volksthümlichkeit der Landwehr einen Antheil behalte. Verderblich dagegen wirkt ein schroffer Gegensatz der beiden Bestandtheile. Wenn dem Söldner- und Königsheer ein Volks- und Parlamentsheer entgegengesetzt wird, so

[10] Stein an Gneisenau (Steins Leben von Pertz II. S. 353): „Im Frieden ist die Miliz eine Vorbereitungsanstalt zum Heer, indem sie die Kenntnisz der kriegerischen Fertigkeiten und den kriegerischen Geist in der ganzen Nation erhält, wozu zugleich Erziehung durch Verbreitung von Grundsätzen und durch Unterricht in gymnastischen Uebungen mitwirken musz. Im Krieg dient sie dem Heer als Reserve und Depot. Hierdurch wird der Neigung der gewerbetreibenden und wissenschaftlichen Stände zu unkriegerischen und feigen Gesinnungen und der Trennung der verschiedenen Stände von einander und ihrem Losreiszen von dem Stat entgegengewirkt und in allen das Gefühl der Pflicht, für dessen Erhaltung sein Leben aufzuopfern, belebt. Eine Folge einer solchen Einrichtung ist die Allgemeinheit der Verpflichtung zu Kriegsdiensten, die sich auf jeden Stand der bürgerlichen Gesellschaft ausdehnt. Durch sie wird es möglich einen hochherzigen kriegerischen Nationalcharakter zu bilden, langwierige entfernte Eroberungskriege zu führen, und einen Nationalkrieg einem übermächtigen feindlichen Anfall entgegenzusetzen."

[11] Preusz. Verf. §. 35: „Das Heer begreift alle Abtheilungen des stehenden Heeres und der Landwehr. Im Falle des Krieges kann der König nach Maszgabe des Gesetzes den Landsturm aufbieten."

wird durch solchen Zwiespalt die militärische Kraft der Staten geschwächt, das Volk zu innerer Feindschaft gereizt und bald die Autorität der Statsgewalt, bald die Freiheit der Bürger bedroht.

3. Der Landsturm endlich ist ein Institut für Nothfälle. Er gehört nicht zu dem eigentlichen Heere, und hat nur geringe technische Bildung. Er umfaszt die gesammte männliche Bevölkerung, welche nicht schon in dem stehenden Heere und in der Landwehr dient und doch noch kräftig genug ist, die Waffen zur Vertheidigung des States zu führen. Unter kräftigen Bergvölkern haben auch die Weiber schon oft theilgenommen an dem Landsturm und den Männern muthig zur Seite gestanden. Das aber ist doch Ausnahme, und in der Regel wird auch diese Dienstpflicht auf die männliche Bevölkerung beschränkt.

Die Organisation des Landsturms musz wieder den Zusammenhang mit der gesammten Kriegsmacht des States bewahren und ist daher von dem Statsoberhaupte abhängig. Im Einzelnen kann sie nach der gröszeren oder geringeren Kriegstüchtigkeit geordnet sein. Zum Angriff und zu militärischen Manövern untauglich, kann derselbe zur Vertheidigung einzelner Pässe und zur Beunruhigung und Verfolgung des bereits erschütterten Feindes gute Dienste leisten.

4. Das Heer darf nicht selbst den Zweck bestimmen, für welchen es zu den Waffen greift, die Militärgewalt in der Regel nicht von sich aus in die bürgerlichen Verhältnisse eingreifen. Vielmehr wird dasselbe durch den Befehl des Statsoberhauptes in Bewegung versetzt, und empfängt von ihm den Impuls und die Richtung für seine Thaten. In untergeordneten Beziehungen zum Schutze der öffentlichen Ruhe werden seine Abtheilungen von den Civilbehörden um Hülfe requirirt.[12]

---

[12] Oesterreich. Verf. von 1849 §. 114: „Im Innern kann die bewaffnete Macht nur über Aufforderung der Civilbehörden und in den

Achtes Capitel.

Die Polizei.

1. Das Wesen der Polizei.

Erst allmählich gelingt es, den modernen Begriff der Polizei ins Klare zu bringen. Die statsrechtlichen Theorien, welche gegenwärtig noch am meisten verbreitet sind, leiden an bedenklichen Mängeln und in vielen Beziehungen noch schlimmer steht es mit der Praxis. Bald wird der Polizei ein zu beschränkter Spielraum der Thätigkeit angewiesen, und sie verhält sich unthätig und gleichgültig, wo sie wohlthätig einzugreifen und für die öffentliche Wohlfahrt zu sorgen den natürlichen Beruf hat. Bald hinwieder breitet sie ihre Gewalt unmäszig auf Verhältnisse aus, über welche ihr keinerlei Bevormundung gebührt, und hemmt oder belästigt ohne Grund die Freiheit der Individuen in Lebenskreisen, wo sie nichts zu befehlen hat.

Ihr Beruf ist nicht zu strafen, sondern zu sorgen; und dennoch, obwohl die öffentliche Wohlfahrt das Ziel aller ihrer Handlungen ist, wird sie oft von dem Misztrauen, nicht selten von dem Hasse derer begleitet, für deren Wohl sie thätig sein soll. Sie sollte ihrer Bestimmung nach die populärste der Statsgewalten sein, und wir erfahren es täglich. dasz sie die unpopulärste unter allen ist. Woher dieser sonderbare Widerspruch? Wir können uns auch nicht mit der Ausflucht

gesetzlich bestimmten Fällen und Formen einschreiten." Preuszische §. 36: „Die bewaffnete Macht kann zur Unterdrückung innerer Unruhen und zur Ausführung der Gesetze nur in den vom Gesetze bestimmten Fällen und Formen und auf Requisition der Civilbehörde verwendet werden. In letzterer Beziehung hat das Gesetz die Ausnahmen zu bestimmen." Französische von 1848. §. 105: „Die öffentliche Macht, welche zur Aufrechthaltung der Ordnung im Innern verwendet wird, handelt nur auf Aufforderung der eingesetzten Behörden, indem sie den durch die legislative Gewalt bestimmten Anordnungen Folge leistet."

trösten, dasz es doch vorzüglich die schlechten Leute seien, welche vor der Polizei eine gerechte Scheu haben. Es ist nicht immer so. Nicht unwahr hat Göthe dem Mephistopheles das Wort in den Mund gelegt:

> Ich weisz mich trefflich mit der Polizei,
> Doch mit dem Blutbann schlecht mich abzufinden.

Auch unter den ruhigen, friedlichen Leuten findet man häufig eine Aengstlichkeit vor der Polizei und eine Abneigung gegen jede Berührung mit derselben, die nicht in dem bösen Gewissen ihren Grund hat. Die auffallende Erscheinung verlangt eine andere Erklärung.

In dem alt-römischen State war die Polizei groszartig und mächtig organisirt, und wir finden dort keine Spur dieses Hasses. Die edelsten Männer der Republik suchten in der Uebung der Polizeigewalt ihre Ehre. Die Aedilität war vorzugsweise eine polizeiliche Magistratur, und sie war die Pforte zu den höchsten Aemtern der römischen Republik. Die Censur war der höchste Preis des Ehrgeizes für den moralischen Adel und ihr war die Sittenpolizei anvertraut. Die Statspolizei aber wurde von den Häuptern der Stadt, von den Consuln verwaltet. Die Polizei war damals nicht als Eine in sich verbundene Institution organisirt, sie war an verschiedene Magistrate vertheilt; aber schon die Theile der Polizeigewalt gaben dem Magistrate hohe Ehre und Macht zugleich. Die Vergleichung dieser Zustände mit den heutigen hat etwas Beschämendes für den modernen Stat.

In dem germanischen Mittelalter lag die Polizeigewalt fast ganz darnieder; und das ist jedenfalls ein Hauptgrund, weszhalb die neue Zeit sich hier nur sehr schwer, und nicht ohne heftige Schwankung zurecht findet. Das überaus wichtige moralische Element, der eigentliche Kern aller wahren Polizei, war im Mittelalter dem State entzogen. Die Kirche bemächtigte sich, von dem religiösen Standpunkte aus, der ganzen moralischen Seite des öffentlichen Lebens. Der Stat trat in dieser Hinsicht zurück und überliesz ihr voraus alle sittliche Zucht. Ueberdem begünstigte der Charakter des Mittelalters die Selbständigkeit der einzelnen Genossenschaften, der Familien und Individuen im Gegensatze zu den Interessen der Gesammtheit mit solcher Vorliebe, dasz eine ein- und durchgreifende Statsgewalt, wie sie für die Polizei ein Lebensbedürfnisz ist, unmöglich gedeihen konnte. Bei jedem Schritt stiesz sie auf unübersteigliche Rechtsschranken und vor der Willkür der Individuen muszte die Autorität der Statsgewalt sich beständig zurückziehen.

Gegen Ende des Mittelalters kam dagegen eine Reaction, und man gerieth bald in einen entgegengesetzten Fehler. Der wieder stärker gewordene Stat fing an, in der Absicht, die Völker glücklich zu machen, sich in alle auch die ihrer Natur nach individuellen Verhältnisse der Bürger einzumischen. Es kam ein System auf der allgemeinen Bevormundung und der Vielregiererei, welches die Erwachsenen wie Kinder behandelte und die bürgerliche Freiheit auf allen Seiten einengte. Von Stats wegen wurde Alles geordnet und befohlen, der Glaube, die Sitte, die Nahrung, die Kleidung, die Wohnung, die Berufsweise, der Handel und Wandel. Diese Bewegung, die ursprünglich wohl gut gemeint, aber schlecht gedacht war, dann aber auch der Immoralität auf Seite derer, welche solche Gewalt übten, Vorschub leistete und zu unzähligen Miszbräuchen führte, rief in der Folge wieder ihren Gegensatz hervor, und von Neuem suchte man der Polizei jede die Wohlfahrt fördernde Macht abzusprechen und sie auf die Handhabung der öffentlichen und Privatsicherheit einzuschränken.

Aus diesen Schwankungen in das ruhige organische Gleichgewicht zu kommen und die Polizei von Neuem mit dem Geiste der Moral und der Ehre zu beleben und zu veredeln, das ist die statliche Aufgabe der Zukunft.

Zu diesem Behuf ist vor allen Dingen die Idee der Polizei zu erkennen und dann was ihr nicht angehört auszuscheiden, was ihr zukommt, zu gewähren. Wie schon der Name Polizei deutlich darauf hinweist, ist sie eine ganz specifische statliche und obrigkeitliche Gewalt. Die obrigkeitliche Sorge für die öffentliche Sicherheit und Wohlfahrt in ihren täglichen Bedürfnissen, die Sorge, welche das Nothwendige und Unentbehrliche anordnet und daher als befehlende und verbietende Statsgewalt erscheint, ist die Aufgabe und das Wesen der Polizei. Ihre Wirksamkeit ist daher wie keine andere unablässig thätig, immer bereit, das Nöthige anzuordnen. Sie darf nie schlafen, nie feiern. Würde sie feiern können, so wäre das ein Zeichen, dasz es am gemeinsamen Leben fehlt. Wo ein öffentliches Bedürfnisz sich mit Macht regt, da musz sie bei der Hand sein und von sich aus helfen. Sie hat einen eigenen Willen und setzt ihn selbständig ohne Zögerung durch. Sie ist in ganz besonderem Sinne Gewalt.

Es ist ein vergebliches Bemühen, die einzelnen Richtungen der polizeilichen Thätigkeit genau abstecken und die Art derselben mit minutioser Sorgfalt zum voraus bestimmen und ordnen zu wollen. Die Polizei geht von dem Centrum des States aus nach allen Richtungen der Peripherie, und kann den mannichfaltigen Anregungen des Lebens nur genügen, wenn sie mit innerer Freiheit thut, was der Moment und die Eigenthümlichkeit jedes einzelnen Falles, auch des nicht vorhergesehenen fordert. Ihre Aeuszerungen sind so reichhaltig und verschiedenartig, wie die Erscheinungen des Lebens, auf welche sie sich beziehen.[1]

[1] Stahl, Statslehre II. S. 428: „Die Polizei ist das reichste Gebiet der Statsverwaltung; was Ziel und Interesse des menschlichen Daseins ist, gehört ihr an, und ist vorzugsweise ihr positives Streben. Die Justiz ist nur erhaltend oder wiederherstellend, und tritt nur im Falle der Verletzung ein; die Finanz hat ihre Beschränkung, soll nicht ins Unendliche gehen, das Militär soll blosz die Macht, nicht ohne Noth ihren Gebrauch erhalten. In der Polizei aber besteht die eigentliche politische (?) Thätigkeit." F. Rohmer in der Schrift: Der vierte Stand und die Mon-

Eine gewisse Willkür, d. h. die freie Wahl der in jedem Augenblick geeigneten Mittel zu dem gewünschten Zweck, ist daher von dem Wesen der Polizei unzertrennlich. Es läszt sich nicht zum voraus in festen Regeln angeben, was und wie es zu thun sei. Eine Polizeigesetzgebung, welche das Alles für die Zukunft ordnen wollte, wäre ein unmögliches und soweit sie in Kraft träte, ein verderbliches Unternehmen. Freilich darf auch diese Willkür keine absolute sein. Sie musz voraus die bestehende Rechtsordnung anerkennen und darf niemals, ohne wirkliche Noth, ein vorhandenes Privat- oder öffentliches Recht bei Seite schieben oder verletzen. Sie soll auch nicht eingreifen, wo die Privaten besser sich selber helfen. Aber das wechselnde öffentliche Bedürfniss ist ihr oberstes Gesetz, die Angemessenheit und Zweckmäszigkeit ihrer Maszregeln ihre höchste Pflicht.

Eine solche willkürliche Gewalt hat freilich ihre Gefahren für den Stat selbst und mehr noch für die Privatpersonen. Sie kann zu widerrechtlicher Bedrückung und unerträglicher Tyrannei miszbraucht werden. Das Statsrecht musz daher Bedacht darauf nehmen, dem Miszbrauch ernstlich zu wehren. In neuerer Zeit kennt man fast nur zwei Mittel, welche dafür einigen Schutz gewähren, die Gestattung der Beschwerde je an eine obere Instanz und die Beschränkung der Polizeigewalt selbst durch ein Polizeigesetzbuch. Das erstere wird überdem durch die allenthalben sichtbare Scheu der obern Polizeiinstanzen, die Autorität der untern zu gefährden, wenn sie den klagenden Privatpersonen Recht geben, gewöhnlich sehr erschwert, und das letztere kann zwar für die gewöhnlichen Fälle, namentlich für gewöhnliche Fälle der Unordnung und Polizeiübertretung, die Polizeibeamten an ein

archie: „Freies Durchgreifen im richtigen Augenblick ist das Wesen der Polizei. Ihre Wirksamkeit ist unberechenbar, wie das Leben selbst. Sie läszt sich nicht in Formeln bringen, nicht in Vorschriften fassen."

richtiges Masz gewöhnen und vor Uebertreibung ihrer Züchtigungsgewalt verhüten, aber unmöglich ausreichende Hülfe gewähren und leicht in den entgegengesetzten Fehler zu enger Beschränkung der freien Bewegung auch der Polizeigewalt verfallen.

Hier liegt ein auffallender Mangel in der Ausbildung des modernen Statsrechts. Mir scheint, es ist hier der Ort, eine römische Institution wieder aufzunehmen und nachzubilden. Der römische Grundsatz, der Intercession eines Magistrats von gleicher oder höherer Gewalt, oder der dazu eigens ermächtigt ist — wie die römischen Volkstribunen es waren — paszt für die Organisation der Polizeigewalt vortrefflich. Eben wo rasches durchgreifendes Handeln nöthig ist, da musz auch für eine ebenso rasche und plötzliche Hemmung verkehrten Handelns gesorgt werden: und das geschieht nicht genügend durch den Instanzenzug an eine höhere und oft ferne Stelle, sondern besser durch das Veto oder Nego einer gleichen und daher gewöhnlich nahen Beamtung.[2]

Dann aber ist die Zulässigkeit einer relativen Willkür nur da zu rechtfertigen, wenn ihr eine strenge Verantwortlichkeit dessen, der sie übt, als Gegengewicht zur Seite steht. Je gröszer das Masz der bewilligten Willkür ist, um so mehr musz auch der Ernst der Verantwortlichkeit steigen. Das bedarf aber einer ganz andern Organisation, als wir in dem heutigen Instanzenzug haben. Es müssen für beide entgegengesetzte Bedürfnisse und Richtungen zugleich Garantien geschaffen werden, für die nöthige Freiheit der Polizei, Alles zu thun, was die Sicherheit und das unabweisbare Bedürfnisz des Stats und der Gesellschaft im Augenblick for-

[2] R. v. Mohl (Polizei-Wissenschaft 3. Aufl. 1866. I. S. 42) hält diesen Gedanken für unausführbar bei der Organisation unserer heutigen Polizeibehörde. Ich gebe das zu, aber eben diese Organisation bedarf einer gründlichen Reform und insbesondere wird die Mitwirkung angesehener Bürger nöthig, dann aber sind die Voraussetzungen da, unter denen der obige Gedanke practisch werden kann.

dern, und für das Recht der Bürger, gegen Miszbrauch dieser Gewalt geschützt zu werden. Wer jene Gewalt wenn auch noch so einschneidend übt, musz sicher sein, einen Richter seiner That zu finden, der dieselbe nicht mit dem Maszstabe des Civilrichters, sondern mit der nöthigen Berücksichtigung der politischen Natur und Aufgabe zu beurtheilen versteht. Und wenn er dieselbe wirklich miszbraucht, so musz er auch in seiner Person die Uebel des Miszbrauchs ernstlich erfahren, indem er weder der Entschädigung an den verletzten Privaten noch der Busze entgeht.

Wichtiger aber noch, und diesen Einrichtungen erst die rechte Erfüllung gewährend, ist die persönliche Umgestaltung und Hebung der Polizei. Auch hier ist das römische Statsrecht ein Vorbild für spätere Zeiten. Soll die Polizei wieder eine grosze moralische Macht des States werden, so ist das Wichtigste dieses, dasz die durch ihren moralischen Charakter angesehensten Männer vorzugsweise für diese statliche Function berufen und gewonnen werden. Von Friedrich Rohmer, der eine verbesserte Organisation der Polizei für das dringendste Statsbedürfnisz unserer Zeit erklärt hat, wurde die Idee ausgesprochen, dasz die Stiftung groszer, den Charakter und die Thatkraft ganzer Männer concentrirender Orden, deren Mitglieder, ohne bureaukratische Beamte zu sein, ein Ehrenamt üben und deren organisirte Verbindung die Verantwortlichkeit zur Wahrheit mache, das geeignetste Mittel sei, jenes Bedürfnisz zu befriedigen.

In dem Institute der englischen Friedensrichter ist bereits für den modernen Stat eine Körperschaft angesehener, unabhängiger und gebildeter Männer dargestellt, welchen ein Theil der öffentlichen Polizeigewalt anvertraut ist.

Neuntes Capitel.

Die Gliederung und die Hauptfunctionen der Polizeigewalt.

In dem Begriffe der Polizei lassen sich wohl zwei Hauptrichtungen derselben unterscheiden, die eine negative, welche den drohenden Schaden abwendet und die Hindernisse der freien Bewegung entfernt, die andere positive, welche das Gemeinwohl fördert. Die erstere conservirende hat man dann Sicherheits-, die zweite productive Wohlfahrtspolizei[1] genannt. Aber im Leben scheiden sich diese beiden

[1] Es ist eine wunderliche Grille einzelner Publicisten, welche in dem State nur die Rechtsordnung sehen, die „Wohlfahrtspolizei" und damit gerade die practisch wichtigste und wohlthätigste Seite der Polizei zu verwerfen. Aretin z. B. Constitutionelles Statsrecht II. S. 178 meinte wirklich: „Die Wohlfahrtspolizei sei ein offenbarer Eingriff in die Freiheit der Statsbürger." Fast komisch ist aber seine Ausführung, dasz Recht und Wohlfahrt (justitia et salus publica) sich gegenseitig aufheben und widersprechen, als ob die Bewahrung des Rechtes nothwendig zum Untergang der Wohlfahrt, und die Förderung der Wohlfahrt zur Zerstörung des Rechtes führen müszte. Wäre dem so, dann wäre es doch schwerlich der Mühe werth, das Recht, wie Aretin es that, zum alleinigen Statszweck zu erheben, und den Stat so zu einer Zwangsanstalt zu machen, deren Bewohner auf gemeinsame Wohlfahrt wie die Verdammten in Dante's Hölle auf jede Seligkeit verzichten müszten. Er bemerkt darüber: „Will man aber behaupten, die Rechtsherrschaft und die Wohlfahrt seien der Statszweck, so nimmt man zwei Zwecke an, die überdas einander geradezu aufheben. Die Rechtsherrschaft vom State verlangen, heiszt ihn verpflichten, die Rechte jedes Einzelnen zu schützen und zu achten; die Wohlfahrt von ihm verlangen, heiszt ihn auffordern, die Rechte der Einzelnen zu verletzen (?), weil die Mittel, wodurch die Grösze, die Macht, der Ruhm, der Wohlstand einer Nation befördert werden soll, in der Regel von der Art sind (?), dasz jene Rechte dadurch beeinträchtigt werden. Wer also beides zugleich begehrt, überläszt der Regierung zwischen zwei Aufträgen die Wahl (?), und musz sich darein ergeben, dasz sie den glänzendern und inhaltvollern vorzieht." Nicht dasz die Polizei für das gemeine Wohl sorgt, ist für die Freiheit gefährlich noch für das Recht bedrohlich, sondern wenn sie diese Sorge ungeschickt und unrechtmäszig ausübt. Vgl. das Hauptwerk von R. Mohl: „Die Polizeiwissenschaft."

formellen Richtungen nicht, sondern zugleich nach beiden Seiten hin wirkt die ächte polizeiliche Thätigkeit. In sehr vielen Fällen reicht schon die Wegräumung von Hindernissen hin, um der Bewegung des Lebens Luft zu verschaffen. Indem die Polizei das Diebsgesindel verfolgt und die Straszen reinigt, fördert sie zugleich den freien Verkehr. Aber in andern Fällen verbindet sie mit den negativen Maszregeln auch die positiven. Bei Epidemien sorgt sie nicht blosz für Absperrung der Kranken, sondern zugleich für die nöthige Hülfeleistung und nöthigt, wenn Brücken weggeschwemmt werden, zur Herstellung von Nothbrücken. Es ist eine fehlerhafte Beschränkung der modernen Polizei, besonders in moralischen Beziehungen, wenn sie nur dem Uebel hemmend in den Weg tritt und zu wenig für die Förderung des Guten thätig ist. Der Organismus der Polizei darf daher nicht nach dieser Unterscheidung gespalten werden, damit nicht, was sich wechselweise bedingt und unterstützt, durch die Spaltung unwirksam werde.

Ferner ist es nur eine formelle Unterscheidung, wenn die Polizei in eine präventive, welche dem drohenden Schaden

Tübingen. Dritte Aufl. 1866. Mohl ist indessen I. S. 10 im Begriffe geneigt, der Polizei nur den negativen Zweck „der Beseitigung aller Hindernisse" zuzuschreiben, „welche der allseitigen erlaubten Entwicklung der Menschenkräfte im Wege stehen und welche der Einzelne oder ein erlaubter Verein von Einzelnen nicht wahrzunehmen im Stande ist." Im Einzelnen bespricht er aber doch eine Reihe von Anstalten, welche das öffentliche Wohl positiv fördern. Gustav Zimmermann erkennt in dem „Schutz der Ordnung" die Hauptaufgabe der Polizei (Die deutsche Polizei, Hannover 1845, 3 Bde. Wesen der modernen Polizei. Hannover 1852.) Er beschränkt die Thätigkeit der Polizei nicht auf die Sicherheit; aber unter der Form, in deren sich die polizeiliche Thätigkeit äussert und die er für ihre Begriffsbestimmung als wesentlich erklärt, (Beobachtung, Vorbeugung, Repression und Entdeckung) fehlt die positiv wirkende Nöthigung. L. Stein (Verwaltungslehre. IV. Stuttgart 1867.) unterscheidet die allgemeine Verwaltungspolizei von der Sicherheitspolizei im engern Sinn, versteht aber unter Polizei wesentlich nur den Schutz vor öffentlicher Gefahr.

der Zukunft zuvorzukommen und ihn durch ihre Maszregeln abzuhalten suche, und in eine repressive eingetheilt wird, welche die bereits eingetretene Verletzung der öffentlichen Sicherheit zu beseitigen oder den vorhandenen Schaden zu bessern unternehme.

Durch diese Eintheilung wird freilich nur die conservirende Seite der Polizei betroffen, die productiv fördernde aber nur mittelbar berührt. Insofern ist dieselbe somit ungenügend. Auch ist es ein zwar verbreiteter aber grober Irrthum, dasz das Wesen aller Polizei in der Prävention liege. Wenn die Polizei für die Gesundheit des Volkes sorgt, indem sie die Sümpfe trocken legt, in den Städten die engen Gassen und Winkel beseitigt, grosze freie Plätze anlegt, die Luft reinigt, Brunnen errichtet, so kommt sie freilich indirect auch mancher Krankheit zuvor und bewirkt auch wohl, dasz solche, wenn sie trotzdem erscheinen, weniger Verwüstung anrichten. Das Wesen liegt aber hier weder in der Prävention noch in der Repression, sondern in positiver Förderung des normalen Gesundheitszustandes. Es bedarf also auch einer nöthigenden Thätigkeit der Polizei.

Am besten wird die Polizei nach den verschiedenen Hauptsphären des Lebens, in denen ihre Wirksamkeit nöthig wird, eingetheilt und organisirt.[2] Die verschiedenen Bedürfnisse dieser Sphären erfordern gewöhnlich auch besondere Kenntnisse, Anstalten und eine eigenthümliche Behandlungsweise. Nur darf man sich diese Kreise nicht als völlig abgeschlossen vorstellen und nicht vergessen, dasz die Gegenstände, auf welche die Polizei sich beziehen musz, durch solche Eintheilung nicht vollständig umfaszt werden können, wenn nicht ein weitgreifender Vorbehalt gemacht wird, in dem sich die variae causarum figurae zur Noth unterbringen lassen.

[2] Mohl hat sein Werk mit Recht nach diesem Princip geordnet. Vgl. auch K. Brater Blätter für admin. Praxis. 1855. N. 2.

Unserer Auffassung vom State entspricht folgende Gliederung dieser Hauptsphären.

I. Hohe politische Polizei, Statspolizei im engern Sinn. Ich verstehe darunter die Sorge für die Existenz und Sicherheit des States selbst, in seinem Innern. In ihr tritt der politische Charakter der Polizei am bestimmtesten hervor. Was immer den Landesfrieden zu erschüttern droht, fordert ihre Thätigkeit heraus. In den meisten Fällen werden die gewöhnlichen, von dem Gesetze vorausgesehenen oder innerhalb der bestehenden Rechtsordnung sich bewegenden moralischen und physischen Mittel ausreichen. In auszerordentlichen Nothfällen aber erhebt sich die hohe Polizei zu der Ausnahmsgewalt, welche die Rettung des Stats vor allen andern Rücksichten fest ins Auge faszt, und zu diesem Zwecke die volle statliche Macht entfaltet.

II. Individualpolizei; d. h. die Sorge für die Existenz und Sicherheit des Rechts der Individuen. Dahin gehört:

1. Die Sorge für die Ernährung der Bevölkerung (Nahrungspolizei). Die practischen Römer betrachteten dieselbe als eine der wichtigsten Thätigkeiten der höhern Magistrate. Die plebejischen und die curulischen Aedilen wendeten ihre höchste Aufmerksamkeit darauf, dasz es in Rom nie an hinreichenden Getreidevorräthen fehle, und späterhin war es diese Sorge, welche die Kaiser mit Ernst betrieben[3] und durch welche sie die Volksmassen in Rom für sich gewannen.

Das Privatinteresse und der Privatfleisz werden freilich das Meiste und Beste thun; und die eigentliche Stats-

[3] Tacitus Annal. 1 von Augustus: „militem donis, *populum annona* cunctos dulcedine otii pellexit.“ *Thiers* Révol. franç. II. 213: „L'ancienne police avait rangé le soin des subsistances au rang de ses attributions, comme un des objects qui intéressaient le plus la tranquillité publique.“

wirthschaft hat die Aufgabe, durch ihre wirthschaftlichen Maszregeln dem Uebel zuvorzukommen und dasselbe zu lindern. Aber beides reicht nicht immer zu, die Noth abzuwenden oder zu bändigen.

Die Noth kann so groz werden, dasz nur noch die durchgreifende Polizeigewalt des States ihr einigermaszen zu begegnen vermag; und da ist es Aufgabe des States, mit seiner Macht Hülfe zu schaffen. Dafür musz er im Vereine mit der Statswirthschaft und der Privatthätigkeit sich vorsorglich rüsten und der steigenden Noth mit umsichtiger Sorge begegnen. Einzelne Mittel sind: Herstellung und Begünstigung der freien Einfuhr, Erleichterung der Transportmittel und des Handelsverkehrs mit Lebensmitteln, nur ganz ausnahmsweise Erschwerung der Ausfuhr von Lebensmitteln, Erwerb und Verwendung von Statsvorräthen, Beschränkung übermässiger Consumtion, soweit sie im Bereiche der Statsgewalt liegt u. s. f.[4]

Aber auch dem gewöhnlichen täglichen Verkehr gegenüber darf die Polizei nicht müszig sein. Wenn offenbarer Wucher mit der Nahrung des Volkes ein böses Spiel treibt, und den Mangel des Volkes benutzt, um die gewöhnlichen Lebensmittel künstlich zu vertheuern, so darf sie nicht die Ohren vor der gerechten Klage des Volkes verschlieszen, sondern soll solchem steuern, welcher flechtenartig sich über den Verkehr verbreitet und die dem Volke unentbehrlichen Säfte an sich saugt. Der Stat musz dafür sorgen, dasz die Menschen neben einander bestehen können und nicht die Freiheit und das Recht Einzelner zur Unfreiheit und zum Unrecht für die Menge verkehrt werde.

2. Die Sorge für die leibliche Gesundheit des Volks. Gesundheitspolizei.) Dahin gehören:

a) Die Aufsicht über Aerzte, Wundärzte, Apotheker, Hebammen, welche nur für fähig erkannte Personen

[4] Mehl I. S. 322 ff.

zur Ausübung solchen Berufes zuläszt, und Pfuscher und Quacksalber ferne hält. In den meisten neuern Staten werden auch eigene Medicinalbeamte bestellt, theils zur Verwaltung der Gesundheitspolizei, theils zur Ausübung der Arzneikunde in Fällen, bei welchen der Stat betheiligt ist.

b) Die Erhaltung der Grundbedingungen des gesunden Gemeinlebens und Bekämpfung der allgemeinen Krankheitsursachen, z. B. Trockenlegung von Sümpfen, Wegschaffung des Unraths, Kloakensystem, Strassenreinigung u. s. f.

c) Die öffentlichen Maszregeln zur Abwehr oder Eingränzung von ansteckenden Krankheiten, z. B. Contumaz- und Quarantaineanstalten, Vorschriften über Schutzpockenimpfung.

d) Die Ueberwachung der Märkte mit Lebensmitteln, und die Beschränkung mit unreifen und ungesunden Nahrungsmitteln, des Handels mit Giftstoffen u. s. f.

e) Die öffentlichen Anstalten für Heilung und Pflege kranker Personen, soweit die Familiensorge nicht ausreicht, Spitäler, Irrenhäuser, Gebäranstalten, öffentliche Bäder, Rettungsanstalten für verunglückte Personen.

f) An die Sorge für die Gesundheit der Menschen reihen sich an die Anstalten und Maszregeln, um die Gesundheit des Viehs vor Seuchen zu bewahren.

3. Die Sicherheitspolizei. Dahin sind zu rechnen:

a) Die Sorge für öffentliche Wachen. Die Institute der Gensdarmerie, der Konstabler, der Schutzmänner, der Nachtwächter u. s. f. dienen der Polizei freilich nach verschiedenen Richtungen, wie denn überhaupt das zu der Eigenthümlichkeit des Polizeiwesens gehört, dasz die einzelnen Zweige ihrer Thätigkeit in wechselseitiger Beziehung zu einander stehen.

b) Die Todtenschau und die Aufsicht über das Begräbnisz. (Leichenhäuser, Kirchhöfe, Gruften.)

c) Die Feuerpolizei, welche durch Vorschriften für Anlage von Feuerstellen und Beaufsichtigung derselben die künftige Feuersgefahr zu vermindern, durch Löschanstalten die eingetretene su bewältigen, durch Gründung von Assecuranzen den Brandschaden zu ersetzen strebt.

d) Die Sorge für die Rechtssicherheit der Privaten (Sicherheitspolizei im engern Sinne).

In dieser Beziehung kommt vorzüglich das Verhältnisz der Polizei zur Justiz in Betracht. Ihre beiderseitigen Gebiete berühren sich hier, und die Grenzen sind in einzelnen Fällen nur mit Mühe zu finden. Dennoch sind dieselben ausgeschieden, und sollen es sein.

Aufgabe der Polizei ist nicht die Verwaltung und Handhabung der Gerechtigkeit, sondern die Sorge für die Ruhe und Sicherheit. Die Polizei schützt gegen die thatsächliche Verletzung derselben, bekämpft den gewaltsamen Bruch des öffentlichen Friedens, und verfolgt die Feinde der Rechtsordnung, welche dieselbe mit ihren Angriffen bedrohen und die gemeine Sicherheit stören. Die rechtliche Beurtheilung aber der Schuld, der Spruch über das streitige Recht, die Verurtheilung der Verbrecher ist nicht ihres Amts, und wohin der Arm der Gerechtigkeit zu reichen die Macht hat, da zieht sich die Polizei zurück oder verhält sich nur hülfreich und unterstützend zu jener, nicht aber als concurrirende Gewalt handelnd.

Auszerhalb dieses Bereiches aber greift sie, wo es noth thut, mit Macht ein, jeden Widerstand brechend. Zu diesem Behuf wurde in den meisten Staten der Polizei ein beschränktes Züchtigungsrecht zugestanden, ein Züchtigungsrecht eher als ein Strafrecht, denn die Strafe wird vor allem um der Gerechtigkeit willen verhängt, die Züchtigung aber vornehmlich um der öffentlichen Sicherheit, der Handhabung des Anstandes, der Disciplin willen. Wird der Polizeigewalt jedes Recht zur Züchtigung abgesprochen, oder wird die Ausübung derselben an verwickelte Proceszformen gebunden, so entsteht die Gefahr, dasz ihre Macht unwirksam oder die Ausübung derselben schwerfällig werde, was beides im Widerspruch ist mit der ganzen Aufgabe der Polizei. In neuerer Zeit haben aber manche Staten nach dem Vorbilde von Frankreich angefangen, auch die Ahndung von Polizeiübertretungen den Polizeibehörden wegzunehmen und an die Gerichte zu übergeben. Man erwirbt dadurch eine gröszere Garantie gegen Miszbrauch der Polizeigewalt, aber soll dieselbe nicht dadurch gelähmt werden, so ist es doppelt nöthig, sowohl die Befugnisz der Polizei, innerhalb der gesetzlichen Schranken, Polizeistrafen anzudrohen, aufrecht zu halten, als die Gerichte zu verpflichten, dasz sie die gesetzlich competenten Polizeiverordnungen und Befehle nicht aus dem Standpunkte der Zweckmäszigkeit prüfen, sondern darauf die Strafbarkeit gründen.

Aber auch in den Staten, wo die Bestrafung der Polizeiübertretungen überhaupt den Gerichten vorbehalten ist, wird doch der Polizei als Executivmittel ein Recht zu geringfügigen Ordnungs- und Ungehorsamsstrafen zugestanden und die Befugnisz eingeräumt, auch wirkliche Strafen von sich aus unter der Voraussetzung zu verhängen, dasz der Bestrafte sich freiwillig denselben unterwirft und kein gerichtliches Urtheil verlangt. Thatsächlich werden auf diese Weise doch die meisten Polizeiübertretungen polizeilich abgewandelt.

Auf ihrem eigenen Gebiete ist die Polizei von den Gerichten durchaus unabhängig, wie diese auf dem ihrigen von jener. Ein Recursverfahren von jener an diese ist daher unstatthaft, und die gerichtliche Verantwortlichkeit der Polizeibehörden ist in der Hauptsache nach den nämlichen Grundsätzen zu reguliren, wie die der übrigen Beamten. Da indessen die Polizei, wenn sie je nach Umständen rasch und energisch für die Sicherheit sorgen soll, einer gewissen Willkür, welche nach freiem Ermessen das Nöthige beschlieszt, unumgänglich bedarf, so sind allerdings die Bedenken grosz, dasz sie diese Stellung miszbrauche, und die Freiheit und das Recht auch der Individuen zu leicht hintansetze und verletze. Eine verschärfte, wenn auch nicht gerichtliche Verantwortlichkeit, welche die Polizeigewalt nicht lähmt, und ihre Handlungen auch aus dem polizeilichen Standpunkte beurtheilt, aber zugleich jeden Miszbrauch und jede Inhumanität strenge rügt, wäre daher eine wohlthätigere und practischere Einrichtung als ein umfassendes Polizeigesetzbuch, welches den Detail des Lebens und seiner Bedürfnisse doch nicht zum voraus objectiv zu regeln vermag.

Soweit aber die Polizei nur die Strafgerichtsbarkeit zu unterstützen berufen ist, die sogenannte gerichtliche Polizei (police *judiciaire*) ist durchaus den Gerichten unter- nicht nebengeordnet, und hat die Aufträge einfach zu vollziehen, welche die Gerichte ihr ertheilen.

III. Die Culturpolizei.

Wir unterscheiden sehr bestimmt die Cultur, deren Charakter Pflege und die Culturpolizei, deren Charakter Gewalt ist, in derselben Weise, wie wir die Statswirthschaft von der Wirthschaftspolizei unterscheiden. Die Polizei erstreckt sich über alle Gebiete des öffentlichen Lebens, also auch auf die Cultur- und die Wirthschaftsverhältnisse, aber immer nur unter der Voraussetzung, dasz das öffentliche Bedürfnisz die Uebung der Gewalt erheischt, und nicht über dieses Bedürfnisz hinaus. Wo es aber der befehlenden oder verbietenden Gewalt bedarf, da ist ihr auch die Pflege untergeordnet, und keineswegs die Polizei ein abhängiges Anhängsel der Pflege. Wo die Pflege von sich aus den Bedürfnissen Befriedigung verschafft, da bedarf es freilich der Culturpolizei nicht; es ist aber eine Hauptaufgabe dieser, darüber zu wachen, dasz die Pflege ihre Pflicht nicht vernachläszige; und wo jene einschreiten musz, wird sie wieder die Beihülfe der Pflege ansprechen. Darauf beruht der organische

Zusammenhang der verschiedenen Organe und Functionen der Statsgewalt.

Einzelne Unterarten der Culturpolizei sind:

a) Die Sorge für die sittliche Wohlfahrt des Volks. (Sittlichkeitspolizei, Censur im römischen Sinn des Worts.)

In höherem Grade ist es der Beruf der Kirche, der moralischen Seite des menschlichen Gesammtlebens ihre Aufmerksamkeit und Sorge zuzuwenden, als es die Pflicht des States ist, die moralische Gesundheit des Volkes durch seine Polizei zu fördern. Die Wirksamkeit der Kirche ist dann auch auf diesem Gebiete unmittelbarer und fruchtbarer als die des States sein kann. Wenn die Kirche, ihrer Mission treu, die Religiosität weckt und lebendig erhält, wenn sie den Menschen wirklich mit Gott versöhnt und einigt, so ergieszt sich die unerschöpfliche Quelle der sittlichen Kraft und Reinigung über das Volk. Der Stat hat keine Macht über das Gewissen und die unsichtbare Seelenstimmung vermag der Stat nicht zu erfassen, noch zu bessern. Sein eigentliches Gebiet ist die äuszere Erscheinung; er kann daher nur mittelbar auf die sittlichen Zustände des Volkes Einflusz äuszern. Erst wenn die innere Gesinnung sich in äuszeren Handlungen oder Unterlassungen offenbart, wird sie für den Stat faszbar, und gelangt in den Bereich seiner Macht. Die Kirche mag mit religiösen Mitteln wider die bösen Gedanken streiten und gute Entschlüsse hervorrufen, der Stat hat nur mit den bösen Thaten zu schaffen, und die äuszern Hindernisse und Gefahren zu beseitigen oder zu mindern, welche die Reinheit der guten Sitten bedrohen. Auch hier ist Vielregiererei und unwürdige Bevormundung, die eine, gleichgültige Vernachlässigung die andere Klippe, zwischen denen der Statsmann hindurch steuern musz.

Die römische Censur beruhte auf einer edlen und umfassenden Auffassung der statlichen Sittenpolizei. Die

Censoren waren berechtigt, jede offenbare, das öffentliche Sittlichkeitsgefühl verletzende Handlung zu rügen. Sie handelten aber nicht präventiv, sondern griffen im Interesse der guten Sitten und meistens mit sicherm Tacte — die Wahl der Censoren aus den geachtetsten und verdientesten Statsmännern gewährte dafür feste Bürgschaft — erst ein, wenn die Unsitte sich durch Thaten geäuszert hatte, aber der gerichtlichen Verfolgung, weil keine eigentliche Rechtsverletzung vorlag, entzogen war. Auch die hochgestellten Männer waren nicht zu hoch, um vor den Ehrenstrafen der Censoren sich sicher zu fühlen, wenn sie die guten Sitten offen verletzt hatten.

Während des Mittelalters war für diese Dinge durch die Censur der Kirche ebenfalls in umfassender Weise gesorgt. In unserer Zeit aber, in welcher die Macht der Kirche über die Gemüther geringer und beschränkter geworden, empfindet der Stat hier eine Lücke in den öffentlichen Einrichtungen, welche er auch durch die gewöhnlichen Polizeibeamten durchaus nicht zu ergänzen vermag. Es gibt gewisse Seiten der polizeilichen Thätigkeit, welche eine Hoheit der Gesinnung und ein solches Masz öffentlicher Hochachtung und freier Autorität in der Person des Handelnden voraussetzen, wie dieselben von den regelmäszigen Beamten weder gefordert noch erwartet werden dürfen. Das ist gerade das Grosze der römischen Organisation der Polizei, dasz diese Aufgaben den angesehensten und edelsten Männern übertragen wurden. In dem modernen State aber, dessen schwächste Seite die Polizei ist, finden sich keine derartigen Institutionen; vielmehr reizt die kleinliche und häufig verletzende Betreibung der polizeilichen Geschäfte zur Miszachtung und zur Abneigung gegen die Polizei, und beide wenden sich dann gegen die gesammte Regierung und den Stat, welcher groszen Classen nur in der Gestalt dieser lästigen und drückenden Polizeigewalt erscheint.

Diesen Uebelständen läszt sich nicht anders als durch eine bessere Organisation der Polizei begegnen, und dafür würden sich auch in dem modernen State die Elemente wohl finden, würde man hier über den pedantischen Gesichtskreis der bloszen Bureaukratie hinwegszusehen wagen, und die freie Thätigkeit geachteter Privatmänner in Anspruch nehmen. Gerade den ausgezeichneten Classen und Individuen, dem Adel in der Nation im eigentlichen psychologischen Verstande, könnte hier ein Feld fruchtbarer und ehrenvoller Wirksamkeit eröffnet werden, und selbst dem jetzigen Spiele der Erwachsenen, den Orden, könnte hier ein ernstes Ziel gesetzt und manche auch für Männer passende Aufgabe damit verbunden werden.

Verhältniszmäszig dürftig erscheint, was, abgesehen von der statlichen Aufsicht über die Kirche selbst und über die religiösen Verbindungen oder über die Erziehungsanstalten — von denen im IXten Buche näher die Rede sein wird — die moderne Sittenpolizei an Einrichtungen hervorgebracht hat. Am erheblichsten sind:

α) die Vormundschafts- und Gesindepolizei, zur Unterstützung der häuslichen Zucht und der Familienruhe, wo das Privatrecht und die gewohnte Vormundschaftspflege nicht ausreichen, und ein gerichtlicher Schutz ungeeignet oder unwirksam erscheint;

β) die Aufsicht über gewisse Privatanstalten, welche entweder wie die Schenken für geistige Getränke, die Schaubuden, die Leihbibliotheken, in ihrer Ausartung leicht die Unsittlichkeit begünstigen, oder wie die Spielhäuser oder die Bordelle zum Dienste derselben gegründet sind;

γ) die Preszpolizei.[5]

b) Die Sorge für das gesellschaftliche Leben des Volkes, für seine Erheiterung und seinen persönlichen Verkehr. (Aedilität, Gesellschaftspolizei.)

[5] Vgl. Buch XII. Cap. 2.

Je wichtiger in dem modernen Leben das freie gesellschaftliche Zusammentreten der Gesinnungs- oder Zweckgenossen und je mannichfaltiger und reicher die Formen geworden sind, welche der gesellige Menschengeist erfunden hat, um diese Triebe zu befriedigen, mit desto mehr Sorgfalt wird auch hier die wichtige Stellung des States zu diesen Verbindungen und Erscheinungen zu bestimmen sein. Die Privaten gehen dabei von dem Princip ihrer Freiheit aus; die Polizei musz, indem sie diese Regel anerkennt, zugleich das Recht der Gesammtheit handhaben, wo die öffentliche Wohlfahrt es erfordert, und auch hier bald die nöthigen Schranken dieser Freiheit festsetzen, bald ihre Entwickelung positiv fördern.[6]

Die Sorge für die Erheiterung des Volks ist eine der wohlthätigsten und dankbarsten zugleich. In dem „panem et circenses" der Römer sind zwei berechtigte und grosze Wünsche des Volkes ausgesprochen, und es ist eine des Statsmannes würdige Aufgabe, beide zu befriedigen. Die moderne Polizei, welche bei Theatern, Festlichkeiten und Belustigungen ihre Aufmerksamkeit fast nur in negativer Richtung zeigt, beschränkend und hemmend, was ungebührlich zu werden oder Gefahr zu bringen droht, dagegen die positive Seite, die Belebung, Hebung und Veredlung der Volksgenüsse wenig beachtet, steht in dieser Beziehung weit hinter der antiken Polizei zurück. Die statskundigen Römer legten gerade darauf den grösten Werth, und die römischen Groszen wetteiferten unter einander in der Veranstaltung groszer Festspiele. Der Weg zu den höchsten Statswürden der römischen Republik führte durch das Amt der Aedilen hindurch, welche für das Brod und die Spiele zu sorgen hatten.

c) Wir dürfen wohl auch die Unterstützungs- und Armenpolizei hieher rechnen.

In dieser Beziehung kommt es vor allem darauf an, die

[6] Siehe unten Buch XII. Cap. 8.

eigentlichen Armen von den ausnahmsweise Unterstützungsbedürftigen zu trennen, und hinwieder unter den Armen die von Natur Armen von den verschuldeten Armen sorgfältig zu unterscheiden. Die Vermengung der ganz verschiedenen Verhältnisse hat theils die Heilkraft, deren dieselben bedürfen, oft sehr geschwächt, theils das vorhandene Uebel häufig vermehrt. Wir müssen daher unterscheiden:

a) Die oft zahlreichen Classen der Bevölkerung, welche ausnahmsweise in Fällen der Noth, wie insbesondere wenn eine ungewöhnliche Theurung der Lebensmittel eintritt (Hungersnoth), oder wenn durch einen groszen Brand oder Kriegsunglück die regelmäszigen Nahrungsquellen plötzlich versiegen und unbrauchbar werden, oder wenn eine momentane Stockung der Gewerbe die Nachfrage nach Arbeit und die Möglichkeit des Verdienstes hindert, der Unterstützung bedürftig werden. Von solcher Noth werden gar viele Familien und Individuen betroffen, welche durchaus nicht zu den Armen gehören. Sie können zwar, so lange jene sie niederdrückt, sich selber nicht vollständig helfen, sie bedürfen nun fremder Beihülfe, um nicht unterzugehen, aber wenn nur die Noth wieder vorübergezogen ist, so macht sich auch ihre natürliche Fähigkeit, mit eigenen Kräften für ihren Lebensunterhalt zu sorgen, wieder geltend, und verschafft ihnen von neuem ein selbständiges Dasein. Hier ist es nun überaus wichtig, dasz die moralische Spannkraft dieser Classen nicht etwa durch die Unterstützung von Seite des Stats geschwächt, sondern im Gegentheil eher gesteigert werde. Die Regel der Selbsthülfe darf nicht durch die Ausnahme der Unterstützungsbedürftigkeit verdrängt, nicht die letztere zur Regel erhoben werden. Eben aus diesem Grunde dürfen die in solcher Noth Unterstützungsbedürftigen nicht in die Classe der wirklichen Armen gesetzt, nicht diesen gleich behandelt werden. Auch das Ehrgefühl derselben darf durch solche Gleichstellung nicht gekränkt werden, denn es ist ein starker Hebel der moralischen und physischen Kraft, der mit den Mühen der Noth ringt, und viele Schwierigkeiten überwindet.

Insofern nun die Privatanstrengung, die hier voraus in Anspruch genommen werden musz, nicht ausreicht, so ist es Aufgabe der Statswirthschaft, nicht der Polizei, solchem Uebel zuvorzukommen, und dasselbe zu mildern, denn das Uebel selbst liegt in den Wirthschaftsverhältnissen, und kann daher nur von da aus geheilt werden. Aber zuweilen sind die Mittel, über welche die Statswirthschaft verfügen kann, ungenügend, wenn nicht die energischere Polizeigewalt ihr zu Hülfe kommt, und dann allerdings soll auch diese jener hülfreiche Hand reichen, damit der grosze Statszweck, die Erhaltung der Bewohner, erreicht werde.

β) Die von Natur Armen, welche der öffentlichen Hülfe bedürfen, weil es ihnen an der Fähigkeit gebricht, sich selber zu helfen, und auch keine Familie sie mit ihrer Sorge schützt. Das sind die armen familienlosen Waisen und unehelichen Kinder, deren natürliche Kräfte noch unentwickelt sind, die alten Leute, deren Thatkraft erstorben ist, die Kranken und die Gebrechlichen. Diese Armen sind es vorzugsweise, welche die Religion und Moral der Fürsorge auch des States empfehlen. Im Mittelalter nahm sich die Kirche ihrer hauptsächlich an, und sie darf es auch in unserer Zeit nicht unterlassen, christliche Wohlthätigkeit selbst zu üben und zu empfehlen. Aber es ist nun meistens das Armenwesen auch statlich organisirt, und der Stat darf diese Pflicht eben so wenig vernachlässigen, denn auch seine Bestimmung ist es, wo das Familienleben solche natürliche Bedürfnisse der schutzbedürftigen Individuen nicht befriedigt, seinen obervormundschaftlichen Schutz und seine Pflege zu üben. Die wesentliche Thätigkeit des States ist aber hier, wie bei der eigentlichen Obervormundschaft und bei der Erziehung nicht eine Uebung der Gewalt, sondern die Pflege: und wir müssen daher die Armenpflege von der Armenpolizei wieder unterscheiden. Nur wo jene nicht hilft und daher ein Bedürfnisz nach obrigkeitlichem Gebot rege wird, tritt diese auch hier ein. Subsidiär erscheint die Armenpolizei, wenn die Armenpflege zu schwach oder zu lässig ist, ihre Pflicht zu üben.

Uebrigens liegt es nahe und entspricht einer guten Organisation des Armenwesens durchaus, dasz die nächste Sorge der Gemeinde überlassen wird, und nur ergänzend und beaufsichtigend die Polizei des States hinzutritt. Denn die Gemeinde ist in gewissem Sinne die Erweiterung der Familie, der mittlere Kreis, der zwischen der Familie und dem State die Individuen mit seiner Sorge umfaszt. Die Gemeinde ist auch eher als der Stat im Stande, die individuellen Bedürfnisse der in ihr lebenden und zu ihr gehörigen Armen zu kennen und zu würdigen, und die Mittel einer angemessenen Versorgung und Pflege zu finden und zu benutzen.

γ) Die verschuldeten Armen, welche zwar die natürlichen Kräfte besitzen, um sich selber zu schützen und durchzubringen, die aber aus Liederlichkeit, Arbeitsscheu, Verschwendung in Armuth gerathen sind, und ohne Hülfe verderben müszten. Gegenüber diesen hat nun vorzugsweise die statliche Polizei den Beruf einzuschreiten, und zwar keineswegs nur zur Pflege, sondern voraus zur Zucht.[7] Für

[7] Auf diesen wichtigen Unterschied hat auch Napoleon in seinen Gesprächen mit Las Cases (V. S. 58) aufmerksam gemacht: „Le noeud de cette grande affaire est tout entier dans la stricte séparation du *pauvre* qui commande le respect d'avec le *mendiant* qui doit exciter la colère, or, nos travers religieux mêlent si bien ces deux classes qu'ils semblent faire de la mendicité un mérite, une espèce de vertu, qu'ils la provoquent en lui présentant des récompenses célestes: au fait les mendians sont-ils plus ni moins que *des moines au petit pied*, tellement que dans la nomen-clature se trouvent les *moines mendians*." Die englische Armentaxe wurde unter der Königin Elisabeth zuerst nur für Lahme, Gebrechliche, Alte und Blinde eingeführt. Dann aber fing man an, auch die, welche arbeiten können, aber keine Arbeit finden, also die Unterstützungsbedürftigen im obigen Sinne, und die liederlichen Armen, welche nicht arbeiten wollen, aus dem Ertrag dieser Taxe zu unterstüt-

solche Arme sind daher die Arbeits- und Correctionshäuser wohl am Platze, und es ist nöthig, dasz in diesen strenge Zucht geübt werde. Das aber ist nicht mehr Sache der Gemeinde, sondern in vorzüglichem Sinne Sache des States und seiner polizeilichen Gewalt.

IV. Die Stats- und Volkswirthschaftspolizei.

Sie unterscheidet sich als die obrigkeitliche Gewalt von der ihr untergeordneten, aber in den regelmäszigen Fällen ausreichenden Stats- und Volkswirthschaftspflege in ähnlicher Weise, wie sich die Culturpolizei von der Cultur unterscheidet. Wo das Bedürfnisz der Gewalt rege wird, da nur ist die Polizei thätig, im übrigen genügt die Wirthschaftspflege. Hieher gehören:

a) Die Wasserpolizei, welche durch Regelung der Ströme und Flüsse, und durch Anlegung von Deichen oder Dämmen vor Ueberschwemmung Güter und Menschen verhütet, die Benutzung der öffentlichen Gewässer zu Wasserwerken, Wiesenwässerung, zur Schifffahrt, Flöszung u. s. f. im allgemeinen Interesse wahrt und den Miszbrauch hemmt, durch Errichtung von Seehäfen und Leuchtthürmen die Sicherheit der Schiffe begünstigt.

b) Die Wege- und Straszenpolizei, durch welche für Anlegung, Unterhaltung und Sicherheit von Wegen, Straszen, Eisenbahnen, Brücken u. s. f. gesorgt wird. Die Herstellung einer Brücke zu gebieten, ist Sache der Polizei, sie zweckmäszig auszuführen, Aufgabe der Wirthschaft.

c) Die Sorge für öffentliche Brunnen und für öffentliche Plätze und selbst die Sorge für den Schmuck solcher Plätze und Anlagen, durch Anpflanzungen, Denkmäler

zen, und indem man so die drei verschiedenen Classen vermischte, steigerte man das Uebel ins Unerträgliche. Viel besser ist das Armenwesen in Deutschland und in der Schweiz geordnet, obwohl auch da die in der Natur der Dinge liegenden Unterscheidungen nicht so vollständig beachtet werden, als es zu wünschen ist.

und öffentliche Gebäude, durch schöne und würdige Ausstattung und Reinhaltung. Auch die Aufsicht über Privatbauten gehört hieher, soweit die allgemeine Sicherheit und der öffentliche Anstand es rechtfertigt; sie darf aber nicht ausarten in eine Bevormundung des freien Privateigenthums und Privatgeschmacks.

d) Die volkswirthschaftliche Polizei, von welcher im Xten Buche im Zusammenhang mit der Wirthschaftspflege gehandelt wird.

Achtes Buch.

Vom Gericht.

Erstes Capitel.

Die Natur und die Arten des Gerichts.

Alles Gericht setzt voraus, dasz etwas zu richten sei, d. h. dasz eine Verletzung der Rechtsordnung geschehen sei. Die Verletzung wird durch das Gericht beseitigt und damit die Majestät des Rechts geoffenbart. Alle Rechtspflege ist Bewährung der statlichen Gerechtigkeit.[1]

In dem Richten lassen sich zwei wesentlich verschiedene Functionen unterscheiden:

1) die Erkenntnisz des Rechts, oder wie man das im Mittelalter ausgedrückt hat, das Finden des Rechts, das Urtheil,

2) die Handhabung des Rechts, das Richten im eigentlichen Sinn.

Es ist wahr, dasz die Findung des Urtheils an und für sich nicht ein Act der statlichen Macht, sondern zunächst entweder ein Ausdruck des Rechtsgefühls oder eine logische

[1] Vgl. Stahl, Statslehre II. S. 438.

Function des juristisch gebildeten Verstandes ist, und insofern läszt sie sich mit der Thätigkeit von Kunstverständigen und Experten in andern Gebieten des Lebens und der Wissenschaft vergleichen. Aber es ist durchaus irrig, das Gericht selbst aus diesem Gesichtspunkte zu betrachten und demselben den Charakter einer obrigkeitlichen Gewalt abzusprechen.[2] Die Rechtsfindung ist die nothwendige Voraussetzung, die Unterlage der Rechtshandhabung, diese aber offenbar das Wesen des Gerichts und von durchaus statlicher Natur. Die erstere kann daher wohl Privatpersonen anvertraut und überlassen werden, die letztere dagegen musz obrigkeitlichen Magistraten vorbehalten bleiben. Und da sich jene zu dieser dienend verhält, so ist auch sie immerhin obrigkeitlich zu leiten.

Die Wiederherstellung des gestörten und verletzten Privatrechts ist die Aufgabe der Civilrechtspflege. Durch diese übt der Stat seine Pflicht aus, den Privatpersonen den Genusz der ihnen angehörigen Privatrechte zu gewähren, und die eingetretene Beeinträchtigung derselben aufzuheben. Dieser Zweck wird erreicht, theils durch Beseitigung des Privatunrechtes, theils durch Ersatz des Schadens, mit Einem Worte durch einfache Wiederherstellung des Privatrechts.

In der Regel genügt zur Erreichung dieses Zwecks das blosze Erkenntnisz und der statliche Ausspruch des wirklichen Rechts; daher ist hier das gerichtliche Urtheil von ganz besonderer für sich schon entscheidender Bedeutung. Nur ausnahmsweise, wenn dasselbe von den Betheiligten nicht beachtet wird, tritt der statliche Zwang ein, der ein Ausflusz der Gerichtsbarkeit ist, und daher von dem Gerichte auch dann angeordnet wird, und abhängig bleibt, wenn zur Ausübung desselben die Mitwirkung der Polizeimittel erforderlich sind.

[2] Meinung von Rotteck in Aretin's constitut. Statsrecht. II. S. 208.

Da das Privatrecht zunächst nicht Statsangelegenheit ist, sondern den Privatpersonen als solchen, nicht in ihrer Eigenschaft als Unterthanen zukommt, so kann es auch nicht der Beruf des States sein, wo immer einzelne Verletzungen desselben vorkommen mögen, amtlich einzuschreiten und von sich aus die Wiederherstellung des gestörten Rechtes anzuordnen. Eine derartige Bevormundung des Privatverkehrs wäre mit der Freiheit und der Selbständigkeit der Privaten durchaus unverträglich. Diese sind vielmehr vollkommen berechtigt, ihre Interessen selber zu vertreten und sich selber zu helfen. Nur wenn die Selbsthülfe nicht anders geübt werden könnte, als so dasz wer sein Recht begehrt und geltend machen will, in die freie Rechtssphäre des Andern eingreifen, und weil dieser jenes Recht anzuerkennen sich weigert, Zwang üben müszte, ist dieselbe in dem modernen State untersagt, weil durch solchen Streit die öffentliche Ruhe und der Landesfrieden leicht gestört werden könnte. Dann bedarf es zur Wiederherstellung des streitigen Rechts der gerichtlichen, nach sichern Regeln und in wohlgeordneten Formen den Streit aus unparteiischem Standpunkte entscheidenden Hülfe.[3] Die Civilgerichtsbarkeit entwickelt demzufolge ihre Thätigkeit nur auf Begehren, d. h. zunächst auf die Klage der betheiligten Privaten.

Die Strafrechtspflege dagegen setzt eine solche erheb-

[3] *Edictum Divi Marci* in L. 7 ad legem Juliam de vi privata: „Tu vim putas esse solum, si homines vulnerentur? Vis est et tunc, quoties quis id, quod deberi sibi putat, non per judicem reposcit; non puto autem nec verecundiae nec dignitati tuae convenire, quidquam non jure facere. Quisquis igitur probatus mihi fuerit, rem ullam debitoris non ab ipso sibi traditam sine ullo judice temere possidere, eumque sibi jus in eam rem dixisse, jus crediti non habebit." Die germanischen Völker verstatteten anfänglich der Selbsthülfe eine viel freiere Bewegung; und erst nach vielen Jahrhunderten gelang es dem langsam aufgehenden Statsbewusztsein, das Selbstpfändungsrecht der Gläubiger in engere Schranken zu bannen. Vgl. Wilda's Abhandlung in der Zeitschrift für deutsches Recht Bd. I.

liche Störung der Rechtsordnung voraus, welche nicht blosz die rechtlichen Interessen eines Individuums, sondern um ihres gefährlichen und rechtswidrigen Charakters willen die öffentliche Rechtssicherheit, somit den Stat selbst verletzt. Jene Erschütterung und Verletzung des bestehenden Rechts kann zwar sich ebenfalls auf Privatrechte beziehen, aber sie fällt in diesem Falle in den Bereich der Strafrechtspflege, wenn sie mit einer Gesinnung und in einer Form verübt wird, durch welche zugleich der öffentliche Friede verletzt oder gebrochen wird. Die Strafrechtspflege kommt daher ihrer Natur nach aus öffentlichen Gründen zur Anwendung, und ist im weitern Sinne ein Theil des öffentlichen Rechts.[4] Die einfache Wiederherstellung genügt daher hier nicht. Restitution und Schadensersatz sind freilich auch da erforderlich, aber diese sind, insofern sie sich auf die privatrechtlichen Verhältnisse beziehen, immer ein wesentlich civilrechtlicher Bestandtheil, welcher seines Zusammenhanges wegen mit dem Vergehen und um seiner meist untergeordneten Bedeutung willen wohl gleichzeitig von dem Strafgerichte geordnet werden kann, aber eben so wohl unter Umständen von dem Strafprocesse auszuscheiden und der gewöhnlichen Civilrechtspflege zuzuweisen ist.

Der Charakter der Strafrechtspflege liegt vielmehr in der Verhängung der Strafe des Schuldigen. Die tiefere Verletzung des States selbst erfordert, dasz die öffentliche Gerechtigkeit den Verbrecher mit starkem Arme erfasse und durch Bestrafung desselben, ihre übergeordnete Macht bewährend und die Sicherheit des öffentlichen Friedens neu stärkend, die Schuld tilge. Schuld und Strafe bedingen sich, und nur das Gleichgewicht beider vermag die Hoheit und Heiligkeit der Rechtsordnung selbst zu offenbaren und herzustellen. Die Besserung des Schuldigen und die Abschreckung Anderer von

[4] Vgl. oben Einleitung Cap. 3, S. 9.

ähnlichen Verletzungen sind Zwecke, welche auch erwogen und gefördert werden sollen, aber der principale Gesichtspunkt ist die Strafe selbst, als ein Gebot und eine Aeusserung der Gerechtigkeit.[3]

Aus diesem Grunde hat daher die Strafe einen öffentlichen Charakter; und es ist ein Fortschritt der neueren Rechtsbildung, dasz die ältern Privatstrafen aus Vergehen, wie das römische und das deutsche Recht sie gekannt haben, abgeschafft worden und die öffentlichen Strafen an ihre Stelle getreten sind. Ferner widerspricht es der Idee der Strafrechtspflege, dasz die Anwendung der Strafe in die Willkür der verletzten Privatperson gelegt wird, ihr Eintreten somit von der Klage dieser abhängt. Die Verfolgung und Bestrafung des Verbrechers ist eine öffentliche Angelegenheit, und es musz daher von Staatswegen dafür gesorgt sein. Das ältere germanische Recht liesz auch hier der Selbstrache und dem Fehderecht freien Lauf, und erhob später, seitdem die Ausbildung der fränkischen Monarchie dieselbe um der öffentlichen Ruhe mehr beschränkt hatte, die Nothwendigkeit

[5] Stahl, Statslehre II. S. 516: „Es ist das ewige Gesetz der Gerechtigkeit, dasz auf das Böse — somit im State das Verbrechen — die Strafe folge unabwendbar, das bekundet jedes unbefangene Bewusztsein. Aber die Schwierigkeit für das auseinandersetzende Denken ist das: Wie kann eine Wiederherstellung der verletzten Ordnung darin liegen, dasz dem Verletzer ein Uebel zugefügt werde, was die Strafe unläugbar ist? — Es ist durch die Strafe an dem Uebelthäter auf reale Weise bekundet, dasz die sittliche Ordnung der Herr ist. So musz das Böse selbst, indem es zu Boden gedrückt wird, zur Verherrlichung der sittlichen Macht dienen, Die Strafe des Stats ist darum keineswegs Rache. Die Rache sucht das Leiden des Verletzers um des Leidens willen, das persönliche Empfinden an ihm zu weiden. Der Stat aber straft den Verletzer nicht, damit er leide, sondern er läszt ihn leiden, damit er gestraft sei. Die Rache hat auch keine Gränze als die Lust am Leiden, während die Strafe unter einer Nothwendigkeit steht in Masz wie in Eintritt." — Nicht das Böse wird gestraft, die Rechtsordnung schützt die Schlechten wie die Guten in ihrer Existenz, aber die böse That, welche das Recht eines andern widerrechtlich angreift.

der Privatklage zur Regel. Das englische Strafrecht ist zum Theil heute noch auf diese Ansicht gebaut. Aber auf dem Continente ist doch seit Jahrhunderten, anfänglich durch den Einflusz auch der Kirche der richtigere Grundsatz aufgekommen und allmählich durchgedrungen, die Regel der Verfolgung von Amtswegen, sei es in Form des Inquisitions- oder des Anklageverfahrens. Ausnahmen müssen freilich vorbehalten werden, aus Gründen der Pietät, wie z. B, in dem Falle des Ehebruchs, oder wo das Privatinteresse dem öffentlichen die Wage halt, wie bei Injurienbändeln oder wenn Gefahr ist, dasz die Statsanwälte ihr ausschlieszliches Klagerecht aus politischen Rücksichten miszbräuchlich ungeübt lassen.

Der Unterschied der Civil- und der Strafrechtspflege hat denn auch häufig eine Sonderung der Organe nach sich gezogen, welche jene und diese verwalten. In der That ist die Thätigkeit beider so verschieden, dasz in den handelnden Personen verschiedene Eigenschaften wirksam sein müssen. Der Civilprocesz ist ein durchaus anderer als der Strafprocesz; und während der Civilrichter die Gabe besitzen musz, verwickelte Privatverhaltnisse mit feinem Blicke und sorgsamem Scharfsinne zu entwirren und äuszerlich zurechtzulegen, musz das Strafgericht den moralischen Seelenzustand des Angeschuldigten zu ergründen suchen und vorzüglich die individuelle Schuld und ihre Grösze erkennen. Dort bewegen sich die Parteien, die nur ihre eigene Sache vertreten, mit gröszerer Freiheit innerhalb der zulässigen Rechtsformen, und der Richter leitet und entscheidet ihren Streit mit unbefangenem heiterem Geiste; hier aber herrscht der Ernst und die Strenge der verletzten Gerechtigkeit vor und die Verhandlungen sowohl als die Beurtheilung nehmen auch die Gemüthskräfte der Richter und Urtheiler in erhöhtem Grade in gespannten Anspruch.

Zweites Capitel.

Gemeinsame Grundsätze für die Rechtspflege.

1. Die Sonderung des Gerichts von dem Regimente in der Verfassung des Stats ist als ein Hauptgrundsatz des neuern States nun ziemlich allgemein anerkannt:[1] die Sonderung nicht die absolute Trennung, denn in dem Statsoberhaupte einigt sich mit der vollen Regierungsmacht die formelle Spitze der Gerichtsbarkeit als in einem gemeinsamen Centrum. Eine Folge dieser Sonderung ist die innerliche Selbständigkeit der Gerichte in der Ausübung der Gerichtsbarkeit, und ihre Unabhängigkeit von dem Einflusse der Regierung.[2] Die statliche Gerechtigkeit zu handhaben ist der ernste und edle Beruf des Richters, nicht das Zweckmäszige und Nützliche anzuordnen. Jenen Beruf kann er aber nur dann würdig üben, wenn er die festen Gesetze des Rechts als die einzige Richtschnur seiner Thätigkeit betrachtet und nicht dem Drange der Umstände und dem Wechsel der Parteistimmungen folgt. Vor seinem Stuhle soll Jeder, der Mächtige wie der Schwache, der Arme wie der Reiche, nicht Gunst oder Un-

[1] Vgl. oben Buch V. Cap. 2, und Buch VI. Cap. 17.

[2] Bayerische Verf. VIII. §. 3: „Die Gerichte sind innerhalb der Gränzen ihrer amtlichen Befugnisz unabhängig, und die Richter können nur durch einen Rechtsspruch von ihren Stellen mit Verlust des damit verbundenen Gehaltes entlassen oder derselben entsetzt werden." Verf. von Portugal §. 118: „Die gerichtliche Gewalt ist unabhängig." §. 122: „Die Richter können ihr Amt nur durch ein Urtheil verlieren." Oesterr. Verf. von 1849 §. 99: „Die richterliche Gewalt wird selbständig von den Gerichten geübt." §. 102: „Rechtspflege und Verwaltung sollen getrennt und von einander unabhängig gestellt werden." Preuszische §. 86. „Die richterliche Gewalt wird im Namen des Königs durch unabhängige keiner anderen Autorität als der des Gesetzes unterworfenen Gerichte ausgeübt." §. 87. „Die Richter werden vom Könige oder in dessen Namen auf ihre Lebenszeit ernannt. Sie können nur durch Richterspruch aus Gründen, welche die Gesetze vorgesehen haben, ihres Amtes entsetzt oder zeitweise enthoben werden."

gunst, sondern unparteiisches Recht finden; daher müssen auch die Wünsche der Regierung hier sich bescheiden und darf ihre Macht nicht störend eingreifen in die ruhig gemessene Erforschung des wirklichen Rechts.

Einzelne aus jenem Grundprincip abgeleitete Regeln sind folgende:

a) Niemand darf, wenn er sich in seinem Rechte verletzt fühlt, an der Betretung und Verfolgung des Rechtsweges gehindert werden.[3] Der Rechtsschutz des States musz allen offen stehen: auch den Niedrigsten, und auch den Fremden. Es gibt im Sinne des neuern Rechts keine Rechtlosigkeit der Individuen mehr, wie das Alterthum sie den Fremden (hostes) gegenüber, und das deutsche Mittelalter als Strafe der Friedensbrecher angenommen hat. Auch wer unwürdig erscheint, seine Sache selber zu führen, soll doch die Möglichkeit eines sein Recht wahrenden Vertreters

[3] Landtags-Abschied von Hannover v. 1639 bei Zachariä D. St. R. §. 90: „dasz die liebe Justiz einem Jeden ohne Respect schleunig mitgetheilt, keinen zur Ungebühr aufgehalten, niemand mit Extrajucial-Decreten, Mandaten, Rescripten oder wie es sonsten Namen haben mögts, beschweret, sondern der Justiz ihr stracker Lauf gelassen — und darin rechtlich cognosciret und procediret werden, da entgegen die Miszbräuche allenthalben abgeschaffet, und den Assessoren keineswegs verstattet sein soll, unter einigen, und viel weniger dem Prätext, dasz das Interesse principis mit unterlaufe — sich absentiren und aufständen." Das deutsche Statsrecht des Kaiserreichs sorgte dafür, dasz auch in statsrechtlichen Streitigkeiten der Reichsstände der Rechtsweg stets offen bleibe. Wahlcapitulation Art. XIX. §. 4: „Und ob auch einiger Churfürst, Fürst oder anderer Stand (die freie unmittelbare Reichsritterschaft mit eingeschlossen) seiner Regalien, Immedietät, Freiheiten, Rechten und Gerechtigkeiten halber, dasz sie Ihm geschwächet, geschmälert, genommen, entzogen, bekümmert und bedrucket worden, mit seinem Gegentheile und Widerwärtigen zu gebührlichen Rechten kommen, und Ihn fürfordern wollte, dasselbe sollen und wollen Wir, wie alle andere ordentlich schwebenden Rechtfertigungen, nicht verhindern, sondern vielmehr beförderen und zur Endschaft beschleunigen." Schutz gegen Rechtsverweigerung der Landesgerichte gewährten die kaiserlichen Gerichte.

haben. Und es ziemt dem State dafür zu sorgen, dasz auch den Armen der Weg zu ihrem Rechte zu gelangen, nicht durch Kosten und Formen mittelbar verschlossen, sondern vielmehr durch Bestellung der nöthigen Vertretung von Amtswegen offen erhalten werde. Auf der andern Seite ist der Stat aber veranlaszt, der Chikane proceszsüchtiger Menschen und der Gefahr von Schaden, welche für die Parteien aus dem Processe selbst erwachsen kann, durch seine Anordnungen, z. B. über Cautionsstellung, zu begegnen.

b) Niemand darf seinem ordentlichen Richter entzogen werden.[4] Das germanische Mittelalter, in allen Dingen zunächst auf die ständischen Verhältnisse Werth legend, drückte diesen Grundsatz noch bestimmter so aus: Jeder soll vor seinen Genossen beurtheilt werden.[5] So urtheilten über die Fürsten in den alten Reichsgerichten nur Fürsten, über die Vasallen in Lehenssachen ihre Mitvasallen, über schöffenbar freie Leute ihre Standesgenossen. Die Bürger konnten nur von ihrem städtischen Gerichte belangt werden, und selbst die hofhörigen Bauern wurden in der Regel nur vor deren Vogtei und dem Hofgerichte belangt, in welchem ihre Hofgenossen urtheilten.[6] Das neuere Recht hat diese Sonderstellung der Stände aufgelöst, und wie die Rechtsgrundsätze, sowohl in dem Straf- als in dem Privatrechte, gleichmäszig auf alle Classen der Bevölkerung, so auch die Gerichtscompetenz über alle zugleich erstreckt. Diese Umgestaltung ist eine höhere Phase der Rechtsentwicklung, welche auf die Gleichheit des

[4] Holländische Verf. §. 150: „Niemand kann gegen seinen Willen dem Richter entzogen werden, welchen das Gesetz ihm zuerkennt.“

[5] Englische Magna Charta von 1215: „Comites et barones non amercientur nisi per pares suos.“ *Marnier*, Etablissement et cout. de Normandie p. 22: „Chascun doit estre jugiez par ses pers.“

[6] Sachsenspiegel II. 12. §. 2. „Scepenbare lüde muten wol ordel vinden over jewelken man. It ne mut aver uppe se neman ordel vinden, dat in an ir lief oder an ir ere oder an ir erve ga, he ne si in evenburdich. Vgl. oben

Rechts in diesem Sinne mit Recht einen Werth legt. Als Regel musz die Ausdehnung derselben Gerichtsbarkeit auf alle Individuen im State daher festgehalten werden. Aber diese Regel wird in unserer Zeit wohl noch zu abstract und rücksichtslos durchgeführt, und es werden die erforderlichen Ausnahmen zu wenig beachtet. Es gibt einzelne Berufs- und Lebensverhältnisse, die ihrer Natur nach nicht allgemein sind, und nur von denen richtig verstanden und beurtheilt werden, welche mit denselben durch persönliche Erfahrung vertraut sind. Die Gerichtsorganisation darf daher nicht über diese Eigenthümlichkeit hinwegsehen, sondern musz sich darnach richten. Ein derartiges Bedürfnisz fängt namentlich in unserer Zeit sich überall wieder an zu regen, und es kommt nur darauf an, dasselbe durch Constituirung besonderer Gerichte zu befriedigen, ohne jene Regel zu gefährden, und ohne die Einheit des Rechts und der Rechtspflege zu stören. Handels-, Handwerks-, Fabrikverhältnisse vorzüglich, aber nicht sie allein kommen hier besonders in Betracht.

c) Nur eine Folge des vorigen Grundsatzes ist das Verbot der Ausnahmsgerichte, d. h. solcher Gerichte, die nicht schon durch die normale Justizverfassung begründet, sondern für einzelne Fälle eigens bestellt werden. Es gehören demnach nicht unter diesen Begriff: gewöhnliche Militärgerichte für das Heer, der Statsgerichtshof für die Minister u. dgl., denn obwohl dieselben nur auf bestimmte Personen und Fälle Bezug haben, so sind sie dennoch durch die Rechtsordnung zum voraus geregelt, und in deren normalen Bestand eingefügt. Wohl aber sind von dem Verbote betroffen alle die Gerichte, welche die Thätigkeit der ordentlichen Gerichte in dem ihnen von Rechtswegen zugewiesenen Amtsbereich hemmen, und an dieser Statt ausnahmsweise ermächtigt werden, in einzelnen Fällen die Strafgerichtsbarkeit auszuüben.

Eine Abweichung von diesem Grundsatze wird nur durch wirkliche Noth gerechtfertigt, sei es, weil die ordentlichen

Gerichte ohnehin, z. B. aus zureichenden Recusationsgründen, verhindert sind in einem Falle das Recht zu handhaben, oder weil der Zusammenhang einer weit verzweigten Untersuchung eine Concentration derselben bei einem Gerichtshofe erfordert, sei es, weil der Stat selbst in einen Nothstand versetzt ist, welcher die regelmäszige Entfaltung der Rechtspflege unmöglich macht, und um der Gefahr für die gesammte Rechtsordnung willen eine ungewöhnliche und rasche Strenge der Gerechtigkeit erheischt. In den Fällen der ersten Art kann und soll das ausnahmsweise für competent erklärte Gericht mit Bezug auf seine Stellung, Befugnisse und Rechtsformen den ordentlichen Gerichten gleich organisirt sein, und ganz die nämlichen Garantien für eine gute Rechtspflege darbieten wie jene, so dasz die Ausnahme nur eine äuszerliche und unwesentliche ist. Die Fälle der zweiten Art aber machen eine stärkere Abweichung nöthig. In Zeiten des Kriegs oder Aufruhrs kann die Verkündigung des Standrechtes um der Existenz des States willen ein öffentliches Bedürfnisz sein, und es können die dann zumal geordneten Militärgerichte oder andere Ausnahmsgerichte ermächtigt werden, Verletzungen der gebotenen Ordnung, die in normalen Zeiten nicht strafbar wären, zu bestrafen, oder weit härter zu bestrafen als sie es sonst würden. Auch in dem Verfahren können eine Menge von formellen Rechtsmitteln, die in der Regel den Richter vor Uebereilung, und die Partei vor Unrecht schützen, beseitigt, und eine sofortige unaufschiebbare Verhandlung und Beurtheilung geboten werden. Diese Ausnahme darf aber nur dann und nur so lange zugelassen werden, als wirkliche Noth des States da ist, und auch in diesen Fällen darf unter keinen Umständen das Wesen der statlichen Gerechtigkeit miszachtet werden. Demgemäsz ist unbedingt daran festzuhalten, dasz Niemand verurtheilt werde, dem nicht Gelegenheit geboten worden sich zu vertheidigen, dasz das Urtheil jederzeit als Urtheil gefunden, nicht als Willensact beschlossen, daher auch die Rechtsform des Gerichts gewahrt werde, endlich dasz nur wirkliche Rechtsverletzungen, unter keinen Umständen aber bloszer Verdacht, bestraft werden.[7]

2. Die Oeffentlichkeit der Rechtspflege verstand sich in der alten Zeit, in welcher das ganze öffentliche Leben weit mehr als in unserer Zeit im Freien vor sich ging, ganz von selbst. Auf offenem Markte saszen die römischen Prätoren auf dem Tribunal; unter einer Linde oder Eiche unter dem offenen Himmel hegten die deutschen Richter das Gericht. Nur so lange der Tag leuchtete, durfte die Gerechtigkeit verwaltet werden. Auch die Basiliken der byzantinischen Epoche blieben unverschlossen.

Die Aenderung in dem neueren Europa, welche die Gerichtssäle verschlosz, und die Heimlichkeit des Verfahrens einführte, kam während des XV. und XVI. Jahrhunderts allmählich auf. Mancherlei Gründe wirkten zusammen, um die-

[7] Die Wuth der Revolution und die Leidenschaft einzelner Despoten haben wohl auch diese Schranken überschritten. Das ist aber nicht mehr Justiz, sondern Justizmord, und auch dann, wenn derselbe durch ein Statsgesetz legitimirt worden ist. Es gibt ewige Principien des Rechts, die zu ändern kein Gesetzgeber die Macht hat. Danton hat versucht, die Nothwendigkeit des Revolutionstribunals zu rechtfertigen; man kann aber seine Gründe nicht hören, ohne einen Schauder über die furchtbare Verirrung eines so mächtigen Geistes zu empfinden: „Il les (les lois extraordinaires) faut arbitraires, parce qu'il est impossible de les rendre précises; parce-que, *si terribles* qu'elles soient, elles seront *préférables* encore *aux exécutions populaires* qui aujourd'hui, comme en septembre, seraient la suite des lenteurs de la justice. En temps calme la société aime mieux laisser échapper le coupable que frapper l'innocent, parceque le coupable est peu dangereux; mais à mesure qu'il le devient davantage, elle tend davantage aussi à la saisir; et lorsqu'il devient si dangereux qu'il pourrait la faire périr ou du moins qu'elle le croit ainsi, elle *frappe tout ce qui excite ses soupcons*, et préfère alors atteindre un innocent quel laisser échapper un coupable. Telle est la dictature, c'est à dire *l'action violente dans les sociétés menaçées.*" Thiers, histoire de la révol. franç. II. 320, 348. Ueber die früheren „Justizcommissionen" in Frankreich vgl. Schäffner, Rechtsgesch. II. S. 431.

selbe hervorzubringen: voraus das aus der kirchlichen Zucht der Gewissen auf die statliche Gerichtsbarkeit übergetragene Princip der Inquisition, welche im Strafprocesz die Seele des Verbrechers wie ein scheues Wild in ihren geheimsten Schlupfwinkeln aufsuchte, und durch heimliche Nachstellung leichter zu erjagen hoffte; sodann die Einführung einer gelehrten, aus den schriftlichen Quellen des römischen Rechts schöpfenden Jurisprudenz, welche im Civilprocesz vorzüglich von dem Leben abzusehen, und auf das Studium schriftlicher Acten all ihren Fleisz und ihre Aufmerksamkeit zu verwenden mehr und mehr sich gewöhnte, ferner die Erschlaffung der politischen Theilnahme des Volkes an den öffentlichen Verhandlungen und endlich die zunehmende gewaltsame und absolutistische Richtung der Zeit.

Erst in der neuern Zeit ist das Streben nach Oeffentlichkeit der Rechtspflege wieder stärker geworden, nun aber, eben um der frühern Erfahrungen willen, weniger unbefangen und zugleich bewuszter als vor Alters. In Wahrheit, nur im Lichte der Oeffentlichkeit kann die Rechtspflege gedeihen und Vertrauen finden.[8] Es ist nicht die Aufgabe des States, die Gewissen zu erforschen, und gleichsam das unsichtbare Leben der unsterblichen Seele zu ergründen. Er hat es auch mit der Schuld nur insofern zu thun, als dieselbe sich in äuszerlich wahrnehmbaren Handlungen kund gegeben, und die leibliche Rechtsordnung des States äuszerlich verletzt hat. Daher darf er nicht ihre Geheimnisse zu ergründen suchen, sich nicht

[8] Holländische Verf. §. 155: „Die Gerichtssitzungen sind öffentlich, mit dem Vorbehalte, die Schlieszung im Interesse der öffentlichen Ordnung und Sittlichkeit nach dem Gesetze festzustellen.“ Belgische §. 96. Preuszische §. 93. „Die Verhandlungen vor dem erkennenden Gerichte in Civil- und Strafsachen sollen öffentlich sein. Die Oeffentlichkeit kann jedoch durch einen öffentlich zu verkündenden Beschlusz der Gerichte ausgeschlossen werden, wenn sie der Ordnung oder den guten Sitten Gefahr drohen.“

anmaszen, das göttliche Gericht auf der Erde zu üben. Nur das Sichtbare fällt in den Bereich rechtlicher Beurtheilung.[9]

Die Oeffentlichkeit ist denn aber in verschiedenem Sinne zu fassen. Die ohne Vergleich wichtigere Bedeutung derselben bezieht sich auf die Betheiligten selbst, und ihr Verhältnisz zum Gericht. Im Civilprocesz haben so die beiden Parteien ein Recht darauf, im Strafprocesz auch der Angeschuldigte, dasz ihnen durch den Proceszgang Gelegenheit verschafft werde, die Klage, Erwiederungen, Zeugenaussagen, Beweismittel vollständig zu erfahren und zu prüfen, hinwieder sich darüber gegen das Gericht mit voller Offenheit und mit freier Benutzung der auch zu ihren Gunsten sprechenden äuszern Kennzeichen der Wahrheit auszusprechen, und ebenso das Urtheil und die Entscheidungsgründe desselben zu vernehmen. Jedes Hemmnisz, welches solcher Oeffentlichkeit bereitet wird, ist ein Schatten, welcher die Reinheit der menschlichen Gerechtigkeit trübt und verdunkelt. Auf ihr beruht denn auch vornehmlich das Vertrauen der Betheiligten, mittelbar des Volkes, auf die Wahrhaftigkeit und Redlichkeit derselben.

Minder erheblich ist die Oeffentlichkeit im zweiten Sinne, welche sich auf die nur indirect bei der Verwaltung der Rechtspflege interessirte übrige Menge, das Publicum bezieht, minder

[9] Feuerbach, Betrachtungen über Oeffentlichkeit und Mündlichkeit S. 90: „Stiege die Gerechtigkeit selbst leibhaft vom Himmel auf die Erde herab, um in eigener Person das Richteramt zu verwalten, so müszte sie, um sich als Gerechtigkeit zu bekunden, öffentlich in vollem Tageslicht auf dem Richterstuhle sitzen, und dürfte — fände sie auch nicht für gut, die Binde vor ihren eigenen Augen zu lüpfen — wenigstens nicht gestatten, dasz den Augen der Rechtssuchenden, oder wer sonst vor ihr zu erscheinen Lust hätte, auf irgend eine Art gewährt würde, sie in ihrem ganzen Thun und Handeln aufmerksam zu beobachten. Nähme ihr auch die Verborgenheit nichts von ihrem innern Wesen, so entzöge sie ihr wenigstens viel oder alles in der Meinung; bedürfte sie gleich nicht der Oeffentlichkeit, um gerecht zu sein, so bedürfte sie derselben gleichwohl, um nicht, selbst wo sie nur gerecht ist, ungerecht zu scheinen."

erheblich, aber schon darum nicht zu verschmähen, weil in ihr theils eine Garantie liegt für Bewahrung der Oeffentlichkeit in erstem Sinne, theils eine mittelbare Controle der öffentlichen Meinung über die Handhabung der Rechtspflege im Allgemeinen. In höherem Grade ist sie es für die Strafrechtspflege, weil die öffentlichen Interessen bei dieser stärker betheiligt sind, in geringerem für die Civilrechtspflege, welche zunächst nur die Parteien selbst angeht, das Publicum nur wenig berührt. Für die letztere sind daher auch desto eher Ausnahmen zu gestatten, wo die Veröffentlichung den Parteien ohne Noth Schaden zufügen könnte, oder die gute Sitte durch die öffentliche Verhandlung gefährdet würde. Aber selbst für die erstere ist die Zulassung des gesammten Publicums kein absolutes Gesetz, obwohl Beschränkungen nicht leicht zu gestatten sind. Es ist wahr, dasz die Oeffentlichkeit auch zu Parteidemonstrationen miszbraucht werden kann, welche die Würde der Gerechtigkeit verletzen, die Urtheiler gelegentlich einschüchtern, und den Ernst der Strafgerichtsbarkeit paralysiren. Das ist aber nicht ein Gebrechen der Oeffentlicheit selbst. Der Fehler liegt hier meistens in der Schwäche der leitenden Richter, und in den unklaren Vorstellungen von ihrer Stellung und ihren Befugnissen.

Die Oeffentlichkeit der Gerichtsberathung dagegen, in einzelnen Ländern ausnahmsweise eingeführt, ist durchaus nicht zweckmäszig. Die gerichtlichen Handlungen sollen alle klar ans Licht treten, aber anders verhält es sich mit der Ueberlegung, welche jenen voraus geht. Man bedenkt sich besser, unbefangener und freier im Stillen; man verbessert auch eine irrige Meinung lieber und ist empfänglicher für die Gegengründe Anderer, wenn man jene noch nicht öffentlich kund gegeben hat, so lange noch die Berathung in engerm Kreise verschlossen bleibt.

3. Nahe verwandt mit der Oeffentlichkeit ist das Princip der Mündlichkeit. Ihr Werth liegt in der Unmittelbarkeit und Lebendigkeit des Verkehrs zwischen den Parteien

und dem Gerichte. Durch diese Eigenschaften aber wird die wahre Erkenntnisz der Sachlage, das Vertrauen in eine gerechte Beurtheilung und die ächte Volksthümlichkeit der Justiz wesentlich gefördert. Die Schrift ist doch nur ein unvollkommenes Bild der lebendigen Erscheinung. Eine Menge von Eindrücken, welche das unmittelbare Anschauen und Anhören des Richters und der Parteien erfaszt und in sich aufnimmt, verschwindet spurlos in der Schrift. Wird der Verkehr zwischen dem Gericht und den Parteien durch die todte Schrift vermittelt, so steigen in der Seele dieser Zweifel auf, ob jenes auch den vollen wahren Sinn richtig erkenne, ob nicht die Täuschungen einer gewandten und nicht erröthenden Feder irre leiten, sogar ob das Gericht sich die Mühe nehme, mit Sorgfalt zu prüfen. Das Misztrauen stellt sich ein, und die Erfahrung zeigt, dasz es nicht ganz selten begründet ist. Dann kommt es auch durch eine gelehrt scheinende Handwerksfertigkeit, die in der Schrift eine Stütze und einen Spielraum für ihr Gewerbe findet, dahin, dasz Richter und Partei sich gegenseitig nicht einmal mehr verstehen. Wir haben die Merkwürdigkeit erlebt, dasz das Recht selbst zuletzt für die eine völlig unverständliche Grösze wurde, welche doch dieses Recht in ihren Handlungen und in ihren Verhältnissen beachten sollten. Es kam so weit, dasz die Parteien selbst nur das Resultat des Processes und die Kostensnote in einer Sprache erfuhren, die sie begriffen, die ganze Verhandlung aber und die Grundsätze, nach welchen geurtheilt wurde, ihnen sogar dann ein vollkommenes Geheimnisz blieben, wenn sie die ausführlichen Acten zu lesen bekamen, so dasz es schien, als ob nur jene Dinge die Partei angingen, diese aber blosz eine geistreiche Schulübung ihrer Anwälte und der Richter seien, ohne Interesse für die Partei, wie wenn die Rechtsordnung nur für die Gelehrten, nicht für das ganze Volk Geltung hätte. Es ist freilich eine nothwendige Folge unserer Cultur, dasz die Rechtskunde nicht mehr gleichmäszig über alle verbreitet ist, wie in der einfachen Jugendzeit der Völker; die Rechtswissenschaft wird nur durch ernste Studien errungen und nur durch einen fortgesetzten juristischen Beruf wach erhalten; sie ist nicht jedermann erreichbar, nicht ein allgemeines Gut. Aber es ist eine nicht abweisbare Anforderung an die wissenschaftlich geleitete Rechtspflege, dasz dieselbe die Gründe ihrer Handlungsweise und die Rechtsgedanken, welche ihre Entscheidung bestimmen, dem einfachen Menschenverstand klar zu machen wisse. Vor jenen Abwegen schützt denn auch die Mündlichkeit des Verfahrens, eben weil es auf dem unmittelbaren und lebendigen Verkehr der Parteien und des Gerichts beruht.

Die Mündlichkeit ist demnach ein Grundzug eines guten Proceszverfahrens, und ein allgemeines auf alle Arten des Gerichtes passendes Erfordernisz. Indessen thut auch hier eine pedantische Einseitigkeit nicht gut. Die Schrift hat hinwieder eigenthümliche Vorzüge, welche einzelne Mängel der mündlichen Rede zu ergänzen geeignet sind. Sie fixirt das Wort, das leicht überhört oder vergessen wird, und sie kann mit ruhiger Ueberlegung fixiren, was der bewegte und eilende Mund, vielleicht seiner selber nicht mächtig, falsch ausdrücken könnte. Bei den oft sehr verwickelten Verhältnissen unsers jetzigen Lebens, in dem die Schrift als Bildungs- und Ausdrucksmoment eine bedeutende Stellung hat, ist sie nicht ohne Schaden völlig zu verbannen, und so musz denn wenigstens als Ausnahme von jener Regel und zu beschränkender Modifikation derselben auch der Schrift der ihr gebührende Antheil belassen und die wohlthätigen Eigenschaften derselben benutzt werden, wie z. B. bei der genauen und bleibenden Constituirung des Streitobjectes in Civil- und bei dem Vorverfahren im Criminalprocesz.

4. Einer bewuszten Rechtsentwicklung entspricht endlich der Grundsatz, den auch manche neuere Verfassungen ausgesprochen haben, dasz dem Rechtsspruch die Entschei-

dungsgründe beigefügt werden sollen.[10] Das Gericht wird dadurch genöthigt, sich selber, den Parteien und dem Volke Rechenschaft zu geben über die Grundsätze der Gerechtigkeit, welche es handhaben soll, und es liegt daher in dieser Bestimmung wieder ein Schutz gegen blosze Willkür und Laune.

Drittes Capitel.

Organisation der Civilrechtspflege.

1. Die Trennung der sogenannten freiwilligen Gerichtsbarkeit von der streitigen ist in den einen Staten in neuerer Zeit durchgeführt worden, in andern mit dieser noch verbunden. Die eigentliche Thätigkeit des Gerichtes ist offenbar nicht die, Rechtsverhältnisse zu begründen, sondern die, die verletzte Rechtsordnung herzustellen. Es liegt daher die Mitwirkung des Gerichts bei dem Abschlusse von Rechtsgeschäften zunächst auszerhalb des gerichtlichen Bereiches, und schon deszhalb ist es rathsam, die Gerichte nicht mit Geschäften zu überladen, welche ihnen fremdartig sind. Soweit jene Mitwirkung blosz aus formellen Gründen erfordert wird, theils um die Rechtsgeschäfte unter die Controle und den Schutz der Oeffentlichkeit zu stellen, wie z. B. bei Veräuszerung und Verpfändung von Grundstücken, theils um den Rechtshandlungen die Glaubwürdigkeit zu sichern, wie z. B. bei Wechselprotesten oder Beglaubigung von Unterschriften, kann leicht und besser für diese Zwecke so gesorgt

[10] Bayerische Verf. VIII. §. 2: „Alle Gerichtsstellen sind verbunden, ihren Urtheilen Entscheidungsgründe beizufügen.“ Holländische §. 155: „Alle Urtheilssprüche müssen die Gründe, worauf sie beruhen, und in Straffällen die Artikel der Gesetze, nach welchen die Verurtheilung erfolgt ist, anführen, und bei offenen Thüren gesprochen werden.“ Belgische §. 97.

werden, dasz besondere mit öffentlicher Glaubwürdigkeit ausgerüstete Berufsmänner bestellt werden, die nicht als eigentliche Beamte, weil ohne Amtsgewalt, zu betrachten sind, sondern dem Privatverkehr dienen. Das Institut der Notare und das der Mäkler sind von der Art. Die Aufsicht über deren Thätigkeit zum Schutze guter Ordnung gebührt denn allerdings den Gerichten, sie nimmt aber verhältniszmäszig wenig Zeit in Anspruch. Wo dagegen die Mitwirkung des Gerichtes den Zweck hat, die Rechtsverhältnisse zu prüfen, und darauf Bedacht zu nehmen, dasz nicht bestehende Rechte beeinträchtigt werden und Widersprüche oder die Veranlassung zu Streit zu heben, da nähert sich die freiwillige Gerichtsbarkeit so sehr der streitigen an, dasz dieselbe gewissermaszen anhangsweise den Gerichten verbleiben musz. Denn auch sie wird zur Handhabung und Befestigung der Rechtsordnung geübt. Die Prüfung und Genehmigung von Leibzuchtsverträgen, fideicommissarischen Stiftungen u. dgl. mag als Beispiel erwähnt werden.

2. Da die Civilrechtspflege im Interesse und auf Verlangen der streitenden Parteien geübt wird, so ist die Zulässigkeit der Schiedsgerichte ein derselben natürlicher Grundsatz. Auch hat der Stat keinerlei Interesse zu wünschen, dasz die Streitigkeiten der Privaten zu seiner Cognition gelangen, vielmehr ist jede friedliche Erledigung, welche seine Thätigkeit nicht in Anspruch nimmt, für ihn ein Gewinn. Zu einer Eifersucht der Gerichte auf die Schiedsgerichte ist demnach keinerlei Grund vorhanden. Im Gegentheil der Stat hat ein Interesse, die Anwendung des schiedsgerichtlichen Verfahrens seinerseits zu unterstützen.[1]

[1] *Ulpianus*, L. 3, §. 1 de receptis qui arbitrium receperunt: „Tametsi neminem Praetor cogat arbitrium recipere, quoniam haec res libera et soluta est et extra necessitatem jurisdictionis posita, attamen, ubi semel quis in se receperit arbitrium, ad curam et sollicitudinem suam hanc rem pertinere Praetor putat, non tantum quod studet, lites

Wird aber das schiedsrichterliche Urtheil von der unterliegenden Partei nicht befolgt, so steht den Privaturtheilern allerdings kein Mittel der Execution zu Gebote, und die siegende Partei wird immerhin genöthigt sein, den Schutz der ordentlichen Gerichte anzurufen, da nur diesen die obrigkeitliche Macht der Rechtspflege zukommt. Das Urtheil des Schiedsgerichts ist darum doch nicht überflüssig und bedeutungslos. Ist das Schiedsgericht gehörig bestellt und von der Partei ermächtigt worden, und hat dasselbe ein Urtheil erlassen, dessen Form klar ist und dessen Inhalt nicht die Grundsätze des guten Glaubens (der bona fides) offenbar verletzt, so wird das Gericht eben auf Grundlage jenes Urtheils, das den Rechtsstreit der Parteien erledigt, seinen Schutz gewähren und keineswegs den Procesz wieder von Anfang an beginnen laszen.[2]

3. Verwandt mit der Anerkennung und der Begünstigung der Schiedsgerichte ist die Institution der friedensrichterlichen Vermittlung, welche in der Regel dem gerichtlichen Verfahren vorausgehen und zuerst einen Versuch machen soll, ob nicht der Streit in Minne zu schlichten sei, bevor der eigentliche Rechtsweg betreten wird: eine Institution, welche wohl organisirt, sehr wohlthätig wirkt. Es ist ein wahres Sprichwort, dasz ein magerer Vergleich besser sei als ein fetter Procesz, und wenn man auch Niemanden zwingen darf, von einem wirklichen Rechte auch nur ein Jota nachzulassen, so darf man doch, ohne seinem Rechte zu nahe zu treten, jeden

finiri, verum quoniam non deberent decipi, qui eum quasi virum bonum disceptatorem inter se elegerunt."

[2] *Paulus*, L. 19 pr. de rec.: „Qualem autem sententiam dicat arbiter, ad Praetorem non pertinere Labeo ait, dummodo dicat, quod ipsi videtur. §. 1. Dicere autem sententiam existimamus eum, qui ea mente quid pronuntiat, ut secundum id discedere eos a tota controversia velit. Sed si de pluribus rebus sit arbitrium receptum, nisi omnes controversias finierit, non videtur dicta sententia, sed adhuc erit a Praetore cogendus."

zur Prüfung auffordern und zu einem Versuche einladen, ob nicht eine friedliche Verständigung noch möglich sei. Gelingt dieselbe, so geschieht, auch wenn das Resultat derselben mit dem durch einen weitschichtigen Procesz mit juristischer Lupe zu ergründenden Rechtsurtheil nicht völlig übereinstimmen sollte, keinem Unrecht; und es werden den Parteien alle die Sorgen, Kosten und Miszstimmungen, die den Procesz als nothwendige Uebel begleiten, erspart, die Rechtsordnung auf friedliche Weise sofort wieder hergestellt und die öffentlichen Gerichte des Stats nicht weiter belästigt.

Wird die Vermittlung den ordentlichen Gerichten selbst zugewiesen, so haben diese zwar den Vortheil einer genaueren Erkenntnisz der Sachlage, die ihnen durch das Processverfahren klarer enthüllt wird, und zugleich einer gründlicheren Einsicht in die Natur des streitigen Rechtes für sich. Aber dieser Vortheil wird durch andere Nachtheile dieser Einrichtung überwogen; denn ein Theil der durch eine vorausgehende friedensrichterliche Vermittlung vermiedenen Uebel und gewöhnlich sogar der gröszte Theil dieser Uebel ist dann schon eingetreten. Auszerdem aber pflegen die Parteien durch die Verhandlungen des Proceszes nicht friedlicher gestimmt zu werden, sondern je mehr der Verdrusz sich während desselben ansammelt und je höher die Kosten steigen, desto weniger haben sie ein offenes Ohr für den Vergleich, es wäre denn, dasz die Erschöpfung ihrer ermatteten Kräfte sie zum Nachgeben bestimmte, ein Gemüthszustand, der sicher nicht als eine normale Grundlage eines gerechten und wohlthätigen Vergleiches betrachtet werden kann. Endlich ist es nicht die eigentliche Aufgabe des Richters, die Ausgleichung zu betreiben, sondern Recht zu sprechen, und wenn er jene mit Nachdruck versucht, riskirt er das Vertrauen der Parteien in seine Gerechtigkeit zu verlieren.

Die Anordnung besonderer Friedensrichter, die nicht Recht zwischen den Parteien zu sprechen, sondern den

Frieden zu vermitteln den Beruf haben, wie sie in Frankreich eingeführt und dann vorzüglich in der Schweiz, auch in einzelnen Ländern von Deutschland und in Portugal[3] nachgebildet worden ist, verdient daher eine allgemeine Anerkennung und eine noch sorgfältigere Ausbildung. Von groszem Einflusz ist es auf eine gedeihliche Wirksamkeit der Friedensrichter, wenn sie nicht als eigentliche besoldete Beamte, nicht blosz als die unterste Classe der gerichtlichen Beamtenordnung angesehen und behandelt werden, sondern in höherem Masze als Vertrauens- und Friedensmänner des Volks, so dasz angesehene Männer des Landes, welche nicht gesonnen sind dem eigentlichen Statsdienste sich zu widmen und in diesem emporzusteigen, sondern durch ihre Lebenserfahrung und ihre sociale Stellung in weiten Kreisen erhöhte Achtung und Vertrauen genieszen, gerne solche Stellen übernehmen und in ihnen wirken. Selbst der Aristokratie des Landes kann hier ein durchaus würdiger und zugleich populärer Wirkungskreis eröffnet werden, in welchem sie in freier Weise ihre moralische Autorität zur Befestigung des Friedens und des Rechtes ausüben kann.

4. Der Organismus der Civilgerichte ist in verschiedenen Zeiten und unter verschiedenen Völkern sehr verschieden geordnet worden. Den despotischen Staten, besonders Asiens, ist das System von Einzelrichtern eigen, welche im Namen und mit Vollmacht des Herrschers für sich allein zu Gericht sitzen und Recht sprechen. Dieses System hat zwar den einen Vorzug, dasz der mächtige Richter jeden Streit unverzüglich entscheidet; aber es ist in ihm so viel Gewalt concentrirt, dasz sie die eigentliche Natur der Rechtspflege überall verdorben und die Willkür an die Stelle der Gerechtigkeit ge-

[3] Verf. §. 128: „Wenn man nicht zuvor bewiesen hat, dasz man das Vergleichsmittel versucht hat, kann man auch keinen Procesz anfangen.“ §. 129.

setzt hat.[4] In den freieren europäischen Staten ist daher diese Form mit Recht verworfen oder derselben wenigstens nur eine beschränkte und durch Rechtsmittel ermäszigte Anwendung gestattet.

Auf dem europäischen Continente ist seit dem XVten Jahrhunderte das System der Richtercollegien zum herrschenden geworden, welche zugleich die Rechtsordnung handhaben und das Urtheil sprechen. Je nach der besondern Natur und Geschichte der einzelnen Staten werden dieselben in grösserer oder geringerer Anzahl von Mitgliedern von dem Statsoberhaupte ernannt oder in Republiken auch von den Gerichtsgenossen gewählt. In den einen sitzen nur rechtsgelehrte Richter, in den andern sind diese mit ungelehrten Rittern, Bürgern oder Bauern gemischt. Gewöhnlich aber haben alle diese Richter den Charakter von Justizbeamten.

Im Vergleich mit dem Institute der Einzelrichter haben diese Collegien jedenfalls grosze Vorzüge. Es ist weit grössere Garantie vorhanden, dasz dieselben nicht nach Willkür, sondern nach Rechtsgrundsätzen sprechen, weil sich die Mitglieder wechselseitig controliren und ihre Einsicht ergänzen. Sie werden daher auch bei den Parteien mehr Vertrauen finden. Es ist unverkennbar, dasz in diesen Collegien sich ein Gemeingeist ausgebildet hat, welcher durch die wissenschaftliche Berufsbildung, und die fortgesetzte gemeinsame Thätigkeit in Verwaltung der Rechtspflege gehoben worden ist. Der Richterstand des neuern Europa's hat ein lebhaftes Gefühl von Richterehre, welche die einzelnen Glieder desselben moralisch stärkt und vor Abwegen schützt. — Es ist das ein sorgfältig zu bewahrendes Erbgut aus früherer Zeit.

Dessen ungeachtet leidet diese moderne Einrichtung an mancherlei Gebrechen, welche zu der Frage reizen, ob die-

[4] Vgl. *Montesquieu*, Esprit des lois VI. Feuerbach, Oeffentlichkeit und Mündlichkeit, S. 357.

selbe nicht einer durchgreifenden Reform bedürfe. Die beiden innerlich verschiedenen Functionen jedes Gerichtes, das Urtheilen und das Richten im engern Sinn sind, nach ihr beide den nämlichen Personen zugleich anvertraut, während jene Verschiedenheit doch eine Ausscheidung auch in den Organen zu fordern scheint. Die sämmtlichen Richter, die zugleich Urtheiler sind, haben den Charakter von Beamten, während nur die Eigenschaft der Rechtshandhabung eine obrigkeitliche ist und daher ein Amt voraussetzt, die andere Thätigkeit dagegen, die Urtheilsfindung, keinerlei Machtäuszerung ist, somit auch von Privatpersonen wohl geübt werden kann. Werden jene Richtercollegien ausschlieszlich aus Rechtsgelehrten besetzt, so entsteht die Gefahr, dasz das gelehrte Recht dem Volk unverständlich und der Zusammenhang mit der nie versiegenden Rechtsquelle des fortschreitenden Lebens und seines Verkehrs abgebrochen werde. Und werden dieselben, um die volksthümliche und gemeinverständliche Seite der Rechtsentwicklung zur Anerkennung zu bringen, aus Rechtsgelehrten und ungelehrten Richtern gemischt, so macht diese Mischung einen unorganischen Eindruck, und es lehrt die Erfahrung, dasz gerade die ungelehrten Richter, welche die Superiorität der gelehrten Juristen fortwährend empfinden, durch die falsche Gleichstellung mit jenen gereizt werden, es jenen nicht blosz nachzumachen, sondern dieselben an Formalismus zu überbieten, damit sie doch auch in den Ruf von Juristen kommen. Die Halbheit und Schiefheit der Stellung unterstützt nicht, sondern gefährdet daher eher die Rücksicht auf das materielle Recht. Ferner sind auch bei solcher beamtenmäszigen Zusammensetzung der Richtercollegien die Recusationen der Richter schwieriger und beschränkter. Dadurch aber wird ein Hauptgrundsatz der Civilrechtspflege, auf welchen die Römer den gröszten Nachdruck gelegt haben, nicht so berücksichtigt, wie er es verdiente, der Grundsatz nämlich, dasz nur der urtheilen soll, zu welchem beide Parteien Vertrauen haben, dasz er gerecht urtheile.[5] Endlich erfordern diese Collegialgerichte eine grosze Anzahl von Justizbeamten, ziehen auch mittelmäszige Kräfte in den Amtsberuf, erschweren eine würdige Ausstattung des Richterstandes mit ausreichender Besoldung und belasten dennoch die Finanzen erheblich.

5. Es ist daher wohl zu beachten, dasz die Völker, welche für eine gesunde Gerichtsverfassung vorzüglich begabt erscheinen, auszer jenem Unterschied in den richtlichen Functionen auch in dem Organismus eine demselben entsprechende Scheidung der Organe gekannt haben und theilweise noch besitzen.

a) Die alten Römer trennten geradezu das Verfahren in zwei Theile. Das eine fand in jure vor dem Magistrate statt, der von dem römischen Volke erwählt war, das Recht zu handhaben (jurisdictio), das andere ging in judicio vor dem Urtheiler vor sich, der von dem Magistrate als Privatmann den Auftrag bekam, zu urtheilen. Der Magistrat war immer nur Einer und seine Macht war grosz, aber durch die Sitte, die herkömmlichen Edicte, durch die kurze Amtsdauer, durch die Macht der andern Magistrate und durch jene Trennung des Verfahrens in den Schranken des Rechts gehalten. Die Urtheiler waren zuweilen mehrere, in dem Centumviralgericht sogar ein zahlreiches Collegium, in den meisten Fällen aber auch nur ein einzelner Mann. Es ist nicht richtig, wenn man dem Magistrate den Entscheid über die Rechtsfrage, dem Judex den über die Thatfrage zuschreibt. Der Judex hatte nicht blosz das Beweisverfahren zu leiten und seine Ueberzeugung über die streitige Thatsache auszusprechen, sondern er erörterte auch den Rechtsstreit, und sprach das Rechtsurtheil aus. Von diesem gilt der römische Rechtssatz: res

[5] *Cicero* pro Cluentio c. 43: „Neminem voluerunt majores nostri non modo de existimatione cujusquam, sed ne pecuniaria quidem de re minima esse judicem, *nisi qui inter adversarios convenisset.* De Oratore II. 70. *Valerius Maxim.* II. 8, 2.

judicata jus facit inter partes. Daher bedurfte auch er des Rathes der Rechtsgelehrten, die er in schwierigen Fällen befragte, und welche sowohl ihm als dem Magistrate, der auch nicht nothwendig ein gelehrter Jurist war, willfährig beistanden, an deren Meinung aber weder der eine noch der andere gebunden war. Der Magistrat aber sprach die Grundsätze, nach welchen er das Recht handhaben werde, zuvor im Allgemeinen in seinem Edicte aus und ertheilte dann dem Urtheiler eine diesen beschränkende und maszgebende auf den einzelnen Streit angepasste Instruction, welche derselbe bei der Verhandlung und Beurtheilung beachten muszte.

Nur aus dieser Trennung des Verfahrens erklärt es sich, wie in der Weltstadt Rom ein einziger Prätor während Jahrhunderten genügen konnte, um die ganze Masse ihrer bürgerlichen Processe zu leiten — eine Erscheinung, die nur darin ihre Parallele findet, dasz in England auch XII Oberrichter der Masse von Processen des Königreichs, welche zu ihrer Cognition kommen, gewachsen sind.

Diese römische Einrichtung würde indessen zu unseren modernen Zuständen nicht mehr passen. Unsere Rechtscultur macht es durchaus nöthig, dasz die Magistrate, welche das Recht handhaben sollen, wissenschaftlich gebildete Juristen seien und nicht blosz zu Anfang, sondern während des ganzen Proceszverfahrens alle Verhandlungen leiten. Vergeblich würden sich bei uns Magistrate und Urtheiler nach einem Consilium von Juristen umsehen, welche ihnen freie Beihülfe leisteten.

b) Auch das germanische Mittelalter unterschied überall zwischen dem Richter, welcher als Obrigkeit den Procesz leitete, und den Urtheilern (Schöffen), welche als Privatpersonen und Genossen der Parteien das Urtheil fanden, und auf Befragen des Richters aussprachen. Auch da war keine Trennung des Rechts und der Thatfrage. Die Verhandlung bezog sich auf beide zugleich, und die Urtheiler fanden das Recht.[6] Der Einflusz des Richters war aber viel geringer, als der des römischen Magistrats. Er hatte keine Rechtsvorschriften, keine Instructionen zu geben, sondern beschränkte sich durchaus auf die formelle Proceszleitung und die Fragenstellung an die Urtheiler. Die Antwort dieser war eine freie Aeuszerung ihrer Rechtsüberzeugungen, ihres Wissens und Gewissens, und zuweilen verlieszen die Schöffen den Ring des gehegten Gerichtes, woselbst der fragende Richter zurückblieb, um sich unter einander im Abstand desto freier und ungestörter über das Urtheil zu bedenken. Wie bei den Römern aber war die Theilnahme an der Justizübung durch Urtheil eine Bürgerpflicht, welche vorzüglich auf den angesehenen und wohlhabenden Classen der Bevölkerung ruhte, unter den Römern immerhin aristokratischer, bei den Germanen mehr nach dem demokratischen Grundsatz der Gleichheit mit den Parteien näher bestimmt.

e) Die englische Einrichtung der Geschwornengerichte auch für Civilprocesse, welche in Nordamerika noch eine allgemeine Anerkennung und fortschreitende Anwendung findet,[7] unterscheidet wieder zwischen den Richtern, als Statsbeamten, und den Geschwornen als Privatmännern. Die Einrichtung hat sich aus der ältern germanischen Gerichtsverfassung, aber in eigenthümlicher Weise schon sehr früh[8] ausgebildet. Nicht blosz die Leitung des Proceszganges, sondern auch die Offenbarung und Vertretnng der Rechtsgrundsätze, die Jurisprudenz im vollsten Sinne des

[6] Eine eigenthümliche Abweichung scheint in dem schwedischen Gegensatze der urtheilenden Richter und der zeugenden Nämud zu liegen. Vgl. Dr. Schlyter in Mittermaiers Zeitschr. V. S. 426.

[7] Auch in Portugal Verf. §. 118.

[8] Nach Biener (in Mitterm. Zeitschr. XIX. S. 165) ist die Jury im Civilprocesz zuerst zwischen 1164 und 1176 an die Stelle des gerichtlichen Zweikampfs getreten. Vgl. Blackstone III. 23; Marquardsen in Mittermaier's Krit. Zeitschr. für Gesetzg. des Ausl. B. XXI.; dagegen A. Orelli in Schauberg's Zeitschr. für Zürich. Recht.

Wortes ist nun aber in dem Richter concentrirt; und offenbar entspricht diese Ordnung, welche gewissermaszen die ganze Autorität des Rechts in den durch ihre Ausbildung, ihren Lebensberuf und ihre Stellung dazu vorzugsweise geeigneten und befähigten Magistraten vereinigt, theils den Culturbedürfnissen unserer Zeit, theils der wahren Idee von der Gerichtsbarkeit.

Man hat sich auf dem europäischen Continent daran gewöhnt, bei dieser Geschwornenverfassung vorzugsweise auf die Geschwornen zu sehen. Die Stellung und Haltung der Richter ist aber viel einfluszreicher und entscheidender für den Gang des Verfahrens als die Theilnahme der Geschwornen. Die Autorität der Richter hält das Ganze zusammen und leitet fortwährend die Geschwornen. Da es nur sehr wenige Richter gibt und ihre äuszere Stellung eine erhabene ist, so gelangen nur solche wissenschaftlich gebildete Männer zu der Würde, welche schon vorher durch ihre Gerichtspraxis als Anwälte einen ausgezeichneten Namen und eine ungewöhnliche Geschäftskunde erworben haben. Sie leiten zwar als Einzelrichter die Assisen, wenn auch nicht ohne Beihülfe, aber da sie hinwieder Mitglieder des nämlichen Gerichtshofes sind, der als Appellationsgericht urtheilt, so sind sie unter sich in steter Verbindung, theilen sich wechselseitig ihre Erfahrungen und Entscheidungen mit, und halten so gemeinsam die Einheit und Gleichheit der Rechtsübung in dem ganzen Königreiche fest. Es darf nach englischen Gesetzen nur der Richter die Assisen in der Grafschaft leiten, welcher nicht in derselben geboren noch wohnhaft ist. So erscheinen denn die Richter von Zeit zu Zeit in den Grafschaften als Vertreter der statlichen Gerechtigkeit, mit all dem würdevollen Glanze des Stats, und mit der hohen Autorität geistiger Ueberlegenheit und charaktervoller Unparteilichkeit ausgerüstet; und die Geschwornen wie die Parteien horchen mit Vertrauen und Ehrfurcht auf ihre Rede.

Hat so die Jurisprudenz in den richterlichen Magistraten

ein mächtiges Organ gefunden, so gewähren die wechselnden Geschwornen aus dem Volke, indem sie die mehr thatsächliche Streitfrage beurtheilen, den Parteien die Garantie, dasz über ihre Interessen nicht entschieden werde, ohne die Meinung derer zu hören, die ihres Gleichen und mit solchen Verhältnissen auch im täglichen Leben vertraut sind. Dasz die Geschwornen unparteiisch seien, dafür läszt sich bei der reichen Auswahl viel leichter sorgen, als wo feste Gerichtscollegien urtheilen, und dafür wird auch durch die mannichfaltigen Verwerfungsmittel (challences) gesorgt, welche sowohl gegen eine ganze Geschwornenliste als gegen einzelne Geschworne verstattet sind. Dasz dieselben fähig seien, den Streit zu verstehen und zu beurtheilen, dafür liegt theils in der richterlichen Leitung, theils in der Lebenserfahrung der Geschwornen hinreichende Bürgschaft. Sind besondere Sachkenntnisse erforderlich, so wird durch die Modification der Specialjury geholfen. Die englische Jurisprudenz hat bekanntlich zwar einen herkömmlichen Hang zum Formalismus, aber dasz die englische Rechtspflege trotzdem national und verständlich geblieben ist, verdankt man vorzüglich der Theilnahme von Geschwornen. Und jener in neuester Zeit übrigens bedeutend ermäszigte Formalismus ist keine Folge dieser Mitwirkung von Privatmännern. Die Engländer sehen daher in den Geschwornen eine der ruhmvollsten und festesten Säulen auch ihrer Privatfreiheit und ihres Privatrechts. Von den Schöffen des Mittelalters unterscheiden sie sich theils dadurch, dasz sie nicht ständig sind, eben deszhalb in fortwährender Verbindung mit dem Privatleben bleiben, und nicht zu einem Collegium von Beamten werden, theils durch den Gegensatz zwischen Rechts- und Thatfrage, indem die Geschwornen ihr Verdict nur über diese erlassen,[9] während die Schöffen auch das Rechtsurtheil fällten.

[9] Verf. von Portugal §. 119: „Die Geschwornen sprechen über den Thatbestand, und die Richter wenden das Gesetz (nur dieses?) an."

In Deutschland ist zur Zeit noch die Meinung verbreitet, dasz das Geschworneninstitut deszhalb für unsere Civilrechtspflege unbrauchbar wäre, weil die wissenschaftliche Erkenntnisz unseres Privatrechtes nur dem möglich sei, welcher durch die Schule der römischen und germanischen Jurisprudenz hindurch gegangen ist. Allein gerade die Ausscheidung der Rechts- und der Thatfrage, wie sie in England geübt wird, und die Hinweisung auf die gelehrte Autorität des Richters mit Bezug auf jene hebt die scheinbare Schwierigkeit vollständig. Sicher ist es für die englischen oder nordamerikanischen Richter eine schwerere Aufgabe, sich in den Quellen ihres nationalen Rechtes zurecht zu finden, und das ganze bestehende sehr verwickelte Rechtssystem zu übersehen, als es für uns ist, mit dem Systeme des gemeinen römischen, deutschen und Particularrechtes vertraut zu werden, und man hat nie gehört, dasz jene Richter durch die Geschwornen an der Erfüllung ihrer Aufgabe gehindert worden seien.

d) Ein neuer Weg ist in einzelnen deutschen Staten durch die Bildung der Handelsgerichte eröffnet worden, indem dieselben aus Einem rechtsgelehrten Statsrichter als Vorsitzer und Proceszleiter und aus einer Mehrzahl von Kaufleuten, die ein Ehrenamt üben, zusammengesetzt werden. Beide urtheilen gemeinsam. Diese Verbindung des statlichen Berufsamtes mit bürgerlichen Ehrenämtern sichert der Rechtswissenschaft den gebührenden Einflusz, und nöthigt sie, in Harmonie zu bleiben mit dem Rechtsverständnisz des Volks. Es ist nicht unwahrscheinlich, dasz dieselbe in der Zukunft noch weitere Anwendung finden wird auch auf andere bürgerliche Processe.

6. Das ältere römische Recht wuszte so wenig von mehreren Instanzen im Civilprocesz als das ältere deutsche Recht. Die neuere Zeit dagegen betrachtet die wiederholte Prüfung und Entscheidung des Rechtsstreits durch ein höher gestelltes Appellationsgericht als ein Palladium des guten Rechts. In Deutschland wird sogar auf drei Instanzen

ein verfassungsmäsziges Gewicht gelegt.[10] Die Stellung der früheren Reichsgerichte und ihr Verhältnisz zu den Unter- und Obergerichten der einzelnen Territorien erklärt historisch diese Einrichtung, und man kann es begreifen, dasz bei der schriftlichen Form der Proceszverhandlung die Uebelstände derselben weniger empfunden wurden. Innere, in der Natur der Rechtspflege liegende Gründe dafür würden sie schwerlich rechtfertigen. Wird das Princip der Mündlichkeit durchgeführt, so ist auch hierin eine durchgreifende Aenderung nöthig.[11]

In der Anordnung zweier Inztanzen dagegen, einer untern und einer obern, wird mit Recht eine der wirksamsten Garantien für eine gute Rechtspflege erkannt. Nicht nur gewährt die Möglichkeit einer erneuerten Prüfung durch das höher gestellte Obergericht, welches den schon in erster Instanz aus dem Rohen verarbeiteten Procesz nochmals und nun bequemer prüft, eine verstärkte Sicherheit für ein richtiges Endurtheil, und daher auch den Parteien gröszeres Vertrauen in die Güte der Rechtspflege, sondern es wirkt schon das Bewusztsein dieser Möglichkeit auf die Glieder des Untergerichts wohlthätig ein, so dasz sie weniger willkürlich und weniger nachlässig verfahren, als wenn sie vermeinen, in höchster Machtvollkommenheit ihren Spruch zu thun. Dann aber musz in gröszern Staten, in welchen Ein Obergericht für die Menge der appellablen Processe nicht ausreichen kann, durch einen

[10] Vgl. Zachariä, D. St. R. II. § 171. Noch die Wiener Schluszacte vom Jahr 1820 fordert drei Instanzen in Art. 12.

[11] Vgl. G. Geib: Die Reform des deutschen Rechtslebens. S. 85. Er macht mit Recht darauf aufmerksam, dasz unter jener Voraussetzung auch die Actenversendung an die Spruchcollegien der Facultäten aufhören müsse, dasz aber die wohlthätige Einwirkung dieser auf die practische Jurisprudenz in anderer Form, vorzüglich durch Rechtsgutachten und Rechtsbelehrung, fortdauern könne, und einen erhöhten Aufschwung verdiene. In der That wäre eine stärkere Betheiligung der rechtsgelehrten Mitglieder der Universitäten bei der gerichtlichen Praxis für die Lebendigkeit der wissenschaftlichen Doctrin und für die Wissenschaftlichkeit der Praxis gleich förderlich.

Cassations- oder einen Oberhof für die Einheit des Rechts und seiner Formen noch besonders gesorgt werden. Die französische Einrichtung der Cassationshöfe hat mit dem deutschen Gedanken der Oberhöfe das gemein, dasz beide nur über Beschwerden wegen rechtlicher Mängel der frühern Urtheile entscheiden; sie unterscheiden sich aber dadurch, dasz der erste das formwidrige Verfahren oder das rechtswidrige Urtheil aufhebt und den Procesz zu neuer Beurtheilung zurückweist, während der Oberhof den richtigen Rechtssatz wo möglich sofort durch Verbesserung der Urtheile zur Geltung bringt.

Wo die Geschwornenverfassung auch für den Civilprocesz besteht, da wird freilich die Appellation noch weit mehr zu beschränken und vorzugsweise nur auf den Rechtsstreit, nicht auch auf die Thatfrage zu beziehen sein. Dasz aber dann zumal Ein Obergericht für alles genüge, beweist wieder das Beispiel von England.

Viertes Capitel.

Die Strafrechtspflege.

1. Während des Mittelalters finden wir fast allenthalben in dem romanischen und germanischen Europa eine dreifache Abstufung der Gerichtsbarkeit, deren Unterlage in der ursprünglichen Landes- und Volkseintheilung der deutschen Völker zu erkennen ist. Den Gauen, Huntari (Centenen) und Weilern (Gemeinden) entsprach schon in ältester Zeit eine dreifache Gliederung der Kriegs- und Gerichtsverfassung. Später unterschied man ebenso in Frankreich die *jurisdiction haute, moyenne et basse*, in Deutschland die hohe und niedere (auch mittlere) Vogtei und die grundherrliche oder Markgerichtsbarkeit. Diese Abstufung der

Gerichte steht wieder in Verbindung mit einer dreifachen Unterscheidung strafbarer Rechtsverletzungen, und der verschiedenen Bestimmung der gerichtlichen Competenzen. Die eigentlichen Friedensbrüche, welche den Frieden so von Grund aus zu erschüttern oder vielmehr zu brechen schienen, dasz der Friedensbrecher verdiente, auszer den Schutz des Friedens und des Rechts gesetzt und wie ein Feind verfolgt und getödtet zu werden, die Verbrechen, die an den Leib und das Leben gingen, gehörten zur Beurtheilung und Bestrafung an die höchsten Gerichte, denen unmittelbar von dem Könige der Blutbann verliehen war. Frevel und Diebstahl dagegen, welche zwar die Rechtsordnung auch ernstlich verletzten, aber nicht so brachen, dasz nur die Vernichtung des Verbrechers den Bruch sühnen konnte, welche daher mit einer die Existenz schonenden Körper- oder Geldstrafe (an Haut und Haar) hinreichend gebüszt wurden, kamen an die Centgerichtsbarkeit, d. h. die (mittlere) Vogtei im gewöhnlichen Sinne. Das war die regelmäszige Strafgerichtsbarkeit jener Zeit. Einfache Ungebühr und Unordnung endlich von blosz localer Erheblichkeit wurde in den Localgerichten der Grundherren, oder wo sich noch freie Markgenossenschaften erhalten hatten, auch in den Gemeindegerichten gerügt und gebüszt.

Diese Eintheilung hat eine bleibende Bedeutung, obwohl sie für unsere jetzige Rechtsentwicklung einiger Modificationen bedarf. Wir unterscheiden noch zwischen Verbrechen, welche vor die Schwurgerichte, Vergehen, welche vor die mittleren Collegialgerichte und Policeiübertretungen, welche vor die untersten Policeigerichte zur Beurtheilung und Bestrafung kommen. Aber aus besonderen Gründen werden zuweilen einzelne Arten von Vergehen bald den Schwurgerichten, bald den Policeigerichten zugewiesen; die einen, weil man eine vermehrte Garantie für eine sorgfältige und unbefangene Rechtspflege zu erhalten sucht, die andern, weil sie wegen ihrer Geringfügigkeit schicklich den bloszen Unordnungen ähnlich behandelt werdeu.

Der Gegensatz aber der Vergehen (delicta, misdemeanours) und der Verbrechen (crimina) dem gemeinen Gefühle der Völker schon wahrnehmbar, hält sich innerhalb des eigentlichen Gebietes der Strafgerichtsbarkeit, und musz auch in der Organisation der Rechtspflege Beachtung finden. Beide gehören insofern zusammen, als durch beide die öffentliche Rechtsordnung selbst in ihren festen Verhältnissen verletzt und erschüttert wird. Sie sind nicht bloszes Civilunrecht, das durch einfache Wiederherstellung gut gemacht werden kann, nicht blosze Polizeiübertretung, die eher im Interesse der Ordnung als um der Gerechtigkeit willen geahndet wird, sondern die Majestät der Gerechtigkeit selbst ist hier verletzt, und diese musz sich in der Bestrafung des Schuldigen siegreich bewähren. Aber sie unterscheiden sich hinwieder von einander wie das gemeine und das besondere. Das Verbrechen ist in gewissem Betracht ein qualificirtes Vergehen, qualificirt,

a) weil die verbrecherische Handlung erschütternd auf den ganzen Stat, nicht blosz auf einzelne Theile desselben einwirkt (der Hochverrath z. B. ist ein Verbrechen, die einfache Widersetzung gegen die Amtsgewalt kann als bloszes Vergehen behandelt werden); oder b) weil die auszergewöhnliche Gefährlichkeit und die sittliche Verworfenheit in der Art der verbrecherischen Handlung sich in ausgezeichnetem Grade kundgibt (der Raub, der Diebstahl mit Einbruch, und die Nothzucht z. B. sind Verbrechen, der gewöhnliche Diebstahl dagegen, die Miszhandlung ohne schwere Folgen, der Betrug können wohl in der Regel als Vergehen behandelt werden, ebenso alle strafbaren Handlungen aus bloszer Fahrlässigkeit); c) zuweilen auch, weil das Masz der Schädigung einen ungewöhnlichen Grad erreicht, wie ja auch im Naturleben das Wasser, wenn es auf einen gewissen Grad erhitzt wird, sich in Dampf verwandelt (z. B. Diebstähle, die einen hohen Betrag erreichen, werden zu Verbrechen). Die genauere Ausscheidung freilich hängt immerhin ab von der besondern historischen Entwicklung und Gesetzgebung des nationalen Strafrechts. Gewisse Strafarten, wie die Lebens- und Leibesstrafen, die Ketten-, die Zuchthausstrafe, die Deportation passen daher nur für Verbrechen, und sind für Vergehen nicht anwendbar, und häufig werden nur jene von den Assisen, diese auch von untern Gerichten beurtheilt.[1]

2. Der Idee der Strafgerichtsbarkeit entspricht die Verfolgung und Anklage von Amts wegen durch eine öffentliche Behörde, die Statsanwaltschaft. Nicht das Privatinteresse, noch der, wenn auch gerechte, Unwille des Verletzten darf in dem Vordergrunde erscheinen, sondern die statliche Gerechtigkeit soll hier schon ihre reine Macht in öffentlichem Interesse offenbaren. Der Strafprocesz ist nicht ein Streit zweier Parteien, die sich auf gleichem Boden mit gleichen Waffen entgegentreten, sondern eine Entfaltung der verletzten Gerechtigkeit, welche den Verletzer zur Rechenschaft zieht. Der Statsanwalt hat daher auch nicht einseitig den Standpunkt der Partei festzuhalten, keineswegs nur die Momente des Verdachts und der Schuld hervorzuheben, sondern auch die Gründe für die Unschuld oder für die Milderung der Schuld zu erwägen und zu berücksichtigen. Er darf so wenig leidenschaftlich (parteiisch) handeln als der Richter; und nur insofern ist seine Stellung eine weniger unbefangene als die des Richters, als er vorzugsweise mit der Anklage beauftragt, und im Namen

[1] Ueber die Zulässigkeit und den Sinn des Gegensatzes wurde früher in Deutschland viel gestritten, und manche Juristen haben in der Verzweiflung, ein inneres Princip desselben zu finden, diesen lediglich auf die Verschiedenheit der Strafandrohungen gebaut, wie denn überhaupt die deutsche Jurisprudenz lange Zeit den Begriff des Verbrechens selbst auf die gesetzliche Strafandrohung begründet hat. Indessen ist diese, wie die Strafe, offenbar Folge, nicht Grund, so wie der Verbrechen und Vergehen selbst, so auch ihres Unterschiedes.

der Gerechtigkeit vorerst den Streit mit dem Angeklagten zu führen genöthigt, also immerhin eine Processpartei ist. Aus diesem Grunde ist es denn auch besser, die Statsanwaltschaft als ein besonderes, von dem eigentlichen Gerichte getrenntes Organ zu constituiren, als wie das wohl im Mittelalter hier und da geschehen ist, einzelnen Richtern selbst die öffentliche Anklage zu übertragen.

Einzelne Keime zu der Einführung der Statsanwaltschaft lassen sich in manchen mittelalterlichen Einrichtungen entdecken, so in den Nachgängern und Nachrichtern einzelner deutscher Reichsstädte,[2] in den Kronvögten (Kronofogdar) von Schweden,[3] welche auch bei der Voruntersuchung des Richters thätig sind, in den französischen *procureurs du roi*, welche ursprünglich gerichtliche Vertreter der königlichen Domanialinteressen, den römischen advocati fisci ähnlich, dann auch in den Fällen als öffentliche Ankläger fungirten,[4] in denen es an einem Privatkläger fehlte. Das Verdienst aber, dieses wichtige Institut ausgebildet zu haben, gehört Frankreich an. Napoleon I. schuf zuerst das Amt der Generalprocuratoren, welche als öffentliche Ankläger mit dem Justizministerium verbunden, und denen eine Anzahl von Generaladvokaten untergeordnet wurden. Die französische Einrichtung ist sodann in vielen andern Staten nachgebildet worden, oft mit Vermeidung des französischen Fehlers, welcher die Macht der Statsanwälte zu sehr und sogar den Gerichten gegenüber erhoben hat.

3. Bei weitem allgemeiner als im Civilprocesz, wenigstens für die höhere Strafrechtspflege ist das englische Institut der Schwurgerichte (Jury) über Amerika, sodann nach Frankreich und manche romanische Länder, in neuester Zeit auch über Deutschland und die Schweiz verbreitet

[2] Vgl. Bluntschli Zürcherische Rechtsgeschichte I. S. 405.

[3] Ziemszen in Mittermaiers Zeitschrift XII, S. 331.

[4] Schäffner, franz. Rechtsgeschichte II. S. 132 ff.

worden. Bei der Ueberpflanzung auf fremden Boden hat dasselbe indessen vielfach gelitten, und es wird noch eine geraume Zeit andauern, bis es überall, wo es aufgenommen wurde, zu einem gesunden, den nationalen Verhältnissen und den Bedürfnissen einer gerechten Justiz gemäszen Wachsthume heran gereift sein wird.

Die Eigenthümlichkeit des Schwurgerichts besteht vornehmlich in zwei Dingen: 1) in der Trennung des Urtheils in zwei Theile, in ein Urtheil über die Thatfrage, die davon unlösbare rechtliche Frage der Schuld oder Nichtschuld inbegriffen, und in ein Urtheil über die Rechtsfrage, d. h. die Anwendung des Strafgesetzes und die Bestimmung der Strafe; 2) in der entsprechenden Ausscheidung in dem Organismus des Gerichts in der Art, dasz über die Thatfrage Männer aus dem Volke durch ihren Wahrspruch urtheilen, die nicht gerade rechtskündig sein müssen, und dasz auch keine ständigen Schöffen, sondern für die einzelnen Gerichtssitzungen wechselnde Geschworne bezeichnet werden, das Urtheil über die Rechtsfrage dagegen den Richtern als rechtskundigen und ständigen Beamten zugetheilt wird.

Der gedeihliche Erfolg dieser Einrichtung hängt wieder vornehmlich davon ab, dasz kein feindlicher Gegensatz zwischen Richter und Geschwornen bestehe, sondern beide Elemente zur Verwaltung der Gerechtigkeit zusammenwirken und dasz daher die Richter, welche das Verfahren leiten, ihre geistige Ueberlegenheit durch die Art dieser Leitung bewähren, und weiter in formeller Passivität verharren, und so die Handhabung der Gerechtigkeit zum Spiel der Advocaten und zum Tummelplatz der Parteileidenschaft herabwürdigen lassen, noch im einseitigen Interesse etwa der Verfolgung ungebührlich in den Widerstreit der Parteien eingreifen. Nicht das ist das Princip des Geschwornenverfahrens, dasz rechtsunkundige Männer besser zu urtheilen verstehen als rechtskundige, sondern das, dasz nur der wegen eines Vergehens eine Strafe erleiden soll, dessen Schuld dem schlichten Verstand und dem natürlichen Rechtsgefühl gewissenhafter Männer aus dem Volk klar geworden ist. Dem Richter ziemt daher die Rechtsbelehrung, und ihm kommt auch die Aufrechthaltung der Würde der Gerechtigkeit zu. Der moralische Einflusz, den er so in reiner Stellung ausübt, darf nicht vernachlässigt werden; er gibt dem ganzen Verfahren seinen ernsten Halt. Aber das kann er nur, wenn er nicht Partei nimmt, sondern unbefangen zwischen Ankläger und Vertheidiger die Waage hält.

Auszerdem ist die Art, wie die Geschwornenlisten gebildet werden, von höchster Bedeutung. Mit Recht scheint mir von Andern hervorgehoben zu werden, dasz nicht genug zwischen allgemeinen und speciellen Schwurgerichten[5] unterschieden werde, obwohl die Keime auch dieser Unterscheidung in dem englischen Verfahren sichtbar sind. Unter allgemeinen Schwurgerichten sind die zu verstehen, bei welchen die Urtheiler keiner besondern ausgezeichneten Kenntnisse bedürfen, um zu einer sichern eigenen Meinung zu gelangen und ein wahrhaftes Urtheil zu fällen. Die meisten Strafprocesse gehören zu dieser Gattung. Die speciellen Schwurgerichte aber sind dann ein Bedürfnisz, wenn die Beurtheilung der Thatfrage und der Schuld ohne besondere Kenntnisse nicht oder nur schwer möglich ist. Für die erstere reicht die gewöhnliche Lebenserfahrung verständiger Männer, wie sie sich in den mittlern Volksclassen regelmäszig vorfinden, vollkommen aus, besondere Kenntnisse aber, wie sie für die letztern erforderlich sind, können nur durch besondere Berufsbildung erlangt werden; daher sollten in solchen Fällen die Geschwornen auch nur aus den Kreisen genommen werden, welche diese besitzen. Es gilt das sogar von den Processen, bei denen Viele die

[5] Pinheiro über das Institut der Geschwornen in Mittermaiers Zeitschr. VIII. S. 387 ff. In andern Beziehungen dagegen kann ich seine Ansichten nicht theilen.

Wahrheit dieser Bemerkung am wenigsten zuzugestehen geneigt sind, von den Preszprocessen. Während einfache Bürger und Bauern vollkommen im Stande sind, aus den vorgelegten Thatsachen, den Angaben der Zeugen und dem Verhalten des Angeklagten ein sicheres Urtheil sich zu bilden, ob dieser gestohlen oder einen Todtschlag verübt habe; sind dieselben der Aufgabe, über Erzeugnisse der Literatur und die Wendungen der Sprache richtig zu urtheilen, in der Regel nicht gewachsen und nicht fähig, wenn der Angriff der Rechtsordnung nicht sehr plump ist, die feinen, die Spur des Vergehens verwischenden Wendungen und Ränke eines geschickten Vertheidigers zu durchschauen, oder die Freiheit der Meinungsäusserung auch da zu ehren, wo die Meinung der Einzelnen der allgemeinen Meinung schroff entgegen tritt. Sie werden leicht irre in ihrem Urtheil, leicht von künstlich hervorgerufenen Eindrücken miszleitet. Sie haben nicht die wissenschaftliche Sicherheit in sich, die allein vor Abwegen, sei es vor zu übertriebener Strenge, sei es vor falscher Nachsicht und bloszer Willkür, zu bewahren vermag.

In den meisten Staten wird dem Loose ein Spielraum eröffnet bei der Bezeichnung der Geschwornen, und mit vollem Recht. Es können kaum in anderer Weise die beiden entgegengesetzten Klippen umgangen werden, welche das Institut zu verfälschen drohen, nämlich ein überwiegender Einflusz der Regierung einerseits, welcher die abhängigen Geschwornen um so eher zu einem Werkzeuge der Gewalt zu machen droht, als sie nicht wie die Richter durch die Standesehre und die Wissenschaft gehalten werden, und andererseits die Volkswahl, die geeignet ist, die Geschwornen zu Dienern der politischen Parteien zu erniedrigen, und die Reinheit der Rechtspflege durch Parteilichkeit zu beflecken.[6] Die gerechten Ansprüche des Angeklagten, dasz er von Geschwornen beurtheilt werde,

[6]) Renaud in Mittermaier's Zeitschr. XIX. S. 173 ff., 198. Cherbuliez ebenda S. 205 ff.; dagegen Pinheiro a. a. O.

welche sein Vertrauen verdienen, werden in genügendem Masze durch das Recusationsrecht befriedigt.

Desto nöthiger aber ist es, in zu fordernden Eigenschaften der Geschwornen ein Gegengewicht für den Zufall des Looses zu suchen. Eine erhöhte Selbständigkeit, wie sie ohne einen soliden Haushalt von der Mehrheit der Menschen nicht erwartet werden kann, und eine reife Lebenserfahrung, wie sie in der Regel nur mit dem männlichen Alter und im Familien- und Berufsleben gewonnen wird, sind die nothwendigen Grundbedingungen ihrer Tauglichkeit zu wahrhafter und gerechter Beurtheilung der Angeklagten. Das ist aber vor allen Dingen nöthig, stets im Auge zu behalten, dasz auch das Schwurgericht eine Anstalt der Gerechtigkeit, und nicht ein Organ der Politik sei.

Ein diesem Princip durchaus widerstreitender Irrthum ist die sogenannte „Allmacht“ der Geschwornen, die Meinung, dasz die Geschwornen über dem Gesetz und dem Recht stehen, und dieses nach Willkür beugen oder eludiren dürfen. Die ganze Justiz hat lediglich die Aufgabe, die bestehende Rechtsordnung zur Anerkennung zu bringen, und die Gerechtigkeit zu verwalten. Der Eid der Geschwornen legt ihnen diese Pflicht ans Herz, und ohne Gewissenhaftigkeit gibt es überhaupt kein wahres Gericht. Für die Praxis nicht minder bedenklich ist ferner die durch das französische Verfahren unterstützte Meinung, dasz die Geschwornen keinerlei Beweisregeln zu beachten, sondern nur dem unklaren Gefühl zu folgen haben. Zwar besteht allerdings ein Vorzug des Geschwornenverfahrens darin, dasz der abstracte Pendantismus der ältern strengen Beweistheorie, welche die gelehrten Richtercollegien band, durch das freiere Urtheil der Geschwornen durchbrochen worden ist, und überall lehrt die Erfahrung, dasz die Schuldigen dem scharfen Blicke der Geschwornen weniger leicht entgehen, und häufiger verurtheilt werden, als diesz früherhin geschehen ist. Aber in dem Vaterlande des Geschworneninstituts, in

England und Amerika, hat noch Niemand es für überflüssig gehalten, dasz auch der Beweis nach juristischen Grundsätzen geregelt werde, m. a. W., dasz man sich selber über die Gründe der Schuldigerklärung ins Klare zu setzen habe. Dort wird vielmehr die Lehre vom Beweise (evidence) mit groszer Sorgfalt festgehalten, und die Aufgabe des Richters ist es, auch in dieser Beziehung die Geschwornen auf diese Gründe aufmerksam zu machen. Der Richter kann von sich aus nicht freisprechen noch verurtheilen. Niemand soll verurtheilt werden, dessen Schuld nicht auch dem einfachen Verstande der Geschwornen klar zu machen ist, das ist ja der leitende Gedanke des Schwurgerichts. Aber kein innerer Grund hindert den Richter, der berufen ist, die Gerechtigkeit zu verwalten, seine wissenschaftlich begründete Ansicht den Geschwornen zu ihrer sorgfältigen Ueberlegung vorzutragen, und einen richtigen Wahrspruch durch weise Anleitung vorzubereiten. Die Scheu vor einem ungebührlichen Einflusz des Richters auf den Entscheid, der wir auf dem Continent vielfach begegnen, ist der Tüchtigkeit des Instituts nichts weniger als erspríeszlich, und es entspricht weder der Würde noch der Wahrheit der Gerechtigkeit, wenn dasselbe möglichst von dem Einflusse der rechtskundigen Richter abgelöst und die zügellose Willkür der Geschwornen zum Princip desselben erhoben wird.[7]

In zwei Beziehungen auszer dem früher schon erwähnten Institute der Statsanwaltschaft ist das Schwurgericht seit seiner Verpflanzung nach Europa verbessert worden. Fürs erste durch Beseitigung der englischen Anklagejury (*grand jury*) und durch Ueberweisung der vorläufigen Erkennung der Anklage an einen Anklagesenat, der aus rechtsgelehrten Richtern besteht.

[7] Gute Bemerkungen darüber bei Geib: Reform des deutschen Rechtslebens. S. 135 ff. Viele Aufschlüsse gewähren Mittermaier's Erfahrungen über die Wirksamkeit der Schwurgerichte in Europa und Amerika. Erlangen 1866.

Sodann überhaupt darin, dasz mehr und mehr das Princip der Verfolgung und Bestrafung des Verbrechers von Statswegen durchgeführt wurde, im Gegensatz zu dem englischen Verfahren, welches noch zu sehr von privatrechtlichen Rücksichten durchzogen ist.

Fünftes Capitel.

Die Verwaltungsrechtspflege.

Auch über öffentliches Recht kann Streit entstehen und musz dieser Streit durch eine statliche Autorität entschieden werden. Vielleicht erfüllt die Zukunft das Ideal öffentlich rechtlicher Gerichtshöfe für alle Streitigkeiten über öffentliches Recht.[1] In der Gegenwart kennen wir solche Gerichte nur in sehr beschränktem Umfang. Die meisten und gerade die wichtigsten Gebiete des öffentlichen Rechts entbehren zur Zeit noch einer geordneten Rechtspflege. Das gilt insbesondere:

a) von den völkerrechtlichen Streitigkeiten. Es gibt keine ordentliche völkerrechtliche Gerichtshöfe für die Rechtsstreitigkeiten zwischen Stat und Stat, und die Schiedsgerichte setzen eine freiwillige Uebereinkunft der Parteien voraus. Selbst die Prisengerichte gehören noch der Rechtspflege der Kriegspartei an, wenn gleich ihre Aufgabe international ist.

b) Die Souveränetätsfragen, namentlich auch die dynastischen Ansprüche auf Landesherrschaft und Landesregierung werden nicht durch das Urtheil eines Statsgerichtshofes oder eines völkerrechtlichen Gerichtshofes, sondern den gröszern, aber nicht formellen Procesz der Völkergeschichte

[1] Bähr (Der Rechtsstat 1866) stellt diese Forderung des Rechtsstats, aber für ihre Befriedigung fehlen noch die Bedingungen, und die von Bähr vorgeschlagene blosz formale juristische Lösung genügt nicht.

[2] Vgl. Bluntschli: Das mod. Völkerrecht. 1866. Buch 7.

entschieden. Wenn es der offenbaren Macht- und Pflichtübung gelingt, die Anerkennung des Volkes und seiner Organe zu erwerben, so wird dadurch auch die dauernde Nothwendigkeit der Verhältnisse, d. h. das Recht bewährt und gehandhabt.

c) Ebenso werden die streitigen Verfassungsfragen nicht durch gerichtliche Urtheile, sondern durch den Ausgang der politischen Parteikämpfe, durch die Verhandlungen der Regierung mit den Kammern, durch Gesetze und Decrete entschieden. Nur in den Vereinigten Staten von Amerika übt das Bundesgericht übungsgemäsz eine derartige Competenz aus. Wie schwer es aber und theilweise wie unmöglich es auch da bei ernsten Zerwürfnissen der übrigen Gewalten im State für das Gericht wird, seinem Rechtsspruch Anerkennung und Folge zu verschaffen, das zeigen die Erfahrungen während des groszen Bürgerkrieges von 1861—65 und nach demselben.

In allen bisher genannten Fragen übt noch immer die Politik die entscheidende Macht aus, und für die Politik ist die Salus publica das oberste Gesetz. Allerdings ist das ein sehr unvollkommener Rechtszustand. Aber es wäre noch schlimmer, wenn diese Fragen lediglich nach formel-legitimistischen Grundsätzen entschieden würden. Eine naturgemäsze und die Bedürfnisze des fortschreitenden Völkerlebens beachtende Rechtspflege müszte voraus von statsmännischem Geiste erfüllt sein.

d) Auch innerhalb der Militärverwaltung und e) der Polizeiverwaltung werden unzählige Rechtsfragen endgültig von der Verwaltung entschieden, ohne dasz eine Berufung an ein Gericht zuläszig ist. Es sind das vorzüglich diejenigen Rechtsfragen, welche gelegentlich der militärischen oder polizeilichen Amtsthätigkeit aufsteigen, und daher mit den Zweckmäszigkeitsfragen eng verbunden sind. Ob die Truppen in Kriegszeiten den bürgerlichen Verkehr zu hemmen und eine Verbindung abzubrechen, ob sie ihre Geschütze auf Häuser zu richten haben, ob sie über Kornfelder hin marschiren sollen u. s. f., das sind hauptsächlich militärische Fragen, aber sie haben zugleich ein Rechtselement in sich und sind auch Rechtsfragen. Ebenso bestimmt die Polizei mit Rücksicht auf die öffentliche Wohlfahrt, ob bei einer Feuersbrunst ein Haus wegzureissen, bei einer Epidemie Menschen abzusperren und Thiere abzuschlachten seien, und auch das sind nicht ausschlieszliche Zweckmäszigkeitsfragen. Denn alle diese, auch die Rechtsverhältnisse treffenden Maszregeln setzen eine öffentliche Nothwendigkeit, beziehungsweise ein Gesetz voraus, durch welches die Polizeigewalt dazu berechtigt wird, d. h. sie sind auch Rechtsfragen. Der Grund, weszhalb hier der Verwaltung — ohne gerichtliches Verfahren — gestattet werden musz, diese Fragen zu entscheiden, liegt offenbar in den Bedürfniszen des Stats und der Gesellschaft nach entscheidendem Ein- und Durchgreifen. Man fürchtet, dasz die Militärgewalt entmannt und die Polizeigewalt gelähmt würde, wenn darüber ein gerichtliches Proceszverfahren eröffnet würde.

Aber insofern Entschädigungsansprüche verletzter Privaten, oder die Verhängung von Polizeistrafen zur Beurtheilung kommen, tritt hinwieder die schützende Competenz der Civil- und der Strafgerichte ein.

f) Eine sehr grosze Anzahl von öffentlichen Rechtsstreitigkeiten gehört der Organisation und Unterordnung der Statsbehörden und der öffentlichen Aemter im weitesten Sinne an und wird demnach je von diesen selber, je in ihrem Geschäftsbereiche entschieden. Z. B. die einzelnen Wahlstreitigkeiten werden oft entweder von der übergeordneten Behörde, welche die Wahl angeordnet hat, oder von dem Körper entschieden, in welchen gewählt wird, wie in den Kammern. Die Competenzstreitigkeiten der untern Aemter werden von den obern erledigt u. s. f.

Im Gegensatze zu diesen Zweigen des öffentlichen Rechts ist nach dem Vorgange Frankreichs in neuerer Zeit auch in andern Staten ein eigenthümliches Gebiet des Verwaltungsrechts im engeren Sinne ausgeschieden und abgegrenzt und dafür eine besondere Verwaltungsrechtspflege eingerichtet worden. Dasselbe umfaszt voraus diejenigen öffentlichen Rechte oder Pflichten, welche mit Bezug auf einzelne betheiligte Personen (Körperschaften oder Individuen) eine relativ selbständige Gestalt und eine ähnliche Consistenz wie Privatrechte erhalten haben und deszhalb eines besondern Rechtsschutzes bedürfen. Nur unter dieser Voraussetzung nämlich gibt es Parteien im eigentlichen Sinne, deren Rechtsbehauptungen einander widerstreiten, und die in der Lage sind, einen Procesz vor Gericht mit einander durchzuführen.

Freilich sind auch diese Rechte keine Privatrechte und gehören daher nicht den Einzelnen für sich wider alle Welt zu; als öffentliche Rechte bleiben sie im Zusammenhang mit der Statsordnung und daher auch abhängig vom Stat. Aber sie nähern sich dadurch den Privatrechten, dasz sie eine bestimmte und dauernde Beziehung auf eine Einzelperson haben, und als Sonderrechte dieser Person einer Vertheidigung fähig sind. Dahin gehören das Gemeinde- und das Statsbürgerrecht, die Steuerpflicht, soweit sie nicht eine privatrechtliche, sondern eine öffentlich-rechtliche Begründung hat, die Auseinandersetzung der Gemarkung der Gemeinden, die Benutzung der öffentlichen Wege, die öffentlich-rechtliche Bau- und Unterhaltungspflicht von Straszen, für Schulen und Kirchen, die Pflicht zur Uebernahme von öffentlichen Aemtern, die Ausdehnung der militärischen Dienstpflicht, die Nothwendigkeit der Gutsabtretung für das öffentliche Wohl u. s. f.

Bisher wurden die Grenzen dieses Verwaltungsrechts meistens noch zu enge abgesteckt. Sein Gebiet ist einer bedeutenden Erweiterung fähig und bedürftig.[3] Aber nur allmäh-

[3] Gegenwärtig wird diese vorzüglich in Bayern versucht. Vergleiche die interessanten Verhandlungen der bayerischen zweiten Kammer über die Anträge von Dr. Brater 1868.

lich gelingt es, dasselbe der Verwaltung abzuringen, welche zuvor hier ohne gerichtliche Controle allein geherrscht hat.

Im Interesse einer guten Verwaltungsrechtspflege liegt es, dasz dieselbe besondern Gerichten übertragen und ein eigenthümliches Proceszverfahren dafür angeordnet werde. Die Durchbildung des französischen Verwaltungsrechts, welches durch grundsätzliche Klarheit und Sicherheit sich sehr vortheilhaft von der Behandlung solcher Streitigkeiten in vielen andern Ländern auszeichnet, ist vornehmlich eine Folge dieser organisirten Einrichtung. Wenn die Verwaltung darüber entscheidet, wie heute noch in den meisten deutschen Staten, so sind die Garantien für den Rechtsschutz der betheiligten Körperschaften und Privatpersonen ungenügend und hat die Verwaltungswillkür zu freien Spielraum. Wird aber die Beurtheilung solcher Streitigkeiten den Civilgerichten übertragen, so entsteht die zwiefache Gefahr, dasz diese entweder nicht hinreichend die öffentlich-rechtliche Natur jener Verhältnisse würdigen und durch juristischen Formalismus die öffentlichen Interessen schädigen, oder dasz sie das freiere Ermessen und die Berücksichtigung auch der öffentlichen Wohlfahrt, welche bei solchen Processen unentbehrlich sind, zum Schaden der Civilrechtspflege auch in die Behandlung der Civilprocesse übertragen.[4]

Auch für die Organisation der Verwaltungsgerichte (eigentlicher: verwaltungsrechtliche Gerichte) ist eine Verbindung der Amts- und Berufselemente mit dem freien bürgerlichen Element wohlthätig, zumal in erster Instanz. In Frankreich ist der Präfect Vorsitzender und die bürgerlichen Präfecturräthe sind Mitglieder des Gerichts. Im Groszherzogthume Baden urtheilen ebenso der Bezirksamtmann zusammen mit den bürgerlichen Bezirksräthen. Die obere

[4] Ich habe mich darüber ausführlicher ausgesprochen theils in der kritischen Vierteljahresschrift VI. S. 279 ff. theils im deutschen Statswörterbuch. Art. Verwaltung.

Instanz wird in Frankreich durch eine Abtheilung des Statsrathes gebildet; in Baden besteht dafür ein besonderer Verwaltungsgerichtshof.

Sechstes Capitel.

Die Grenzen der Gerichtsbarkeit. Verwaltungsstreitigkeiten.

Der neuere Stat legt auf die Sonderung der Regierung und Verwaltung von dem Gerichte und die Unabhängigkeit der letzten von den ersten einen hohen Werth. Um so wichtiger wird es daher das Gebiet, in welchem jene frei wirkt, von dem Gebiete der Justiz nach scharfem Princip objectiv auszuscheiden. Dieses Bedürfnisz wurde weder in dem antiken State, der mit dem imperium die jurisdictio unauflöslich verband, noch in dem Mittelalter, welches die Regierung wie ein Gericht behandelte, so lebhaft empfunden. Jene Ausscheidung ist indessen nicht so leicht, und es gibt allerdings einzelne Partien, in welchen die genaue Gränzbestimmung leicht Zweifel erregt, und daher auch von den einen die Linie so, von den andern anders gezogen wird. Auch die verschiedene wissenschaftliche und Berufsrichtung, welcher die Gränzscheider angehören, ist von Einflusz auf ihre Ansichten, und nicht ganz leicht werden sich die Männer der Justiz mit denen der Regierung verständigen. Die erstern sind gewohnt, in ihrer Betrachtungsweise von dem Rechtsgebiete des Individuums auszugehen, und jeden wirklichen oder vermeintlichen Eingriff in dieses als eine Rechtsverletzung zu behandeln, gegen welche dem Einzelnen der Rechtsschutz des Gerichtes gewährt werden müsse. Die letztern, im Gegensatze zu jenen, stellen sich auf die Seite des States und seines Rechtes, alles das zu thun, was die öffentliche Wohlfahrt erfordert, und sind geneigt, in dem Widerspruch des Einzelnen und in der Anrufung des gerichtlichen Schutzes eine Miszachtung der statlichen Hoheit und ein unzulässiges Hemmnisz der statlichen Macht zu erkennen. Die erstern lieben es, in der Regel jede Streitigkeit über Recht als eine Justizsache zu betrachten, und nur einzelne Ausnahmsfälle dem Entscheide der Verwaltungsstellen zuzugestehen.[1] Sie übersehen dabei, dasz es nicht von der Willkür des Individuums abhängen darf, durch Bestreitung der Regierungsrechte dieselben in ihrer Anwendung zu hemmen, und die Gränzen ihrer Wirksamkeit zu verengen, und dasz das Gebiet der Regierung, gleichviel ob der Streit in dasselbe hineingetragen wird oder nicht, ein eben so normales ist, als das der Justiz. Die letztern sind geneigt, schon darum, weil eine Regierungsbehörde gehandelt hat, oder der Stat bei einem Streite betheiligt ist, den Verwaltungsstellen das ausschlieszliche Recht des Entscheides vorzubehalten, und auch da nur in Ausnahmsfällen die Justiz anzuerkennen. Es handelt sich aber auf beiden Seiten nicht um Ausnahmen, sondern um Regelgebiete, und das Princip für beiderlei objective Gebiete kann nur erkannt werden, wenn man auf den Grundgedanken der Sonderung in dem Organismus des States zurückgeht, und die wesentlich verschiedene Natur der Regierung und des Gerichtes selbst sich vergegenwärtigt. In Frankreich kam der Gegensatz zwischen der gerichtlichen und der Verwaltungscompetenz in der Revolutionszeit von 1789 zu principieller Erörterung. Die früher geübte Einmischung der gerichtlichen Parlamente in die Verwaltungssphäre wurde darnach um so störender empfunden, als der Stat im Begriffe war, sich selbst von Grund aus umzugestalten, die öffentliche Wohl-

[1] Diese Ansicht ist in der Züricher Verfassung von 1831 §. 10 ausgesprochen: „Die Befugnisz, Streitiges zu entscheiden, kommt ausschlieszlich den ordentlichen Gerichten zu. Vorbehalten — was die Verfassung hinsichtlich der Streitigkeiten im Verwaltungsfache festsetzt.

fahrt zum höchsten Rechtsprincip zu erheben und die ganze hergebrachte Rechtsordnung zu brechen. Der gerichtlichen Anmaszung folgte daher eine rücksichtslose und übertriebene Zurückweisung von dem Standpunkte der Revolution. Gesetzlich wurde im Jahr 1790 verordnet: „Die Richter dürfen auf keine Weise die Handlungen der Verwaltung stören noch die Administratoren wegen ihrer Dienstverrichtungen vor sich laden." Von da aus wurden dann immer mehr Streitigkeiten, auch wahre Justizsachen der gerichtlichen Competenz entzogen und als Verwaltungssachen erklärt. Napoleon, durch die Hemmnisse der Justiz, wo er durchgreifen wollte, leicht gereizt, begünstigte diese Richtung, und so wurde hinwieder das Gebiet der Verwaltungssphäre ungebührlich erstreckt. In Deutschland dagegen förderte die Autorität der vorzugsweise civilistisch gebildeten Jurisprudenz, soweit sie auf die Gesetzgebung und Praxis wirkte, die entgegengesetzte Richtung und sie wurde in diesem Streben durch die Interessen der persönlichen Freiheit und Rechtssicherheit, welche in dem gerichtlichen Verfahren bessere Garantien sahen, unterstützt. Das Uebermasz in dieser Richtung rief dann aber in einzelnen Gebietstheilen, wo die Statsgewalt ihre Rechte doch nicht aufzugeben genöthigt werden konnte, einen um so willkürlicheren Gegendruck hervor, der die Früchte jenes Strebens wieder groszentheils zerstörte.

Das leitende Princip der Regierung ist offenbar Erhaltung und Förderung der öffentlichen Wohlfahrt, das des Gerichtes Verwaltung der statlichen Gerechtigkeit über die Individuen im State (die Privatpersonen). Die erstere geht in allen ihren Entschlieszungen und Anordnungen immer vom State aus. Das letztere schützt vorzugsweise die Privaten in ihrer individuellen Rechtssphäre (Privatrecht), und läszt das Individuum, das Unrecht verübt hat, die strafende Gerechtigkeit des States empfinden (Strafrecht). Es hat daher immer eine wesentliche Beziehung auf die Privatpersonen. Dieser Gegensatz läszt sich auch so ausdrücken: die Rechtsverhältnisse des States gehören der Statsautorität, die der Privatperson als solcher der Rechtspflege zu. In jenen darf das Moment der öffentlichen Wohlfahrt nie übersehen werden; das hergebrachte Recht ist in der Regel nur eine Vorbedingung und Schranke, nicht der Geist der Regierungsthätigkeit.[2] Diese dürfen nur aus dem Standpunkt der Gerechtigkeit beurtheilt werden, eine Beimischung der Rücksicht auf die öffentliche Wohlfahrt wäre hier Verderben. Das aber ist die Verschiedenheit in der Natur des eigentlichen Statsrechts auf der einen und des Privat- und Strafrechts auf der andern Seite. Nur das eigentliche Verwaltungsrecht (vgl. Cap. 5) bildet den Uebergang von dem einen in das andere Gebiet, insofern als bei der Beurtheilung desselben die Rücksicht auf die Rechtsform und das Gesetz in erster Linie steht, aber auch die Rücksicht auf die öffentliche Wohlfahrt in zweiter Linie nicht übersehen werden darf, denn niemals kommt einem Individuum jus publicum zu im Widerspruch mit der res publica und zum Verderben der Salus publica.

Die nähere Anwendung dieser Grundsätze ergibt sich in folgendem;

1. Die Hoheitsrechte des States selbst sind nicht der gerichtlichen Competenz unterworfen, der Streit darüber ist vielmehr, insofern er überall zulässig ist, auf dem Verwaltungswege zu erledigen. Die Polizeigewalt, die Militärgewalt u. s. f. sind innerhalb der Sphäre ihrer amtlichen Thätigkeit durchaus unabhängig von den Gerichten, und diese haben nicht über sie dieselbe Hoheit, wie über die Individuen. Die Regierung darf daher bei der Ausübung ihrer Functionen nicht durch die Macht der Gerichte gehemmt werden. Ob ihre Anordnungen gerecht und nothwendig seien, ob sie com-

[2] Vgl. Stahl, Statslehre II. S. 448.

petent und richtig handle, darüber hat sie ebenso selbständig zu entscheiden, wie die Gerichte in ihrer Sphäre. Würde die Bestreitung eines Individuums das ändern, und polizeiliche Vorkehrungen, militärische Maszregeln auf dem Wege des gerichtlichen Processes aufheben, beziehungsweise auf Verbesserung antragen können, so würde die Autorität der Regierung der der Gerichte auch in dem eigensten Gebiete jener untergeordnet, und die nothwendige Macht derselben und der Erfolg ihrer Maszregeln würden untergraben.

a) Von jener Regel gibt es indessen eine wichtige Ausnahme. Die Frage nämlich, ob ein Gericht und welches Gericht competent sei, einen Streit zu entscheiden, ist augenscheinlich auch eine rein statsrechtliche, nicht eine privatrechtliche, denn ihre Entscheidung beruht auf der Verfassung des Stats. Aber die Selbständigkeit der Gerichte, ohne welche die Verwaltung der Gerechtigkeit undenkbar ist, erfordert es, dasz dieselben auch unabhängig von den Einwirkungen der Regierung den Kreis der ihnen zugehörigen Amtssphäre festsetzen, und ihre Macht in derselben behaupten. Jede der beiden Gewalten steht darin der andern gleich, dasz sie ihr Gebiet nach eigener Erkenntnisz abgränzt.

Daher sind denn auch in einzelnen Fällen Conflicte möglich über die Competenz. Die Regierung kann ihrerseits überzeugt sein, dasz sie im einzelnen Falle von Statswegen das Nöthige frei zu ordnen, und auch den Streit, der sich erhoben hat, von sich aus zu erledigen befugt sei; und das Gericht kann seinerseits die Ueberzeugung haben, dasz dieser Streitfall nur auf dem Wege des Processes zu beurtheilen sei: positive Competenzconflicte; oder umgekehrt, Regierungsbehörde und Gerichtsstelle können in einem Specialfalle die eigene Competenz verneinen, und je der andern die Erledigung zuweisen: negative Competenzconflicte.

In solchen Conflicten hat keine der beiden Gewalten eine höhere Autorität als die andere, denn jede von beiden hat die oberste auf ihrem Gebiete und nur auf ihrem Gebiete. Hier aber streiten sie sich selber über die Grenzen ihres Gebietes. Für die verfassungsmäszige Entscheidung solcher Conflicte bedarf es daher auch eines besondern Organes in dem State, welches von dem höchsten und unbefangenen Standpunkt aus den Zweifel löst. Die Stellung des Gesetzgebers eignet sich, wenn der Entscheid nicht in maszgebenden Regeln für die Zukunft liegt, darum nicht, weil er in der Regel einzelne practische Bedürfnisse des Moments nicht zu befriedigen hat, und grosze Versammlungen nicht fähig sind, derartige häufig sehr verwickelte Rechtsfragen im einzelnen Falle zu untersuchen und zu beurtheilen. Das Statsoberhaupt, in welchem alle Statsgewalt in der Spitze ihre Vereinigung und ihre Einheit findet, ist zwar durchaus geeignet und berufen, auch diesen Conflict zu lösen; aber würde es auch da von den Ministern berathen werden, und ihrer Mitwirkung bedürfen, so wäre, da diese selbst der Regierungssphäre angehören, der Entscheid doch wieder in die Hand der einen streitenden Gewalt gelegt, und es wäre bei solchem Uebergewichte dieser Seite die Selbständigkeit der Gerichte und die Unbefangenheit der Lösung des Conflictes ein leeres Wort. Die Schwierigkeit kann daher nur so wahrhaft überwunden werden, dasz der Entscheid dem Statsoberhaupt nach dem Gutachten, sei es des Statsrathes — ohne die Minister, — welcher durch seine hohe Erfahrung und seine der Bewegung der täglichen Regierungssorgen entrückte Stellung Garantie für einen richtigen Entscheid in sich trägt, sei es einer besondern, aus Statsmännern und Juristen gemischten Behörde, zugewiesen wird.[3]

[3] Früher war es der Statsrath in Frankreich, der über Conflicte entschied. Die franz. Verf. v. 1848, §. 188, ordnete einen aus Mitgliedern des Cassationshofs und des Statsraths gemischten Gerichtshof an. Die belgische Verf. §. 106 überweist die Conflicte dem Cassationshof zur Entscheidung. In Bayern entscheidet der oberste Gerichtshof in

b) Dagegen ist es nur eine scheinbare Ausnahme von jenem Satze, wenn der Fiscus genöthigt ist, seine Rechte vor den Gerichten zu verfolgen, denn der Fiscus ist die privatrechtliche, nicht die öffentliche Seite des States. Als Fiscus ist der Stat ein bloszes Individuum, eine juristische Privatperson, den andern gleich, und somit wie diese den Gerichten als Verwaltern der Gerechtigkeit unter- nicht nebengeordnet.

Nicht jede Vermögensforderung des States aber ist eine fiscalische (privatrechtliche). Die Steuern voraus, welche der Stat von den Unterthanen erhebt, betreffen zwar das Privatvermögen derselben, und haben im Gegensatze zu den gewöhnlichen politischen Rechten einen pecuniären Werth und Gehalt. Aber der Stat legt die Steuern auf, nicht als ein Privatgläubiger, sondern indem er seine rein statliche Hoheit über die Privaten ausübt. Er steht diesen hier nicht als ein Gleicher, sondern als eine höhere Macht gegenüber, der die Individuen unterthan sind, mit welcher sie nicht als Partei mit der Partei streiten können. Die Fragen somit, ob eine Steuer rechtmäszig befohlen worden sei, ob gewisse Classen von Personen steuerpflichtig seien oder nicht, ob bei dem Ansatze der Steuer diese oder jene Vermögensstücke in Berechnung zu bringen seien, sind keine privatrechtlichen, sondern öffentlich-rechtliche Fragen und daher von der Verwaltung oder besser von den Verwaltungsgerichten zu entscheiden. Auch kann zu besserem Schutze der Privaten, dasz nicht ein willkürlicher und ungerechter Miszbrauch von dem Besteuerungsrechte gemacht werde, dafür gesorgt werden, dasz schon bei der Anlage der Steuern die Mitwirkung einer Jury oder von Experten aus dem Volke zugezogen werde.

einem aus 4 Mitgliedern dieses und 3 höhern Verwaltungsbeamten gebildeten Senat (Gesetz von 1850); nach der preuszischen Verf. § 96 ein Gerichtshof (Gesetz von 1867). Die österreichische Verf. vom 21. Dec. 1867 bestellt ein Reichsgericht nicht blosz für Competenzconflicte sondern für öffentliches Recht.

In einer Beziehung indessen kann füglich auch die Steuerfrage als Civiljustizsache erklärt und behandelt werden. Wenn nämlich das Princip der Steuer und die Grundsätze ihrer Erhebung nicht bestritten werden, wenn das Hoheitsrecht des States überall nicht in Frage steht, sondern nur darüber Widerspruch erhoben wird, dasz die thatsächlichen Voraussetzungen im einzelnen Falle in der Person des Steuerpflichtigen wirklich vorhanden seien, welche der Steuerforderung als privatrechtliche Unterlage zu Grunde liegen, z. B. wenn das Individuum, von welchem eine Steuer verlangt wird, behauptet, es besitze die Vermögensstücke nicht, auf welche die Steuer verlegt worden, oder es habe nicht so viel Vermögen, als bei der Ansetzung der Steuer angenommen worden,[4] so ist es offenbar, dasz hier eine privatrechtliche Frage zur Beurtheilung kommt, und demgemäsz haben denn auch, wenn auf die Natur der Dinge geachtet wird, die Gerichte darüber zu urtheilen. Auch auf dieser Seite kann, damit nicht hinwieder die Stellung der Privaten miszbraucht werde, um sich der Steuer zu entziehen, die der Stat kraft höherer Autorität auferlegt, ein eigenthümliches, die Ansprüche des States sicherndes Verfahren vorgeschrieben werden; aber die Frage selbst, für deren Beurtheilung kein statsrechtliches Moment zur Sprache kommt, ist darum doch eine Justizsache.

[4] Die Bestimmung des preuszischen Landrechts Thl. II. Tit. 14, §. 78: „Ueber die Verbindlichkeit zur Entrichtung allgemeiner Anlagen, denen sämmtliche Einwohner des Stats, oder alle Mitglieder einer gewissen Classe desselben nach der bestehenden Landesverfassung unterworfen sind, findet kein Processz statt," und §. 79: „Behauptet aber Jemand aus besondern Gründen die Befreiung von einer solchen Abgabe, oder behauptet er in der Bestimmung seines Antheils über die Gebühr belastet zu sein, so soll er darüber rechtlich gehört werden" — verdient keinen Tadel. In dieser Beziehung scheint mir Stahl (Statsl. II. S. 456), der sonst in dieser Lehre gesundere Grundsätze vertheidigt, als viele Juristen, die Regierungsgewalt zu sehr auszudehnen, und auch manche neuere Steuergesetze in verschiedenen Staten die in der Natur liegende Schranke nicht sorgfältig genug zu achten.

e) Auch die Verfügungen der Polizei beziehen sich häufig auf das Privatrecht und beschränken den freien Gebrauch desselben in mannichfacher Hinsicht. Inwiefern hiebei die Polizei den Gesetzen gemäsz verfahren sei, ob sie die vorgeschriebenen Formen des Verfahrens beobachtet habe, ob der Inhalt ihrer Verfügung nothwendig und gerecht sei, das Alles wird um jener Beziehung willen nicht zur Justizfrage; und den Gerichten kann der Entscheid darüber nicht zustehen, da es sich hier wieder nur um Ausübung der polizeilichen Statshoheit handelt. Wenn dagegen die privatrechtliche Unterlage des Polizeibefehls selber streitig ist, z. B. die Polizei befiehlt einem Individuum als Hausbesitzer eine feuersgefährliche Einrichtung zu entfernen, oder für gehörigen Wasserabflusz zu sorgen, und das Individuum bestreitet seine Verpflichtung, nicht weil in solchen Dingen der Unterthan der Polizei nicht zu gehorchen habe, sondern weil er nicht Hausbesitzer sei, so hat diese Frage wieder eine rein privatrechtliche Natur und ist als Justizsache zu behandeln.[5]

[5] Zachariä, D. Statsrecht (erste Auflage) II. S. 175 macht nach Pfeiffers und Mittermaiers Vorgang das Gericht auch zum Wächter der formellen Gesetzmäszigkeit der polizeilichen Verfügung, und behauptet, „es könne (aus diesen und den obigen Gründen) die Regierungssache zur Justizsache werden.“ Diese Sprachwendung läszt den Irrthum in der Auffassung deutlich erkennen. Es kann durch die positive Gesetzgebung was Regierungssache ist, als Justizsache erklärt werden. Es kann auch die Praxis die Natur beider in einzelnen Fällen verkennen und verwechseln, aber was Regierungssache ist, das kann gerade weil es das ist, nicht durch eine innere Umwandlung der Natur zur Justizsache werden. Wohl können beide mit einander in Beziehung stehen, wie in den obigen Beispielen, aber da war von Anfang an wie im weitern Verlauf der Dinge die eine Frage eine Regierungs-, die andere eine Justizsache. In der zweiten Auflage II. S. 101 ist der Ausdruck, aber nicht der Sinn verbessert. Wenn Zachariä einwirft, ich gebe keine Entscheidungsnorm über die Collision zwischen öffentlichem und Privatrecht, sondern verweise nur auf das Conflictverfahren, so beruht dieser Einwand auf einem Miszverständnisz. Die Lösung der Schwierigkeit wird immer dadurch vollzogen, dasz man im einzelnen Fall das

d) Ebenso bezieht sich die Expropriation wieder auf das Privatvermögen; und auch diese Frage ist, soweit sie auf der Ausübung eines statlichen Hoheitsrechtes beruht, eine Regierungsfrage, und nur die damit in Zusammenhang stehende Entschädigungsfrage eine Justizsache.[6]

2. Sind statliche Hoheitsrechte an Privatpersonen zu eigenem Rechte verliehen worden, so haben sie dadurch die Reinheit ihrer statlichen Natur verloren, und sind zu einem Bestandtheile der individuellen Rechtssphäre geworden. Es ist daher natürlich, dasz ein Rechtsstreit zwischen dieser Privatperson und einer andern über den Umfang ihres Rechtes als Justizsache behandelt wird. Dahin gehören vor allen die mancherlei Gerechtigkeiten und Gerechtsame, welche aus der Regalität abgeleitet und zu Privatrecht dem State verliehen worden sind; ferner ausnahmsweise Befreiungen von der gewohnten Herrschaft des öffentlichen Rechts, die von dem State einzelnen Privaten zugestanden worden sind, Immunitäten, Steuerfreiheit.

Das Lebenssystem des Mittelalters liesz, überhaupt öffentliches und Privatrecht mischend, derlei Entäuszerungen von Hoheitsrechten an Privaten in weit mannichfaltigerer Anwen-

Element des öffentlichen Rechts von dem privatrechtlichen sorgfältig sondert, und jenes als Verwaltungs-, beziehungsweise Verwaltungsgerichtssache, dieses als privatrechtliche Justizsache behandelt. Die Zweifel darüber müssen aber, wenn Verwaltung und Verwaltungsgerichte und Justiz verschiedene Ansichten haben, durch ein Verfahren erledigt werden, dessen Autorität sich beide Zweige fügen, und das ist das Conflictverfahren. Dasz das öffentliche Recht aber dem Privatrecht übergeordnet sei, so dasz wo jenes nicht neben diesem bestehen kann, dieses weichen und sich modificiren musz, versteht sich aus dem Verhältnisz des States zu den Privaten von selbst. Wenn aber die Bestrafung von Polizeiübertretungen den Gerichten zugewiesen ist, dann ist es natürlich auch Sache der Gerichte, die Rechtmäszigkeit (Gesetzmäszigkeit) von Polizeiverordnungen oder Polizeibefehlen zu prüfen, und nur wenn ein Rechtsgebot übertreten ist, die Strafe auszusprechen.

[6] Vgl. oben Buch II. Cap. 26. S. 232 ff.

dung zu. Die neuere Zeit, schärfer trennend, zieht auch hier die Gestaltung reiner Privatrechte vor, so dasz alle hoheitlichen Elemente in der Hand des States selbst zurückbleiben, und nie Privaten auch im Individualbesitze solcher sind. Es ist daher der Kreis der practischen Anwendung jenes Satzes bedeutend verengert worden.

3. Wie das Gebiet des eigentlichen Statsrechts nicht der Justiz der Civilgerichte unterworfen ist, so ist dagegen das gesammte Gebiet des Pivatrechtes ebenso die natürliche Amtssphäre der Justiz.[7] Auf diesem Gebiete darf nur der Gerechtigkeit, und nicht dem Willen des Stats die Entscheidung in streitigen Fällen überlassen werden, denn dieses Gebiet gehört als solches nicht dem State, sondern den Privaten an, und es ist nur die Aufgabe des States, sie in dem Genusse ihres Rechtes zu schützen.

Ein Verhältnisz, in welchem die reine Natur des Privatrechtes unzweideutig vorliegt und wo dennoch Bedenken entstehen, bedarf näherer Erwägung. Alle Entschädigungsansprüche nämlich, welche ein Individuum an ein anderes oder an den Fiscus stellt, sind, man mag auf ihre subjective Beziehung oder auf ihren Inhalt sehen, reine Privatforderungen, und gehören somit als solche immer zur Beurtheilung an das Civilgericht. Ob die Forderung gut oder schlecht begründet sei, das ist wohl für das Urtheil, aber nicht für die Frage der Competenz von Erheblichkeit. Wie aber nun, wenn der Fiscus mit einer Entschädigungsklage belangt wird, weil der Stat eine unrechtmäszige Steuer erhoben habe, oder weil die Polizei willkürlich den Gewerbsbetrieb eines Privaten gehemmt und ihm so Schaden zugefügt habe; oder wenn ein Individuum mit einer Entschädigungsklage be-

[7] Belgische Verf. §. 92: „Die Streitigkeiten, welche bürgerliche Rechte zum Gegenstande haben, gehören ausschlieszlich vor die Tribunale." Holländische §. 148.

langt wird, weil es als Beamter dem Kläger Unrecht gethan und seine Interessen verletzt habe? Wird nicht durch Bewahrung der civilrechtlichen Competenz mittelbar die Competenz der Regierung gefährdet, und auf einem Umwege wieder, was als Ausübung öffentlicher Functionen jener entzogen und dieser vorbehalten worden, dem Entscheide jener zugeführt? Es ist nicht zu läugnen, dasz auf solchem Wege versucht werden kann, die naturgemäsze Competenzausscheidung zu verrücken, und manche Juristen sind auch geneigt, diese Versuche zu Gunsten der Privaten zu unterstützen und die gerichtliche Competenz bei solcher Gelegenheit möglichst auszudehnen. Auf der andern Seite ist aber auch öfter schon durch gesetzliche Bestimmungen oder durch das Conflictverfahren die Civilgerichtsbarkeit in Fällen gehemmt worden, wo sie nach der Natur der Dinge competent war.

Nur die Beziehung, in welche hier reines Privatrecht zu reinem öffentlichen Rechte gesetzt wird, der Causalzusammenhang, in welchem sie zu einander stehen, kann einige Schwierigkeit erzeugen. Dieselbe ist aber leicht zu lösen, wenn man einfach dem Grundsatze treu verfährt, dasz über jenes dem Civilgerichte, über dieses den Regierungsstellen der Entscheid gebührt. Der mit einer Schuldforderung belangte Fiscus musz immer vor dem Civilgerichte Rede stehen, auch wenn er in keiner Beziehung Schuldner des Klägers ist, ebenso jeder Privatmann, auch wenn er zugleich Beamter ist. Wenn es dann aus den Verhandlungen des Processes klar wird — was in solchen Fällen gewöhnlich leicht ersichtlich ist — dasz eine Verletzung des Privatrechtes des Klägers überall nicht vorliege, weil die Regierung oder der Beamte nur die dem State zustehende Herrschaft (Amtsgewalt) über die Einwohner ausgeübt habe, so wird die Klage sofort abzuweisen sein. Wenn aber dem Civilrichter das Gegentheil klar wird, dasz der Beamte auszerhalb seiner amtlichen Competenz gehandelt und somit aus Dolus oder Culpa die Privatsphäre des

Klägers verletzt habe, so ist er befugt und verpflichtet, den Kläger in seinem gestörten Privatrechte zu schützen und ihm die gebührende Entschädigung zuzusprechen. Indem der Richter so urtheilt, urtheilt er immer nur über Civilrecht und von civilrechtlichem Standpunkte aus. Möglich ist es indessen, dasz die Beurtheilung der Frage, ob ein Civilunrecht da sei, in Conflict geräth mit dem Entscheid über die Frage, ob öffentliches Recht ausgeübt worden sei; und da musz es, wenn erst ein solcher Conflict entstanden ist, auch der Regierung zustehen, ihre Competenz in dieser Regierungssache zu handhaben und zu vertreten, wie dem Gerichte die seinige in der Justizsache. Dann kann ein solcher Streit, der nicht mehr zwischen den Parteien jenes Processes, sondern nun zwischen Regierung und Gericht geführt wird, auf dem Wege des Conflictverfahrens ausgetragen werden. Die principielle Erledigung desselben aber ist wieder einfach. Die definitive Entscheidung über jene Regierungsfrage gebührt natürlich, wenn nicht in bestimmten Fällen zu besonders wirksamer Abwehr von Amtsmiszbrauch das Gesetz eine Ausnahme anordnet, der Verwaltung oder der Verwaltungsrechtspflege, und das Gericht, welchem dieselbe als Voraussetzung dient für die Beurtheilung des Civilanspruchs, musz sich an jene Entscheidung halten.

4. In der Regel stehen die statlichen Rechte dem State zu. Es gibt aber auch politische Rechte, welche den Individuen zukommen, und sogar solche, welche nicht zugleich öffentliche Pflichten, sondern Rechte sind, welche der freien Benutzung der Individuen anheimfallen. Es liegt somit hier eine stufenweise Annäherung an das Privatrecht vor.

Von der erstern Art sind z. B. die Pairsrechte, die Rechte der einzelnen Abgeordneten der Kammer, die Militärdienstpflicht, die Verpflichtung, ein Amt zu übernehmen, von der letztern die Stimmrechte der Urwähler, die Wählbarkeit zu öffentlichen Aemtern, das Recht eine Zeitung zu redigiren, das Recht an politischen Vereinen theilzunehmen u. dgl. Je mehr in diesen Rechten der rein politische Charakter vorherrscht, desto strenger wird an dem Princip festzuhalten sein, dasz dieselben in den Bereich der eigentlichen Statsgewalt gehören. Wenn sie aber den Privatrechten näher gerückt sind, so läszt sich begreifen, und es können selbst politische Gründe z. B. im Interesse der Wahlfreiheit oder der Preszfreiheit es wünschenswerth machen, dasz dieselben unter den Schutz der Gerichte, am beszten der Verwaltungsgerichte gestellt werden.

5. Ferner gibt es mancherlei Institutionen und Rechte von gemischter Natur, welche gewissermaszen mit dem einen Fusz auf privatrechtlichem Boden stehen, mit dem andern das Gebiet des Statsrechts betreten. Da hat denn eine genaue Ausscheidung der Regierungs- und der Gerichtssphäre Schwierigkeiten.

Es gilt das vorzüglich:

a) von den Gemeinden, und seitdem dieselben mehr als in ältern Zeiten zu öffentlichen Instituten geworden sind, in höherem Masze noch von andern öffentlichen Corporationen und Genossenschaften. Wenn Vermögensrechte, Eigenthum, Forderungen, Schulden Gegenstand eines Rechtsstreits der Gemeinde, sei es mit Individuen oder mit dem State, sind, so haben dieselben gleich andern Privaten auf gerichtlichen Schutz Anspruch, denn dann ist offenbar ihr Privatrecht in Frage. Dagegen ist schon die freie Disposition über das Gemeindevermögen, weil dasselbe für öffentliche Zwecke bestimmt ist, nicht ebenso eine reine Privatangelegenheit, sondern es kommen die Rücksichten der öffentlichen Wohlfahrt mit in Betracht, und es dehnt sich die Aufsicht der Regierungsgewalt ordnend und in manchen Fällen entscheidend darauf aus. So sind Streitigkeiten der Gemeinden unter einander über den Umfang des Gemeindebanns und über die Unterhaltungspflicht von Brücken und Wegen, soweit nicht ausnahmsweise eine privatrechtliche Begründung vorliegt, als Verwaltungs- oder eher als verwaltungsgerichtliche Sachen zu behandeln. Streitigkeiten zwischen der Mehrheit und Minderheit einer Gemeinde oder Corporation über die Gültigkeit von Beschlüssen sind, soweit die Statsaufsicht reicht, Verwaltungs- oder Verwaltungsgerichts-, soweit dieselben sich innerhalb der freien Privatsphäre bewegen, Civiljustizsache. Die Organisation endlich und die Begründung und Auflösung der öffentlichen Corporationen und sogar von reinen Privatcorporationen und Genossenschaften, insofern öffentliche Interessen, wie z. B. bei Actiengesellschaften die Rücksicht auf die Sicherheit des Credits, in Berücksichtigung kommen, was freilich bei den letztern nur ausnahmsweise der Fall ist, fallen wieder in den Bereich der Verwaltungs- oder der verwaltungsgerichtlichen Competenz, welche allein jene Rücksichten zu würdigen im Stande ist.

b) Die Standesverhältnisse ferner haben eine privatrechtliche und eine öffentliche Seite. Die Fragen freilich über eheliche oder uneheliche Geburt, Paternität, Verwandtschaft, über Art und Grad derselben sind reine Justizsache, weil rein privatrechtlich. Die Frage über Indigenat, Statsbürgerrecht und Gemeindebürgerrecht aber gehört vorzugsweise dem öffentlichen Rechte an, und es ist daher richtiger, wenn sie nicht als blosze Folge der Frage über die eheliche Geburt erscheint, als Verwaltungs- oder verwaltungsgerichtliche Sache zu behandeln.[8] Wenn die verschiedenen Stände, in die sich das Volk theilt, noch eine hauptsächlich privatrechtliche Bedeutung haben — in dem Mittelalter war das in höherem Masze der Fall als gegen-

[8] So in Deutschland gewöhnlich. Dagegen Belgische Verf. §. 93: „Die Streitigkeiten, welche statsbürgerliche Rechte zum Gegenstand haben, gehören vor die Tribunale, mit Vorbehalt der durch das Gesetz bestimmten Ausnahmen.“

wärtig, — so sind Streitfragen, ob ein Individuum diesem oder einem anderen Stande angehöre, Justizsache, wie denn auch die Ueberlieferung früherer Zeiten die gerichtliche Competenz hier noch vielfach bewahrt hat. Wo dagegen die Beziehung der Stände zu der Statsverfassung und dem Gebiete des öffentlichen Rechtes wichtiger geworden ist, da sind auch solche Streitigkeiten nach der Natur der Dinge eher als Verwaltungs- oder verwaltungsgerichtliche Sache zu behandeln. Ersteres gilt z. B. von der Qualität eines Kaufmanns, letzteres aber von der des Adels, insofern dieser zu einer politischen Institution geworden und nicht zu einer bloszen Reminiscenz verblichen ist, die nur auf die persönliche Stellung in der Privatgesellschaft einigen Einflusz hat.

c) Die Gewerbsbefugnisse beziehen sich auf die Ausübung eines Privatberufes und den Privaterwerb, und haben somit einen privatrechtlichen Gehalt. Aber soweit dieselben hinwieder nach Gründen des Gemeinwohls verliehen und geordnet werden, bleibt auch darüber der Entscheid der Verwaltung oder des Verwaltungsgerichtes vorbehalten.

d) Das Vormundschaftsrecht endlich hat wieder eine Doppelnatur. Zunächst dem Familien- und daher dem Privatrechte zugehörig, erscheint doch die Vormundschaft auch als eine öffentliche Pflicht, und bei den wichtigsten Fragen, z. B. der Ernennung und Entlassung von Vormündern, der obrigkeitlichen Erlaubnisz zu gewissen Rechtsgeschäften, der Anleitung für Stellung der Rechnung, der regelmäszigen Aufsicht und Controle der Verwaltung handelt es sich doch nicht um einfache Handhabung der Gerechtigkeit, sondern um öffentliche Sorge, welche innerhalb der Schranken des Rechts durch Gründe der Zweckmäszigkeit und Nützlichkeit geleitet wird und daher die Natur der Regierungssorge hat. Es beruht daher auf guten Gründen, wenn diese Seite in neuerer Zeit an Vormundschaftsbehörden übertragen wird, die dem Organismus der Verwaltung angehören.

6. Der Gegensatz der strafrechtlichen Gerichtsbarkeit und der sichernden Zucht der Polizeigewalt wurde oben[9] schon erörtert. Die nähere Begränzung beider Gebiete wird in neuerer Zeit gewöhnlich durch das Strafgesetz bestimmt.

[9] Buch VII. Cap. 9.

Neuntes Buch

Von der Culturpflege des States.

Erstes Capitel.

Verhältnisz des States zur Religion.

Religion und Kirche sind zwei sehr verschiedene, obwohl häufig verwechselte Begriffe. Die Religion ist die Verbindung des Menschen mit Gott, die Kirche ist die Gemeinschaft der Gläubigen zur Gottesverehrung. Das Wesen der Religion liegt in der unsichtbaren Einigung der menschlichen Seele mit Gott, und in ihrer Erfüllung durch Gott, die Kirche aber ist ein sichtbarer Organismus der Gemeinschaft, eine Anstalt zur Offenbarung und Reinigung des religiösen Lebens.

Dem Alterthum war diese wichtige Unterscheidung noch nicht klar. In den ersten Jahrtausenden der Menschheit war das Gefühl der Abhängigkeit der Menschen von Gott und den Göttern so überwältigend, dasz es gleichmäszig das ganze Volk umfaszte, und zugleich den Stat und alle seine Institutionen erfüllte und beherrschte. Zuerst regierten die Götter selbst, ihren Willen den Priestern offenbarend. Die Theokratie ist die Urform der ältesten Staten.

Später wurde die Regierung Menschen zugeschrieben und

anvertraut, aber die Religion blieb Statsreligion. Jeder Stat hatte seine besondern Götter, wie seine eigenthümlichen Einrichtungen und Gesetze, und um die Götter der andern Staten kümmerte er sich wenig. In jedem State war es Bürgerpflicht, die Statsgötter in der vorgeschriebenen Weise zu verehren. Nichtachtung derselben galt als Auflehnung gegen die Majestät des States, und war ein Statsverbrechen. Die von den Römern besiegten Völker wurden genöthigt, den Göttern der Sieger zu huldigen; aber ihre nationalen Götter wurden ihnen nicht genommen, so wenig als manche andere nationale Einrichtungen. In dem groszen Römerreiche häuften sich die Religionen wie die Völker, neben einander und einander duldend. Aber die Duldung war zunächst nicht für die Individuen, sondern für die Nationen gewährt. Und über allen Göttern erhaben thronte der Capitolinische Jupiter.

Erst Christus brachte eine gründliche Umgestaltung dieser Vorstellungen. Christus lehrte nicht eine Religion, wie sie das römische Reich oder der jüdische Stat vorgeschrieben hatten. Er war kein Priester und Verkündiger einer Statsreligion; er hatte auch weder Auftrag noch Vollmacht von dem State. „Ich komme von Gott; ich bin nicht von mir selbst gekommen, sondern er hat mich gesandt.“ „Wie mich mein Vater belehret hat, so rede ich.“ So unmittelbar war er sich seiner göttlichen Mission, seiner Einheit mit Gott bewuszt, und so Gottes voll war sein Geist, dasz er, wie kein anderer Prophet es gewagt, getrost sagen konnte, nicht wie die andern; „Der Herr spricht,“ sondern: „Wahrlich, ich sage euch“ etc.: „Ich bin die Wahrheit und das Leben.“ Dieser Gott aber, von dem seine Seele erfüllt war vollkommen, ganz und gar, war nicht mehr ein Nationalgott, wie auch der alte Jehovah der Juden gewesen. Christus verehrte in dem Einen Gott, zu dem er betete, den allmächtigen Schöpfer der Welt, den Vater aller Menschen.

Die christliche Religion ist somit unabhängig

von dem State und im Widerspruch mit dem bestehenden State als Offenbarung eines göttlichen Individuums in die Welt gekommen, und sie hat, obwohl miszachtet und verfolgt von dem State, die Gemüther ihrer ersten Bekenner ergriffen und ihr Reich ausgebreitet. Der Stifter selbst war „weil er Gott gelästert habe," als ein Statsverbrecher von dem jüdischen Senate verurtheilt und hingerichtet worden. Viele seiner Jünger und Nachfolger büszten mit dem Leben ihren Widerspruch gegen die herrschende Statsreligion, und starben für die Wahrheit ihres Glaubens den irdischen Tod, voller Zuversicht des ewigen Lebens ihrer Seele.

Aus diesen Erlebniszen muszten zwei Fundamentalsätze von groszer Tragkraft den Christen offenbar werden: 1) Die Religion ist, wie nicht das Product des States, so auch in ihrem Wesen von dem State unabhängig. 2) Die Religion erfüllt das Individuum mit göttlichem Geiste, und verbindet die unsterbliche Seele mit Gott. Sie ist daher überall kein Verhältnisz des menschlichen Rechts, sondern gehört wesentlich dem ewigen und geistigen Reiche an, von dem Christus gesagt: „Es ist nicht von dieser Welt."

Der erstere negative Satz fand früher allgemeines Verständnisz und Anerkennung, als der zweite positive. Die christliche Kirche war seit ihrem Bestande immer geneigt, die Unabhängigkeit der Religion von dem Willen und dem Gebote des States zu behaupten und zu vertreten. Sie erkannte darin auszer der göttlichen Wahrheit auch den festen Grund ihrer eigenen Selbständigkeit dem State gegenüber. Wenn es daher auch später noch „Statsreligionen" gab, so hatte das Wort doch einen andern Sinn bekommen. Sie war keine statliche, keine nationale Religion mehr. Sie leitete auch ihre Wahrheit und Geltung nicht von dem Gesetze des States ab, sondern suchte und fand ihre innere Begründung in einer Offenbarung, die in keiner Beziehung in dem Reiche der Statsmacht lag noch liegen konnte. Statsreligion konnte demgemäsz nur noch bedeuten, die von dem State als wahr erkannte und anerkannte Religion, die Religion, deren Gebot der Stat selbst sich unterwarf. Nicht weil der Stat sie gutgeheiszen hatte, galt sie, sie bedurfte der statlichen Autorität nicht, sondern umgekehrt, der Stat gehorchte der göttlichen Autorität, indem er sie auch als seine Religion bekannte.

Nicht zu allen Zeiten ebenso günstig war die Kirche dem zweiten Satze, auf dem das Princip der sogenannten individuellen Gewissensfreiheit ruht. Vielmehr wenn das individuelle Bewusztsein in Glaubenssachen zu Zwiespalt kam mit ihrem gemeinsamen Bekenntnisz, so nahm sie nicht selten das Schwert des States zu Hülfe, und versuchte alle Qualen und Leiden der statlichen Strafgerichtsbarkeit, um auch die unsterbliche Seele nach ihrem Willen zu zwingen. Dem State verstattete sie nicht Herrschaft zu üben über ihren Glauben, aber sie selber übte während Jahrhunderten mit Mitteln der Statsgewalt Herrschaft über den Glauben der Individuen. Es bedurfte groszer Erfahrungen und Kämpfe, bis Stat und Kirche sich endlich davon überzeugten, dasz ein solches Verfahren dem Grundprincip des Christenthums zuwider sei.

Herrschaft kann somit der Stat gar keine ansprechen, soweit das geistige Gebiet der Religion reicht. Aber damit allein ist das Rechtsverhältnisz des States zur Religion noch nicht bestimmt. Vielmehr ist dieses nach zwei Seiten hin noch näher zu erwägen und zwei Hauptfragen zu beantworten:

I. Wie ist das rechtliche Verhältnisz des States zu dem religiösen Leben der Individuen?

II. Wie ist sein Verhältnisz zu dem Dasein und Leben der religiösen Gemeinschaften. Kirchen und Secten?

Zweites Capitel.

I. Der Schutz der individuellen Religionsfreiheit. Bekenntniszfreiheit.

1. Das religiöse Leben der Seele ist wie alles innere Geistes- und Gemüthsleben des Menschen dem menschlichen Rechte entzogen und der Herrschaft des States nicht unterthan. Die Unabhängigkeit derselben vom State versteht sich schon deszhalb von selbst, weil dieser nicht in die Seele hineinsieht, noch eine Macht hat über ihre Gedanken und Gefühle. Sein Gebiet ist ein sichtbares, seine Ordnung eine leibliche. Das religiöse Leben des Individuums kann in den Bereich des menschlichen Rechtes erst dann kommen, wenn es sich äuszerlich kund gibt. Die religiöse Freiheit oder die Gewissensfreiheit ist somit nicht ein Erzeugnisz der menschlichen Rechtsentwickelung, und wenn wir auf das Wesen sehen, überall kein (menschlicher) Rechtsbegriff. Sie ist von Gott in die menschliche Seele gepflanzt, und Gott hat sich vorbehalten auf unsichtbaren Wegen die Seele zu ergreifen und zu erfüllen, und so auch ihr unsichtbare Wege zu sich eröffnet. Die Freiheit, die er ihr gegeben und vor der Gewalt des States durch Unsichtbarkeit geschützt hat, gehört zu dem ewigen Reiche, in dem nicht der irdische Stat, sondern Gott selber herrscht. Dieselbe in Ehrfurcht anzuerkennen und gewähren zu lassen ist daher Pflicht des States, dem es klar sein musz, dasz er hier an die Gränzen seiner Macht gekommen ist.

2. Ist so die individuelle Glaubensfreiheit eine sittliche, auszerhalb des Statsbereiches wurzelnde, so erscheint dagegen die Freiheit des Bekenntnisses auch äuszerlich, und wird so wenigstens erfaszbar für das menschliche Recht. Sie ist voraus eine Folge der erstern, und folglich wie jene auch zunächst von dem State einfach anzuerkennen. In der That läszt sich gegen den Satz, den Vinet mit so groszem

Ernst und Nachdruck ausgesprochen hat, nichts einwenden: „Die freimüthige Offenbarung der religiösen Ueberzeugung ist ein Recht, weil eine Pflicht."[1] Aber weil und insofern das Bekenntnisz sich äuszerlich kund gibt, so findet es in dem Dasein der äuszern Rechtsordnung theils Schutz, theils Schranken, die es beachten musz, und wird so die ursprünglich unendliche Freiheit derselben durch das Recht geschützt und begränzt, ihr Begriff um dieser Begränzung willen auch zum Rechtsbegriff.

3. Des statlichen Schutzes bedarf die Bekenntniszfreiheit des Individuums, weil dieses ohne denselben zwar die Freiheit zu glauben hätte, aber an der Offenbarung und Bekundung seines Glaubens gehindert werden könnte. Wegräumung jedes Zwanges und Behinderung jeder Verfolgung des Individuums um seines Bekenntnisses willen ist daher eine Sorge des States.[2] Sie äuszert sich in folgenden Anwendungen:

a) Der Stat selbst darf keinen Zwang üben, um das

[1] *Vinet* „Essai sur la manifestation des convictions réligieuses." p. 190: „La franche manifestation des convictions réligieuses est *un droit* puisqu'elle est *un devoir*," und anderwärts: „Gott ist die Wahrheit. Der Mensch soll wahr sein und wahr sein dürfen." Schon Tertullian bei Böhringer Kirche Christi I. S. 286: „Wer die Wahrheit erkannt hat, kann nicht anders, er musz ihr anhangen." Ein ebenso aufrichtiger als beredter Vertreter der Bekenntniszfreiheit ist der Amerikaner Channing, mit dem Vinet in den Grundansichten — beide gehen vom Individuum aus — merkwürdig übereinstimmt, obwohl dieser von jenem erst in seinem spätern Alter die Kunde bekommen hat.

[2] Vinet verwirft in der Tendenz, das religiöse Bekenntnisz völlig frei und unabhängig von dem State zu stellen, selbst den Schutz des States. Er fürchtet, dasz aus dem Schutze die Verfolgung hervorgehe. „Jede geschützte Religion", sagt er, „wird verfolgen, und sie wird es thun für ein Jota von Theologie, für ein Atom von Philosophie. Es gibt aber nichts entsetzlicheres auf der Welt als die Tyrannei des dogmatischen Eifers." Aber wer kann denn das Individuum vor dieser Verfolgung der kirchlich gereizten Mächte bewahren als der Stat, welcher die individuelle Bekenntniszfreiheit als solche in seinen Schutz nimmt?

Individuum zu einem Bekenntnisse zu nöthigen, welches mit dem Glauben desselben im Widerspruch ist, somit von diesem Individuum doch nur eine Lüge oder Heuchelei wäre.

Dem ganzen christlichen Mittelalter war dieses Princip fremd. Mit Feuer und Schwert wurde der Glaube verbreitet, und wurden die Besiegten gezwungen, sich zu der Religion der Sieger zu bekennen. War das Bekenntnisz auch anfangs nur auf den Lippen, nicht in den Herzen, so hofften die glaubenseifrigen Sieger doch, dasz die Macht der von ihnen geglaubten Wahrheit später auch die Seele der Besiegten einnehme, und so auch für sie zu voller Wahrheit werde; und allerdings hinderte die unreine Form der ersten Nöthigung zum Christenthum nicht, dasz dieses feste Wurzeln schlug, und nach und nach mit seinem eigenen Geiste die bekehrten Völker befruchtete.

Jener Zwang aber war weder dem Geiste des Christenthums gemäsz — Christus hatte jede äuszere Gewalt vermieden, und auch seinen Jüngern untersagt — noch in Harmonie mit dem wahren Rechte des States. In unserer Zeit ist der reinere Grundsatz nun zu allgemeiner Anerkennung gelangt.[3]

[3] Preuszisches Landrecht II. 11, §. 1—4: „Jedem Einwohner im State steht für seine Person vollkommene Glaubens- und Gewissensfreiheit zu. Die Begriffe der Einwohner des Stats von Gott und göttlichen Dingen, der Glaube und der innere Gottesdienst können kein Gegenstand von Zwangsgesetzen sein. Niemand ist schuldig über seine Privatmeinungen in Religionssachen Vorschriften vom State anzunehmen." Vgl. preuszisches Gesetz vom 30. März 1847. Bayerisches Religionsedict §. 2: „Er (der Einwohner des Reiches) darf in Gegenständen des Glaubens und Gewissens keinem Zwang unterworfen, auch darf Niemanden, zu welcher Religion er sich bekennen mag, die einfache Hausandacht untersagt werden." Französische Charte von 1814 §. 5: „Jeder bekennt (professe) seine Religion mit gleicher Freiheit und genieszt für seine Gottesverehrung den nämlichen Schutz." Belgische §. 15: „Keiner ist gezwungen auf irgend eine Weise an den Handlungen und Feierlichkeiten eines Gottesdienstes Theil zu nehmen, oder die Ruhetage derselben zu beobachten." Holländische §. 164: „Jeder bekennt seine reli-

Der Stat darf daher keine Gesetze erlassen, durch welche geboten wird, einen bestimmten Glauben zu bekennen, keinen Kirchenbesuch, keine Beichte befehlen. All diese Freiheit setzt indessen mündige Individuen voraus, die ihrer fähig sind. Die Frage der religiösen Erziehung der Kinder kann daher von diesem Princip allein aus noch nicht genügend beantwortet werden. In der Regel freilich handeln hier die Eltern für das Kind nach ihrer individuellen Bekenntniszfreiheit; aber wenn die Eltern überall nicht oder offenbar schlecht für das Kind sorgen, so kann im Interesse des Kindes unter Umständen eine obervormundschaftliche Sorge des States ergänzend eintreten, und dafür sorgen, dasz das von den Eltern vernachlässigte Kind eine religiöse Erziehung erhalte.[4]

giösen Meinungen mit vollkommener Freiheit.“ Preuszische Verf. §. 12: „Die Freiheit des religiösen Bekenntnisses, der Vereinigung zu Religionsgesellschaften und der gemeinsamen häuslichen und öffentlichen Religionsübung wird gewährleistet. Der Genusz der bürgerlichen und statsbürgerlichen Rechte ist unabhängig von dem religiösen Bekenntnisse.“ Oesterreichische Verf. v. 1867. §. 14. Ebenso. — In dem romanischen Süden Europa's ist das Princip indessen noch nicht durchgedrungen, wie theils das Stillschweigen darüber, theils die Art beweist, wie demselben eine kümmerliche und stückweise Anerkennung zu Theil wird. Portugiesische Verfassung von 1826 §. 6: „Die römisch-katholisch-apostolische Religion wird fortwährend die Religion des Königreichs sein, alle übrigen Religionen sind den Fremden mit häuslichem Gottesdienste gestattet, ohne äuszerliche Zeichen und Tempel.“ Aber auffallender ist, dasz noch im Jahr 1848 der schweizerische Bund es nicht wagte, den Grundsatz allgemein anzuerkennen. Der §. 66 sagt nur: „Die freie Ausübung des Gottesdienstes ist den anerkannten christlichen Confessionen im ganzen Umfange der Eidgenossenschaft gewährleistet.“ In einzelnen Cantonalverfassungen findet sich die vollere Anerkennung vor.

[4] Das gilt z. B. auch von der Frage der sogenannten Zwangstaufe. Judenkinder sind gewisz nicht gegen den Willen der Eltern zu taufen, aber wenn es in einem christlichen State Eltern gibt, die äuszerlich selber als Christen gelten, aber aus Liederlichkeit und Frivolität vorziehen, ihre Kinder nicht taufen zu lassen, und ihnen gar keine religiöse Erziehung zu geben, so hat die Obervormundschaft wohl guten Grund, so verwahrloste Kinder auch vor ihren Eltern und die

b) Er darf nicht dulden, dasz die Kirche äuszern Zwang übe, um zu einem Bekenntnisse oder zu einer gottesdienstlichen Handlung zu nöthigen. Die Kirche freilich mag ihrerseits ihr Bekenntnisz feststellen und mit allen geistigen und moralischen Mitteln, die ihr zustehen, dahin wirken, dasz dieses Bekenntnisz in allen ihren Gliedern lebendig erhalten bleibe. Zu diesem Behuf steht ihr auch ein Recht der Kirchenzucht zu; und der Stat kann es ihr nicht in der Regel wehren, dasz sie Individuen, welche ihr gemeinsames Bekenntnisz verwerfen, aus ihrer Gemeinschaft ausschliesze (excommunicire).

Verfährt sie dabei zu engherzig und unduldsam, so wird das ihr eigener Schade sein. Weil alle Bekenntnisse der Ausdruck des Zeitbewusztseins sind, so können sie keine absolute Geltung für alle Zeiten ansprechen, und musz auch die zeitgemäsze Fort- und Umbildung ihres Inhalts und ihrer Form anerkannt werden. Insbesondere ist den protestantischen Kirchen dieses Princip der Entwicklungsfähigkeit eingepflanzt. Wenn aber eine Kirche von ihrem Rechte Miszbrauch macht, um die Statsautorität zu beleidigen, die bürgerliche Rechtsordnung zu verletzen und Unfrieden zu stiften, dann wird der Stat gerechte Ursache haben, auch solchem Miszbrauch entgegen zu treten.

c) In dem byzantinischen Reiche und während des ganzen Mittelalters überall galt Häresie als ein strafbares Verbrechen. Die „Ketzer“ wurden nicht etwa nur von der Kirchengemeinschaft ausgeschlossen, sondern in Folge ihres hartnäckigen Beharrens auf der Irrlehre am Vermögen bestraft.[5]

wahre Freiheit jener durch eine sorgfältigere Erziehung zu schützen. Das österreichische Gesetz vom 25. Mai 1868 verpflichtet die Eltern zu der religiösen Erziehung der Kinder und regulirt diese Pflicht zugleich als Recht.

[5] Schon Constantin d. Grosze, der das erste Toleranzedict erlassen hat (313) und geneigt war, Christenthum und Heidenthum neben einander zu dulden, behandelte doch die Ketzer durch das Gesetz vom Jahr 326 c. 1. C. de haereticis mit Ungunst: „Haereticos non solum his privilegiis alienos esse volumus, sed adversis muneribus constringi et sub-

Die ganze Härte der Strafgerichtsbarkeit wurde aber erst gegen die Ketzer gerichtet,[6] seitdem im Mittelalter die päpstliche Autorität ihren Höhepunkt erreicht hatte. Die Todesstrafe durch Verbrennung wurde nun zu der regelmäszigen Ketzerstrafe. Das aufrichtige Bekenntnisz des von dem Individuum für wahr gehaltenen Glaubens wurde somit, wenn es nicht mit dem allgemeinen Glauben zusammenstimmte, als schwerstes Verbrechen behandelt, und von der grausamsten Strafe befreite nur die Verläugnung der individuellen Wahrheit. Selbst nach der Reformation, welche das Princip der Gewissensfreiheit zuerst wieder mit Kraft behauptet,[7] und

jici." Seit Theodosius wurden die Gesetze gegen die Ketzer strenger. Mit Vermögensverlust wurden als Statsverbrecher von den folgenden Kaisern alle Ketzer (haereticum dicimus, quicunque catholicae ecclesiae et orthodoxae et sancte fidei nostrae non est" c. 12. C. h. t.), die Manichäer sogar mit der Todesstrafe bedroht, und nur ausnahmsweise Duldung verstattet.

[6] Innocenz III. in c. 10 D. Greg. IX. v.: „Quum enim secundum legitimas sanctiones reis laesae majestatis punitis capite bona confiscentur eorum filiis suis vita solummodo ex misericordia conservata; quanto magis aberrantes in fide domini Dei filium Jesum offendunt — ecclesiastica debent districtione praecidi et bonis temporalibus spoliari, cum longe sit gravius aeternam quam temporalem laedere majestatem" und in c. 13. cod.: „Moneantur autem et inducantur et si necesse fuerit per censuram eccles. compellantur seculares potestates quibuscunque fungantur officiis, ut sicut reputari cupiunt et haberi fideles, ita pro defensione fidei praestent publice juramentum, quod de terris suae jurisdictionis subjectis universos haereticos ab ecclesia denotatos bona fide pro viribus exterminare studebunt." Sachsenspiegel II. 13. 4. 7: „Svelk kersten man oder wif angelovich is unde mit tovele umme gat oder mit vergiftnisse, unde des verwunnen wirt, den sol man uppehert bernen." Vgl. Bluntschli Geschichte der Bekenntniszfreiheit. Ein Vortrag. Elberfeld 1867.

[7] Luther, Tractat von der Beicht: „Denn in dem Gewissen will Gott allein sein und sein Wort allein regieren lassen; da soll Freiheit sein von allen Menschengesetzen. — Zu dem Glauben kann und soll man Niemand zwingen, sondern Jederman vorhalten das Evangelium und vermahnen zum Glauben, doch den freien Willen lassen zu folgen oder nicht zu folgen. Es sollen alle Sakramente frei sein Jedermann. Wer nicht getauft sein will, der lasz es anstehen. Wer nicht

deren Führer von dem individuellen Glauben und der individuellen Erkenntnisz aus den Kampf gegen die hergebrachte Autorität der Kirche unternommen hatten, wurde dasselbe doch wieder auch in protestantischen Ländern verkannt. Der Westphälische Friede, welcher die Parität des katholischen und der protestantischen Bekenntnisse einführte, enthielt doch noch ein Verbot aller andern Religionen innerhalb des Reichs. (Pac. Osnab. VII. §. 2). Noch in den letzten Jahrzehnten des XVIIten Jahrhunderts und in das XVIIIte hinein erneuerte Ludwig XIV., der Beschützer der Wissenschaft und der schönen Literatur, in dem feingebildeten und geistreichen Frankreich die Verfolgungen der

will das Sacrament empfangen, hat sein wohl Macht." — Und in der Schrift von der weltlichen Obrigkeit: „Das weltlich Regiment hat Gesetz, die sich nicht weiter erstrecken, denn über Leib und Gut und was äuszerlich ist auf Erden. Denn über die Seele will und kann Gott Niemand lassen regieren, denn sich selbst allein. Darum ob weltlich Gewalt sich vermiszt den Seelen Gesetz zu geben, da greift sie Gott in sein Regiment und verführt und verderbt nur die Seelen. Gott allein erkennt nur die Herzen, darum ist es unmöglich und umsonst Jemanden zu gebieten oder mit Gewalt zu zwingen, so oder so zu glauben. Weil es den Jeglichem auf sein Gewissen liegt, wie er glaubt oder nicht glaubt, und damit der weltlichen Gewalt kein Abbruch geschieht, soll sie auch zufrieden sein und ihres Dinges warten, und lassen glauben so oder so, wie man kann und will, und Niemanden mit Gewalt dringen. Denn es ist ein frei Werk um den Glauben, dazu man Niemand kann zwingen." Der Kirchenvater Athanasius, der auch die Bitterkeiten der Verfolgung gekostet, hatte schon ähnlich gesagt (Böhringer I. II. S. 51): „So macht der Teufel, wenn er keine Wahrheit hat, seinen Angriff mit dem Beil und der Axt, und zersprengt die Thüren derjenigen, welche ihn aufnehmen; der Heiland aber ist sanftmüthig und spricht: „wenn mir Jemand nachfolgen will," und braucht keine Gewalt, sondern klopft vielmehr an. Denn nicht mit Schwertern und Spieszen noch durch Soldaten wird die Wahrheit verkündet, sondern durch Ueberzeugung und Rath. Was ist aber dort für eine Ueberzeugung, wo Furcht vor dem Kaiser ist, oder was ist dort für ein Rath, wenn der Widersprechende am Ende verbrannt oder getödtet wird." Die verfolgten Gläubigen erkannten diese Wahrheit, die triumphirenden achteten sie nicht ebenso ihren Gegnern gegenüber, und der Stat zog bald im Dienste der einen bald der andern sein Schwert. Vgl. unten die Anmerkung.

Protestanten mit grausamer Heftigkeit, und wurden in dem freien England hinwieder die Papisten zu Sclaven gemacht inmitten einer Nation von freien Männern.[8] Die sogenannte Duldungsacte von 1689, welche die dissentirenden Protestanten von den Strafen der Häresie befreite, wurde als ein groszer Fortschritt angesehen, und doch nahm sie noch die Papisten ausdrücklich aus.

Den Nordamerikanern gebührt in erster Linie das Verdienst, zuerst die Religionsfreiheit als ein Statsprincip der neuen Zeit ausgesprochen zu haben. Als der fromme Calvinist Roger Williams für die Colonie Providence zuerst 1636 den Grundsatz gesetzlich einführte, dasz keinerlei Zwang in Glaubenssachen geübt werden dürfe, war das gegenüber der damaligen Intoleranz auch der übrigen Colonien eine seltsame Neuerung, und nur versuchsweise wurde das Statut 1648 von der Krone bestätigt. Dem Beispiele folgte der katholische Lord Baltimore für Maryland 1649, indem er nur Glauben an Christus forderte, aber von dem Gegensatze der christlichen Confessionen absah. Endlich begnügte sich der Quäcker William Penn für Pennsylvanien mit dem Glauben an Einen Gott, den Schöpfer und Regierer der Welt, 1682.[9]

Es dauerte noch mehr als ein Jahrhundert, bis das neue Princip in weiterem Umfange anerkannt wurde. Erst die neue Weltperiode seit 1740 mit ihrer philosophischen Bildung wagte den Fortschritt aus der mittelalterlichen Gebundenheit. Friedrich der Grosze von Preuszen war der erste König, der dasselbe energisch verkündete und handhabte. Es war ein groszes Wort, das er aussprach: „In den Preuszischen

[8] Russell, engl. Verf. c. 13. Der König Wilhelm III. that alles Mögliche, um das Princip der Glaubensfreiheit in weiterem Umfang zur Anerkennung zu bringen, aber dasselbe war durch Jakob II., der es zur Wiederherstellung des Katholicismus ausbeuten wollte, in den Augen der Engländer verdächtig geworden.

[9] Vgl. Ed. Laboulaye historie des Etats Unis. tom. I.

Landen kann ein Jeder nach seiner Façon selig werden." [10] Seit dieser Zeit brach sich das anerkannte Princip Bahn, langsam freilich, und nicht ohne wiederholte Verdunkelung zu erfahren. [11] Der Stat fing an einzusehen, dasz seine Gewalt miszbraucht werde im Dienste der kirchlichen Verfolgungssucht, und dasz vielmehr es seine Pflicht sei, die religiöse Freiheit des Individuums vor derselben zu schützen. Die Häresie, als eine Krankheit der Seele, wurde aus dem Verzeichnisz der strafbaren Vergehen ausgestrichen.

d) Der Austritt aus einer Kirchengemeinschaft und der Uebertritt in eine andere Kirche oder Secte wird ferner von dem State nicht mit Strafe bedroht, sondern auch hier die individuelle Gewissensfreiheit geschützt. Auch das sind nothwendige Folgen des Grundprincips.

Unsere Zeit ist indessen noch nicht zu einer vollen ruhigen Anerkennung derselben gelangt. Wenn auch das Gesetz nun die Freiheit einfach schirmt, so wird doch die öffentliche Meinung noch viel zu leidenschaftlich von dem Uebertritte einzelner Individuen afficirt. Es ist das ein Zeichen, dasz das Gesetz des States dem Volksgeiste hier vorangeschritten ist. Die einen preisen und die andern hassen den Convertiten. Die einen erwarten von dem Glaubenseifer desselben grosze Wir-

[10] Schon im Antimachiavell schrieb Friedrich sehr schön: „Maintenir le gouvernement civil avec vigueur et laisser à chacun la liberté de conscience; être toujours Roi et *ne jamais faire le Prêtre,* est le sûr moien de préserver son Etat des tempêtes que l'esprit dogmatique des Théologiens cherche souvent à exciter." Und in dem Versuch über die Verfassungsformen: „Si l'on remonte à l'origine de la société, il est tout à fait évident, que le souverain n'a aucun droit sur la façon de penser des citoyens. Ne faudrait-il pas être en démence pour se figurer que des hommes ont dit à un homme leur semblable: nous vous élevons au dessus de nous, parce que nous aimons l'esclavage et nous vous donnons la puissance de diriger nos pensées à votre volonté?"

[11] Dem Toleranzedicte des Kaisers Joseph's I. folgten noch während seiner Regierung die härtesten Verordnungen gegen Andersgläubige. Vgl. Wilda, über Gewissensfreiheit in der Zeitschrift für deutsches Recht. XI. S. 181 ff.

kungen, und rühmen seine Wahrheitsliebe, die andern sehen in ihm einen Treulosen, und vermuthen eigennützige Beweggründe seiner That. Nur Wenige beurtheilen ihn unbefangen. Dennoch würde die Wahrheit in demselben Masze gewinnen und die Möglichkeit einer unehrlichen und immoralischen Aenderung des Bekenntnisses sich vermindern, wenn die öffentliche Meinung sich zu der Unbefangenheit des Gesetzes zu erheben vermöchte. Würde man das Bekenntnisz der individuell erkannten und bekannten Wahrheit nicht mehr als etwas Ungewöhnliches und Besonderes ansehen, so würde der Uebertritt weder zu besonderem Verdienst angerechnet, noch als eine schwarze That verdammt werden. Wie im Groszen die verschiedenen Religionen und Confessionen einen Sinn und eine Berechtigung haben, so unterscheidet sich auch der Zug der Individuen im Kleinen, und innerhalb der gröszern gleichgesinnten Massen offenbaren sich einzelne individuelle Abweichungen, welche naturgemäsz zum Anschlusz an andere ferner gelegene Massen gravitiren. Durch solche Uebertritte der Individuen wird das Verhältnisz im Groszen nicht leicht geändert; erst wenn die Massen selber in Flusz kommen, tritt eine Aenderung in den Kirchen ein. Auch die Kirche hat daher keinen Grund von dem Uebertritt Einzelner viel zu hoffen oder viel zu fürchten.

Als unstatthafte Strafe sind auch alle bürgerlichen Nachtheile zu betrachten, welche mit dem Uebertritte verbunden werden, z. B. die Beschränkung in der Wahl des Aufenthalts, oder in der Ausübung eines Berufs u. dgl. Wenn aber im Allgemeinen schon einzelne bürgerliche Rechte anders geordnet oder beschränkt sind mit Bezug auf die Bekenner einer bestimmten Religion, so versteht es sich in der Regel, dasz das übergetretene Individuum nun auch in bürgerlicher Beziehung nicht mehr als ein Genosse seiner früheren Confessionsverwandten behandelt, sondern den neuen Confessionsgenossen gleich geachtet wird. Der Jude, dessen bürgerliches Recht beschränkt war, tritt zum Christen geworden aus diesen Schranken hinaus. Aber im umgekehrten Falle würde auch den zum Juden gewordenen Christen das Judenrecht zukommen. Katholische Ehegatten und katholische Priester, welche protestantisch werden, fallen unter das Ehe- und Scheidungsrecht der Protestanten, so lange dasselbe noch confessionell geordnet ist, und umgekehrt die Ehe von Protestanten, welche katholisch werden, wird unauflöslich. Es ist wahr, der Uebertritt kann lediglich um solcher Wirkungen willen vollzogen werden.[12] Das ist aber ein gemeinsames Uebel aller moralischen Freiheit, dasz sie auch aus unedlen Motiven miszbraucht werden kann, und eine Beschränkung derselben, es wäre denn, dasz offenbarer Hohn und Scandal beabsichtigt würde, um dieser Gefahr willen keineswegs zu rechtfertigen.

e) Die Freiheit ferner der Hausandacht und des häuslichen Gottesdienstes wider Anfechtung auch des Pöbels zu schützen, ist eine Statspflicht, welche auf dem obigen Grundprincipe ruht, und keineswegs eine Gunst, welche der Stat willkürlich gewährt oder versagt. Indessen folgt aus der individuellen Gewissensfreiheit nur die Freiheit der Familie — diese allerdings in dem weiten Sinne des freundlichen Zusammenhangs nicht blosz der Ehe- und Blutsverwandten eines Hauses, sondern auch der Hausfreunde und Dienstboten — in der ruhigen Abgeschlossenheit der Privatwohnung Gott nach ihrer Weise zu verehren.[13] Wenn der

[12] Ich höre, dasz in Bayern, wo katholische und protestantische Sträflinge in verschiedenen Zuchthäusern untergebracht waren, schon mehr als einmal der Uebertritt aus einer Confession zu der andern erklärt worden sei, lediglich um während des Transports die Gelegenheit zur Flucht zu erhaschen.

[13] Westphälischer Frieden von 1648. V. §. 34. Freilich nur für katholische Unterthanen protestantischer Fürsten, und für protestantische Unterthanen katholischer Landesherren: „Patienter *tolerentur* et *conscientia libera domi devotioni suae*, sine inquisitione aut turbatione *pri-*

Cultus öffentlich oder gemeinsam von einer über die Gränzen der Familie hinausreichenden Genossenschaft begangen wird, so entscheidet nicht mehr das Verhältnisz des Stats zu den Individuen, sondern es machen sich schon die Rücksichten auf das öffentliche Leben und die Gesammtheit geltend.

Auch die ungehinderte Theilnahme eines Individuums an dem öffentlichen Gottesdienste seiner Confession in fremdem Lande gehört hieher.[14]

Anmerkung. Das Gegentheil der Bekenntniszfreiheit, der Bekenntniszzwang, wurde bekanntlich zuerst von dem heiligen Augustinus principiell zu rechtfertigen gesucht, und es hat denn auch seine Lehre auf mehr als ein Jahrtausend den mächtigsten Einflusz auf die Gestaltung des positiven Rechts und die Praxis geübt. Es ist daher um so weniger überflüssig, seine Begründung zu prüfen und ihre Mängel darzulegen, je neuer und unsicherer noch die Anerkennung des Grundsatzes voller Freiheit ist. Im Kampfe wider die Donatisten, die als Verfolgte wieder die Gewissensfreiheit anriefen und verherrlichten, behauptete Augustin* das Recht und die Pflicht des States zu Zwangsmaszregeln, um den verderblichen Irrthum auszurotten. Auch er steht indessen der ersten Zeit des Christenthums und seiner Verfolgung durch

vatim vacare, in vicinia vero ubi et quoties voluerint, publico Religionis exercitio interesse, vel liberos suos exteris suae Religionis scholis aut privatis domi praeceptoribus instruendos committere non prohibeantur." Das preuszische Landrecht dehnt auch diese Freiheit viel weiter aus. II. 11, §. 7: „Jeder Hausvater kann seinen häuslichen Gottesdienst nach Gutfinden anordnen. §. 8. Er kann aber Mitglieder, die einer andern Religionspartei zugethan sind, zur Beiwohnung desselben wider ihren Willen nicht anhalten. §. 9. Heimliche Zusammenkünfte, welche der Ordnung und Sicherheit des States gefährlich werden könnten, sollen, auch unter dem Vorwand des häuslichen Gottesdienstes, nicht geduldet werden." Bayerisches Religionsedict §. 2 oben in Note 3, §. 3: „Sobald aber mehrere Familien zur Ausübung ihrer Religion sich verbinden wollen, so wird jederzeit hiezu die königliche Genehmigung erfordert." Russischer Codex I. §. 44, 45 bei Foelix, Revue III. S. 707.

[14] In den Zeiten der Verfolgung wurden auch protestantische Unterthanen, welche auszerhalb des Landes das Abendmahl feierten, und katholische, die in der Nachbarschaft an der Messe Theil nahmen, von den andersgläubigen Gerichten ihrer Heimat zur Verantwortung und Strafe gezogen.

* Wir folgen in der Darstellung seiner Lehre Böhringer a. a. O. I. III. S. 358 ff.

den heidnischen Stat noch zu nahe, um dem State als solchem, auch dem heidnischen State, die Herrschaft über die Gewissen zuzugestehen. „Als die Könige dem Herrn noch nicht dienten zu den Zeiten der Apostel, sondern noch tobten wider den Herrn und seinen Gesalbten, so konnte allerdings damals die Gottlosigkeit durch die Gesetze noch nicht gedämmt, sondern vielmehr nur ausgeübt werden. Denn so war der Gang der Zeit und so lautete auch die Verheiszung, dasz die Juden die Prediger Christi tödteten und glaubten, sie thuen Gott noch einen Dienst daran." Nur der christlich gewordenen Obrigkeit, dem christlichen State schreibt er das Recht und die Pflicht zu: „Darnach aber, als anfing auch jene Schrift erfüllt zu werden: „„Alle Könige werden ihn anbeten, alle Heiden ihm dienen"", wer, wenn er annoch vernünftig ist, wollte nun den Königen sagen: wollet euch gar nicht kümmern in eurem Reich, von wem gehalten oder bekämpft werde die Kirche eures Herrn?"

Man sieht, er hebt den Zusammenhang des States mit der wahren Kirche hervor, und die Pflicht jenes, für diese zu sorgen. Wenn da der Stat Zwang anwendet, so nöthigt er nicht zu bekennen, was ihm beliebt, sondern er handelt im Dienste der Wahrheit und zu einem göttlichen Zweck. Der Zwang geschieht daher zum Wohle derer, die ihn erleiden, zu ihrem ewigen Heile. „Nicht darauf soll man sehen, dasz sie, sondern wozu sie gezwungen werden, wovon sie abgerufen werden. Vom Bösen und Unerlaubten abzuhalten, das ist keine Verfolgung, das ist Besserung. Gehört es nicht zur treuen Hirtensorge, auch jene Schafe, die von der Heerde abgeirrt sind und Anderen in Besitz gefallen, aufzusuchen und sie zum Schafstall des Herrn selbst mit Schlägen, so sie nicht gutwillig folgten, wieder zurückzubringen? Wenn Jemand z. B. seinen Feind, der im hitzigen Fieber tobt, in einen Abgrund würde laufen sehen, würde er dann nicht vielmehr Böses mit Bösem vergelten, wenn er ihn so laufen, als wenn er ihn ergreifen und binden liesze? Und doch wird er ihm dann überaus beschwerlich und widerlich vorkommen, wenn er ihm gerade am nützlichsten und barmherzigsten sich zeigt. Aber nach vollkommen hergestellter Gesundheit wird er ihm um so reichlicheren Dank sagen, je weniger Schonung er von ihm gehabt zu haben finden wird."

Dem Widerspruch, den die Freiheit erhebt, sucht er zu begegnen, indem er auf die Mängel der menschlichen Freiheit und ihre Verderbnisz hinweiszt: „Der Mensch ist krank. Zwingt man ihn zum Guten, so raubt man ihm nicht die Freiheit, sondern verhilft ihm erst wahrhaft zu ihrem Besitz. Um der Bessern willen darf man nicht die Schlechtern auszer Acht lassen. Wenn der Schrecken der weltlichen Gewalt die Wahrheit verfolgt, so ist das für die tapferen Gerechten eine glorreiche Bewährung, den Schwachen aber eine gefährliche Versuchung; wenn sie aber die Wahrheit verkündigt, so ist das für die Schwankenden eine nützliche Mahnung, für die, die keine Vernunft annehmen wollen, eine gerechte Heimsuchung. Wie Viele werden durch die Macht der Gewohnheit oder durch die Furcht vor ihrer nächsten Umgebung oder durch Trägheit von der Sache der Wahrheit zurückgehalten? Da ist es der Schrecken der weltlichen Gewalt, der diese Bande brechen soll, eine bittere, aber heilsame Medicin. Nicht jeder der schont ist ein Freund, nicht jeder der schlägt ein Feind. Besser ist's mit Strenge lieben, als mit Milde täuschen. Gott selbst geht uns hierin vor. Wer kann mehr lieben als er? Und doch lehrt er uns nicht blosz auf sanfte Weise, sondern schreckt uns auch stets in heilsamer Art."

Da der Zwang nur durch den Zweck (Besserung) gerechtfertigt wird, so soll nach Augustin „vor Allem darauf Rücksicht genommen werden, dasz die gezüchtigt werden, vielmehr darin eine Mahnung erkennen, von ihrem Irrthum abzustehen, als eine Strafe für ihr Verbrechen. Würde man nur schrecken, nicht aber auch belehren, so würde die Gewalt ungerecht scheinen. Hinwiederum würde man nur belehren, nicht aber schrecken, so würden viele durch die alten Gewohnheiten Verhärtete kaum nur dazu gebracht werden können, den Weg des Heils einzuschlagen. Vielen, wie wir aus Erfahrung das wissen, hat es genützt, vorerst durch Furcht oder Schmerz gezwungen zu werden, damit sie nachher konnten belehrt werden, oder auch im Leben ausüben, was sie schon in Worten gelernt hatten. Die Furcht vor der Strafe, wenn man auch noch keine Liebe zum Guten hat, verschlieszt doch wenigstens die böse Lust in das Verschliesz des Gedankens. Dadurch, dasz einer fürchtet, was er nicht ertragen will, läszt er entweder die bisherige Leidenschaftlichkeit, die ihn an der Erforschung der Wahrheit hinderte, fahren, oder er wird dazu gebracht, die Wahfheit, die er bisher aus was immer für Gründen nicht kannte, kennen zu lernen, so dasz er aus Furcht entweder das Falsche nun abstöszt, an dem er hing, oder das Wahre sucht, das er noch nicht kannte." Auf den Erfolg des Zwangs beruft er sich dann zumeist. Die von ihm erlebten Erfolge hatten seine eigene Erwartung übertroffen. Er selbst hatte früherhin die Meinung getheilt, dasz Niemand zur Einheit des christlichen Glaubens gezwungen werden sollte, „damit wir nicht aus offenbaren Häretikern heuchlerische Katholiken erhalten;" aber die Erfahrung, dasz durch die kaiserlichen Zwangsgesetze grosze Städte dauernd für den katholischen Glauben gewonnen wurden und die Ketzerei vertilgt ward, überzeugte ihn von der Heilsamkeit jenes Zwangs.

Die Begründung Augustins läszt sich vorerst damit allein nicht aus dem Felde schlagen, das erwiedert wird: die Wahrheit sei mit Sicherheit nicht zu erkennen, daher auch nicht zu bestimmen, ob der Zwang, weil im Interesse der Wahrheit, nach Augustin, gerechtfertigt, oder, weil wider die Wahrheit selbst sich wendend, ungerecht sei; denn so stark ist in der menschlichen Seele der Trieb nach Wahrheit, und so bewuszt ist sie sich, dasz in Gott die Wahrheit sei, dasz sie nie an dem Gefühl und der — wenn auch immerhin noch unvollkommenen — Erkenntnisz der Wahrheit verzweifeln kann, und dasz auch die Begründung des entgegengesetzten Princips der Bekenntniszfreiheit hinwieder nur unter dieser Voraussetzung einen Sinn und einen Werth hat.

Eher läszt sich schon das einwenden, dasz, da jede Kirche ihr Bekenntnisz für das wahre hält und halten musz, der Stat consequenter Weise die Pflicht hätte, einer Kirche — der wahren — zu dienen, und alle andern, soweit seine Macht reicht, zu unterdrücken, dasz somit, wenn wir daran denken, dasz insbesondere die christliche Religion den Anspruch hat, die menschliche, nicht blosz eine nationale zu sein, in höherer Potenz dem „menschlichen" Stat auch die Aufgabe würde, alle andern Religionen auf der Erde und alle abweichenden Bekenntnisse mit Gewalt zu vertilgen. Diese Einwendung wagt sich freilich nicht unmittelbar an das Princip heran, aber sie macht doch, was die Entschlüsse des Statsmannes vornehmlich bestimmt, auf den practischen Uebelstand aufmerksam, dasz die Consequenz jenes Princips die Staten im Dienste der verschiedenen Bekenntnisse zu einem fortgesetzten Vertilgungskriege triebe, damit am Ende über dem allgemeinen Ruin Eine Kirche ohne Widerspruch ihren Triumph feierte. Das Mittelalter, welches durch Christenthum und Islam religiös gespalten und bewegt wurde, hatte in der That diesen Versuch gemacht, war aber durch die Erfahrung inne geworden, dasz die Macht des Schwertes die Gegensätze in der Natur und in der Geschichte der Völker nicht zu einem einheitlichen Systeme zu zwingen vermöge. Es muszte sich, von der höhern Macht der in der Weltgeschichte geoffenbarten göttlichen Weltordnung bezwungen, das Nebeneinanderbestehen, wie verschiedener Staten, so auch verschiedener Religionen und Bekenntnisse gefallen lassen.

Dieses practische Bedenken wird aber durch die Betrachtung unermeszlich gesteigert, dasz für den Menschen der Weg zur Wahrheit äuszerst schwierig und schlüpfrig ist, und ganz nahe an den Abgründen des Irrthums und an den Sümpfen der Täuschung vorbeiführt, wo Viele, und auch die, welche die Gewalt handhaben, stürzen und sinken, während vielleicht das verkannte und verfolgte Individuum einsam noch auf gutem Wege, und wäre es ein Umweg, wandelt. Wie nahe liegt insbesondere die Selbsttäuschung, welche die relative und subjective Wahrheit für die vollkommene und objective hält? Wie leicht würde jene Selbsttäuschung auch den redlichen Willen, der sich verpflichtet glaubt, die Wahrheit zu verbreiten, dahin führen, die abweichende subjective Wahrheit in einem Andern zu unterdrücken, obwohl in dieser nicht minder als in jener ein Strahl des göttlichen Lichtes ist? Wir sehen wie in der physischen Welt mancherlei Gegenstände in verschiedener Weise die einen Lichtstrahlen in sich aufsaugen, und die andern als Farbe zurückstrahlen. Wir sehen, wie so das Eine Licht in mannichfaltige Farben zertheilt und gebrochen wird. Wie nun, darf die rothe Farbe zur grünen sagen: in mir ist das wahre Licht, in dir aber das falsche, da doch in beiden wahres, nur nicht alles Licht ist! Oder darf selbst das Weisz, welches das volle ungetheilte Licht wiederspiegelt, fordern, dasz alle Farbenpracht erlösche, und nur es selbst in seiner Farblosigkeit mit seinem Widerpart dem schwarzen Schatten zurückbleibe? Wäre nicht auch diese Forderung der reichen Schöpfung zuwider, die Gottes Werk ist? So ist es aber auch in der Welt des geistigen Lichtes, und noch leichter ist da die Täuschung, welche die eigene Farbe für das vollkommene Licht hält, und den Bruder als Lügner befeindet, weil er eine andere Farbe bekennt. Und in geistig so feinen Dingen sollte die rohe Macht des Schwertes dem Eifer der unvermeidlichen Täuschung dienen, und alle anderen Farben auszer der eigenen zu vertilgen die Pflicht haben? Würde nicht eine solche Pflicht noch mehr in Widerspruch gerathen mit der Natur des geistigen Lebens, über welches sich Gott selber die Herrschaft vorbehalten hat?

Der wissenschaftliche Fehler in dem Raisonnement von Augustinus liegt darin, dasz er die Natur des States verkannt hat. Der erkannte Zusammenhang desselben mit der Kirche verleitete ihn, die beiden Gebiete des der Kirche gehörigen religiösen Lebens und Einflusses und der weltlichen Herrschaft des States zu vermischen, und diese — obwohl im Dienste der Kirche — auf das erstere religiöse Gebiet zu erstrecken. Der Theologe machte den Statsmann zu seinem Büttel. Daraus aber, dasz der Stat die Kirche zu schützen hat, folgt keineswegs, dasz er auch die, welche auszerhalb der kirchlichen Gemeinschaft stehen, verfolge Haben sie die weltliche Rechtsordnung des States nicht verletzt, so hat der Stat weder das Recht noch die Pflicht, sie durch weltliche Strafen heimzusuchen, und seine Gerichtsbarkeit auf ein Gebiet auszudehnen, welches, weil dem individuellen Geistesleben angehörig, von der weltlichen Rechtsordnung nicht begriffen wird. Ihre Seelen können vor dem Richterstuhl Gottes mit Schuld beladen sein, über ihre Gewissen aber ist dem State keine Gewalt gegeben.

Der Stat ist nicht ein Glied der Kirche, sondern ein selbständiger Organismus auszer der Kirche. Daher kann auch die Kirche nicht den Stat ihrer Autorität unterordnen.

Drittes Capitel.

Die rechtlichen Schranken der Bekenntniszfreiheit.

1. Man könnte daran denken, die Bekenntniszfreiheit nur insoweit zu gestatten, als in dem Bekenntnisz noch ein religiöser Fond zu erkennen ist, dagegen dieselbe nicht mehr zu dulden, wenn sich die Negation bis zum Atheismus verirrt. Besser aber ist es, wenn darauf verzichtet wird, eine Grenze zwischen erlaubtem und unerlaubtem Bekenntnisz in der unendlichen krummen Linie von der vollen Erkenntnisz und Verehrung des wahren Gottes bis zur gänzlichen Verneinung desselben und dem leeren Nichts zu finden und zu bezeichnen. Die Uebergänge sind zu fein und unmerklich, als dasz sich die Grenze sicher erkennen liesze; man denke nur an die Formen des Pantheismus, an den Fetischdienst, an den modernen Cultus des Menschgottes, in denen die Negation des lebendigen Gottes oft viel gröszer ist, als die Anerkennung eines göttlichen Elementes, und man erinnere sich, dasz ein absoluter Atheismus nur als leere Formel zu denken ist, und dasz selbst in dem unendlichen Nichts immer noch eine verborgene Kraft der Schöpfung mit gedacht werden musz, aus der eine Ahnung Gottes nicht ausgeschieden werden kann. Wird aber einmal das Grundprincip anerkannt, dasz nicht dem irdischen State, sondern nur Gott die Herrschaft über das Seelenleben zukomme, so hat der Stat auch kein Recht, die äusserste Verirrung eines Geistes, der dem Lichte entflieht und die schwarze Nacht sucht, zu bestrafen. Wie oft ist gerade für begabte Geister ein solcher Abweg nur ein Durchgangsmoment und der Antrieb zu neuem höheren Aufschwunge dem Lichte zu. Das Individuum soll wahr sein und wahr sein dürfen, nicht blosz wenn es die objective Wahrheit erkennt, sondern auch wenn es sie bezweifelt und verneint.

2. Hat so Jedermann ein Recht, ein subjectives wahres Bekenntnisz abzulegen, so darf er doch hinwieder bei seiner Aeuszerung nicht eine Form wählen, durch welche die von dem State anerkannten kirchlichen Anstalten beschimpft und in ihrem Bestande verletzt werden. Das individuelle Recht findet seine natürliche Grenze in dem Rechte des Andern und der Gemeinschaft, und der Stat hat hier zwiefache Pflichten zugleich zu beachten: er hat die individuelle Bekenntniszfreiheit und den Schutz der Kirche und ihres Rechtes auf äuszere Achtung ihrer Existenz mit einander zu verbinden. Er straft den Juden nicht, der in Christus nicht den Messias anerkennt, den Skeptiker nicht, der die Wahrheit der historischen Offenbarung läugnet, den pantheistischen Philosophen nicht, der in dem Menschen nicht ein Geschöpf Gottes sieht, sondern ihn für eine Entwicklungsphase Gottes hält. Aber wenn in einem christlichen State der Jude öffentlich auf Christus schimpft, oder der Skeptiker sich herausnimmt, an den christlichen Festtagen das kirchliche Volk dadurch zu kränken und zu ärgern, dasz er den Offenbarungsglauben als ein Erzeugnisz des Truges und eine Geburt der Dummheit verhöhnt, wenn der Philosoph die Kirche eine Thörin und Lügnerin schilt, weil sie den Glauben an die Schöpfung Gottes lehrt und bekennt, so greifen die Individuen in das Recht der Kirche über, und da sie dasselbe äuszerlich verletzen, so hat der Stat den Beruf, sie für diese Rechtsverletzung zu bestrafen.

Zwar ist es auch hier nicht immer leicht, die Grenze zu ziehen, an der sich erlaubte Polemik von strafbarer Beleidigung scheidet. Indessen sind doch hier überall äuszere Kennzeichen wahrnehmbar, aus welchen sich sowohl die subjective Neigung zu verletzen, als die objective Rechts- und Ehrenkränkung ermessen läszt, und es ist die weltliche Gerechtigkeit auch sonst befähigt und geübt, die äuszere Ehre vor unerlaubter Kränkung zu schützen. Vieles kommt bei der Beurtheilung auf die Umstände an. Es kann eine Aeuszerung in einem wissenschaftlichen Werke, weil sie durch den motivirenden Zusammenhang gewissermaszen ihres beleidigenden Elements entkleidet wird, oder dieses gleichsam gebunden erscheint, nicht strafbar sein, welche herausgerissen aus diesem Zusammenhang und mit der Absicht zu beleidigen, der Kirche ins Angesicht geschleudert, zu strafbarer Beleidigung wird.

3. Ferner ist der Stat vollkommen berechtigt, eine Form des freien Bekenntnisses, welche die öffentliche Wohlfahrt schädigt und als gemeingefährlich erscheint, zu untersagen und beziehungsweise zu bestrafen. Der Stat hat vor allen Dingen die Aufgabe, die öffentliche Wohlfahrt vor Schaden und Gefahr zu sichern, und nie darf die individuelle Freiheit bis zum Angriff auf jene ausgedehnt werden. Würde der Stat auf jenes Recht verzichten, so würde er sich selbst insoweit aufgeben. Was aber gemeinschädlich wirke, das zu bestimmen liegt in der Macht und in dem Rechte des States selbst, nicht der Individuen. Schützt er den Philosophen, dessen Speculationen den lebendigen Gott verneinen, in der wissenschaftlichen Darstellung seiner atheistischen Gedankenreihe, so braucht er dagegen nicht zu dulden, dasz ein Atheist das Volk um sich sammle und haranguire, noch zu gestatten, dasz Prediger oder Journalisten die sittlichen Fundamentalsätze, auf denen auch die Ordnung des States ruht, öffentlich bestreiten, die Gemüther verwirren und die bösen Leidenschaften, die in der Menge schlummern, entflammen.

Viertes Capitel.

II. Von der Statsreligion.

Bis auf die neueste Zeit war es die Meinung aller Parteien in allen Zeiten, dasz die Religion nicht allein eines der wichtigsten Fundamente auch der statlichen Ordnung sei, sondern dasz der Stat selbst der Religion nicht entbehren könne. Die alten noch heidnischen Römer unternahmen kein wichtiges Statsgeschäft ohne die Erinnerung an die Götter, und ohne deren Zustimmung und Gunst zu erbitten.[1] Und später zweifelte in Europa Niemand daran, dasz die Staten christlich geworden seien, wie denn auch ihre Feinde, die muhammedanischen Staten ebenso entschieden die Religion Muhammeds bekannten.

Erst in der neuesten Zeit wird die Neigung sichtbar, die Verbindung des States mit der Religion völlig zu lösen, und den Grundsatz zu vertheidigen, dasz der Stat als solcher weder eine Religion habe noch bekennen und fördern dürfe. Einen gröszern Antheil an dieser Tendenz hat wohl die Stimmung derer, welche auch individuell nur ungern an die Religion erinnert werden. Dieselbe ist aber auch schon von wahrhaft frommen Gemüthern im Namen der Bekenntniszfreiheit vertheidigt worden. Da diese Frage eher das Geistesleben des Stats als die Rechtsordnung betrifft, so gehört ihre Beantwortung eher der Politik zu. Aber das Statsrecht darf sie insoweit nicht ganz übergehen, als der Stat entweder eine bestimmte Religion zur Statsreligion erklärt oder doch von

[1] Cicero de Divinatione I. 16. §. 28: „Nihil fere quondam majoris rei, nisi auspicato ne privatim quidem gerebatur.“ Valer. Max. II. 1. §. 1 und die weiteren Stellen bei Rubino, Untersuchungen u. s. f. I. S. 44 ff. Cicero de Legibus II. 8. ff. schlägt ein ausführliches Sacralgesetz vor, in welchem sich der enge Zusammenhang auch der Götterverehrung mit dem Statsleben deutlich zeigt.

einer bestimmten Religion seine öffentlichen Institutionen abhängig macht.

Man darf die Statsreligion nicht mit der Statskirche verwechseln. Ein Stat kann eine bestimmte Religion haben und bekennen, z. B. die christliche, ohne einer nähern Form des christlichen Bekenntnisses, ohne einer besondern christlichen Kirche das ausschlieszliche Vorzugsrecht der Statskirche einzuräumen. Die Unterscheidungslehren der verschiedenen christlichen Confessionen und die mancherlei abweichenden Gebräuche derselben haben offenbar für den Stat und das Gebiet, in welchem er sich bewegt, ein weit geringeres, grösztentheils wohl gar kein Interesse. Die gemeinsamen christlichen Grundwahrheiten können ihm für sein Verhältnisz zu Gott völlig genügend erscheinen. Er kann somit christlich sein, ohne nothwendig auch katholisch oder protestantisch zu sein.

Die frühere Statengeschichte gab zwar den Staten gewöhnlich eine besondere confessionelle Richtung. Die ersten christlichen Staten waren katholisch oder arianisch, dann griechisch- oder römisch-katholisch. Der mittelalterliche Stat ist überall confessionell gebunden. Auch nach der Reformation waren die meisten europäischen Staten entschieden entweder katholisch oder protestantisch. Sie bekannten mit Nachdruck die besondere Form der christlichen Religion, und nur wenige gab es, in welchen, wie in der schweizerischen Eidgenossenschaft[2] und im deutschen Reiche,[3] die Unmöglichkeit, die getheilten Bekenntnisse zu einigen oder eines von beiden zur Herrschaft zu erheben, zur gleichmäs-

[2] Das Princip der Parität wurde in der Schweiz zuerst im Jahre 1529 anerkannt. Vergl. Bluntschli, Geschichte des schweizerischen Bundesrechts I. S. 327 ff.; aber es galt practisch nur in den gemeinen Herrschaften und in dem Bunde, nicht in den einzelnen Cantonen.

[3] Schon in dem ersten Religionsfrieden unter Karl V. ist der Keim solcher Parität zu erkennen, entwickelt ist er in dem westphälischen Frieden von 1648. Vgl. besonders Aegidi Fürstenrath S. 37 ff.

zigen Anerkennung zweier oder dreier Confessionen zwang. Nur sehr unvollständig und nur zur Noth wurde dann das Princip der Parität anerkannt. Erst seit der Erhebung Nordamerika's wurde der Stat von der Confession frei erklärt und die Confessionslosigkeit als Princip des modernen Stats proclamirt. (Verfassungsgesetz von 1791.) Der confessionslose Stat ist darum nicht religionslos und nicht gottlos. Er kann sogar, wie das in Europa und in Amerika noch immer der Fall ist, ein christlicher Stat wenigstens insofern sein, als er in dem Christenthum eine Grundlage seiner Civilisation und eine fortwirkende Macht verehrt, welche sein Verhältnisz zu Gott bestimmt und seine sittlichen Zustände reinigt und heiligt.[4] Nur ein dogmatisches Christenthum mit seinen Bekenntniszformeln und seinen Bekenntniszfesseln ist unvereinbar mit dem confessionslosen Stat, nicht aber das lebendige und wirksame Christenthum. In diesem Sinn kann das Christenthum die Religion eines States sein, der nicht mehr katholisch oder protestantisch ist, sondern die katholische und protestantische Kirche als gleichberechtigt anerkennt.

Seit Pufendorf und Rousseau spricht man überdem von einer Statsreligion (réligion civile) noch in einem andern Sinn. Da der Stat als eine Rechtsgemeinschaft Christen und Nichtchristen gleiches Recht gewährt, so kann er auch für seine statlichen Verhältnisse sich an die natürliche Religion halten, als die gemeinsame Grundlage der verschiedenen Offenbarungsreligionen. Wenn der Stat, wie es Rousseau vorgeschlagen hat, selber die Fundamentalsätze dieses gemeinsamen Gottesglaubens gesetzlich bestimmen will, so verfällt

[4] Lange a. a. O. S. 54: „Der Confessionalismus hat fast in ähnlichem Masze an dem Unglück der christlichen Staten gearbeitet, wie das Christenthum ihr Gedeihen, ihren Wohlstand und ihre Blüthe begründete.“

er aber neuerdings der Gefahr, die er vermeiden soll. Er spricht eine Formel aus, die Vielen ungenügend erscheint. Er macht ein Bekenntnisz zu einer Bedingung des Rechts, wofür es nicht paszt und bindet die äuszere sichtbare Rechtsordnung thörichter Weise an die unsichtbare Beziehung des menschlichen Geistes zu Gott. Die Annahme der natürlichen im Gegensatze auch zu der christlichen Offenbarungsreligion darf daher nur so gemeint sein, dasz der Stat es den Individuen überläszt, die leere Tafel je nach ihrem besonderen Glauben auszufüllen. In diesem Sinne einigt er dann Christen und Nicht-Christen als Bürger in gleicher Weise, und wo er für sein politisches Leben der Religion nicht entbehren kann, benutzt er diejenigen religiösen Anstalten, die sich ihm zunächst für seine Zwecke darbieten, sei es in einer christlichen Kirche oder in einer jüdischen Synagoge, in einer Moschee oder einem Buddhatempel. Eine derartige Auffassung der natürlichen Religion bringt den Stat in eine völlig unbefangene Stellung gegenüber allen Religionsgenossenschaften und allen religiösen Meinungen seines Landes. Es ist nirgends religiöse Partei, sondern lediglich Rechtsgemeinschaft. Er kann auch unbedenklich die Fortbildung des Gottesbegriffs schützen und von ihr sich bereichern lassen. Wir können dieses System das der statlichen Religionsfreiheit heissen.

Einstweilen jedoch zeigen sich noch in den verschiedenen Statsrechten die historischen Entwicklungsstufen und die Schwankungen in der religiösen Auffassung:

1. Eine Reihe von europäischen Staten bekennt noch eine bestimmte Form des Christenthums; so Ruszland und Griechenland die griechische, Spanien, Portugal und bis auf die neueste Zeit alle italienischen Staten die römisch-katholische, Schweden und Norwegen die evangelisch-lutherische Confession, selbst England noch die der Hochkirche, neigt sich aber in seinen neueren Gesetzen, wie das neue Kö-

nigreich Italien, mehr und mehr dem System der christlichen Parität oder der Religionsfreiheit zu.[5]

2) Das einfach christliche (beziehungsweise paritätische) System gilt auszer in Nordamerika vorzüglich in den deutschen Staten und nun auch in Oesterreich und Preuszen, obwohl jenes mehr zu dem Katholicismus, dieses mehr zum Protestantismus gravitirt, in Frankreich, in Holland, in Belgien, in dem schweizerischen Bunde.[6]

[5] Russischer Codex I. §. 40. Bei *Fœlix* Revue étrang. et franç. III. S. 706. Griechische Verf. §. 1: „Die herrschende Religion in Griechenland ist die der orthodoxen christlichen Kirche des Orients. Jede andere anerkannte Religion wird geduldet, und ihr freier Cultus durch die Gesetze geschützt." Noch im Jahre 1848 erklärte die Verfassung von Neapel, Art. 3, dasz auszer der katholischen keiner andern Religion ein Cultus gestattet werde. Spanische §. 11: „Die Nation verpflichtet sich, den Cultus und die Diener der katholischen Religion, welche die Spanier bekennen, zu unterhalten." Portugiesische §. 6: „Die römisch-katholisch-apostolische Religion wird fortwährend die Religion des Königreichs sein; alle übrigen Religionen sind den Fremden mit häuslichem Gottesdienste gestattet, ohne äuszerliche Zeichen und Tempel." Schwedische §. 3 und 4. Norwegische §. 2: „Die evangelisch-lutherische Religion verbleibt die öffentliche Religion des States. Die Einwohner, die sich zu ihr bekennen, sind verpflichtet ihre Kinder in derselben zu erziehen. Jesuiten- und Mönchsorden dürfen nicht geduldet werden. Juden ist, wie bisher, der Eintritt im Reich versagt." Ueber England vergl. das Werk von Gladstone, übersetzt von J. Treuherz. Französische Charte von 1814, §. 6: „Die römisch-katholische Religion ist die Religion des Stats."

[6] Deutsche Bundesacte §. 16: „Die Verschiedenheit der christlichen Religionsparteien kann in den Ländern und Gebieten des deutschen Bundes keinen Unterschied in dem Genusse des bürgerlichen und politischen Rechts begründen." Bayerische Verf. §. 9: „Die in dem Königreiche bestehenden drei christlichen Kirchengesellschaften genieszen gleiche bürgerliche und politische Rechte." Preuszische §. 14: „Die christliche Religion wird bei denjenigen Einrichtungen des States, welche mit der Religionsübung im Zusammenhange stehen, unbeschadet der im Art. 12 gewährleisteten Religionsfreiheit, zum Grunde gelegt." In Oesterreich schwankt die Gesetzgebung noch zwischen der confessionellen und der paritätischen Richtung. Die Grundrechte von 1849 §. 2 sprachen sich für die letztere aus, das Concordat von 1856 aber begünstigte wieder die erstere. Das Protestantengesetz vom 8. April

3) Nur ganz vorübergehend in der Erhitzung des Revolutionsfiebers hat die französische Republik alle Religion verworfen und den Stat als „gottlos“ (l'État est athée) erklärt. Robespierre selbst hat die Verehrung des „höchsten Wesens“ (Être suprème) wieder für nöthig erachtet, und einen Versuch gemacht, wenigstens zur natürlichen Religion zurück zu kehren.

4) Mehr oder weniger deutlich zeigt sich ein derartiges Streben, für die Rechtsverhältnisse sich nur an die natürliche Religion des Gottesglaubens zu halten und die statliche Religionsfreiheit durchzuführen in der neueren Praxis einzelner vorgeschrittener Staten. Aber zu einer klaren Aussprache ist dieses Princip noch in keiner Verfassung gelangt, wenn wir nicht die nordamerikanische hieher rechnen dürfen.[7]

Das Bekenntnisz oder die Uebung einer Religion von Seiten des States selbst, und insbesondere der christlichen, äuszert sich in folgenden Wirkungen:

1) In der religiösen Feier, durch welche grosze Vorkommnisse im statlichen Leben eingeleitet oder begleitet und neue Einrichtungen geheiligt werden, z. B. der Gottesdienst vor Eröffnung der Versammlung des gesetzgebenden

1861 sucht hinwieder den protestantischen Kirchen gerecht zu werden: und die volle Anerkennung der Religionsfreiheit findet in der Verfassung von 1867 neue Anerkennung. Holländische §. 165, 168. Belgische §. 14, 15. Schweizerische Bundesverf. §. 44: „Die freie Ausübung des Gottesdienstes ist den anerkannten christlichen Confessionen im ganzen Umfange der Eidgenossenschaft gewährleistet. Den Kantonen, sowie dem Bunde bleibt vorbehalten für Handhabung der öffentlichen Ordnung und des Friedens unter den Confessionen die geeigneten Masznahmen zu treffen.“ Französische Charte von 1830, §. 6: „Die Diener der römisch-katholisch-apostolischen Religion, zu welcher sich die Mehrheit der Franzosen bekennt, und jene der übrigen christlichen Religionen erhalten ihre Besoldungen aus dem Statsschatze.“ Verf. von 1848, §. 7, noch abstracter.

[7] Verfassungsgesetz d. V. Staten von Amerika von 1791: „Der Congresz darf kein Gesetz zur Einführung einer Statsreligion oder zur Verhinderung der Religionsfreiheit erlassen.“

Körpers, bei dem Thronwechsel, bei Einführung einer neuen Verfassung, die öffentlich angeordneten Gebete in Kriegs- oder in anderer gemeiner Noth, die nationalen Busz-, Dank- und Erinnerungsfeste u. dgl.[8] Nichts macht den sittlichen Charakter des Stats anschaulicher und stärkt die moralischen Kräfte, die für sein Wohl thätig sind, mehr, als die religiöse Weihe und Erhebung, um die der Stat Gott selbst bittet;

2) in der Anpassung der Gesetze an den Geist und die Anforderungen des Christenthums;

3) in den statlichen Anstalten und Verwendungen zur Erhaltung, Förderung und Ausbreitung des Christenthums;

4) in der Bestrafung von Handlungen oder Aeuszerungen, durch welche der christliche Gottesdienst oder ein anderer religiöser Cultus in friedenstörender Form angegriffen oder der religiöse Volksglaube öffentlich verhöhnt wird;

5) in der wichtigen Institution des Eides; es musz aber der Stat auch den Nichtchristen eine ihrer Religion angemessene Form des Eides zulassen, und die individuelle Religion in Andern achten, indem er dem Geiste seiner Religion folgt;

6) in vielen Staten auch in dem Erfordernisse christlichen Bekenntnisses derer, welche berufen werden, die Regierung im State und die Rechtspflege zu verwalten.[9] Diese

[8] Edm. Burke, Betrachtungen über die französische Revolution: „Die Heiligung des States durch statlich-religiöse Anstalten ist nöthig, um mit heilsamem ehrwürdigem Schauer auf freie Bürger zu wirken; ist ihnen, die zur Erhaltung ihrer Freiheit einen höhern Grad von Macht besitzen müssen, nöthiger, als den Völkern, die durch ihr Joch im engen Kreise häuslicher Sorgen und häuslicher Angelegenheiten beschränkt sind. Wer Gewalt besitzt, sollte um so tiefer, inniger den Gedanken fühlen, dasz Gewalt ein anvertrautes Gut, ein Gut ist, für dessen Verwaltung man einst zur Rechenschaft erscheint vor dem grossen allmächtigen Richter, dem Herrn und Schöpfer aller Gesellschaft."

[9] Vgl. oben Buch II. Cap. 22 S. 212 ff. Im Gegensatze dazu das

Anwendung des Princips ist übrigens auch für den christlichen Stat nicht nothwendig. Wo grosze Bestandtheile des Volks einem andern als dem christlichen Glauben zugethan sind, wäre es unnatürlich und ungerecht ihre Glieder von jeder Theilnahme an der Regierung und Rechtspflege auszuschlieszen; da nicht bestritten werden kann, dasz auch Nichtchristen gut regieren und gerecht richten können. Der nordamerikanische Grundsatz, dasz das religiöse Bekenntnisz bei Besetzung der Aemter und Stellen nicht in Betracht komme, der neuerdings auch in europäischen Staten gebilligt worden ist, geht von der Voraussetzung des confessionslosen States aus. Dasz aber auch da wenigstens das Erfordernisz der natürlichen Religion vorausgesetzt wird, ergibt sich aus der Vorschrift des Verfassungseides, welche dem erklärten Atheisten gegenüber keinen Sinn hat..

Fünftes Capitel.

III. Verhältnisz des States zur Kirche.

Es ist eine gemeinsam anerkannte Ordnung aller christlichen Völker, dasz Stat und Kirche als zweierlei wesentlich selbständige Gemeinschaften anerkannt sind. Nur vorübergehend in Momenten heftiger und krankhafter Erregung ist diese Grundwahrheit von einzelnen Völkern verworfen, sonst nur von fanatischen Schwärmern oder träumerischen Philosophen geläugnet worden. Auf ihr beruht vornehmlich die moderne Gesittung und Freiheit.

Dagegen wurden über das Verhältnisz des States zur

nordamerikanische Princip: „Niemand kann ein Glaubensbekenntnisz als Erfordernisz zur Erlangung eines Amtes oder einer Stelle mit öffentlicher Gewalt abgefordert werden.“ Story, Bundesrecht B. III. S. XLIII §. 261 und in Mittermaiers Zeitschr. für d. Ausl. IX. S. 15.

Kirche in verschiedenen Zeiten und unter verschiedenen Völkern mannichfaltige Systeme geltend, und auch unsere Zeit scheint über diese Frage noch nicht zu einer Verständigung gelangt zu sein. Folgende Hauptsysteme lassen sich auf historischem Wege erkennen:

1. Als das Christenthum zuerst aus dem gedrückten Zustand einer verfolgten Religion zu einer von dem Stat anerkannten erhoben wurde, in dem römisch-griechischen Kaiserreiche, da wurde die Kirche auch sofort zur Statskirche im strengsten Sinne des Wortes. In den äuszeren Formen und in den Begriffen des Stats wirkte noch die antikrömische Ansicht nach, welche die Religion als eine Seite des öffentlichen Lebens betrachtet, die Herrschaft über dieses aber ganz und gar in dem State concentrirt. Der Kaiser, als das absolute Oberhaupt des States, übte zugleich auch die höchste Macht über die Kirche aus.[1] Der Kaiser erliesz Gesetze zum Schutze und zur Förderung der Kirche, aber nicht minder über die Verfassung und den Cultus der Kirche und selbst über die Dogmen derselben und über und wider die Häretiker. Er berief die Concilien der Bischöfe, leitete dieselben durch seine Commissarien, bestätigte ihre Beschlüsse und gab denselben erst dadurch legitime Autorität. Der Kaiser war somit das äuszere Oberhaupt auch der Kirche, wie des States.

Indessen nur das äuszere Oberhaupt. Der Kaiser war doch als Christ genöthigt, anzuerkennen, dasz der christliche Glaube nicht auf seiner Autorität beruhe, sondern auf der höhern Christi. Er konnte nicht anders, er muszte in den Bischöfen, den Nachfolgern und Geweihten der Apostel auch die vorzüglichen Zeugen und Träger der christlichen Lehre erkennen. Nicht weil ihm ihre Dogmen gefielen, gebot er deren Beachtung, sondern weil und soweit er dieselben als die

[1] Am schärfsten ist der Ausdruck des Kaisers Leo des Bilderstürmers: ὅτι βασιλεὺς καὶ ἱερεύς εἰμι. Gregorovius Rom V. 263.

wahren christlichen erkannte. In den Zeiten der Verfolgung schon war für die religiöse Gemeinschaft der Christen eine Ordnung der christlichen Aemter gegründet worden, getrennt von den Statsämtern.

Es war ein Klerus entstanden, dessen eigentliche Mission doch nicht, wie der Beruf der Statsbeamten, von dem Kaiser abgeleitet ward; dieser Klerus suchte auch in seiner Erscheinung nach einer Einheit auszer dem Statsoberhaupte, wie er in Christus, dessen Dienst er sich geweiht hatte, die von dem State unabhängige geistige Einheit besasz. Die Gemeinschaft der Synoden war eine Form solcher Einheit; aber nur in seltenen Momenten traten diese zusammen. Die Patriarchen an der Stelle der Apostel, der Bischof von Rom voraus, der Nachfolger des Apostels Petrus, der in der ersten Hauptstadt des christlichen Weltreichs und zugleich ferner von dem Hofe des Kaisers residirte, hatten das erhöhte Ansehen der Väter der Kirche, und vertraten die Einheit und Selbständigkeit der christlichen Kirche selbst dem Kaiser gegenüber.

So waren für die politische und rechtliche Gemeinschaft einerseits und für die religiöse andererseits zwei in dem Princip ihres Daseins, in der Ordnung der Aemter, und in den Aufgaben und Mitteln ihrer Wirksamkeit vollständig gesonderte Organismen da. Nur in der höchsten Spitze ihrer äuszern Macht einigten sie sich in dem christlichen Kaiser, und durch ihn wurde die äuszere Herrschaft des States über die Kirche und der Charakter der Kirche als Statskirche dargestellt und behauptet. Aber der Stat war alt geworden, und trotz der formellen Allmacht innerlich schwach; und die Kirche war noch jung voll frischer, gesunder Triebe, und, obwohl äuszerlich abhängig von der Statsautorität, an Geistesmacht dem State überlegen und auf dem Wege, auch ihre Selbständigkeit zu erkämpfen.

Wir begegnen diesem System der Statskirche, an

deren Spitze das Statsoberhaupt steht, noch in unserer Zeit. Am ähnlichsten der byzantinischen Form und in voller Kraft besteht es noch im russischen Reiche, nur mit dem wichtigen Unterschiede, dasz der russische Stat voll aufstrebender Jugendkraft und im Wachsthum begriffen ist, die Kirchengewalt in der Hand des russischen Kaisers daher auch energischer geübt wird als in der des byzantinischen Kaisers.[2]

In England gab es ebenfalls eine Zeit, in welcher der König auch als Oberhaupt der englischen Kirche (supremum caput ecclesiae, quantum per Christi legem licet) galt[3] und einem Papst nicht unähnlich in kirchlichen Dingen herrschte, die Zeit Heinrichs VIII. Das waren aber nur vorübergehende Verirrungen, und der Supremat des englischen Königs hat sich im Verfolge der Zeit doch wesentlich dem System genähert, das wir als Hoheit (Vogtschaft) des States über die Kirche bezeichnen können.

Die Mängel des ersteren Systems, das in unserer an Widersprüchen so fruchtbaren Zeit auch wieder Verfechter gefunden hat,[4] sind aber so grosz in theoretischer Beziehung, als sie schwer empfunden werden im practischen Leben. Eine derartige Einigung von Stat und Kirche, deren innere Selbständigkeit beiderseits zugegeben werden musz, und die auch äuszerlich als zwei organische Gemeinschaften sich darstellen, in Einer Person, in dem Statsoberhaupt, macht an und für sich schon den Eindruck einer Miszgeburt: zwei

[2] Russischer Codex bei *Fœlix* Revue étrangère et française III. S. 707: 1. §. 42: „Der Kaiser ist der oberste Beschürmer und Bewahrer der Dogmen der Statskirche. Er wacht über die Beachtung der Orthodoxie und der Disciplin in dem Kirchendienst. §. 43: Bei Verwaltung der kirchlichen Angelegenheiten handelt das Statsoberhaupt durch Vermittlung der heiligen, von ihm geordneten Synode.“

[3] Gladstone a. a. O. S. 295.

[4] Unter den Reformatoren hat Zwingli sich demselben zugeneigt, freilich mit der ausgesprochenen Forderung, dasz das Statsregiment ein christliches (reformirtes) sei. Vgl. Lange über die Neugestaltung des Verhältnisses von Stat und Kirche. S. 15 ff.

Leiber und Ein Kopf.[5] Da überdem das Statsoberhaupt seinem Wesen nach dem Statskörper angehört und von dessen Geist erfüllt ist, so liegt darin auch eine übertriebene Herrschaft des States über die Kirche und eine mangelhafte Einigung und Vertretung dieser.

Die Concentration solcher Doppelautorität und Doppelmacht in Einem Haupte war überall entweder die Folge oder der Grund eines absoluten Despotismus, der jede freiere Regung unterdrückt und eine höhere humane Gesittung nicht aufkommen läszt. Wird den Völkern und den Individuen der Trost genommen, aus der Bedrängnisz des States in die Arme der Kirche zu flüchten, und vor der Beängstigung und Ver-

[5] Diese Unnatur hatte Napoleon sehr wohl gefühlt und bezeichnet, als ihm der Vorschlag gemacht wurde, sich an die Spitze einer französischen Nationalkirche zu stellen. Er verwarf den Gedanken als einen ebenso eiteln als verächtlichen: „Wie, er ein Mann des Kriegs, mit Degen und Sporn, in Schlachten grosz, sollte sich zum Haupt der Kirche machen, die Kirchenzucht und den Glauben ordnen! Wollte man ihn so verhaszt machen, wie Robespierre, der den Cultus „des höchsten Wesens“ erfunden, oder so lächerlich wie Laréveillère-Lépeaux, den Erfinder der Theophilanthropie. Wer würde ihm folgen? Wer die Heerde seiner Gläubigen bilden? Sicher nicht die wahrhaft gläubigen Christen, nicht die Mehrzahl der Katholiken, welche nicht einmal den geweihten Priestern folgen wollten, die sich hatten zu Schulden kommen lassen, einen von dem Statsgesetz vorgeschriebenen Eid zu schwören. Es würden ihm folgen eine Anzahl schlechter Geistlicher, eine Anzahl entlaufener Mönche, Anhänger der Clubs, und im Scandal lebend, die von dem Haupte der neuen Kirche die Erlaubnisz zur Heirath der Priester erwarteten. Und einer solchen Kirche wollte man den Sieger von Marengo und Rivoli, den Hersteller der bürgerlichen Ordnung zum Haupte geben? ihn so tief erniedrigen? — Aber gesetzt es gelänge das Unmögliche, und mit seiner ohnehin unermeszlichen weltlichen Macht würde der erste Consul auch die geistliche vereinigen, so würde er zum unerträglichsten der Tyrannen, er würde zum Herrn werden über den Leib und die Seele; dem türkischen Sultan ähnlich, welcher zugleich Haupt des States, der Armee und der Religion ist! Ueberdem der Versuch wäre ein vergeblicher, seine Tyrannei würde zum Gegenstande des Spottes werden, statt einer Kirche wäre nur eine neue Glaubensspaltung und die dummste von allen die Frucht solcher Bemühungen.“ *Thiers*, histoire du Consulat III. S. 165.

folgung der Kirche bei dem State Schutz zu finden, so sind sie in manchen Fällen der Verzweiflung preisgegeben. Die politische Knechtschaft wird durch die Autorität der Kirche geheiligt, die kirchliche Beengung der Gewissen durch die Gewalt des States mit eisernen Fesseln verschärft. Eine der wichtigsten Ursachen der höhern und freiern Cultur des Occidents vor dem Orient liegt jedenfalls in der ausgebildeten Zweiheit und Gesondertheit des States und der Kirche, und eine der sichersten Stützen orientalischer Despotie in der Einigung der obersten Stats- und Kirchengewalt in Einem Herrscher. Aus diesem Grund vornehmlich steht der muhammedanische Stat so sehr hinter dem christlichen zurück.[6]

2. Sehen wir ab von der Periode der fränkischen Monarchie, welche den Uebergang aus der römisch-griechischen Vorstellung in die eigentlich mittelalterliche und zugleich wieder, wie auch mit Bezug auf die Institution des Parla-

[6] Bluntschli Studien über Stat und Kirche. S. 135: „Christus hatte jederzeit scharf unterschieden zwischen Stat und Kirche. Mohammed ist gleichzeitig Kirchen- und Statsmann; und eben deszhalb weder das eine noch das andere im höchsten Sinne des Worts. Nur an der Einheit Gottes hielt er fest; alles übrige, die ganze Welt mit ihren Gegensätzen und in ihrer Mannichfaltigkeit warf er unter- und durcheinander, ohne Scheidung, an Einen Haufen, über den sich nur Eine höchste Gewalt als Spitze erhob, der Statthalter Gottes auf Erden. Es gibt strenge genommen keine Kirche des Islam und keinen Stat der Kalifen. Was aus dieser groszen Mischung von religiösem und politischem Dasein hervorging, war ein einheitliches Reich; aber nicht weder eine Kirche noch ein Stat: ‚Das Reich ist Gottes, er gibt es, wem er will; die Erde ist Gottes, er gibt sie, wem er will.“ Das ist der einfach religiös-politische Satz, von dem der Islam ausging. Der Grundcharakter dieses Reiches ist nicht die Theokratie im eigentlichen Sinne. Nicht Gott selbst herrscht unmittelbar, sondern ein Mensch herrscht, aber im Namen Gottes und mit göttlicher Vollmacht. Er herrscht wie der einige Gott.“ Eine gute Darstellung der mohammedanischen Doctrin hat neuerlich Eisenhart gegeben. „Die Statssysteme der Gegenwart.“ Bd. I. Die Reformen in der Türkei folgen aber der modernen Zeitrichtung, die überall zwischen dem Gebiet des States und der Kirche die Sonderung zu vollziehen strebt.

ments — ein vorbildlicher Versuch war, das Verhältnisz in der Weise zu gestalten, wie sie nach vielen Jahrhunderten erst zur Geltung gekommen ist, so werden wir im Mittelalter zwei vollständig ausgebildete Organismen gewahr, beide der Idee nach die gesammte Christenheit umfassend, jede von beiden mit eigenem Haupte. Nur an der Spitze des weltlichen Reiches stand der Kaiser, an der des geistlichen nun der Papst.

Darüber, dasz die beiden Reiche wesentlich selbständig und verschieden seien, war nun die Welt einig. Die Kaiser dachten nicht mehr, die Kirche als äuszerliche Anstalt dem Organismus des States einzufügen, und gewissermaszen als eine besondere Abtheilung der Statseinrichtungen dem State unterzuordnen; und die Päpste vermaszen sich selbst auf dem Zenith ihres Ansehens nicht, den Stat als ein Glied des kirchlichen Organismus zu erklären und der Kirche einzuverleiben. Die Lehre, dasz Gott zwei Schwerter als Zeichen der obersten Macht verliehen habe, ein weltliches und ein geistliches, und dasz jenes dem Kaiser, dieses dem Papste zukomme,[7] war eine gemeinsame Meinung der Gibellinen und der Guelfen.

Die beiden Organismen waren auf das engste verbunden und noch an mancher Stelle gemischt. Gemeinsam umschlossen und beherrschten sie alles Volk. Wer als Brecher des öffentlichen Friedens von den Gerichten des Königs in die Acht gethan und so auszerhalb die Rechtsordnung gesetzt worden war, der wurde, wenn er nicht mit dem Stat sich versöhnte, durch den Kirchenbann auch aus der religiösen Gemeinschaft ausgeschlossen. Er verlor mit dem irdischen Rechte auch die Hoffnung auf den himmlischen Frieden. Umgekehrt, wer als Ungläubiger in den Bann der Kirche gekommen war, verfiel, wenn sich nicht die Kirche

[7] Sachsenspiegel I. 1. Siehe oben Buch 1. Cap. 4. S. 59.

durch seine Reue erweichen liesz, in die statliche Acht.[8] Der Fluch der Kirche zog auch den Untergang alles Rechts auf Erden nach sich. Die vereinte Gewalt beider Mächte war in der That furchtbar und erschien unermeszlich. Weder im Leben noch im Tode konnte man ihr entgehen.

Ueber das Verhältnisz beider Mächte zu einander aber wurde der grosze Streit des Mittelalters geführt. Damals waren die Kaiser geneigt auf das ältere Recht ihrer Ueberordnung Verzicht zu leisten und sich mit der Gleichstellung zu begnügen, aber die Päpste behaupteten nun umgekehrt Ueberordnung des geistlichen über das weltliche Reich. In der That war im Mittelalter die römische Kirche in wesentlichen Beziehungen dem germanischen State überlegen. Sie war es an Umfang und Einheit, denn sie umfaszte wirklich und einte die ganze abendländische Christenheit; der Kaiser aber stand nur dem Range nach über den andern Königen und Fürsten, es gab in Wahrheit kein einiges abendländisches Statenreich, sondern eine grosze Zahl mannichfaltiger von einander unabhängiger Staten. Sie hatte nicht allein die Autorität der Religion für sich, sondern alle Macht und aller Einflusz der Wissenschaft und der antiken Cultur war in ihre Hand gelegt. Es gab keine weltliche Wissenschaft mehr, die dem State hätte dienen und sein Bewusztsein stärken können. Desto eher konnte die Kirche ihre höhere Berechtigung auch in den Ideen darstellen und durch die Ideen siegen. Ihr Reich, sagte sie, sei das Reich des Geistes, der Stat das des Leibes. In der That, wenn Kirche und Stat sich wirklich zu einander

[8] Sachsenspiegel I. 1. „Dit is de beteknisse, svat deme pavese widersta, dat he mit geistikeme rechte nicht gedvingenne mach, dat it de keiser mit wertlikem rechte dvinge deme pavese gehorsam to wesene. So sol ok de geistlike gewalt helpen deme wertlikem rechte, oft it is bedarf. III.“ 63: §. 1 und §. 2: „Ban scade der ṣele unde ne nimt doch niemanne den lif, noch ne krenket niemanne an lantrechte noch an lenrechte, dar ne volge des koninges achte na.“

verhielten, wie Geist und Körper, so wäre nichts gewisser, als dasz der Kirche nicht blosz die Hoheit, sondern sogar die Herrschaft über den Stat gebührte.[9] Einzelne mäch-

[9] Schon Gregor VII. vertheidigte so die Meinung, der Papst sei über dem Kaiser, gegen Kaiser Heinrich IV. Er schrieb (Ep. IV. 3. Vgl. Phillimore Intern. Law. II. 203) an die deutsche Nation: „non ultra putet sanctam Ecclesiam sibi subjectam sed praelatum ac Dominum.“ Er berief sich darauf, dasz auch der Kaiser zu den Schafen gehöre, über welche Petrus zum Hirten gesetzt sei (Ev. Joh. XXI. 15—17); wogegen freilich der Kaiser dem Papste erwiedern konnte, dasz eben so dieser in weltlicher Beziehung ein Unterthan des Kaisers sei. Am vollständigsten und schärfsten wird die Ueberordnung des Papstes über den Kaiser von Innocenz III. behauptet c. 6. X. de majoritate et obedientia (I. 33) v. J. 1190. An den oströmischen Kaiser, der das entgegengesetzte Princip vertrat: „Non negamus, quin praecellat imperator in temporalibus illos duntaxat, qui ab eo suscipiunt temporalia: sed pontifex in spiritualibus antecellit, quae tanto sunt temporalibus digniora, quanto *anima praefertur corpori*. Praetera nosse debueras, quod fecit Deus duo magna Luminaria in firmamento coeli: luminare majus ut praeesset diei, et luminare minus ut praeesset nocti. — Deus duas instituit dignitates, quae sunt pontificalis autoritas et regalis potestas. Sed illa quae praeest diebus id est spiritualibus major est, quae vero carnalibus minor: ut quanta inter *solem et lunam* tanta inter *pontifices et reges* differentia cognoscatur.“ Sogar der Kaiser Friedrich II. nahm das Bild an und gestand zu, dasz die Kirche für die Seelen und der Stat nur für die leibliche Wohlfahrt zu sorgen habe. Laurent hist. du droit des gens VI. 3. 27. Und Innocenz IV. schrieb: „Non solum pontificalem sed regalem constituit principatum (Christus), beato Petro ejusque successoribus terreni simul ac coelestis imperii commissis habenis, quod in pluritate clavium competenter innuitur.“ Die päpstliche Partei liesz daher beide Schwerter erst dem Papste von Gott verleihen, und das weltliche nur durch Vermittlung des Papstes an den Kaiser kommen: eine Ansicht, welche von dem Sachsenspiegel verworfen, aber von dem Schwabenspiegel anerkannt wurde. Bonifaz VIII. Decr. Unam sanctam: „Uterque ergo est in potestate Ecclesiae, spiritualis scilicet gladius et materialis. Sed is quidem pro Ecclesia, ille vero ab Ecclesia exercendus. Ille Sacerdotis in manu Regum et militum, sed at nutus et patientiam Sacerdotis“. Indessen der König Philipp IV. verbrannte die Bulle, die gegen ihn gerichtet war 1302 und der gefälligere Papst Clemens V. ermäszigte ihren Inhalt 1306. Die Bulle In Coena Domini von Gregor XI. von 1370, von dem französischen Parlamente nicht anerkannt, wird noch heute alljährlich am Ostersonntag in Rom verlesen.

tige Päpste versuchten es, diese Oberherrschaft zu verwirklichen. Sie behaupteten geradezu, dasz die geistliche Leitung die weltliche im Princip in sich schliesze, und dasz der Kaiser, der die weltliche Gewalt ausübe, nur ein Vasall der Kirche sei. Der mönchische Gregor VII., freilich erst nach dem Tode Kaiser Heinrichs III., der noch kraft kaiserlicher Machtvollkommenheit Päpste ein- und abgesetzt hatte, und der juristische Innocenz III. nahmen beide die Doppelgewalt über die Seelen und die Leiber für die Kirche in Anspruch, und gestatteten dem Stat nur die Ausübung der letztern unter ihrer Oberaufsicht.[10] Wichtige statsrechtliche Folgen dieser kirchlichen Oberherrlichkeit waren:

1) Die herrschende Autorität des kanonischen Rechts, d. h. aller der Rechtsnormen, welche die Hierarchie des Glaubens wegen und mit Rücksicht auf ihre Verfassung für nothwendig erklärte;

2) die Ueberordnung des Klerus über den Laienstand und die Immunitäten des erstern von der Statsgewalt und Statshoheit;

3) Wer mit Recht in des Papstes Bann gekommen war, der konnte nicht zum König gewählt werden[11] und wenn der Kaiser am Glauben zweifelt, so wird er in den Bann gethan. Verharrt er im Ungehorsam, so verliert er Krone und Reich. Die Unterthanen werden ihrer Pflicht zum Gehorsam gegen ihn entbunden.[12]

[10] Vgl. darüber Laurent histoire du Droit des gens. Bd. VI. L'empire et la papauté. Innocenz III. Ep. II. 209: „Dominus Petro non solum universam Ecclesiam, sed totum reliquit seculum gubernandum." Innocenz IV.: „non solum pontificalem sed regalem constituit principatum, beato Petro ejusque successoribus *terreni simul ac coelestis imperii* commissis habenis." Laurent L'Eglise et l'Ét t, la Reforme. S. 164. Brux. 1860.

[11] Sachsenspiegel III. 54. 3): „Die in des paves ban mit rechte komen is, den ne mut man nicht to koninge kiesen.

[12] Sachsenspiegel III. 57, 1): „Den keiser ne mut de paves noch nemen bannen seder der tiet dat he gewiet is, ane umme dri sake,

4) die Pflicht der weltlichen Obrigkeit, das Christenthum und den orthodoxen Glauben auszubreiten und jede Ketzerei mit Feuer und Schwert auszurotten.

Indessen so sehr die Kirche geistig überlegen war, so war doch sogar im Mittelalter diese Kirchenherrschaft nicht vollständig durchzuführen.

Die weltlichen Gerichte fügten sich doch nicht unbedingt den kirchlichen Satzungen. Der tapfere Ritter Eyke von Repkow schrieb in seinem Sachsenspiegel (1, 3, 3) das kühne Wort: „Auch der Papst kann kein Recht setzen, womit er unser Landrecht oder Lehnrecht schädigt (ärgert).“ Der fromme König von Frankreich Ludwig IX. wies seine Gerichte an, zuvor zu prüfen, ob der Gebannte mit Recht gebannt sei, wenn sie die Acht verhängen. Gegen die Uebergriffe der geistlichen Gerichte in die weltliche Gerichtsbarkeit wehrten sich die weltlichen Gerichte mit kräftigen Mitteln. Die Könige liessen sich nicht ohne Kampf die Bannung gefallen und die Unterthanen blieben jenen im Streite oft treu trotz des Bannes. Gelegentlich rächten sich die beleidigten Fürsten und Städte gegen die priesterliche Anmassung mit zorniger Gewaltthat und verjagten die Pfaffen, welche die Sacramente zu spenden sich weigerten. Zuweilen wurden auch Steuern der Geistlichkeit aufgenöthigt und verbrecherische Priester von den weltlichen Gerichten gestraft. Aber im Ganzen und Groszen hatte doch die geistliche Autorität über die weltliche gesiegt. Es fehlte dem State voraus das geistige Bewusztsein. Er war unsicher, wie er der kirchlichen Lehre entgegentreten solle.[13] Während die Kirche für ihre Ueber-

of he an 'me geloven tviflet oder sin echte wif lat, oder gotes hus tostort. Mit Berufung auf den Spruch: „Was ihr bindet“ wurden auf dem Concil zu Lyon die Völker ihres Eides gegen Kaiser Friedrich II. entbunden.

[13] Heinrich IV. a. 1076. (*Pertz* Monum. Germ. Leg. II. p. 48) über Gregor VII.: „Ut enim de pluribus pauca referamus, regnum ac sacerdotium Deo nesciente sibi usurpavit, in quo piam Dei ordinationem

ordnung kämpfte, und sich als eine göttliche Institution hoch über den nur menschlichen Stat setzte, begnügte sich der Stat mit der bescheidenen Forderung der Freiheit in weltlichen Dingen und einer gewissen Gleichberechtigung der beiden Schwerter, die beide unmittelbar von Gott, das eine an den Papst, das andere an den Kaiser geliehen werden. Die ideale Ueberlegenheit der Kirche über den Stat wurde seit dem Untergang der Hohenstaufen ziemlich allgemein im Mittelalter anerkannt.[14] Höchstens die Unabhängigkeit der Statsgewalt von der kirchlichen Autorität wurde behauptet, so von König Philipp IV. von Frankreich gegen Papst Bonifaz VIII. 1302 und von dem Kaiser Ludwig und dem Reich durch den Reichsschlusz zu Frankfurt von 1338.

contempsit, quae non in uno sed in duobus duo, id est regnum ac sacerdotium principaliter consistere voluit: sicut ipse Salvator in passione sua de duorum gladiorum sufficientia intelligi innuit." Friedrich I. a. 1157. (*Pertz* II. p. 105): „Cum per electionem principum a solo Deo regnum et imperium nostrum sit, qui in passione Christi filii sui duobus gladiis necessariis regendum orbem subjecit, cumque Petrus apostolus hac doctrina mundum informaverit, Deum timete, regem honorificate quicumque nos imperialem coronam pro beneficio a domino papa suscepisse dixerit, divinae institutioni et doctrinae Petri contrarius est et mendacii reus erit." Bonifaz VIII. (in Sexti) Decr. III. 23. c. 3 v. 1296: „Clericos laicis infessos oppido tradit antiquitas et praesentium: experimenta temporum manifeste declarrant."

[14] Einzelne Denker freilich, wie der grosze Dante widerstrebten auch da noch: Fegefeuer XVI. 106.

„Rom hatte, das zum Glück die Welt bekehrt,
Zwei Sonnen und den Weg der Welt hatt' Eine,
Die andere den Weg zu Gott verklärt.
Verlöscht ward eine von der andern Scheine,
Und Schwert und Hirtenstab von einer Hand
Gefaszt im übel passenden Vereine.
Denn nicht mehr fürchten, wenn man sie verband,
Sich Hirtenstab und Schwert. — —
Roms Kirche fällt, weil sie die Doppelwürde
Die Doppelherrschaft jetzt in sich vermengt,
In Koth besudelt sich und ihre Bürde."

Auch diese Lösung der Hauptfrage war keine endliche. Schon vom vierzehnten Jahrhunderte an bereitete sich der Stat vor, die Oberherrlichkeit der Kirche wieder abzulehnen. Die äuszere Macht des States wurde gröszer, und sein Majestätsgefühl durch die politische Erinnerung an das alt-römische Reich und durch die erneuerte Kenntnisz des römischen Rechtes von neuem gesteigert. Auch die Wissenschaft vertheilte ihre Früchte zwischen Stat und Kirche, sie löste sich in manchen Richtungen ab von der Vormundschaft und der Pflege der Kirche, und wendete sich mehr und mehr dem State zu. Die Legisten traten den Kanonisten entgegen. Der Stat konnte doch die Vergleichung mit dem Leibe — der Kirche als dem Geiste gegenüber, oder seiner mit dem Monde welcher in der Nacht, und der Kirche mit der Sonne, welche dem Tage leuchte, unmöglich mehr für wahr halten. Die Kirche selbst aber, indem sie im Vollgefühl ihres Triumphs über den Stat ihre Macht auch auf das äuszere Leben und auf weltliche Dinge erstreckte, und politische Herrschaft üben wollte, indem sie sich so mehr und mehr verweltlichte, büszte an religiöser Reinheit und Wirksamkeit mehr ein, als sie an äuszerer Gewalt und Glanz zugenommen hatte, und das innere Verderben machte sie schwach im Verhältnisz zu den erstarkenden Staten.[15] Schon im fünfzehnten Jahrhundert konnte die Aristokratie einer einzelnen Stadt wie Venedig in Italien selbst der nahen Macht des Papstes Trotz bieten, und ihre Hoheit behaupten, wie es zwei Jahrhunderte zuvor der Kaiser nicht vermocht hatte. Die Ueberordnung der Kirche über den Stat erwies sich als unnatürlich und unhaltbar, für den Stat unerträglich, für die Kirche selbst verderblich.

Seit dem sechzehnten Jahrhunderte hat der Jesuiten-

[15] Macchiavelli. Zu Liv. 1. C. 12 wirft dem Papstthum vor, es habe aus Herrschsucht die Völker Italiens um die Religion gebracht, und die Uneinigkeit, Zerklüftung und Schwäche Italiens herbeigeführt.

orden vornehmlich versucht, die Meinung Innocenz III. aufzufrischen, und von neuem zur Geltung zu bringen. Freilich versuchte er zugleich, die Theorie der neueren Zeit dadurch annehmbarer zu machen, dasz sie für das Papstthum nicht mehr die absolute, sondern nur eine bedingte Hoheit in weltlichen Dingen behaupteten, soweit das erforderlich sei für die Erhaltung der geistlichen Gewalt.[16] Anfangs verdammte der Papst Sixtus V. auch diese vorsichtige Abschwächung der päpstlichen Ansprüche als irrig, aber später fand die Curie doch die jesuitische Lehre wirksam und nützlich, und liesz sie gewähren.[17] Im Einzelnen gelang es auch wohl hier und dort einige Ueberreste derartiger mittelalterlicher Institutionen länger aufzubewahren, auch etwa das Gewissen mancher Regenten zu beängstigen, und dieselben zu Verfolgungen im Dienste der Kirche zu bewegen, wie vorzüglich in dem romanischen Süden Europa's; aber im Groszen und Ganzen war dieses Streben doch ohne dauernden Erfolg, und nirgends mehr erkennt der neuere Stat die Oberherrlichkeit der Kirche über sich an, wenngleich auch heute noch einzelne Staten dem thatsächlichen Pantoffelregimente der Kirche einen gröszeren Einflusz auf die öffentliche Angelegenheiten verstatten, als es für diese zweckmäszig ist. Der päpstliche Stuhl selber aber hat die Ansprüche auf seine übergeordnete Stellung bis heute nicht aufgegeben, wenngleich auch er sich von ihrer Unausführbarkeit überzeugt haben mag.[18]

[16] Bellarmin de romano pontifice V. 1, 3: „Ratione spiritualis potestatis habet saltem *indirecte* potestatem quamdam, eamque *summam* in temporalibus."

[17] Laurent L'Eglise et l'État §. 175 ff. „le pouvoir indirect."

[18] In der Excommunicationsbulle Pius VII. gegen Kaiser Napoléon I. vom 10. Juni 1809 ist die Oberhoheit des Papstes über den Kaiser noch ganz im Styl des Mittelalters behauptet. In diesen Tagen wieder hat Pius IX. sich angemaszt, durch Allocution vom 22. Juni 1868 die österreichische Verfassung vom 21. December 1867 und die österreichischen Gesetze vom Mai 1868 für „null und nichtig" zu erklären.

3. Eine neue Entwicklungsphase beginnt mit der kirchlichen Reformation des XVI. Jahrhunderts. Der erste Anstosz zu einer Umgestaltung der Verhältnisse ging nicht von den Männern des States, sondern von den kirchlichen Reformatoren aus. Luther, der Begründer der deutschen protestantischen Kirche, hatte vor allen Dingen wieder auf das innere Glaubensleben den entschiedensten Nachdruck gelegt, und darin, nicht in äuszerer Herrschaft, die Mission der Kirche erkannt. Die weltliche Herrlichkeit der Kirche wurde als ihre Entartung, als ihr Verderben bezeichnet.[19] Entkleidet von dem Glanz und Schmuck einer Königin, als eine schlichte Magd suchte die protestantische Kirche den Schirm des States, dessen Hülfe sie zur Durchführung von Reformen bedurfte. In allen äuszerlichen Dingen wollte sie sich willig ihm unterordnen, nur in ihrem innern Leben verlangte sie volle Freiheit. Von da aus unternahm sie es, sich und mittelbar auch den Stat mit göttlichem Geiste zu erfüllen und zu heiligen. In dem State sah sie eine ursprüngliche sittliche und göttliche Ordnung, welche selbst in dem heidnischen State verehrt werden müsse, in dem christlichen reiner dargestellt werde.[20]

[19] Augsburger Confession Art. 28: „Ecclesiastica (potestas) suum mandatum habet evangelii docendi et administrandi sacramenta. Non inrumpat in alienum officium, non transferat regna mundi, non abroget leges magistratuum, non tollat legitimam obedientiam, non impediat judicia de ullis civilibus ordinationibus aut contractibus, non praescribat leges magistratibus de forma reipublicae, sicut dicit Christus: regnum meum non est de hoc mundo; item: quis constituit me judicem aut divisorem super vos?“ Zwingli (Werke I. §. 346): „Der geistlichen herrschaft hat irer hochfur gheinen grund in der leer Christi. — Man soll nit gestatten, dasz die geistlichen einigerlei oberkeit habind, die der weltlichen wider ist oder von gemeinem regiment abgesündret, denn sölichs bringt zwitracht.“

[20] *Calvin* Instit. rel christ. IV. 20. §. 4: „Non humana perversitate fieri, ut penes reges et praefectos alios sit in terris rerum omnium arbitrium, sed *divina providentia et sancta ordinatione:* cui sic visum est

Im Einzelnen finden wir nun freilich mancherlei eigenthümliche Gestaltungen des neuen Verhältnisses. In einigen Staten näherte es sich sehr wieder der byzantinischen Form der Statsherrschaft über die Kirche an,[21] und die wieder hergestellten Statskirchen wurden zuweilen wie blosze Statsinstitute behandelt, freilich immerhin mit der unvermeidlichen Beschränkung, dasz die geistige Autorität des Christenthums für ihr inneres Leben vorausgesetzt und vorbehalten ward. Auch hier also werden wir, wie in der modernen Statsentwickelung überhaupt, gewahr, wie der römische Geist der Politik und des Rechts sich der Staten und der Völker von neuem bemächtigt.[22] In dieser Beziehung stand nun Rom wider Rom, die römische Statsmacht wider die römische Kirchenmacht, aber jene zunächst als Landesmacht, diese als universelle Autorität. Die Ausbildung der territorialen Statssouveränetät führte zu dem in religiöser Hinsicht abenteuerlichen Grundsatz: „Cujus est regio, ejus religio," den dann katholisch gesinnte Fürsten auch zur Restauration des Katholicismus benutzten.

Aber im Allgemeinen unterschied sich doch die neuere Auffassung von der römisch-griechischen theils durch die veränderte Weltlage, theils auch in der Idee. Der Stat war doch nicht so absolut, wie der römische es gewesen war. Sein Verhältnisz zu der äuszern, sichtbaren Kirche war allerdings wieder ein übergeordnetes, aber eher auf das Princip

res hominum moderari." Vgl. Hundeshagen, der deutsche Protestantismus. S. 481.

[21] Am meisten wohl in Dänemark Gesetz: Christians V. I. 1., §. 1.: „Rex in universos ecclesiasticos ordines-maximam unus habet dominationem ideoque omnia sacra et ecclesiasticas ceremonias constituere atque ordinare, — secundum verbum Dei et confessionem Augustanam."

[22] Die protestantischen Theologen erinnerten an das Wort des Kaisers Constantin: „Vos quidem intra ecclesiam, ego vero extra ecclesiam a Deo institutus sum Episcopus." Stahl, die Kirchenverfassung der Protestanten S. 7.

der Obsorge und Vormundschaft, als auf das der Herrschaft gegründet.

Von gröszter Bedeutung war es, dasz die protestantische Kirche kein gemeinsames einheitliches Organ hervorbrachte. Zwar gab es auch in ihr eine geistige Verbindung, welche über die besondern Landesgrenzen hinaus wirkte und ein Gefühl der Gemeinschaft wach erhielt; aber die Kirchenverfassung blieb territorial. Es entstand der Begriff der Landeskirchen. Die Consistorien und Synoden waren Landesinstitutionen, in strengerem Sinne als die früheren katholischen Bisthümer und Provincialsynoden, denn es stand kein universelles Kirchenregiment über ihnen. Die Landesherren selber nahmen für sich die äuszeren Rechte des obersten Bischofs in Anspruch.

4. Die Umwandlung der öffentlichen Machtverhältnisse äuszerte aber auch in den katholischen Ländern ihre Wirkung. Schon frühzeitig hatten die französische Nation und ihre Könige ihre politische Unabhängigkeit von der römischen Kirche entschiedener als alle andern Völker behauptet.[23] Auch in der gallicanischen Kirche offenbarte sich der Trieb nationaler Selbständigkeit. Die französischen Bischöfe fühlten sich voraus als Franzosen, dann erst als römische Kirchenfürsten, und die französischen Juristen und Parlamente vertheidigten mit Kühnheit und Geschick das bürgerliche und statliche Recht wider die Anmaszungen des Klerus. Ludwig XIV., so exclusiv katholisch seine Politik war, hatte doch keinerlei Neigung, sich vor der römischen Curie zu demüthigen, und wuszte wohl, wie viel gröszer seine Königsmacht als die Macht des Papstes in Frankreich sei. Die gallicanische Kirche war ihm unterthänig.[24] Das achtzehnte Jahrhundert

[23] Vgl. oben S. 305. König Ludwig der Heilige behielt in der Pragmatica von 1268 bereits die Freiheiten der fränkischen Kirche vor. Phillimore Interm. Law. II. 340.

[24] Erklärung des französischen Klerus von 1682 und bestätigt von

steigerte auch in Deutschland und in Oesterreich das statliche Selbstgefühl. Schon die Kaiserin Maria Theresia, mit ihrem Minister Kaunitz, aber rücksichtsloser Joseph II. behaupteten die Oberhoheit des States über die Kirche mit Eifer und Erfolg. In der Emser Punctation der deutschen Kirchenfürsten vom Jahr 1786 wurde auch für die katholische Kirche in Deutschland eine nationale Selbständigkeit gegenüber dem römischen Absolutismus begehrt. Die philosophische Bildung der Zeit und das erwachende nationale Bewusztsein förderten beide die Befreiung des Stats von der kirchlichen Bevormundung und entwickelten das statliche Machtgefühl. Der Kampf des Mittelalters zwischen Stat und Kirche wurde wieder aufgenommen, nun aber unter Verhältnissen, welche dem State sehr viel günstiger waren. Die Befreiung des Stats von der kirchlichen Gebundenheit und der kirchlichen Bevormundung und die Hoheit des Stats auf dem gesammten Rechtsgebiete wurden nun allgemeine Grundsätze des modernen Statsrechtes. Der Stat nahm in Folge dessen eine freie Stellung gegenüber den verschiedenen Kirchen ein. Er stand auszerhalb der Kirchen.

5. In allen bisher erwähnten Staten bestand immer noch eine nähere Verbindung des States mit der Statskirche oder mit mehreren Landeskirchen. In Nordamerika aber wurde diese Verbindung gelöst und die völlige Trennung des States und der Kirche zum Princip erhoben. Es

Ludwig XIV.: „Nous déclarons, en conséquence, que les rois et les souverains ne sont soumis à aucune puissance ecclésiastique, par l'ordre de Dieu, dans les choses temporelles; qu'ils ne peuvent être déposés directement et indirectement par l'autorité des Chefs de l'Église, que leurs sujets ne peuvent être dispensés de la soumission et de l'obéissance qu'ils leur doivent, ou absous du serment de fidélité; et que cette doctrine, nécessaire pour la tranquillité publique, non moins avantageuse à l'Église qu'à l'État, doit être inviolablement suivie comme conforme à la parole de Dieu, à la tradition des saints Pères et aux exemples des Saints.“ Vgl. Laboulaye Art. Gallic. Kirche im Deutschen Statswörterbuch.

wurde zum Statsgrundsatz, dasz „der Congresz nie ein Gesetz geben dürfe, wodurch eine Religion zur herrschenden erklärt, oder die freie Ausübung einer andern verboten werde.“[25] Der eigentliche Gedanke der Nordamerikaner war ursprünglich durchaus nicht der, das Christenthum für gleichgültig zu erklären, oder etwa den Muhammedanismus, das Judenthum oder den Unglauben zu fördern, sondern in Erinnerung an die kirchlichen Kämpfe und Verfolgungen des Mutterlandes der, die gegenseitigen Anfechtungen der verschiedenen christlichen Confessionen zu verhindern, und die Gestaltung einer Statskirche unmöglich zu machen. Aus Furcht vor einer unerwünschten Einmischung des States in kirchliche Dinge, und hinwieder eines verderblichen Einflusses zelotischer Kirchen auf den Stat, wollte man durch einen scharfen Schnitt die mancherlei Beziehungen trennen, durch welche der Stat bisher der Kirche verbunden war. Duldung der verschiedenen religiösen Gemeinschaften schien das Wesentliche. Im Uebrigen wollte man jede sich selber überlassen, ohne dasz der Stat sich darum bekümmere.

Indessen stützte man sich auf ein Princip von gröszerer Tragweite als man ursprünglich übersah. Die Nordamerikaner waren anfänglich nichts weniger als indifferent für das Christenthum,[26] auch die nordamerikanischen Staten nicht, aber nun wurde die vollständige Trennung der Kirchen vom State als Princip ausgesprochen, und somit die Indifferenz

[25] Zusätze der Verfassung von 1791. Vgl. Story, Bundesrecht III. 44. §. 265. Vgl. oben S. 287.

[26] Story a. a. O.: „Wahrscheinlich war zur Zeit der Annahme der Verfassung die durchgehende, wo nicht die allgemeine Meinung in Amerika, dasz die christliche Religion vom State Ermunterung erhalten soll, soweit sich dieses mit den Privatrechten des Gewissens und der Freiheit religiöser Verehrung vertrage. Ein Versuch, alle Religionen einander gleich zu stellen, und es zu einem Gegenstand der Statspolitik zu machen, alle in gänzlicher Gleichgültigkeit zu erhalten, würde allgemeine Miszbilligung wo nicht allgemeinen Unwillen erzeugt haben.“

des States für die Kirchen, die als blosze „Religionsgesellschaften“ behandelt wurden, wenn auch wider Willen, principiell anerkannt.[27]

Indifferenz ist indessen nur die Negation eines Verhältnisses des States zur Kirche in ihrer Ruhe. Da erscheint sie in Form gleichgültiger, theilnahmloser Toleranz. Wir haben aber auch die andere Art der Negation stürmischer auftreten sehen, die Negation der Leidenschaft, des Hasses, die Verfolgnng der christlichen Kirche. In der französischen Revolution hat sie durch Schlieszung der Kirchen, Verbot des christlichen Cultus, Mordung der Priester, Verhöhnung Gottes und jeder sittlichen Ordnung sich geoffenbart. Die aus der Indifferenz erklärte Duldung und die Verfolgung sind daher nahe verwandt. Negation ist die gemeinsame Mutter beider, aber das Phlegma ist der Vater jener, der Hasz der Vater dieser. In der Ruhe negirend wird der Stat tolerant sein; wird dann seine Leidenschaft gereizt, so wird er unterdrücken.

6. Das nordamerikanische Princip der Trennung von Kirche und Stat wurde in Europa neuerdings in das moderne Princip der Sonderung umgebildet. Die Sonderung der beiderlei Gebiete macht es möglich, dasz die Hoheit des States vollständig anerkannt und gewahrt, die Selbständigkeit der Kirche aufrichtig geschützt und die wichtigen Beziehungen zwischen beiden Organismen der Würde und der Bedeutung beider gemäsz freundlich gepflogen werden.

Die ganze neuere Entwicklung des XIX. Jahrhunderts ist einer polizeilichen Beherrschung der Kirche durch den Stat,

[27] Lange in der angeführten Schrift S. 1: „Die Trennung zwischen Stat und Kirche ist eine Scheidung, verbunden mit Verkennung, mit Entfremdung, mit Abstosz, eine Scheidung für ein permanentes getheiltes Bestehen; die Auseinandersetzung ist eine Scheidung beider Institutionen in der Gestalt des Wohlvernehmens unter der Voraussetzung ihrer ewigen Verwandtschaft und Beziehung. Die Trennung ist mit einem Worte die Caricatur der Auseinandersetzung, welche zu einer der dringendsten Forderungen der Zeit geworden ist.“

wie sie im XVIII. versucht worden, nicht mehr günstig. Indem sie für den Stat und das bürgerliche Leben Freiheit fordert ist sie auch geneigt, der Kirche in religiösen Dingen Freiheit und Selbstverwaltung ihrer kirchlichen Angelegenheiten zu gewähren. „Freie Kirche im freien Stat" ist das moderne Princip, wie es Cavour formulirt hat. Nur freilich musz sich der Stat davor hüten, die Freiheit der Kirche, wie sie die Ultramontanen verstehen, zur Herrschaft der Kirche ausbeuten und verderben zu lassen. Indem der Stat für sich ein ihm eigenes Geistesprincip und einen ihm eigenen Leib (die Statsverfassung) behauptet, gesteht er auch der Kirche zu, dasz sie ebenso ein ihr eigenes Geistesleben habe, und eines ihr eigenen Körpers (der Kirchenverfassung) bedürfe. Die falsche Einheit der mittelalterlichen Idee der Christenheit als eines religiösen und politischen Begriffs ist ebenso aufzugeben, wie der falsche Vergleich der Kirche mit dem Geiste und des States mit dem Leibe dieser Einen Christenheit. Die Zweiheit von Stat und Kirche wird nun allmählich als die Zweiheit von zwei Gesammtwesen begriffen, die beide aus Geist und Leib bestehende Organismen sind. Aber der Stat nimmt für sich die Selbstbeherrschung des freien männlichen Geistes in Anspruch, während die Kirche, an die göttliche Offenbarung angelehnt ist, und vorzugsweise der Uebung der passiven Tugenden ihr Leben widmet. Wie die Menschheit in den beiden Geschlechtern sich sondert, von denen jedes seine eigene Berechtigung und Aufgabe hat, und die hinwieder erst zusammen die ganze Menschenidee verwirklichen, so bilden Stat und Kirche im Groszen denselben Gegensatz der Schöpfung wieder, und es beruht darauf ihre Sonderung und ihre Verbindung. Der Stat im Groszen ist die Menschheit (das Volk) als selbstbewuszter, willenskräftiger und thatmächtiger Mann, die Kirche ist die Menschheit (die Gläubige) als fromme Gottergebene moralisch wirkende Frau.

Als einzelne Folgen des modernen Grundsatzes der Sonderung von Stat und Kirche für den Stat lassen sich folgende Sätze betrachten:

a) Der Stat steht auszerhalb, nicht in der Kirche, und ist demnach nicht irgendwie an die kirchliche Autorität gebunden. Auch die religiöse Offenbarung, welche die Kirche verehrt, ist für das statliche Gesetz keine bindende Vorschrift, und der Stat ist nicht verpflichtet, weder der jüdischen Gesetzgebung noch dem kanonischen Recht des Mittelalters eine Rechtsautorität beizulegen, noch selbst die christlichen Sittengebote als Statsgesetze einzuführen. Er prüft nun mit voller Freiheit das Gerechte und Zweckmäszige, wenn er aus eigener Autorität ein Statsgesetz erläszt.

So lange der Stat selbst noch einen specifisch confessionellen Charakter hat, fällt es ihm noch schwer, gegenüber der Autorität der Kirche diese Unabhängigkeit seiner Gesetzgebung zu behaupten; indessen haben sogar die katholischen Staten es gelernt, von den Vorschriften des Tridentinischen Concils z. B. in der Ehegesetzgebung abzuweichen, wo sie das für nothwendig und gut erkannten. Für die specifisch lutherischen oder reformirten Staten ist diese Gefahr der Abhängigkeit von der Kirche geringer, weil das Statshaupt[28] an dem Kirchenregimente selber einen Antheil hat. In dem griechisch-katholischen State Ruszland fehlt es zwar auch nicht an derselben Obermacht des Statshauptes, aber die Gebundenheit an die orthodoxe Lehre macht sich dennoch zum Nachtheil der andersgläubigen Unterthanen sehr empfindlich geltend.

b) Soweit die Statsbeamten oder die Statsbürger

[28] Noch immer wird in den protestantischen Kirchen den „Landesherrn" bischöfliche Gewalt zugeschrieben, obwohl Niemand bestreiten kann, dasz dieselbe nicht eine Folge der Statshoheit, sondern nur eine geschichtlich mit der Landeshoheit der Fürsten verbundene kirchliche Eigenschaft ist. Vgl. Deutsches Statswörterbuch, Art. Prot. Kirche von Herrmann.

lediglich ihr Statsrecht ausüben, sind sie in keiner Weise der kirchlichen Censur unterworfen. Die Kirche darf und soll wohl eine sittliche Wirkung üben und die Statsgewalt an ihre Pflichten erinnern, aber sie darf keine Gewalt gegen den Stat üben. Die Ausübung der kirchlichen Censur als Jurisdiction gegen die Vertreter des Stats ist Miszbrauch der kirchlichen Autorität und Verletzung der Statshoheit und Statsfreiheit.[29]

c) Der Stat nimmt alle eigentliche Souveränetät, und damit alle äuszerlich zwingende Gewalt ausschlieszlich für sich in Anspruch. Gesetzgebung, Regierung, Gericht sind ihrer Natur nach Statsfunctionen. Der Stat ist daher jeder Zeit berechtigt, die Ausübung dieser Functionen in bindender Form der Kirche zu untersagen, oder, wenn er sie theilweise gestattet hat, wieder der Kirche zu entziehen. Die moralische Einwirkung und die Zucht der Kirche steht mit diesem Satze nicht im Widerspruch, wohl aber jeder Gerichts- oder Steuerzwang, zu dem nicht der Stat ermächtigt. Der Stat bestimmt die Bedingungen und die Grenzen der kirchlichen Autonomie.

d) Der Stat darf wohl der Kirche eine Theilnahme an seinen Lebensaufgaben eröffnen, und ihr auch eine Mitwirkung — zumal auf dem Gebiete der Culturpflege — zugestehen, ohne dasz er unser Princip verletzt; aber er kann nicht die Eine Rechtsgewalt spalten und eine Souvcränetät der Kirche anerkennen, ohne die Einheit der Rechtsordnung zu verwirren und den Zwiespalt zweier gleicher Potenzen unlösbar zu machen.

[29] Die katholische Kirche maszt sich heute noch diese Censur an. Das neueste Beispiel ist die Allocution gegen den Kaiser von Oesterreich und die Mitglieder des österreichischen Reichstags vom 22. Juni 1868. Der moderne Stat darf das nicht dulden und ist genöthigt, wenn er sein Recht und seine Würde wahren will, gegen alle die Diener der Kirche einzuschreiten, welche beide verletzen.

Sechstes Capitel.

Die Rechte des modernen States mit Bezug auf die Kirche.

1. Das Recht und die Pflicht, welche aus dem Wesen des modernen States der Kirche gegenüber folgt, können wir die Kirchenhoheit (*jus majestatis circa sacra*) nennen. Wir verstehen darunter nur die Hoheit, welche der Stat als ein weltliches und sittliches Reich hat und ausübt, und scheiden jede Theilnahme an dem Kirchenregimente selbst davon aus. Diese Kirchenhoheit kommt somit jedem auch dem nicht-christlichen State, und gegenüber jeder Kirche zu.

Indessen haben auch auf diesen Begriff die verschiedenen Grundansichten über das Verhältnisz des States zur Kirche überhaupt einen groszen Einflusz geübt, und den Rechten des States bald engere, bald weitere Grenzen angewiesen.

a) Nach dem nordamerikanischen System einer indifferenten Toleranz und der Trennung der Kirche vom Stat hat der Stat den kirchlichen Gemeinschaften gegenüber keine andere Stellung noch Rechte, als gegen jede Gesellschaft oder Vereinigung zu wissenschaftlichen oder geselligen oder wohlthätigen Zwecken. Die Kirchenhoheit löst sich daher auf in der allgemeinen Corporationshoheit und der polizeilichen Aufsicht über Gesellschaften. Der Begriff der Kirche fällt weg und es gibt in den Augen des States nur Religionsgesellschaften.

b) Die besondere protestantische Lehre Europa's pflegte im Gegentheil die rein-statliche Kirchenhoheit mit kirchlichen Bestandtheilen zu mischen, und auch auf das Kirchenregiment selbst auszudehnen. Der Stat hat nach derselben nicht blosz zu prüfen, ob die kirchlichen Anordnungen nicht der öffentlichen Wohlfahrt schaden und das Recht verletzen, und demgemäsz zu handeln, sondern er soll zugleich beurtheilen, ob dieselben in der religiösen Wahrheit begründet und auch kirchlich gerechtfertigt seien.[1]

c) Die katholische Kirche hat zwar noch einige Scheu, das Princip der statlichen Kirchenhoheit anzuerkennen und die Folgerungen desselben in vollem Umfange zuzugestehen; aber die wichtigsten Anwendungen des Grundsatzes sind doch in den meisten katholischen Ländern in neuerer Zeit ebenfalls ohne nachhaltigen Widerspruch der Kirche eingeführt, und das Princip der Kirchenhoheit von den neuern Staten regelmäszig siegreich behauptet worden. Wenn aber die katholische Kirche die Ausdehnung derselben auch auf das eigentliche Kirchengebiet mit gröszerer Energie und Erfolg bestreitet, so trifft sie, obwohl sie dabei von dem Standpunkte ihrer kirchlichen Freiheit und Hoheit ausgeht, dem Resultate nach doch zusammen mit dem wahrhaft modernen Princip des States selbst, welcher entweder überhaupt kein oder doch kein besonderes confessionelles, sondern höchstens das gemeinsame christliche Bekenntnisz hat, daher als Stat keinen Anspruch auf das eigentliche Kirchenregiment macht.

d) Diese rein statliche und nur statliche Kirchenhoheit ist aber offenbar das normale Verhältnisz, auf dessen Begründung und Herstellung die mancherlei Strebungen der neuern Zeit hinleiten. Eine wirkliche Kirchenhoheit, nicht eine blosze Gesellschaftshoheit; denn der Gedanke der Indifferenz bezüglich der Kirchen ist aus den nämlichen Gründen unhaltbar und verkehrt, aus denen der Stat gegen die Religion sich nicht indifferent verhalten kann. Wird die Masse der Bevölkerung von einer bestimmten kirchlichen Richtung ergriffen, so übt diese Stimmung den mächtigsten und nachhaltigsten Einflusz auf die Politik und das ganze Dasein des States aus. Die innere Verbindung der Kirche mit dem State ist dennoch da, obwohl sie ignorirt wird, und die Interessen

[1] Stahl, Kirchenverf. der Protestanten S. 109.

und Leidenschaften der religiösen oder selbst antireligiösen Parteien in der Bevölkerung zwingen sobald sie erregt sind den Stat mit ihren Angelegenheiten sich zu befassen, auch wenn er nicht wollte.[2] Aber auch eine nur statliche Kirchenhoheit, nicht zugleich ein Stück Kirchenregiment; denn theils erträgt die Sonderung des States und der Kirche (verschieden von der Trennung) und die volle Selbständigkeit beider Organismen die Mischung nicht, theils kann der Stat doch nur Einer Kirche gegenüber als ein Glied derselben sich geriren, und kommt so in eine, nach dieser Seite hin gebundene, gegenüber andern Kirchen aber feindliche Parteistellung. Im Verhältnisz zur katholischen Kirche wäre überdem eine solche Ausdehnung der Statsmacht gar nicht möglich ohne ein ernstes Schisma.

2. Jene statliche Kirchenhoheit offenbart sich voraus in der Anerkennung der christlichen Landeskirchen im Gegensatze zur Duldung bloszer Secten oder anderer Religionen.

Der christliche Stat darf und soll prüfen, ob eine christliche Gemeinschaft, eine Kirche, sowohl ihrem organischen Bestande und ihrer historischen Berechtigung nach als mit Rücksicht auf ihre religiöse Wirksamkeit auf das Volksleben, nicht etwa nur Duldung, sondern volle Anerkennung des States ansprechen dürfe, und, wenn er sich davon überzeugt, diese gewähren. Man kann hier noch unterscheiden zwischen

[2] Sehr gute Bemerkungen darüber von Napoleon siehe bei *Thiers*, hist. du Consulat I. S. 163. In dem alten Europa hat noch jedesmal eine grosze kirchliche Bewegung, gleichviel ob anfänglich die Statsgewalt daran Theil nahm oder nicht, auch grosze politische Folgen gehabt. Die Zustände der Kirche in Nordamerika aber sind weder so bewährt noch so befriedigend und beruhigend, dasz nicht auch da an den Stat unabweisbare Forderungen, sich um die kirchlichen Verhältnisse zu bekümmern, gelangen können. Wie wenig die amerikanische Indifferenz aushält, wenn sie ernstlich auf die Probe gestellt wird, sehen wir in der Vertreibung der Mormonen von ihren alten Sitzen.

Landeskirchen und Dissidenzkirchen. Die ersteren haben alle Bedingungen erfüllt, um deren willen der Stat ihnen sein volles Vertrauen zuwendet, dasz sie christliche Gesinnung und Gesittung in der Nation verbreiten und fördern werden, um deren willen er zugleich sie mit seinen öffentlichen Mitteln unterstützt, mit ihnen gemeinsam in manchen Dingen, z. B. im Unterrichtswesen handelt und ihnen die höchsten Rechte und Ehren zugesteht. Den letztern fehlt es dagegen zwar nicht an moralischen Garantien für eine segensreiche christliche Thätigkeit, wohl aber wegen des geringen Anhangs oder aus historischen Gründen an Bedeutung für das Land, um ihnen alle diese Rechte und Ehren zuzuerkennen. Wenn ihnen daher auch volle Freiheit ihres Cultus verliehen wird, so fühlt sich doch der Stat nicht ebenso wie den Landeskirchen gegenüber bewogen, sie aus seinem Vermögen auszustatten, noch mit ihnen zu Rathe zu gehen und gemeinsame Sorgen zu pflegen. In Deutchland z. B. werden die drei Kirchen, die kathotholische, lutherisch-evangelische und reformirte, beziehungsweise die aus beiden unirte, neben einander als Landeskirchen behandelt, in manchen Ländern aber ist die katholische Landeskirche und die protestantische blosze Dissidenzkirche, in andern umgekehrt.[3] Darüber gebührt der freie Entscheid, je nach den besondern Verhältnissen, dem State, und wenn er so mehrere Kirchen anerkennt, so übt er auf seinem Gebiete ganz das nämliche Recht, welches schon im Mittelalter die katholische Kirche fortwährend den verschiedenen Staten und Statsformen gegenüber ebenfalls geübt hat und noch übt.

Die Kirche sagt: „Ich bin weder monarchisch noch republikanisch, ich vertrage mich mit allen Statsformen, wenn sie nur das religiöse Leben gewähren lassen. Mir sind Monarchist, Aristokrat, Demokrat gleichwerth, wenn sie nur gute

[3] Vgl. oben Cap. 5. Hundeshagen, deutscher Protestantismus S. 333.

Christen und treue Söhne der Kirche sind." Mit dem gleichen Rechte kann der Stat sagen: „Ich bin weder katholisch noch protestantisch. Die confessionellen Parteien kümmern mich nicht, wenn sie nur die Gesetze des States achten. Die Politik, nicht die Religion ist der Geist meiner Wirksamkeit. Katholiken wie Protestanten und selbst Andersgläubige sind mir gerecht, wenn sie nur treue Statsbürger sind, und ich stelle mich freundlich zu den verschiedenen religiösen Gemeinschaften, insofern sie mein politisches Leben nicht verletzen."

Der Begriff der Landeskirche ist somit verschieden von dem der Statskirche. Jener ist ein rein statlicher, dieser ein Mischbegriff. Jener setzt die Sonderung von Stat und Kirche voraus, dieser die Abhängigkeit der Kirche vom State. Jener verlangt von dem State kein konfessionelles Bekenntnisz, dieser fordert, dasz der Stat der Confession der Statskirche angehöre.

Bietet die kirchliche Gemeinschaft dem State auch nicht zureichende moralische Garantien, oder ist sie überall noch nicht geordnet und zu einer wirklichen selbständigen Kirche erwachsen, so hat der Stat vollen Grund, sie weder als Landes- noch als Dissidenzkirche anzuerkennen, sondern er gewährt ihr als einer Secte, insofern sie nicht geradezu statsverderblich erscheint, im Interesse der religiösen Bekenntniszfreiheit, eine Duldung, deren Schranken er nach Statsgründen näher bestimmt. In dieser Duldung kann der Stat gewöhnlich ohne Gefahr sehr weit gehen, — der Verfolgungseifer erreicht selten den gewünschten Zweck; — aber das Recht darf er nicht aufgeben, dem Wirken unsittlicher und für die Rechtsordnung gefährlicher Secten entgegenzutreten, derartige Verbindungen aufzulösen[1] und ihr gemeinsames Handeln zu hemmen.

In einem ähnlichen Verhältnisz der Duldung steht der

[1] Man erinnere sich der Wiedertäufer in Münster.

Stat zu den nicht-christlichen Religionen, welche ein Theil seiner Bewohner bekennt. Je mehr dieselben einen sittlichen Gehalt, und je weniger sie eine den moralischen Grundlagen des States zuwiderlaufende Richtung haben, desto umfassender kann auch die Duldung gewährt werden und sich der Anerkennung christlicher Kirchen annähern. Aber die Zumuthung an den europäisch-christlichen Stat, dasz er dieselben mit der nämlichen Zuneigung und Liebe umfasse und fördere wie die christliche Kirche, ist eine unnatürliche und nur mit dem falschen System einer negativen Indifferenz vereinbar.

3. Der Schutz, den der Stat den Landeskirchen gewährt, ist umfassender, als der, welcher andern Kirchen und Secten ertheilt wird. Der Stat ist der Schirmvogt der Landeskirche (jus advocatiae).

Die Landeskirchen werden als öffentliche Corporationen anerkannt und oft denselben daher auch öffentliche Rechte im State, z. B. das der Repräsentation in den Kammern, der Betheiligung bei einzelnen Behörden, oder ihren Kirchenwürden und Aemtern der Rang und die Rechte von Statswürden und Aemtern beigelegt. Andere kirchliche und religiöse Verbindungen erhalten nicht ebenso nothwendig die Rechte öffentlicher Corporationen, sondern werden häufig wie privatrechtliche Körperschaften, Genossenschaften, Gesellschaften angesehen und behandelt, haben somit nur Privatrechte anzusprechen.[5]

Aehnlich verhält es sich mit dem Gottesdienste. Es versteht sich, dasz die Landeskirchen in der Begehung ihres öffentlichen Gottesdienstes vollständig geschützt werden. Der Stat verwehrt hier nicht blosz jede Hemmung und Störung desselben, sondern er nimmt sogar in den bürgerlichen Einrichtungen auf die religiöse Feier achtungsvolle Rück-

[5] Preusz. Landrecht II. 11. §. 17—19, §. 20. Bayerisches Religionsedict §. 28—32.

sicht. Das Verbot lärmender Arbeit und Belustigung, des Marktverkehrs und Kramhandels, und die gebotene Schlieszung von Wein- oder Bierschenken während der Festfeier u. dgl. sind Folgen solcher erhöhter Anerkennung der Landeskirchen.[6]

Anderen obwohl anerkannten Kirchen dagegen wird zwar wieder ein öffentlicher Gottesdienst im Innern ihrer Erbauungshäuser verstattet und vor Störung geschirmt, aber es lassen sich eher Beschränkungen rechtfertigen, wenn es sich um Einrichtungen handelt, die auch nach auszen für die übrige nicht zu diesen Kirchen gehörige Bevölkerung Bezug haben. So z. B. wird kein Glockengeläute, es werden keine Processionen auszer der Kirche gestattet. Die religiöse Engherzigkeit früherer Zeit legte auf solche Beschränkungen einen groszen Werth: der neuern Zeit ist es würdig, soweit nicht das bür-

[6] Bayerisches Religionsedict §. 80: „Die im State bestehenden Religionsgesellschaften sind sich wechselseitig gleiche Achtung schuldig; gegen deren Versagung kann der obrigkeitliche Schutz aufgerufen werden, der nicht verweigert werden darf: dagegen ist aber auch keiner eine Selbsthülfe erlaubt.“ §. 82: „Keine Kirchengesellschaft kann verbindlich gemacht werden, an dem äuszern Gottesdienst der andern Antheil zu nehmen. Kein Religionstheil ist demnach schuldig, die besondern Feiertage des andern zu feiern, sondern es soll ihm frei stehen, an solchen Tagen sein Gewerbe und seine Handthierung auszuüben, jedoch ohne Störung des Gottesdienstes des andern Theiles, und ohne dasz die Achtung dabei verletzt werde, welche nach §. 80 jede Religionsgesellschaft der andern bei Ausübung ihrer religiösen Handlungen und Gebräuche schuldig ist“ — Im Einzelnen kommt natürlich viel auf die Bevölkerungsverhältnisse an. In einer vorzugsweise katholischen Stadt wäre es z. B. störend, wenn die Protestanten an hohen Festtagen der Katholiken ihr bürgerliches Gewerbe öffentlich betrieben wie an Werktagen; in einer Stadt dagegen, wo nur eine geringe Zahl von Katholiken sich befindet, keineswegs. Belgische Verf. §. 15: „Keiner ist gezwungen, auf irgend eine Weise an den Handlungen und Feierlichkeiten eines Gottesdienstes Theil zu nehmen, oder die Ruhetage desselben zu beobachten.“ Oesterr. Ges. vom 25. Mai 1868. §. 6: „Ferner musz an den Festtagen was immer für einer Kirche oder Religionsgesellschaft während des Hauptgottesdienstes in der Nähe des Gotteshauses alles unterlassen werden, was eine Störung der Feier zur Folge haben könnte.“

gerliche Leben hinwieder gestört würde, auch in diesen Dingen den verschiedenen Kirchen freien Cultus zu verstatten. Aber überspannt wäre das Begehren einer solchen Kirche an den Stat, dasz ihre Festtage auch von denen beachtet werden müssen, welche nicht zu ihr gehören.

Beschränkter noch kann der Schutz sein, den der Stat nichtchristlichen Religionen und bloszen Secten gewährt. Aus dem Princip der individuellen Gewissensfreiheit folgt noch nicht die Freiheit eines gemeinsamen Cultus. Sowie die Individuen aus der Besonderheit ihres Hauses und ihrer Familie heraustreten, und sich zu Genossenschaften (Gesellschaften) Gleichgesinnter verbinden, so hat auch der Stat als die höchste Ordnung der äuszern Lebensgemeinschaft eine nähere Veranlassung und ein erhöhtes Recht zu prüfen, in welchen Beziehungen jene Genossenschaften und ihre Thätigkeit zu den gemeinsamen öffentlichen Interessen stehen, und demgemäsz zu verfahren. Im Zweifel soll er freilich die Freiheit des Cultus achten. Wenn er sich aber überzeugt, dasz eine Secte der Existenz und Ruhe des States — nicht etwa der herrschenden Politik im State — gefährlich ist, so kann es dem State nicht verwehrt werden, dieselbe als religiöse Genossenschaft nicht zuzulassen oder aufzulösen, oder je nach Umständen unter besondere Aufsicht zu stellen und enger zu beschränken. Es lassen sich hier mancherlei Abstufungen denken, von dem völligen Verbote bis zur Gestattung des freien Cultus, z. B. die Beschränkung des Gottesdienstes der Secte auf die Hausandacht der Familien, auf eine gemeinsame Gottesverehrung aber nur im Stillen und mit Ausschlieszung aller Andersgläubigen, die Zulassung des öffentlichen Cultus aber ohne dasz den kirchlichen Handlungen, z. B. der Taufe, Trauung u. s. f. auch bürgerliche Wirkungen beigelegt werden u. s. f.[7]

[7] Preuszisches Landrecht II. Tit. 11. §. 22: „Einer geduldeten Kirchengesellschaft ist die freie Ausübung ihres Privatgottesdienstes ver-

In neuerer Zeit haben einzelne Staten die Gestattung des öffentlichen Gottesdienstes als allgemeine Regel ausgesprochen, die auch auf nichtchristliche Religionen und Secten ihre Anwendung finde.[8] Ein ausgedehntes Masz von Freiheit sagt dem Wesen auch des modernen christlichen States zu, nicht aber völlige Sorglosigkeit und Mangel an Prüfung und Unterscheidung.

4. Die Förderung und Pflege auch der kirchlichen Interessen und Wirksamkeit äuszert sich gegenüber den Landeskirchen

a) in der Ausstattung und Dotation ihrer äuszern Institute und Bedürfnisse, soweit sie des States bedarf, in der Erbauung und Ausschmückung der Kirchen, in der Fundirung der kirchlichen Aemter, in der Sorge für die Schulbedürfnisse der Kirche, in der Unterstützung der Mission.[9] Andere Kirchen haben darauf keinen Anspruch, wenn es schon dem State nicht verwehrt ist auch ihnen durch Beiträge zu Hilfe zu

stattet.“ §. 23: „Zu dieser gehört die Anstellung gottesdienstlicher Zusammenkünfte in gewissen dazu bestimmten Gebäuden, und die Ausübung der ihren Religionsgrundsätzen gemäszen Gebräuche, sowohl in diesen Zusammenkünften, als in den Privatwohnungen der Mitglieder.“ §. 25: „Ihr ist nicht gestattet sich der Glocken zu bedienen, oder öffentliche Feierlichkeiten auszerhalb der Mauern ihres Versammlungshauses anzustellen.“ Bayer. Edict §. 3: „Sobald mehrere Familien zur Ausübung ihrer Religion sich verbinden wollen, so wird jederzeit hiezu die königliche Genehmigung erfordert.“ Vgl. Wilda in der Zeitsch. für deutsches Recht XI. S. 235.

[8] Belgische Verf. §. 14: „Die Freiheit jeder Gottesverehrung (culte), ihrer Ausübung ist zugesichert, mit Vorbehalt der Unterdrückung der Vergehungen, welche bei Ausübung dieser Freiheit begangen werden.“ Französische von 1848 §. 7: „Jedermann bekennt frei seine Religion, und erhält zur Ausübung seines Cultus von dem State einen gleichmäszigen Schutz.“ Preuszische §. 12: „Die Freiheit des religiösen Bekenntnisses, der Vereinigung zu Religionsgesellschaften und der gemeinsamen häuslichen und öffentlichen Religionsübungen wird gewährleistet.“

[9] Holländische Verf. §. 168. Französische von 1848, §. 7: „Die Religionsdiener, sowohl für die gegenwärtig vom Gesetz anerkannten Cultus als auch für diejenigen, welche in Zukunft anerkannt werden sollten, haben das Recht, einen Gehalt aus Statsfonds zu empfangen.“

kommen. Der heutige christliche Stat gewährt auch fremden Religionen ihr Recht des Bestandes, aber seine volle Zuneigung kann sich nur den christlichen Kirchen zuwenden, welche in der Nation zu umfassender und groszer Wirksamkeit gelangt sind;

b) in der Ehre, welche er der Kirche erweist, indem er sie in ihren Vorstehern auszeichnet und bei öffentlichen Festen zur Theilnahme einladet, und indem er für seine statlichen Einrichtungen die Weihe der Kirche anspricht. Wo es zu einer gerechten Auseinandersetzung der beiden Gebiete gekommen ist, da befiehlt der Stat nicht mehr die religiöse Weihe, sondern er ersucht darum, denn diese kann von der Kirche nur aus freiem Herzen gewährt werden, und hat nur dann Wahrheit und Werth;

c) in der Zuziehung der Kirche bei gemeinsamen Angelegenheiten und Sorgen, zur Mitberathung und Mitwirkung: so voraus mit Bezug auf das Schulwesen (Betheiligung der kirchlichen Aemter bei den Schulräthen) bei Anordnungen, die auf die öffentliche Moral Bezug haben u. s. f.;

d) in dem Antheil, welcher den Landeskirchen als solchen in den organischen Instituten des States selbst zur Wahrung ihrer Rechte und Vertretung ihrer Interessen gewährt wird, wie insbesondere in der Repräsentation.

Siebentes Capitel.

Von dem Aufsichtsrecht insbesondere.

Der Stat und die Kirche sind zwei wesentlich selbständige Körper. Der Stat überschreitet daher seine natürliche Grenze, wenn er das Kirchenregiment selbst, wie das allerdings in den confessionell-protestantischen Staten in früherer

Zeit in weitem Umfange geschehen ist, an die Hand nimmt. Aber er hält sich innerhalb derselben, wenn er über die Kirche eine statliche Oberaufsicht, die wichtigste Seite seiner Kirchenhoheit, übt (jus inspectionis, jus cavendi). Allerdings bezieht sich diese Aufsicht nicht auf die unsichtbare Kirche, als eine Gemeinschaft der Heiligen, die der Wahrnehmung und dem Gebiete des States vollständig entrückt ist, wohl aber auf die sichtbare Kirche, als eine auf der Erde erscheinende und wirkende organische Gemeinschaft. Die äuszern Dinge sind für die Kirche, obwohl nicht entbehrlich, doch immerhin von untergeordnetem Werthe. Aber eben weil diese Seite ihres Daseins eine äuszere ist und in mannichfaltige Beziehung tritt zu dem wesentlich äuszern und weltlichen Reiche des States, so kann der Stat nicht vor ihrer Erscheinung und äuszern Wirksamkeit die Augen verschlieszen, sondern ist genöthigt und berechtigt, darüber Aufsicht zu üben. Hier besonders thut nun aber eine richtige Auseinandersetzung noth, damit jeder Theil in dem Genusse der ihm zugehörigen Freiheit und Rechte unverkümmert bleibe.

1. In rein kirchliche Dinge des Gewissens und Glaubens hat sich der Stat als in ein Gebiet, das für ihn unzugänglich ist, nicht zu mischen,[1] somit auch keine dogmatischen Streitigkeiten zu entscheiden. Wenn aber die Kirche neue Gesetze, Ordnungen und Bestimmungen in Glaubenssachen erläszt, oder in Gewissensangelegenheiten sich nicht mit bloszem Rathe begnügt, sondern bindende Vorschriften trifft, so kann der Stat Kenntnisz verlangen von allen solchen Verfügungen, und unter der Voraussetzung, dasz die Statsordnung durch dieselbe verletzt oder gefährdet würde, Einhalt thun.[2] Dieses Recht des States wurde unter dem

[1] Bayerische Verf. IV. §. 9.

[2] Preuszisches Landrecht 11. Tit. II. §. 33: „Der Stat ist berechtigt, von demjenigen, was in den Versammlungen der Kirchengesellschaft gelehrt und verhandelt wird, Kenntnisz einzuziehen. §. 118:

Namen des Placet (*placetum regium*) in das Statsrecht eingeführt, aber öfter über Gebühr ausgedehnt. Schon der Ausdruck ist falsch gewählt, und dabei merkwürdigerweise gerade der umgekehrte Irrthum begangen worden von dem, welcher die königliche positive Sanction in der statlichen Gesetzgebung zu einem blosz negativen Veto verdreht hat. Jenes sogenannte Placet nämlich ist, recht verstanden, kein positives Recht des States, über die Kirchlichkeit und Wahrheit der von der Kirchengewalt gegebenen Entscheidung zu urtheilen und dieser seine Autorität zu verleihen, sondern nur ein negatives Recht der Abwehr solcher kirchlichen Entscheidungen, welche die Statsinteressen beeinträchtigen; ein negatives Recht, dem das Misztrauen zu Grunde liegt, es möchte die sichtbare Kirche, in welcher auch menschliche Schwächen und Leidenschaften sich regen, ihre dogmatische Selbständigkeit miszbrauchen, und Beschlüsse fassen und öffentlich geltend machen, mit denen die vom State anerkannten Rechte der Individuen sowohl als seine eigene Wohlfahrt in Widerspruch stehen. In der Besorgnisz, dasz das Haupt der katholischen Kirche, der Papst, der nicht wie die andern kirchlichen Würdenträger in dem Statsgebiete als Unterthan wohnt und der statlichen Gerichtsbarkeit anheimfällt, seine hohe Autorität und günstige Stellung leicht so miszbrauchen könne, wurde früherhin von manchen europäischen Staten sogar der ganze amtliche Verkehr der einheimischen Geistlichkeit mit dem päpstlichen Stuhle gewisser-

„Alle päpstlichen Bullen, Breven und alle Verordnungen auswärtiger Obern der Geistlichkeit müssen vor ihrer Publication und Vollstreckung dem State zur Prüfung und Genehmigung vorgelegt werden.“ Organisches Gesetz des Concordats in Frankreich von 1802, Art 1: „Aucune bulle, bref, rescrit, décret, mandat, provision, signature servant de provision, ni autres expéditions de la cour de Rome, même ne concernant que les particuliers, ne pourront être reçus, publiés, imprimés, ni autrement mis à exécution, sans l'autorisation du gouvernement.“ Bayerisches Religionsedict §. 57 und 58: „Hiernach dürfen keine Gesetze, Verordnungen oder sonstige Anordnungen der Kirchengewalt ohne allerhöchste Einsicht und Genehmigung publicirt und vollzogen werden.“

maszen unter polizeiliche Aufsicht gestellt. In neuerer Zeit dagegen wurde eine solche Vorsicht öfter nun grundsätzlich verworfen.[3]

Aus der Zulassung freien Verkehrs folgt aber noch nicht, dasz die Gesetze und Entscheidungen der Kirchengewalt der Kenntnisz und Aufsicht des States entzogen seien. Nur das ist der Gegensatz der neuern Richtung gegen die frühere Maxime des Placet, dasz zunächst der Kirche freigegeben wird, was ihr gut erscheint in rein kirchlichen Dingen zu verordnen und bekannt zu machen, unter Vorbehalt, dasz der Stat gegen den wirklich geschehenen Miszbrauch einschreite. Die Präventivmaxime wird so in das Repressivsystem umgeändert. Die Erfüllung dieser Umgestaltung des Statsrechtes, welches einer auszerhalb des Statsgebietes wohnenden Kirchenautorität gegenüber bedenklich erscheint,[4]

[3] Belgische Verf. §. 16: „Der Stat hat kein Recht, sich in die Ernennung oder Einsetzung der Diener irgend einer Gottesverehrung zu mischen oder ihnen den Verkehr mit ihren Obern und die Bekanntmachung ihrer Acten zu untersagen; im letztern Falle mit Vorbehalt der gewöhnlichen Verantwortlichkeit im Betreff der Presse und der Bekanntmachung.“ Holländische §. 170: „Die Vermittelung der Regierung wird nicht verlangt bei dem brieflichen Verkehr mit den Häuptern der verschiedenen kirchlichen Gesellschaften, noch bei Bekanntmachung kirchlicher Vorschriften, jedoch unter verantwortlicher Befolgung der Gesetze.“ Preuszische §. 16: „Der Verkehr der Religionsgesellschaften mit ihren Obern ist ungehindert. Die Bekanntmachung kirchlicher Anordnungen ist nur denjenigen Beschränkungen unterworfen, welchen alle übrigen Veröffentlichungen unterliegen.“ Oesterr. Concordat v. 1855, Art. 2: „Der Wechselverkehr zwischen den Bischöfen, der Geistlichkeit, dem Volke und dem heiligen Stuhl in geistlichen Dingen und kirchlichen Angelegenheiten wird vollkommen frei sein.“

[4] Es frägt sich überhaupt, ob der Stat sich nicht durch eine falsche Abstraction von Freiheit hat verleiten lassen, auf Rechte zu verzichten, die er zu seiner Sicherheit nicht entbehren kann. Laurent (l'église et l'état III. 340) behauptet das und hebt den Unterschied zwischen „päpstlichen Bullen“ und bloszen „Meinungsäuszerungen“ hervor. Jene werden von Tausenden und Hunderttausenden wie ein bindendes Gesetz betrachtet, diese frei gewürdigt. Wenn daher eine Bulle statswidrige Bestimmungen enthält, so ist ihre Veröffentlichung nicht blosz ein Ver-

erfordert aber im Interesse des States nun eine nähere Bestimmung dessen, was als Miszbrauch nicht zu dulden, beziehungsweise zu bestrafen sei; in ähnlicher Weise, wie die Einführung der Preszfreiheit im Gegensatze zu der frühern Censur ein Preszgesetz nöthig gemacht hat. Je gröszer die Freiheit ist, welche der Stat der Kirche gewährt, um so nöthiger ist ein Gesetz, welches ein Rechtsverfahren wegen Miszbrauchs der Kirchengewalt (recursus propter abusum) anordnet.[5] Der Gedanke nämlich, dasz schon die gewöhnliche Gesetzgebung ausreiche, der in den neuen Verfassungen durchschimmert, ist irrig. Die Beziehungen der Kirche zum State und der Einflusz jener auf das nationale Leben sind viel zu grosz und eigenthümlich, als dasz sie schon in den Gesetzen hinreichende Beachtung finden könnten, welche nur im Allgemeinen das Recht und die Freiheit der Individuen und Gesellschaften näher bestimmen und begrenzen. Der Stat ist nicht confessionell seinem Wesen nach; die jetzigen Kirchen aber sind meistens noch confessionell. Daher ist es Recht und Pflicht des States, indem er auf der einen Seite die Freiheit der Kirchen, ihre confessionellen Gegensätze auszubilden und beziehungsweise auch dogmatischen Streit zu führen, an-

gehen gegen die Statsordnung, sondern auch eine ernste Gefahr für den Statsfrieden, wogegen das Placet den Stat besser schützt als die Repression. Auch H. Escher (Politik I. S. 540), der sonst die kirchliche Freiheit in weitestem Umfang vertheidigt, hält das Placet den Erlassen der römischen Curie gegenüber für nothwendig.

[5] Ein sehr beachtenswerther Versuch in dem organischen Gesetz für Frankreich von 1802, §. 6: „Il y aura recours au conseil d'État, dans tous les cas d'abus de la part des supérieurs et autres personnes ecclésiastiques. Les cas d'abus sont l'usurpation ou l'excès de pouvoir, la contravention aux lois et réglements de la république, l'infraction des règles consacrées par les canons reçus en France, l'attentat aux libertés, franchises et coutumes de l'Église gallicanes, et *tout entreprise ou tout procédé* qui dans *l'exercice du culte, peut compromettre l'honneur des citoyens, troubler arbitrairement leur conscience, dégénérer contre eux en oppression ou en injure, ou en scandale public.*" Vergl. *Foelix* in der Revue étrang. et franç. V. S. 249 ff. Vivien Étud. admin II. 280.

erkennt, doch darüber zu wachen, dasz die confessionelle Reibung nicht den öffentlichen Frieden störe, noch die Achtung verletze, die der Stat den von ihm anerkannten Kirchen gewährleistet. Es gilt das z. B. auch von allgemein eingeführten Katechismen und Erbauungsbüchern. Denn offenbar ist es etwas ganz anderes, wenn ein Individuum in Privatschriften die confessionelle Polemik leidenschaftlich schärft, oder wenn die Kirchengewalt mit einer auf Millionen gewaltig wirkenden Autorität den Glaubenshasz stachelnd aufregt, oder die confessionellen Leidenschaften im Volke wider die statlichen Anordnungen zum Kampf aufruft, wie das heute in Belgien, in Baden und in Oesterreich geschieht. Je gröszer die Gefahr für den gemeinen Frieden und die öffentliche Wohlfahrt ist, desto rascher und kräftiger musz der Stat einschreiten.

2. Die Verhältnisse des Cultus sind zwar ihrem Wesen nach ebenfalls durchaus kirchlich, und nicht, wie das zuweilen behauptet wird, gemischt. Aber weil sie in äuszern Formen des gemeinsamen Lebens sichtbar hervortreten, so stehen sie dem Statsgebiete näher, und berühren dasselbe an mehreren Seiten als die Glaubens- und Gewissenssachen im engern Sinne.

Auch hier soll der Kirche zunächst die freie Selbstbestimmung zugestanden und nicht etwa die Anordnung darüber dem State vorbehalten werden. Aber mehr als in jenen andern Beziehungen ist der Stat hier veranlaszt, Aufsicht zu üben über die Wahrung seiner Interessen. Dahin gehören:

a) die Anordnung kirchlicher Feste, wobei es jedoch von dem State abhängt, denselben bürgerliche Wirkungen mit Bezug auf Einstellung der Arbeiten und des Marktverkehrs beizulegen oder nicht;[6]

[6] Die Gesetzgebung des letzten Jahrhunderts hatte die Tendenz, die Einwirkung des States auf Bestimmung der Kirchenfeste möglichst auszudehnen und dieselben aus nationalwirthschaftlichen Gründen zu beschränken. Preuszisches Landrecht §. 34 und 35. Bayerisches Edict §. 76 und 77.

b) die Bildung religiöser Vereinigungen, Bruderschaften u. dgl. zur Ausübung gottesdienstlicher Handlungen oder frommer Werke, und die Haltung kirchlicher Missionen. Der Stat kann wohl der Freiheit solcher Bildungen weiten Raum lassen, aber nicht auf sein Recht der Kenntniszahme, noch das der Beschränkung, heziehungsweise des Verbots, verzichten, wenn solche Vereine in einem für die Ehre oder das Recht der Bürger oder des States und für den öffentlichen Frieden und die gute Sitte verderblichen Sinne wirken oder sich gebärden:[7]

c) die Stiftung von Klöstern und die Begründung kirchlicher Orden, sowie die Genehmigung ihrer Statuten und Beaufsichtigung ihres kirchlichcn Lebens ist zwar zunächst wieder eine Angelegenheit der Kirche, und es ist nicht zu läugnen, dasz in den letzten Jahrhunderten die Staten Europa's oft willkürlich und eigennützig in dieselbe eingegriffen und häufig die Schwäche und Gebrechen der Klöster und Orden benutzt haben, nicht um dieselben zu bessern, sondern um sie ihres Vermögens zu berauben. Aber nichtsdestoweniger legen auf der andern Seite auch historische Erfahrungen dem State die statliche Pflicht an'sHerz, sich seines Aufsichtsrechtes nicht zu begeben, sondern darüber sorgfältig zu wachen, theils dasz die individuelle Freiheit der Menschen nicht klösterlichen Gelübden und Ordnungen hingeopfert werde, theils dasz nicht einzelne Klöster oder Orden das benachbarte Grundeigenthum im Uebermasz dem lebendigen Verkehr entziehen und für die todte Hand erwerben, theils dasz sie nicht in einem statsfeindlichen Sinne ihr Dasein bethätigen. Als statsfeindlich

[7] Die Denkschrift der bayerischen Bischöfe von 1851 hat Recht, wenn sie die nächste Aufsicht und Controle solcher kirchlicher Vereine für die Kirche vindicirt, aber Unrecht, wenn sie dem State jede Aufsicht darüber versagen will. Auch wenn jene z. B. die öffentlichen Geiszelungen der Geiszelbrüderschaften gut heiszen würde, thäte der Stat doch wohl und recht, derlei Scandal nicht zu dulden. Vgl. Bayerisches Edict §. 76 b, c. Oesterreich. Concordat Art. 28.

darf der moderne christliche Stat aber wohl Orden bezeichnen, welche, wie der Jesuitenorden, durch ihre Lehre und Wirksamkeit den Stat unter die mittelalterliche Oberherrschaft der Kirche zurücktreiben oder in ihrem confessionellen Eifer den Frieden der Confessionen bedrohen. Fühlt sich der Stat stark und mächtig, so mag er nach dem Vorbilde Friedrichs des Groszen auch solche gährende Elemente wohl ertragen, und die übertriebene Jesuitenfurcht macht zuweilen eher den Eindruck von Zaghaftigkeit und Schwäche, als von klarem Rechtsbewusztsein des States. Aber da der Jesuitenorden als eine organisirte Macht auftritt, und durch seine groszen geistlichen und ökonomischen Mittel eine gefährliche Gewalt über viele Gemüther ausübt, und dieselbe zum Schaden des Stats und der Civilisation gebraucht, so hat der Stat auch Grund zur Vorsicht, und ist wohl veranlaszt, dem Umsichgreifen des Ordens ebenso wie der künstlichen Zucht von Schlangen zu wehren. Er hat unzweifelhaft das Recht, eine Gemeinschaft, welche sich als unverträglich mit seiner Wohlfahrt und seinem Recht erweist, auszustoszen oder aufzulösen.[8] Sie kann sogar ein aufopfernder Diener der (confessionellen) Kirche und doch ein Feind des (confessionslosen) States sein, die Zuneigung jener verdienen und für diesen unausstehlich werden. Nicht die kirchliche Einrichtung und Form solcher Corporationen hat der Stat zu ordnen oder mit zu bestimmen, aber er hat sein Recht auch in solchen Fällen zu wahren, wo dasselbe von jenen im Namen der kirchlichen Interessen verletzt oder bedroht wird.[9]

[8] Schweizerische Bundesverf. §. 58: „Der Orden der Jesuiten und die ihm affilirten Gesellschaften dürfen in keinem Theile der Schweiz Aufnahme finden."

[9] Sogar das österreichische Concordat Art. 28, welches den Bischöfen die Freiheit zusichert, geistliche Orden und Congregationen einzuführen, fügt doch die beschränkende Anweisung bei: „Doch werden sie sich hierüber mit der kaiserlichen Regierung ins Einvernehmen setzen."

3. Die Verfassung der Kirche zu bestimmen ist in erster Linie wieder Sache und Recht der Kirche selbst und nicht mehr des States, wenn sich dieser aus der Beschränktheit des Confessionalismus erhoben hat. Aber öffentliche Autorität und Geltung kann die Kirchenverfassung innerhalb des States nur erhalten, wenn der Stat dieselbe anerkennt, beziehungsweise somit die Aenderung derselben seinerseits gut heiszt, oder — da auch in dieser Hinsicht es nicht Aufgabe des States ist, die positiv kirchliche Wünschbarkeit der Aenderung zu prüfen, sondern sich auf die Frage zu beschränken, ob und inwiefern dieselbe dem geltenden Rechte widerspreche und die öffentliche Wohlfahrt bedrohe — nach vorheriger Prüfung nicht sein statliches Veto dagegen einlegt. Umwandlung des zuweilen etwas gespannten Placet, in welchem oft noch ein Stück Kirchenregiment verborgen ist, in ein statliches Recht vorheriger Prüfung und des Veto (*non displicet*) scheint dem natürlichen Verhältnisse beider Organismen am ehesten zuzusagen.

4. Der Kirche kann wiederum das Recht aus natürlichen Gründen nicht bestritten werden, ihre Organe, die Beamten und Diener der Kirche, selbständig zu ernennen; denn sollen diese ihr angehören und ihr dienen, so müssen sie auch von ihrem Geiste erfüllt und nicht von einer fremden Macht gewissermaszen als fremde Glieder an ihren Körper geheftet worden sein. Die blosz allgemeinen Vorbedingungen der kirchlichen Weihen entscheiden noch nicht; auch unter den im Allgemeinen Fähigen den rechten Mann für die rechte Stelle zu finden, kommt voraus dem Körper zu, zu welchem diese gehört und dessen Bedürfnissen sie dient. Aber bei der engen und nothwendigen Wechselbeziehung des States und der Kirche, und da die Beamten der anerkannten Kirchen zugleich das Recht und den Rang von Statsbeamten erhalten und im State eine erhöhte Autorität und Bedeutung haben, so ziemt es der Kirche, keinen Personen kirchliche Aemter anzuver-

trauen, welche nicht zugleich dem State genehm sind,[10] und mag der Stat fordern, dasz ihm vor der wirklichen Einsetzung in das Amt der Erwählten zur Gutheiszung präsentirt werden. Das historische Recht der europäischen Staten ist sehr reich an mancherlei Modificationen dieser Grundsätze. Häufig wird dem State das positive Recht der Wahl selbst zugestanden, und für die Kirche nur das Recht der Prüfung und der Ertheilung der kirchlichen Weihen oder Ordination vorbehalten; zuweilen aber auch von Seite der Kirche völlig freie Besetzung ihrer Aemter ohne Genehmheiszung des States geübt oder gefordert. In jenen Zuständen ist noch viel confessionelle Beimischung wahrzunehmen, welche allmählich ausgeschieden werden musz, wenn die Kirche zu ihrer vollen Freiheit und der Stat zu seinem wahren Rechte gelangen soll.

5. Alle eigentliche Gerichtsgewalt, das Schwert und der Scepter der Gerechtigkeit auf Erden, ist ihrer Natur nach statlich, und kann daher nur vom State abgeleitet werden. Nur die religiöse Zucht, welche sich durch die Stimme des Gewissens Geltung verschafft, und das Masz von innerer Disciplin, welches jedem organischen Körper zu seiner Ordnung nöthig ist, gebührt schon von Rechtes wegen der Kirche. In diesen Dingen hat der Stat daher das unveräuszerliche Recht, die Gerichtsbarkeit der Kirche zu regeln, zu ändern, zu beschränken oder ganz aufzuheben, soweit dieselbe nicht den Charakter einer freiwilligen und schiedsrichterlichen an sich trägt. Der moderne Stat hat das anerkannt und vielfach geübt,[11] und die religiöse Bedeutung der Kirche hat an Reinheit eher gewonnen, seitdem die zwin-

[10] Das kanonische Recht hat in diesem Sinne den Begriff der *personae regi gratae* aufgebracht Der Stat hat dabei indessen nur statliche Rücksichten zu nehmen.

[11] Kaiser Friederich II. hat auch darin die moderne Idee anticipirt, dasz er zuerst wieder für den Süden Italiens durch seine Gesetze den Klerus in Strafsachen und bürgerlichen Streitigkeiten der weltlichen Gerichtsbarkeit unterwarf. Raumer, Gesch. d. Hohenstaufen IV. S. 474.

gende Strafgewalt der Kirche beschränkt, und auch die Geistlichen den weltlichen Gerichten unterworfen worden sind.

Die ursprünglichen Pönitenzen der katholischen Kirche hatten noch ganz den Charakter der Zucht, und beruhten auf freiwilliger und reuevoller Büszung der Sünde, sie waren nicht Strafe für ein Vergehen. Auch der Kirchenbann (die *excommunicatio*), allerdings eine ursprüngliche Institution des Christenthums, ist erst zu der Zeit zu einer Strafe geworden, als der Stat in eine unwürdige Abhängigkeit von der Kirche gerathen war. So lange derselbe nur entweder Versagung kirchlicher Heil- und Segensmittel, oder Ausschlieszung der Einzelnen aus der Gemeinschaft der Kirche ist, so ist das eine dem Wesen nach durchaus kirchliche Sache, und keineswegs Handhabung der strafenden Gerechtigkeit; denn wie sollte die Kirche nicht selber prüfen und frei bestimmen, wer ihres Segens würdig und bedürftig sei, und wie genöthigt werden, Individuen als ihre Glieder anzusehen, welche die Gemeinschaft mit ihr zerrissen haben? Die grosze mittelbare Einwirkung, welche eine solche Ausschlieszung auf das ganze übrige Leben des Gebannten äuszert, mag freilich den Stat bewegen, eine gewisse Controle zum Schutze der individuellen Rechte eintreten zu lassen, und ihr eigenes Interesse wird die Kirche dahin leiten, nicht wegen geringfügiger Ursachen noch aus vorübergehenden Gründen den Bann zu verhängen; aber eine wahre Auseinandersetzung des beiderseitigen Gebietes wird doch diesen zunächst der Kirche anheimstellen. Ebenso gebührt der Kirche wie jedem Organismus eine Disciplinargewalt über ihre Beamten und Diener. Erweisen diese sich als untauglich für das Amt oder den Dienst, so musz sie die Macht haben, dieselben zu entfernen, und durch andere Personen für ihre Bedürfnisse zu sorgen. Gegen möglichen Miszbrauch solcher Gewalt zur Unterdrückung und Schädigung der Individuen mag der Stat wohl eine controlirende Aufsicht anordnen und üben, sei es indem er von der Einstellung und Entlassung von

Kirchenbeamten aus kirchlichen Motiven jederzeit Kenntnisz nimmt und sich die statliche Prüfung und Gutheiszung vorbehält, sei es indem er den Betheiligten verstattet, ihre Beschwerden ihm vorzulegen und seinen Schutz anzurufen.[12]

6. Für die Erziehung und Schulbildung des Klerus unterstützt der Stat hinwieder die Landeskirchen durch seine Anstalten oder durch Ausstattung der ihrigen. Dasz auch die statlichen Schulanstalten, deren Bestimmung es ist, für die Kirche einen tüchtigen Nachwuchs von Geistlichen zu bilden, den Geist der Kirche in sich aufnehmen, und nur solchen Lehrern der religiöse und kirchliche Unterricht an denselben anvertraut werde, welchen die Kirche das Lehramt anvertraut, darauf hat die Kirche ein natürliches Recht. Besitzt sie aber eigene Anstalten für diesen Zweck, Priesterseminare, so hat auch der Stat ein Recht darüber zu wachen, und dafür zu sorgen, dasz die für den Kirchendienst bestimmte Jugend auch in Harmonie mit dem State, und nicht blosz zu guten Geistlichen, sondern auch zu tüchtigen Statsbürgern erzogen werde, dasz sie somit auch in weltlicher Wissenschaft nicht roh und unerfahren bleibe. Die rein klerikale Erziehung, wie sie gegenwärtig von den katholischen Bischöfen fast überall angestrebt wird,[13] entfremdet den nachwachsenden Klerus

[12] Vgl. Bayerisches Edict §. 51, 54. Die Exercitien, zu welchen Geistliche von den Bischöfen neuerlich oft verurtheilt werden, sind meistens Anmaszung eines Stücks Gerichtsbarkeit, welches der Kirchengewalt nicht zusteht, und der Stat ist berechtigt, denselben insofern Einhalt zu thun, als sie die persönliche Freiheit oder Ehre der Geistlichen bedrohen oder gar jene Zucht nur in der Absicht geübt wird, die Geistlichen deszhalb zu strafen, weil sie ihre Bürgerpflicht erfüllt haben.

[13] Vgl. Oesterr. Conc. Art. 17. Wie in Deutschland erhebt sich auch in Frankreich dieselbe Klage gegen die stats- und cultusfeindliche Richtung der geistlichen Seminarien. Vivien Ét. Adm. II. S. 296: „Le système actuel d'éducation des jeunes prêtres est une des causes les plus actives des préjugés qui règnent dans l'Église contre le monde et dans le monde contre l'Église. Si on les rendait moins étrangers l'un à l'autre, on les rendrait en même temps plus justes et plus confiants entre eux."

immer mehr der Welt, und nimmt ihm das Verständnisz für ihre geistigen Bedürfnisse und für die Fortschritte ihrer Civilisation. Dadurch verliert er aber an Achtung und Einflusz mehr, als die ihn leiten, durch die gesteigerte Fügsamkeit desselben gewinnen können. Von diesen Priesterseminarien gilt der Satz: „Ihr habt Wind gesäet und werdet den Sturm ernten."

7. Das Kirchengut gehört nicht dem State, sondern der Kirche. Dieser ist es gegeben und für sie dauernd bestimmt worden. Aber wenn auch der Stat mit Recht kein Eigenthum daran ansprechen, noch dasselbe für seine Zwecke verwenden darf, so kann dagegen die Frage, ob der Kirche die völlig freie Verwaltung der Kirchengüter zustehe, oder ob besser der Stat dieselben zu Gunsten der Kirche in seine vormundschaftliche Hand nehme, gar wohl je in verschiedenen Zeiten und unter verschiedenen Umständen auch verschieden beantwortet werden. Die katholische Kirche hat von jeher auf ihre selbständige Verwaltuug einen groszen Werth gelegt, und sich nur ungerne den Beschränkungen und der Aufsicht unterzogen, die der Stat in den letzten Zeiten auch über diese Güter zu verhängen für nöthig erachtet hat. Die protestantische Kirche dagegen hat von Anfang an die Sorge für ihre zeitlichen Güter unbedenklich dem State überlassen und sich in eine oft demüthige Stellung zu schicken gesucht. Unserer Zeit dürfte die Selbständigkeit der Kirche in Verwaltung und Verwendung des Kirchengutes, verbunden mit der nöthigen Oberaufsicht des States, durch welche die äuszere Ordnung der Verwaltung und die Erhaltung des Vermögens überwacht und einer ungebührlichen Verwendung für fremdartige Zwecke gewehrt wird, am ehesten zusagen.[14]

[14] Oesterreichische Grundrechte von 1849, §. 2 und von 1867, Art. 15: „Jede gesetzlich anerkannte Kirche und Religionsgesellschaft hat das Recht der gemeinsamen öffentlichen Religionsübung, ordnet und verwaltet ihre Angelegenheiten selbständig, bleibt im Besitze und Ge-

8. Es gibt einzelne Lebensverhältnisse, wie die öffentliche Erziehung und Schulbildung der Jugend, und wie die Ehe der Erwachsenen, welche sowohl zum State als zur Kirche eine nahe Beziehung haben, und auf welche daher das Recht des States und die Sorge der Kirche zugleich sich erstrecken. In diesen Verhältnissen ist eine richtige Auseinandersetzung besonders schwierig, und wäre eine absolute Trennung verderblich; denn auf organisches und friedliches Zusammenwirken kommt hier Alles an. Von der Schule wird im Verfolge besonders die Rede sein; die Ehe wurde früher schon besprochen.[15] Das Recht in diesen Dingen zu ordnen und zu handhaben ist vorzugsweise des States Sache,[16] auf die moralische und religiöse Reinheit derselben hinzuwirken die der Kirche.

9. Zuweilen mit dem Oberaufsichtsrecht des States verbunden, zuweilen davon unterschieden wird das sogenannte Reformationsrecht des States (*jus reformandi*). Der Ausdruck kam im XVIten Jahrhundert in den Zeiten der Kirchenreform auf, und vorzüglich die Protestanten dehnten den Begriff zu Gunsten der Statsmacht sehr weit aus, offenbar von dem damaligen Interesse geleitet, ihre reformirenden Tendenzen auch gegen den Willen der altkirchlichen Hierarchie mit Hülfe

nusse der für ihre Cultus-, Unterrichts- und Wohlthätigkeitszwecke bestimmten Anstalten, Stiftungen und Fonde, ist aber wie jede Gesellschaft den allgemeinen Statsgesetzen unterworfen.“ Das Oesterr. Concordat gewährt Art. 30 der Kirche die Selbstverwaltung ihrer Güter. Preusz. Verf. §. 15: „Die evangelische und die römisch-katholische Kirche, sowie jede andere Religions-Gesellschaft ordnet und verwaltet ihre Angelegenheiten selbständig und bleibt im Besitz und Genusz der für ihre Cultus-, Unterrichts- und Wohlthätigkeitszwecke bestimmten Anstalten, Stiftungen und Fonds.“

[15] Buch II. Cap. 19, besonders S. 190.

[16] Zwingli verwarf schon alle kirchliche Gerichtsbarkeit: „Alles so der geistlich staat im zugehören rechtes und rechtesschirmes halb fürgibt, gehöret den weltlichen zu, ob sy christen syn wellind.“

und unter der Autorität des States durchzusetzen.[17] Aber auch die im Katholicismus verharrenden Staten behaupteten damals, obwohl in beschränkterem Sinne, ein solches Recht.[18] Beide betrachteten das Recht des States zur Reform indessen nur gewissermaszen als ein subsidiäres, wenn die ordentliche Kirchengewalt nicht selbst die Miszbräuche abschaffe, nicht von sich aus die nöthigen Reformen einführe. Erst die spätere absolutere Statsdoctrin suchte das Ausnahmsrecht in ein Regelrecht umzuwandeln und dasselbe als das Wesen der statlichen Hoheit über die Kirche auszugeben, d. h. im letzten Grunde darauf die volle Herrschaft des States über die Kirche zu gründen.

Das eigentliche und ursprüngliche Reformationsrecht kommt der Kirche selber zu, und zwar in ausgedehnterem Sinne als

[17] Vgl. Eichhorn, Kirchenrecht I. S. 245 und 551. Luther an den christlichen Adel: „Darumb wo es Noth fordert und der Babst ärgerlich der Christenheit ist, soll dazu thun wer am ersten kann als ein getreu Glied des ganzen Körpers, dasz ein recht frei Concilium werde, welches niemand sowohl vermag als das weltlich Schwert, sonderlich dieweil sie nun alle Mitchristen sind, Mitpriester, mitgeistlich, mitmächtig in allen Dingen, und sollen ihr Amt und Werk, das sie von Gott haben über jedermann, lassen frei gehen wo es noth und nütz ist zu gehen.“ *Melanchthon* loci, p. 641: „pertinere emendationem Ecclesiarum ad Magistratus officium praesertim cessantibus Episcopis aut adversantibus Evangelio. Quod enim aliqui dicunt: magistratum profanum non esse judicem controversiarum de dogmatibus, vera et explicata responsio est: Ecclesiam esse judicem et sequi normam Evangelii in judicando. Cum autem magistratus pius vere sit membrum Ecclesiae, judicet et ipse cum aliis piis et eruditis juxta normam quam dixi.“ Vgl. Stahl, Kirchenverfassung der Protestanten, S. 7.

[18] Die schweizerischen katholischen Orte sprachen sich darüber in dem Mandat vom Glauben von 1524 ausführlich aus, und begründeten ihr Einschreiten damit, „dasz die geistliche Obrigkeit in jenen Sorgen und Nöthen schweige und schlafe.“ Vgl. Bluntschli Geschichte des schweizerischen Bundesrechts I. S. 311 ff. Die wiederholten Forderungen der Kaiser im fünfzehnten und sechzehnten Jahrhundert, dasz durch Concilien die Miszbräuche abgeschafft und die Reform der Kirche von innen heraus vorgenommen werde, beruhten auf einer ähnlichen Auffassung der Lage.

dem Stat. Wir verstehen darunter theils das negative Recht und die Pflicht, Schäden und Gebrechen, Miszbräuche, Entstellungen, die sich im Laufe der Zeit eingestellt, wieder reinigend zu entfernen, theils das positive Recht, ihrer natürlichen Entwicklung gemäsz fortzuschreiten zu höherer Vollkommenheit. Der Stat ist dabei nur mittelbar betheiligt und berechtigt, und zwar auch der christliche Stat nicht als confessionelles Glied einer Landeskirche, sondern um des Zusammenhangs willen zwischen seiner sittlichen Wohlfahrt mit der Gesundheit der Kirche und insofern er überhaupt als Stat auch andern corporativen Gemeinschaften gegenüber befugt ist, gegen Miszbräuche, die allgemeinen Schaden bringen, einzuschreiten. Wenn die Kirche ihre Pflicht versäumt, und ihre Verderbnisz auch das Recht und die Wohlfahrt des States stört und beunruhigt, dann darf dieser hemmend und mahnend einschreiten. Wenn die Kirche schläft oder versinkt, dann soll er sie wecken und aufrichten. Er verdrängt sie nicht und tritt nicht an ihre Stelle; aber so weit seine sittliche und rechtliche Macht reicht, so weit sucht er auf ihre Heilung einzuwirken.

Anmerkung. Eine der auffälligsten Erscheinungen unserer Zeit ist das Concordat, welches unterm 18. Aug. 1855 zwischen dem Papste Pius IX. und dem Kaiser von Oesterreich, Franz Joseph, über die Verhältnisse der katholischen Kirche zum State Oesterreich abgeschlossen worden ist. Sie ist um so auffallender, als sie mit der politischen Strömung unserer Zeit in einem seltsamen Widerspruch steht. In einer wichtigen Beziehung zwar ist das Concordat in Uebereinstimmung mit der Zeitrichtung, insofern nämlich als es die Sonderung der kirchlichen und der statlichen Institutionen und Rechte fördern will, und auch der Kirche in ihrem Gebiete freie Bewegung zu verschaffen verspricht. Allenthalben drängt der Geist der Zeit zu solcher Ausscheidung und überall verlangt er nach freier Entwicklung des besondern Wesens. Aber wenn es wahr ist, wie wir aus unsern und fremden Beobachtungen schlieszen dürfen, dasz die europäischen Völker seit einiger Zeit wieder religiöser geworden sind, so ist es sicher nicht minder wahr, dasz das politische Bewusztsein noch mehr fortgeschritten ist, dasz eine Unterordnung des States unter die Kirche, die man im Princip früher leichter getragen hat, heute völlig unnatürlich und unerträglich erscheint, und dasz eine Erneuerung der klerikalen Herrschaft der Mitwelt aufs äuszerste verhaszt ist. Der Versuch dazu müszte zu heftigen Gegenstöszen reizen. Die Dämonen der Revolution werden durch die kirchlichen Bannstrahlen nicht mehr getödtet, sondern entzündet und die politische Gährung wird durch den kirchlichen Druck nicht unterdrückt, sondern gereizt und gesteigert.

Die Concordate sind dem öffentlichen Rechte angehörige Verträge zwischen dem Stat und der Kirche, als zwei selbständigen Mächten, und diese Form ist daher für beide Contrahenten würdig und passend, um ihre wechselseitigen Verhältnisse für beide verbindlich zu regeln. Eine gewisse Gleichheit der Stellung, eben die wechselseitig anerkannte Persönlichkeit der Vertragsparteien wird naturgemäsz bei Abschlieszung eines Vertrages vorausgesetzt, und es scheint sich von selbst zu verstehen, dasz dabei der Stat seine Existenz wahre wie die Kirche die ihrige, und dasz in jedem derartigen Vertrage die Statsprincipien klar und energisch, wie es der Majestät und dem politischen Bewusztsein des modernen States gebührt, neben den kirchlichen Grundsätzen ausgesprochen werden. Wenn aber schon in den bisherigen Concordaten, ungeachtet im XIXten Jahrhundert der Stat viel mächtiger ist als die Kirche, der kirchliche Standpunkt vorzugsweise beachtet worden ist, so tritt diese kirchliche Einseitigkeit in dem österreichischen Concordat noch greller hervor, als in irgend einem andern. Man sieht es in der Sprache wie in dem Inhalt, dasz dasselbe nicht zwischen Statsmännern und Kirchenmännern, sondern zwischen Kirchenmännern und Kirchenmännern, von denen die einen für den Stat bevollmächtigt waren, verhandelt und formulirt worden ist. Das kanonische Recht ist der gemeinsame Boden, auf dem sie stehen, das Statsrecht ist ganz auszerhalb des Concordats. Die kirchenrechtlichen Grundsätze werden ausschlieszlich beachtet und proclamirt, die Statsprincipien höchstens durch Stillschweigen vorbehalten. Selbst wo die kirchlichen Anordnungen des Concils von Trient mit Rücksicht auf uralte statliche Rechte einige Modificationen erdulden müssen — wie bezüglich der weltlichen Gerichtsbarkeit auch über Geistliche — werden dieselben nur wie eine vorübergehende Concession des päpstlichen Stuhls an die Zeitverhältnisse zugestanden oder wie eine Vergünstigung von Seite der Kirche bewilligt. Vergeblich sucht man in dem Concordat nach einer Spur von Statsbewusztsein und Statshoheit. Ein geistiges Hochgefühl ist nur in dem Ausdruck der Kirche zu finden. Man wird daher bei Lesung dieses Documentes unwillkürlich an jene mittelalterliche Vorstellung erinnert, dasz die Kirche das Reich des Geistes, der Stat nur das Reich des Leibes sei. So sehr herrscht darin der kirchliche Geist vor.

Diese Erscheinung wird noch unbegreiflicher, wenn man sich erinnert, dasz seit den Tagen der Kaiserin Maria Theresia in den Fürsten und Völkern Oesterreichs das statliche Bewusztsein auch der Kirche und den kirchlichen Doctrinen gegenüber lebhaft erwacht ist, und nur darin finden wir einigen historischen Anhalt für ihre Erklärung, dasz die negativ gereizte und radicale Unterwerfung der Kirche unter eine aufgeklärte Despotie, wie wir sie in der Zeit Josephs II. erfahren haben, zu einer kirchlichen Reaction den Grund gelegt, sowie dasz die allgemeine Empörung der österreichischen Völker von 1848 gegen alle hergebrachte Autorität, nach dem Siege der Reaction über die Revolution zu einem neuen Triumph der Kirchenautorität Veranlassung gegeben und gereizt hat.

Am wenigsten erträgt aber Deutschland eine einseitig confessionelle Politik. Jedermann zwar begreift, dasz Oesterreich um seiner historischen Stellung willen und mit Rücksicht auf die grosze Mehrheit seiner Bevölkerung ein erhöhtes Interesse nimmt an der katholischen Confession, so wie man es versteht, dasz Preuszen in confessioneller Beziehung vorzüglich die deutsche Schutzmacht des Protestantismus ist. Aber da die Erfahrungen und die Leiden dreier Jahrhunderte erwiesen haben, dasz keine der beiden groszen Confessionen die andere in Deutschland zu überwinden vermag, vielmehr beide einander friedlich bestehen lassen müssen, so ist es zugleich klar geworden, dasz eine einseitig confessionelle Politik jederzeit den Widerspruch von mindestens der andern Hälfte der deutschen Nation hervorruft, und indem sie Deutschland entzweit und seine Kraft lähmt, eine durchaus undeutsche Politik sei. Deutschland läszt sich weder katholisch noch protestantisch regieren. Nur die Politik darf als eine wahrhaft deutsche Anerkennung fordern und Wirkung hoffen, welche von keiner besondern Confession befangen, einen gemeinsam-nationalen oder humanen Standpunkt nimmt, von dem aus sie den verschiedenen Confessionen gerecht wird, und den confessionellen Frieden Aller schützt. Das ist aber der Standpunkt des modernen States, der selbständig nicht innerhalb, sondern auszer der Kirche steht, und daher von sich aus nach statlichen Principien die Rechte der Individuen wie der kirchlichen Gemeinschaften erkennt und ordnet. — (Die obige Anmerkung ist kurze Zeit nach dem Abschlusz des österreichischen Concordats geschrieben. Seither hat die furchtbare Vernichtung der österreichischen Armee in der Schlacht von Königgrätz, 3. Juli 1866, auch dem Kaiserhofe den Abgrund aufgedeckt, in welchen eine klerikale Politik heute den Stat niederzieht. Gegenwärtig versucht es die liberale Gesetzgebung von 1868 die Fesseln des Concordats abzustreifen.)

Achtes Capitel.

Der Stat im Verhältnisz zur Wissenschaft und Kunst.

1. Die Beziehung des States zur Wissenschaft ist eine engere als die zur Religion, aber wiederum nur mittelbar. Zwar gibt es Staten, welche geradezu die Wissenschaft als Statssache erklärt und eine Statswissenschaft in specifischem Sinne geordnet haben. Am entschiedensten ist diese Richtung wohl in China zu Tage getreten. Der Kaiser des himmlischen Reiches der Mitte wird auch als die Centralmacht und höchste Autorität der Wissenschaft verehrt; und wie die übrigen öffentlichen Organe, so sind auch die Gelehrten und Wissenden, die Mandarinen, von Stats wegen classificirt und in zahlreichen Abstufungen über- und untergeordnet. In den angewiesenen Geleisen und Schranken geht die wissenschaftliche Thätigkeit einen steifen abgemessenen Gang, und Abweichungen gelten als Vergehen wider den Stat. Aber diese Zwangsjacke ist der Natur der Wissenschaft zuwider und läszt sich aus dem Rechte des States nimmermehr begründen. Zu mancherlei äuszern Fertigkeiten und abgeschliffenen Feinheiten kann es solche Statswissenschaft wohl bringen; die tiefere Erfassung der Philosophie und der freie Blick in die Geschichte bleiben ihr verwehrt. Der menschliche Geist, welcher zu höherer Erkenntnisz der Wahrheit empordringen will, bedarf der individuellen Freiheit, die ihm Schwungkraft verleiht. Diese ist nicht ein Geschenk noch ein Gebot des States, sie ist ihm angeboren als eine Gabe Gottes.

Die Wissenschaft ist auch nicht eine Thätigkeit und Offenbarung des States, sie ist die Frucht der Arbeiten, welche der unsterbliche Geist der Individuen von sich aus, getrieben von dem Durste nach Wahrheit und im Bewusztsein seiner Abstammung von Gott, der Quelle und Erfüllung aller Wahrheit, freien Muthes unternimmt. Dem State kann daher auf diesem

Gebiete so wenig als auf dem der Religion Herrschaft zukommen. Der Stat hat keine Macht und kein Recht, den Inhalt der Wissenschaft zu bestimmen, noch die mancherlei Wege, auf denen der Geist der Individuen sich der Wahrheit zu nähern versucht, abzusperren. Freiheit der individuellen Wissenschaft ist somit ein göttliches Grundgesetz, das der Stat zu achten die Pflicht hat.[1]

2. In andern Staten ist schon oft für die Wissenschaft das System der Indifferenz des States behauptet und empfohlen worden. Es ist auch nicht haltbar. Der moderne Stat verdankt der aus der Gebundenheit des Mittelalters herausgetretenen frei gewordenen Wissenschaft zu gutem Theile sein eigenes erhobenes Bewusztsein und seine Macht; und wenn auch die groszen Massen der Bevölkerung weniger Antheil nehmen an der wissenschaftlichen Arbeit, und weniger empfänglich sind für ihre Erzeugnisse, so werden doch die gebildeteren, auch an der Statsleitung näher betheiligten Stände von den Bewegungen der Wissenschaft gehoben und getragen, und selbst die Menge wird mittelbar von dem Anstosz der Wissenschaft getrieben und erfährt zahlreiche Wirkungen ihrer Thätigkeit in ihrem gemeinsamen Leben. Wie sollte daher der Stat, was für ihn und die Nation so wichtig ist, ignoriren dürfen?

3. Der Stat hat somit eine dringende Veranlassung die Wissenschaft zu beachten, ihre Fortschritte zu unterstützen, sie zu pflegen. Während des Mittelalters hatte die Kirche

[1] Spinoza, Politik II. 8: „Alles das, zu dessen Ausübung man weder durch Belohnungen noch durch Drohungen gebracht werden kann, gehört nicht zu den Rechten des Stats. So kann Niemand seine Urtheilsfähigkeit aufgeben. Durch welche Belohnungen oder Drohungen kann denn ein Mensch dazu gebracht werden, zu glauben, dasz das Ganze nicht gröszer sei als sein Theil." Preuszische Verf. §. 20: „Die Wissenschaft und ihre Lehre ist frei." Oesterr. v. 1867. Art. 17. Ebenso. Fr. v. Gentz an den König von Preuszen: „Von allem, was Fesseln scheut, kann nichts so wenig sie ertragen, als der Gedanke des Menschen."

diese Aufgabe übernommen. Die wissenschaftlichen Anstalten wurden grösztentheils von ihr gestiftet. Die Männer der Kirche waren es vorzüglich, welche wissenschaftliche Werke ausführten und wissenschaftliche Kenntnisse verbreiteten. Auch die Schule war ihrer Sorge anheimgegeben. Aber wenn auch die mittelalterliche Kirche sich manche Verdienste um die Wissenschaft und die Schule erworben hat, die volle Freiheit und Entfaltung der Wissenschaft war doch unmöglich, so lange die Kirche das gesammte Gebiet des Wissens nur in dem beschränkten Gesichtskreise ihrer religiösen und wir müssen hinzusetzen ihrer hierarchischen Interessen gelten liesz und förderte, so lange sie mit Miszgunst jedem Versuche entgegentrat, auf andern Bahnen nach Wahrheit zu suchen.

Diese Lage der Dinge ist vorzüglich seit der Reformation des sechzehnten Jahrhunderts verändert worden. Die Anfänge der Umgestaltung sind freilich früher schon deutlich wahrzunehmen, besonders in den nicht-theologischen Universitäten und Facultäten und die allgemeine Veränderung ist auch in den katholischen Ländern später durchgedrungen; aber es läszt sich nicht verkennen, dasz von der Reformation ein mächtiger und neuer Impuls zu der Geistesfreiheit auch in der Wissenschaft und zu der statlichen Pflege derselben ausgegangen, die dann zu einem gemeinsamen Gute der neuern Zeit geworden ist. Hatte früher die Kirche in erster, der Stat höchstens in zweiter und sehr entfernter Linie der Wissenschaft seine Sorge und Pflege gewidmet, so ist es nun ein anerkanntes Princip, dasz dem State voraus die Unterstützung und Pflege der Wissenschaft gebührt. Die Kirche ist in diesen Dingen in die zweite Linie zurückgetreten.[2] Die

[2] Verfassung von New-Hampshire in Nordamerika: „In Erwägung, dasz für die Aufrechthaltung einer freien Verfassung die allgemeine Verbreitung nützlicher Kenntnisse wesentlich nothwendig ist, und dasz es hierzu kein besseres Mittel gibt, als die Vervielfachung der Mittel und Vortheile der Erziehung, ist es die Pflicht der Gesetzgeber und

kirchliche Bevormundung der Wissenschaft ist nun aufgegeben. Die statliche Aufsicht über dieselbe ist an ihre Stelle getreten, die Aufsicht, welche sich von Bevormundung ihrer Freiheit wie von thörichter Indifferenz gleich sehr unterscheidet. Einzelne Statsmänner haben wohl schon das Bedürfnisz eingesehen, dasz nun der Stat — auch auszer der Schule — sich ernstlicher der Wissenschaft anzunehmen guten Grund habe;[3] aber noch ist es eine Forderung an die Zukunft, dasz in diesen Dingen in der rechten Weise das Rechte geschehe.

Obrigkeiten, fortwährend die Wissenschaft zu unterstützen und zu befördern, alle Schulanstalten zu unterstützen und aufzumuntern, die Fortschritte des Feldbaues, der Künste, der Wissenschaften zu belohnen und auszuzeichnen, um dem Volke einzuprägen und in ihm zu bewahren das allgemeine Wohlwollen, die Mildthätigkeit, die Industrie und Wirthschaft, die Redlichkeit und Gutherzigkeit, die Aufrichtigkeit und Mäszigkeit, mit einem Worte alle edeln Gesinnungen und Gefühle." Jakob Grimm, über Schule, Universität, Akademie, S. 7: „Konnte auch im Geleite der Kirche die Schule eine Strecke des Wegs zurücklegen; allmählig begannen beide sich zu scheiden und feindselig einander entgegenzusetzen. Die Wissenschaft will nur glauben, was sie weisz, die Kirche nur wissen, was sie glaubt."

[3] Der Minister Stein in einer Denkschrift (Leben von Pertz II. S. 502): „Man darf es erwarten, dasz der jetzige Zustand der Dinge, der nur durch Gewalt und Druck erhalten wird, sich in sich selbst zerstöre, und dasz die edleren und liberaleren Grundsätze wieder in das Leben treten werden. Die Regenten sind daher dringend aufgefordert, durch Leitung der Literatur und Erziehung dahin zu wirken, dasz die öffentliche Meinung rein und kräftig erhalten werde. Auf den Deutschen wirkt Schriftstellerei mehr als auf andere Nationen wegen seiner Leselust und der groszen Anzahl von Menschen, auf die die öffentlichen Lehranstalten einen Einflusz irgend einer Art haben. Die Leselust der Nation ist eine Folge ihrer Gemüthsruhe, ihrer Neigung zu einem innern besonnenen Leben und ihrer Statsverfassung. Die Anzahl der Schriftsteller ist in Deutschland gröszer als in irgend einem andern europäischen Lande, da die grosze Anzahl von wissenschaftlichen Anstalten einer Menge von Gelehrten Beschäftigung und Versorgung verschafft. Auf diese müszte man wirken, um das Reich der Wahrheit und des Rechts aufrecht zu erhalten, und denen elenden verderblichen Schriftstellern entgegen zu wirken, die den gegenwärtigen Zustand der Dinge als wohlthätig darstellen." Vgl. ebenda II. S. 164 und 428.

4. Die Pflege, welche der Stat der Wissenschaft zuwendet, kann sich in verschiedenen Mitteln und sowohl in positiver fördernder, wie in negativer beschränkender Richtung äuszern.

a) Schon sehr viel kann der Stat erreichen, wenn er dem wissenschaftlichen Verdienste Ehre erweist. Thut er das, so ehrt er sich selbst, und erhöht sein eigenes geistiges Ansehen. Zugleich belohnt er in würdiger Weise, was Anerkennung verdient, und erweckt Dankbarkeit und Nacheifer. Der preuszische Stat hat in unserm Jahrhundert vorzüglich durch die Achtung, welche er der Wissenschaft gezollt, und durch seine Sorge um die allgemeine Schulbildung ein Anrecht auf die Führung von Deutschland erworben; und Oesterreich, welches sich deutscher Wissenschaft zu lange und zu ihrem und seinem Schaden verschlossen hat, ist deszhalb in Gefahr gerathen, seine grosze Culturaufgabe im Osten zu vernachlässigen und sein moralisches Ansehen in Deutschland einzubüszen. Der Geist ist eine Macht, welche sich dem zuwendet, der sie versteht und würdigt, und dem feind ist, der sie miszachtet; und die Wissenschaft ist ebenso ein treuer und starker Verbündeter, wie ein gefährlicher Gegner, dem schwer und immer nur mit groszen Opfern an eigener Kraft gewehrt wird.

Natürlich hat der Stat ein Interesse mit Wahl zu handeln. Er soll nur ehren was die öffentliche Wohlfahrt und die Erkenntnisz der Wahrheit wirklich fördert. Je fruchtbarer und je reiner das wissenschaftliche Verdienst, je ersprieszlicher dasselbe für den Stat selbst und die Nation erscheint, desto höher hat der Stat es zu werthen. Dem Prunken der Sophistik, der Frivolität eitler Skeptik, dem Geiste des liederlichen Spottes und niedriger Klatschsucht aber, die sich auch regen wo das Geistesleben der Individuen sich frei äuszern darf, Ermunterung und Beifall zu geben, wäre Thorheit, auch wenn sich dieses Streben in den glänzenden Formen eines täuschenden Scheines äuszert. Vielmehr ist die Versagung jeder Ehre von Seite des States hier ebenso dessen Pflicht und Interesse, wie die Anerkennung dort.

b) Auch materieller Unterstützung bedarf die Wissenschaft vielfach; und dem State ziemt es, sie nach seinen Kräften zu gewähren, durch Anlegung von öffentlichen Sammlungen und Apparaten zu ihrer freien Benutzung, durch Förderung wissenschaftlicher Untersuchungen und Unternehmungen auf seine Kosten, indem er die Veröffentlichung und Verbreitung der Resultate wissenschaftlicher Arbeit begünstigt, wenn diese seine Beihülfe nöthig hat.

c) Durch Gründung und Ausstattung von Akademien kann der Stat besondere Organe schaffen für die höchsten Zwecke des Wissens. Davon wird später noch näher die Rede sein. Aber auszerdem ist es eine Aufgabe des Cultusministers, fortwährend der wissenschaftlichen Thätigkeit, in welcher Gestalt und Richtung sie offenbar wird, seine volle Aufmerksamkeit zuzuwenden, von allen irgend erheblichen Erscheinungen der Art in dem Lande Kenntnisz zu nehmen, den Gang, die Richtung derselben zu beachten, ihre Beziehungen auf den Stat und die Nation zu prüfen, nicht blosz zu trockener Ansammlung der Nummern seiner Register, sondern um je nach den Umständen und Bedürfnissen zu handeln.

d) Die statliche Förderung gebührt nur wissenschaftlichen Verdiensten, der statliche Rechtsschutz aber auch solchen wissenschaftlichen Arbeiten, welche als unfruchtbar oder irrthümlich erscheinen. Wie der Stat jedes religiöse Bekenntnisz der Individuen vor Verfolgung schützt, aber nur der christlichen Religion seine Liebe zuwendet, so soll er auch jede wissenschaftliche Thätigkeit, auch wenn dieselbe auf Abwege gerathen ist, in freiem Sinne gegen die Verfolgung der Zeloten, der Angeber und des Pöbels schützen. Auch hier gilt das Wort: der Mensch hat ein Recht, was er als wahr erkennt zu bekennen, denn er hat dazu die Pflicht.

e) Aber auch die negative Sorge darf der Stat nicht

unterlasssen, gemeinschädlichen Wirkungen einer verwilderten und verderblichen Wissenschaft entgegen zu wirken. Nur in klaren Fällen freilich wird sich dieselbe zu entschiedener Hemmung steigern dürfen, nur wo die Gefahr, die aus wissenschaftlichen Bestrebungen für die Sicherheit und Wohlfahrt des States oder die öffentliche Moral des Volkes entspringt, eine offenbare ist und nicht schon durch das Gleichgewicht einer an gesunden Kräften reichen Natur überwunden wird; denn das Leben der Wissenschaft ist von so geistiger Art und zugleich so überaus empfindlich, dasz die rauhe und nicht durchaus nothwendige Berührung der Gewalt ihre gesunden Triebe leicht mehr verletzt, als sie die schadhaften Auswüchse trifft. Wohl aber hat der Stat jederzeit das volle Recht, wenn er sich überzeugt, dasz die wissenschaftliche Thätigkeit einzelner Individuen oder Corporationen zu gemeinem Schaden führt, dieser alle die Unterstützung zu entziehen, welche er aus seinen Mitteln zur Nahrung und Förderung der Wissenschaft bestimmt hat. Es ist eine sentimentale Thorheit, von dem State zu erwarten, dasz er seine Feinde auf öffentliche Kosten erhalte, damit sie desto bequemer ihre Geistesarbeit auf Untergrabung seiner Ordnung und auf Zerstörung des öffentlichen Wohles hinrichten.

5. Aehnlich ist das Verhältnisz des States zur Kunst. Dem State gebührt hier wieder kein Regiment, aber die Pflege der Kunst ist seine Aufgabe. Die Kunst übt geringeren und weniger nachhaltigen Einflusz auf das öffentliche Leben aus, als die Wissenschaft; aber ihre Wirkung ist den Sinnen näher, die Schönheit ihrer Formen bemächtigt sich rascher der Gemüther. Ihre Werke sind, wie sie für den religiösen Cultus die sichtbare Blüthe der gehobenen Seelenstimmung sind, auch für den Stat und die weltliche Lebensgemeinschaft eine herrliche Zierde, Ausdruck und Anregung zugleich. Der Stat selbst soll auch schön sein in seiner organischen Gestalt. Umsomehr bedarf er der Kunst, die sein Dasein verschönert und veredelt.

Die religiöse Kunst hat in früheren Jahrhunderten ihren höchsten Triumph gefeiert, die statliche Kunst — einst von Griechen und Römern mit jener zugleich gepflegt und verehrt, ist für das moderne Leben noch im Anfang der Entwicklung begriffen. Nur allmählig erwacht in den Staten und in den Künstlern der Sinn für die Herrlichkeit der statlichen Kunst.

Das alte Theater der Athener war eine religiös-politische Institution, das neuere Theater ist fast nur dem Privatgenusz gewidmet, und die Bühne heiszt national, ohne es zu sein. Nur mittelbar und nur gelegentlich gibt sich da die politische Stimmung kund. An den groszen Volksfesten tritt die Kunst fast ganz zurück hinter dem rauschenden Wirrwar der unschönen Spiele.

Am leichtesten Anerkennung findet die Stiftung von Denkmälern und am ehesten wirkt der Sinn für grosze Architektur auch auf die Massen. Doch fehlt noch viel, bis das Verständnisz für die Nothwendigkeit des monumentalen Styls in den öffentlichen Bild- und Bauwerken zu einem Gemeingut der civilisirten Welt geworden ist.[4]

Neuntes Capitel.

Der Stat und die Volksschule.

1. Das Kind ist von der Natur den Eltern und der Familie anvertraut, deren Glied es ist. Ihnen, und nicht dem State kommt daher auch die nächste Sorge der Erziehung zu. Auch wenn der Stat oder die Gemeinde, wie das vermö-

[4] Goethe hat in den nachgelassenen Schriften über Kunst bemerkenswerthe Vorschläge gemacht, die zu wenig beachtet werden. Jahn, Volksh. S. 280: „Jedes Denkmal ist Beispiel von That und Lohn."

genslosen Waisen gegenüber zur Pflicht wird, genöthigt ist, sich der Frziehung der Unmündigen ganz anzunehmen, kann er doch im günstigsten Falle nur die Familienerziehung nachbilden, und es wird immer noch ein empfindlicher Mangel zurückbleiben, den die sorgfältigste und humanste öffentliche Erziehung nur zu mildern, nicht völlig zu heben und zu ergänzen vermag. Die Triebe des gemeinsamen Blutes, das individuelle und tief verwachsene Leben der Familie, die persönliche Liebe und Pietät der Eltern und der Kinder sind nicht durch Statsanstalten zu ersetzen.

Die Statserziehung der Spartaner, welche schon vom siebenten Jahre an die Kinder losrissen von den Eltern, mochte in dem Bedürfnisse der Spartaner, ihre stets bedrohte Herrschaft mit den gröszten Anstrengungen und Opfern zu erkaufen, eine Entscheidung finden, aber sie ist nichts weniger als empfehlenswerth,[1] so sehr auch Platon ihrem Princip huldigt. In dem französischen Convente des Jahres 1793 wurde von Michel Lepelletier ein ähnlicher Vorschlag einer durchgreifenden Statserziehung erneuert, ein Vorschlag von dem Robespierre preisend sagte: „Der Geist der Menschheit scheint denselben entworfen zu haben.“ In öffentlichen Erziehungshäusern sollten alle Knaben von erfülltem zwölften Altersjahre an, die Mädchen schon ein Jahr früher auf öffentliche Kosten gleichmäszig erzogen und auch da die Familie auf dem Altar des Götzen der „Gleichheit“ von Statswegen geopfert werden. Der Vorschlag ist aber mit dem Convente gefallen.

Ein derartiger Uebergriff des States in das heilige Recht der individuellen Freiheit und des Familienlebens, die zu schützen seine Pflicht ist, kann nicht aus dem Statsrechte be-

[1] Dahlmann, Politik S. 259: „Wir haben keinen Grund, es den Spartanern nachzuthun; weder die gleiche Sorge lastet auf uns, noch rühmen wir uns des Rechtes, dem State Güter zu opfern, die mehr werth sind, als ein Stat, der dieser Opfer bedarf.“

gründet werden, und wäre ebenso verderblich als widerrechtlich. Nur soweit die Noth das Einschreiten einer obervormundschaftlichen Obsorge verlangt, weil — in einzelnen Fällen — die Familie ihre Sorge nicht erfüllen kann, oder zu erfüllen grob vernachlässigt, ist die Obrigkeit veranlaszt und berechtigt, an der leer gelassenen Stelle der Familie zu helfen.

2. Für eine Seite der Erziehung aber übernimmt der neuere Staat im Interesse der Gesammtheit die Sorge selbst. Die Schule im Mittelalter wieder eine Anstalt der Kirche, ist nun zunächst auf ihren verschiedenen Stufen zur Statsanstalt geworden. Die Kirche hat es nicht verwehren können, dasz der Stat durch ausgedehntere Sorge in diesem Felde ihr den Vortritt abgewonnen hat. Sie hatte ihre Pflicht allzulange nur nachlässig geübt oder die Schule allzusehr nur für kirchliche Zwecke ausgebeutet. Dieser Vorwurf trifft die protestantischen Kirchen nicht minder als die katholische. Die Volksschule war gänzlich vernachlässigt, bis sich der Stat ihrer annahm, und die gelehrte Schule war theologisch beschränkt und verkümmert.

Die Aufgabe der Volksschule ist, der unmündigen Jugend das Masz nationaler, menschlicher und religiöser Bildung zu verschaffen und zu sichern, welches nicht als die Gabe einzelner Familien noch als ein besonderes Gut einzelner Classen der Bevölkerung, sondern als das gemeinsame Bedürfnisz Aller für Alle gewährt werden musz. Die verwickelter gewordenen Verhältnisse unserer Cultur machen es nöthig, dasz alle in der Landessprache lesen, schreiben und im täglichen Verkehr rechnen können; und nicht blosz nothdürftig, sondern bequem und leicht. Es ist und bleibt das die Grundlage alles eigentlichen Volksunterrichtes, und die Vorbedingung für alle weitere classenartige und individuelle Entwicklung des geistigen Bildungstriebes. Daher kann sich der Stat, beziehungsweise die Gemeinde, der Pflicht nicht entziehen, die Wohlthat solchen Unterrichtes der gesammten Volksjugend zu gewähren und auch den Niedrigsten solcher gemeinsamen Vorbildung, die seinen Kräften neue Wege eröffnet, theilhaft werden zu lassen. Der Stat darf sich diese Sorge auch nicht mehr von der Kirche entwinden lassen; denn offenbar ist die Natur der bezeichneten Grundbekenntnisse nicht kirchlich sondern weltlich. Sie sind daher auch, seitdem der Stat sich mehr um die Volksschule bekümmert hat, allgemeiner und weit besser verbreitet worden als früher unter der ausschlieszlichen Leitung der Kirche, welche die mechanische Abrichtung zu kirchlichen Uebungen und Diensten höher geschätzt hat als einen tüchtigen Unterricht in den Elementen der geistigen Bildung. Der Stoff des Lesens und Schreibens darf aber hier nur dem einfachen Anschauungs- und Lebenskreise angehören, welcher wirklich dem Volke gemeinsam ist. Was jedes jugendliche Herz erfreut und veredelt, was die Liebe zur Tugend und zu dem Vaterlande nährt, was über die Erscheinungen des täglichen Lebens aufklärt und fähig macht, mit klaren Augen in die Wirklichkeit zu schauen, das und nicht unverdauliche und aufblähende Bruchstücke der Gelehrsamkeit, nicht ein dürftiger Abrisz von wissenschaftlichen Systemen der Geographie, Mathematik, Physik u. s. f. werde der Volksjugend geboten. Die Volksschule soll allgemeine Wahrheiten verbreiten, aber nicht die wissenschaftliche Methode der Untersuchung lehren. Wir sind in Deutschland und in der Schweiz, wo das meiste für die Volksschule geleistet worden ist, doch auch durch eine eitle Ueberspannung ihrer Lehrgegenstände in die Gefahr gerathen, eine Volksjugend heranzubilden, welche nur ungern und mit einer Art wunderlicher Scham zu den Arbeiten des Handwerkers oder Fabrikarbeiters hinzutritt und den ärmlichen und häufig erbärmlichen Schreiberdienst der rauheren aber weit edleren Thätigkeit des Landbauers vorzieht. Es gab wohl eine Zeit, in welcher man Grund hatte, sich über das Zuwenig zu beklagen, aber in manchen Ländern ist man nun in den Strudel des Zuviel gerathen, und hat statt die Jugend mit einfacher gesunder Hauskost zu speisen, mit groszen Kosten Abfälle von vornehmern Speisen gekauft, die ihr den Magen verderben.[2]

Die Schule soll aber nicht blosz die geistigen Fähigkeiten entwickeln helfen, sie soll auch das Gemüth gleichzeitig erwärmen und veredeln. Die Volksschule soll nicht blosz zu verständigen Menschen heranbilden, sondern auch das religiöse Leben wecken, die Saat des Glaubens in die Herzen der Kinder ausstreuen und zu jeder Tugend stärken. Gehört in jenen Dingen dem State das entscheidende Wort und die erste Sorge, so hat in diesen die Kirche das Meiste und Beste zu leisten. Wie Vater und Mutter die häusliche Erziehung gemeinsam leiten, so haben Stat und Kirche gemeinsam die öffentliche Erziehung des Volkes zu pflegen.[3] Dieses Zusammenwirken beider Mächte entspricht dem Ideal einer guten Erziehung. Die schroffe Trennung und Spaltung der statlichen Einwirkung und

[2] Der Kardinal Richelieu hat diese Gefahr zum voraus mit lebhaften Farben geschildert. Test. polit. I. S. 168: „Ainsi qu'un corps qui auroit des yeux en toutes ses parties, seroit monstrueux, de même un Etat le seroit il, si tous ses sujets étoient sçavans. Le commerce des Lettres banniroit absolument celui de la marchandise qui comble les Etats de richesses, il ruineroit l'Agriculture, vraie mère nourrice des peuples et il déserteroit la pépiniere des soldats qui s'élèvent plutôt dans la rudesse de l'ignorance (?) que dans la politesse des sciences; enfin il rempliroit la France de chicanneurs, plus propres à ruiner les familles particulieres et à troubler le repos public qu'à procurer aucun bien aux Etats. Si les Lettres étoient profanées à toutes sortes d'esprits, on verroit plus de gens capables de former des doutes que de les résoudre et beaucoup seroient plus propres à s'opposer aux verités qu'à les défendre.

[3] Das französische Unterrichtsgesetz vom 15. März 1850 hat darin einen Fortschritt gemacht, dasz die Alleinherrschaft der statlichen Universität beseitigt und für die Oberleitung und Aufsicht über das Schulwesen ein Zusammenwirken statlicher und kirchlicher Organe gefordert wird. Aber zu einer befriedigenden organischen Gestaltung des Verhältnisses von Stat und Kirche ist es auch durch dieses Gesetz noch nicht gekommen.

der kirchlichen Sorge würde zerreiszen was zusammen gehört; und die Folgen derselben wären nicht minder schädlich als es für die Privaterziehung die Scheidung der Eltern ist. Das laute Verlangen der Emancipation der Volksschule von der Kirche in unsern Tagen ist zwar durch die frühere Vormundschaft der Kirche gereizt worden und wird durch die unduldsame und beschränkte Richtung vieler kirchlichen Organe erklärt und relativ gerechtfertigt; aber als absolute Forderung ist sie durchaus verwerflich, weil irreligiös. Darüber zu wachen, dasz die Kirche nicht in zelotischem Eifer die Schule einenge und drücke, ist wohl Sache des Stats; aber ihren wohlthätigen Einflusz darf er weder entbehren noch stören. Vielmehr soll der Stat, indem er die Oberleitung über das ganze Schulwesen sich vorbehält, in religiöser Hinsicht der Kirche eine würdige und eingreifende Wirksamkeit verstatten.

Die Volksschule soll vor allen Dingen menschliche Cultur verbreiten, aber damit diese nicht in leere Abstraction sich auflöse, soll sie diesz in nationaler Form und Richtung thun. Die Jugend soll auch für den Stat zu tüchtigen Genossen und Bürgern desselben erzogen werden. In dieser Beziehung geschieht nicht genug, und doch beruht die Gesundheit des Volkes und seine politische Kraft vornehmlich auf einem von Jugend an geweckten Nationalgeist. In gleicher Weise wird in dem christlichen State der christliche Glauben und christliche Tugend als Grundlage der religiösen Bildung anerkannt und sorgfältig gepflegt werden müssen, aber die Kirche wird diese Pflege nur im Geiste ihrer besondern Confession üben können. Ob diese Rücksicht zu einer völligen Trennung der verschiedenen Volksschulen je nach der Confession oder nur zu einer Ausscheidung des religiösen Unterrichtes in den nämlichen Schulen führe, hängt wohl von den besondern Culturverhältnissen der einzelnen Länder und von mancherlei Gründen ab. Darüber zu entscheiden aber kommt dem State zu, der in beiden Fällen Aufsicht zu üben hat, dasz nicht der confessionelle Gegensatz zu inhumaner Gehässigkeit und Feindschaft versäuert und geschärft werde.

Die Zahl der Volksschullehrer ist in neuerer Zeit rasch gestiegen. Es ist das ein gutes Zeichen: denn überfüllte Schulen taugen nicht, und soll die gesammte Volksjugend, wie das in Deutschland und in der Schweiz nun geschieht, in Frankreich, England und in den meisten übrigen Ländern allmälich wenn auch nur langsam und aus der Ferne angestrebt wird,[4] die gemeinsame niedere Schulbildung erhalten, so sind zahlreiche Schulen und viele Lehrer Bedürfnisz. Aber mit dem Vorzug hat sich auch das Uebel übermäszig gesteigerter Anforderungen an die Lehrer eingeschlichen und hinwieder dieser an den Stat und die Gemeinden. Sie werden zuweilen auf den Seminarien mit Kenntnissen beladen, welche sie in der Volksschule nicht brauchen können oder nicht brauchen sollten. Man läszt sie aus den Brunnen höherer Wissenschaft gerade so viel trinken, dasz viele davon berauscht, wenige gesättigt werden. Dadurch wird ein gelehrter Dünkel in ihnen gereizt und zugleich der ungestillte Durst nach höherem Wissen, das nicht in die Volksschule gehört. Diese verliert so, worauf Alles ankommt, ihre Einfachheit und ihre moralische Gesundheit und geräth in einen überreizten Zustand. Viele Lehrer werden unzufrieden mit ihrer naturgemäsz niedern und beschränkten, wenn auch noch so nöthigen und ehrbaren Berufsthätigkeit und der Gegensatz zwischen ihrer Bildung und ihrer Besoldung wird als ein schreiendes Miszverhältnisz empfunden. Zuweilen wird dieses Standesgefühl zu der Einbildung gesteigert, dasz die Volksschullehrer voraus die Schöpfer einer neuen Cultur und

[4] In Preuszen werden 30,000 Schullehrer auf 15 Millionen Menschen, je einer auf 500 Seelen gerechnet, in einzelnen Cantonen der Schweiz noch mehr.

die wichtigsten Reformatoren der Gesellschaft seien.[5] Es ist nicht zu läugnen, dasz in manchen Staten die Volksschullehrer ein wichtiges Element der Bewegung, zuweilen der Revolution geworden sind. Aber alle Uebertreibungen und Ausschreitungen Einzelner oder Mancher fallen doch weniger ins Gewicht, als der unbestreitbare Segen, den die besser gewordene Volksschule über die geistige und leibliche Wohlfahrt der untern Volksclassen bereits verbreitet hat, und nichts wäre verkehrter als den frühern geistlichen Druck auf die Schule wieder herzustellen, und dieselbe in die glücklich überstandenen Zustände der letzten Jahrhunderte zurück zu drängen. Jede neue Entwicklung, besonders wenn sie kräftig und gesund ist, schieszt auch in tollen und unfruchtbaren Trieben aus. Manche Uebertreibung ist bereits durch die natürliche Reaction der Verhältnisse corrigirt worden. Dem State aber wird das Recht, ausschweifenden Ansprüchen entgegen zu treten, um so weniger beanstandet, je wohlwollender er auch die gerechten Begehren dieser Classe anerkennt und dieselben zu befriedigen sich bemüht.

4. Der sogenannte Schulzwang, oder besser ausgedrückt, die Schulpflicht, d. h. die Nöthigung der Eltern, ihre

[5] Jakob Grimm a. a. O.: „Da ihnen, sagen sie, das edelste, kostbarste Gut aller Menschen, die Kinder und deren geistige Entfaltung empfohlen sei, könne man sie nicht gering wie Handwerker setzen, die nur dem leiblichen Wohl fröhnen, vielmehr Amt und Beruf müssen ihnen die Ansprüche wahrer Statsdiener auf anständiges Auskommen, genügende Versorgung im Alter und Wittwengehalte sichern. Hier aber wird offenbar der Werth dessen, dem man einen Dienst leistet, mit dem Werthe des Dienstes selbst verwechselt; es ist nicht abzusehen, warum wir Milch und Brod für die Kinder theurer einkaufen sollen, als sie jedem Alter gelten, oder so theuer wie andere schwere Speisen. Die Fähigkeit, die wir vom Schullehrer fordern, und die er uns aufwendet, scheint mir an sich unter der eines ausgezeichneten sinnreichen Handwerkers zu stehen, der in seiner Art das Höchste hervorbringt, während der Lehrer ein fast jedem zugängliches Mittelgut darreicht, und sein Talent leicht überboten werden kann.“

Kinder zur Schule gehen zu lassen, rechtfertigt sich hier aus dem Interesse des States, dasz die gesammte Jugend die gemeinsame menschlich-nationale und religiöse Bildung erhalte, welche sie zu verständigen und guten Statsbürgern befähige reicht daher auch nur so weit. Wenn Eltern in der Familie schon hinreichend dafür durch Privatlehrer sorgen, so hört jener Zwang auf, denn es fehlt ihm am Grund. Wenn aber Eltern ihre Kinder in dieser Beziehung verwahrlosen, und ihnen nicht einmal die allgemeine Volksbildung vergönnen, dann hat der Stat wohl Veranlassung, das Recht der Kinder auf dieselbe zu schützen, und sie zum Besuch der Volksschule anzuhalten.[6] Die allgemeine Schulpflicht steht mit der allgemeinen Wehrpflicht und der allgemeinen Volksfreiheit, welche die Bildung voraussetzt, in einem sittlichen Zusammenhang.

Unentgeltlichkeit der Volksschule, in neuerer Zeit zuweilen als Statsprincip[7] behauptet, ist durchaus nicht eine nothwendige Pflicht des States, und für die Volksschule selber eher ein Schaden. Der natürliche Grundsatz ist im Gegen-

[6] Preuszische Verf. §. 21: „Eltern und deren Stellvertreter dürfen ihre Kinder oder Pflegebefohlenen nicht ohne den Unterricht lassen, welcher für die öffentlichen Volksschulen vorgeschrieben ist.“ Zuerst ist der Grundsatz des Schulzwanges wohl in Nordamerika anerkannt worden. Das Gesetz von Connecticut von 1650 verpflichtet die Eltern, ihre Kinder zur Schule zu schicken, Vernachlässigung dieser Pflicht wird gebüszt, und wenn die Eltern in derselben verharren, so greift die Obervormundschaft an jener Statt ein Vgl. Toqueville's Amerika I. S 68. Noch älter ist das Statut für Massachusets von 1648. Vgl. Laboulaye, hist. des Colonies Amériq. I. 277 und die Rede von Präsident Webster. Ebenda S. 285. In England wird dieses Recht des States nicht anerkannt. Auch Guizot (vgl. Mémoires III. 61) sprach sich als französischer Cultusminister dagegen aus. In Deutschland und der Schweiz besteht die Schulpflicht und ist eine Hauptursache der allgemeinen Volksbildung.

[7] Z. B. in den Grundrechten, welche die deutsche Nationalversammlung zu Frankfurt proclamirt hat, und in der preuszischen Verf. §. 25.

theil der, dasz voraus die Eltern die Kosten der Erziehung ihrer Kinder zu tragen haben. Dann erst folgt die Gemeinde und der Stat, die auch ein wesentliches Interesse an der Schulbildung haben, und daher wohl die Kosten der Schulhäuser und ihres Bedarfs, sowie selbst einen Theil der Besoldung der Lehrer auf sich nehmen, und so die Lasten der Eltern vermindern mögen. Aber es liegt im Interesse der Schule selbst, dasz für die Kinder auch Schulgelder von den Eltern bezahlt werden, nicht allein damit jener erste Grundsatz nicht in Vergessenheit komme, sondern weil durch die Leistung das Interesse der Eltern an der Schule lebendig erhalten und gesteigert wird; denn es ist der Mehrzahl der Menschen eigen, dasz sie viel mehr werthen und sorgfältiger behandeln, wofür sie unmittelbar beisteuern, als was ihnen unentgeltlich geboten wird. Für Eltern, denen die Last allzuchwer wird, kann der Stat oder die Gemeinde hülfreich eintreten, und statt ihrer das Schulgeld bezahlen; aber Eltern, welche die ihnen obliegende Pflicht zu erfüllen im Stande sind, derselben zu entladen, ist weder recht noch gut.

Oeffentliche Privatschulen hat der Stat eher ein Interesse zu begünstigen[8] als zu verhindern, denn sie nehmen ihm einen Theil seiner Sorgen und Lasten ab. Aber er darf nicht versäumen, strenge Aufsicht über dieselben zu üben, und zu wachen, dasz nicht ein feindlicher Geist zum Verderben der Jugend und zum Schaden auch der Gemeinschaft in solchen Schulen sich einniste und um sich greife. Wird er das gewahr, so soll er mit scharfem Messer den Ansatz des Bösen herausschneiden, bevor es wuchernd um sich gegriffen. Von diesem feindseligen Geiste sind vorzüglich die Jesuitenschulen erfüllt und daher um so weniger zu dulden, als in den-

[8] Preuszische Verf. §. 22: „Unterricht zu ertheilen und Unterrichtsanstalten zu gründen steht Jedem frei, wenn er seine sittliche, wissenschaftliche und technische Befähigung den betreffenden Statsbehörden nachgewiesen hat.“

selben überdem die bewuszte Vorenthaltung der Wahrheit und die Ausbeutung der kindlichen Schwäche eine grosze Rolle spielen.

5. Auf der untern Stufe der Volksschule hat die Freiheit der Wissenschaft noch wenig Sinn. Die erste Volksbildung ist ein gemeinsames und gleichartiges Bedürfnisz, und die Autorität der Lehrer steht noch hoch über der Beurtheilungsfähigkeit der Schüler; um so mehr wird jene hinwieder zusammengehalten und geleitet von der höhern Autorität des Stats. Daher sind hier vorgeschriebene Lehrmittel, nicht individuell gewählte, und selbst eine bestimmte gemeine Methode des Unterrichtes, nicht beliebige Lehrmanier angemessen. Autorität, feste Regel, Tradition der Behandlung haben und verdienen hier das Uebergewicht.

Zehntes Capitel.

Die Berufs-, technischen und gelehrten Schulen.

1. Nur die Volksschule ist allgemein, die gesammte Jugend umfassend, gleichmäszig unterrichtend. Höher hinauf scheiden sich die Richtungen nach Berufsweisen und nach den Interessen höherer Geistesbildung. Die einzelnen Schulen sind für die Bedürfnisse einzelner Classen nur bestimmt. Es hört daher nun die Schulpflicht auf. Der Stat konnte fordern, dasz Alle menschlich-national gebildet werden; die besondere Berufsbildung ist in vielen Fällen auch ohne Schule erreichbar, und gehört in den freien Bereich der Familienerziehung. Nur wo der Stat Aemter und Stellen zu vergeben hat, für welche besondere und erhöhte Berufs- oder wissenschaftliche Kenntnisse unentbehrlich sind, oder wo die Ausübung eines bloszen Privatberufes aus polizeilichen Gründen

auf Personen beschränkt werden musz, welche die erforderliche Art Bildung besitzen, mag der Stat wohl den Ausweis verlangen über eine bestimmte Schulbildung, und die ausschlieszen, welche die öffentlichen für diese Fächer bestimmten Schulen nicht besucht haben. Auch da sind aber noch einzelne Ausnahmen zu verstatten, in denen die nöthige Fähigkeit auf andern Wegen erworben worden; denn mehr auf die Fähigkeit, als auf den Weg zu ihrer Erlangung kommt es an.

2. Die obern und mittlern Schulen zerfallen in drei Hauptclassen:

a) Besondere Berufsschulen, wie vorzüglich die landwirthschaftlichen zur Ausbildung von Landwirthen, und Gewerbeschulen zur Ausbildung von Handwerkern. Sie gehören vorzugsweise dem vierten Stande an, und sind für Andere nur Durchgangsstufen. Ein groszer Theil aber des vierten Standes bedarf ihrer nicht, ihm genügt die Volksschule und die Fortbildung, die das Leben selber gewährt.

b) Höhere technische Schulen, für diejenigen Classen der Bevölkerung bestimmt, welche zwar nicht nothwendig einer gelehrten Bildung bedürfen, wohl aber in denjenigen Wissenschaften tiefer eingeweiht werden müssen, welche den Geist zu höherer Industrie, Technik, Kunst befähigen. Diese Schulen dienen vorzüglich dem dritten Stande, den Architekten, Ingenieuren, Fabrikanten, Künstlern.

c) Gelehrte Schulen, theils als Vorbereitung für die Universität, theils für die Jugend bestimmt, welche, ohne sich einem gelehrten Berufe zu widmen, doch den Adel classischer Bildung erwerben will,

3. Die Berufsschulen im engern Sinn unterscheiden sich von den höhern technischen und den gelehrten Schulen vornehmlich dadurch, dasz der Unterricht in jenen nicht in das Heiligthum der Wissenschaft eingeht, sondern sich in den Vorhallen derselben bewegt, und fortwährend die practische Nutzbarkeit voraus beachtet. Der Einfachheit des

Unterrichts bedürfen sie wie die Volksschule, als deren höhere Blüthe sie oft behandelt werden; die besondere Richtung auf eine bestimmte Berufsgattung, Landwirthschaft, Handwerke u. dgl. hebt sie über diese hinauf. Der Unterricht in fremden Sprachen ist nur für solche nöthig, welche diese Schulen als Uebergangsstufen zu höhern technischen benutzen; für die Masse der Schüler dagegen ist der Unterricht in der Volkssprache, in der Mathematik und den Naturwissenschaften, soweit diese eine nahe und leicht verständliche Anwendung auf jene Berufskreise schon gefunden haben, genügend, und so weit denn auch im Interesse guter Ordnung und gleichmäsziger Fortbildung für alle Schüler vorzuschreiben. Strenge Schuldisciplin ist in diesem Kreise unentbehrlich, die Lernfreiheit ausnahmsweise zulässig, die Lehrfreiheit noch wesentlich durch die vorgeschriebenen Lehrmittel und das vorgeschriebene Lehrziel beschränkt. Diese Schulen ersetzen theilweise den Unterricht, den der angehende Landwirth auf dem Gute oder der Lehrling in der Werkstätte seines Meisters findet, theilweise befähigen sie um der gröszern Wissenschaftlichkeit der öffentlichen Schulen willen zu höhern selbständigen Fortschritten im practischen Leben. Der Stat kann durch Gründung und freie Eröffnung solcher Schulen sehr wohlthätig einwirken auf die Cultur- und Berufstüchtigkeit zahlreicher Volksclassen.

4. Eine höhere wissenschaftliche oder künstlerische Bedeutung haben die höhern technischen Schulen, wie vorzüglich die Realgymnasien, die polytechnischen Schulen und die Künstlerakademien.

Die erstern führen die Zöglinge tiefer ein in diejenigen Wissenschaften, welche vorzüglich auf das practische Leben der Techniker und der höhern Industriellen Einflusz haben. Mathematik, Geometrie und Physik und ihre Anwendungen auf Mechanik und Chemie sind hier das Centrum der theoretischen Ausbildung, die Kunstgeschichte die Grundlage der künstlerischen Bildung und die Kunst zu zeichnen eine Hauptfertigkeit, die hier geübt werden musz, daneben sind die modernen, nicht die antiken Sprachen zu cultiviren. Wohl darf man auch hier die practischen Zwecke des Unterrichts nicht aus den Augen lassen, aber die Wissenschaften müssen doch in ihrem ganzen Umfang und Zusammenhang, somit auch in den Beziehungen gelehrt werden, deren practische Anwendbarkeit nicht, oder nicht unmittelbar und nicht jetzt schon wahrzunehmen ist. Die wissenschaftliche Durchbildung der Zöglinge, welche ihren Geist fähig macht, sich in den mancherlei höhern technischen Berufskreisen mit freier Sicherheit zu bewegen, nicht die Zurichtung für einen beschränkten Beruf ist hier die Aufgabe. Erst im späteren Leben scheiden sich die besonderen Wege.

Diese Anstalten haben in den obern Classen eine gewisse Verwandtschaft mit den Universitäten. Die herangewachsenen Zöglinge können in dem Verhältnisz ihres erstarkten Triebes zum Selbststudium wohl von manchen Banden, welche die untern Schüler noch enger an die Autorität und an die Zucht des Lehrers binden, losgeknüpft, und ihnen akademische Freiheit verstattet werden. Nur darf solche Freiheit nicht über den natürlichen Zweck der Schule hinaus gewährt werden. Insbesondere erfordert es die Natur des mathematischen Unterrichts, dasz eine bestimmte Folge auch der Lehrfächer beachtet werde. Auch wird noch weit hinauf ein wechselseitiger Verkehr des unterrichtenden Lehrers mit dem lernenden Schüler wohlthätiger wirken, als eine Beschränkung des Unterrichts auf blosze Vorträge ohne Prüfung, ob die Schüler diesen wirklich folgen. Je mehr wissenschaftlichen Gehalt die Lehre hat, desto mehr individuelle Freiheit in ihrer Behandlung ist auch für den Lehrer Bedürfnisz; daher denn auch hier die Lehrmittel nicht mehr vorgeschrieben, noch die Methode der Lehre von oben her anbefohlen werden darf, wie in den untern Schulen.

Eine ähnliche Stellung haben die Künstlerakademien. Die

Wissenschaft aber tritt hier in die zweite Linie zurück, die künstlerische Uebung in die erste ein. Diese Akademien können sogar, wie die école des beaux arts in Paris zur Ausbildung Erwachsener dienen, welche die polytechnische Schule zurück gelegt haben.

5. Die Grundlage der gelehrten Schulen ist die classische Bildung, der Unterricht in der lateinischen, dann auch in der griechischen Sprache und die Geschichte. Die höhere wissenschaftliche Erziehung musz den Schüler einweihen in die Grundlagen unserer Cultur, erfüllen mit dem frischen und schönen Geiste der Vorzeit, in welcher die Menschheit gleichsam ihre Jugendblüthe entfaltet hat. Sie musz dieselbe hindurch geleiten durch die reichen Erfahrungen der früheren Jahrhunderte, nicht um in diesen gefangen zu bleiben, sondern um der Stufe, auf welcher nun die Menschheit steht, bewuszt zu werden, und auf ihr mit erweitertem und freiem Blicke vorwärts zu schreiten. An der Hand der Griechen und der Römer sind die neueren Völker in geistigen Dingen ähnlich wie durch das Christenthum in religiöser Beziehung erzogen worden, und diese welthistorische Erfahrung soll sich in dem Leben der einzelnen höher gebildeten Individuen wiederholen. Wer einen andern Weg geht, kann wohl manches Ziel erreichen, es wird aber in seiner Bildung immer eine leere Stelle sein, die von den ausgezeichnetsten Männern als ein erheblicher Mangel schmerzlich empfunden wird. In den classischen Studien ist ein gewisser Duft, ein Glanz, ein Adel, die zu voller und schöner Entfaltung des wissenschaftlichen Geistes unentbehrlich sind. Sie spannen und üben die Kräfte des jugendlichen Geistes aufs höchste und doch dem Alter gemäsz, wecken seinen Sinn für Schönes, Groszes und Edles und stärken seine Schwungkraft.

Allerdings waren die gelehrten Schulen früher zu einseitig auf den Unterricht in den classischen Sprachen begrenzt und eine pedantische Methode, welche den Schülern häufig den

Genusz der herrlichen Schätze des Alterthums sogar entleidet hat, statt ihn zu eröffnen, hatte zuweilen den Werth derselben in eine todte Gelehrsamkeit umgesetzt, die für die Fortschritte und Bedürfnisse unsers Lebens den offnen Sinn verlor. Es ist daher ein Vorzug neuerer Einrichtungen, wenn der Unterricht in den classischen Sprachen ergänzt wird durch gründlicheres Verständnisz der einheimischen Volkssprache und Literatur, zuweilen sogar durch die Beigabe fremder neuerer Sprachen, und wenn auch den übrigen formell bildenden Fächern der Mathematik und Physik und wie der alten, so auch der mittlern und neuern Geschichte ein weiterer Spielraum eröffnet, und so der Geist nach allen Richtungen hin geübt wird. Auch die wissenschaftliche Behandlung des Christenthums und seiner Geschichte darf nicht fehlen, damit die ganze gelehrte Bildung in sich harmonisch sei. Aber in neuerer Zeit ist man zuweilen hinwieder in den Fehler einer Ueberladung mit Bildungsstoff verfallen, an dem der jugendliche Geist überreizt und übersättigt wird. Körperliche Schwäche und geistige Zerstreutheit und Schlaffheit sind leider nicht seltene Folgen eines solchen unmäszig gesteigerten Vielerleis.

Dem Alter der Schüler und ihrer Bildungsstufe gemäsz darf der Unterricht nicht als freier Vortrag abgelöst werden von stäter Uebung der Schüler, unter fortgesetzter Aufsicht und Antrieb der Lehrer. Die Schulzucht soll zwar das Ehrgefühl schonen und wecken, darf aber keineswegs locker und schwach werden. Die Lehrfächer sind noch genau bestimmt, und der regelmäszige Besuch wenigstens der Grundfächer — wozu voraus der charakteristische Unterricht in der lateinischen Sprache, wenn Ausnahmen verstattet werden auch in der griechischen, und der Geschichte gehört — ist verbindlich gemacht, nicht in die Wahl der Schüler gelegt. Es ist ein Schaden für Lehrer und Schüler, wenn sie die Art und Freiheit der Universitäten schon in die Gymnasien verpflanzen wollen. Der ganze Zweck dieser, die jugendlichen Kräfte in fortgesetztem Ringen zu üben und zu stärken, wird dadurch verfehlt, und der Genusz unreifer Früchte läszt eine kranke Seelenstimmung zurück, die später auch reife Früchte nicht mehr zu pflücken gelüstet und zu genieszen nicht die Kraft hat.

Eilftes Capitel.

Die Universitäten.

1. Die Universitäten, zuerst in Italien und anfangs nur mit Rücksicht auf einzelne Wissenschaften entstanden, sind in neuerer Zeit und vorzüglich in Deutschland zu organischen, die gesammte höhere wissenschaftliche Bildung umfassenden und zu voller Reife entwickelnden Anstalten, aus bloszen Universitäten im juristisch-corporativen Sinne des Wortes zu Universitäten der Wissenschaften geworden.

Nur erwachsene Jünglinge, deren Geisteskräfte in den gelehrten Schulen geübt und entfaltet worden, sind fähig in den Geist der Wissenschaft völlig einzudringen, daher nur sie auf Universitäten zuzulassen. Nur wer die Schule hinter sich gelassen hat, vermag ein Student zu werden. Daher sind Prüfungen, welche Unberufene zurückweisen, ebenso nöthig als der Würde der Anstalt angemessen. Es mag wohl unbedenklich einzelnen Erwachsenen auch ohne Maturitätsprüfung gestattet werden, einzelne Collegien anzuhören und an den Früchten, die die Universität den nach Wissenschaft Hungernden reichlich bietet, sich zu erlaben. Aber Studenten sind sie deszhalb nicht. Diese sollen nicht blosz fähig sein, Einzelnes zu genieszen, sondern Theil zu nehmen an dem systematisch und organisch geordneten wissenschaftlichen Gesammtleben der

Universität.[1] Freie Hochschulen, wie das Collège de France in Paris, haben als allgemeine wissenschaftliche Anstalten für Erwachsene überhaupt, einen eigenthümlichen Werth und wohl eine zunehmende Bedeutung; aber sie sind von den Universitäten, die zugleich Anstalten für die wissenschaftlichen Berufsclassen sind, wesentlich verschieden.

2. Die Universität bedarf der wissenschaftlichen Selbständigkeit, denn die höhere Wissenschaft erschlieszt sich nur voller Geistesfreiheit. Dafür ist die corporative Selbständigkeit derselben eine vortreffliche Unterlage. Aber hier begegnen wir nun einem wichtigen Gegensatze zwischen dem Mittelalter und der neuern Zeit. Jenes liebte und schützte die corporative Selbständigkeit so sehr, dasz dieselbe bis zu voller Unabhängigkeit und einer Art von Souveränetät gesteigert wurde. Das aber widerspricht dem modernen State,

[1] Jakob Grimm hat a. a. O. S. 26 eine entgegengesetzte Meinung ausgesprochen: „Wie Kirche und Schauspiel dem Eintretenden offen gehalten sind, sollte jedem Jüngling das Thor der Universität aufgethan und ihm selbst überlassen sein, allen Nachtheil zu empfinden und zu tragen, wenn er unausgerüstet in diese Hallen getreten ist; denn die Befähigung der Menschen hat ihre eigenen, stillen Gänge und thut unerwartet Sprünge; wie sollten alle gleichen Schritt halten, den der Prüfung zwängendes Masz fordert?“ Aber die Universität ist keine Kirche, die für das Volk — noch ein Schauspiel, das für das Publikum bestimmt ist, sondern eine wissenschaftliche Anstalt für die Jünger der Wissenschaft. Der Trost, dasz Unvorbereitete durch den eigenen Schaden klug werden, ist ebenso trügerisch als frivol. Mehr als eine Universität empfindet es äuszerst schmerzlich, dasz eine grosze Zahl von Studenten nicht hinreichend vorgebildet ist. Diese träge Masse zieht mit bleiernem Gewichte den wissenschaftlichen Vortrag hernieder und drückt den Geist der Studentenschaft herab. Es sollen keine überspannten Forderungen an die Eintretenden gemacht werden; aber je strenger die Prüfung auf die Kennzeichen wissenschaftlicher Uebung achtet und nur die wirklich für einen wissenschaftlichen Lebensberuf Tauglichen zuläszt, desto wohlthätiger wird sie für die Individuen wirken, die noch bei Zeiten auf einen für sie passenderen Beruf hingewiesen werden, für die Anstalt, deren Ehre und wissenschaftlicher Geist gehoben wird, und für den Stat, den die Bitterkeit eines unreifen Universitätswesens sehr belästigt.

dessen einheitlicher Organismus Unterordnung aller öffentlichen Corporationen verlangt und der eine bedeutsame Aufsicht und Pflege auch über die höchsten Bildungsanstalten anspricht. Auf den *englischen* Universitäten hat sich auch in dieser Beziehung noch länger mittelalterliche Freiheit erhalten, aber selbst da läszt der Geist unserer Zeit an den Stat die Mahnung ergehen, dasz er die ihm gebührenden Hoheitsrechte übe. Auf dem Continent ist schon seit langem das neuere Princip der *Statscuratel* practisch geworden. Die Vormundschaft der *Kirche* hat dem State ebenso überall weichen müssen, und nur mit Bezug auf die *theologischen* Facultäten, deren Bedeutung für die Ausbildung der Geistlichkeit die Kirche nahe angeht, wird jener zuweilen eine gewisse Mitwirkung und theilweise Mitaufsicht entweder noch zugestanden, oder von ihr und nicht ohne innere Berechtigung beharrlich begehrt. Weil die Kirche ihren Einflusz allzuoft nur an Beschränkung der wissenschaftlichen Freiheit ausgeübt hat, ist der moderne Stat abgeneigter geworden, auf ihre Stimme zu hören.

Was an corporativer Selbständigkeit theils geblieben, theils werth der Erhaltung ist, besteht hauptsächlich:

a) in dem *Besitz* und in der *Verwaltung* eines eigenen Vermögens, wenn auch unter der Oberaufsicht des Stats. Die äuszere Existenz der Universitäten wird dadurch in höherm Grade von den mancherlei Unfällen bewahrt, welche die öffentlichen Statsfinanzen leichter treffen, und zugleich der Universität eine freie und angesehene sociale Stellung gesichert;

b) in der *eigenen Gerichtsbarkeit*, welche freilich innerhalb des modernen States einer vollständigeren Unterordnung und engerer Beschränkung unterliegen musz, als im Mittelalter, und mehr nur in Gestalt und nach Art *disciplinarischer Zucht* fortdauern darf;

c) in der *Ehre*, welche die Corporation vom State zu erwarten ein Recht hat — auf äuszere Gewalt hat sie keinen, auf Ehre der Hoheit des wissenschaftlichen Geistes gemäsz einen wohlbegründeten Anspruch — und in den akademischen Ehren die sie selbst verleiht. Beides wird nicht immer und nicht überall richtig gewürdigt. Manche Facultäten selbst haben zuweilen dazu beigetragen, die akademischen Würden, auch die des Doctorats, durch Verschwendung an Candidaten, die solcher Auszeichnung nicht würdig waren, um den Credit und damit um ihren Werth zu bringen, und der Stat hat statt solchen Miszbräuchen zu wehren, jenen die Achtung versagt, und dadurch wieder ein wichtiges Element einer sittlich-geistigen Ordnung zerstört; und die Art, wie einzelne Staten das Rangverhältnisz der Universitäten und ihrer Mitglieder geordnet haben, beweiszt, dasz auch da die rechte Einsicht noch vielfach mangelt;

d) in der Vertretung, welche den Körpern der Universitäten in dem Rathe der Nation gewährt wird, und ebenso sehr ihrer groszen Bedeutung für das geistige Leben derselben gemäsz als für eine einsichtsvolle Berathung der Gesetze dienlich ist.

3. Die Eintheilung der Universitäten in vier Facultäten schlieszt sich an naturgemäsze Gegensätze und Bedürfnisse an. Die philosophische Facultät mit ihren zahlreichen Disciplinen der Philosophie, die erst hier und nicht schon auf den Gymnasien mit Erfolg gelehrt werden kann und gewissermaszen den Weg eröffnet in den Vorsaal aller Specialwissenschaften, der Philologie in ihrer Vollendung, der Geschichte in ihrer umfassenden und in das Leben der einzelnen Völker sich versenkenden Reichhaltigkeit, der mathematischen und Naturwissenschaften, ist für die gröszere Zahl der Studenten hauptsächlich von propädeutischer Bedeutung, für eine Minderzahl aber, die sich dem Lehrfach oder den dahin gehörigen besondern Wissenschaften widmet, zugleich abschlieszend. Vorzugsweise in höhere wissenschaftliche Berufskreise führen die drei andern Facultäten ein und haben daher auch den Vorrang. Die theologische hat eine

höhere Beziehung zur Kirche und die Aufgabe, die Wissenschaften zu lehren, deren die Geistlichkeit in unserer Zeit bedarf, um fähig zu sein, ihre kirchliche Mission auch geistig zu verstehen, und um gerüstet zu sein, sie mit den Waffen der Wissenschaft zu schützen und auszuführen. Die zweite Facultät wurde früher als die juristische bezeichnet. In neuerer Zeit wurde sie, seitdem die Statswissenschaften einen weitern Umfang gewonnen haben, zuweilen vertheilt in eine juristische und eine statswissenschaftliche im engern Sinn, indem die Jurisprudenz im engern Sinn auf der einen und die Wissenschaften der Polizei- und Statswirthschaft auf der andern Seite geschieden wurden. Man hat diese Unterscheidung, welche mit der Sonderung der Justiz von der Verwaltung in einem innern Zusammenhang ist, nicht consequent genug durchgebildet und die sogenannte statswirthschaftliche Facultät theils zu schroff von der rechtswissenschaftlichen losgetrennt, theils zu enge als eine blosz technische, weniger als eine statswissenschaftliche Abtheilung behandelt. Die Masse der Studenten hat sich daher überall der juristischen und nur Wenige haben sich der statswirthschaftlichen Facultät zugewendet. Im Princip gehören aber Rechts- und Statswissenschaften offenbar zusammen, und erst wenn diese Einheit anerkannt oder wieder hergestellt ist, sollte der Gegensatz von Recht und Stat, Jurisprudenz und Politik, Rechtspflege und Verwaltung seinen Einflusz auf die Studieneinrichtung bewähren.[2] Allerdings sind früher jene oft vernachlässigt und fast alle Aufmerksamkeit diesen zugewendet worden; aber dieser Mangel kann gehoben werden, ohne in der Facultät zu scheiden, was innerlich verbunden ist. Die medicinische Facultät endlich befähigt zu

[2] In der einen Facultät für Stats- und Rechtswissenschaften lassen sich dann immerhin passend zwei Hauptrichtungen, die politische und die juristische, unterscheiden, wie die eine philosophische Facultät aus zwei oder drei Unterabtheilungen besteht, der philosophischen im engern Sinne, der philologisch-historischen und der naturwissenschaftlichen.

den Wissenschaften, welche für eine rationelle Erkenntnisz und Behandlung der Krankheiten dienen. So gehen aus den Universitäten Theologen, Juristen und Verwaltungsmänner, Aerzte, Lehrer hervor.

4. Die Pflege des Stats äuszert sich vorerst in der Berufung und Anstellung der Professoren, denen er mit Zuversicht die Anregung zu einem gesunden wissenschaftlichen Studium anvertraut. Den Facultäten, welche mit dem Gang und den Bedürfnissen der Wissenschaft genauer vertraut und mit den kundigen und tauglichen Personen näher bekannt sind, gebührt wohl ein Vorschlags- und Begutachtungsrecht. Aber der Stat darf nicht an ihre Ansicht gebunden werden; denn auch einzelne Facultäten können im Schlendrian versinken und ihr Blick wird durch persönliche Interessen leicht getrübt. Der Stat thut daher wohl daran, daneben selbständig zu prüfen; denn am Ende hängt das ganze Gedeihen der Anstalt doch von der richtigen Wahl der Personen ab, die in derselben wirken, und jeder Miszgriff hat groszen Schaden zur Folge und ist nur schwer zu bessern.

Anders ist die Stellung der Privatdocenten, die kein Lehramt, kein „munus legendi“ sondern nur die „venia legendi“ haben. Für alle erheblichen Wissenschaften musz daher durch Professoren, für die Hauptfächer durch ordentliche Professoren stets gesorgt sein. Um so unbedenklicher darf denn den jüngern Gelehrten, deren wissenschaftliche Befähigung geprüft und von der Facultät anerkannt worden ist, die Freiheit verstattet werden, sich in der Universitätslehre zu versuchen und zu üben. Diese Zulassung der Privatdocenten ist Sache der Facultäten. Es ist diese Sitte, der wir eine sich stets erneuernde Zahl und eine gröszere Auswahl tüchtiger Professoren verdanken, ein Vorzug der deutschen Universitäten und der Natur der wissenschaftlichen Studien durchaus angemessen. Den Privatdocenten aber Sitz und Stimme in Universitätsangelegenheiten einzuräumen ist unorganisch, sie der Aufsicht der Facultäten zu entziehen schädlich.

5. Die Art der wissenschaftlichen Behandlung der Vorträge wird mit Recht fast überall den Docenten selbst anheim gestellt; und es ist jede nähere Vorschrift und Anleitung von Stats wegen verwerflich. Die Lehrfreiheit ist auf dieser Stufe unentbehrlich. Wenn es der wesentliche durch keine Bücher zu ersetzende Werth der Universität ist, wie Savigny[3] das vortrefflich ausgedrückt hat, „den Studenten die Wissenschaft, so weit sie gegenwärtig entwickelt ist, in dem Lehrer personificirt darzustellen, und indem die Genesis des wissenschaftlichen Denkens zu lebendiger Anschauung gebracht wird, die verwandte geistige Kraft in dem Schüler zu wecken und zur Reproduction anzuregen," so musz den Universitätslehrern die Freiheit vergönnt werden, nach ihrer individuellen Art selbständig vor den Zuhörern in das Heiligthum der wissenschaftlichen Erkenntnisz vorzugehen, und es ist eine unnatürliche und unfruchtbare Zumuthung, sie auf andere als die von ihnen erkannten Wege hinleiten zu wollen. Die wissenschaftliche Erkenntnisz kann nur durch den individuellen Geist mit Freiheit erworben und nur ebenso hinwieder zu derselben angeregt werden. Alle Vorschriften über Lehrbücher, Systeme u. s. f. sind daher unzulässig.

Jene Lehrfreiheit ist indessen so wenig als alle andere Freiheit eine absolute und schrankenlose. Sie wird näher bestimmt und begränzt durch den Zweck der Anstalt:

a) Die Form der Lehre, welche der Universität eigenthümlich ist und die festgehalten werden musz, ist vorzüglich der zusammenhängende freie mündliche Vortrag einer Wissenschaft. Wo derselbe zu bloszem Dictiren herabsinkt, da wird der wesentliche Vorzug der Universitäten zerstört,

[3] Savigny, Wesen und Werth der deutschen Universitäten in Ranke's polit. Zeitschrift I, S. 571 ff.

und von Anregung des wissenschaftlichen Geistes durch ein lebendiges Vorbild kann bei solcher geisttödtender Maschinenarbeit, welche überdem durch die Druckerpresse viel besser geliefert würde, keine Rede mehr sein. Ohne daher im Einzelnen den Docenten zu hemmen, darf dennoch die Universitätspflege darauf hinwirken, dasz der freie mündliche Vortrag in Wahrheit Regel bleibe und nicht durch träges Dictiren verdrängt werde. Kein Privatdocent sollte je Hoffnung auf Anstellung zum Professor haben, wenn er sich nicht in jenem mit Sicherheit und Liebe zurecht gefunden hat.

Diese Grundform der Universitätslehre hat übrigens immerhin den Mangel, dasz der Verkehr zwischen Docenten und Studenten nicht so wechselseitig noch so sichtbar ist, als es für beide Theile wünschbar ist. Nur aus dem Glanz und Blick der Augen und den feinen Bewegungen der Mienen seiner Zuhörer kann der Docent ersehen, ob sein Vortrag verstanden, ob demselben gefolgt werde, welchen Eindruck in der Seele der Studenten er mache, nur von da aus auch seinerseits Anregung empfangen. Aber diese Mittel der Erkenntnisz und des Ansporns stehen doch an Klarheit und Kraft sehr zurück hinter dem lebendigen Worte, durch das sich der Zuhörer hinwieder aussprechen möchte. Ebenso ist es auch für diesen Gewinn, wenn die eigene Uebung in wissenschaftlicher Nachbildung durch die individuelle Hülfe und Leitung des Lehrers unterstützt und von Irrgängen zurückgehalten wird. Jener Mangel ist gerade auf deutschen Universitäten sehr spürbar. Der Docent weisz oft nicht, ob er nicht der Fassungskraft der Zuhörer weit vorausgeeilt ist, so dasz nur einige Wenige ihm zu folgen vermögen, oder ob er hinter dem Gange der bessern Mitte zurückbleibt; und ganze Schaaren von Studenten sind zufrieden, die Vorträge angehört zu haben, ohne weiter sich in wissenschaftlicher Selbstthätigkeit zu versuchen. Diesem Mangel kann abgeholfen werden durch Uebungscollegien, welche ergänzend den Vortragscollegien beigeordnet werden, und in welchen die Studenten unter der Leitung der Docenten durch eigene Arbeit mitwirken und ein gegenseitiger mündlicher Verkehr beide Theile näher zusammen bringt. Die weitere Ausbildung und Belebung solcher Collegien, die in den mannichfaltigsten Formen je nach Umständen möglich sind, ist für unsere Universitäten ein dringendes Bedürfnisz, und wohl darf die statliche Pflege auch diese Richtung empfehlend fördern.

b) Den Inhalt der Lehre kann und darf der Stat in keiner Weise vorschreiben. Nur das kommt ihm zu, zu sorgen, dasz die wichtigeren Fächer jederzeit vertreten seien; und die Lehrfreiheit der Docenten heiszt niemals Freiheit, überall nicht zu lehren. Den Professoren der einzelnen Facultäten steht es zu, wissenschaftliche Vorträge zu halten, worüber sie wollen, und selbst wenn sie über Wissenschaften lehren wollen, welche zunächst in den Bereich einer andern Facultät gehören, ist solches in der Regel nicht zu hindern. Aehnlicher Freiheit genieszen gewöhnlich auf den deutschen Universitäten die Privatdocenten; aber die Facultät hat das Recht, wenn sie von der wissenschaftlichen Befähigung derselben nur in einer besondern Richtung überzeugt worden ist, die Erlaubnisz zu lehren auf diese zu beschränken.

c) Eine in theoretischer Beziehung weniger schwierige, aber practisch mit feinem Tact und freiem humanem Sinn zu behandelnde Frage ist die, wann und in welcher Weise der Stat als Stifter und Pfleger der Universitäten veranlaszt und berechtigt sei, gegen einen schädlichen Miszbrauch der Lehrfreiheit einzuschreiten. Nichts wäre absurder, als eine Einmischung des States, sobald er wahrnimmt, dasz neben der Wahrheit auch Irrlehren docirt werden. Der Irrthum ist ein unzertrennlicher Begleiter der Wissenschaft, und wenn das wissenschaftliche Genie gelegentlich irrt, wie sollte der Stat, der keine wissenschaftliche Autorität besitzt, jene Ausscheidung vornehmen und den Irrthum hemmen können? Scheint die ganze wissenschaftliche Richtung eines Lehrers fehlerhaft, dann mag der Stat wohl durch Anstellung anderer Professoren, von denen er einen gesundern Einflusz hofft, derselben entgegenwirken und die Kräfte der Wahrheit verstärken, damit sie in freier Weise den Irrthum bekämpfen. Es gilt das vorzüglich auch von den philosophischen Systemen. Aber der Irrthum für sich allein darf nicht zu statlichem Verbote führen.

Wenn dagegen die Lehre in offene Feindschaft ausartet gegen die Grundlagen der Statsordnung und des Rechts, wenn z. B. die Revolution als das wahre Princip der Politik, der Communismus als das berechtigte System des Privatrechts von dem Katheder der Universität gelehrt wird, oder wenn die Lehre in augenfälligen Widerspruch geräth mit der ganzen Bestimmung der Anstalt, wenn z. B. in der theologischen Facultät auf Zerstörung des Christenthums hingearbeitet, oder wenn die öffentliche Moral durch unsittliche Vorträge beleidigt und verletzt wird, dann beginnt das Recht des States, nicht blosz durch Hebung der entgegengesetzten Geisteskräfte, sondern geradezu hemmend solchem Miszbrauch zu wehren; und vergeblich beruft man sich da auf Lehrfreiheit, wo die Verkündigung der Lehre zum Unrecht wird gegen den Stat und gegen die Anstalt, welche ihr die Freiheit gewährt haben. Das Lehramt des Professors ist ein öffentliches, seine Lehrfreiheit daher auch durch die nothwendigen Rücksichten der öffentlichen Ordnung und Wohlfahrt beschränkt. Würde der Stat ruhig zusehen, wie ein groszer Theil der jugendlichen Generation, von deren Ausbildung sein eigenes Schicksal zu groszem Theile bestimmt werden wird, dem geistigen oder sittlichen Verderben und von Lehrern zugeleitet wird, die, überdem mit öffentlicher Autorität ausgerüstet, von ihm selbst der Jugend empfohlen worden sind, so würde er an der Jugend sich schwer verschulden und an sich einen Selbstmord begehen. Bei der Anwendung dieses Princips aber ist vor allen Dingen nöthig, damit nicht die wahre und unentbehrliche Freiheit der Wissenschaft Schaden leide — einen Schaden, der leicht um der Schwächung der Heilkräfte willen gröszer werden kann als der, welchen jener Miszbrauch der Lehrfreiheit hervorbringt — dasz nicht aus geringfügigen Ursachen der Stat sich zu Hemmnissen verleiten lasse, sondern nur da einschreite, wo die Gefahr und der Schaden grosz sind, und nicht durch einfache Stärkung der Gegenkräfte entfernt werden können, und dasz der Stat die gröszere Freiheit des Schriftstellers nicht nach den Schranken des Lehrers bemesse. Die Hauptschwierigkeit liegt übrigens hier weniger in dem Princip als in dem Verfahren. Einem Wahrspruch unabhängiger und wissenschaftlich gebildeter Geschworner darf man mit Vertrauen den Entscheid einer derartigen Streitfrage anheim geben, während die Regierungsbehörden einem berechtigten Misztrauen begegnen.

6. Die Lernfreiheit auf Seite der Studenten entspricht der Lernfreiheit auf Seite der Docenten. Auch sie ist bestimmt und beschränkt durch den Zweck der Anstalt, und darf nicht als Freiheit, nicht zu lernen, miszverstanden werden. Auch der Student, der nun als Jünger der Wissenschaft in ihre heiligen Hallen eintreten soll, bedarf der Freiheit, die den Muth und die Lust stärkt zu der ernsten Geistesarbeit, und allein den Schlüssel gibt zu den Schätzen, welche dem gebundenen Geiste verschlossen bleiben. Daher kommt ihm die Wahl zu, welchem Lehrer als Führer er sich anvertrauen und durch welche wissenschaftliche Fächer er seinen Gang nehmen wolle. Schülerhafte Vorschriften über den Besuch der Vorlesungen fördern leicht schülerhaften Sinn, und der ist nicht mehr der Universität würdig. Freie Anweisungen aber von Seite der Facultäten, in welcher Weise die Studien am natürlichsten auf einander folgen und mit einander verbunden werden, sind ganz am Platze, und nöthig, um der Unerfahrenheit der Anfänger zu Hülfe zu kommen und sie vor Schaden zu warnen. Ehre und Freiheit sind beide wichtige

Hebel eines tüchtigen Studentenlebens, und sollen daher wohl vor Entartung gewahrt, nicht aber miszachtet noch verweigert werden.

Zwölftes Capitel.

Die Akademie.

1. Die höchste Bildungsanstalt des States ist die Universität, die höchste Anstalt der Wissenschaft ist die Akademie. Das wenigstens ist die Idee, welche ihrer Stiftung vorgeleuchtet hatte. In Frankreich hat dieselbe zuerst durch Richelieu und Ludwig XIV. eine hohe Stellung und Bedeutung gewonnen; in den andern europäischen Staten in geringerem Masze. Der Anstosz, den vorzüglich Leibnitz zur Bildung neuer Akademien gegeben hat, wurde nicht in seinem Geiste befolgt. Aber selbst dort ist die Wirksamkeit der Akademie weit hinter der Idee zurück geblieben. Mehr noch in Deutschland, England, Italien, Russland. Die ganze Institution, noch jung zwar und der Entwicklung fähig, scheint daher einer gründlichen Reform bedürftig, wenn sie die freilich noch unklaren und unbestimmten, aber ahnungsvollen und groszen Erwartungen befriedigen soll, welche das Leben an sie richtet. Es wäre vermessen und undankbar, wollte man gering schätzen, was die Akademien für die Wissenschaft geleistet haben. Aber man kann nicht verkennen, dasz ihre Leistungen, verglichen mit denen einzelner Gelehrter oder von Privatvereinen, wenn man an die Bedeutung der Männer denkt, welche als Akademiker auf der Höhe der Wissenschaft stehen, doch nur gering sind, dasz die akademischen Leistungen auch dieser Männer meistens klein sind gegenüber ihren eigenen Privatwerken, dasz der Stat insbesondere von

den Akademien nur wenig Früchte erntet, während er sie äuszerlich an die Spitze der Wissenschaft gestellt hat. Woher dieser Widerspruch zwischen dem glänzenden Rang und Namen der Akademie und ihrem practischen Werth? Sollte es hier nicht fehlen, sei es an einer richtigen Erkenntnisz ihrer wirklichen Bedeutung oder an einem der wahren Idee entsprechenden Organismus derselben?

Man sieht in der Akademie sehr oft nur einen freien Verein wissenschaftlicher Männer, welche zusammen getreten sind, um sich selbst und durch ihr Beispiel Andere in der höhern Ausbildung der Wissenschaft zu fördern; einen Verein, welcher im Gegensatze zu der Lehre der Schule durch freie Mittheilung des neu Erkannten die Wissenschaft um ihrer selbst willen pflege, und durch Anregung und Unterstützung wissenschaftlicher Arbeiten das Gebiet derselben erweitere.

Aber man übersieht dabei, dasz die Wissenschaft wesentlich dem individuellen Geiste angehört, nur von diesem errungen und daher auch nur von diesem wahrhaft gefördert werden kann. Immer nur werden Individuen, und niemals Gesellschaften und Vereine wissenschaftliche Entdeckungen machen, nur Individuen durch Privatstudien die wissenschaftlichen Schätze vermehren, nur Individuen hinwieder durch ihre individuelle Arbeit die Wissenschaft mittheilen und verbreiten. Die Eigenschaft eines Akademikers kommt dabei fast gar nicht in Betracht. Es kann wohl der Privatgelehrte gefördert werden durch die Eröffnung von Sammlungen, welche die Akademie vermittelt, durch die Erörterung im Schosze akademischer Versammlungen, durch pecuniäre Unterstützung seiner Arbeiten oder der Herausgabe seiner Werke; aber das Alles ist doch nur eine untergeordnete Beihülfe, welche ganz ebenso auch auf Privatwegen gewonnen werden kann. In dem Allem liegt keine unmittelbare Förderung der Wissenschaft selbst. Diese musz somit den Individuen überlassen werden, und kann nicht die wesentliche Aufgabe irgend eines Vereines, auch nicht der Akademie sein. So lange daher, wenn auch in mancherlei Formen es als die Hauptaufgabe der Akademien betrachtet wird, die Wissenschaft zu erweitern, wird ihre Thätigkeit immer nur höchst geringfügig erscheinen neben der Privatthätigkeit individueller Männer der Wissenschaft; und eben darum wird daher auch das Ansehen und der Werth der Akademien leidend und gedrückt erscheinen.

Setzen wir daher der Akademie eine andere, der Natur eines Vereins gemäszere Aufgabe. Ohne Zweifel fehlt es in der bisherigen Entwicklung des neuen Europa, seitdem die Wissenschaft frei geworden ist von der Vormundschaft der Kirche, an einer organischen Einrichtung, welche, ohne ihre Freiheit zu gefährden, doch aus centralem Standpunkt den innern Zusammenhang der wissenschaftlichen Arbeiten und Mittheilungen überblickt, ihre Beziehungen zu dem öffentlichen und Privatleben näher erforscht und würdigt, und soweit als es dem State zukommt, die statliche Aufsicht und Pflege vermittelt, und auf die rechten Wege leitet. Offenbar ist auf diesem für die ganze Cultur des Volkes und die geistige Gesundheit des States überaus wichtigen Gebiete eine Zerfahrenheit und Auflösung eingerissen, welche weder der Natur des Geistes gemäsz ist, die selber organisch ist, und in höchster individueller Mannichfaltigkeit sich offenbarend doch wieder in der Gemeinschaft alles Geisteslebens ihre Einheit findet, noch auf die Bedürfnisse des States die nöthige Rücksicht nimmt.

Die gesunde Entwickelung der Wissenschaft selbst und die Interessen der Nation erfordern eine solche Anstalt, ein derartiges wissenschaftliches Centralorgan, welches sich nicht in unnützer Weise abmüdet, die Thätigkeit individueller Gelehrter zu ergänzen oder zu ersetzen, sondern die Beziehungen des States zur Wissenschaft wahrt und pflegt, und die anarchischen Einflüsse des Zufalls auf die wissenschaftliche Bewegung ordnet. Gleichsam von einer höchsten Warte aus soll das wissenschaftliche Leben, welches sich in der Nation regt und offenbart, fortwährend beachtet, von allen geistigen Strömungen und Einflüssen auf dieselbe jederzeit Kenntnisz genommen, wer sich auszeichnet nach Verdienst gewürdigt, jedes die Wissenschaft wirklich fördernde Streben, wenn es der Unterstützung des States bedarf, unterstützt, offenbar schädlichen Richtungen entgegenwirkt, die Verbindung mit wissenschaftlichen Privatvereinen und einzelnen hervorragenden Gelehrten vielseitig unterhalten, wissenschaftliche Sammlungen angelegt und fortgeführt werden. Eine Akademie in solchem Sinne wäre etwa das für das Cultusministerium, was der Statsrath für die Politik und die Gesetzgebung ist. Würde sie in diesem Geiste zusammengesetzt und ihre Wirksamkeit äuszern, so würde sie bald nicht blosz dem Namen nach, sondern in Wahrheit an der Spitze stehen des wissenschaftlichen Lebens der Nation.

Die bisherigen Akademien schlieszen die besondern Facultätswissenschaften aus, und nehmen ausschlieszlich Rücksicht auf die mathematischen und physikalischen Wissenschaften einerseits, die historischen und philosophischen andererseits. In dieser Organisation scheint mir der Gedanke wahr, dasz da, wo es sich um die Einrichtung eines obersten wissenschaftlichen Centralorgans handelt, dieselbe zunächst nach den allgemeinen Grundrichtungen aller Wissenschaft geordnet werden soll, gewissermaszen nach dem Organismus der Wissenschaft selbst. Aber die vorherrschend theoretische Eintheilung und Richtung der Akademie ist wohl ein Hauptmangel des verhältniszmäszig geringen practischen Werthes und Einflusses derselben. Ueberzeugt man sich, dasz nicht die theoretische Ausbildung der eigentliche Zweck dieser öffentlichen Anstalt ist, sondern die statliche Pflege des geistigen Lebens, so versteht es sich, dasz auch die bisherige Organisation dieser letztern Aufgabe unmöglich genügen kann.

Eine in statsmännischem Geiste gegründete Akademie würde daher — und nur die französische hat sich theilweise und von ferne diesem Ziele angenähert — je die bedeutendsten wissenschaftlichen oder literarischen Männer aller Richtungen in sich vereinigen, und ja nicht Theologen und Juristen zunächst ausschlieszen, oder nur auf Umwegen herbeilassen. Sie würde dabei die practischen Beziehungen der Wissenschaft nichts weniger als gering anschlagen,[1] denn eben sie haben den mächtigsten Einflusz auf das nationale Geistesleben, und für dieses musz doch wohl nicht blosz in der Schule und auf den Universitäten, sondern auch da, wo die Wissenschaft der Meister in Frage kommt, gesorgt werden.

Die Arbeit einer solchen Akademie könnte etwa so vertheilt werden, je nachdem 1) die physikalischen oder Naturwissenschaften, denen hier gar wohl die medicinischen angereiht werden dürften, 2) die philosophischen, mit besonderer Beziehung auf Philologie und das Schulwesen, 3) die politisch-historischen, die Stats- und Rechtswissenschaften umfassend, 4) die theologischen in ihrer Beziehung zu der wissenschaftlichen Cultur des States, 5) die schöne Literatur, deren Einflusz eben so grosz, als von Statswegen viel zu wenig beachtet ist — in Frage kommen.

3. Die Vorträge der Akademiker würden unter dieser Voraussetzung von ganz anderer Art werden als bisher. Nicht die wären, wie Jakob Grimm gesagt hat, die gelungensten, „welche die Keime künftiger Werke in sich tragen, oder reiches Material zu wissenschaftlichem Gebrauch fruchtbar dar-

[1] In dieser Hinsicht scheint mir die neuestens von Jakob Grimm a. a. O. versuchte Vertheidigung des gegenwärtigen Systems nicht glücklich. Vgl. auch Bluntschli Art. Akademie im deutschen Statswörterbuch.

legen," obwohl auch diese ohnehin seltenen Erscheinungen unter den akademischen Schriften nicht gering zu schätzen sind, sondern die, welche den Entwicklungsgang einzelner Wissenschaften in klaren Ueberblicken mit sicherer Hand zeichnen, und den Einflusz derselben auf das Leben, ihre Vorzüge und Mängel mit Bestimmtheit darlegen. Die Vorträge selbst aber wären immer noch weniger wesentlich als die Gutachten und Vorschläge der Akademie, welche das wissenschaftliche Leben in gesundem Wachsthume zu fördern und für Verbreitung wissenschaftlich erkannter Wahrheiten zu sorgen die Bestimmung hätten.

Zehntes Buch.

Die Wirthschaftspflege.

Erstes Capitel.

Art und Richtungen der Wirthschaftspflege.

Verstehen wir unter Wirthschaft überhaupt alle Verwaltung des materiellen Vermögens, und jede Pflege der äuszern Verhältnisse, welche auf das Vermögen einwirken, so ist unter Wirthschaftspflege im weitern Sinne des Wortes alle Verwaltung und Pflege der Vermögensverhältnisse zu verstehen, welche dem State zukommt und von ihm ausgeht. Die noch junge Wissenschaft der politischen Oekonomie (Nationalökonomie) hat es unternommen, die Gesetze und Maximen einer wohlgeordneten und fruchtbringenden Wirthschaft in allen ihren gemeinsamen Beziehungen zu erforschen und darzulegen. Sie beruht voraus auf der Grundlage der mathematischen und physikalischen Wissenschaften, und indem sie diese auf die Erzeugung, Erhaltung und Veredlung der mancherlei äuszern Güter anwendet, welche den Bedürfnissen und Genüssen der Menschen dienen, hat sie ein zusammenhängendes rationelles System einer guten Wirthschaft zu begründen unternommen.

Es kann nicht die Aufgabe des Statsrechtes sein, diese Wissenschaft, welche auf anderem Boden erwachsen, sich über seinen Bereich hinaus erstreckt, zu umfassen. Es darf seinen Standpunkt, den Stat, nicht verlassen, und hat es nur mit den Organen in dem Statskörper zu thun, welche für die wirthschaftliche Aufgabe desselben bestimmt sind, und die rechtliche Richtung und Weise ihrer Thätigkeit zu bezeichnen. Die Wirthschaftspflege daher in unserm Sinne, als ein Zweig des Statsrechts, verhält sich zur politischen Oekonomie etwa so, wie die Lehre von der Kriegsgewalt zu den Militärwissenschaften, die Lehre von der Gerichtsorganisation zum Privat- und Strafrecht.

Das ist der Statswirthschaft mit der Statscultur gemein, dasz hier das specifisch obrigkeitliche Moment zurücktritt. Sie ist nicht eine Offenbarung der Statsgewalt im eigentlichen Sinne, welche ihrem Wesen nach eine sittlich gebietende und verbietende Macht der Gemeinschaft ist. Dadurch eben unterscheidet sie sich wie die Statscultur von der Polizei, die doch auch als Sorge für die öffentliche Wohlfahrt wirksam erscheint. Sie ist daher weniger Regierung als Verwaltung, und die leitenden Grundsätze dieser sind in der Hauptsache dieselben, wie sie auch auszerhalb des States in der Wirthschaft der Privaten und der Privatvereine sich wieder finden. Sie nähert sich daher der Ordnung des Privatlebens mehr an als alle anderen Functionen des Stats, und es hat der zahlreiche Kreis von Finanz- und Wirthschaftsbeamten aus demselben Grunde auch einen wesentlich andern, dem Privatleben näher stehenden Charakter, als die Regierungsbeamten im eigentlichen Sinn. Von der Statscultur unterscheidet sie sich dadurch, dasz sie eine auf materielle Güter gerichtete Pflege ist, während die Pflege dieser auf die geistigen und sittlichen Güter der Nation Bezug hat.[1]

[1] Vgl. oben Buch V. c. 2, S. 465 ff.

Die Wirthschaftspflege bezieht sich:

1) auf das Vermögen des States selbst. Das sogenannte Finanzwesen, die Regierungswirthschaft, umfaszt die gesammte materielle Sorge und Verwaltung mit Bezug auf diejenigen Güter, die dem State zugehören, und deren er bedarf, um seine eigenen öffentlichen Bedürfnisse zu befriedigen. Sie ist auf Seite des States analog der Privatökonomie der Individuen, aber, weil den öffentlichen Bestimmungen des States dienend, mehr als diese von öffentlichem Geiste erfüllt;

2) auf die Sorge für den öffentlichen Verkehr und die öffentlichen Anstalten, welche die gemeine materielle Wohlfahrt der Nation fördern, sowie für die Grundbedingungen des nationalen Wohlstandes überhaupt im Ganzen und in ihren Theilen, die Volkswirthschaftspflege.

Sowohl das Finanzwesen als die Volkswirthschaftspflege setzen eine statliche Thätigkeit voraus. Die letztere ist aber in vorzüglichem Sinne statlich, und nicht wie das oft angesehen wird, von dem Geiste des Privatrechts und der Privatwirthschaft beherrscht; denn die ächte Volkswirthschaftspflege maszt sich nicht an, die Thätigkeit der Privatwirthschaft zu ersetzen oder zu leiten, sondern sie hat vor allem die Gesammtheit im Auge, und die massenhaften Interessen und Bedürfnisse dieser, und wirkt von da aus mittelbar ein auf die Wohlfahrt auch der Privatökonomie.

Zweites Capitel.

I. Finanzhoheit. A. Unmittelbares Statsgut.

1. Der Stat als ein leibliches Reich der Gesammtheit bedarf zu seinem äuszern Dasein auch des materiellen Vermögens. Von jeher haben die Staten daher auch eigenes Vermögen besessen, Grundeigenthum, fahrende Habe, Forderungen

nach Art reicher Privaten. Die mittelalterlichen Staten beruhten in ökonomischer Beziehung fast ganz auf den privatrechtlichen Einkünften des States, auf Privatvermögen. Das ist indessen noch eine niedere Stufe der statlichen Entwickelung, auf welcher so der privatrechtliche Gesichtspunkt vorherrscht. Wird der Stat sich seines Wesens bewuszt, so wird gewissermaszen auch die Vermögenssphäre desselben von dem Statsgeiste erfüllt, und über das blosze Privatrecht emporgehoben. Den öffentlichen Bedürfnissen entsprechen dann die öffentlichen Einkünfte, und das Vermögen des Stats jene zu befriedigen wird mehr und mehr nach statsrechtlichen Grundsätzen geordnet.

Immerhin aber ist es natürlich, dasz der Stat auf diesem materiellen Gebiete auch als privatrechtliches Vermögenssubject, und sogar als das gröszte und reichste erscheine. Das Privateigenthum ist eine unentbehrliche Unterlage für die öffentliche Bestimmung des Statsvermögens. Der Stat bedarf zahlreicher Gebäude, welche seinem öffentlichen Leben dienen, Residenzen, Regierungs- und Justizpaläste, Zeughäuser, Festungen u. s. f., und er bedarf reicher Vorräthe an mancherlei beweglichem Vermögen, wie Kriegsrüstungen, Bibliotheken, Kunstsammlungen. Das alles ist zwar auf der einen Seite Privatgut des Stats, und den Regeln des Privatrechts unterworfen, aber durch den öffentlichen Gebrauch und die öffentliche Bestimmung desselben erhält es auf der andern Seite einen eigenthümlichen Statscharakter, welcher hinwieder von Einflusz ist auf die Rechtsverhältnisse. Es wird zu einem specifisch öffentlichen Gut (Domaine public) ausgebildet. Der Würde des Stats ziemt es, dasz er dieses Gut, welches ganz und gar öffentlichen Zwecken dient, auch äuszerlich so vollkommen rein und schön erhalte, als es seinen Kräften und ihrer Bestimmung gemäsz ist. Er soll diesem Vermögen den Stempel seiner Hoheit und Ehre aufprägen.

2. Verschieden von diesem öffentlichen Gut des Stats ist das sogenannte werbende Vermögen desselben (Domaine de l'État), welches nur mittelbar dem State, nur insofern dient, als er die Einkünfte desselben für öffentliche Zwecke verwenden kann. Dahin gehören die Domänen im engern Sinne, Capitalien, einzelne Gewerbeanstalten, welche auf Rechnung des Stats betrieben werden. Dieses Vermögen ist in höherm Grade als Privatvermögen des Stats zu betrachten, als das öffentliche Gut des Stats. In älteren Zeiten bezogen die Staten hauptsächlich von daher ihre wichtigsten Einkünfte. Bei der Eroberung und Vertheilung des Landes wurde daher regelmäszig ein groszer Theil des Bodens vorweg ausgeschieden, und von den Fürsten und Staten zur Bestreitung der öffentlichen Bedürfnisse in Besitz genommen. Das Abgabensystem war während des Mittelalters noch wenig ausgebildet, und der Stat war auch nur ausnahmsweise genöthigt, die Beihülfe der Privatpersonen anzusprechen. In gewöhnlichen Zeiten genügte sein eigener Privatbesitz.

Das neuere Finanzsystem der Staten ist solcher Privatwirthschaft des Stats nicht günstig. In England beträgt der sämmtliche Reinertrag der Domänen nicht einmal 1 Procent des ganzen Statseinkommens, in Oesterreich wenig mehr als $1^1/_2$; in Frankreich nur 3 Procent, in Preuszen schon 12 Procent, in Bayern 25 Procent.[1] Allerdings läszt sich nicht verkennen, dasz von dem wirthschaftlichen Standpunkte aus ein weit gröszerer Ertrag erzielt wird, wenn das fruchtbringende Privatvermögen auch in den Händen von Privatpersonen ist, als wenn es unter der Verwaltung des States steht. Auf der andern Seite aber gewährt der ausgedehnte Grundbesitz des Stats immerhin grosze Sicherheit und eine Solidität des Statsreichthums, welche für die dauernden Statsinteressen nicht gering anzuschlagen sind, so dasz eine principiell ge-

[1] Vgl. darüber die Nachweisung und Ausführung bei Rau, Finanzwissensch. I. §. 89 ff.

botene Entäuszerung desselben nicht nothwendig erscheint. Sehr viel hängt dabei überdem von den besondern Verhältnissen und Sitten der einzelnen Staten und Völker ab.

3. Je mehr eine gute Wirthschaft der fruchtbaren Güter Privatfleisz und Privatkräfte erfordert, desto weniger eignen sich dieselben zur Statsverwaltung, je mehr dieselben dagegen Bezug haben auf die gemeinsamen Statsinteressen, und je einfacher ihre Verwaltung ist, desto eher ist solcher Besitz auch für den Stat zu bewahren. Daher thut der Stat vor allen Dingen wohl,

a) sich des eigenen Betriebs von Fabriken, Handel, Handwerk und derartigen Gewerben zu enthalten. Denn immer wird der Stat, eben weil die individuelle Speculation und individueller Fleisz und Fertigkeit das Gelingen solcher Unternehmungen vorzüglich bedingen, mit gröszerem Kostenaufwand und mit weniger Gewinn arbeiten als der Privatmann, der sich ganz und gar mit allen seinen Kräften diesem Berufe widmet. Aber selbst da sind Ausnahmen zulässig, sei es, weil der Stat selbst auf sichere Weise für mancherlei Geräthschaften, z. B. für Kriegsmunition und Rüstung sorgen musz, ohne sich ganz auf den Privatbetrieb verlassen zu können, sei es, weil einzelne Gewerbe zur Pflege der Kunst dienlich sind und hier die Rücksicht auf Gewinn hinter der auf Ausbildung und Vervollkommnung dieser zurück steht, wie z. B. Porcellanfabriken, oder weil die Betreibung einzelner Mustergewerbe auf Statskosten zur Controle und zum Ansporn dient für ähnliche Privatgewerbe, welche für die materielle Wohlfahrt des Publicums von groszem Interesse sind, oder weil einzelne Gewerbe, wie voraus die Hüttenwerke sogar nöthig werden, um die Regalien mit Vortheil auszubeuten.

b) Nicht minder wird der Stat aus gleichen Gründen keinen Vortheil finden in der Beibehaltung von Wohngebäuden, deren er nicht zu öffentlichen Zwecken bedarf.

c) Wiese, Acker, Rebland, Garten ferner waren von jeher ihrer Natur nach vorzugsweise dem Privatfleisz und der Privatbenutzung anheimgegeben. Auch dafür paszt die Statswirthschaft wenig. Indessen können politische Gründe, wie die Rücksicht auf das von Zeit zu Zeit wiederkehrende Bedürfnisz, einzelne ausgezeichnete Männer, welche dem State grosze Dienste geleistet haben, mit Grundbesitz auszustatten und ihnen eine sichere Stellung unter der Nationalaristokratie zu verschaffen, den Stat bestimmen, Domanialbesitz solcher Art zu seiner Verfügung zu erhalten.

d) Am ehesten wohl sind Waldungen als Grundbesitz des States tauglich. Die Natur der Waldung, welche nur in langen, das gewöhnliche Lebensalter der Individuen überdauernden Perioden ihre regelmäszigen Früchte, die Holzschläge, hervorbringt, macht es wünschenswerth, dasz der Eigenthümer selbst auch ein längeres Leben habe. In dem wechselnden Besitz kurzlebender Menschen wird leicht von der momentanen Gewinn- und Genuszsucht die nachhaltige Ertragsfähigkeit des Waldes aufgezehrt und dadurch auch dem Volke, für welches das Holz ein unentbehrliches Lebensbedürfnisz ist, groszer Schaden bereitet. Die Selbstsucht der gegenwärtigen Generationen kann hier leicht den künftigen einen schweren Mangel bereiten. Diese Gefahr wird nun sehr gemildert, wenn die Waldungen groszentheils dem State und den Gemeinden gehören, deren eigenes auf Jahrhunderte hin fortdauerndes Leben sie darauf hinweist auch der Nachkommen zu gedenken, und deren Anstalten manche Garantien darbieten, welche vor einer leichtsinnigen Verschleuderung und übermäsziger Ausbeutung der Waldungen bewahren. Auch ist die forstmäszige Bewirthschaftung der Waldungen immerhin so fest geregelt und die Controle darüber so leicht zu führen, dasz solche öffentliche Wirthschaft an Güte und Ertrag gar wohl mit ausgezeichneter Privatwirthschaft Schritt zu halten vermag, die gewöhnliche sogar leicht übertrifft. Unveräuszerlichkeit der Statswaldungen darf daher wohl als Regel gelten.

e) Selten genug ist in unserer Zeit actives Vermögen von zinstragenden Capitalien, welche dem State gehören. Selbst in den schweizerischen Cantonen, deren einfache Wirthschaft noch mehr als anderwärts dem Charakter der Privatwirthschaft ähnlich geblieben ist, sind dieselben in neuerer Zeit sehr vermindert worden. Wo sie bestehen, da haben sie den groszen Vorzug regelmäsziger und sicherer Einkünfte, und zugleich den, dasz für auszerordentliche Capitalausgaben ohne Belästigung der Einwohner durch Verwendung derselben gesorgt werden kann. Müssen aber Schulden contrahirt werden, so ist es oft nur eine Selbsttäuschung, wenn der Stat seine Activcapitalien unversehrt zu erhalten vermeint, während er sie durch entgegengesetzte Passivcapitalien in Wahrheit aufzehrt.

f) Von ähnlicher Art sind die mancherlei Grundgefälle, welche die modernen Staten als ursprünglich grosze Grund- und Vogteiherren aus dem Mittelalter häufig ererbt haben, wie Zehnten und Grundzinse von mancherlei Art. Die Ausbildung des neuen Privatrechts aber sowohl als die der Privatwirthschaft ist diesen Realrechten nicht günstig, und hat dieselben groszentheils verdrängt und umgewandelt.

Drittes Capitel.

B. Die Regalien.

Der Begriff der Regalien liegt auf der Grenze zwischen Stats- und Privatrecht, und ist aus beiderlei Bestandtheilen gemischt. Es kann daher nicht befremden, dasz derselbe in dem Mittelalter, welches überhaupt öffentliche und Privatrechte zu verbinden und zu mischen liebte, entstanden und vorzüglich ausgebildet worden ist, und ebensowenig auffallen, dasz die neuere Zeit, welche schärfere Sonderung der beiden Gebiete anstrebt, in der Arbeit begriffen ist, auch hier die Ausscheidung zu vollziehen und jenen Begriff aufzulösen.

Das statsrechtliche Element in den Regalien ist, dasz diese nicht zufällig noch vorübergehend, sondern von Rechtes wegen dem State zukommen, der Stat somit als das eigentliche und nothwendige Rechtssubject derselben erscheint. Wenn Privatpersonen daher im Besitz von Regalien sind, so ist ihr Recht immer von dem State abgeleitet und kehrt, wenn sie es verwirken, immer wieder an den Stat zurück. Statliche Hoheit ist von der Regalität unzertrennlich. Die Form aber, wie diese im Recht ausgebildet worden, ist privatrechtlich. Nicht die Ausübung der Statshoheit aus öffentlichen Gründen und in öffentlicher Richtung wird vorzüglich betont, sondern der damit verbundene materielle Genusz, die eigenthumsartige Nutzbarkeit, und um deszwillen ist denn das Recht auch zur Quelle geworden von mancherlei nutzbaren Gerechtsamen, die, wie anderes Privatrecht, dem Verkehre der Privatpersonen überlassen worden sind.

Der neueren Rechtsbildung gemäsz ist es, den statsrechtlichen Charakter der Regalien entschiedener zu bewahren und reiner zu halten. Diejenigen Regalien, welche wie z. B. das Jagdregal, in der öffentlichen Rechtsordnung keine Begründung haben, sondern mehr willkürlich und zufällig von dem State an die Hand genommen worden, sind daher als Regalien ganz aufzugeben und besser als einfache Privatrechte zu behandeln, immerhin mit Vorbehalt der erforderlichen polizeilichen Beschränkungen und angemessener Besteuerung. Die übrigen Regalien dagegen, welche ihrer Natur nach als nutzbare Hoheitsrechte zu betrachten sind, werden, insoferne aus ihnen materielle Einkünfte dem State zuflieszen, mehr und mehr als Steuerrechte behandelt, dem gesammten nach Grundsätzen des öffentlichen Rechtes zu normirenden Steuersystem eingefügt, und soweit sie in Verbindung mit öffentlichen Functionen des States stehen, mit Rücksicht auf diese frei bestimmt werden. Diese Fortbildung des Rechtes hat nun zwar begonnen und schon manche Schritte zurückgelegt, aber sie ist noch nicht zu diesem Resultate gelangt, und es sind daher immer noch die Regalien in der bisher überlieferten Form und Bedeutung übersichtlich zu erwähnen.

Es gehören hieher:

1. Die grundherrschaftlichen Regalien, oder die Regalien im eigentlichen Sinn, welche sich entweder aus der Hoheit des States über die Sachen erklären, die ihrer Natur nach öffentlich sind, oder aus einer von dem State vorbehaltenen Herrschaft über solche Sachen, deren Ausbeutung und Benutzung in näherer Beziehung zu der öffentlichen Wirthschaft stehen. Als solche sind in vielen Staten seit dem Mittelalter anerkannt:

a) Das sogenannte Wasserregal. Die Statshoheit (nicht Eigenthum im eigentlichen Sinn) über die öffentlichen Gewässer ist naturgemäsz. In Folge dessen ist das Recht des States, auch die Benutzung derselben von Seite der Privaten zur Schifffahrt, zu Fähren, zur Wiesenwässerung, für Wasserräder, zum Fischfang u. dgl. zu regeln, wohlbegründet. Im Mittelalter aber wurde diese Hoheit in ein fiscalisches Regale gewandelt, um von den Privaten, welche die Gewässer so in ihrem Sonderinteresse benutzten, Abgaben zu erheben.[1] Die erstere Bedeutung ist bleibend, die letztere fiscalische aber im Untergang begriffen, auch für die Statscasse von geringem Werth und für die Privatwirthschaft eine Last.

b) Das Bergwerksregal, Bergregal. Ursprünglich wurden wie der Boden so auch die unter der Oberfläche vorhandenen Metalle jeder Art sowohl nach römischem als nach deutschem Rechte als ein Bestandtheil des privatrechtlichen Grundbesitzes betrachtet. Wieder erst im Mittelalter kam die Ansicht auf, dasz dieser unterirdische Reichthum nicht zu dem Grundstücke gehöre, sondern der „königlichen Gewalt" unterworfen sei. In der That konnte man an natürliche Eigenschaften der Bergwerke anknüpfen. Die Adern und Lager der Fossilien breiten sich unter der Erde aus und nehmen ihre Richtungen völlig unabhängig von der Eintheilung und Cul-

[1] Constitutio *Friderici I.* a. 1158 (bei *Pertz* Monum. Germ. II, p. 111): „Regalia sunt hec: Arimania, vie publice, flumina navigabilia et ex quibus fiunt navigabilia, portus, ripatica, vectigalia que vulgo dicuntur tholonea, moneta, mulctarum penarumque compendia, bona vacantia et que indignis legibus auferuntur, nisi que specialiter quibusdam conceduntur, et bona contrahentium incestas nuptias et dampnatorum et proscriptorum secundum quod in novis constitutionibus cavetur, angariarum et parangariarum et plaustrorum et navium prestationes, et extraordinaria collatio ad felicissimam regalis numinis expeditionem, potestas constituendorum magistratuum ad justitiam expediendam, argentarie et palatia in civitatibus consuetis, piscationum redditus et salinarum et bona committentium crimen majestatis et dimidium thesauri inventi in loco Cesaris non data opera, vel in loco religioso, si data opera, totum ad eum pertinet." Dagegen der Frieden von Venedig v. 1177 (Pertz II, p. 152): „Regalia vero, que per eum (imperatorem) vel antecessores ejus tam a clericis quam laicis fuerunt detenta, vel per ipsum seu antecessores ejus investita, quiete dimittat, nec de cetero impediat. Consuetudines etiam et comoditates, quas civitates et omnes de societate haberi consueverunt in pascuis, piscationibus, molendinis, furnis, tabulis cambiatorum et negociatorum, macellis, domibus, quas habent edificatas in viis publicis vel supra vel iuxta vias publicas, et eternas consuetudines antiquas, eisdem civitatibus et omnibus de societate quiete habere et tenere permittat." Vgl. den Constanzer Frieden von 1183 (Pertz II, 176.) 1 ff.

turart des Grundeigenthums auf der Oberfläche. Sie haben daher ein von jenem verschiedenes Dasein, und die Gruben müssen auch mit Rücksicht darauf im Zusammenhang und getrennt von der Bepflanzung der Grundstücke gebaut werden. Sodann schien die enge Beziehung der edlen Metalle zu dem Münzwesen und anderer zu der Ausrüstung des Heeres dem State ein näheres Recht darauf als andern Personen zu gewähren. Endlich machten mancherlei Interessen eine statliche Aufsicht über den Bergbau nöthig. Aber gleichwohl lag in der allgemeinen Einführung auch des Bergregals eine Umgestaltung des hergebrachten Privatrechtes, die auch im Mittelalter als anmaszliche Willkür verhaszt war.[2]

Die Ablösung des Bergbaues von dem Grundeigenthum hat sich auch in neuerer Zeit erhalten, und dieses privatrechtliche Element in dem mittelalterlichen Bergregale hat auf Fortdauer Anspruch, weil es in der That der Natur der Sache entspricht. Ebenso wird die ausgebildete Statsaufsicht über die ordentliche und sichere Betreibung des Bergbaues fortdauern. Dagegen ist streng genommen der Begriff eines ausschlieszlichen Bergregals bereits aufgegeben worden, seitdem man angefangen hat den Bergbau für „frei zu erklären", d. h. seitdem Jedermann freigestellt wird, mit Beachtung der bergpolizeilichen Vorschriften zu schürfen und zu muthen. Nur in gewissen Abgaben, welche den bergbelehnten Privatunternehmern auferlegt zu werden pflegen, den Bergzehnten, Qua-

[2] Freigedank bei Kraut, Grundrisz des deutschen Privatrechts, §. 114.

„die fürsten twingent mit gewalt
velt stein, wazzer und walt,
darzuo beide wilt und zam,
si täten luft gerne alsam,
der muoz uns doch gemeine sin.
möhten sie uns den sunnen schin
verbieten, ouch wint und regen,
man müest in zins mit golde wegen."

tembergeldern, Receszgeldern zeigt sich noch die fiscalische Natur des Bergregals. Der Gesichtspunkt der Steuern und Gebühren scheint aber auch hier den der nutzbaren Regalität allmählich im Interesse einer guten Stats- und Volkswirthschaft zu verdrängen. Auch wenn das Bergregal als solches ganz aufgegeben wird, wird doch der Stat nicht verhindert sein, einzelne Bergwerke mit Vortheil auf eigene Rechnung zu betreiben oder zu verpachten.

c) Verwandt ist das Salzregal, kommt aber noch in gröszerer Ausdehnung vor, und findet sich auch dem Wesen nach schon in dem römischen Alterthum. Man versteht darunter nicht allein das ausschlieszliche Recht des Stats auf Gewinnung von Kochsalz, sondern zugleich auf den Salzhandel. Das Regal im engern Sinne und das Statsmonopol sind hier verbunden. Der grosze Ertrag, welchen die ausschlieszliche Verwerthung dieses für die Menschen, das Vieh und viele Gewerbe unentbehrlichen und nützlichen Productes der Statscasse sicherte, machte dieses Regal den Finanzmännern besonders theuer, und die Juristen halfen mit, dasselbe, indem sie auf die Analogie der Bergwerke hinwiesen, einzuführen. Indessen galt in Deutschland in älterer Zeit der entgegengesetzte Grundsatz, dasz die Salzquellen und das Steinsalz zu dem Boden gehören.

Für unsere Zeit ist auch dieses Regal als solches für die Dauer nicht zu halten, und die Umwandlung desselben in eine Salzsteuer ist bereits in Frankreich und Deutschland[3] vollzogen. Diese hat aber, wegen der wenig lästigen und fast unmerklichen Erhebungsart und ihres reichen Ertrages in der That so grosze Vorzüge und wird durch die Gewohnheit und Sitte, die in dem Steuerwesen jederzeit Beachtung verdient, so sehr empfohlen, dasz dieselbe in sehr vielen Staten als eine fortdauernde wichtige Quelle der Statseinkünfte betrachtet wird.

[3] In Frankreich schon seit der Revolution, in Deutschland 1867.

d) Das Jagdregal ist wieder aus der grundherrlichen Auffassung des Stats im Mittelalter entstanden und angelehnt worden an das öffentliche Interesse des Wildbanns und der Jagdpolizei. Auch hier ist auf diese Weise ein bleibender Rechtsgrundsatz, der nämlich der Lösung der Jagd von der nothwendigen Verbindung mit der Ausübung des Grundeigenthums, ausgebildet worden, und so rechtfertigt sich wohl eine Einrichtung des Jagdrechtes nach groszen Jagdrevieren und in Uebereinstimmung mit den Interessen der Gemeinschaft. Dagegen ist das eigentliche Jagdregal, in Folge dessen der Stat selbst zunächst ein ausschlieszliches Recht anspricht Jagd zu üben und Jagdrechte nach Willkür zu verleihen, in vielen neueren Staten wieder aufgehoben worden, welche dasselbe während des Mittelalters angenommen hatten.

2. Verwandt mit den grundherrlichen Regalien sind die regalen Gewerbe und Statsmonopolien, welche der Stat mit Ausschlieszung der Privaten sich vorbehalten hat. Man kann indessen zwei Arten wohl unterscheiden: a) solche, welche lediglich aus finanziellen Gründen der Privatindustrie untersagt und von dem State allein um des Gewinnes willen betrieben werden. Solche Monopole sind wesentlich nichts anderes als Steuern, aber in die äuszere Form des Gewerbes gekleidet; b) solche, welche ihrer Natur und Bestimmung nach eine Betreibung in öffentlichem Interesse erfordern, und bei denen somit der Ertrag immer nur als ein damit verbundener Vortheil der Statscasse wohl zu gönnen ist, aber nicht den wesentlichen Charakter der Regalität bestimmt.

Von der erstern Gattung, gleichsam in regale Gewerbe verhüllte Steuern sind:

a) Die Salzregie, von welcher oben unter 1. c) schon die Rede war.

b) Die Tabaksregie, welche gegen Ende des XVII. Jahrhunderts zuerst in Oesterreich und in Frankreich eingeführt wurde, und weil sie sich auf einen verbreiteten und in den letzten Zeiten fortdauernd steigenden luxuriosen Genusz der Bevölkerung bezog, den Statscassen groszen Gewinn brachte. Da die Umwandlung derselben in eine eigentliche Steuer schwierig und diese Einkünfte zu gefährden schien, so wurde diese Erhebungsform trotz der damit verbundenen Mängel nicht so leicht aufgegeben. In den Vereinigten Staten von Amerika besteht eine sehr hohe, in Deutschland ist neuestens (1868) eine sehr mäszige Tabaksteuer eingeführt worden.

c) Das Lotterieregal, moralisch verwerflich, weil auf den Leichtsinn und die Spielsucht der Bevölkerung, und vorzugsweise sogar nicht der vermöglichen Classen, welche ohne Schaden für ihren Wohlstand auch solchem Vergnügen einige Abfälle ihrer Einnahmen opfern können, sondern der untern, zu ihrem Verderben zum Glücksspiel verlockten Volksclassen von Statswegen speculirt wird. Die Aufhebung dieses Regals musz daher im Interesse einer sittlichen Statsordnung gefordert werden. Merkwürdiger Weise hat es sich am längsten in dem römischen Kirchenstat in der schlimmsten Form des Lottos erhalten.

d) Das Spielkartenregal, welches freilich weit weniger einträglich ist als das zum Spiel reizende Lotterieregal, und welches eher die Spielsucht beschränkt als fördert, daher nicht schon aus moralischen, sondern nur aus wirthschaftlichen Gründen angefochten werden kann.

3. Zu der letztern Gattung der Regalien, welche sich an die Benutzung öffentlicher Anstalten anschlieszen, die zwar nicht zu den eigentlichen politischen Functionen der Statsgewalt gehören, aber doch in dem gemeinen Interesse der Volkswohlfahrt eingerichtet werden, gehören:

a) Das Münzregal, sich anlehnend an das Recht und die Pflicht des States, für baares Geld als allgemein anerkanntes Schätzungs- und Tauschmittel im Verkehr zu sorgen. In dem Mittelalter war dasselbe eine ziemlich erhebliche

Quelle des Statseinkommens. In der neueren Zeit ist dagegen die Einsicht durchgedrungen, dasz zumal für die groben Münzsorten der sichere Werth derselben wesentlich davon abhängt, dasz derselbe dem Werth des rohen dazu verwendeten edeln Metalls ganz nahe steht, und es ist daher von dem Schlagschatze kein Gewinn mehr zu erwarten. Nur die Prägung und Ausgabe der Scheidemünze läszt einen geringen Gewinn ohne Nachtheil für den Hauptzweck zu.

b) Das Postregal. Der Hauptzweck der Postanstalten ist der, den Brief- und Packetverkehr, sodann den Transport von Personen und Waaren in regelmäsziger Weise zu vermitteln und zu befördern. Das Statsinteresse für sich schon macht eine solche Anstalt nothwendig, damit von dem Centrum der Statsregierung aus nach allen Richtungen des Landes und nach auszen hin und hinwieder von da zurück die Communication gesichert sei. Im Alterthum, in dem groszen persischen und dem gröszern römischen Reiche waren daher Statsposten für dieses öffentliche Interesse eingerichtet, dem Privatverkehr in der Regel aber unzugänglich. In dem spätern Mittelalter wurden derlei Anstalten vorerst zu Gunsten des kaufmännischen Verkehrs gegründet, anfangs oft von Corporationen und unternehmenden Privaten. Zuerst wurde wohl in Frankreich durch Ludwig XI. im Jahre 1464 das Postregal im neuern Sinne,[4] dann allmählich auch in den übrigen civilisirten Staten eingeführt. In unsern Tagen hat dieses ebenso wohlthätige als zugleich financiell fruchtbare Institut eine hohe Stufe der Vervollkommnung erreicht, ist aber noch höherer Ausbildung fähig.

Es liegt in dem öffentlichen Interesse, dasz die Mittheilung von Briefen und Packeten nach allen Seiten hin mit Genauigkeit und Sicherheit und schnell vollzogen werden könne, und voraus eignet sich der Stat dazu, diese Sorge durch seine

[4] Schäffner, franz. Rechtsgesch. II, S. 367.

Anstalten zu übernehmen, mehr als Privatpersonen, denn diese haben mehr den Gewinn als den gemeinen Nutzen im Auge, und gewähren geringere Garantie für die Güte so umfassender Sorge. Der Stat dagegen hat eine Menge von Mitteln, die ihm den Ueberblick über die allgemeinen Bedürfnisse, die Befriedigung derselben und die Controle über diese erleichtern, und seine Ehre ist dabei betheiligt, dasz das in der rechten Form geschehe. Er wird daher auch die Ortschaften, die einen geringern Verkehr haben, nicht vernachlässigen, weil die Einrichtungen für ihre Postverbindung nur kleinen Gewinn abwerfen, vielleicht sogar Verlust erheischen. Um so lieber wird hinwieder das Volk es sehen, wenn diese gemeinnützigen Anstalten des Stats auch einen ansehnlichen Gewinn abwerfen und so hinwieder die Steuerlast vermindern. Zwar kommt diese fiscalische Rücksicht erst in zweiter Linie in Betracht, aber sie ist deszhalb nicht unwichtig. Das Postregal hat in der That den groszen Vorzug, dasz es wohl organisirt den Privaten und dem Stat zugleich groszen Nutzen bringt, und die Genüsse und die Kräfte beider vermehrt.

Das gilt ganz besonders von der Briefpost. In Folge des Regals dürfen, soweit der Stat für regelmäszige Briefpostverbindung sorgt, keine andern Privatanstalten zu berufsmäsziger Versendung von Briefen errichtet werden, ohne besondere Concession des Stats. Eine übertriebene und unpractische Ausdehnung dieses Rechts ist es, wenn in einzelnen Staten auch die gelegentliche Besorgung einzelner Briefe oder Packete durch dritte Privatpersonen verboten wird. Je zweckmäsziger und wohlfeiler die Briefpost eingerichtet ist, desto weniger ist auch eine Umgehung der Statsanstalt zu besorgen.

In geringerem Masze schon gilt jene Ausschlieszlichkeit von der Packetpost, welche die Versendung von kleinen Packeten und Valoren (Geldern) und die Auszahlung oder der Empfang von Geldern zwischen verschiedenen Arten vermittelt. Indessen hat auch da die Ausübung der Regalität so grosze

Vortheile, dasz sie in der Regel der Ueberlassung dieser Sorge an die Privatindustrie vorzuziehen ist.

In manchem Betracht verschieden ist die Fahrpost, die nicht ebenso nach allen Landestheilen eingerichtet werden kann, sondern naturgemäsz sich an die Hauptrouten hält, auf welchen eine gröszere Anzahl von Reisenden sich gewöhnlich bewegen. Sie nähert sich daher mehr der besondern Privatindustrie an. In manchen Ländern macht indessen der Stat mit der Sorge für diese Bedürfnisse ein ausschlieszliches Regal geltend, sei es, indem er keine regelmäszigen Privatcurse zuläszt, oder, wenn solche verstattet werden, doch dieselben in gewissen Beziehungen der öffentlichen Post unterordnet, und auch wohl die Erlaubnisz dazu besonders erkaufen läszt. In andern dagegen ist die Fahrpost ganz oder theilweise freigegeben, und die Statspost concurrirt nur mit den Privatunternehmungen von ähnlicher Art. Im Allgemeinen scheinen die Fahrposten des Stats immer noch besser als die der Privaten; doch hängt hier vieles von den besondern Verhältnissen und Sitten der einzelnen Länder und selbst einzelner Städte und Ortschaften ab. Die Einrichtung von Extraposten insbesondere steht in naher Beziehung zu der Regalität.

Im Allgemeinen gilt für die ganze Organisation und Behandlung der Post der leitende Grundsatz, dasz dieselbe nicht dafür besteht, das Volk zu regieren, noch zunächt das Volk zu besteuern, sondern vor allen Dingen dem Volksverkehr zu dienen.

c) Ganz ähnlich ist schon und wird noch mehr werden bei weiterer Entwicklung das Institut der öffentlichen Telegraphen. Durch die Entdeckung der elektrischen Telegraphen ist es möglich geworden, in einem Augenblicke wichtige Nachrichten an entfernte Orte mitzutheilen, und in kurzer Zeit werden die telegraphischen Netze die civilisirte Erde überspinnen. Anfänglich wurden diese Anstalten lediglich im Interesse des Stats selbst von diesem gegründet, dann auch der

Benutzung des Publikums zugänglich gemacht. Das öffentliche Interesse erfordert es, dasz dieselben zunächst als Statsanstalten behandelt werden, und die Regalität wie über die Briefpost sich auch darüber erstrecke. Verschieden von der Postanstalt aber ist die Eigenthümlichkeit der telegraphischen Bureaus, dasz jene die empfangenen Briefe der Privaten, ohne den Inhalt zu kennen, wie sie sind versendet, diese dagegen die Schrift selber besorgen und mittheilen, daher von dem Inhalte der Berichte in Kenntnisz gesetzt werden. Das Briefgeheimnisz erhält daher hier einen andern Sinn. Es kann nur das bedeuten, dasz der Stat nicht unberufenen Dritten die Einsicht verstatte in die seiner Anstalt anvertrauten Privatmittheilungen, und auch darauf ausgedehnt werde, dasz den übrigen Statsbehörden in der Regel jene Einsicht ebenfalls verschlossen werde. Wenn aber das Statsinteresse, wie besonders in Kriegszeiten oder wo es rasche Verfolgung der Verbrecher gilt, die Kenntnisznahme begründet, so darf diese umsoweniger dem State entzogen werden, je unnatürlicher es wäre, dasz dieser selbst immerhin mit sehenden Augen den Feinden oder verbrecherischen Privaten die Mittel in die Hand legte, dem Statszweck entgegen zu wirken.

d) Das Eisenbahnregal, ähnlich wie das Telegraphenregal, eine Erweiterung dieser Gattung von Regalien, welche der technischen Vervollkommnung unserer Zeit angehört. Eine volle Ausbildung erlangt dasselbe nur im Zusammenhang mit den Statseisenbahnen, deren Ertrag zunächst zur Unterhaltung der Anstalt und zur Bezahlung der Zinse für die dafür verwendeten Capitalien, wenn ein Ueberschusz sich ergibt, auch zur Vergröszerung der Statseinkünfte dient. Die Grösze des Werks, die Bedeutung desselben für den öffentlichen Verkehr und die Volkswirthschaft, die nahen Beziehungen desselben zu den Vertheidigungsmitteln und dem Kriegswesen des Landes überhaupt, zu den Postanstalten und der Wirthschaft des States selbst machen es in der Regel räthlich, dasz der Stat die Eisenbahnen selber baue und ihren Betrieb übernehme, oder die Bedingungen festsetze, an denen der Bau und Betrieb den Privatgesellschaften gestattet wird. Die Rücksicht der gemeinen Wohlfahrt darf nicht der Gewinnsucht der Privaten Preis gegeben werden. Der französische Rechtsgrundsatz, dasz die Bahn allezeit, wenn dem öffentlichen Verkehr dienend, juris publici (Domaine public) sei und nur die Nutzung den Privaten zustehe, entspricht der Natur der Verhältnisse.

Die Nothwendigkeit einer Concession für Privateisenbahnen, die dem öffentlichen Verkehr dienen, rechtfertigt sich schon aus polizeilichen Gründen; in dem Begriffe aber liegt es, dasz der Stat auch die Privat-Eisenbahnen an sich ziehen darf, sobald er die von den Privaten darauf verwendeten Auslagen vollständig ersetzt, mithin unter bessern Bedingungen, als wenn er die Grundsätze der zwangsweisen Abtretung von Privatrechten zur Anwendung brächte. Besondere Verträge oder rechtliche Zusicherungen an die Unternehmer können freilich dieses Recht beschränkt oder modificirt haben.

e) Die Existenz eines Straszenregals ist in neuerer Zeit aus dem Grunde bestritten worden, weil die Herstellung von Landstraszen eine unabweisbare Pflicht des States sei, die Erhebung von Weggeldern, Brückengeldern daher eher zu den Gebühren zu rechnen sei, welche von der Benutzung wesentlicher Statsanstalten bezogen werden.[5] Die Straszen aber, obwohl der Nutzen derselben ein öffentlicher und obwohl die Sorge dafür vorzugsweise dem State anheimfällt, sind doch nicht eine Anstalt, welche zu dem Organismus des Stats selbst gehört und für statliche Functionen im eigentlichen Sinne bestimmt ist. Ihr Zweck ist doch nur der, den gemeinen Verkehr zu erleichtern, und es kann derselbe an und für sich auch durch Privatunternehmungen erreicht werden. Die Gründe, aus welchen daher von einem Straszenregal gesprochen wird,

[5] Rau a. a. O. §. 239.

sind somit ganz ähnlich denen, welche das Postregal erklären. Einen finanziellen Sinn hat dasselbe aber nur dann, wenn die Benutzung der Straszen und Brücken nicht unentgeltlich ist, sondern dafür Weg- und Brückengelder gefordert werden.

Viertes Capitel.

C. Das Recht auf Gebühren und Gefälle.

1. Das Recht des Stats auf Gebühren und Gefälle, welche bei Gelegenheit der Ausübung öffentlicher Functionen von den Privaten erhoben werden, die dieser Functionen bedürfen, bildet einen Gegensatz zu dem eigentlichen Steuerrecht, und ist hinwieder die Ergänzung desselben. Die Steuern werden von Stats wegen auferlegt, die Gebühren nur dann gefordert, wenn die Privaten die Hülfe des Stats in einer besondern Beziehung bedürfen. Diese sind daher eine Gegenleistung an den Stat, und dienen, den Aufwand, den der Stat für die öffentlichen Einrichtungen solcher Art zu machen hat, zu vermindern oder zu ersetzen. Die Gerechtigkeit solcher Gebührenerhebung ist einleuchtend. Es ist zwar richtig, dasz der Stat um seiner Bestimmung willen und nicht der Gebühr wegen verpflichtet ist, jene öffentlichen Functionen auszuüben. Dieselben sind daher nicht gerade nothwendig, und nichts steht im Wege, wenn der Stat ohnehin reich genug ist, dieselben unentgeltlich auszuüben. Aber es ist deszhalb nicht ungerecht, wenn der Stat die ökonomischen Lasten, welche er tragen musz, um jene Thätigkeit auszuüben, von denen sich vergüten läszt, die dieser Leistung in ihrem Sonderinteresse bedürfen; und in vielen Fällen ist es auch volkswirthschaftlich zweckmäszig, wenn er solche Gebühren fordert

und so die allgemeine Steuerpflicht des Volkes erleichtert. Je mehr das besondere Privatinteresse an der Statsleitung betheiligt ist, wie das vorzüglich bei den Gerichtsgebühren klar ist, desto eher wird sich die Gebühr rechtfertigen; je mehr die Statsfunction dagegen um der Gesammtheit willen ausgeübt wird, desto eher wird dieselbe unentgeltlich geleistet werden müssen, und die Kosten dafür in Form der Steuer zu erheben sein. Aber es ist keine begründete Einwendung gegen die Gebühren, dasz sie sich nicht nach der Steuerfähigkeit der Bürger, sondern nach der Art und dem Umfang der statlichen Leistung richten, denn ihr Princip ist ja nicht Besteuerung, sondern Gegenleistung.

2. Die Stempelgebühren, seit dem XVII. Jahrhundert in fast allen europäischen Staten aufgekommen, gehören nur zum Theil zu den eigentlichen Gebühren, insofern nämlich, als sie von Schriften bezogen werden, welche den Statsbehörden von Privaten eingereicht oder von jenen zu Gunsten dieser ausgestellt werden. Dagegen nähern sie sich schon den Steuern, wenn auch der Privatverkehr selbst, z. B. die Ausstellung von Wechseln, Empfangsscheinen, auszergerichtlichen Verträgen u. dgl. der Stempelabgabe unterworfen wird, denn die Rücksicht, dasz derlei Privaturkunden möglicherweise auch im Processe benutzt und dann zumal der statliche Schutz dafür angesprochen werde, ist doch nur eine sehr indirecte, und bezieht sich nur auf Ausnahmsfälle. Vollends aber wird die Stempelabgabe zur Steuer bei Zeitungen und Kalendern, indem hier keinerlei Leistung des Stats vorliegt, für welche eine Vergütung verlangt wird. Die letztere Art des Stempels kann daher einzig aus dem Standpunkte des Steuerwesens vertheidigt werden, was freilich principiell nicht leicht gelingen wird.

3. Die Taxen für Ertheilung eines Amtes oder Titels oder Ranges (Adels, Ordens u. dgl.) haben den Vorzug, dasz die Belasteten um so geneigter sein werden, solche zu bezahlen, als sie gleichzeitig einen häufig ersehnten Vorzug er-

langen. Nur dürfen Aemter, Titel, Rang nicht um der Taxen willen verliehen, und somit zur käuflichen Waare werden, mit welcher der Stat gleichsam Handel treibt, weil die öffentliche Bedeutung und der moralische Werth derselben dadurch zu Grunde gerichtet würden. Die Art, wie insbesondere in den letzten Jahrhunderten der Adel zum Erwerbsartikel für die königlichen Cassen gemacht wurde, hat sehr viel dazu beigetragen, die Institution auf dem Continent dem Ruine entgegenzuführen.

4. Besonders wichtig sind die Gerichtsgebühren, Sporteln, die in mancherlei Formen vorkommen. Vorerst als Proceszkosten, sowohl im Civil-, als im Strafprocesz. Diese Sporteln treffen vorzüglich die Partei, welche ein Unrecht verübt hat, und gegen welche daher im Civilprocesz Schutz gesucht, die im Strafprocesz zur Strafe gezogen wird. Sie dienen überdem dazu, die Proceszsucht daran zu erinnern, dasz durch dieselbe auch dem State Schaden zugefügt werde, dessen Ersatz die proceszführenden Parteien zu übernehmen schuldig seien, und durch die Verrechnung der Kosten zu ermäszigen. Die Sporteln sind daher eine wohlbegründete Gegenleistung an den Stat, nur dürfen sie nicht in dem Masze gespannt werden, dasz es den unbemittelten Privaten zu schwer und zu gewagt erscheint, wenn ihnen Unrecht widerfährt, den Schutz des Gerichtes zu begehren. Für Arme sind überdem, damit die Gleichheit des Rechtsschutzes Wahrheit sei, besondere Ausnahmsbestimmungen nöthig.

5. Die verschiedenen Gebühren, welche mit der sogenannten freiwilligen Gerichtsbarkeit und der Verwaltung der Obervormundschaft verbunden werden, z. B. bei Eintragung der Veräuszerung oder Verpfändung von Liegenschaften in das Grundbuch, bei Wechselprotesten, Beglaubigungen, Errichtung von Testamenten, bei Prüfung und Abnahme der Vormundschaftsrechnungen u. dgl., sind nahe verwandt mit den Gerichtssporteln, obwohl sie in den Fällen nicht von den Gerichten erhoben werden, wo für diese amtliche

Mitwirkung und Thätigkeit besondere Stellen, z. B. die der Notare geordnet sind, oder dieselbe den Regierungsbehörden übertragen ist. Immer sind es doch hier vorzüglich Privatinteressen, für welche die statliche Einrichtung in Anspruch genommen wird, und daher die Forderung einer billigen Gegenleistung gerechtfertigt.

6. Dagegen wird der Charakter der Gebühr nicht eingehalten bei den in Frankreich erfundenen Handänderungsabgaben, Kaufsaccisen, *Enregistrement*, welche von der Eigenthumsübertragung zuweilen sogar der Verpachtung von Gütern, von Schuldbriefen, Wechseln u. s. f. erhoben werden, indem dieselben nicht mehr als Gegenleistung gegen die Leistung des Stats, sondern als eine wahre auf den Verkehr verlegte Abgabe zu betrachten sind, und in Procenten des Capitalwerths, d. h. von dem Capital selbst erhoben werden. Sie sind daher eine wirkliche Steuer, und überdem eine den Grundsätzen der Gerechtigkeit nicht gemäsze, und den Grundsätzen einer guten Wirthschaft widersprechende. Sie trifft nämlich nicht, wie die Grundsteuer, den ganzen Grundbesitz gleichmäszig, sondern, indem sie sich an die zufällige Veräusserung hält, die einen Besitzer übermäszig, die andern gar nicht, macht sich als eine willkürliche Belastung der Verkehrsfreiheit fühlbar, und drückt den Werth der Güter.

Verwandt damit ist die Erbschaftsgebühr. Auch sie hat nur die äuszere Form einer Gebühr an sich, und ist, da der Anfall der Erbschaft nicht auf einer Thätigkeit des States beruht, sondern eine Folge des Privatrechtes ist, vielmehr Erbschaftssteuer, als solche denn aber eher zu rechtfertigen, als die Handänderungsgebühr bei Veräuszerung unter Lebenden.

7. Die Geldbuszen, so lange noch das Strafrecht dem Privatrechte ähnlich behandelt wurde, den verletzten Privaten zugesprochen, fallen, seitdem der öffentliche Charakter des Strafrechts zur Anerkennung gelangt ist, als öffentliche Strafen

mit Recht dem State zu seiner Verfügung zu. Der Grund, aus welchem Geldbuszen auferlegt werden, ist freilich nie und darf nie ein fiscalischer sein, sondern immer ein strafrechtlicher. Dieser Erwerb für den Stat ist daher immer nur ein zufälliger, und der Stat musz sogar wünschen, so selten als möglich Gelegenheit zu demselben zu erhalten. Aber wenn buszwürdige Vergehen vorkommen, so ist es ein erlaubter Vortheil, wenn der Stat die Busze empfängt, um damit auch einen Theil seiner Unkosten für die Strafgerichtsbarkeit zurückerhält.

Das ältere deutsche Recht hatte die Tendenz, die Geldstrafen als regelmäszige Strafart für fast alle Verbrechen und Vergehen zur Anwendung zu bringen. Die moderne Ausbildung des Strafrechtes hat dieselben im Gegentheil, und vielleicht zu sehr beschränkt. Wo eine unerlaubte Gewinnsucht und Eigennutz der Antrieb zu dem Vergehen war, da scheint die Busze eine moralisch passende Strafe, weil sie den Schuldigen in derselben Richtung ein Uebel erleiden läszt, in welcher er ein Uebel verübt hat. Auszerdem eignet sie sich bei vielen geringeren Vergehen auch deszhalb, weil sie die höhern persönlichen Rechte auf Freiheit und Ehre nicht entzieht, und doch für die Meisten ein empfindliches Uebel ist.

8. Die mit Dispensationen, z. B. von gesetzlichen Heirathsbeschränkungen, verbundenen Gebühren sind den gerichtlichen ganz ähnlich, und haben nebenbei den Zweck, die Begehren um Dispensation innerhalb gewisser Schranken zu halten.

9. Zum Theil mit dem Schutze des Privatrechts, zum Theil mit der Sorge für die Volkswirthschaft stehen in Verbindung die mancherlei Gebühren für Gewerbsconcessionen, z. B. der Advokaten, Apotheker, Sensalen, zuweilen auch für Handelsetablissements, gewisse Handwerke u. dgl.; ebenso die Gebühren für Ertheilung von Erfindungspatenten, die in unsern an mechanischen und technischen Erfindungen frucht-

baren Zeiten zu einer ziemlich bedeutenden Einnahmsquelle geworden sind.

10. Endlich kommen auch Polizeisporteln und Polizeibuszen vor; jene wo im Interesse einer Privatperson eine Thätigkeit der Polizei begehrt wird, die nicht schon aus Statsgründen veranlaszt ist, z. B. bei Ausstellung von Pässen, Ausweisschriften u. dgl., diese nach Analogie der gerichtlichen Strafen als ein einfaches häufig wirksames Mittel polizeilicher Zucht.

Wenn aber die Thätigkeit der Polizei schon durch Gründe der öffentlichen und gemeinen Wohlfahrt, wenn auch auf Anrufen von Privaten geübt wird, so ist es nicht mehr gerechtfertigt, für dieselbe Gebühren zu fordern, sondern natürlicher, dasz die Gesammtheit die Kosten dafür ganz auf sich nehme, es wäre denn, dasz auch hier die Verschuldung eines Privaten eine ausnahmsweise Belastung desselben begründen sollte.[1]

Fünftes Capitel.

D. Das Steuerrecht.

1. Das Steuerrecht des States wird nur sehr mangelhaft erkannt, wenn die Steuer nur als „Vergütung für den Genusz der öffentlichen Anstalten“[1] von Seite der Privaten betrachtet wird. Es ist das eine privatrechtliche Auffassung desselben, wie sie wohl im Mittelalter gang und gäbe war, aber ungenügend für das moderne Statsrecht. Dieses geht vielmehr

[1] Vgl. über das ganze Capitel besonders Rau, Finanzwissensch. I, §§. 227 ff.

[1] Schmitthenner, allg. Statsrecht, S. 356.

auch hier von dem State aus, und erkennt das Recht zu besteuern als Steuerhoheit des States, und die Pflicht der Statsangehörigen zu steuern als eine aus der Unterordnung jener unter die Gesammtheit entspringende Bürgerpflicht. Da die Existenz des Stats der äuszerlichen, also auch der Vermögensexistenz der Privaten übergeordnet ist, so folgt daraus das Recht des Stats, in ähnlicher Weise, wie er um seiner Sicherheit willen die persönlichen Kräfte der Unterthanen in Anspruch nimmt, auch da, wo die Erfüllung seiner öffentlichen Bestimmung es erfordert, das Vermögen derselben zur Hülfe herbeizuziehen. Das Vermögen der Privaten gehört freilich diesen an, und keineswegs, auch mittelbar nicht dem State. Der Stat hat auch die Aufgabe, das Privatvermögen wie alles Privatrecht zu schützen, nicht das Recht, dasselbe beliebig zu zerstören oder aufzuzehren. Aber das Privatrecht ist der Hoheit des Statsrechts unterworfen, und wo das Bedürfnisz des Ganzen es nöthig macht, müssen auch die Einzelnen dasselbe befriedigen helfen, weil sie und soweit sie dem Ganzen untergeordnet sind. Die privatrechtliche Vorstellung des Mittelalters, dasz die Steuer auf dem freien Willen der Pflichtigen beruhe, ist somit in dem vollkommenen Statsrechte nicht mehr haltbar. Sie ist verdrängt worden durch den Grundsatz der öffentlich-rechtlichen Steuerpflicht.[2]

2. Schon aus der Begründung des Besteuerungsrechtes folgt der Grundsatz der Allgemeinheit der Steuerpflicht;[3]

[2] Eine Steuer, welche erhoben würde, um einzelne Privaten zu bereichern, oder welche den Reichen auferlegt würde, um das Geld unter die Aermeren zu vertheilen, ist demnach principwidrig. Ein merkwürdiges Beispiel der letztern Art bei Blumer schweiz. Demokratien II, §. 147.

[3] Deutscher Reichsabschied v. 1543, §. 42: „und soll in solcher Anlage niemand ausgeschlossen sein noch verschonet werden. Doch sollen die Obrigkeiten — insonderheit den gemeinen Mann, so viel möglich vor andern nicht beschweren, sondern nach eines jeden Vermögen

denn die Hoheit des Stats breitet sich beherrschend aus über das ganze Volk, nicht blosz über einzelne Classen desselben. Wenn im Mittelalter die Ritterschaft den Vorzug der Steuerfreiheit genosz, so erklärte sich diese Ausnahme daraus, dasz die damaligen Steuern vorzugsweise Kriegssteuern waren, und auf dem Ritterstande hinwieder fast ausschlieszlich die persönliche Kriegspflicht lastete. Die einen halfen so dem Stat mit ihrem Gut, die andern mit ihrem Blut.[4] Der Stat ist aber jederzeit berechtigt, auch da wo einzelne Classen Steuerfreiheit hergebracht haben, die Rechtsregel herzustellen, und von Allen Steuer zu verlangen.

Es kann auch Niemand sich aus dem Grunde der Steuer entziehen, dasz er behauptet keinen Theil zu haben an den Genüssen der öffentlichen Anstalten, noch Theil haben zu wollen, und auf den Statsschatz verzichtet, seiner eigenen Kraft vertrauend, es wäre denn, dasz er das Statsgebiet verlassen und die Statsangehörigkeit völlig aufgeben würde. Denn es gibt in dem Statsgebiete weder Personen noch Ver-

Gleichheit haben.“ Nordamerikanische Verf. I, 8: „Der Congresz hat das Recht, Taxen, Abgaben, Auflagen und Accise aufzulegen; — aber alle Abgaben, Auflagen und die Accise müssen in den gesammten Vereinigten Staten gleichförmig sein.“ Bayerische IV, §. 13: „Die Theilnahme an den Statslasten ist für alle Einwohner des Reichs allgemein, ohne Ausnahme irgend eines Standes, und ohne Rücksicht auf vormals bestandene besondere Befreiungen.“ Holländische §. 172: „Keine Privilegien können in Bezug auf Auflagen verliehen werden.“ Belgische §. 112: „Kein Privilegium kann in Betreff der Auflagen eingeführt werden. Eine Befreiung oder Nachlasz von einer Auflage kann nur durch ein Gesetz eingeführt werden.“ Preuszische §. 101: „In Betreff der Steuern können Bevorzugungen nicht eingeführt werden.“

[4] Ueber die früheren Verhältnisse der Steuerfreiheit der deutschen Ritterschaft vgl. Zachariä D. St. R. III, S. 144 ff. Auch die Geistlichkeit nahm im Mittelalter Steuerfreiheit für ihre Güter in Anspruch, und berief sich dabei auf ein angebliches göttliches Recht. Die Aufhebung dieser Privilegien kann durch die Gesetzgebung verordnet werden, ohne Entschädigung, denn sie sind kein Privatrecht, so wenig als die Steuerpflicht einen privatrechtlichen Charakter hat.

mögen, die nicht der Statsherrschaft unterworfen wären, und auf dieser, nicht auf dem Ersatz der Vortheile der Statsordnung, an denen freilich Alle auch Theil haben, beruht die Steuerpflicht.

Von Rechtes wegen ist einzig von der Steuerpflicht ausgenommen, insoweit derselbe nicht zugleich als Privateigenthümer erscheint, der Monarch, weil er die Statsherrschaft repräsentirt. Dagegen können die Mitglieder der Dynastie nicht auch ein Recht der Steuerfreiheit behaupten, da sie immerhin Unterthanen des States sind. Stiftungen für Zwecke öffentlicher Wohlfahrt können darum, ohne das Princip zu verletzen, von der Steuerpflicht befreit werden, weil ihre Einkünfte ohnehin öffentlichen Zwecken dienen, daher die Besteuerung zu Gunsten der Statscasse, die auch nur um der öffentlichen Wohlfahrt willen besteht, jene dem Wesen nach gleichartige Verwendung beeinträchtigt.

3. Gleichmäszigkeit der Steuer ist ein ferneres Princip des natürlichen Statsrechts. Sie ist in der That eine Forderung der statlichen Gerechtigkeit, welche von Allen Steuerbeiträge fordert, und nicht die einen Classen vor den andern willkürlich begünstigen noch drücken darf.

Die wahre Gleichheit ist aber nicht eine quantitative, so dasz auf alle zu dem State gehörigen Personen ein gleiches Steuerquantum verlegt, mithin alle Steuer zur Kopfsteuer würde, sondern die verhältniszmäszige Gleichheit, welche unter verschiedenen Voraussetzungen auch verschiedene, jenen entsprechende Beiträge fordert. Diese Verhältniszmäszigkeit näher zu erkennen und zu bestimmen, und nach ihr das Steuersystem zu regeln, ist freilich äuszerst schwierig, und wird sich immer nur annähernd an die realen Verhältnisse ermitteln und ordnen lassen. Das Streben nach diesem Ziele aber ist Aufgabe und Pflicht der Finanz- und Statsmänner. Man hat in dieser Beziehung häufig in neuerer Zeit allgemeine Grundsätze behauptet, die nur theilweise wahr sind, und wie in den übrigen Zweigen des Statsrechts, so hat auch hier der moderne Hang zur Abstraction zu einseitiger Uebertreibung verleitet, den Widerspruch zwischen Theorie und Praxis zu schroffer Feindseligkeit gereizt, und mancherlei unzulässige Forderungen der Privaten hervorgerufen. Es verhält sich damit ganz so, wie mit der politischen Rechtsgleichheit.

So ist es voraus zu einem beliebten Satze in neuerer Zeit geworden, die Steuern müssen sämmtlich nach der in den Vermögensumständen der Einzelnen begründeten Beitragsfähigkeit angelegt werden.[5] Die Consequenz dieses Grundsatzes würde dahin führen, dasz alle Steuern zur Vermögens- oder Einkommensteuer werden, und gerade die einträglichsten und die am wenigsten drückenden Steuern aufgegeben werden müszten. Kein moderner Stat könnte, wollte er seine Bestimmung erfüllen, diesen Grundsatz ausführen, und doch wird er als ein in der Gerechtigkeit begründeter, somit statlich nothwendiger verfochten. Diese Erscheinung ist um so auffallender, wenn man sich erinnert, dasz in unserer Zeit die nämliche Statslehre, welche bei Zuerkennung der politischen Rechte die männliche Bevölkerung nur zählt, und jedem Kopf gleich viel politische Rechte zumiszt, mit Bezug auf die Steuerpflicht auf einmal von solcher Gleichheit nichts mehr wissen will, sondern diese je nach der Grösze der Privateinkünfte steigert, somit Rechte und Pflichten nach zwei entgegengesetzten Grundsätzen bestimmt. Dieser innere Widerspruch in dem Princip selbst ist wohl eine hinreichende Veranlassung jenen Grundsatz näher zu prüfen, auch wenn man die aus der Unausführbarkeit desselben im practischen Leben sich ergebenden Bedenken miszachten wollte.

Das freilich versteht sich von selbst, dasz wo keine Steuerfähigkeit ist, auch die Steuerpflicht ruhen musz.

[5] Es ist das auch von Rau geschehen. Finanzwiss. I, S. 346 ff.

Wo Nichts ist, kann Nichts geholt werden, da hat nach dem Sprichwort „auch der Kaiser sein Recht verloren." Aber es ist ein Irrthum, aus der nothwendigen Voraussetzung der Steuerfähigkeit zu folgern, dasz die Steuerpflicht ausschlieszlich nach dem höhern oder geringeren Masze der Steuerfähigkeit zu messen sei.[6]

Ebenso ist es gewisz, dasz die Steuerpflicht immer auf Personen haftet, welche Privatvermögen haben, also auch Privatpersonen sind. Die Annahme daher, dasz die Steuer voraus von dem „Societätsvermögen" erhoben werde,[7] ist eine Fiction, welche, obwohl in ihr ein Element von Wahrheit enthalten ist, der Kritik der Jurisprudenz nicht Stand hält, denn es gibt kein Gesammtsubject dieses Societätsvermögens, welches als steuerpflichtig bezeichnet werden könnte; vielmehr sind es bei allen Steuerarten immer einzelne Privaten, welche von denselben betroffen werden. Aber daraus folgt wieder

[6] Rau a. a. O. II, S. 352 hat daher dem Grundsatz, „dasz die Steuern so viel als möglich nach dem Verhältnisz des Einkommens vertheilt werden müssen," der nur eine relative Wahrheit hat, eine zu ausgedehnte Geltung für das ganze Steuersystem zugeschrieben. Neuerlich hat Schäffle in einer Abhandlung „Mensch und Gut in der Volkswirthschaft" (Deutsche Vierteljahresschrift 1862) die ausschlieszliche Geltung des Princips der Besteuerung nach dem Reineinkommen aus dem Grunde bekämpft, dasz das Reineinkommen nur ein Maszstab sei, um die capitalisirende Seite der wirthschaftlichen Persönlichkeit zu bemessen, dasz aber damit nicht die ganze wirthschaftliche Persönlichkeit erkannt und betroffen werde. Es komme auch jede andere Verwendung des Vermögens in Betracht, insbesondere neben der Verwendung zum Gewinn auch die zum Genusz. Der Mensch lebt nicht, um Geld zu gewinnen, sondern er macht Geld, um besser (genuszreicher im beszten Sinne) zu leben. Der höchste und edelste Reichthum ist nicht mehr auf neuen Gewinn angelegt, sondern er verwendet die Früchte seiner Capitalien zum Genusz (eigenem und fremdem Mitgenusz). Mit der intensiven Cultur nehmen die Profite ab, aber keineswegs die Steuerkraft der Nation. Das eigentliche Subject der Besteuerung ist die Person (nicht das Vermögen), die Person in ihrer Vermögenskraft.

[7] Stahl, welcher auch in dieser Lehre wesentliche Dinge berichtigt hat, ist dieser Fiction zu sehr zugethan. Statslehre II, S. 420 ff.

nicht, dasz die Steuerpflicht eine privatrechtliche Beschwerde und lediglich nach den Privatverhältnissen der Einzelnen zu ordnen sei. Vielmehr musz auch sie, wie alles öffentliche Recht, von dem Ganzen, von dem State aus bestimmt werden.

Als Hauptverhältnisse kommen in Betracht:

a) Die Beziehungen der Privatwirthschaft zur Nationalwirthschaft. Es ist des States durchaus würdig, voraus die Gesundheit und das Wachsthum der letztern im Auge zu haben. Kann er durch die Einrichtung der Steuern die Vermögenskräfte der Nation stärken, so wird eine solche Steuer einen doppelten Zweck erfüllen, sie wird die Statscasse bereichern und zugleich den gemeinen Privatwohlstand heben. Immer aber musz der Stat die Steuer so ordnen, dasz sie nicht die Vermögenskräfte der Nation oder der Einzelnen schädigt oder aufzehrt. Es sind das Rücksichten, welche vorzüglich in dem Zollsystem zur Anwendung kommen, und welche die Zölle zu einer der statlich besten Einnahmsquellen machen.

Von dieser Betrachtung aus werden denn auch die Regalien, inwiefern sie in neuerer Zeit sich dem Charakter der Steuern nähern, ihre Begründung erhalten und zu ordnen sein, denn es gibt allerdings gewisses Vermögen, welches seiner äuszern Natur nach vorzugsweise zu der Gesammtheit hin gravitirt, daher in dem Steuerwesen des Stats auch einen hervorragenden Platz einnimmt.

In all diesen Fällen kann durchaus keine Gleichheit weder in dem Sinne bestimmt werden, dasz Jeder überhaupt gleich viel Steuer entrichte, denn die einen verkaufen oder consumiren mehr zollbare Gegenstände als die andern, müssen daher, sei es von Anfang an und vorschuszweise, sei es dem Erfolge nach, mehr beitragen als die andern, noch dasz jeder nach Verhältnisz seiner Vermögensumstände gleich belastet werde. Man hat zwar oft schon das letztere behauptet und aus dem Grunde diese Steuerart zu vertheidigen unternommen, dasz mindestens annähernd das Masz der Steuer je nach dem gröszeren oder geringeren Vermögen steige oder falle. Das ist aber augenscheinlich nicht wahr, und zwar keineswegs nur dann nicht, wenn man die zunächst steuerpflichtige Classe der Fabricanten und Kaufleute, welche die zollbaren Waaren ein- oder ausführen, im Auge hat, sondern auch dann nicht, wenn man annimmt, dasz jene zwar direct, indirect aber zu gröszerem Theile die Consumenten davon betroffen werden. Der Verbrauch von Colonialwaaren z. B. in Deutschland steigert sich keineswegs im Verhältnisz der Steigerung des Vermögens der einzelnen Consumenten.

Die Gleichmäszigkeit dieser Steuern ist demnach eine wesentlich objective. Je mehr Waaren, oder je schwerer die Waaren, welche die Zolllinien durchschneiden, desto mehr Zoll wird davon zu öffentlichen Zwecken bezogen. Darnach richtet sich das Steuerquantum und die Steuerpflicht des Vertreters dieser Waaren im einzelnen Fall. Der Steueransatz aber wird voraus nach nationalwirthschaftlichen Rücksichten bestimmt.

b) Das Verhältnisz des Genusses, welcher wieder nicht in demselben Masze wächst oder sich vermindert wie das Vermögen der Einzelnen steigt oder fällt, obwohl allerdings auch eine gewisse Wechselbeziehung der beiden Verhältnisse stattfindet. Denn es gibt manche Reiche, die sehr wenig genieszen, und viele Unbemittelte, die viel genieszen; und es gibt, was wichtiger ist, eine Menge von Genüssen, die ziemlich gleichmäszig ohne Rücksicht auf das Vermögen über die grosze Menge der Privaten verbreitet sind. Die Finanzmänner haben es aber von jeher verstanden, vorzüglich auf die letztere Gattung von Genüssen zu achten, und sich um die selteneren, daher auch weniger einträglichen Hochgenüsse je der Reichern minder zu kümmern. Dieser Zug der Steuer zu der Massenhaftigkeit des Genusses, woraus die sogenannten Verbrauchs- oder Consumtionssteuern entstanden sind,[8] wäre eine

[8] Sie sind seit dem XIV. Jahrhundert unter dem Namen: „accise,“

schreiende Ungerechtigkeit, würde die Steuerpflicht sich nach den Einkünften der Privaten jederzeit richten müssen. Wenn man dagegen des statsrechtlichen Charakters der Steuer sich bewuszt geworden ist, und erkannt hat, dasz dieselbe voraus von dem Standpunkte des Ganzen aus zu ordnen ist, so verschwindet jener privatrechtliche Schein des Unrechts und es erscheint natürlich, dasz der Stat, welcher das gesammte Volk und in ihm alle Einzelnen in ihren Genüssen schützt und ihre Wohlfahrt fördert, berechtigt sei, die Beitragspflicht derselben zu gutem Theile auch nach den Genüssen zu regeln, an welchen sie massenhaft betheiligt sind.

c) Das Verhältnisz des Vermögens kommt ebenfalls, nur nicht ausschlieszlich in Betracht, das Vermögen als ökonomische und sichtbare d. h. äuszerlich erkennbare Erwerbskraft der Einzelnen gedacht. Die Ausmittlung derselben ist freilich schwierig. Wollte man die individuelle Arbeitskraft messen und als Maszstab benutzen, so wäre das ebenso unmöglich als dem Wesen des menschlichen Rechts, welches eine leibliche Ordnung ist, widersprechend. Man musz sich daher an die wahrnehmbaren objectiven Gegensätze halten.

Da wird denn vorerst eine gewisse Gleichheit aller erwachsenen Menschen, oder wenigstens der männlichen, ohnehin dem State unmittelbarer verbundenen Bevölkerung sichtbar, indem die Menschen und vorzüglich die Männer als solche schon ein gemeinsames Masz von natürlicher Arbeits-, beziehungsweise Vermögenskraft haben. Es ist daher die Kopfsteuer keineswegs so ungerecht, wie man oft vermeint. Wenn nur der Stat seine Pflicht erfüllt, dasz jeder seine Kräfte auch zum Erwerb benutzen kann, so darf er wohl von Jedermann schon um deszwillen eine gleiche Beisteuer verlangen, ohne das Princip der Gerechtigkeit zu verletzen. Bei der Ausbildung der Zölle und Verbrauchsteuern in neuerer Zeit aber,

Umgeld, Ungeld u. s. f. aufgekommen. Vgl. Unger, Gesch. der Landstände II, S. 417.

die ohnehin die Masse treffen, und dieselbe weniger drücken, obwohl die Gesammtsumme der Belastung gröszer ist, als die Kopfsteuer des römischen Kaiserreiches betragen hatte, ist mit Recht diese Steuer in den neuern Staten aufgegeben worden.

Es wird aber auch die Verschiedenheit des Vermögens[9] deutlich, und auf dieser Wahrnehmung beruhen nun eine Reihe von Steuern, welche je nach den verschiedenen Arten und Abstufungen des Privatvermögens verlegt werden. Von der Art sind die Grundsteuer, die Capitalsteuer, die Gewerbsteuer, Einkommensteuer u. s. f.

Man hat sich oft darüber gestritten, ob eine progressive Vermögens- oder Einkommensteuer, für deren Classen nicht mit der Zunahme des Vermögens oder Einkommens in gleichen Procenten die Steuer erhöht wird, sondern in stärkern Proportionen steigt, sich mit dem Princip der Rechtsgleichheit vertrage. Würde die Steuer lediglich nach privatrechtlichen Gründen dem Privatvermögen als eine Last obliegen, so müszte dieselbe durchaus als widerrechtlich erscheinen, denn dann wäre der einzig natürliche Grundsatz der: „So viel Privatvermögen, so viel Steuerprocente.“ Wenn man aber von dem Rechte des Stats ausgeht, das Vermögen der Privaten je nach der ihnen inwohnenden Erwerbs- und Steuerkraft zu messen, so läszt sich nicht ebenso unbedingt eine Einrichtung verwerfen, welche nicht blosz zählt, sondern auch wägt, d. h. insofern ihr die Productions- und Tragkraft in stärkeren Verhältnissen zuzunehmen scheint, auch dieses Wachsthum in Anschlag bringt. Nur allerdings liegt hier die Gefahr des Miszbrauchs und willkürlicher Ueberspannung, welche hinwieder andere und gröszere Uebel nach sich ziehen kann, z. B. Reizung

[9] Zuerst wurde eine Vermögenssteuer (von einem halben Gulden von 100 Gulden) im Jahr 1127 zu Florenz eingeführt und „Katastrum“ genannt. Vgl. v. Lerchenfeld, das englische Einkommensteuergesetz. München 1853.

despotischer Habsucht oder communistischer Gier, Beunruhigung des Privateigenthums, Lähmung der groszen Industrie, so nahe, dasz der Statsmann nur mit groszer Vorsicht diesen schlüpfrigen Boden betreten wird. Verwandte Gefahren erheben sich übrigens gegen das System einer allgemeinen Vermögens- und Einkommenssteuer überhaupt.

Man pflegt die beiden ersten Gattungen der Steuern indirecte, die dritte directe Steuern zu nennen, weil die ersteren nicht unmittelbar von den Personen bezogen werden, auf welche am Ende die Steuerlast fällt, sondern von andern gleichsam vorschuszweise, die letztern dagegen von dem State den Einzelnen unmittelbar auferlegt werden, welche in Anspruch genommen werden sollen. Das Rotteck'sche Statsrecht erklärt die indirecten Steuern sämmtlich für „ewig verwerflich", und obwohl die Nationalökonomen denselben günstiger sind und die Finanzmänner ihrer nicht entbehren können, so hat doch die „privatrechtliche Statslehre" sich fortwährend gegen das Princip der indirecten Steuern als ein ungerechtes erklärt. Dadurch ist auch in das Finanzsystem, auf welches jene Rechtsansichten immerhin vielfach eingewirkt haben, Verwirrung und Unsicherheit gekommen. Erkennt man aber den statsrechtlichen Charakter der Steuern, so erscheinen die indirecten Steuern umgekehrt als die natürlichen, und die directen dienen mehr zur Ergänzung jener, als dasz sie zur Regel, jene zur Ausnahme würden.

Es ist übrigens einleuchtend, dasz auf die wirkliche Anordnung der Steuern wirthschaftliche Grundsätze und Wahrnehmungen noch gröszern Einflusz haben, als die Rechtsgrundsätze. Letztere sind Schranken, die von der Statswirthschaft beachtet werden müssen, diese selbst aber musz innerhalb dieser Schranken ihrem eigenen Geiste folgen, und das Zweckmäszige auffinden und durchführen.

Sechstes Capitel.

E. Der Statscredit.

1. Wenn die Einnahmen des States nicht zureichen, um die Ausgaben zu decken, und überwiegende Gründe vorhanden sind, um die Steuerkraft des Volkes nicht höher oder nicht so hoch zu spannen. dasz die Mindereinnahme dadurch gedeckt wird, so steht dem State noch das Recht zu, Statsschulden zu contrahiren. Thut er das, so ladet er den folgenden Geschlechtern eine um so gröszere Steuerlast auf, erleichtert aber die gegenwärtige Bevölkerung, welche vielleicht auszer Stand wäre, sofort den ganzen Ausfall durch Steuern zu ersetzen. Der Stat hat unzweifelhaft das Recht, seinen Credit zu seiner Rettung oder zu seiner Wohlfahrt zu benützen und Darlehen aufzunehmen, wie der Privatmann es hat. Seine Lage ist günstiger, als die des Privaten, da sein Credit keineswegs blosz, wie gewöhnlich der der Privaten, durch das verwendbare active Capitalvermögen bedingt ist, sondern um der dem State zustehenden Steuerhoheit willen, welche wenigstens die fortdauernde Verzinsung der Statsschulden sichert, sich über das ganze Vermögen der Nation ausbreitet und in diesem seine Wurzeln hat. Der Statscredit beruht in Wahrheit mehr auf der Macht des Stats und auf dem Vertrauen, welches die öffentliche Meinung dem rechtlichen Charakter seiner Leitung zuwendet, als auf irgend einer Realsicherheit, die er zu bestellen vermöchte. Das Schuldenmachen ist dem State um so mehr erleichtert worden, je weniger Werth oft die Gläubiger darauf zu legen pflegten, dasz der Stat selbst je das entlehnte Capital zurückzahle. Hatten sie eine gesicherte Rente — und diese zu bezahlen fiel dem State nicht sehr schwer, da er durch Steuern die Zinsen aufbringen konnte — so hatte ihre Forderung doch im Verkehr einen Capitalwerth, der freilich den Schwankungen des Credits ausgesetzt war, aber bei

einigermaszen guter Finanzwirthschaft nur wenig unter die ursprüngliche Darlehenssumme sank, unter günstigen Verhältnissen diese überstieg.

Diese Leichtigkeit, Schulden zu machen, hat indessen neuere Staten verleitet, den Statscredit übermäszig auszubeuten und Schuldenlasten aufzuhäufen,[1] welche die Statswirthschaft in einen überspannten Zustand versetzen, und neuen Kraftaufwand in künftiger Noth fast unmöglich machen. Die ordent-

[1] Im Jahre 1739 noch betrug die englische Nationalschuld nicht völlig 47 Millionen Pf. St. Im Jahre 1763 betrug sie schon 146 Millionen, am Schlusz des amerikanischen Krieges 257 Millionen, im Jahre 1817 am Schlusz der napoleonischen Continentalkriege 848,282,247 Pf. St., im Jahre 1861 wieder 805,078. In Frankreich ist die Statsschuld von 5,838,002 Fr. im Jahre 1861 auf 9,334,012 Fr. gestiegen. Lord Russell, engl. Verf. C. 29 bemerkt darüber: „Unstreitig wird eine Nationalschuld eine Zeit lang von den beszten Wirkungen sein. Sie befördert den lebhaften Geldumlauf. Sie bringt neue Capitalisten auf den Markt, welche unternehmender und speculativer sind als die alten Grundbesitzer; sie nöthigt den Arbeiter zu gröszerer Arbeitsamkeit und veranlaszt zugleich gesteigerte Nachfrage nach Arbeit. Wenn aber die Taxen eine gewisse Höhe erreicht haben, so sind die Wirkungen so ziemlich ganz entgegengesetzt. Die Preise werden den Consumenten so ungeheuer gesteigert, dasz jeder kluge Mann seine Consumtion einschränkt und weniger arbeiten läszt. Der gröszere Theil des allgemeinen Landeseinkommens wird den Händen derjenigen entzogen, welche in der Lage sind, es in Ackerbau und Manufacturen anzulegen, und kommt dagegen in die Hände der groszen Kaufleute, deren Capital den Markt überschwemmt und nur in Gestalt von hypothecirten Capitalien auf das Land zurückflieszt. Auf diese Weise entsteht frühzeitig der gröszte Geldmangel in einigen und der gröszte Ueberflusz in andern Gegenden. So wirkt eine grosze Nationalschuld auf die Einzelnen. Sie schwächt und erschöpft aber auch die Hülfsquellen des Stats. Die Kostbarkeit früherer Kriege macht es der Nation schwer, Taxen für die Vertheidigung in der Gegenwart aufzubringen.“ Jedes Miszverhältnisz zwischen Steuerkraft der Nation und Statsschuld rächt sich schwer. Die Republik Venedig und die alte Monarchie von Frankreich erlagen um so eher den äuszern und innern politischen Verwicklungen, weil ihr Statsschuldenwesen in Zerrüttung gekommen war; und in unsern Tagen wird Oesterreich trotz aller Anstrengungen nicht wieder zu vollen Kräften gelangen, wenn es ihm nicht gelingt, den gestörten finanziellen Credit herzustellen.

lichen Ausgaben des Stats dürfen bei gesunder Finanzwirthschaft niemals durch Anleihen gedeckt, sondern müssen durch ordentliche Einnahmen, insbesondere Steuern ausgeglichen werden. Aber die auszerordentlichen Ausgaben, und vorzüglich die für dauernde Anstalten dürfen wohl auf eine längere Anzahl von Jahren vertheilt und mit Hülfe des Statscredits, wenn die Ueberschüsse der ordentlichen Einnahmen und keine andern verfügbaren auszerordentlichen Einnahmen ausreichen, durch Anleihen gedeckt werden. Es ist das zweckmäsziger, als eine Ueberbürdung der gegenwärtigen Generation mit Steuern. Manche Verwendungen der Art, wie z. B. für Eisenbahnen sind nur eine Capitalanlage des Stats, welche der Statsschuld das Gleichgewicht hält. Andere aber erzeugen kein werbendes Statsvermögen, aber fördern doch die gesunden Bedingungen des wirthschaftlichen Gesammtlebens oder des öffentlichen Lebens überhaupt, wie z. B. auszerordentliche Wasserbauten, Straszenanlagen, Verwaltungs- und Justizreformen. Sogar die Kriege gehören hieher, welche zum Schutz des Stats oder im Interesse seiner Entwicklung unternommen werden. Es wäre unbillig, wollte man mit solchen Ausgaben die gegenwärtigen Steuerpflichtigen allein belasten, während doch die Verwendung zum Besten der folgenden Geschlechter gemacht wird.[2]

Indem den folgenden Generationen die Aufgabe mit auferlegt wird, geschieht Niemandem Unrecht. Aber selbst da ist es gut, Masz zu halten, da der Blick in die Zukunft unsicher ist, und möglicher Weise, was jetzt vortheilhaft scheint, später viel geringeren, vielleicht keinen Werth mehr hat. Wie viel Vermögen haben z. B. die Canäle verschlungen, die anfangs ganz zweckmäszig angelegt schienen, während ihr Nutzen im Verfolg durch Eisenbahnen sehr bedeutend vermindert und ersetzt worden ist.

[2] Vgl. den Artikel „Statsschuld“ von A. Wagner in Bluntschli's Deutschem Statswörterbuch.

2. Der Statscredit wird vorerst benützt in vorzüglich statlicher Form durch Emission von Stats-Papiergeld, d. h. von bloszen Werthzeichen in Papier, welche der Stat als gesetzliches Zahlungsmittel in Umlauf bringt. In dieser Gestalt kann es dem State gelingen, ohne momentane Bedrückung des Volkes und fast ohne Kosten eine erhebliche Summe Geldes flüssig zu machen, die zwar unzweifelhaft eine ebenso grosze Statsschuld ist, aber trotzdem nicht verzinset zu werden braucht. Solche Vorzüge sind verlockend. Aber wenn nicht strenges Masz gehalten und mit groszer Gewissenhaftigkeit verfahren wird, so gleitet der Credit des States auf der schiefen Fläche mit steigender Schnelligkeit dem Abgrund zu. Die französischen Assignaten und die Schwindeleien in einzelnen nordamerikanischen Staten sind eine bleibende Warnung, sich vor diesen Abwegen zu hüten. Man kann dem State das Recht dazu nicht absprechen, denn sowohl die Benutzung seines Credits als die Anordnung der gemeinen Geldverhältnisse gebührt ihm; und auf diesen beiden Momenten beruht das Papiergeld, das der Stat ausgibt. Die Gesetzgebung thut aber wohl daran, die Ausübung dieses Rechtes so zu ordnen und so scharfer Controle zu unterwerfen, dasz die in der Natur des Hülfsmittels liegende Lockung nicht zu Maszregeln verleitet, welche die gehofften Vorzüge durch gröszern realen Schaden aufzehren. So lange dafür gesorgt ist, dasz das Papiergeld jederzeit gegen den entsprechenden Betrag in baares Geld umgesetzt werden kann, so lange ist keine Gefahr.[3] Wenn diese Möglichkeit stockt, dann beginnt der Schaden.

3. Die Form der gebotenen Anleihen, Zwangsanleihen, läszt sich als Regel in keiner Weise, als ein vorübergehendes Nothmittel nur ausnahmsweise durch wirkliche Noth rechtfertigen. Sie widerspricht schon dem Begriffe des Darlehens, welches auf freiem vertragsmäszigem

[3] Vgl. besonders A. Wagner Art.: Papiergeld im D. Statswörterbuch

Anvertrauen einer Geldsumme beruht. Der Stat ist zwar wohl berechtigt, die Statsbürger zu Beisteuern im öffentlichen Interesse anzuhalten, aber nicht dazu, ihm Credit zu schenken, denn dieser gehört dem individuellen Geistesleben an und läszt sich überall nicht mit äuszerlichen Geboten erzwingen. Ueberdem ist eine Zwangsanleihe auch mit dem besten Willen nicht wohl gerecht zu vertheilen, wenn nicht der freie Wille der Gemeinden unterstützend zu Hülfe kommt, denn die Privaten können nicht je nach ihrem Vermögen im gegebenen Moment Capitalien in Geld aufbringen oder entbehren, und doch wird, da es sich um Capitalanlagen handelt, die Beitragsfähigkeit wesentlich nach dem Capitalvermögen gemessen werden müssen. Endlich zerstört der Zwang zum Credit den noch vorhandenen Rest von Credit, dessen der Stat genieszt, denn Jedermann sieht in demselben ein Bekenntnisz des Stats selbst, dasz er keinen freien Credit mehr habe.[4]

Nur wenn die Noth keinen andern Ausweg mehr läszt, wie vorzüglich in Kriegszeiten, so darf der Stat in Folge seiner Ausnahmsgewalt das Privatrecht momentan so verletzen, dasz er vorschreibt, was Jeder an Vermögen ihm zu leihen habe, aber auch nur dann in der Weise, dasz er sich verpflichtet, das Zwangsanlehen möglichst bald entweder in ein freiwilliges umzuwandeln oder sammt Zinsen zurückzuzahlen.

4. Die regelmäszige Benutzung des Statscredits geschieht durch freiwillige und verzinsliche Anleihen bei Privaten. Man hat in neuerer Zeit zuweilen auch diese Contrahirung als einen Act der politischen Statsgewalt bezeichnet,[5] und daher auch viele Statsschulden dem Privatrecht zu entziehen und für unklagbar zu erklären versucht. Allein, wie mir scheint, mit Unrecht. Der Credit freilich, den der Stat benutzt, ist ein öffentlicher, und wesentlich auf das öffentliche

[4] Ueber eine preuszische Zwangsanleihe in der Kriegsnoth vgl. Steins Leben v. Pertz II, S. 55 ff.

[5] So Schmitthenner, Statsrecht, S. 360.

Ansehen und die Macht des States basirt, und es ist ein Act der Statshoheit, wenn der Stat im einzelnen Fall zur Eingehung von Darlehensschulden sich entschlieszt. Nur kraft der gesetzlichen Ermächtigung wird die Statsschuld contrahirt. Aber das Darlehen selbst ist nicht ein Ausflusz der Statshoheit, denn die Privaten, welche dem State ihre Capitalien vorstrecken, sind dazu nicht verpflichtet, und das Geschäft, welches sie abschlieszen, ist ein wesentlich privatrechtlicher Vertrag. Ein innerer Grund, weszhalb die Statsgläubiger den Fiscus nicht auf Bezahlung der schuldigen Zinse oder Renten, und insofern die Rückzahlung des Capitals in dem Vertrage versprochen worden ist, auch dieses belangen dürften, besteht nicht. Es kann wohl bei Negocirung der Anleihe alles auf die moralische Ehrenhaftigkeit und Treue des States an dem gegebenen Wort abgestellt und von Seite der Gläubiger auf ein Klagerecht verzichtet werden; aber das ist nicht schon in der Natur des Geschäfts begründet, und keine Folge des Statsrechtes, welches privatrechtliche Verpflichtungen des Fiscus wohl zuläszt und anerkennt.

Dagegen ist es nicht zu läugnen, dasz auf die Ausbildung des Statsschuldenwesens die Hoheit des Stats vielfach Einflusz geübt hat. Daher sind die Statsschulden mit Hypothekarversicherung seltener geworden, als die blosz fundirten, d. h. für welche, ohne eigentliche Pfandrechte zu gewähren, der Stat durch Anordnung einer Vertrauen weckenden Schuldentilgungsanstalt sorgt. Ebenso haben die Statsschulden häufig, statt wirkliche Darlehensschulden zu sein, so dasz die Gläubiger ein Recht auf Rückzahlung der Darlehenssumme erlangen, den Charakter von fortwährenden Renten angenommen, die der Stat wohl ablösen, zu deren Ablösung er aber nicht angehalten werden kann. In diesem Falle gewinnt der Stat freiere Hand für seine Finanzoperationen, und die Gläubiger können dennoch ihr Recht auf die Rente als Capital im Verkehr benutzen und als solches veräuszern. Am wenigsten sind für den Stat Anleihen mit freiem Kündigungsrecht der Gläubiger zuträglich, weil der Stat je nach Umständen durch plötzliche Kündigung in schwere Verlegenheit gestürzt werden könnte, die Gefahr solcher aber mit den Ereignissen steigt, welche ohnehin dem State erhöhte Anstrengungen gebieten.

Von den fundirten Schulden unterscheiden sich die schwebenden Schulden, welche nicht auf die Dauer, sondern nur in Folge der momentanen Bedürfnisse für den Moment contrahirt werden, und daher als Regel ein freies Kündigungsrecht beider Theile voraussetzen. Dahin gehören z. B. die Schulden in Folge statlicher Gewerbebetriebe, die laufenden Rechnungen des Statshaushalts, Conto-Currentschulden bei Banken, Schulden aus Depositionen und Cautionen, Schatzscheine u. dgl.[6]

Eine Eigenthümlichkeit dieser Verträge des Stats ist es, dasz die Wuchergesetze darauf keine Anwendung leiden. Wenn demnach die Statsgläubiger höhere Zinsen zugesichert erhalten, als sie von Privatschuldnern fordern dürften, oder eine geringere Summe einzahlen, als der Nennwerth der Obligationen beträgt, so werden sie nicht etwa des Wuchers schuldig; denn der Stat ist eine so grosze Macht, dasz es ungereimt wäre, denselben dem in Privatnoth gekommenen armen Schuldner an die Seite zu stellen und vor der Hartherzigkeit der Wucherer durch die Gesetzgebung zu schützen. Die wahre Gefahr ist hier doch die entgegengesetzte, dasz der Stat seine Macht im Verfolge zum Nachtheil der Gläubiger benutzen werde.

[6] A. Wagner Art. Statsschulden.

Siebentes Capitel.

II. Die Volkswirthschaftspflege.

A. Allgemeine Anstalten.

1. Die Statswirthschaft im engern Sinn hat es mit den öffentlichen Functionen des Stats zu thun, durch welche er an der gemeinsamen Volkswirthschaft einen unmittelbaren Antheil nimmt. Vor allen Dingen gehört hieher die Sorge für das Geld. Denn das Geld, obwohl ein Gegenstand des Privatvermögens, hat doch eine öffentliche Bestimmung, indem es 1) als ein allgemein anerkanntes Tauschmittel, 2) als allgemeiner Werthmesser und 3) als gesetzliches Zahlungsmittel dient. Es stellt so in seinem Gepräge seinen öffentlichen Character dar, und bedarf demgemäsz der Stats-Autorität, um seine natürliche Bestimmung zu erfüllen.

Das Münzrecht des Stats, d. h. das Recht, Geldmünzen prägen zu lassen und ihnen einen bestimmten Werth für den Verkehr beizulegen, sowie das Recht, den Münzen anderer Staten auf seinem Gebiete ebenfalls einen öffentlich anerkannten Werth zuzuschreiben oder fremde Münzen zu verrufen und von dem öffentlichen Verkehr auszuschlieszen, ist somit ein natürliches Recht des Stats. Jede freie Concurrenz, theils der Privaten, theils fremder Staten, würde Störung und Verwirrung in den öffentlichen Verkehr bringen, und die Rechtssicherheit und den Glauben an den öffentlich bestimmten Werth des Geldes erschüttern.

Auf die Art der Ausübung des Münzrechts haben die Grundsätze einer guten Wirthschaft entscheidenden Einflusz, denn der Stat hat nicht etwa ein formelles Recht der Herrschaft auf diesem Gebiete, sondern der Natur der Dinge gemäsz nur ein Recht der Wirthschaft, und diesz kann nur nach wirthschaftlichen Grundsätzen richtig betrieben werden. Der

Stat musz umsomehr darauf achten, als der Verkehr, für dessen gesunde Bewegung er zu sorgen unternimmt, sogar im Innern des Landes in manchen Beziehungen von ihm völlig unabhängig ist, und weil der Verkehr die Völker auch über die ganze Erde hin verbindet, und daher jede falsche Statsmaszregel weithin empfindet, und hinwieder derselben da, wohin die Gewalt des Stats nicht reicht, entgegen wirkt. Die Münze ist nicht ein bloszes Zeichen des Werthes, sondern ihr realer Werth musz, damit sie ihre Bestimmung erfüllen könne, dem Nennwerthe, wenn auch nicht völlig gleich, doch so nahe stehen, dasz auch der freie Verkehr sie so hoch schätzt, als dieser lautet.

2. Das Papiergeld vertritt in dem Umsatz die Stelle des realen Geldes (Metallgeldes). Die Wahrheit desselben beruht folglich auf der leichten Möglichkeit des Umsatzes in wirkliches Geld. Zu den Wirthschaftsrechten des Stats gehört es, auch die Ausgabe des Papiergeldes zu ordnen und zu beschränken. Die Gefahr übermäsziger Emission von Statspapiergeld, welche schwerer wiegt, als der verhältniszmäszig geringe wirkliche Vortheil, den der Stat dabei gewinnen kann, hat viele Staten bewogen, sich derselben ganz zu enthalten, und eher an Privatbanken das Recht zur Herausgabe von Banknoten zu verleihen, welche im Privatverkehr dem eigentlichen Papiergeld ähnlich benutzt werden. Diese Herstellung von Quasipapiergeld kommt den Privaten keineswegs aus privatrechtlichen Gründen zu, sondern ist immer eine von dem State abgeleitete, dem die Sorge für das Geld überhaupt obliegt.[1] Sie ist daher auch der Controle des Stats unterworfen, und hat die von dem

[1] Ueber ein Gesetz des States New-York in Nordamerika vom 18. April 1838, durch welches den Privatpersonen unter gewissen Vorsichtsmaszregeln frei gegeben wird, Papiergeld auszugeben, vgl. Zachariä in Mittermaiers Zeitschr. für Rechtswissenschaft des Ausl. XII, S. 361. Wagner im D. Statswörterbuch, Artikel „Papiergeld," vertheidigt ebenso die freie Emission von Werthpapieren.

State im Interesse der Sicherheit des öffentlichen Credits gezogenen Schranken zu beachten. Es dient weder zum Nutzen des Stats, wenn er selbst Bankgeschäfte macht, noch ist diese immerhin auf Gewinn gerichtete Thätigkeit seiner würdig. Die Speculation als solche ist Sache der Privaten, und nur von diesen mit Geschick und Umsicht zu üben. Daher ist es dem Institute der Bank gemäsz, dasz dieselbe eine Privatanstalt und als solche denn auch von dem State in allen reinen Vermögensoperationen unabhängig sei. Aber soweit sie zugleich den öffentlichen Glauben in Anspruch nimmt und auf die gemeinen Verkehrs- und Geldverhältnisse eine mächtige Wirkung äuszert, steht sie unter der Aufsicht des Stats, dessen Ermächtigung sie zu ihrer Existenz nöthig hat.[2] Ob der Stat nur Eine Nationalbank, aber mit Zweiganstalten für die Provinzen und Nebenstädte gestatten, oder ob er mehrere selbständige Banken nebeneinander erlauben wolle, ist nicht eine Frage des Rechts, sondern der Zweckmäszigkeit. Der Wettstreit mehrerer Banken kann möglicher Weise Verwirrung, Unsicherheit und Schwindelei hervorrufen, die Ausschlieszlichkeit aber Einer privilegirten Bank zu selbstsüchtiger Ausbeutung der Verkehrsbedürfnisse und zu einem schädlichen Druck der Geldoligarchie und zur Vernachläszigung von mancherlei Interessen führen.

3. Statliches Wirthschaftsrecht und statliche Pflicht ist ferner die Sorge für die öffentlichen Straszen in ihren verschiedenen Arten und Stufen. Die Straszen dienen durchaus dem öffentlichen Leben des Volkes, und sind daher öffentliche Sachen im eminenten Sinne des Wortes. Für Herstel-

[2] Vgl. Rau, politische Oekonomie II, §. 263 ff. und den Abrisz der Geschichte der Banken ebenda I, §. 310 ff. Die Bank von England wurde 1694, die österreichische 1816 gestiftet. (Vorher hatte aber die Wiener Stadtbank seit 1762 bestanden.) Die Law'sche Schwindelbank in Frankreich wurde 1716 gegründet, die jetzige französische 1800. Wolowski: La question des Banques. Paris 1864.

lung und guten Unterhalt der Straszen zu sorgen ist daher eine naheliegende Aufgabe des Stats, welcher den centralen Ueberblick über die Bedürfnisse des allgemeinen Verkehrs und der sämmtlichen Landesgegenden hat, und dessen Wirthschaft die gemeinsamen Interessen nationaler Wohlfahrt umfaszt.

Es lassen sich, wenn man von bloszen Privatwegen absieht, folgende öffentliche Straszen zu Lande unterscheiden, an welche sich eben so verschiedene Brücken als Uebergang über Gewässer oder Schluchten anreihen:

a) die Vicinalwege, Nachbarwege, welche den Verkehr innerhalb einer Gemeinde vermitteln, wozu denn auch viele städtische Gassen zu zählen sind;

b) die Communalwege, welche die Verbindung von ganzen Gemeinden oder gröszern Ortschaften herstellen;

c) die Landstraszen, auch Departementalstraszen, welche zur Verbindung von ganzen Landesgegenden und Bezirken dienen;

d) die Hauptstraszen, Statsstraszen, welche für das ganze Land von Wichtigkeit sind; endlich

e) die Weltstraszen, deren wesentliche Bedeutung über das eigentliche, vielleicht kleine und nur an einem untergeordneten Landestheile von demselben durchzogene Land hinausreichen.

Je niedriger die Stufe ist, zu welcher die Strasze gehört und je näher sie dem besonderen Interesse der benachbarten Grundbesitzer und Einwohner eines Ortes liegt, desto natürlicher ist es, dasz diese und die betreffenden Gemeinden mit Bezug auf Anlage und Unterhaltungspflicht mitbetheiligt werden. Aber ganz darf der Stat die Aufsicht darüber nicht aufgeben, denn auch diese Straszen haben eine gemeine öffentliche Bedeutung. Er kann sich auf die Oberaufsicht beschränken und den Gemeinden die nähere Sorge überlassen; aber er wird wohl thun, zu bestimmen und darüber zu wachen, dasz diese Sorge in dem Geiste der öffentlichen Wohlfahrt wirklich geübt und nicht der Nachläszigkeit und der Arbeits- und Kostenscheu einzelner Privaten freier Spielraum verstattet werde.

Je höher die Stufe der Strasze und je allgemeiner ihre Benutzungsweise ist, desto ausschlieszlicher liegt die Pflicht der Anlage dem State ob. Weltstraszen, bei welchen das Interesse verschiedener Staten oft mehr als das des durchzogenen States betheiligt ist, können gar wohl auch in einer durch völkerrechtliche Verträge regulirten Weise zum Theil auf Kosten jener gebaut werden.

Nach ähnlichen Verhältnissen ist auch die Competenz zu ordnen, nach welcher über das Bedürfnisz einer Strasze und die Richtung derselben entschieden wird. Vicinalwege gehören mehr dem öffentlichen Gemeindeleben als dem Volksleben an; die Bestimmung solcher kann daher wohl der Gemeinde zunächst anvertraut werden. Ueber den Bau der allgemeinen Straszen wird die Statsregierung in ihren niederen oder höheren Organen je nach der Bedeutung jener und der Abstufung dieser das Nöthige anordnen. Sorgfältige Prüfung aller Verhältnisse, voraus der Bedürfnisse der zunächst und der entfernter wohnenden Bevölkerung und ihres Verkehrs, sowie der wahrscheinlichen Folgen der neuen Strasze in Nutzen und Schaden, dann aber erst in zweiter Linie auch der technischen Vorzüge und Schwierigkeiten der verschiedenen Pläne ist Pflicht der Statsbehörden, welche diese Seite der öffentlichen Wohlfahrt verwalten. Insofern ist es gut, auch der betheiligten Bevölkerung selbst Gelegenheit zu verschaffen, dasz sie ihre Wünsche und ihre Meinungen äuszere. Die Interessen derselben schärfen ihren Blick und die Oeffentlichkeit der Verhandlung ist eine vortreffliche Controle auch der Ingenieure. Aber es wäre durchaus verkehrt, diese in Form eines eigentlichen Proceszverfahrens der verschiedenen Gemeinden oder Parteien zu gestatten. Es soll nicht ein Rechtsstreit zwischen Parteien entschieden, sondern das Zweckmäszige von dem freien, alle Verhältnisse überschauenden und zunächst im öffentlichen Interesse würdigenden Standpunkte des Stats aus gefunden und bestimmt werden. Zu diesem Zwecke ist es dem State dienlich, zu erfahren, was für besondere Ansichten, Wünsche, Befürchtungen, Hoffnungen auftauchen. Hat er das vernommen — und dazu bedarf es keiner processualischen Erörterungen, die leicht umgekehrt die Leidenschaften steigern, den Blick trüben und die einfache Sachlage verwirren würden — so hat er mancherlei Anhaltspunkte gewonnen, um desto sicherer das unter den vorliegenden Umständen Beste erkennen und bestimmen zu können.

4. Die Aufsicht über und die Sorge für das Eisenbahnwesen finden hier ebenfalls ihren Platz, auch wenn der Begriff der Regalität nicht betont oder nicht anerkannt wird. Die Anlage und die Verwaltung auch von Privateisenbahnen, welche dem gemeinen Verkehr dienen und nicht etwa nur für ein Privatetablissement, z. B. ein Bergwerk, bestimmt sind, müssen daher von dem State aus statswirthschaftlichen, nicht blosz aus polizeilichen Gründen geordnet und beaufsichtigt werden. Der Stat kann den Privatgesellschaften die Herstellung von Eisenbahnen überlassen, aber er darf nie für immer auf das Recht verzichten, diese wichtigsten Mittel des öffentlichen Verkehrs an sich zu ziehen und selber für die Interessen des Publikums zu sorgen, denn die Eisenbahnen bilden immerhin, ihrer Natur nach, einen wesentlichen Bestandtheil der öffentlichen Wirthschaft.

5. Eben dahin gehört die volkswirthschaftliche Sorge für die Wasserstraszen in ihren mancherlei Formen, für die freie und sichere Schifffahrt auf dem Meere und den Seen, und bequeme Landungsplätze für Schiffe und Waaren — durch eigene Anstalten und mit Beihülfe von Privatanstalten sorgt so der Stat für Leuchtthürme, Rheden, Häfen, Werfte, Krahnen, Magazine u. s. f. — auf den Strömen und Flüs-

sen — Schiffbarmachung derselben, Eröffnung von Leinpfaden — auf angelegten Canälen, den Waszerkunststraszen — Unternehmen der Art können wie die Eisenbahnen wohl auch Actiengesellschaften überlassen werden. Das Aufsichtsrecht des Stats darüber aber versteht sich wie dort von selbst und wieder nicht aus blosz polizeilichen, sondern auch aus volkswirthschaftlichen Rücksichten.

6. Auch die Posten sind ein öffentliches Verkehrsinstitut und gehören wieder, abgesehen von dem finanziellen Werth derselben, in den Bereich der eigentlichen Statswirthschaft. Ebenso das Telegraphenwesen.

7. Ferner die Sorge für die Masze und Gewichte, welche dem gemeinen Verkehr als beglaubigter Messer der körperlichen Ausdehnung und Schwere der Waaren dienen, Die nähere Bestimmung der Urmasze und die Stempelung, Eichung der in dem Verkehr gebrauchten Masze und die Aufsicht darüber, dasz keine falschen Masze gebraucht werden, wurde von jeher mit Recht als Sache des States angesehen der allein die öffentliche Autorität hat und verleihen kann.

8. Eine der wichtigsten Partien der eigentlichen Volkswirthschaft ist das Zollsystem des Stats. Durch dasselbe übernimmt es der Stat gewöhnlich zwei verschiedene Zwecke mit einander zu verbinden, nämlich einerseits eine reich flieszende Quelle von Einnahmen für die Statscasse zu eröffnen und zu nutzen, und andererseits die allgemeinen volkswirthschaftlichen Interessen zu fördern. Die erstere Seite bringt das Zollwesen in Zusammenhang mit dem Steuersystem des Stats, die zweite macht dasselbe von volkswirthschaftlichen Grundsätzen abhängig. In der That übt auch keine öffentliche Wirthschaftsanstalt des States einen gröszern Einflusz aus auf die Privatwirthschaft, auf die Lebensgenüsse, auf das Gesammtbewusztsein und die Vermögenskraft der Nation als die Zollanstalten.

Die Zölle waren ursprünglich nur eine financielle Abgabe.

Sie wurden von den in den Handelsverkehr gebrachten Waaren bald da bald dort, an Seehäfen, Fluszübergängen, auf bestimmten Straszen, an Landungs- und Marktplätzen, bei den Thoren der Städte erhoben. Sie waren so eine Last, welche den innern Verkehr vielfältig hemmte und drückte. Sie hatten nur einen financiellen Werth und waren nur ein volkswirthschaftliches Uebel. Es war daher ein groszer Fortschritt, als auch die zweite wirthschaftliche Seite der Zölle erkannt und die reinen Finanzzölle zugleich als volkswirthschaftliche (Schutz-) Zölle aufgefaszt wurden. Im Zusammenhange damit wurden seit dem Ende des XVIIten Jahrhunderts die Zölle nach und nach aus dem Innern an die Grenze verlegt und die Grenzzölle eingeführt. Zuerst aber ist durch das preuszische Zollgesetz von 1818 die ganze hergebrachte Wirrnisz der Binnenzölle aufgeräumt und durch ein ausgebildetes System von Grenzzöllen ersetzt worden. Durch diese wirthschaftliche Verbesserung wurde der Verkehr innerhalb des Landes von seinen Banden befreit, gestärkt und belebt, und zugleich das Gefühl der Zusammengehörigkeit des Volkes mit dem Genusse der tausendfältigen neuen Beziehungen gehoben.

Es war aber ein weiterer Fortschritt, als nun bei der neuen Auflage und dem Ansatze der Grenzzölle die nationalwirthschaftlichen Interessen mit in Betracht gezogen und nicht mehr ausschlieszlich nach financiellen Rücksichten verfahren wurde. Die ökonomischen Beziehungen eines Stats zum Ausland und des eigenen Volkes zu fremden Völkern, und die nützlichen oder schädlichen Wirkungen, welche die einzelnen Zölle für die Productionskraft oder die Genüsse der Nation wahrscheinlich ausüben würden, gelangten so zu einer umfassenden Würdigung, die sicher nicht nach allgemeinen und abstracten Sätzen ein- für allemal geregelt werden kann, sondern nur dem möglich ist, welcher den Bewegungen des nationalen und des Weltlebens zu folgen und die practischen häufig wechselnden Bedürfnisse des Verkehrs sowohl als der Arbeit zu erkennen versteht. Auf keinem Felde der Statsregierung hat man mehr mit den Waffen doctrinärer Grundsätze gestritten und auf keinem lassen sich weniger feste Regeln anwenden. Auf keinem ist es nöthiger, die Mannichfaltigkeit der wechselnden Verhältnisse zu beachten, und von Zeit zu Zeit verschiedene häufig gerade entgegengesetzte Wege einzuschlagen.

Die Verbindung der financiellen mit der nationalwirthschaftlichen Rücksicht ist wohl ein bleibender Gewinn der neuen Entwicklung des Zollsystems. Es sollen daher keine Finanzzölle auferlegt werden, welche nicht mindestens die negative Rücksicht der Statswirthschaft, gemeinen Schaden von der Nation abzuwenden beachten, also nicht auf unentbehrliche Gegenstände in einem Masze, welches entweder den Volksmassen die Anschaffung derselben zu sehr erschweren oder der einheimischen Industrie die Möglichkeit einer Benutzung derselben entziehen würde. Dienen dieselben überdem dazu, die Arbeits- und Erwerbskraft der Nation in gesunder Weise nicht nach Art der Treibhäuser in künstlichem Wachsthume, das die freie Luft nicht erträgt, zu unterstützen und so zugleich positiv zu wirken, so ist das ein augenfälliger Vorzug solcher Zölle. Reine Schutzzölle, die nicht zugleich finanziell gerechtfertigt sind, rechtfertigen sich nur ganz ausnahmsweise, insbesondere wenn ein überwiegendes Bedürfnisz vorhanden ist, die Arbeitskraft der Nation zu erhalten und naturgemäsz zu stärken, oder feindlichen und schädlichen Maszregeln fremder Staten entgegen zu wirken, die Prohibitivzölle nur äuszerst selten in einzelnen Ausnahmsfällen, als System nie.

Der Statsmann musz auch in diesen Dingen jederzeit von dem Ganzen ausgehen, nicht von den Privatinteressen der Einzelnen, und den nationalen Standpunkt festhalten, ohne sich durch die besondern Verlangen einzelner Classen einengen und beherrschen zu lassen. Wohl weisz er, dasz wenn einzelne Berufsstände ihre Kraft nicht entwickeln können und verkümmern, oder durch die fremde Concurrenz erdrückt zu werden in Gefahr sind, dieser Schaden hinwieder den ganzen Nationalkörper trifft. Wenn die Arme erlahmen, so leidet der ganze Leib, und wären die Verdauungswerkzeuge noch so gut und der Kopf von Schwäche frei. Aber er wird nicht die einzelnen Glieder so verhätscheln, dasz sie nur einen künstlichen Schein von Gesundheit, aber keine wahre Kraft haben, noch vor andern so bevorzugen, dasz die Harmonie des Körpers gestört und so dem Leibe eine neue Krankheit verursacht wird.

Er beachtet die Wünsche der groszen Kaufleute, welche am liebsten keine Zölle sehen und jedenfalls möglichst geringe, daher keine Schutzzölle wollen; denn der Groszhandel vermittelt seiner Natur den Weltverkehr und gedeiht daher am besten in der reinen Luft voller Handelsfreiheit; der Groszhandel ist kosmopolitisch, nicht national. Er hört auf die Kleinhändler, deren Existenz durch die Localbedürfnisse begrenzt ist und daher leicht durch plötzliche Ueberschwemmung des Marktes erschüttert wird, und die daher eher gegenüber gewissen Operationen eines liederlichen und täuschenden Liquidations- und Ausverkaufs Fremder des nationalen Schutzes bedürfen. Er berücksichtigt die groszen Interessen der Fabriken, die mehr für den Handel, und der Handwerke, die mehr für die nahe liegenden Ortsbedürfnisse arbeiten, und der zahlreichen Bevölkerungen, die in diesem Berufe ihren Lebensunterhalt finden und durch ihre Arbeit den Gesammtwohlstand erhöhen und veredeln. Er erwägt, dasz dieselben unter mancherlei Voraussetzungen eines gewissen, wenigstens eines vorübergehenden Schutzes bedürfen. Er vernimmt auch die meist stilleren Wünsche der ackerbautreibenden Bevölkerung, die durch die Zölle fast nur in financieller Hinsicht erleichtert wird, aber ein groszes Interesse hat, möglichst wohlfeil zu kaufen, was sie zu ihrem einfachen Leben bedarf.

Er erinnert sich auch der zahlreichen Classen, welche in vorzüglichem Sinne Consumenten sind, wie die Capitalisten, und die einen wissenschaftlichen Beruf betreiben, und ganz vorzüglich davon, dasz die groszen Volksclassen nur in wenigen Dingen Producenten, in allen übrigen wieder Consumenten sind und daher die Steuer regelmäszig nur als eine Last empfinden. In gleichzeitiger Erwägung all der sich theilweise widerstrebenden Interessen und der richtigen Würdigung derselben im Sinne der Harmonie und Gesundheit des ganzen Nationalkörpers liegt die schwere Kunst einer practischen Statswirthschaft.

Achtes Capitel.

B. Besondere Anstalten.

Die Statswirthschaft darf sich nicht darauf beschränken, allgemeine Anstalten zu gründen und Einrichtungen zu treffen, welche unmittelbar der ganzen Nation und dem gemeinen öffentlichen Verkehre dienen. Sie hat auch die Pflicht, theils besonderen Zwecken, welche in einzelnen Fällen ihre Hülfe erfordern, theils bestimmten Berufs- und Lebensverhältnissen ihre wirthschaftliche Sorge zuzuwenden. Dahin gehören:

1. Die wirthschaftlichen Vorkehrungen, um der Theurungsnoth entgegenzuwirken, und der Arbeitsnoth einzelner Volksclassen zu begegnen. Wir können das Unterstützungspflege heiszen, welche von der eigentlichen Armenpflege wohl und in derselben Weise zu unterscheiden ist, wie die Unterstützungspolizei von der Armenpolizei.[1] Wirthschaftliche Maszregeln gegen die Theurungsnoth sind z. B. die Anlegung von Getreidemagazinen des States[2] und

[1] Vgl. oben Buch VII, Cap. 9, S 195 ff.

[2] Friedrich der Grosze: Essai sur les form. du gouvern.: „Tout

die Ermunterung der Gemeinden zu ähnlicher Sammlung von Vorräthen, in dem älteren State mit Naturalwirthschaft nothwendig, in dem neueren State mit Geldwirthschaft und reicheren Verkehrsmitteln nicht mehr zu empfehlen. Begünstigung des Getreidehandels und Transports von Lebensmitteln, im Nothfalle auch Statsankäufe. Ebenso läszt sich öfter plötzlicher Arbeitsnoth von Seite der Statswirthschaft begegnen durch Unternehmungen oder Ausdehnung öffentlicher Werke, welche grosze Massen von Arbeitern beschäftigen und indem sie denselben Brod verschaffen, und dem in's Stocken gerathenen Strome der nationalen Arbeitskraft Abzugskanäle eröffnen, zugleich dazu dienen, auch den Werth der zurückbleibenden Arbeitskraft zu vermehren. Aber es ist ungereimt, wenn der Stat die Arbeiter nur zum Scheine und mit kindischen Dingen beschäftigt, und ein Verderben aller Stats- und Privatwirthschaft zugleich, wenn er hier die Ausnahme zur Regel machen und durch ständige Nationalwerkstätten die Privatindustrie zur Statssache machen will.[3]

2. Einen ähnlichen Charakter haben die statswirthschaftlichen Assecuranzanstalten, durch welche die Gesammtheit einen Schaden, der zunächst den Einzelnen trifft und übermäszig drückt, mittragen hilft und durch Vertheilung vermindert. Von der Art sind die Brandversicherungen für Gebäude oder auch der fahrenden Habe und die Hagelversicherungen für den Landbau.

3. Wie der Stat durch seine Cultuseinrichtungen seine Sorge auch über die wissenschaftliche und künstlerische Thätigkeit der Individuen erstreckt, so übt er auch durch seine

souverain attaché au bien public est obligé de se pourvoir de magasins abandonnement fournis pour supléer à la mauvaise récolte et pour prévenir la famine."

³) Das erregte Jahr 1848 hat in Paris, Wien und Berlin derlei verkehrte Versuche zu Tage gefördert und zugleich die Thorheit derselben durch die groszen Schäden und Uebel in deren Gefolge practisch erwiesen.

wirthschaftlichen Anstalten eine Pflege aus über die mancherlei Berufskreise und Thätigkeiten, welche der materiellen Wohlfahrt dienen.

Die Privatökonomie der Einzelnen gehört zunächst wie alles Privatrecht diesem zu, und beruht nicht auf der Gunst des Stats. Auch hat der Stat das Recht nicht, sich eine Vormundschaft über die mündigen Privaten beizulegen. Worauf sollte sich dieselbe gründen? Doch nicht auf die Unfähigkeit der Individuen, ihre Oekonomie selbst zu verwalten. Sie sind im Gegentheil regelmäszig fähiger, ihre eigenen Interessen zu kennen, und die Mittel zu finden, welche ihren Privatwohlstand erhalten und erhöhen, als der Stat und seine Organe, welche für sie handeln oder sie leiten wollten. Auch nicht aus der natürlichen Ueberordnung des Stats über die Privaten; denn das Wesen des Stats ist die Gemeinschaft, seine Herrschaft die der politischen Ordnung, das Privatrecht aber ist aus der Natur der Einzelnen hergeleitet, und der Stat hat dasselbe zunächst nicht zu beherrschen, sondern zu schützen. Die Freiheit und Selbständigkeit der Privatwirthschaft ist folglich Regel, und der Stat von Natur angewiesen, dieselbe zu achten und zu schirmen.

Indessen hat die Wirthschaftspflege des Stats, welche wie überall so auch in diesen Dingen von dem Interesse des Ganzen ausgeht, dessen Wohlfahrt immerhin in mannichfaltigen Wechselbeziehungen zu der Wohlfahrt der Individuen steht, die Pflicht, sowohl die natürlichen und künstlichen Hindernisse zu entfernen, welche einer gedeihlichen Entwicklung der Privatwirthschaft hindernd im Wege stehen, insofern die nationalwirthschaftlichen Mittel und die Kräfte des Stats dafür zureichen, als die allgemeinen Bedingungen ihrer Gesundheit und Wohlfahrt in gleichem Sinne zu fördern. Solche statswirthschaftliche Pflege ist von der angemaszten Vormundschaft des Stats von Grund aus und selbst da verschieden, wo sie die Einzelnen auch hinwieder um des Ganzen willen beschränkt.

Dieselbe wird verschieden sein müssen, je nach der verschiedenen Natur der Privatökonomien selbst und der massenhaften Beziehung ihrer Hauptgattungen zu der allgemeinen Wohlfahrt. Die Hauptarten sind:

1) die Landwirthschaft, 3) die Fabrication und
2) die Handwerke, 4) der Handel.

4. Die Landwirthschaft ist offenbar die feste Basis der gesammten Oekonomie. In den meisten Staten wird auch der gröszte Theil des Volkes von ihr ernährt,[4] und ist ihr zugewendet. Von ihrer gesunden Blüthe und Fruchtbarkeit ist daher die Wohlfahrt und die Kraft der Nation in hohem Grade bedingt. Um so sorgfältiger musz die Statswirthschaft ihre Interessen beachten und fördern, und dasz ihre richtigen und falschen Maszregeln, ihr Fleisz und ihre Vernachläszigung einen groszen Einflusz auf jene üben, lehrt die Erfahrung.

Die Einwirkung der Statswirthschaft bezieht sich:

a) auf die Organisation der Landwirthschaft.

Am wichtigsten ist offenbar die Erhaltung eines freien Bauernstandes. Nicht blosz Gründe des persönlichen Rechtes und der natürlichen Freiheit haben die endliche Aufhebung des zum Theil noch aus dem römischen Reiche stammenden, zu groszem Theil aber während des Mittelalters verbreiteten erblichen Colonats und der bäuerlichen Hörigkeit in den neuern Staten Europa's fast überall nun bewirkt, sondern zugleich volkswirthschaftliche Rücksichten. Das Gefühl freies Eigenthum zu besitzen, ist ein mächtiger Reiz, dasselbe

[4] Wort des französischen Ministers Sully: „Labourage et pâturage sont les deux mamelles de l'état." Vgl. Schäffner, franz. Rechtsgesch. II, S. 455. Napoleon erklärte den Ackerbau als die Seele und die Basis des Reichs, die Industrie als den Wohlstand und das Glück der Bevölkerung, und den Handel als den Ueberflusz und den guten Gebrauch von beiden. Las Cases Mém. IV, S. 255.

mit erhöhter Sorgfalt zu bebauen, und der Landbau ist offenbar, seitdem er von dem gutsherrlichen Zwange befreit worden ist, sehr verbessert worden.[5] Nicht minder drängen aber statswirthschaftliche Rücksichten und Gründe des natürlichen Rechts dazu, die noch in manchen Staten geltende Unsitte zu bekämpfen, welche ausgedehntes Grundeigenthum dem Anbau ärmlicher und nur auf kurze Zeit, zuweilen auf freien Widerruf angestellter Pächter überläszt. Dieser Zustand ist zwar in einigen Hinsichten besser als der der Erbhörigkeit des Mittelalters, darin aber diesem gleich, dasz der Pächter nicht zu dem vollen Genusz der von ihm bebauten Güter kommt, noch je das stärkende Selbstgefühl des Eigenthums erlangt, und darin noch schlimmer als jener, dasz der Zeitpächter auch seines abhängigen und belasteten Besitzes weit weniger sicher ist als der Leibeigene es war, den der Herr auch in dem Alter und wenn Krankheit ihn unfähig zur Arbeit machte, auf dem Gute erhalten muszte, und dasz jener überdem häufig noch von wucherlichen Zwischenpersonen, Verwaltern und Speculanten gedrückt wird. Es ist eine auffallende Erscheinung, dasz die moderne Gesetzgebung noch nicht gewagt hat, so energisch diesem Uebel zu Leibe zu gehen als der Erbunterthänigkeit, und doch war dafür in Irland und in der Lombardei

[5] Stein über die preuszische Cabinetsordre von 1807, durch welche die Erbunterthänigkeit auf den preuszischen Domänen aufgehoben wurde: „Sie (die Erbunterthänigkeit) ist im Widerspruch mit den ursprünglichen und unveräuszerlichen Rechten der Menschheit, und die willkürliche Entsetzung von Bauerhöfen verschafft den Berechtigten wenig Vortheil, und hält den Verpflichteten in einem fortdauernden Zustand von Unmündigkeit, und sein unterhabendes Land, Gebäude und Inventarium bleibt von einer elenden Beschaffenheit, da es ihm nicht eigenthümlich gehört, und aller Reiz fehlt, es zu verbessern und Capital anzuhäufen. Der Landmann gewöhnt sich in dieser Lage an Sorglosigkeit bei der Benutzung, und an rohen sinnlichen Genusz. Bei groszen äuszern Erschütterungen durch Kriege verläszt er seinen Wohnort, an den ihn die Liebe zum Eigenthum nicht bindet, und einen Boden, den er als ihm fremde anzusehen gewohnt war.“ Pertz II, S. 29.

hinreichende und dringende Veranlassung vorhanden, und gab es Wege, welche dem natürlichen Rechte wieder zuführen konnten.

Besteht ein freier Bauernstand, so bietet die Verfassung der Landgemeinden einen natürlichen Stützpunkt und passende Analogien dar für seine Organisation. Sie läszt jeden zunächst mit Freiheit seine Güter bebauen, aber gibt zugleich die Mittel an die Hand, um die Interessen der ganzen Genossenschaft, z. B. an brauchbaren landwirthschaftlichen Wegen und Brücken, an Dämmen, an guter gemeinsamer Bewirthung der unvertheilten Waldungen und Weiden, an Zuchtthieren, an der Sicherung der Weinberge u. dgl. zu wahren.

In manchen Staten ist auch die Erhaltung groszer grundherrlicher Güter um der politischen Verfassung willen von Bedeutung, und es knüpft sich daran die wirthschaftliche Rücksicht, dasz auf solchen Herrengütern mancherlei neue Versuche zur Verbesserung und Veredlung der Landwirthschaft zuerst unternommen und geprüft, Geräthschaften und Maschinen, welche dem einfachen Landbauer zu theuer sind, gehalten, und in jeder Weise die Anforderungen an eine feinere und höhere Cultur befriedigt werden können. Es ist das ein natürliches aristokratisches Element in der Organisation der Landwirthschaft, welches zwar von minderer Bedeutung ist als das bäuerliche, aber seine innere Berechtigung hat. Dagegen scheint es der Natur der Dinge in den bevölkerten Gegenden Europa's zu widerstreben, dasz auch mittlere bürgerliche Landgüter, die nicht so grosz sind, um den Grundherrschaften zur Seite gesetzt zu werden, und doch nicht von dem Eigenthümer selber bebaut werden, wie die eigentlichen Bauergüter, mit ökonomisch-günstigem Erfolge bewirthet werden können. Diese kommen daher fast nur als Luxusgüter in Betracht.

Wo sich nun Grundherrschaft findet, welche keineswegs Unfreiheit der Bauern erfordert, da kann auch der Organismus der Bauergemeinde mit derselben in Verbindung gebracht werden, und diese in jener ein natürliches und wohlthätiges Centrum finden.

b) Auf Befreiung der Güter von den mancherlei Reallasten, welche das Mittelalter auf dieselben gehäuft hat, in Gestalt der Zehnten, Grundzinse, Frohnden. zum Theil auch von Dienstbarkeiten, welche die freie und gute Wirthschaft gefährden. Die Reallasten hatten guten Sinn, als sie noch von dem Eigenthümer genossen, und von dem abhängigen Besitzer der Güter getragen wurden. Als Lasten aber, welche dem Eigenthum von auszen her auferlegt werden und dasselbe drücken, widerstreiten sie dem Begriff des Grundeigenthums. Mit der Umgestaltung des abgeleiteten Grundbesitzes ins Eigenthum musz daher die Ablösbarkeit der Reallasten Hand in Hand gehen, soll jene zur Wahrheit werden. Dieses Resultat wird aber auch durch wirthschaftliche Motive gefordert. Der Begriff der Dienstbarkeiten (Servituten) dagegen ist nicht ebenso im Widerspruch mit dem des Eigenthums, aber schon die Römer haben denselben aus statswirthschaftlichen Gründen weise beschränkt, und in unserer Zeit, welche zahlreichere gesetzliche Servituten aus dem Mittelalter ererbt hat, macht die neuere Entwickelung der Wirthschaft, zumal der Forstwirthschaft. und bei Benutzung der gemeinen Weiden zu neuem Anbau weitere Beschränkungen nöthig.

c) Auf die Förderung der Theilung unwirthlicher Weideflächen oder Oeden, zum Behuf bessern Anbaues der Theile, und auf Beschränkung der Vertheilung zusammenhängender Gemeindewaldungen zur Erhaltung einer geregelten Forstwirthschaft im Interesse auch der künftigen Geschlechter.

d) Auf Begünstigung sowohl der Abrundung zu landwirthschaftlichen Grenzen und der Zusammenlegung der verschiedenen Ackerstücke zu einem einheitlichen Gut, als auf Anerkennung der Theilbarkeit groszer Güter zur Mehrung der selbständigen Grundeigenthümer und Verbesserung des Baues; auf der andern Seite auch auf Behinderung einer Theilbarkeit der Güter und Gutstheile in so kleine Parcellen, dasz dieselben nicht mehr als Grundlage tauglich sind für Betreibung einer ordentlichen Wirthschaft, und auf Erhaltung von mittleren Bauer- und Erbgütern in ihrem Bestand, welche keineswegs bis zur Gebundenheit derselben gesteigert zu werden braucht.

d) Durch Verbreitung landwirthschaftlicher Kenntnisse und Ermunterung zu besserer Cultur, welche schon bei der Anlage der ländlichen Volksschulen berücksichtigt, dann durch landwirthschaftliche Lehranstalten und Mustergüter, durch Unterstützung der Wirksamkeit landwirthschaftlicher Vereine, durch Preisvertheilungen und Feste befördert werden können.

e) Durch die Sorge für den ungehinderten und möglichst vortheilhaften Absatz der landwirthschaftlichen Producte, was durch gute Einrichtung der Märkte, und durch ein wohlbedachtes Zollsystem geschieht. Die früher beliebte Erschwerung der Ausfuhr ist nun zum Vortheile der nationalen Wirthschaft seltener und beschränkter geworden.

f) Durch besondere landwirthschaftliche Creditanstalten, welche dem Landwirth es möglich machen, an den Vortheilen einer erleichterten Geldbenutzung Theil zu nehmen, ohne ihn zu groszer Gefahr und Beschwerde auszusetzen.[6]

5. Im Gegensatze zu der Landwirthschaft, welche gleichartig über das ganze Land verbreitet ist, äuszert sich in den Handwerken die Verschiedenheit der persönlichen Thätigkeit in höchst mannichfaltigen Arbeiten und Berufsweisen. Das Handwerk ist daher individueller, persönlicher als jene, und die Statswirthschaft kann auf die Ausbildung desselben

[6] Vgl. über alles das die ausführlichen Nachweise bei Rau, Polit. Oekonomie II, S. 75 ff. und Roscher Nationalökonomie und Ackerbau, Stuttgart 1860.

in der Regel nur einen mehr mittelbaren Einflusz üben, als auf das Gedeihen jener. Wichtig sind:

a) die Verfassung der Handwerke. Während des Mittelalters bildete sich in den Städten das Zunftwesen aus, zugleich als wirthschaftliche und Rechtsordnung der Handwerker, je nach den besondern Berufszweigen, und als eine wesentliche Grundlage der städtischen, theilweise auch der Statsverfassung. Seit dem XVI. Jahrhunderte schlossen sich die Handwerke enger ab, suchten dem Zudrang neuer Gewerbsgenossen zu wehren, vermehrten die mancherlei Schranken, welche die freie Bewegung einzelner Meister im Interesse behaglicher Sicherheit der Mehrzahl hemmten, hatten über die Grenzen ihres Gewerbsbetriebs häufige Streitigkeiten unter einander, und dehnten so den Zunftzwang aus. Von dem XVIII. Jahrhunderte an wurde die ganze Zunftverfassung von allen Seiten her angegriffen, und unter den wiederholten Stöszen feindlicher Gegensätze erschüttert und groszentheils aufgehoben. Die Erhebung der Fabrication, welche durch neue mechanische und chemische Entdeckungen aller Art eine vorher nicht bekannte Ausdehnung gewann, und sich durch die Handwerksordnungen vielfach gehemmt sah, die ganze Richtung, welche der Betrieb, von der Macht des Capitals begünstigt, ins Weite und Grosze nahm, und dem engern localen Kreis der Handwerksthätigkeit ungünstig war, der Zug der Nationalökonomie und der politischen Ideen nach individueller Freiheit, und die Umbildung der öffentlichen Verfassung ohne Rücksicht auf die Stände, wendeten sich alle wider die hergebrachte Zunftordnung, und die mancherlei Miszbräuche und kleinlich engherzigen Einrichtungen, welche gerade in den letzten Jahrhunderten diese verunstalteten, waren nicht geeignet, ihr in der öffentlichen Meinung so viel Unterstützung zu verschaffen, dasz sie jene Angriffe hätte aushalten können. An ihre Stelle trat nun gewöhnlich das System individueller Gewerbefreiheit, zuweilen noch beschränkt nicht durch die selbständige Ordnung der Gewerbe selbst, sondern durch die Concessionen und Patente der Regierung und die Statspolizei.

In Wahrheit war das Desorganisation der Handwerke. Sie hatten einer gründlichen Reform bedurft, und verfielen nun der Revolution. Die gemeinsamen Interessen der Handwerke hatten nun kein eigenes Organ mehr, welches für sie einstand, und die vereinzelten Arbeiter waren jeder Schwindelei schutzlos ausgesetzt. Die Wohlthat der Freiheit bewährte freilich auch hier ihre Vorzüge, indem sie die Thatkraft vieler Individuen spannte, und auf höhere Ausbildung der mancherlei Handwerksarbeiten hinwirkte; aber es fehlte ihr die Schranke einer natürlichen Ordnung, welche hinwieder das Ganze zusammenhielt, und die Glieder vor Beeinträchtigung ihrer Rechte und vor Kränkung ihres Friedens sicherte. Der Unterschied der Meister und der Gesellen, welcher in einer organischen Gestaltung eine friedliche Berücksichtigung ursprünglich gefunden hatte, und auch den veränderten Zeitverhältnissen gemäsz wieder finden könnte, wurde nun häufig bis zum feindlichen Gegensatz gesteigert, und zum Nachtheile beider Theile wurde das Familienleben, welches beide Theile vereinigt hatte, aufgelöst und zerrissen. Die Ehrbarkeit und die Moralität der Handwerke litten in Folge dessen groszen Schaden, und die Statspolizei konnte mit ihren oft herrischen, immer aber ungenügenden Mitteln diese Uebel nicht heilen. Der laute Ruf nach Organisation der Arbeit, der in unserer Zeit die Luft erfüllt, ist ein Zeichen, dasz der jetzige Zustand der Auflösung der Handwerke krank ist, und wenn auch nicht jene, so ist doch die Reorganisation der Arbeiter, insbesondere der Handwerker, ein wirkliches Bedürfnisz unserer Zeit. Diese kann aber nur in freier genossenschaftlicher Form, nicht aber durch Herstellung der veralteten Zünfte vor sich gehen. Die Bildung groszer, massenhafter Genossenschaften, welche ganze Classen von Handwerkern oder ganze

Gruppen von Handwerken umfassen, und die Verbindung zu bestimmten Zwecken, der Unterstützung, der Vorschüsse,[7] der Bildung, der Ernährung u. s. f. scheint dem Geiste der neuen Zeit gemäszer, als die Spaltung in eine Menge kleiner abgeschlossener Verbindungen zu den sämmtlichen Wirthschaftszwecken, wie sie früher bestanden hatten.

b) Die Förderung einer tüchtigen Ausbildung der Handwerker theils durch gute Gewerbschulen, theils durch Vorschriften über die Haltung der Lehrlinge und Gesellen, über die Prüfung und das Wandern der Gesellen, über die Bedingungen der Aufnahme zu Meistern. Die frühern Handwerksordnungen enthielten oft ganz brauchbare Bestimmungen, sorgten aber zu wenig für das Bedürfnisz von Ausnahmen, und waren häufig zu ängstlich und kleinlich.

6. Verschieden von dem Handwerk ist die Fabrication. Das Handwerk beruht auf der Kunstfertigkeit der Hand des Meisters und der Gesellen, und befriedigt ausschlieszlich oder doch vornehmlich nur einzelne locale Bedürfnisse. Die Fabrication dagegen wird von den Fabricanten regelmäszig nur geistig geleitet, und von der Masse der Arbeiter nach mechanischen Regeln gleichmäszig und maschinenartig betrieben. Die Maschine, welche dort nur in secundären Betracht kam zur Unterstützung oder zum Ersatz einzelner Handarbeiten, wird hier zur Hauptsache und bestimmt regelmäszig den ganzen Charakter der Fabrication. Sie ist ihrer Natur nach ein Betrieb im Groszen und nicht auf localen Absatz beschränkt, sondern auf Erzeugung von Handelswaaren gerichtet.

Je gröszer die Bedeutung der Fabrication in neuerer Zeit geworden ist, je mächtiger das Capital hier sich erhoben und die Arbeit der Menschen sich dienstbar gemacht hat, je zahlreichere Massen der Bevölkerung als Fabrikarbeiter leben und

[7] Um diese genossenschaftlichen Bildungen in Deutschland haben sich vorzüglich Prof. Huber und Schultze-Delitzsch grosze Verdienste erworben.

zu leben genöthigt sind, und je gröszer die Gefahren sind, welche theils aus der Fluctuation des groszen Verkehrs, aus der kalten Gewinnsucht und Uebermacht mancher Fabrikherren und der Verwilderung, der Liederlichkeit und dem Elend vieler Fabrikarbeiter für die Gesammtheit entstehen, desto nöthiger ist es, dasz die Statswirthschaft diesem Berufszweige die sorgfältigste Aufmerksamkeit zuwende. Die Gesetzgebung und die Verwaltung des Stats sind hier von dem raschen Aufschwung der Fabrication weit überholt worden und noch nicht dem wirklichen Bedürfnisse nachgekommen.

Vor allem fehlt es auch hier an der Organisation des Fabrikstandes, und die Nachtheile der Anarchie werden hier noch empfindlicher verspürt als die der Desorganisation der Handwerke, weil gröszere Massen betheiligt sind. Während Handwerksmeister und Gesellen sich nahe stehen und daher diese als Glieder der Familie jener behandelt werden können, so gehen dagegen die Lebensstufen der verschiedenen Classen von Personen, welche an der Fabrication Theil haben, weit auseinander und lassen sich nicht ebenso in Einer Haushaltung umfassen. Der Fabrikherr gehört offenbar dem sogenannten dritten Stande an, und nimmt gewöhnlich in diesem eine durch Reichthum und Einflusz hervorragende Stellung ein; Ingenieure, höhere Techniker oder Künstler, welche bei der Fabrik angestellt sind, gehören ebenfalls dem dritten Stande zu, aber sind doch als Angestellte des ersteren in einer untergeordneten Stellung. Die gröszere Zahl der Werkführer und Schreiber stehen auf einer der höhern Stufen des vierten Standes; die Masse der Fabrikarbeiter gewöhnlich auf der untersten Stufe, der des Proletariats, und ist daher eines Patronats sehr bedürftig. Ein groszer Theil der letztern besteht sogar aus Kindern, die unfähig sind für sich selber zu sorgen.

Bei solchen Elementen genügt eine blosz statswirthschaftliche Pflege nicht, sondern sie musz mit polizeilichem Schutze verbunden werden. Theilweise, insofern Kinder bei der Fabrication verwendet werden, kommt sogar die Sorge der Statscultur hinzu. Folgende Momente sind vorzüglich zu beachten:

a) die Sorge, dasz Kinder nicht zu früh zur Fabrikarbeit verwendet werden, sondern erst von einem gewissen Lebensalter an, ebenso dasz die Kinder nicht übermäszig angestrengt werden, sondern die erforderliche Musze erhalten, deren der jugendliche Körper und Geist bedarf, um zu einem gesunden Dasein heranzureifen. In dieser Beziehung geschieht lange nicht genug.[8] In mehr als einem civilisirten und christlichen State werden grosze Schaaren von Fabrikkindern so behandelt, als wären sie nur Theile einer Maschine, und nur dafür auf der Welt, um als Werkzeug des Eigennutzes Anderer benutzt und verbraucht zu werden, und man wagt es noch, solche das natürliche Menschenrecht verhöhnende Barbarei, die viel schlimmer ist, als die antike Sklaverei, aus Gründen der Industrie zu vertheidigen. Auch über die fortgesetzte Schulbildung und religiöse Erziehung dieser Kinder musz der Stat wachen, denn die Selbstsucht und sogar die Noth der Familien, welchen diese Kinder angehören, ist oft ein Hindernisz derselben, und nicht alle Fabrikherren sorgen dafür aus freier Humanität oder aus Christenpflicht;

b) die Sorge für eine mäszige Arbeitszeit vorzüglich der Kinder, dann auch der Erwachsenen. Die Freiheit des Vertrags schützt hier in vielen Fällen nicht vor argem Miszbrauch, denn für einen groszen Theil von Fabrikarbeitern ist jene Freiheit nur ein Schein ohne Realität, indem sie nicht in der Lage sind, sich den Anforderungen der Herren zu entziehen, von deren Anstellung ihr Lebensunterhalt abhängt. Am besten wäre es allerdings, wenn durch Statsverträge all-

[8] Nach mehreren Gesetzen dürfen die Kinder nicht unter 9 Jahren in den Fabriken verwendet und ihnen keine Nachtarbeit auferlegt werden. Ueberdem musz die Tagesarbeit durch Ruhestunden unterbrochen werden. Vgl. Rau, Volkswirthsch. Politik. II, S. 59. f.

gemein geltende Vorschriften darüber festgestellt würden, damit nicht die Industrie der Länder, welche hierin humane Grundsätze anerkennen, benachtheiligt werde durch die Concurrenz anderer, welche die Arbeitskräfte ihrer Bevölkerung im Uebermasz anstrengen, wenn schon diese Gefahr nicht so grosz ist als sie scheint, da unmäszige Anstrengung die Arbeitskraft selber schwächt.[9] Auch die Heilighaltung der Sonn- und Festtage ist eine grosze Wohlthat für diese Classen;

c) die Sorge dafür, dasz die Arbeitslocale und wo für die Fabrikarbeiter besondere Wohnungen eingerichtet werden, auch diese nicht so mangelhaft seien, um die Gesundheit derselben zu gefährden;

d) die Förderung aller der Anstalten, welche dafür bestimmt sind, die sittliche und leibliche Wohlfahrt der Arbeiter zu heben und zu erhalten, dieselbe im Falle von Krankheit zu pflegen und zu unterstützen, während industrieller Krisen zu sichern, im Alter zu versorgen u. s. f.

Die freiwillige Fürsorge edler Fabrikherren hat unverkennbar hier schon manche vortreffliche Institute erzeugt; und der Stat hat allerdings weder das Recht noch die Mittel, diese Fürsorge in so ausgedehntem Masze zu gebieten, wie der freie Wille sie hie und da belebt hat. Aber er ist veranlaszt, seinerseits diesen zu ehren und zu unterstützen, und vollkommen berechtigt, einige allgemeine Vorschriften zu erlassen, welche auch die Fabrikherren, die nicht ebenso aus eigenem Triebe für die Noth, das Unglück und das Alter sorgen, anhalten, so viel zu thun, als die Rücksicht auf die öffentliche Ordnung und die gerechten Ansprüche theils der Fabrikarbeiter selbst, theils der dabei ebenfalls betheiligten Gemeinden und Armenpflegen erheischen. Die Einrichtung

[9] Das Maximum einer Arbeitspflicht von 12 Stunden ist schon sehr hoch gefaszt; und doch gehen einige Gesetze bis auf 14 und 15 Stunden täglich.

und der Betrieb groszer Fabriken schafft geradezu eine Fabrikbevölkerung um dieselben her. Es liegt in dem Verdienst, den sie auch für die Kinder versprechen, und in dem Zusammenleben der Fabrikarbeiter ein groszer Reiz zu vermehrter Kindererzeugung, und es sammeln sich an dem Fabrikorte überdem aus entfernteren Gegenden her eine Menge Arbeiter. Diese werden meist nur für die bestimmte Fabrikarbeit erzogen und sind auch nur dieser fähig. Geräth dann diese Fabrication plötzlich in Stockung oder bringen auch nur die natürlichen Ursachen der Arbeitsunfähigkeit, wie Krankheit und Alter, ihre Wirkungen hervor, so entsteht eine Anzahl von unterstützungsbedürftigen und von armen Personen, welche ohne die Existenz der Fabrik nicht oder wenigstens in geringerem Masze die öffentliche Unterstützung und Pflege des Stats und der Gemeinden belästigen würden. Es ist daher nur gerecht, wenn diejenigen, welche in guten Zeiten von der Fabrication Gewinn ziehen, auch verpflichtet werden, für die bösen Tage vorzusorgen, und der Stat überschreitet seine Befugnisse nicht, wenn er Spar- und Hülfscassen anordnet, welche theilweise durch Abzüge an den Arbeitslöhnen und theilweise aus Beiträgen der Fabrikherren gebildet werden;

e) die Anordnung von Fabrikräthen, welche über die Ordnung und die guten Sitten in den Fabriken wachen, Streitigkeiten zwischen Herren und Arbeitern schlichten, und als Organ für die Interessen beider den Statsbehörden gegenüber dienen;

f) die Zulassung und Beaufsichtigung der genossenschaftlichen Verbindungen[10] der Arbeiter unter sich. Wie das Capital in der Association der Actien seine Macht gesteigert hat, so erhöht auch die Association der Arbeiter ihre Macht und gewährt ihren Interessen Schutz gegenüber

[10] Vgl. Huber, Art. Association in Bluntschli's Statswörterbuch.

der um sich greifenden und erdrückenden Macht des Capitals. Erst wird der Gegensatz beider Kräfte, der sächlichen Vermögenskraft und der persönlichen Arbeitskraft ausgebildet werden müssen: dann erst werden beide in ihrer Verbindung zu einem für beide wohlthätigen, gesunden Frieden gelangen können;

g) die Gewährung von Erfindungspatenten, welche den Erfindern wichtiger Verbesserungen für einige Zeit die ausschlieszliche Benutzung ihrer Erfindung sichern, und der Schutz, welcher den Fabriken gewährt wird gegen täuschende Nachahmung ihrer Fabrikzeichen;

h) die Anordnung von Industrieausstellungen, welche einen Ueberblick über die Gewerbsthätigkeit geben, die Fortschritte und Mängel ihres Ganges leichter erkennen lassen, zum Wetteifer ermuntern und die ausgezeichnete Arbeit ehren;

i) die Berücksichtigung der Fabricationsinteressen bei der Bestimmung der Zölle.[11]

7. Der Handelsverkehr bedarf in weit geringerem Grade einer besondern Pflege der Statswirthschaft, als die übrigen Gewerbe. Er gedeiht am besten, wo er sich mit individueller Freiheit bewegen kann, unbehindert durch äuszere Schranken. Der Groszhandel ist geradezu kosmopolitisch, nicht national, und fühlt jede Schranke, welche das Gesetz eines States zieht, als eine Beschwerde. Nur der Kleinhandel (Kramhandel), welcher des Detailverkaufes wegen auf localen Verbrauch angewiesen ist, bedarf einigen Schutz nicht vor der Concurrenz anderer sich regelmäszig niederlassender solider Handelsleute, wohl aber vor der häufig unsoliden Concurrenz der Musterreiter und Hausirer, welche den Käufern nachgehen und durch allerlei Vorspiegelungen ihre Kauflust wecken und reizen. Die Hauptaufgabe der Statswirthschaft gegen-

[11] Oben Cap. 7, S. 433.

über dem Handel besteht daher in der Wegräumung der Hindernisse, welche seine freie Bewegung hemmen; in zweiter Linie erst in der Unterstützung desselben durch öffentliche Anstalten.

a) Die Organisation des Handelsstandes hat weniger Schwierigkeiten, als die des Handwerk- und Fabrikstandes. Jener theilt sich in zwei Hauptclassen, die der Groszhändler, Kaufleute (negotiatores) im eigentlichen Sinn, welche in der Regel wieder an Fabrikanten, andere Kaufleute und Krämer und eben darum in gröszeren Massen verkaufen und die Handelsvermittlung im Groszen betreiben, und die der Kleinhändler, Krämer (institores), welche in der Regel an alle einzelnen Consumenten nach beliebig kleinen Quantitäten verkaufen. Die erstern gehören dem dritten, die letztern dem vierten Stande an, und beide können wohl zu groszen, die ganze Masse der Betheiligten umfassenden Corporationen vereinigt werden.

b) Die Einrichtung von Handelskammern, welche über die gemeinsamen Interessen des Handels wachen und den Handelsstand auch vor den Statsbehörden vertreten, die Kunde der Handelsübungen bewahren und Gutachten in Handelssachen bearbeiten, bildet die natürliche Krone einer corporativen und freien Gliederung des Handelsstandes.

c) Die Anordnung von öffentlich autorisirten Mäklern (Sensalen) in Handelsstädten und die Herstellung von Börsen dient zur Sicherung und Beförderung des eigentlichen Handelsverkehrs, und je vollkommener die übrigen gemeinen Verkehrsanstalten des States sind, Straszen, Postverbindungen u. s. f., desto mehr wird auch der Handel und dieser in hohem Masze die Vortheile derselben zu genieszen haben.

d) Die Sicherung der Handelsfirmen gegen Miszbrauch und Täuschung, die Prüfung der Solidität von neu entstehenden Actiengesellschaften, insbesondere Creditanstalten, die Bekanntmachung solcher Veränderungen in dem Personenbestand und den Verhältnissen der Gesellschaften und der Handelsetablissements überhaupt, welche auf die Glaubwürdigkeit und die Sicherheit des Handelsverkehrs von Einflusz sind, sind ebenfalls einzelne wohlthätige Aeuszerungen der statswirthschaftlichen Thätigkeit auf diesem Gebiete.

Eilftes Buch.

Von den Gemeinden.

Erstes Capitel.

Historische Erinnerung.

1. Der antike Stat ist aus dem politischen Leben der Stadt erwachsen. Die Vermischung des States mit der Stadt in der Idee und in der Organisation ist daher dem Statsrechte des Alterthums eigenthümlich. Griechen und Römer bezeichneten sogar mit dem nämlichen Worte die beiden Gemeinschaften. Die Stadt Athen war zugleich der Stat Athen, und die Stadt Rom wurde zur Beherrscherin der Welt.

Das römische Reich war indessen so grosz geworden, dasz der innere Gegensatz zwischen dem State und den Städten dem scharfen Blick der Römer nicht länger entgehen konnte. Jener umfaszte die Welt, diese waren local begränzt. Am längsten dauerte die Vermischung beider in der Organisation der Hauptstadt. Die Magistrate des römischen Volkes waren zugleich und zunächst Magistrate der Stadt, der Senat war auch Rath der Stadt. Das römische Stadtbürgerrecht war die nothwendige Grundlage der politischen Betheiligung an den Statsangelegenheiten. Erst unter den

Kaisern anderte sich das. Die Cäsarenherrschaft war eine reine Statsinstitution. Unter Augustus wurde auch der Senat zu einer Reichsversammlung, welche die Groszen aus den Provinzen in sich aufnahm. Ein groszer Theil der öffentlichen Aemter wurde rein statlich; und das römische Bürgerthum erweiterte sich im Verfolge zu einem allgemeinen Statsbürgerthum. Das unermeszliche Reich streifte so die Form der Stadtverfassung erst ab, als schon die innere Lebenskraft groszentheils erschöpft war und Roms Geschichte sich abwärts neigte.

Früher war der Gegensatz in den übrigen Städten, besonders von Italien, offenbar geworden. Zwar waren auch sie ursprünglich politische Ganze, um welche auch die Ortschaften und Höfe des Landes umher, als um ihr verfassungsmäsziges Centrum gruppirt waren. Auch sie hatten ihre Magistrate, wenn gleich später nicht mehr mit imperium, doch mit jurisdictio. Die *IIviri* und *IVviri* sowohl als die *prefaecti*, waren nicht blosze Gemeindevorsteher, sondern zugleich Statsbeamte, obwohl ihr Wirkungskreis auf das Gebiet der Stadt begrenzt war; die Senate oder Curien, wie sie im Verfolg genannt wurden, waren in kleinern Verhältnissen ähnlich dem Senate zu Rom, und das römische Bürgerrecht verband in den Colonien und vielen Municipien die Bewohner, in noch anderen Städten wenigstens die Obrigkeiten derselben, mit der herrschenden Stadt. Aber wenn auch die Mischung von Stadt und Stat in allen diesen Beziehungen überall noch bis spät wahrzunehmen ist, so war doch schon von Anfang an das höhere politische Leben, die Statsregierung und Gesetzgebung in Rom concentrirt, und alle übrigen Städte zunächst doch nur locale Corporationen. Sie hatten nicht als solche einen unmittelbaren Antheil an der Leitung des Statswesens.[1]

[1] Vgl. die übersichtliche und gründliche Darstellung bei C. Hegel, Geschichte der Städteverfassung von Italien Bd. I, Cap. 1, worin auch die gelehrten Untersuchungen von Niebuhr, Savigny, Walter, Puchta, Zumpt u. s. w. beachtet sind.

Guizot hat in der Trennung der politischen Rechte und Interessen von den Municipal-Interessen und Rechten, welche in der Kaiserzeit vollzogen worden, eine Hauptursache des Verfalls des römischen Reichs zu erkennen vermeint, und dieselbe als verderblich erklärt für den Stat und die Gemeinden.[2] Ich kann diese Ansicht des gelehrten Statsmannes nicht theilen. Die Trennung der politischen und der Gemeindeverfassung wurde in dem römischen Reiche nicht so vollständig und nicht so scharf durchgeführt, als in den modernen Staten fast allenthalben, und nicht daran ist der römische Stat zu Grunde gegangen, dasz er, was seiner Natur nach verschieden war, das politische Statsleben und das Culturleben der Gemeinde auch in dem äuszern Organismus verschieden behandelte. Als die übermäszige Centralisation der gesammten Statsgewalt in dem absoluten Kaiserthum die Rechte aller übrigen Glieder absorbirt hatte, und jede Art von politischer Freiheit der Aristokratie und des übrigen Volks niederdrückte und zerstörte, da hielt im Gegentheil die alte Municipalfreiheit noch eine Zeit lang die allgemeine Knechtung und das Verderben auf. Erst seit der Umgestaltung des Reichs unter Diocletian und Constantin, und der Einführung einer aus orientalischem Despotismus und römisch-griechischer Bureaukratie gemischten Statsverfassung sind denn auch die Freiheit und das Recht der Städte zuletzt jeder Gemeindeselbständigkeit beraubt, dem Beamtenheer des Kaisers völlig unterworfen, durch die Begünstigung privilegirter Classen der Bevölkerung geschwächt und entnervt, und mit übermäszigen Lasten der Steuern und der ökonomischen Verantwortlichkeit belegt und erdrückt worden. Der Untergang der Städte war so eine Folge mehr noch als eine Ursache des politischen und sittlichen Verderbens, welchem die gesammte Nation und der ganze Stat erlag.

[2] Essais sur l'histoire de France I.

Der römischen Jurisprudenz gehört auch die Auffassung der Stadt als einer „juristischen Person“ (corpus, universitas) an. Sie wurde so als Individuum betrachtet, welchem als einem Ganzen Vermögen zukomme. Diese Persönlichkeit, welche von den Personen der einzelnen Bürger scharf unterschieden, und in ihrer Einheit und Untheilbarkeit als Subject des Vermögens gedacht wurde, machte sich besonders auf dem Gebiete des Privatrechts, mehr als auf dem des Statsrechts geltend. Sie hatte Eigenthum, Forderungen, Schulden, und wurde auch im Verkehr und vor Gericht repräsentirt durch ihre bevollmächtigten Stellvertreter oder Werkzeuge (die Sclaven).

2. Wie dem römischen Geiste das Stadtleben und die Ausbildung der Städte voraus gemäsz war, so entspricht dem germanischen Charakter vorzüglich die Einrichtung der Landgemeinden. Italien war von Alters her das Land der Städte. In Deutschland gab es in den ersten Jahrhunderten unserer Geschichte keine Städte — die Germanen verachteten und haszten anfangs die Bewohner der römischen Colonien und Städte, auch nachdem sie selber zur Herrschaft über diese gelangt waren; — wohl aber sind die Landgemeinden überall da, wo sich germanische Völker auf eigenem Boden dauernd niederlassen. Sie sind daher gewöhnlich älter als die Staten, zu denen sie nunmehr gehören.

Waren die alten Städte gleichsam politische Individuen, so sind dagegen die alten Landgemeinden keine für sich bestehende politische Wesen, sondern von Anfang an in dem politischen Organismus des Volkes und Landes nur Theile eines gröszern Ganzen, Abtheilungen der Zenten (Huntari) und hinwieder der noch weiteren Gaue, somit Glieder des Statskörpers. Aber sie waren selbständige wirthschaftliche Ganze. Diesz ist der Charakter der beiden Grundformen der alten Landgemeinde, sowohl der freien Gemeinde, als der grundherrlichen Gemeinde. Beide beruhten auf der Eintheilung des Bodens, und hatten den Zweck, denselben in geordneter Weise gemeinsam zu bewirthschaften. Es gab dort wie hier abgegrenzte und den einzelnen Familien zu besonderem Rechte und eigenem Bau zugetheilte Güter, vorzüglich Aecker und Wiesen, die indessen in einigen Beziehungen auch wieder gemeinsamen Regeln der Landwirthschaft unterworfen waren — man erinnere sich an die Zelg- und Flurwirthschaft des Dreifeldersystems. Und dort wie hier gab es auszer den Sondergütern gröszere unvertheilte Waldungen und Weiden, welche von der Gemeinde der Sondergutsbesitzer gemeinsam benutzt wurden, auf welche die Gemeindewirthschaft sich vorzüglich bezog. Nur darin war die Verfassung derselben verschieden, dasz die freie Gemeinde auch zu dem vollberechtigten Volke gehörte, und dasz unter ihrem ursprünglich selbst erwählten Vorstande die freien Grundeigenthümer zusammentraten und über das eigene Recht selbständig verfügten, während die hofhörigen Leute ihren Grundbesitz von der Gnade des Herrn ableiteten, durch seine Herrschaft zusammengehalten und geleitet, und nur durch ihn mit der übrigen Volksverfassung vermittelt waren. In den letztern Gemeinden war die Einheit in der Person des Grundherrn an ihrer Spitze schärfer ausgeprägt und mächtiger als in den erstern. Für beiderlei Arten aber paszt der römische Begriff der juristischen Person im engern Sinne des Wortes nicht. Sie waren vielmehr beide Genossenschaften, die wohl in gewisser Beziehung auch als ein Ganzes sich fühlten, aber nicht als ein von den einzelnen Genossen getrenntes und unabhängiges Ganzes, sondern nur als eine aus jenen zusammengesetzte Gesammtheit, als eine organisirte Verbindung der Genossen.

Während des Mittelalters erlangte die Form der grundherrlichen Gemeinde häufig das Uebergewicht, und viele ursprünglich freie Gemeinden bekamen im Verfolg erbliche Herren, und geriethen unter die Vogteigewalt der Landesherren oder ihrer Vasallen. Aber hinwieder erwarben im Lauf der Jahrhunderte die ursprünglichen Hofhörigen feste und gesicherte Rechte am Boden, und näherten sich insofern den freien Gemeinden. Sehr selten aber sind die Dorf- und Landgemeinden zu politischen Gemeinwesen erwachsen und selbständige Staten geworden. Wo das etwa geschehen ist, wie zum Theil in der Schweiz, da haben immer auch andere, über den Gemeindebann hinausreichende Verbindungen, namentlich die der gröszeren aus den Zenten erwachsenen Vogteien wesentlich dazu beigetragen. Die blosz locale und eng begrenzte Bedeutung der Gemeinden ist nicht der alleinige Grund dafür, dasz sie sich in der Regel nicht zu eigener Statenbildung erhoben haben, sondern sie hatten von Anfang an keinen Keim dieser in sich, und keinen Zug zur Herrschaft.

3. Von anderer Art war das Schicksal der mittelalterlichen Städte. Durch die Wiederbelebung und die neue Gründung zahlreicher Städte in Europa kam nun der Gegensatz der Land- und der Stadtgemeinden zur Erscheinung. Anfänglich war auch die Verfassung der Städte noch ähnlich der Verfassung der Landgemeinden, aber schon in der ersten Anlage waren doch die Zeichen einer neuen verschiedenen Bildung zu erkennen. Wenn wir auch wahrnehmen, dasz sogar in Italien die alte römische Municipalverfassung längst abgestorben war, als die Triebe einer neuern Städtebildung sich entfalteten, und diese selbst vorzüglich von dem Geiste germanischer Freiheit und corporativer Rechtsbildung getragen und gezeitigt wurden,[3] so erinnert doch manches wieder an den Zusammenhang und die Verwandtschaft mit den römischen Städten. Das Andenken wenigstens an die Cultur und die Grösze des römischen Alterthums wurde wieder belebt. Das

[3] Die ausgezeichneten Untersuchungen C. Hegels in dem oben Note 1 angeführten Werke scheinen mir die Streitfrage in der Hauptsache erledigt zu haben. Vgl. nun auch Laurent, Hist. du droit des gens, tom. VII. La Féodalité et l'Église, S. 509 ff.

Institut der städtischen Consuln des Mittelalters, obwohl sie eine von dem altrömischen Consulat ganz verschiedene Bedeutung haben, bezeugt doch die Macht der Erinnerung an die Herrlichkeit der untergegangenen Vorzeit.

Die landwirthschaftlichen Interessen, in der ersten Zeit in vielen Städten zwar noch beachtet, waren doch nicht mehr maszgebend, die Bevölkerung der Städte bestand nicht mehr aus Bauern. Um die Bischöfe und die Abteien her sammelten sich die den kirchlichen Anstalten geweihten Diener, um die Pfalzen der Könige und um die Höfe der Groszen die Verwalter der Einkünfte und die Gefährten des vornehmeren Lebens, und um die königlichen Burgen eine zahlreiche streitbare Mannschaft. Unter dem Schutze der Städte erwarb der Handel einen sicheren Wohnsitz. Der Verkehr und die Gewerbe jeder Art fanden da Nahrung und Gedeihen. So waren es von Anfang die höheren Interessen der öffentlichen Sicherheit, Cultur und Industrie, welche in den Städten gepflegt wurden, und die der Städtebevölkerung einen von der Bauersame verschiedenen Charakter gaben. Es konnte daher auch hier zuerst ein persönliches von dem Grundbesitz unabhängiges Bürgerthum aufkommen, und wieder wurde das Princip einer einheitlichen juristischen Person im Gegensatze zur Genossenschaft erneuert, wenn auch anfangs nicht so abstract, wie die römische Jurisprudenz es ausgedacht hatte.

Und nochmals werden wir das Streben der Städte gewahr, aus dem Kreise bloszer Gemeinden herauszutreten, und als selbständige politische Individuen ein republikanisches Statsleben auszubilden. Wieder mischten sich so die Begriffe Stadt und Stat. Aber mannichfaltiger und in anderer Richtung als in dem altrömischen Italien. Es war keine Weltstadt mehr da, welche alle übrigen Städte gleichsam zusammenfassend die Einheit erhielt, und der Zug zur Herrschaft, dem römischen Charakter angeboren, bezeichnet nicht die Politik der mittelalterlichen Städte. Ihre Freiheit voraus wollten sie bewahren vor der Herrschaft der Fürsten und dem Drucke des kriegerischen Lehenswesens, und Unabhängigkeit strebten sie an von jeder Einmischung in ihre öffentlichen Angelegenheiten. Die Ausbreitung ihrer Herrschaft je über das umliegende Gebiet ist eine spätere Phase ihrer Entwickelung und von secundärer Bedeutung. Sie dachten erst daran, als sie ihre politische Selbstregierung errungen hatten, und ahmten dann hierin nur den kleinern Seigneurs und Landesherren nach, mit deren Macht sie gar wohl die ihrige messen durften.

4. Einzelne Städte, und vorzüglich wieder in Italien, haben im Laufe der Jahrhunderte ein groszes Statsgebiet erworben, und sich so zu bedeutenderen Staten erweitert. Aber nur wenigen ist das geglückt, und zuletzt sind alle Städte, bis auf ein paar vereinzelte Ausnahmen, sowohl die welche nur eine republikanische Selbständigkeit erlangt, als die welche als Hauptstädte über ein Territorium Herrschaft erworben hatten, entweder von den gröszeren Monarchien, die in den letzten Jahrhunderten aufgewachsen sind, unterworfen. oder von der modernen Statenbildung ihrer politischen Hoheit entkleidet worden. Es ist diese Umgestaltung auch in Freistaten, wie in den Niederlanden und in der Schweiz, vor sich gegangen. Die Allgemeinheit der Erscheinung — wie lange werden sich noch die in Deutschland allein zurückgebliebenen vier, seit 1866 nur noch drei Reichsstädte als Staten erhalten können? — ist ein unverkennbares Zeichen, dasz dem politischen Leben unserer Zeit weder die antike noch die mittelalterliche Mischung von Stadt und Stat mehr zusage, sondern dasz dem modernen State die Stadtgemeinde politisch untergeordnet sei. Die Ausscheidung folglich der politischen Rechte und Interessen von den städtischen Gemeinderechten und Interessen ist wesentlich das Resultat der neueren Zeit.

5. In der absolutistischen Periode der letzten Jahrhun-

derte wurden die Städte indessen in manchen Ländern, vorzüglich in Frankreich, nicht blosz jeder politischen Hoheit und Selbständigkeit vollständig entkleidet. Dem übermächtigen Triebe der neuen einheitlichen Macht des absoluten Stats genügte die politische Unterordnung derselben nicht. Er griff weiter um sich, und wollte auch keine Selbstbestimmung der Städte in ihren Gemeindeangelegenheiten zugeben. Diese Richtung wurde noch leidenschaftlicher von der Revolution befolgt, welche zu Ende des vorigen Jahrhunderts Frankreich umwälzte und von da aus Europa umgestaltete. Hatten im Mittelalter die Städte zugleich sich selbst regierende Staten sein wollen, so ging nun auch ihre corporative Gemeindefreiheit unter. Die Vorstellung kam zur Geltung, dasz alle Gemeinden, Städte und Dörfer nur Statsanstalten seien. Das neue Statsbürgerrecht verschlang das alte Gemeindebürgerrecht, und die Reste von Selbständigkeit wurden aufgezehrt von der Alles umfassenden und leitenden Centralisation. So hatte die politische Ueberhebung der Städte in ihr Gegentheil, in vollständige Abhängigkeit derselben in allen Dingen umgeschlagen.

6. In der neuesten Zeit endlich sehen wir nach mancherlei entgegengesetzten Schwankungen ein gewisses Gleichgewicht hergestellt, welches die Gemeinden in ihrem Kreise als selbständige Wesen achtet, und zugleich die politische Ueberordnung des States wahrt.[4] Dieser Fortschritt datirt hauptsächlich seit der preuszischen Städteordnung von 1808, einem Werke des Ministers Stein.

[4] Wie Rottek (const. Statsr. v. Aretin. III, S. 31) dazu hat kommen können, auch „unsere" Gemeinden „Staten im Kleinen" zu nennen, welche „mit andern Gemeinden und mit Einzelnen zum gröszern Stat vereint" sind, wäre unbegreiflich, wüszten wir nicht, wie sehr in neuerer Zeit die Neigung, den Stat von unten herauf durch Zusammenzählen und Aneinanderreihen sogar der Individuen zu construiren, und so zum Product des Vertrages zu machen, sich vieler Köpfe in Gestalt der individuellen Freiheit bemächtigt und dieselben verwirrt hat

Zweites Capitel.

Die rechtliche Natur der Gemeinden.

Der Rückblick auf die Schicksale der Gemeinden in der Weltgeschichte enthüllt uns die wahre Natur derselben, die in dem modernen Statsrechte mehr und mehr zu allgemeiner Anerkennung zu kommen scheint

1. Dem neueren State gemäsz ist es vorerst, dasz die sämmtlichen Gemeinden in demselben in Harmonie gebracht werden mit der Statsverfassung, und den Statsgewalten in allen politischen Beziehungen untergeordnet seien. Er erträgt es nicht, dasz eine Rechtsgemeinschaft der Art als eigene, auf sich beruhende politische Macht gewiszermaszen auszerhalb der öffentlichen Verfassung stehe, wie eine Immunität. Denn er umfaszt und ordnet das gesammte politische Dasein der Nation und ihrer Theile.

Als einfache Folgen dieses Grundsatzes lassen sich diese Bestimmungen ableiten:

a) dasz neue Gemeinden nur mit Zustimmung des Stats gebildet werden dürfen; denn da dieselben immerhin auch eine öffentliche Bedeutung haben, da sie auch Glieder des Statskörpers sind, so ist dieser berechtigt, bei der Entstehung derselben mitzureden, und die Rechte und Interessen des Ganzen zu wahren;

b) dasz die Gesetzgebung des Stats auch die Grundzüge der Gemeindeverfassung zu ordnen und je nach den Zeitverhältnissen abzuändern das Recht habe, und zwar mit gröszerer Freiheit als in rein privatrechtlichen Dingen;

c) dasz der Statsgewalt zwar nicht nothwendig ein Vormundschaftsrecht über die Gemeinden, aber jedenfalls ein Aufsichtsrecht über dieselben gebühre, durch welches ihr die Veranlassung geboten und die erforderlichen Mittel gewährt werden, die Harmonie mit dem State und die politische Unterordnung der Gemeinden unter denselben zu erhalten, und einer Entartung der Gemeinde oder dem Miszbrauch ihrer Rechte entgegen zu wirken.

d) Der Natur der Gemeinde als eines Gliedes auch im Statskörper entspricht es ferner, wenn auch die Statsverfassung als solche in die Organisation derselben hinabreicht, sei es dasz den Gemeinden eine Repräsentation auch in den Kammern verstattet oder gewisse Wahlen für die höheren Räthe nach Gemeinden geordnet werden, sei es, dasz für die Gemeinden untere Statsbeamte bestellt werden zur Ausübung der statlichen Functionen. Der Zusammenhang der Gemeinden mit dem State wird durch solche Einrichtungen fortwährend in lebendiger Thätigkeit erhalten. Dieser zieht aus jenen frische Säfte und erfüllt hinwieder die Gemeinden mit seinem Geiste.

Es ist daher ganz passend, wenn in neuerer Zeit häufig das ganze Statsgebiet in Gemeindekreise abgetheilt wird, so dasz auch die Höfe und Gegenden, die in dem mittelalterlichen State auszerhalb der Gemeindeverfassung standen, in die Ordnung derselben eingefügt werden.

2. Einseitig übertrieben ist aber die Meinung, welche in den Gemeinden nur Anstalten des Stats und nur Glieder des Statskörpers sieht. Die Geschichte der Gemeinden zeigt, dasz dieselben häufig älter sind sogar als die Staten, denen sie zugehören, und meistens nicht von oben her und von dem ganzen State aus gegründet wurden, sondern eher von unten auf aus der Ansammlung vieler Familien um einen Mittelpunkt der Cultur oder aus genossenschaftlicher Verbindung der nachbarlichen Grundbesitzer. Ebenso ist die Bestimmung der Gemeinden zunächst nicht eine statliche, sondern voraus eine auf Cultur und Wirthschaft gerichtete. Die Gemeinde steht demnach in der Mitte zwischen dem Individuum und dem State, dem Kreise des Privatlebens und dem des politischen Lebens. Sie umfaszt die gemeinsamen

Cultur- und Wirthschaftsbeziehungen eines Ortes, die hinwieder mit den Privatinteressen der Bewohner desselben eng verschlungen sind. Das ist ihr principaler Charakter. Zugleich aber vermittelt sie das Verhältnisz des Orts und seiner Bewohner zum State. Das ist die zweite Seite ihres Wesens.

Weil so die Gemeinde eine Bedeutung für sich und ein eigenes Leben hat, so ist sie auch eine Persönlichkeit. und zwar eine von dem State verschiedene Persönlichkeit.[1] Sie hat ihr eigenes Recht, eigenes Vermögen, eine besondere Wirksamkeit. Weszhalb sollte sie hier nicht ihrer Freiheit sich erfreuen und selbständig ihre Angelegenheiten verwalten? Die eigentliche Vormundschaft hat nur da guten Grund, wo es der bevormundeten Person an der Fähigkeit gebricht, für sich selber zu sorgen. Die Hülfsbedürftigkeit dieser ist die rechtliche Voraussetzung jener. Wie sollte nun die Gemeinde nicht so zu organisiren sein, dasz die volljährigen Männer, die ihr angehören und ihre Angelegenheiten verwalten, auch fähig sind, nach eigener Einsicht die gemeinsamen, ihren Privatverhältnissen naheliegenden Interessen zu besorgen? Wie sollten sie denn der Vormundschaft der Statsbehörden bedürfen? Unter noch barbarischen oder in öffentlichen Dingen völlig ungeübten Völkern, oder wo etwa Liederlichkeit oder ähnliches Verderbnisz eingerissen, mag die Vormundschaft des Stats wohl nöthig sein. Dem normalen Zustande der Gemeinde aber sagt nur die Selbständigkeit derselben als Regel zu. Allerdings nicht eine absolute, weil die Gemeinde nicht allein eine Persönlichkeit für sich ist, aber eine durch die Statsordnung und die Aufsicht der Regierung beschränkte.

3. Wie der Gegensatz der Stände in neuerer Zeit viel-

[1] Brater im Deutschen Statswörterbuch, Art. Gemeinde: „Die Gemeinde ist der Organismus der örtlichen Gemeinschaft wie der Stat der Organismus der Volksgemeinschaft.“

fältig verwischt worden ist, ungeachtet die Verschiedenheit der Lebens- und Berufsweise noch in groszen Zügen erkennbar ist, so ist auch der Unterschied der Städte und der Landgemeinden in den neueren Staten oft nicht weiter beachtet worden. Zwar gibt es wirklich Gegenden, in welchen die städtische Cultur auch auf das Land verpflanzt worden ist und städtische Sitten in den Dörfern geübt werden, und manche besonders kleinere Städte, die nur mit Rücksicht auf ihre ältere Geschichte und etwa weil sie mit Mauern versehen waren als Städte gelten, während die Art ihres Daseins und Lebens sie den Dörfern gleichstellt. Aber im Groszen besteht der natürliche Gegensatz dennoch fort, und die Stadtgemeinde hat in manchen Beziehungen eine andere Natur als die Landgemeinde.

Die Landgemeinde haftet näher an dem Boden, der von den Genossen derselben bebaut wird. Sie lebt in engerem Verkehr mit der äuszern Natur des Landes, und breitet ihre Sorge weit umher darüber aus. Culturzwecke sind ihr zwar nicht fremd. Die Kirche vornehmlich überragt das Gemeindehaus. Die Gemeinde stiftet und unterhält auch Schulen für die Dorfjugend. Aber ihre eigentliche und Hauptthätigkeit ist die gemeinsame Wirthschaft, die Sorge für die gemeinen Waldungen und Weiden, für die Wege und Stege, für die Brunnen und Feuerlöschanstalten, für die Reinlichkeit und Ordnung, für ihr Vermögen. Das Princip der Nützlichkeit ist das maszgebende, auf die Früchte vorzüglich ist der Sinn gerichtet. Das Dorf begnügt sich mit dem Anständigen; sein Streben geht nicht auf höhere Cultur in Kunst und Wissenschaft. Nicht der Handel nach allen Richtungen und in allen Dingen, sondern die gleichmäszige, dem Boden zugewendete Landwirthschaft bezeichnet die Art seines Daseins.

Die Stadtgemeinde dagegen wird auf kleinerem Raume zu reicherem und höherem Leben vereinigt und erhoben. Die Verbindung mit dem Boden wird gelockert, die Personen

30*

schlieszen sich persönlich zusammen; der corporative Trieb wirkt in ihr einheitlicher und energischer. Wenn in der Landgemeinde das genossenschaftliche Princip noch angemessen erscheint, so paszt für die Stadt das Princip der reinen juristischen Person besser. Die Landwirthschaft kann sich in der Stadt nicht erhalten. Soll sie gedeihen, so musz sie hinausgedrängt werden auf das Land; nur die feinere Gartencultur findet in der Stadt einen Platz. Dagegen werden in ihr die Berufsweisen überaus mannichfaltig. Gewerke aller Art werden in ihr nicht etwa nur von Einzelnen, sondern von ganzen Classen der Bevölkerung betrieben. Der Kramhandel bietet seine Waaren da feil, und befriedigt die kleinen Bedürfnisse eines groszen Kreises auch auszerhalb der Stadt. Der Groszhandel wählt in ihr seinen Sitz, und spannt von da aus das Netz seiner Geschäfte über die Welt hin. Die Künste und die Wissenschaften finden sich ein, und veredeln das Leben. Höhere Schulen werden dahin verlegt. Der Stat selbst nimmt mit seinen bedeutenderen Anstalten da seine Residenz. Es ist klar, dasz das alles einen gewaltigen Einflusz auf die Lebensweise der städtischen Bevölkerung und auf die ganze Natur und Form der Stadtgemeinde haben musz. Die Bedeutung der Wirthschaft tritt in ihr in den Hintergrund, die Richtung auf höhere Culturinteressen dagegen hervor. Die Stadt nähert sich daher noch mehr dem State an. In andern Beziehungen aber sind hinwieder Stadt- und Landgemeinde einander gleich. Sie haben beide Antheil an der Selbständigkeit, welche den Gemeinden überhaupt gebührt im Verhältnisz zum State und an der Gemeindefreiheit, die sich theils in der Autonomie, d. h. der Selbstgesetzgebung innerhalb des Gemeindebereiches theils in der Selbstverwaltung der Gemeinde und ihrer Organe äuszert.

Drittes Capitel.

Organismus der Landgemeinde.

1. Das Leben der Landgemeinden ist einfach, der äuszern Natur nahe, gleichmäszig, schlicht. Ihre Verfaszung musz diesem Charakter gemäsz sein. Eben daher hat sie auch in ihrem gesunden Zustande einen Zug zu demokratischer Einrichtung. In der altdeutschen freien Gemeinde traten, so oft es nöthig schien, die freien Grundeigenthümer der Gemeinde (die Markgenossen) zusammen und faszten ihre Beschlüsse unter dem Vorsitze des Decans, Dorfgrafen, Bauermeisters, Schulzen oder wie sonst ihr Vorstand noch genannt werden mochte, und selbst auf den Grundherrschaften versammelte sich nach Ausbildung des Hofrechts die Gemeinde der hofhörigen Grundbesitzer regelmäszig unter der Leitung des Grundherrn oder seines Stellvertreters des Maiers oder Kellers. Die Gemeindeversammlung der Dorfgenossen und der Gemeindevorstand sind noch die beiden Organe der Gemeinde, welche ihren Bedürfnissen gewöhnlich genügen. Die Auflösung jener in den letzten Jahrhunderten war nicht aus natürlichen Bedürfniszen herbeigeführt worden, sondern lediglich eine Folge der alles freiere Leben ertödtenden Herrschsucht jener Zeit, die durch die Zerstörung der Gemeindefreiheit die allgemeine Auflösung und die Revolution des ganzen Stats hinwieder vorbereitet hat. Die Beiordnung eines ständigen Gemeinderathes zu dem Gemeindevorstand dagegen war eine natürliche Fortbildung dieses Organs, den gesteigerten Ansprüchen der neueren Cultur gemäsz.

2. Der Dorfgemeinde ist es natürlich, wenn die Gemeindeversammlung vorzüglich aus den auf Grund und Boden angesessenen Genossen besteht, d. h. wenn das active Gemeindebürgerrecht vornehmlich den Grundbesitzern in dem Gemeindebann zusteht. Im Groszen und

Ganzen ist dieses System in Deutschland und England[1] zum Theil überliefert, zum Theil, freilich mit Modificationen wieder hergestellt worden. Insbesondere werden den Grundeigenthümern noch andere Classen beigeordnet, wie die Handwerker und Krämer, die ihre Gewerbe auf eigene Rechnung treiben, oder die abgeleiteten Grundbesitzer zu Pacht (Erbpacht oder länger dauernder Zeitpacht), endlich auch die Fabrikarbeiter und Taglöhner.

Wenn also auch die Landbauern als der eigentliche Kern der Landgemeinde zu betrachten sind, so macht es doch die Ausdehnung der Industrie und der Cultur auch auf die Landschaft unmöglich, die Landgemeinde in der alten Form einer bloszen Bauerngemeinde festzuhalten.

3. Am weitesten in der entgegengesetzten Richtung ist das französische System gegangen, indem es auch in den Landgemeinden das Bürgerrecht völlig von dem Grundbesitz abgelöst hat, und sogar in dem Statsbürgerrecht dergestalt hat untergehen lassen, dasz es keine berechtigte Versammlung der Gemeindebürger mehr kennt. Die Landgemeinde wie die Stadtgemeinde erscheint dann nur als eine an den Ort geknüpfte juristische Persönlichkeit, in welcher die Glieder, die Gemeindegenossen gleichsam verschwinden.

Im Grunde ist das Zerstörung nicht Organisation der Gemeinde, als einer selbständigen Körperschaft.

4. Ein anderer, vorzüglich in Preuszen ausgebildeter Gedanke ist die Umwandlung der Grundbesitzergemeinde in die Einwohnergemeinde.[2] Das heiszt die Theilnahme

[1] Vgl. Renaud, deutsches Privatr. I, §. 191. Oesterreichisches Gemeindegesetz von 1849. Englisches von 1835.

[2] Die preuszische Gemeindeordnung vom 11. März 1850 war ohne Unterschied der Stadt- und Landgemeinden auf das System der Einwohnergemeinden gebaut, liesz aber nicht alle Einwohner als Gemeindewähler zu, sondern nur die, welche entweder Grundbesitz haben oder wenigstens 2 Thaler directe jährliche Steuer bezahlen (§. 4). Später wurde der Unterschied wieder anerkannt. Gesetze von 1853 und 1856.

an den Gemeindeversammlungen, und Gemeindeangelegenheiten wird lediglich oder hauptsächlich von dem Wohnort, d. h. von der dauernden Verbindung mit dem Orte abhängig gemacht. Es ist dann nur von secundärem Belang, wenn auszerdem für das Stimmrecht noch weitere Erfordernisse, wie ein gewisses Alter, Steuerzahlung, persönliche Selbständigkeit und dergleichen verlangt werden. Auch die Einwohnergemeinde kann mehr oder weniger demokratisch organisirt werden. Wenn aber kein Unterschied beachtet wird zwischen Hausvätern und Söhnen, Meistern und Knechten, Gewerbetreibenden und Taglöhnern, Fabrikherren und Fabrikarbeitern, sondern das Stimmrecht gleichmäszig auf alle Personen ausgedehnt wird, auch auf die, welche an der dauernden Wohlfahrt der Gemeinde nur ein vorübergehendes und geringes Interesse haben, und bei Gemeindesteuern fast gar nicht in Mitleidenschaft gezogen werden können, so entsteht hier eine nicht geringe Gefahr für die Gemeinde und ihre Hausväter, deren Abwendung kaum anders als durch eine verstärkte Statscontrole möglich ist. Gerade das Interesse der Gemeindefreiheit empfiehlt Vorsicht in der Ausdehnung des Stimmrechts.

5. Auf einem eigenthümlichen Princip beruht die Verfassung der persönlichen Bürgergemeinden in vielen Gegenden der Schweiz und auch in manchen süddeutschen Ländern.[3] Dieselbe ist zwar auch abgelöst worden von dem Zusammenhang mit dem Grundbesitz und der Ansässigkeit. Es ist das ältere reale Princip mit einem persönlichen vertauscht worden. Aber indem sich die Gemeindebürgerschaft vorzüglich um der Pflicht für die Armen-

Für die Landgemeinden der östlichen Provinzen ist ein eigener „Hausstand" und in der Regel auch Wohnort in dem Gemeindebezirk als Grundbedingung des Stimmrechts anerkannt. v. Rönne Preusz. Statsr. II. §. 309.

[3] Vgl. Bluntschli, Zürcherische Rechtsgeschichte II, S. 58 ff. und das Gutachten über die Reorganisation des Gemeindewesens im Kanton Bern von Blösch von 1851.

pflege willen, welche sie für ihre Glieder zu übernehmen hatte, corporativ abschlosz, so dasz neue Ankömmlinge nur durch Bezahlung einer Einkaufssumme in das Gemeindegut und Aufnahme der Bürgerschaft in diese eintreten konnten, so wurde das ganze Bürgerrecht zu einem persönlich erblichen Rechte aller derer, die aus Bürgerfamilien abstammten, hatten sie nun selber Grundbesitz oder nicht. Die Bürgergemeinde wurde so gewissermaszen selbst zu einer groszen Familie, welche in den Kindern und Enkeln sich stets erneuernd fortlebt. Die Bürger werden unter einander durch ein Band der Pietät verbunden, welches fest hält, auch wenn ihre Wege sie trennen, und der eine da, der andere anderswo sich niederläszt. Das Bürgerrecht wird zu einem Erbgute, das auf die Nachkommen übergeht, es verbindet die Interessen und selbst die Ehre der auf Jahrhunderte hin lebenden Gemeinde mit der Fortpflanzung des Blutes und den heiligen Beziehungen des Familienlebens. Der Mensch hat ein anderes Gefühl von der Bedeutung des Bürgerrechts, je nachdem dieses nur einen localen Grund hat, weil er gerade jetzt in einer Gemeinde wohnt, oder einen persönlichen, weil er mit seiner Familie ihr für immer durch das Blut verbunden ist. Der patriotische Bürgersinn wird in dem letztern Gefühle eher Stärkung und Anregung finden, als in dem erstern. Wenn aber dieses System keine Rücksicht mehr nimmt auf die Beziehung zum Boden und Wohnsitz, und die Abschlieszung der persönlichen Bürgerschaft zu enge wird, so wird hinwieder die ebenfalls natürliche Bedeutung der Gemeinde für einen bestimmten Ort übersehen, und es bildet sich allmählich neben der zusammenschrumpfenden und absterbenden Bürgerschaft eine zahlreichere Einwohnergemeinde, welche mit jener über die Stellvertretung der Ortsinteressen in Streit geräth. Da die Gemeinde doch wesentlich eine Organisation der Ortsgemeinschaft und die Befriedigung der Ortsinteressen ihre nächste Sorge ist, so empfinden die dauerhaften Einwohner es als ein Unrecht, dasz sie von dem Stimmrecht ausgeschlossen werden, und die Bürgerschaft wird wie eine grundlos privilegirte Classe beneidet und gehaszt. Auch jener Geist der Engherzigkeit, der Beschränktheit, der Selbstsucht, des Hochmuths, stellt sich ein und umfängt den absterbenden alten Stamm, wie ein Geflechte von Schmarotzerpflanzen.

Je beweglicher das Leben der heutigen Welt geworden ist, um so gröszer ist auch die Veränderung in den Gemeinden. Altbürger ziehen weg, und lassen sich anderwärts bleibend nieder, Fremde ziehen herein und suchen hier eine neue Heimat. In einem oder ein paar Menschenaltern hat eine neue Einwanderung die alten Stammbürger verdrängt oder an Zahl überschritten. Da ist es unmöglich das Princip der persönlichen Bürgergemeinde unverändert fest zu halten, und es wird eine Ausgleichung mit dem Princip der Einwohnergemeinde unvermeidlich.

6. In manchen neuern Gesetzgebungen wird die persönliche Seite des Bürgerverbandes theils durch die Aufnahme aller activen Bürger in die Gemeinde, theils durch Anerkennung eines Anrechts der Bürgerkinder auf Aufnahme gewährt und der localen Seite desselben dadurch Rechnung getragen, dasz der Antritt des Bürgerrechts allen offen steht, oder zur Pflicht gemacht wird, welche durch Besitz, Beruf oder Wohnort in eine dauernde Verbindung mit dem Ort eingetreten sind.

7. Gleiches Recht der Vollbürger in der Gemeindeversammlung ist natürlich gewöhnlich anerkannte Regel, und die Mehrheit der anwesenden und stimmenden Bürger erzeugt den Willen des Ganzen. Aber auch diese Regeln sind keine absoluten. Wenn einzelne Bürger in der Gemeinde sind, welche an Vermögen und Ansehen über die grosze Zahl hervorragen, wie das in alten aus der Grundherrschaft hervorgegangenen Gemeinden regelmäszig der Fall ist, wo der Grundherr selber nunmehr als Gemeindebürger seinen vormaligen Grundholden zur Seite gestellt ist, oder wie das auch in

neuerer Zeit öfter vorkommt, wo Fabrikherrn auf dem Lande Hunderte von Arbeitern beschäftigen, von denen ein groszer Theil neben jenen Gemeindebürger sind, so erfordert jene Ungleichheit immerhin eine Berücksichtigung. Vorzüglich nöthig erscheint diese mit Bezug auf Beschlüsse über die Ausgaben und Gemeindesteuern, damit nicht eine Mehrheit von Personen auf Unkosten vielleicht des einzigen oder weniger Reicher in der Gemeinde willkürliche Verfügungen treffe. Der gesunde Sinn der altgermanischen Gemeindeverfassung hat solcher Ungleichheit darin einen verfassungsmäszigen Ausdruck verschafft, dasz den aristokratischen Gliedern der Gemeinde in dem vorbereitenden und hinwieder ausführenden Rathe ein erhöhter Einflusz verstattet wurde, und es kann dieses Vorbild auch für die Rechtsbildung unserer Zeit noch als ein beachtenswerther Wegweiser angesehen werden.

8. Das zweite noch weniger entbehrliche Organ ist der Gemeindevorstand, welcher für die laufenden Geschäfte und Interessen der Gemeinde sorgt und ihre Angelegenheiten leitet. Auch da sind die neueren Verfassungen sehr verschieden. Der Natur der vollfreien Landgemeinde und ihrer Beziehung zum State entspricht es wohl am ehesten, wenn der Vorstand von der Gemeindeversammlung oder von den Gemeindeausschüssen frei erwählt wird. Denn theils ist ihre Natur wirklich demokratisch, theils wird in solcher Wahl die Selbständigkeit der Gemeinde in ihrer eigenen Wirthschaft, d. h. ihr Lebensprincip dargestellt und verwirklicht. Den schroffsten Gegensatz dazu bildet das französische System, welches die Gemeindevorstände (Maires) durch die Statsregierung bestellen läszt und ganz abhängig von dieser macht. Eher kann es gerechtfertigt werden, wenn der gewählte Vorstand nur insofern sein Amt antreten und die Gemeinde auch in ihren Beziehungen zum State repräsentiren darf, als er auch von der Statsgewalt anerkannt, d. h. von dieser keine Einsprache gegen seine Person gemacht worden ist.

9. In der Regel steht dem Vorstande ein **Collegium** von **Gemeinderäthen, Ausschüssen, Municipalräthen** zur Seite, welche sowohl in der Besorgung der Geschäfte und in der Verwaltung der Gemeindeangelegenheiten dem Vorstande helfen, als denselben in seiner Thätigkeit controliren. Sie sind ein Auszug der Bürgerschaft, gemacht im Hinblick auf die Gemeindeinteressen. Die Wahl derselben aus dieser und durch diese ist daher hier die gewöhnliche Einrichtung und den Verhältnissen ganz gemäsz. Nur stellen die einen Verfassungen höhere Anforderungen an die Wählbarkeit, während die andern die Wahl in der ganzen Bürgerschaft ohne solche nähere Begränzung und Bestimmung frei geben.[4]

Viertes Capitel.

Organisation der Stadtgemeinden.

1. Das Leben der Stadt ist mannichfaltiger und concentrirter zugleich. In ihr sammeln sich die Massen in enge Gruppen. Die Interessen der Industrie und der höheren Cultur steigern die Ansprüche an die städtische Verwaltung. Die Gegensätze innerhalb der städtischen Bevölkerung in Bildung, Beruf, Vermögen treten sichtbar hervor, und verlangen Beachtung. Wohl haben kleine Städte grosze Aehnlichkeit mit den Landgemeinden und können füglich durch dieselbe einfach-demokratische Verfassungsform befriedigt werden. Aber in den gröszeren Städten, in welchen der städtische Charakter vollständiger ausgebildet ist, wird naturgemäsz auch die Verfas-

[4] Auch in Frankreich, wo das Napoleonische Gesetz vom Jahre VIII. sogar die Gemeinderäthe von der Regierung ernennen liesz, ist nun durch das Gesetz Napoleon III. vom 7 Juli 1852 die Wahl derselben dem suffrage universel zuerkannt.

sung complicirter und werden höhere Bildungen Bedürfnisz. Die städtischen Magistrate (Bürgermeister und Stadträthe oder Schöffen) sind zwar im Sinn der neueren Fortbildung des Rechts nicht zugleich hohe Statsbeamte, wie in der früheren Zeit, als die Städte zugleich Staten waren, sondern nur der Stadt dienende Vorsteher, städtische Gemeindebeamte; aber das höhere Amt erfordert schon umfassendere Geschäftskunde als in den Landgemeinden, und nimmt die ganze Thätigkeit eines Mannes in Anspruch.

Die Menge der Bürger und Einwohner ist schon zu zahlreich und die Individuen sind überdem zu sehr mit ihren Gewerben beschäftigt, um die vielerlei städtischen Gemeininteressen unmittelbar und gemeinsam ordnen zu können. Daher bedarf es hier einer Stellvertretung derselben durch Bürgerausschüsse, Stadtverordnete, weitere (grosze) Stadträthe u. dgl., welche zwischen den Magistraten und den Bürgern steht. Auch für die demokratisch geordnete Stadt kommt so in der Repräsentation ein aristokratisches Moment hinzu. In dem römischen Alterthum war die ganze Stadtverfassung aristokratisch, in dem Mittelalter zu gutem Theil ebenfalls, in der Gegenwart ist die demokratische Verfassung wenigstens durch eine derartige, zu der Natur der Stadt passende Beimischung ermäszigt.

Endlich ist die Bürgerschaft selbst so vielgestaltig, dasz sie häufig entweder nach dem Vermögen in Classen, oder nach den verschiedenen Wohnsitzen in Quartiere, oder nach dem Berufe in Corporationen und Zünfte getheilt wird. Der persönliche Charakter des städtischen Bürgerrechts läszt hier mancherlei Formen der Verbindung zu.

2. Die Städtefreiheit im Mittelalter kam überall dann in Blüthe, als sie im Gegensatze zu der dynastischen oder bischöflichen Stadtherrschaft und den von den Stadtherrn gesetzten Vögten in den Consuln und Räthen eine aus dem städtischen Leben hervorgegangene und der Bürgerschaft selbst als

Spitze angehörige Magistratur hervortrieb. Es war das nicht mehr Herrschaft von auszen über die Stadt, sondern freie Selbstbestimmung und Selbstverwaltung der Stadt.

In Frankreich ist diese Freiheit unter der Herrschaft des absoluten Königthums zu Grunde gegangen und von der Revolution, welche die Centralisation der öffentlichen Gewalt noch steigerte, keineswegs hergestellt worden. Auch die französischen Städte haben Maires, die gewissermaszen Präfecten im Kleinen, und voraus Organe der Statsgewalt und von dieser gewählt sind. Sie sind Statsbeamte für die Gemeinde, nicht Gemeindebeamte. Die Verwaltung der Stadt wird in ihr zu einer Regierung über die Stadt gesteigert. Nur die Municipalräthe, welche vorzüglich mit Rücksicht auf die Verwaltung des Gemeindevermögens ihre Meinung äuszern und gelten machen können, vertreten einigermaszen selbständig die Gemeindeinteressen.

In Deutschland, in der Schweiz, in England und Nordamerika dagegen, also vorzüglich in den germanischen Ländern hat sich ein selbständiger städtischer Magistrat entweder bis auf unsere Zeit erhalten, oder ist in unsern Tagen wieder hergestellt worden. In Deutschland war in den letzten Jahrhunderten der städtische Rath häufig auch da, wo er nicht in völlige Abhängigkeit von dem Fürsten und Herren gerathen war, zu einem Collegium zusammengeschrumpft, welches, von dem lebendigen Zusammenhang mit der Bürgerschaft losgerissen, nun sich selber ergänzte. In sich selber beschränkt aber faszte er dann auch die städtischen Interessen in beschränktem und engherzigem Sinne auf, und gerieth aus innerer Schwäche wiederum in knechtische Abhängigkeit von den Statsgewalten. In solcher Gebundenheit kann ein edler gemeinnütziger Bürgersinn nicht gedeihen.

Die preuszische Städteordnung vom Jahre 1808, in den Zeiten der politischen Erniedrigung das Vertrauen auf spätere nationale Erhebung und die Kräfte zu dieser stärkend, brach für Deutschland wieder einer besseren Richtung Bahn,[1] erneuerte den Zusammenhang der Magistrate mit der Bürgerschaft, weckte in beiden ein Gefühl der Selbständigkeit und Ehre, und regte das Streben an, durch Anstrengung der eigenen Kraft für die öffentliche Wohlfahrt der Gemeinde besser zu sorgen. Aehnliche Reformen fanden später in vielen andern deutschen Staten statt. Die Magistrate wurden wieder von den Ausschüssen der Bürger oder den Bürgerschaften frei gewählt. Sowohl die Bewegung von 1830 als die von 1848 war der freien Entwicklung der Gemeindeverfassung günstig. Die deutsche Reichsverfassung von 1848 §. 184 stellte das allgemeine Princip auf: „Jede Gemeinde hat als Grundrecht ihrer Verfassung a) die Wahl ihrer Vorsteher und Vertreter, b) die selbständige Verwaltung ihrer Angelegenheiten mit Einschlusz der Ortspolizei, unter gesetzlich geordneter Oberaufsicht des Stats.“ Nun wurden in Oesterreich (17. März 1849) und in Preuszen (11. März 1850) neue allgemeine Gemeindeordnungen erlassen, welche diese Grundsätze im Einzelnen ausführten; aber in beiden Ländern in der Periode der Reaction wieder Hemmnisse und Aenderungen erlitten.[2]

3. Schon im Mittelalter und in der Lombardei wird eine Fortbildung der Stadtverfassung dadurch bezeichnet, dasz über der Mehrheit der Consuln oder anstatt derselben ein Podesta sich erhob, und so die Oberleitung der Stadt in die Hand eines einzigen mächtigen Magistrates gegeben wurde. Freilich hing das wieder zusammen mit den Beziehungen der Stadt zum Stat, sei es dasz der Kaiser durch Ernennung des Podesta sein Ansehen und seine Macht über die Stadt erneuern wollte, oder, was dann der gewöhnlichere Fall wurde, dasz

[1] Vgl. Dahlmanns Politik I, S. 220. Savigny: Die preuszische Städteordnung in Ranke's politischer Zeitschrift I, S. 389. Pertz in Steins Leben II, S. 150 ff.

[2] Vgl. Brater, Art. Gemeinde a. a. O. §. 126.

der von der Stadt selbst gewählte Podesta[3] die statliche Hoheit der Stadt darstellte. Aber auch unter der Voraussetzung, dasz die Stadt nicht zugleich Stat sei, ist es doch dem modernen Städteleben förderlich, wenn aus dem Collegium der Magistrate und Stadträthe eine Individualmagistratur in dem Bürgermeister oder Stadtpräsidenten (in England dem *major*) emporsteigt, und hinwieder der höheren Einheit der Stadt zum Organe und zum Stellvertreter dient. Das Princip städtischer Selbständigkeit erfordert es, dasz auch er hauptsächlich ein Magistrat der Stadt, nicht ein Statsbeamter sei, und das in der Wahl der Stadt ausgesprochene Vertrauen derselben für sich habe. Aber es ist keine Verletzung dieses Princips, wenn auf der andern Seite der Statsregierung ebenfalls ein gewisser Einflusz auf die Besetzung dieses Amtes eingeräumt wird, sei es, indem sie das Bestätigungsrecht oder sogar ein Ernennungsrecht auf Vorschlag der Stadt in Anspruch nimmt. Eine derartige Betheiligung des Statsoberhauptes bei der Ernennung der Bürgermeister findet sich in manchen deutschen Staten, und in Holland und Belgien.[4] Sie ist besonders da gerechtfertigt, wo derselbe auszer den städtischen Interessen auch statliche Functionen zu besorgen verpflichtet ist.

4. Die gesteigerten Culturbedürfnisse der Städte haben überdem noch mancherlei städtische Aemter auszer dem eigentlichen Stadtmagistrate ins Dasein gerufen, welche für die

[3] Vgl Hegel a. a. O. II. S. 244 ff.

[4] Nach der preuszischen Gesetzgebung von 1853 und 1856 bedürfen die von den Stadtverordneten gewählten Bürgermeister, Beigeordneten, Schöffen und besoldeten Magistratsmitglieder der Bestätigung des Königs oder bei kleineren Städten der Provincialregierung. Nach der holländischen Städteordnung vom 4. Jan. 1824, und nach dem belgischen Gemeindegesetz vom 30. März 1836 wird der Bürgermeister vom Könige dort aus den von den Wahlmännern der Bürger gewählten Rathsgliedern, hier ebenso aus den Mitgliedern des von den Bürgern unmittelbar gewählten Conseil ernannt.

Verwaltung und Vertretung derselben wichtig geworden sind. Beispielsweise ist vielleicht an die „Sapientes“ in Italien,[5] die „Witzigen“ in Deutschland während des Mittelalters, jedenfalls aber an die früher so überaus einfluszreichen Stadt- oder Rathschreiber zu erinnern. In der älteren Zeit waren sie vornehmlich in dem Besitz der wissenschaftlichen und Rechtsbildung ihrer Zeit, und vor allen andern vertraut mit den Geheimnissen der Archive und der Kunst der Schriftsprache. Heutzutage noch beruht ein guter Theil der städtischen Ordnung und Ueberlieferung auf dem Institut der städtischen Kanzlei, obwohl die wissenschaftliche und Geschäftsbildung nun weniger selten geworden ist. Ferner an die Urkundsmänner (recorders) in England, und die Rechtsconsulenten und rechtsgelehrten Beisitzer in deutschen und schweizerischen Städten. Dazu kommen noch viele mit einem besondern Wirkungskreise versehene Beamte, welche einer wissenschaftlichen oder technischen Vorbildung dafür bedürfen.

5. Die Stellung der Magistrate in der Gemeinde ist ähnlich der der Regierung im State. Auch sie leiten das öffentliche Leben der Gemeinde, und sorgen für die täglichen Bedürfnisse und die wechselnden Geschäfte derselben. Aber was im State zur politischen Gewalt (imperium) gehoben ist, das ist hier nur Verwaltung und Sorge. Dahin gehören regelmäszig: die Antragstellung und Vorbereitung für Gemeindebeschlüsse und Statuten, und die Leitung der Versammlungen der Gemeindeausschüsse oder der Gemeindebürger, die Vollziehung der Statsgesetze innerhalb des Bereichs der Gemeindeverhältnisse und der Gemeindebeschlüsse, die Verwaltung des städtischen Vermögens, die Sorge für die städtischen Culturanstalten, die Pflege für das Armenwesen der Gemeinde, die Stellver-

[5] Vgl. Hegel II, S. 212.

tretung der Stadt in dem State, vor Gericht, und gegenüber dritten Personen. Ganz passend wird auch zuweilen die nächste obervormundschaftliche Pflege den Gemeindemagistraten anvertraut, theils weil sie den Familien der Gemeindebürger nahe stehen, und schon aus diesem Grunde veranlaszt und vorzugsweise fähig sind, für das Wohl derselben zu sorgen, theils weil sie als Verwaltungsmänner eher als die Gerichte geeignet sind, das Nützliche zu erkennen und zu thun. In der Sphäre der polizeilichen Functionen berühren sich statliche und städtische Befugnisse und Bedürfnisse. Offenbar reicht der Arm der Statspolizei hinein in die Gemeinde. Die Verfolgung der Verbrecher, welche von Stats wegen geschieht, die Sorge für die Sicherheit und Wohlfahrt des States überhaupt musz innerhalb der Gemeinde geübt werden. Auszerdem hat aber auch die Stadt selbst ein locales Interesse für öffentliche Ordnung, Wohlfahrt, Sicherheit, welches hinwieder den Stat nur mittelbar berührt. Zuweilen hat man die beiden Arten der polizeilichen Thätigkeit in der Weise ausgeschieden, dasz die erstere durch besondere Statsbeamte in der Gemeinde ausgeübt wird, und nur die letztere den Stadtbeamten überlassen wird. In vielen Staten aber hält man es für einfacher, die beiderlei Functionen der städtischen Magistratur zu übertragen, diese dann aber in der ersteren Richtung der höheren Statspolizei strenger unterzuordnen. Wo die Städte eine hervorragende Bedeutung haben für den Stat, wie insbesondere in den Haupt- und Residenzstädten, wächst das Bedürfnisz des Stats, die Handhabung seiner Polizei daselbst nicht allein den Stadtbehörden zu überlassen, sondern eigene Organe für dieselbe zu bestellen. Unbedenklicher ist es, wenn der Stat die vorhandenen städtischen Aemter benutzt, um durch sie innerhalb der Gemeinde auch die Statssteuern zu erheben.

6. Wie die Krone der städtischen Verfassung, die Magistratur, mannichfaltiger und reicher sich gestaltet hat als in der Landgemeinde, so ist auch die Bildung der Wurzeln

und des Stammes derselben, das städtische Bürgerrecht, complicirter. Zwar beruht gerade auf der Einigung der verschiedenen Bestandtheile der Bevölkerung, die sich in den Städten zusammengefunden, die Institution der Bürgerschaft. Wir wissen, wie dieselbe während des Mittelalters entstanden ist, und immer mehr Kreise der Bevölkerung mit ihrem gemeinsamen Geiste erfüllt und verbunden hat.[6] Aber die allerdings nothwendige Einheit erfordert keineswegs die Auflösung der verschiedenen Elemente, sondern nur ihre Verbindung, und offenbar ist der Organismus gesunder und lebensvoller, welcher nicht die ganze Masse gewissermaszen in einen gleichen flüssigen Brei umgegossen hat, sondern, ohne die Einheit des Ganzen zu gefährden, die verschiedenartigen Theile hinwieder ihrer Natur gemäsz erst unterscheidet und dann zusammenfaszt. Besonders für grosze Städte, deren Theile selber wieder eine relative Bedeutung haben, ist die letztere Einrichtung wünschenswerth. Die Geschichte zeigt uns in frühern Jahrhunderten, in der Zeit des Aufschwungs der Städte, eine Reihe von Beispielen der Art, die auch für die groszentheils verkommene Städteverfassung unserer Zeit als Vorbilder dienen. Auf der einen Seite haben die neuern Städte wiederum und noch in höherer Weise als früher für Kunst und Wissenschaft, für den Handel und die Gewerbe, für das gesellige Leben und jede Cultur eine sehr hervorragende und einfluszreiche Bedeutung gewonnen; auf der andern aber sind die groszen Städte auch die Glieder im Statskörper geworden, welche die socialen Uebel der Gegenwart vorzüglich hervorbringen und vermehren, die politischen Gährungsstoffe in sich sammeln und erhitzen, und da sie selber leicht entzündet werden, auch den ganzen Stat in eine fieberhafte Stimmung versetzen. Keine Organisation der Stadtbevölkerung ist stark genug, diese Uebel und Gefahren ganz zu beseitigen; aber eine gute Organisation der-

[6] Vgl. oben Buch II, Cap. 12.

selben würde beide vermindern, und indem sie die sittlichen und gesunden Elemente kräftigt, jene eher bewältigen helfen. Der gröszte Theil der städtischen Bevölkerung ist näher und unmittelbarer interessirt bei der Wohlfahrt der Stadt und bei ihren localen Anstalten als an dem State, und sehr viel mehr Bürger haben eher ein Verständnisz für das was jener noth thut, als für das was dieser bedarf. Die Theilnahme an den städtischen Angelegenheiten ermuntert den Gemeinsinn, belebt den Eifer, für öffentliche Zwecke Zeit, Mühe, Geld zu opfern, macht vertraut mit den Schwierigkeiten aller gröszern Angelegenheiten, und schärft die Einsicht für die umfassenderen Statssachen. Eine Bürgerschaft, die in sich wohlgeordnet ist, und gelernt hat über ihren eigenen gemeinen Haushalt mit verständiger Freiheit zu urtheilen, wird auch für den Stat jederzeit eine solide Stütze sein.

Da der Beruf der Städte nicht wie der der Landgemeinden auf die Bebauung des Bodens gerichtet ist, so begreift es sich, wenn das städtische Bürgerrecht entweder von Anfang an oder im Verlaufe der Zeit unabhängig von dem Grundbesitz geworden ist, und persönliche und corporative Rücksichten einen gröszeren Einflusz erlangt haben. Es gibt freilich Länder, in denen auch das städtische Bürgerrecht noch auf dem Grundbesitz, oder gewöhnlich dem Besitz eines Hauses in der Stadt beruht. Jedenfalls verdient auch die Rücksicht auf Hausbesitz Beachtung, wenn es sich um die Organisation der Bürgerschaft handelt, denn die Hauseigenthümer haben ein groszes und dauerndes Interesse an der Wohlfahrt der Stadt und der Trefflichkeit der städtischen Anstalten, und sind in der Regel ein sehr solider Bestandtheil der städtischen Bevölkerung. Es ist daher ein zwiefaches Uebel, wenn Bürgerrecht und Hausbesitz sich dergestalt trennen, dasz es viele Hauseigenthümer in der Stadt gibt, die nicht Bürger derselben sind, und die bürgerlichen Hausbesitzer überdem von der Masse der übrigen besitzlosen Bürgerschaft hinwieder leicht überstimmt werden. Aber auszer den Hauseigenthümern gibt es doch noch andere Bestandtheile, die nicht minder auf Beachtung Anspruch haben. Das englische Statsrecht hat auf diese andern Classen so Rücksicht genommen, dasz es zwar das Erfordernisz des Grundbesitzes festhielt, aber diesem im Geiste der deutschrechtlichen Vorstellung von Besitz, welche richtiger als das römische Recht jedes thatsächliche Herrschaftsverhältnisz der Person über die Sache als Besitz erkennt und schützt, den ausgedehnteren Sinn beilegt, wornach auch der Pacht- und Miethbesitz eines Wohngemachs, eines Waarenlagers oder eines Ladens darunter begriffen wird.[7] In Bayern und in Oesterreich[8] wird dem Hauseigenthum der Besitz eines besteuerten Gewerbes zur Seite gestellt, und dadurch der städtische Handel und das Handwerk directer in den Kreis der Bürgerschaft herbeigezogen. Dagegen werden noch manche andere selbständige Personen, die in der Stadt dauernd wohnen und ein natürliches Interesse an dem öffentlichen Wesen derselben haben, vorzüglich Beamte, Gelehrte, Künstler, Capitalisten ohne Hausbesitz und Gewerbe, also gerade der in mancher Beziehung intelligenteste und angesehenste Theil des höhern Bürgerthums auszerhalb dieser Corporation gelassen, nicht zum Vortheil der Gemeinde.

In einzelnen deutschen und schweizerischen Städten haben sich aus früherer Zeit noch die Zünfte als corporative städtische Genossenschaften und als Theile der Bürgerschaft erhalten, in viel mehreren ist in Folge der veränderten Gewerbsbefugnisse und der umgestalteten Statsverfassung diese Organisation aufgelöst worden.

[7] Gesetz vom 9. Sept. 1835 (Russel), angezeigt in Mittermaiers Zeitschr. VIII. S. 35 ff., S. 215 ff.

[8] Bayerisches Gesetz vom 17. Mai 1818. Oesterreichisches von 1849.

Die preuszische Gesetzgebung[9] legt auf den Wohnort den Hauptnachdruck. Jeder Preusze ist von Rechtes wegen auch „Bürger" der Stadtgemeinde, wenn er innerhalb der Gemeinde wohnt, und gewisse Eigenschaften besitzt, insbesondere „Selbständigkeit," d. h. über vier und zwanzig Jahre alt ist, und „einen eigenen Hausstand" hat (Wohnhaus oder Gewerbe mit zwei Gehülfen oder mit einer classificirten Einkommensteuer veranlagt ist oder einen Thaler directer Steuer bezahlt). Der Vorzug dieses Systems der Einwohnergemeinde ist der, dasz dasselbe alle selbständigen und zugleich vermöglichen Theile der Bevölkerung umfaszt.

Ein ähnliches System besteht in Holland[10] und in Belgien[11], wo das Stadtbürgerrecht durch das Statsbürgerrecht vollständig aufgelöst und beseitigt worden ist. Nur wird das Steuererfordernisz für die „Gemeindewähler" noch mehr gespannt. Früher schon ist in Frankreich diese neue Richtung eingeschlagen, und überdem die selbständige Verwaltung der Städte von Grund aus zerstört worden. Die Gefahr, dasz der Stat die Gemeinden ungebührlich bevormunde, ist offenbar näher, wenn es kein besonderes Ortsbürgerrecht mehr, sondern nur ein Statsbürgerrecht gibt; denn theils kann sich dannzumal in der Einwohnerschaft der Städte weniger leicht ein eigenthümlicher Geist der städtischen Selbständigkeit und Freiheit entwickeln, theils verwechselt man leicht die Doppelstellung der Statsbürger im State und in der Gemeinde, und wird eher verleitet von jenem Standpunkte aus auch die Angelegenheiten dieser zu bestimmen.

Was früher[12] über das persönlich-erbliche Bürger-

[9] Gesetz vom 30. Mai 1853, 19. März 1856 und 15. Mai 1856. Vgl. v. Rönne Preusz. Statsrecht §. 308.

[10] Gesetz vom 4. Jan. 1824. Vgl. Mittermaiers Zeitschr. VII, S. 370 ff.

[11] Gesetz vom 30. März 1836 und vom 7. April 1843. Ebenda XV. S. 376, XVI, S. 116 ff.

[12] Oben Cap. 3, S. 464.

recht in der Schweiz gesagt worden, gilt auch hier von den Städten. Es ist einleuchtend, dasz diese Form einer familienähnlichen Verbindung eher noch für Städte als für Landgemeinden sich eignet, und daher begreiflich, dasz sie früher in jenen als in diesen angenommen wurde. Aber auch da wird dasselbe in Folge der groszen Beweglichkeit der heutigen Welt auf die Dauer nicht mehr zu halten sein, wenn es nicht auch der Bedeutung des Wohnsitzes mehr Rechnung trägt als bisher.

7. In den meisten neueren Staten sind der Bürgerschaft nur Wahlrechte verstattet, theils mit Bezug auf die Magistrate der Stadt, theils für die Vertretung ihrer Interessen in den Ausschüssen. Häufiger wurden in älterer Zeit Bürgerversammlungen berufen, in welchen die wichtigsten Angelegenheiten der Gemeinde vorgetragen und zur Abstimmung vorgelegt wurden. Schon im XII. Jahrhundert finden wir in den groszen Städten der Lombardei die Bürgerschaft in dem sogenannten „*parlamentum*“[13] auf den Ruf der Glocke zusammentreten, und sehen wir die Consuln vor derselben Rechenschaft ablegen. Von da ging der Gebrauch nach Frankreich und Deutschland über. In der Schweiz werden noch den Bürgerversammlungen die wichtigsten Beschlüsse zur Gutheiszung oder Verwerfung vorgelegt.

8. Der höher gearteten Natur der Stadt ist es entsprechend, wenn zwischen die Magistrate und die Bürger beziehungsweise die Bürgerversammlung ein vermittelnder Körper hineintritt, welcher als auserwählte Stellvertretung der Bürgerschaft den engeren Kreis der Magistrate umgibt. Fast überall und in verschiedenen Zeiten werden wir diese Bildung unter mancherlei Namen gewahr, ein sicheres Zeichen, dasz sie einen natürlichen Grund hat. Von der Art war die Credenza der Angesehenen und Weisen (majores et sapientes), die in der

[13] Hegel a. a. O. II, S. 217.

Lombardei von den Consuln in wichtigen Fällen zum Rathe beigezogen wurde, waren die Räthe (*Consiliarii*), welche im Süden von Frankreich an der Seite der Consuln erscheinen, waren die vornehmeren und reicheren Bürger von der „Richerzechheit" in der alten Kölner Verfassung, und die zahlreichen „weiteren" oder „Groszen Räthe", welche wir seit dem XIII. Jahrhundert in den deutschen Städten finden. Von der Art sind noch die Stadtverordneten[14] und Bürgerausschüsse in Deutschland, die groszen Stadträthe in der Schweiz, die Gemeinderäthe in England, der auszerordentliche Gemeinderath in Sardinien,[15] das Conseil in Belgien, welches als weiterer Kreis Bürgermeister und Schöffen umgibt.

Dieser weitere Rath der Stadt hat eine grosze Aehnlichkeit mit den Kammern im Stat. Nur ist die Institution als eine rein städtische einfacher. Es ist daher voraus wichtig, dasz er ein wahrhafter Auszug der gesammten Bürgerschaft, und in richtigen Verhältnissen sei. Die verschiedenen Classen und Interessen der Bevölkerung sollen da eine Stimme haben. Seine Functionen sind theils controlirend, indem er die Geschäftsleitung der Magistrate und die städtischen Rechnungen prüft, theils die Verwaltung jener ergänzend, indem zu wichtigeren Beschlüssen auch die Zustimmung der Ausschüsse erfordert wird, theils von gesetzgeberischer Natur, indem er die städtischen Statuten entweder auf Antrag der Magistrate ordnet oder für die Gemeindeversammlung vorberathet und begutachtet.

[14] In Preuszen werden die Stadtverordneten von der in drei Abtheilungen (Höchstbesteuerte, Mittelbesteuerte, Geringbesteuerte) je nach der Steuerleistung getheilte Bürgerschaft gewählt, die Hälfte derselben aus Hausbesitzern.

[15] Ueber Sardinien vgl. Mittermaiers Zeitschr. VIII, S. 267 ff.

Fünftes Capitel.

Gemeindebann und Gemeindevermögen.

1. Der Gebietshoheit des Stats über das ganze Statsgebiet entspricht in dem engeren Sinne und beschränkteren Kreise des Gemeindelebens der Gemeindebann, d. h. die öffentliche Macht der Gemeinde innerhalb der Gemeindegemarkung, des Gemeindebezirks. Sie ist nicht mit dem Eigenthum noch mit der Grundherrschaft zu verwechseln, vielmehr ein Institut des öffentlichen Rechts, aber Personen und Güter in diesem Bezirke umfassend. Soweit dieselben überhaupt zu der Wirthschaft und Cultur der Gemeinde in einer untergeordneten Beziehung stehen, so weit sind sie der Gemeindegewalt unterworfen, so weit üben die Gemeindebehörden das Recht der Aufsicht, der Localpolizei, der Verwaltung, der Besteuerung aus.

2. Die Gemeinde ist überdem wie der Stat eine Person, welche ein eigenes Recht an ihrem Vermögen hat. Naturgemäsz begegnen sich hier die Grundsätze des öffentlichen und des Privatrechts. Die Gemeinde nämlich kann Eigenthum, Forderungen, Schulden haben, wie eine Privatperson. Sie ist ein berechtigtes Wesen, welches über die Sachen dingliche Herrschaft übt, und in obligatorische Verhältnisse eintritt, somit des Privatrechtes theilhaft ist. In dieser Beziehung steht sie dem State gegenüber, und ist von demselben ebenso unabhängig, wie andere Eigenthümer. Es ist daher ein offenbares Unrecht, wenn in den letzten Jahrhunderten manche absolutistische Landesherren oder revolutionäre Volksvertretungen über die Gemeindegüter verfügt haben, als wären dieselben Kammer- und Statsgut. Das Gemeindegut ist, wie schon das Wort deutlich sagt, Gut der Gemeinde, und weder unmittelbar noch mittelbar Gut des gesammten Stats.

Auf der andern Seite aber wirkt sowohl die öffentliche

Natur der Gemeinde selbst, als die Bestimmung des Gemeindegutes für die öffentlichen Gemeindezwecke auf die Behandlung desselben ein, und erhebt es über das einfache dem individuellen Genusse dienende Privatvermögen. Das Gemeindegut ist daher um dieser Beziehung willen zugleich als ein öffentliches Gut zu betrachten, und die Verwaltung und Verwendung desselben unterliegt deszhalb und insofern den Einwirkungen des öffentlichen Rechts. Der Gemeinde selbst kommt es zu, diese öffentliche Bedeutung des Gemeindegutes zu vertreten. Diese ist eine näher beschränkte, und durch die gemeinsamen wirthschaftlichen uud Culturinteressen der Bürger- und Einwohnerschaft eines besondern Ortes bestimmte, nicht eine allgemeine, dem gesammten politischen Leben des Stats unmittelbar zugehörige. Aber da das ganze öffentliche Leben hinwieder in einem inneren Zusammenhange ist, so hat auch der Stat, der das Ganze umfaszt, ein natürliches Recht Aufsicht zu üben, dasz jener öffentliche Charakter rein erhalten werde.

Selbständigkeit der Gemeinde in der Verwaltung und Verwendung des Gemeindegutes ist somit in privatrechtlicher und öffentlicher Beziehung die natürliche Regel, Oberaufsicht (nicht aber Vormundschaft) des Stats ihre natürliche Ergänzung. Diese Grundsätze sind freilich gar nicht überall und nicht immer in ihren Consequenzen von den positiven Rechten anerkannt. Aber es ist augenfällig, dasz die neuere Rechtsbildung die Tendenz hat, dieselben zu verwirklichen, und darauf eine freie Gemeindeordnung zu begründen.[1]

3. Folgerungen aus jenem Princip der Selbständigkeit sind: Die Gemeinde ist berechtigt, je nach der besonderen

[1] Im Einzelnen ist besonders der erwähnte Artikel von Brater zu vergleichen. Vivien Etudes adm. S. 27 f. Tocqueville (Dém. en Am.) „C'est dans la commune que réside la force des peuples libres. Les institutions communales sont à la liberté ce que les écoles primaires sont à la science.“

Competenz ihrer Organe, den gemeinsamen Gebrauch und die Benutzung ihrer Anstalten selber zu ordnen, und diejenigen Verwendungen aus ihrem Vermögen zu machen, die sie für zweckmäszig hält. Der Stat dagegen ist nicht befugt, weder die Ueberschüsse des Gemeindegutes an sich zu ziehen, noch der Gemeinde Verwendungen aufzuerlegen, die diese nicht machen will, und zu denen sie nicht etwa um der allgemeinen Statsordnung verpflichtet ist. Es kann der Stat z. B. wohl die Gemeinden anhalten, dasz sie für gehörige Löschanstalten, oder für Schulhäuser in der Volksschule, oder für die Wege und Brücken sorgen, soweit diese Sorge den Gemeinden nach allgemeinen Rechtsgrundsätzen obliegt. Aber er kann eine Gemeinde nicht nöthigen, Bauten auf ihre Kosten auszuführen, welche vielleicht nützlich und schön wären, zu denen aber die Gemeinde nicht durch die gemeine Statsordnung verpflichtet ist. Und selbst da, wo der Stat eine Einrichtung fordern kann, steht es doch der Gemeinde zu, von sich aus die Pläne im Einzelnen festzusetzen, und die Verträge abzuschlieszen, und der Stat hat nur insofern ein Recht mitzureden, als er dafür zu sorgen hat, dasz die allgemeinen Erfordernisse jener Pflichterfüllung nicht bei der Ausführung miszachtet werden.

4. Die Oberaufsicht des Stats ferner hat vorzüglich den doppelten Zweck darüber zu wachen: a) dasz das Gemeindevermögen im Interesse der Fortdauer der Gemeinde und ihrer öffentlichen Bedürfnisse erhalten werde; b) dasz dasselbe nicht zu fremdartigen, auszerhalb der Gemeindewirthschaft liegenden Zwecken miszbraucht werde. Als Mittel dazu dienen theils die Rechnungen über den Gemeindehaushalt, welche auch dem State zur Kenntnisznahme mitgetheilt werden, theils Bestimmungen, durch welche derselbe Gelegenheit erhält, Ausgaben, die in das Capitalvermögen eingreifen, oder Veräuszerungen von solchem zu hemmen und zu untersagen, oder die Gemeinde anzuhalten, dasz sie durch Steuern solchen Schaden ersetze.

Da sehr viele Gemeinden, zumal die Landgemeinden, sich aus ursprünglichen halb privatrechtlichen Bauerngenossenschaften entwickelt haben, so kommt es sehr häufig vor, dasz noch ein Theil des Gemeindegutes für bloszen Privatgenusz der einzelnen Bürger in Anspruch genommen wird. Auch aus andern historischen Gründen findet sich solche Mischung von öffentlichen Verwendungen und Privatnutzungen oft noch, und es wäre unrecht, wenn diese einfach verweigert und nur jene gestattet würden. Unsere Zeit hat indessen das richtige Streben, den beiderlei Bestimmungen solcher Gemeindegüter durch Ausscheidung zweier Bestandtheile in denselben Rechnung zu tragen. Aus dem früher gemischten Gemeindegut werden dann zwei Güter, das eine ein den öffentlichen Zwecken gewidmetes ächtes Gemeinde-, das andere ein dem Privatgenusz dienendes blosz privatrechtliches Nutzungsgut (Genossengut).

5. Auch der Gemeinde steht ein ähnliches Besteuerungsrecht zu für Befriedigung der Gemeindebedürfnisse, wie dem State für die Statsbedürfnisse. Auch da gibt es eine Steuerpflicht der Einzelnen, welche aus der Unterordnung Aller unter die gemeinsame öffentliche Lebensordnung sich erklärt. Dieselbe ist ebenso eine allgemeine, nicht eine individuelle; aber sie ist nach der Natur der Gemeinde beschränkt entweder auf den Kreis der näher und enger verbundenen Bürgerschaft, wie da, wo es sich um Förderung der ihnen ausschlieszlich vorbehaltenen Anstalten handelt, oder auf den weitern Kreis der Einwohner, wie in den Fällen, wo gemeinsame Localbedürfnisse befriedigt werden.

Es ist aber eine Statspflicht dafür zu sorgen, dasz nicht einzelne Personen oder Classen der Gemeindegenossen (z. B. die Reichen oder die Armen) durch die Art der Steuerauflage oder Steuererhebung von der Mehrheit unbillig gedrückt werden.[2]

[2] Mill, Repräsent. S. 192.

Zwölftes Buch.

Freiheitsrechte.

Erstes Capitel.

Die Freiheit als Rechtsbegriff.

Es ist nicht die Aufgabe des Statsrechts, den Gedanken der Freiheit zu ergründen oder zu erschöpfen. Nur insofern gehört die Freiheit in seinen Bereich, als sie von der Rechtsordnung erkannt und anerkannt wird und daher auf äuszern Rechtsschutz einen Anspruch hat.

1. Wir unterscheiden daher die Freiheit als eine Rechtsinstitution sowohl von der natürlichen als von der sittlichen und geistigen Freiheit. Die erstere ist viel enger als die beiden letzteren. Auch die rechtliche Freiheit darf freilich weder unnatürlich noch unsittlich sein. Aber nicht alle natürliche Freiheit ist zugleich eine rechtliche, nicht die des Thieres,[1] dessen wilde Freiheit lediglich von seiner Physis

[1] Winthrop bei *Tocqueville* Amérique I, 70: „Täuschen wir uns nicht über die Bedeutung unserer Unabhängigkeit. Es gibt allerdings eine Art verdorbener Freiheit, deren Gebrauch dem Menschen mit den Thieren gemein ist, und die darin besteht, dasz jeder thut, was ihm gefällt. Diese Freiheit ist die Feindin aller Autorität; mit Widerstreben nur duldet sie alle Regeln — sie ist die Feindin der Wahrheit und des Friedens, und Gott selbst hat sich gegen dieselbe erklärt. Aber es gibt eine bürgerliche und moralische Freiheit, die ihre Stärke in der Einheit

bestimmt und begrenzt wird, sondern nur die menschliche, die allein eine sittliche und daher auch allein eine rechtliche Bedeutung hat. Hinwieder kann nicht der ganze Umfang der sittlichen und geistigen Freiheit des Menschen von dem Rechte begriffen und begrenzt werden. Vielmehr ist gerade der innerste geistige Kern dieser Freiheit, die Freiheit des unsichtbaren und unsterblichen Individualgeistes, welche ein Strahl ist der vollkommenen göttlichen Freiheit, der Macht des Stats und des menschlichen Rechts entzogen.[2] Zum Recht kann die Freiheit erst dann werden, wenn dieselbe entweder in dem äuszern sichtbaren Leben Gestalt und gewissermaszen Leib gewinnt, oder wenn in der äuszern Ordnung sich Hemmnisse zeigen, welche die Entwicklung der an sich unsichtbaren Gemüths- und Geistesfreiheit bedrücken und hindern. Dann erst ist für das menschliche Recht die Möglichkeit gegeben, sei es jene äuszere Erscheinung der Freiheit zu schützen, sei es diese Hemmnisse ihrer Entfaltung zu entfernen.

Die natürliche Freiheit ist das Vermögen zu thun, was einen gelüstet; die sittliche Freiheit ist die Offenbarung des Willens und der Kraft zu thun, was der eigenen Natur würdig und der göttlichen Weltordnung gemäsz ist. Die Freiheit als Rechtsbegriff aber setzt die Rechtsordnung voraus, von der sie ein Theil ist. Sie ist die vom Recht gewährleistete und geschützte Befugnisz, den selbstbestimmten Willen auszuüben.[3]

Alle Freiheit setzt als ihre nothwendige Vorbedingung

findet, welche zu schützen die Aufgabe der obrigkeitlichen Gewalt selber ist; es ist die Freiheit, ohne Furcht alles zu thun, was gerecht und gut ist. Diese heilige Freiheit müssen wir vertheidigen in allen Wechselfällen und, wenn es nöthig ist, für sie unser Leben einsetzen."

[2] Vgl. oben Buch IX, Cap. 2.

[3] Die bekannte Definition von *Florentinus* L. 4 pr. de Statu hominum: „Libertas est naturalis facultas ejus, quod cuique facere libet, nisi si quid vi aut jure prohibetur," ist nur darin mangelhaft, dasz die *vis* ebenso wie das *jus* als Schranke der Freiheit bezeichnet wird, während

ein beseeltes Wesen voraus, welches sich in ihr äuszert. Die rechtliche Freiheit hat ihre Grundlage in dem Rechtswesen. Sie existirt für sich, losgetrennt von den Menschen, so wenig als das Recht für sich existirt. Sie sind beide nur zwei Seiten des persönlichen Daseins und Lebens des Menschen. Wohl gibt es ein Ideal der Freiheit, wie es ein Ideal des Rechts und des States gibt. Aber das wirkliche Freiheitsrecht kann nur in dem wirklichen State, nur in Verbindung mit seiner Verfassung und Rechtsordnung gedacht werden. Die Freiheit als ein rein-politischer Gedanke kann wohl über die hergebrachte Rechtsordnung hinausgehen und die Vervollkommnung derselben als Ziel ihrer Handlung anstreben. Aber der Rechtsbegriff der Freiheit kann sich nicht lossagen von der Rechtsordnung, die sein Grund und seine Stütze ist. Je vollkommener daher der Rechtsschutz ist, den der Stat dem freien Leben der Menschen gewährt, um so voller und reicher wird auch die Rechtsfreiheit in diesem State sein; je mangelhafter und unsicherer der Statsschutz ist, um so gedrückter oder zügelloser wird sich die Freiheit da gestalten Als Lord John Russel[4] gegen jene Definition einwendete: „Wenn Freiheit darin besteht, dasz man thun könne, was das Gesetz erlaubt, so ist ein gesetzlich bestehender Despotismus eine freie Regierung," so verwechselte er den statsrechtlichen Begriff der Freiheit theils mit dem idealen, theils mit dem politischen.

Die Freiheit, als Recht gefaszt, ist also nicht ihr höchster Ausdruck, sie ist enger und beschränkter als die sittliche und sogar als die politische Freiheit. Aber indem sie an die

jene die Freiheit als Recht verletzt, dieses aber sie naturgemäsz beschränkt. Französische Grundrechte von 1791, §. 4: „La liberté consiste à pouvoir faire tout ce qui ne nuit pas à autrui: (?) ainsi l'exercice des droits naturels de chaque homme n'a de bornes que celles qui assurent aux autres membres de la société la jouissance de ces mêmes droits. Ces bornes ne peuvent être déterminées que par la loi.

[4] Geschichte der engl. Verfassung, §. 11.

Rechtsordnung als ihre Grundlage gebunden ist, wird sie auch von den Formen des Rechts gegen Verflüchtigung gesichert und von den Hülfsmitteln des Rechts gegen Miszhandlung geschützt.

Die Deutschen haben auf die Ehre, die entschiedensten Vertreter der persönlichen Geistesfreiheit zu sein, einen wohlbegründeten Anspruch. Aber das Verdienst, vorzugsweise die rechtlichen Schutzwehren der Freiheit erdacht und befestigt zu haben, kommt in erster Linie den Engländern zu.[5]

2. In aller Freiheit lassen sich hinwieder zwei Seiten unterscheiden. In negativer Beziehung schlieszt die Freiheit jede unbegründete oder übertriebene Abhängigkeit von einem fremden Willen aus. In positiver Hinsicht bedeutet sie Selbstbestimmung der Person.

Da der Mensch als Rechtswesen nothwendig beschränkt ist, so ist auch seine Freiheit als Recht beschränkt. Nichts ist verkehrter, als sich eine absolute Unabhängigkeit, eine völlige Losgebundenheit des einzelnen Menschen einzubilden und diese Einbildung menschliche Freiheit zu heiszen. Diese negative Vorstellung der Freiheit empfindet jede Rechtsinstitution wie eine Verletzung, denn sie will schrankenlos sein und das Recht kann nur in den Schranken der Form bestehen. Ihre Consequenz wäre also die Zerstörung des Stats und der gesammten Rechtsordnung und es könnte dann in dem allgemeinen Ruin das letzte vermeintlich absolute Recht der Freiheit selber nicht mehr bestehen. Allerdings tritt der radicale Irrthum der absoluten Freiheit selten in so entschlossener Verneinung auf, so dasz er den Inhalt und die Form der rechtlich geordneten Freiheit zugleich wegwirft; aber in verhüllter Gestalt und auf halbem Wege täuscht er doch nicht selten die Menge.

Wäre jede Abhängigkeit schon Unfreiheit, so wäre das

[5] Vgl. vorzüglich Fr. Lieber, über bürgerliche Freiheit und Selbstverwaltung, übersetzt v. Fr. Mittermaier, Heidelberg 1860.

Kind, das von den Eltern abhängig, es wäre jeder Arbeiter im Dienst eines Arbeitgebers, jeder Schuldner gegenüber dem Gläubiger, es wären die Parteien gegenüber dem Richter, alle Regierten gegenüber der Regierung, aber auch wechselseitig wieder die Inhaber der Macht und Autorität, die doch nichts vermögen, wenn sie nicht empfänglichen Gehorsam finden, kurz, es wäre alle Welt unfrei. Nicht die Abhängigkeit als solche also, sondern nur die falsche, grundlose oder übermäszige Abhängigkeit ist Unfreiheit. In dem freien State also darf das Verhältnisz der Regierten zu der Regierung nicht dem Verhältnisz des Herrn über die Sclaven und nicht einmal dem des Vaters über die Kinder nachgebildet sein, sondern es musz die Unterordnung der Regierten durch das Gesetz bestimmt und beschränkt sein, zu dessen Hervorbringung auch die Regierten selber mitwirken.

3. Wie alle Rechtsordnung überhaupt entweder von den Einzelmenschen oder von der Gesammtheit aus bestimmt wird, so erscheint auch die Rechtsfreiheit in zwei Hauptformen. Entweder sie ist wesentlich Freiheit der Individuen oder Freiheit der Nation, des Volks. Die individuelle Freiheit ist im Grunde ein Privatrecht; die Volksfreiheit, deren Wesen die Theilnahme am Stat ist, hat vorzugsweise einen öffentlichrechtlichen Charakter. In den Republiken des Alterthums wurde die erstere der letztern geopfert und fast aller Werth auf die Volksfreiheit allein gelegt. Die Germanen vorzüglich haben die individuellen Freiheitsrechte höher geschätzt; und in der modernen Rechtsbildung werden sie vornehmlich beachtet.

Es ist aber immer ein Fehler, wenn über der einen Freiheit die andere vernachläszigt wird. Die griechischen Zustände litten vorzüglich an der einseitigen Beachtung der Volksfreiheit, welche als absolute Volksherrschaft verstanden wurde. In der spartanischen Verfassung wurde die Knechtung des individuellen Lebens von Stats wegen so weit getrieben, dasz wir uns manche Einrichtungen derselben nur wie Bilder einer ausschweifenden Phantasie, nicht als leibhafte Wirklichkeit vorstellen können; aber auch in dem demokratischen Athen wurde die individuelle Freiheit nur gering geachtet und vielfältig durch die Gesetze und das öffentliche Leben verletzt.

Wir Neuern leiden zuweilen an entgegengesetzten Irrthümern. Nicht selten wird das Recht des Ganzen übersehen, und der Gedanke der individuellen Freiheit mit so maszlosem Eifer einseitig verfolgt, als wäre jedes einzelne Individuum ein in sich vollkommenes Wesen, das natürliche Centrum der Welt, ein Gott, durch dessen Willen alles auszer ihm geschaffen, von dessen Willen alles übrige abhängig wäre. Der Stat wird dann völlig preisgegeben, und die Ordnung des Ganzen durch die Willkür der Individuen mit innerer Auflösung bedroht.

Die Wahrheit fordert *Anerkennung beider* Arten der Freiheit. Beide wurzeln in der menschlichen Natur, die Volksfreiheit in der gemeinsamen menschlichen Rasse, die individuelle Freiheit in dem Individualleben des Geistes. Aber die erstere ist ganz und gar ein Rechtsbegriff und kommt nur in der Gemeinschaft, d. h. im *State* zur Wirklichkeit; die letztere aber hat ihren tieferen Grund *auszerhalb des States*, in einem Lebensgebiete, welches dieser zu beherrschen weder berufen ist noch die Macht hat.

4. Das Verhältnisz der verschiedenen Statsformen zu der Freiheit wird daher auch häufig ein anderes sein, je nachdem die *Volksfreiheit* oder die *individuelle* Freiheit in Frage kommt.

Die Ideokratie hat die Tendenz, die Volksfreiheit durch die absolute Autorität zu erdrücken, die Demokratie umgekehrt steigert dieselbe zu Gunsten der Mehrheit zur Volksherrschaft. Die individuelle Freiheit aber wird auch von der Demokratie nur insofern begünstigt oder geduldet, als die Mehrheit mit der Ausübung derselben einverstanden ist. Wenn das nicht ist, so wird sie bei jeder Gelegenheit mit Füszen getreten. Die Demokratie hat somit wohl Liebe zur Volksfreiheit, aber selten wahre Achtung vor individueller Freiheit.

Wer daran zweifelt, der braucht sich nur an die Lage der Reichen in dem demokratischen Athen, oder an die Lage der Aristokraten zu den Zeiten der Jakobinerherrschaft in Frankreich, oder an die Vorschläge der Communisten zu erinnern.

Die Aristokratie im Gegentheil läszt das Individuum gelten, so lange es nur individuelles Leben äuszert. Sie gewährt gerne ein reiches Masz individueller Freiheit, und schützt dieselbe soweit sie einmal gewährt ist, mit unbeugsamem Muthe auch gegen die Anfeindungen der Menge. Aber sie wacht sorgfältig darüber, dasz nicht die Volksfreiheit zur Volksherrschaft erwachse. Sie nimmt dieselbe zwar in vollstem Masze für die herrschende Minderheit in Anspruch, aber miszt den groszen Massen des Volkes nur einen oft kümmerlichen Antheil daran zu.

Sogar die absolute Monarchie erträgt und bewilligt oft unbedenklich ein bedeutendes Masz von individueller Freiheit, von Sicherheit der Personen und des Eigenthums, aber sie ist misztrauisch und feindlich gegen alle Volksfreiheit gesinnt.

Die constitutionelle Monarchie gewährt auch hier, wenn sie ihrem Princip treu bleibt, eine Fülle von beiden, ohne die Volksfreiheit zur Volksherrschaft werden zu lassen, und ohne die individuelle Freiheit bis zur Anarchie zu übertreiben.

5. Ebenso ist das Verhältnisz des Statsrechts zu den beiden Arten der Freiheit verschieden. Die Volksfreiheit gehört demselben unmittelbar an, als eine Institution des Stats, befruchtet und erfüllt von dem Geiste der Gesammtheit. Die individuelle Freiheit dagegen bildet, weil sie aus dem individuellen Dasein und Leben entspringt, einen Theil zunächst der individuellen Rechtssphäre, d. h. des Privatrechts, und kommt nur mittelbar in den Kreis des öffentlichen Rechts insofern hinein, als sie entweder unter die Garantie desselben gestellt oder durch die Rücksichten auf die Gemeinschaft und den Stat näher begrenzt und beschränkt wird. Die Volksfreiheit kann eben darum auch von der Ge-

setzgebung freier, je nach den Erfordernissen des Stats und dem Culturzustande des Volks, bestimmt werden; die individuelle Freiheit aber hat der Stat in derselben Weise als eine selbständig bestehende zu achten und zu schützen wie das übrige Privatrecht; und dasz solches geschehe, ist noch eine grosze Aufgabe der zukünftigen Rechtsbildung.

Zweites Capitel.

I. Individuelle Freiheitsrechte.

A. Schutz der Existenz.

1. Der Anerkennung und dem Schutze jeder Freiheit musz die Anerkennung und der Schutz der Existenz[1] des Einzelnen selbst vorhergehen. Das Recht zu sein ist für den Menschen das erste. Es ist mit ihm geboren und unzertrennlich mit ihm verbunden, so lange eine lebendige Seele in dem Körper wohnt. Es hört auf erst mit dem Tode. Der Stat ist, obwohl er zunächst eine Rechtsordnung der Gesammtheit ist, doch verpflichtet, voraus dieses Urrecht aller Individuen, welche von seiner Macht umfaszt werden, zu schirmen; denn es ist überhaupt eine der wichtigsten Aufgaben des Ganzen, die Rechte der Einzelnen zu schützen, wo diese solchen Schutzes bedürfen.

Derselbe erstreckt sich sogar auf die noch ungeborne Leibesfrucht. Obwohl die Persönlichkeit erst mit der Geburt zu wirklichem Dasein kommt, so ist doch der befruchtete Keim der Person schon früher da, und hat mit Rücksicht auf die wahrscheinliche Entwicklung zur Persönlichkeit

[1] Blackstone heiszt dasselbe das Recht persönlicher Sicherheit (right of personal security), Stahl das Recht der Integrität.

Anspruch auf Wahrung jener und eventuelle Berücksichtigung ihrer zukünftigen Rechte.[2]

Es ist daher ein Grundsatz des natürlichen Rechts, dasz der Stat verpflichtet ist, die Existenz der Personen theils gegen fremden unberechtigten Angriff zu schützen, theils bei äuszerer Noth vor dem Untergang zu retten. Die erstere Pflicht ist überall anerkannt, weniger allgemein die letztere, und doch ist sie nicht minder eine Folge des obigen Princips. Von welcher Art immer die Gründe sein mögen, welche das Individuum in die Lage versetzt haben, dasz dasselbe auszer Stande ist, sich vor dem Tode zu retten, ob natürliche oder verschuldete Armuth oder vorübergehende Noth, wenn es die Hülfe der Gesammtheit bedarf und diese die Mittel für Erreichung dieses Zweckes hat, so besteht auch die Pflicht, jenes zu retten.[3] Sie ist nicht eine nationale,[4] sondern eine menschliche Pflicht; und die Hülfe des States darf daher in diesen äuszersten Fällen nicht auf die Statsangehörigen beschränkt, sondern musz auch dem Fremden gewährt werden, der in dem Statsgebiet in solche Lebensnoth

[2] Daraus erklärt sich die Fiction des römischen Rechts: „Qui in utero sunt, in toto pene jure civili intelligguntur in rerum natura esse" (L. 26 de Statu hominum), während die römischen Juristen wohl wissen, dasz der „partus nondum editus homo non recte fuisse dicatur" (L. 9, §. 1 ad leg. Falcid.). Vgl. Savigny, System des röm. Rechts II, S. 12. Blackstone I, 1.

[3] Erst dem Einflusz des Christenthums war es zu verdanken, dasz diese Pflicht zunächst mit Bezug auf nothleidende Kinder im römischen Reiche anerkannt wurde. Die Gesetze Constantins des Groszen darüber, Cap. 1 und 2. C. Th. de alimentis quae inopes vom Jahre 315, auf deren Inhalt wohl die Lehren von Lactantius eingewirkt (vgl. Commentar von Jac. Gothofredus), haben in dem Codex Justinianeus keine Aufnahme gefunden. In andern Fällen war aber selbst durch die ersteren Gesetze noch nicht gesorgt, obschon der Grundsatz in denselben ausgesprochen ward: „Abhorret nostris moribus, ut quemquam fame confici vel ad indignum facinus prorumpere concedamus."

[4] Als solche hat sie in Rom zuerst Caesar anerkannt. Mommsen Röm. Gesch. III, S. 469.

gerathen ist. Ihrem gemeinsamen Umfange nach aber ist diese Pflicht nur auf die Abwendung des Aeuszersten, auf wahre Nothdurft beschränkt. Im Einzelnen erweitert sie sich, je nachdem andere besondere Rücksichten hinzutreten, und ergänzend und verbessernd schlieszt sich die freie Wohlthätigkeit der Privaten oder selbst des States an, die, wenn sie in zu groszer Ausdehnung auch als Rechtspflicht normirt wird, leicht an moralischer Kraft und Wirksamkeit mehr verdirbt, als durch materielle Unterstützung gut macht. Die neuere Zeit ist reicher als die frühern Jahrhunderte nicht blosz an Armen- und Unterstützungsanstalten aller Art, sondern auch an Rettungsanstalten bei Brandunglück und Wassernoth; und es ist das ein groszer Fortschritt in der Entwickelung des humanen Rechts.

2. Die Achtung der persönlichen Existenz der Individuen führt zwar nicht nothwendig zur Aufhebung der Todesstrafe, wie Manche meinen, wohl aber zur Beschränkung ihrer Anwendung auf seltenste Fälle, in welchen überwiegende Gründe der Existenz des Stats oder der Gerechtigkeit sie nöthig erscheinen lassen. Das Recht des altrömischen Vaters und Herrn über Leben und Tod seiner Kinder und Sclaven hatte daher noch einen barbarischen Charakter.[5] Ebenso war der ganze Gedanke der altgermanischen Rechte, dasz der schwere Verbrecher friede- und rechtlos sei, und dasz der Geächtete von Jedermann ungestraft getödtet werden dürfe, gleich dem Wild im Walde, jenem Urbegriff der Persönlichkeit des Menschen zuwider. Doch finden wir schon früh in dem deutschen Rechte einzelne Triebe einer humaneren Vorstellung zu Tage

[5] Juvenal hat diese Barbarei gezüchtigt, Sat. VI, 219:

Pone crucem servo. Meruit quo crimine servus
Supplicium? quis testis adest? quis detulit? audi.
Nulla umquam de morte hominis cunctatio longa est.
O demens, ita servus homo est? Nil fecerit, esto.
Hoc volo, hoc jubeo, sit pro ratione voluntas.

treten.[6] In unserer Zeit wird dieselbe allmählich in weiterer Anwendung anerkannt.[7]

3. Die Fiction des **bürgerlichen Todes**, welche nach manchen Rechten als Strafe für schwere Verbrechen ausgesprochen wurde, ist noch ein Ueberrest der alten Echt- und Friedelosigkeit und im Widerspruch mit dem natürlichen Rechte; denn wenn das Leben der Person gewisz ist, so ist es unnatürlich, diese als rechtlich nicht vorhanden zu erklären. Noch in dem Napoleonischen Gesetzbuch ist dieselbe anerkannt, obwohl Napoleon selbst auf die Unsittlichkeit aufmerksam gemacht hat, dasz die Ehefrau, welche aus Liebe und Pietät ihrem verurtheilten Mann ins Exil folgt, nun als Concubine desselben von dem Rechte gebrandmarkt werde.[8] Ein-

[6] *Tacitus*, Germ. c. 7: „Ceterum neque animadvertere neque vincire neque verberare quidem nisi sacerdotibus permissum, non quasi in poenam nec ducis jussu, sed velut Deo imperante.“ *Lex Bajuvar.* II, I, §. 3: „Ut nullus liber Bajuvarius alodem aut vitam sine capitali crimine perdat, id est si aut in necem Ducis consiliatus fuerit, aut inimicos in provinciam invitaverit, aut civitatem capere ab extraneis machinaverit, et exinde probatus inventus fuerit, tunc in Ducis sit potestate vita ipsius et omnes res ejus et patrimonium.“ Englische Magna Charta von 1215: „Nullus liber homo capiatur vel imprisonetur aut dissaisiatur aut utlaghetur (out law, exlex) aut exuletur aut aliquo modo destruatur, nec super eum ibimus nec super eum mittemus, nisi per legale judicium parium suorum vel per legem terre.“

[7] *Friedrich II*, Antimach. 17: „Les bons princes regardent ce pouvoir sur la vie de leurs Sujets comme le poids le plus pésant de leur couronne. Il savent qu'ils sont hommes comme ceux qu'ils doivent juger, ils savent que d'autres injustices peuvent se réparer, mais qu'un arrêt de mort précipité est un mal irréparable. Ils ne se portent à la séverité que pour éviter une rigueur plus facheuse qu'ils prévoient.“ Französische Verf. von 1848, §. 5: „La peine de mort est abolie en matière politique.“ Noch weiter geht der Frankfurter Entwurf der deutschen Grundrechte, §. 9: „Die Todesstrafe, ausgenommen, wo das Kriegsrecht sie vorschreibt oder das Seerecht im Falle von Meutereien sie zuläszt, sowie die Strafen des Prangers, der Brandmarkung und der körperlichen Züchtigung, sind abgeschafft.“

[8] *Code civil*, §. 22 ff., §. 25: „Le mariage qu'il avait contracté pré-

zelne neuere Verfassungen haben diese Strafe ausdrücklich aufgehoben.[9]

4. Aus dem natürlichen Rechte des Menschen auf die Integrität seines Körpers wird ferner die in den neuern Rechten fast überall nun anerkannte Verwerflichkeit einer jeden auf Verstümmelung des Leibes gerichteten Strafe begründet. Wenn auch die Majestät des Rechtes und die öffentliche Sicherheit in einzelnen Fällen den Tod des Verbrechers fordern mag, und dieser nicht blosz einzelne Glieder, sondern den ganzen Leib zerstört, so machen doch jene Gründe nicht ebenso diese Strafe nothwendig, und es erscheint dieselbe vielmehr unserer Zeit als eine unwürdige und unnöthige Barbarei. Unter freien und zu höherer Civilisation herangereiften Völkern nehmen wir sogar einen ähnlichen, zuweilen heftigen Abscheu wahr gegen die Anwendung der körperlichen Züchtigung, ungeachtet diese die Glieder nicht zerstört, sondern dem Körper nur einen vorübergehenden Schmerz bereitet. Schon das Alterthum hat erkannt, dasz dieselbe für die Classen der freien Bürger eine unpassende Strafe sei.[10]

Drittes Capitel.

B. Der freie Gebrauch des Körpers, Berufsfreiheit.

1. Die Unnatur und Widerrechtlichkeit der Sclaverei, welche den Menschen zur unpersönlichen Sache gewaltsam nie-

cédemment est dissous quant à tous ses effets civils." *Las Cases*, Mémor. de St. Heléne VI, 235.

[9] Preuszische Verf. §. 10: „Der bürgerliche Tod und die Strafe der Vermögenseinziehung finden nicht statt." Deutsche Reichsverf. v. 1849, §. 135.

[10] Wo Freie gebüszt wurden, erlitten Sclaven und Hörige Schläge.

derdrückt, wurde oben schon besprochen.[1] Weniger verwerflich ist das Institut des Colonats, wie wir es in den spätern Zeiten des römischen Reiches treffen, und der erbhörigen Bauerschaft, wie sie während des Mittelalters fast überall vorkam, denn es wird in demselben die Persönlichkeit und die Berechtigung der Colonen und Hörigen in sehr wichtigen Beziehungen anerkannt; und selbst die nothwendige Verbindung der hörigen Bauern mit den Grundstücken, von denen sie nicht durch den Herrn getrennt werden, die sie aber ebensowenig nach eigenem Ermessen verlassen dürfen, ist nicht unter allen Voraussetzungen unnatürlich. Aber für einzelne Individuen wurde sie zu allen Zeiten zum Unrecht, für solche nämlich, deren natürliche Anlagen einen Anspruch auf höhere Berufsbildung und eine über die Grenzen des Bauerngutes hinausreichende Wirksamkeit begründeten. Solche Individuen an die Scholle zu fesseln, war eine Nichtachtung ihres angeborenen Rechtes und ihrer Bestimmung. Freiere Völker werden überdem einen so gebundenen Zustand als ihrer unwürdig auch in der Regel — selbst abgesehen von jenen individuellen Ausnahmen — nicht ertragen.

Es wurde daher während des Mittelalters immer als ein groszer Fortschritt zur Freiheit begrüszt, wenn das Recht des freien Zugs erlangt und erkundlich bestätigt wurde.[2] Heut-

[1] Buch II, Cap. 17, S. 173.

[2] Vgl. oben die Stelle aus der Magna Charta von England, Buch II, Cap. 18, Note 11. Schon die altgermanische Form der Freilassung stellte den Eigenen auf einen Kreuzweg, und eröffnete ihm die Freiheit nach den vier Himmelsgegenden zu gehen, wohin er wolle, zum Zeichen der Freiheit: „De quatuor viis ubi volueris ambulare liberam habeas potestatem." Lex Rotharis 225. Lex Ripuar. 61, 1. Leges Guilelmi, c. 65. J. Grimm, deutsche Rechtsalterthümer, S. 331 und 286. Auch den freien Zins- und den Vogteileuten war solche Freiheit verstattet: Weisthum bei Grimm, Rechtsalterthümer, S. 347: „Abermal schlägt der Zenner (centenarius) dreimal an die Lanze, rufet: hör, hör, hör! ist ein mann in diesem freien Hochgericht, der sich darin nicht erziehen noch nehren kann, der soll erstlich bezahlen mein gn. Churfürsten und

zutage ist die Freizügigkeit zu dem gemeinen Rechte der civilisirten Nationen geworden, und nur unter besondern Voraussetzungen bestehen noch einzelne Beschränkungen desselben ausnahmsweise.

Eine besondere Art des freien Zuges ist die Auswanderung auszerhalb Landes, von welcher früher die Rede war.[3] Dagegen kann das Recht freier Niederlassung nicht ebenso ausschlieszlich als ein individuelles Freiheitsrecht aufgefaszt werden; denn bei der Niederlassung ist nicht minder die Gemeinschaft betheiligt, in welche der Niedergelassene eintritt, als dieser selbst. Das Verhältnisz ist daher nicht ein einseitiges, sondern ein gegenseitiges; und es hat die Gemeinde ein Recht darauf, dasz auch ihre Interessen bei Feststellung der Bedingungen der Niederlassung berücksichtigt werden.[4]

Herrn, darnach die christlich Kirch und den gemeinen mann, und soll sein feuer mit sonnenschein auslöschen; da es dann sach were, dasz der arme mann sein Gütlein geladen hätte und führe in ein Platt oder Stadt und dasz m. gn. Churfürst — reiten käme, so sollten seiner Diener zwei absteigen und dem armen Mann helfen mit dem hindersten Rad da das forderste gestanden hat (d. h. den Wagen weiter schieben)." Dann wurde sie auch auf hofhörige Leute ausgedehnt. Offnung von Neftenbach 19 bei Grimm, Weisthümer I, 76: „Es mag ouch ein jegklicher von uns ziechen, wenn er wil, von richthum oder von armuth wegen, von dem herren und mengklichem unbekümmert." Offnung von Brütten ebenda, S. 147: „Herr, wer das ein man hie setze im dinghof, den dunke, das syn gewerb anderschwo besser wer dann hie, der mag ziechen an die rychstett, oder in mynes herren von Oesterych stett oder in Wallstett, oder uf das land, der sol ziechen mynes herren von einsidlen zins und rechten one schaden, daran sol ine nieman sumen noch irren." In der zürcherischen Landschaft war der freie Zug schon zu Ende des 15. Jahrhunderts gemeines Recht auch für die Hörigen. Vgl. Bluntschli, Rechtsgeschichte von Zürich I, S. 383.

[3] Oben Buch II, Cap. 21, S. 204 ff. Deutsche Reichsverf. v. 1849, §. 136: „Die Auswanderungsfreiheit ist von Statswegen nicht beschränkt, Abzugsgelder dürfen nicht erhoben werden."

[4] Der §. 133 der deutschen Reichsverfassung von 1849 hat, weil er die individuelle Niederlassungsfreiheit für alle Deutschen anerkennt, in Süddeutschland einen lebhaften Widerspruch hervorgerufen und ist nicht zur practischen Wirksamkeit gelangt. Für Norddeutschland

Die freie Niederlassung führt den Staten meistens frische Kräfte zu und fördert das Wachsthum der Staten. Wenn aber vorzugsweise verkommene und schlechte Elemente dahin gelenkt werden, dann kann auch eine Beschränkung der Aufnahme nothwendig werden.[5]

2. Die Sorge für das Recht der Individuen, sich frei zu bewegen (the power of loco-motion), hat in vielen Staten zu verhältniszmäszigen Garantien geführt;

a) gegen willkürliche Verhaftung in mancherlei Formen,[6] und selbst in den Fällen, wo die Wahrscheinlichkeit

hat erst das Bundesgesetz von 1868 die freie Niederlassung gewährleistet. Schweizerische Bundesverf. von 1848: „Keinem Schweizer, der einer der christlichen Confessionen angehört, kann die Niederlassung in irgend einem Canton verweigert werden, wenn er folgende Ausweisschriften besitzt: a) einen Heimathsschein oder eine andere gleichbedeutende Ausweisschrift; b) ein Zeugnisz sittlicher Aufführung; c) eine Bescheinigung, dasz er in bürgerlichen Rechten und Ehren stehe; d) wenn er auf Verlangen sich ausweisen kann, dasz er durch Vermögen, Beruf oder Gewerbe sich und seine Familie zu ernähren im Stande sei.“

[5] Nicht mit Unrecht beschwert sich die Union der Vereinigten Staten von Amerika, dasz man in Europa zuweilen ihr Gebiet als Ablage von Verbrechern und unbrauchbaren Gesellen betrachte und benutze.

[6] Englische Magna Charta von 1215, oben Cap. I, Note 3 und die sehr ausführlichen Bestimmungen der Habeas-Corpus acte Karls II. vom Jahr 1677. Freiheitsbrief Herzog Heinrichs von Bayern für Landshut von 1279: „Judex etiam nullum scilicet civem detinebit, qui mansionem propriam habet, nisi penam meruerit capitalem, si mansio valeat penam pro maleficio debitam et condignam.“ Plait-Général de *Lausanne* von 1368, §. 66: „Item dominium lausannense quodcunque sit non potest seu debet capere seu capi facere aliquam personam sine cognitione. §. 62: Item si aliqua persona accusetur in casu criminis seu de crim non potest seu debet detineri nisi latrocinium reperiatur super ipsum aut sponte confiteatur. §. 81: Item tenetur episcopus *facere guerram* pro quolibet cive seu burgense aut residente lausannense capto.“ Freiheit der zürcherischen Landschaft von 1489: „Item von des vachens und türnens wegen haben wir — abgeret, welcher das recht vertrösten mag vmb sachen, das nit das leben oder êr beruert, das unser eydgenossen von Zürich die trostung nemen und die so also ver-

eines Verbrechens vorliegt, umsomehr natürlich gegen Miszbrauch der Polizeigewalt. In seinem berühmten Buche: „Des lettres de cachet et des prisons d'état" hat Mirabeau mit dem brennenden Hasz eines Betheiligten und der glänzenden Beredsamkeit eines französischen Tribuns gegen die Tyrannei der in Frankreich damals üblichen königlichen Haftsbefehle (lettres de cachet) aus Statsrücksichten einen literarischen Feldzug eröffnet, aus welchem er, getragen von der Fluth der Revolution, als triumphirender Sieger hervorging.[7] Am grosz-

tröstent nit türnen söllent." Von neuern Verfassungen sind zu erwähnen die nordamerikanische, Zusatz von 1791: „Das Recht des Volkes, seine Person, sein Haus, seine Papiere und Effecten gegen jedes ungerechte Einziehen oder Durchsuchen gesichert zu wissen, soll nicht verletzt werden; und es soll dazu kein Befehl ertheilt werden, der sich nicht auf eine wahrscheinliche Ursache begründet, die durch einen Eid oder eine Versicherung an Eidesstatt bekräftigt worden, und der nicht den zu durchsuchenden Ort und die einzuziehenden Personen genau bezeichnet." Französische von 1814, §. 4: „Niemand kann verfolgt oder verhaftet werden, auszer in den von den Gesetzen vorgeschriebenen Fällen, und nur nach der gesetzlichen Form." — von 1848, §. 2. Spanische von 1837, §. 7. Griechische §. 4 und 5. Deutsche Reichsverf. von 1849, §. 138. Preuszische §. 5. Portugiesische von 1827, §. 145: „7) Niemand kann ohne eine gegen ihn eingereichte Klage verhaftet werden, auszer in den gesetzlich bestimmten Fällen, und in diesen Fällen soll der Richter innerhalb 24 Stunden (in entfernten Orten in möglichst kurzer Zeit) von der Einkerkerung an dem Verhafteten durch eine unterzeichnete Note den Grund seiner Verhaftung, die Namen der Ankläger und der Zeugen, wenn er sie kennt, kund thun." Holländische §. 151 und 152. Belgische §. 7: „Auszer dem Falle der Ergreifung auf frischer That kann Niemand anders verhaftet werden als kraft eines richterlichen, mit Gründen versehenen Befehls, welcher im Augenblicke der Verhaftung oder spätestens binnen 24 Stunden bekannt gemacht werden musz." Aehnlich die österreichischen Grundrechte von 1849, §. 8. Norwegische Verf. §. 99: „Für unbefugte Haft oder ungesetzlichen Aufenthalt stehen die Betreffenden den Verhafteten zur Verantwortung."

[7] Auch Blackstone I, 1 sieht darin einen Hauptgegensatz zwischen französischem Absolutismus und englischer Freiheit, und führt an, dasz sogar unter dem milden Regimente des Cardinals Fleury 54,000 solche Haftbefehle in Frankreich ausgestellt worden seien.

artigsten und erfolgreichsten aber hatten die Engländer von alter Zeit her für diese Freiheit gekämpft, und sie durch die Jahrhunderte hinab gerettet und befestigt. Das englische Recht verbietet die allgemeinen Verhaftsbefehle und schützt den, der sich wider ungesetzliche Verhaftung mit Gewalt vertheidigt; und die Habeascorpusacte gewährleistet jedem Verhafteten das Recht, sich sofort auf den ordentlichen Richter zu berufen, damit dieser die Gesetzlichkeit der Verhaftung prüfe und über ihre Fortdauer entscheide.[8]

Eine polizeiliche Inhaftsetzung ist indessen nicht ganz zu entbehren, namentlich um der Contumaz-Anstalten gegen epidemische Krankheiten und um der Wahnsinnigen willen, sowie mit Bezug auf die Zucht über liederliche Arme und vorübergehend zum Schutz der öffentlichen Sitte. Aber es ist allerdings wichtig, dasz die Gründe und die Art derselben so bestimmt seien, dasz dem Miszbrauch möglichst gewehrt wird.

b) Eine fernere Garantie liegt in der gesetzlichen Beschränkung der Eingrenzung der Person in einen bestimmten Ort, ebenso der Verweisung aus einer Gemeinde und der Verbannung auszer Landes.[9] In der Regel bedarf es, damit der freie Mann solcher Beschränkung unterworfen werde, eines gerichtlichen Straferkenntnisses, und nur ausnahmsweise, aber nur aus bestimmten gesetzlichen Gründen und in gemessenen Schranken ist es in freien Ländern der Polizeigewalt gestattet, der persönlichen Freiheit der Individuen durch Verweisungsdecrete Gewalt anzuthun.[10]

[8] Lieber, Bürgerl. Freih. S. 45 ff.

[9] Vgl. auch darüber die Magna Charta (oben Cap. 1, Note 3) und die Habeas-Corpusacte. Das englische gemeine Recht kennt die Transportation nicht einmal als eigentliche Strafe, sondern eröffnet dieselbe nur dem verurtheilten Capitalverbrecher als Ausweg, um der wirklichen Strafe zu entgehen, in ähnlicher Weise, wie die alten Römer das Exil wählten, um der Verurtheilung zum Tode auszuweichen. Blackstone a. a. O.

[10] Weit schlimmer und geradezu barbarisch ist die polizeiliche De-

c) Anerkennung der Reisefreiheit auch ins Ausland im Gegensatz gegen willkürliche Paszverweigerung oder lästige Paszbeschränkung.

6. Eine höhere Sphäre der menschlichen Gesellschaft eröffnet sich, wenn das Recht der freien körperlichen Thätigkeit, wenn die Freiheit des individuellen Handelns, des Berufs zur Sprache kommt. Die freie Bewegung ist dem Menschen noch mit dem Thiere gemein, auf dieser Stufe aber steht er hoch über dem Thiere, welches nicht „handeln" kann. In dem körperlichen Handeln und „Werken" des Menschen offenbart sich die individuelle Herrschaft desselben über die Theile der äuszern Natur, und zunächst hat der Stat nicht die Aufgabe ihn dabei zu leiten, noch das Recht der Vormundschaft über ihn, sondern die Bestimmung, die Freiheit seiner Thätigkeit zu respectiren und zu schützen. In dem Kreise des individuellen und des Familienlebens wird denn auch heutzutage nun diese Freiheit in weitester Ausdehnung so regelmäszig anerkannt und geübt, dasz es überflüssig erscheint, dieselbe urkundlich zu gewährleisten.

Verändert wird die Sachlage, wenn das Handeln und Werken zum öffentlichen Berufe gleichsam verbreitet und zum Gewerbe wird; denn nun erscheinen nicht blosz die gewerbenden Individuen sondern auch die Gesellschaft, die Gemeinde und der Stat betheiligt. Die Frage ist daher nicht ausschlieszlich eine Frage des Privatrechts, sie hat auch eine öffentlich-rechtliche Seite. Die Gewerbefreiheit wird durch die Gewerbeordnung geregelt. Wir begegnen daher hier öfteren Kämpfen verschiedener Principien. Das vorige Jahrhundert und in vielen Ländern auch die erste Hälfte des gegenwärtigen Jahrhunderts war noch einer engen Beschränkung der Gewerbe theils durch die Handwerks- und Zunftordnungen

portation, zu welcher das französische Gesetz von 1858 die Regierung gegenüber Personen ermächtigt, die wegen eines politischen Vergehens verurtheilt waren.

theils durch den Vorbehalt der Statsconcession zugeneigt. Die neuere Entwicklung ist entschieden der Befreiung der Gewerbe sowohl von dem Druck und der Leitung der Zunftmeister als von der Vormundschaft und Aufsicht des Stats zugethan, und begünstigt so die möglichst ungehemmte Entfaltung aller Arbeitskräfte, und damit den lebhaften Wettstreit in allen Gewerben. Die Vorzüge der Freiheit werden höher geschätzt, als die Gefahren, welche sie begleiten, und so mächtig ist die Freiheit, dasz ein Volk, welches sie verschmäht oder sich vor ihr fürchtet, in kurzer Zeit weit zurück bleibt hinter dem Volke, das sich mit ihr verbindet.

Unläugbar aber ist dadurch die Desorganisation der gewerbetreibenden Classen noch mehr befördert worden und die folgende Generation wird wohl wieder sich bemühen, eine neue Organisation hervorzubringen, welche die Früchte der Freiheit bewahrt und doch den Einzelnen das Gefühl des Zusammenhalts mit den Genossen wiedergibt.

Viertes Capitel.

C. Freiheit der Meinungsäuszerung. Preszfreiheit.

Der oben genauer besprochenen Freiheit des Bekenntnisses[1] verwandt ist die Freiheit des Individuums, seine Meinung auch in andern Dingen zu äuszern. Die innerlichen Gedanken des Geistes sind der Macht und dem Rechte des States nicht unterthan. Die Freiheit derselben ist dem Individuum von Gott gegeben und durch die Unsichtbarkeit gegen jede äuszere Bedrückung geschützt worden. Es kann daher nicht Sache des menschlichen und irdischen Rechtes sein, die Gedanken beherrschen oder ordnen zu wollen.

[1] Buch IX, Cap. 2.

Die Offenbarung des Gedankens aber, die Aeuszerung in dem Worte, der Schrift oder dem Bilde ist eben, weil sie in die Erscheinungswelt übertritt und durch die Sinne wahrgenommen wird, dem Rechte nicht fremd.

Sie bedarf in manchen Fällen seines Schutzes, und da sie in sichtbaren Zusammenhang kommt mit der Existenz der vorhandenen leiblichen Schöpfung, und auf diese einwirkt, so musz sie nun auch die rechtlichen Schranken beachten, welche die gemeine Rechtsordnung bestimmt.

Vorerst ist die Freiheit der individuellen Meinungsäuszerung als ein natürliches Recht von dem State anzuerkennen und zu schützen, denn sie ist in der That zunächst eine Folge der von Gott dem Menschen anerschaffenen innern Gedankenfreiheit, und es läszt sich auch hier sagen: der Mensch hat das Recht zu reden wie er denkt, weil er die Pflicht hat wahr zu sein. In allen Zeiten ist denn auch das Princip dieser Sprechfreiheit anerkannt und dieselbe als eine der wichtigsten Seiten aller persönlichen Freiheit angesehen und gepriesen worden.[2]

Ob diese Aeuszerung durch das lebendige Wort des Mundes geschehe, oder in der Schrift fixirt oder in Bildern dargestellt werde, ändert an dem Wesen nichts. Das alles ist Offenbarung und Mittheilung des individuellen Geistes und individueller Gefühle. Als aber durch die Erfindung der Druckerpresse ein äuszeres Mittel gegeben war, die Schrift viel tausendfach zu vervielfältigen und nach allen Seiten hin an das

[2] Euripides, Phönicierinnen:

Jokaste: Was ist so Hartes denn an der Verweisung?
Polyneikes: Das Schrecklichste ist das: der Flüchtling darf
Nicht offen reden, wie er gerne möchte.
Jokaste: Was Du mir sagst, ist eines Sclaven Loos:
Nicht reden dürfen, wie man's meint.

Ein sicherlich unverwerfliches Zeugnisz ist das des Kaisers Tiberius bei *Sueton*, Tib. 28: „Jactabat, *in civitate libera linguam mentemque liberas esse debere.*“

Volk zu bringen, und als durch die kirchlichen Geisteskämpfe des 16ten Jahrhunderts die Leidenschaften aus tiefem Grunde aufgeregt und durch die Parteischriften in heftige Bewegung versetzt wurden, da kam man auf die Institution der statlichen Censur, welche über die Presse wachen und es verhindern sollte, dasz dieselbe auch denen diene, welche die vom State geschützte Confession bestreiten oder seinen Interressen und dem Gange seiner Politik feindlich entgegentreten.[3] Vorausgegangen war ihr schon seit dem Papste Alexander VI. (Const. Alexandri VI. inter multiplices v. 1. Juni 1501) die kirchliche Censur über alle gedruckten Bücher. In der ersten Hälfte des 16ten Jahrhunderts wurde sie in den europäischen Monarchien fast überall, in Deutschland durch Reichsgesetze, aber selbst in den schweizerischen Republiken, den katholischen und den reformirten eingeführt.

Zuerst wurde die Preszfreiheit[4] als eine reife Frucht von dem stolzen Baume der englischen Freiheit gepflückt.[5] Unter der ruhmvollen Regierung des Oraniers, Wilhelm I. 1694, wurden die Vollmachten, deren die Censoren (licensers) be-

[3] Im Alterthum finden wir die nämlichen Gedanken schon von dem Philosophen Platon in Vorschlag gebracht. In dem VII. Buche von den Gesetzen läszt er den Athenern ein Gesetz beantragen, „dasz der Dichter nichts anderes in seine Dichtung bringe, als was mit dem vom State als gesetzlich oder schön oder gut Anerkannten übereinstimmt, und dasz ihm nicht erlaubt sein solle, seine Dichtungen irgend einem Einzelnen zu zeigen, bevor sie den dazu verordneten Richtern und den Gesetzverwesern gezeigt worden und ihren Beifall erhalten haben.“

[4] Ueber die englische Censur, vgl. Gneist Engl. Verfassungsrecht III. S. 262.

[5] Eine beredte Vertheidigung der Preszfreiheit hat schon Tacitus Ann. IV, 34 und 35, wo es unter anderm heiszt: „Libros per aediles cremandos censuere patres, sed manserunt, occultati et editi. Quo magis socordiam eorum inridere libet qui praesenti potentia credunt extingui posse etiam sequentis aevi memoriam. Nam contra, *punitis ingeniis, gliscit auctoritas:* neque aliud externi reges aut qui eadem saevitia usi sunt, nisi dedecus sibi atque illis gloriam peperere.“ Unter den Neuern hat Milton für ihre Einführung den Kampf mit glänzenden Waffen eröffnet.

durften, von dem Parlament nicht mehr bestätigt.[6] und von da an gab es in England keine Censur mehr. In Preuszen machte Friedrich der Grosze einige Versuche, die Preszfreiheit einzuführen, aber hielt darin nicht aus, und nach seinem Tode wurde die Censur wieder so engherzig und kurzsichtig wie zuvor.[7] Die Nordamerikaner nahmen das Verbot der Censur 1791 in ihre Verfassung auf. Die französische Revolution proclamirte in demselben Jahre die Preszfreiheit als ein heiliges Menschenrecht. Aber während die Volksleidenschaften erregt waren, konnte thatsächlich die Preszfreiheit nicht geübt werden, und im Jahre IV wurden wieder strenge Gesetze (vom 27. und 28. Germinal) gegen den Miszbrauch der Presze erlaszen und sogar im Jahre V eine vorübergehende Censur der politischen Zeitungen eingeführt. Erst nach der Restauration 1814 wurde die Preszfreiheit wieder im Grundsatz proclamirt und durch das Gesetz vom 17. Mai 1819 geschützt.[8] In unserm Jahrhunderte ist dieselbe zum gemeinen Rechte der civilisirten Staten von Europa und Amerika geworden.[9] Rusz-

[6] Blackstone IV, 11. Russel, engl. Verf. Cap. 13.

[7] Vgl. Biedermann, Gesch. des XVIII. Jahrh. I, S. 119 ff.

[8] Vgl. Sévin in der Trevoux de l'Académie des Sciences morales et politiques. Dec. 1815. p. 323 f.

[9] Französische Verfassung von 1814, §. 8, und bestimmter von 1830, §. 7, nachdem die unglücklichen Ordonnanzen Karls X. an diesem reizbaren Punkte das französische Volk verletzt hatten Die schweizerischen Cantonalverfassungen seit 1830 meistens, die Bundesverfassung von 1848, §. 45. Spanische von 1837, §. 2. Portugiesische von 1826, §. 145, 3. Belgische §. 18: „Die Presse ist frei; die Censur kann nie eingeführt werden; es bedarf auch keiner Sicherheitsleistung von Seiten der Schriftsteller, Verleger oder Drucker. Wenn der Schriftsteller bekannt und in Belgien ansäszig ist, so kann der Verleger, Drucker oder Vertheiler nicht gerichtlich verfolgt werden.“ Norwegische §. 100: „Preszfreiheit musz stattfinden. Niemand kann für irgend eine Schrift, welchen Inhalts dieselbe auch sei, die er hat drucken oder herausgeben lassen, bestraft werden, es sei denn, dasz er vorsätzlich und offenbar entweder sich selbst des Ungehorsams gegen die Gesetze, der Geringschätzung der Religion, der Sittlichkeit oder der constitutionellen Gewalten und des Widerstandes gegen die Befehle der-

land ist fast die einzige Macht von Bedeutung, welche noch das System der statlichen Vormundschaft über die Presse aufrecht erhält, und wohl auch noch längere Zeit erhalten musz.

Wir wissen freilich aus Erfahrung, dasz durch eine schlechte und liederliche Presse häufig sittliche Verwirrung und grosze Uebelstände aller Art theils verbreitet und gefördert, theils hervorgerufen worden sind; zumal unter Völkern, die zu einer geordneten Freiheit nicht erzogen worden waren, und der oft vernommene Ruhm der Preszfreiheit, sie heile jederzeit die Wunden selber wieder, die sie geschlagen, ist trügerisch. Ein sittenloses und verdorbenes Volk wird durch

selben schuldig gemacht oder andere dazu aufgereizt, oder falsche oder ehrenrührige Beschuldigungen gegen irgend jemanden vorgebracht hat. Freimüthige Aeuszerungen über die Statsverwaltung und jeden andern Gegenstand sind jedermann gestattet.“ Griechische §. 10: „Jedermann darf seine Meinungen kund geben in dem lebendigen Wort oder durch die Presse, insofern er sich den Gesetzen des States gemäsz benimmt. Die Presse ist frei, und die Censur darf nicht eingeführt werden. Die verantwortlichen Redactoren, die Verleger und Drucker der Zeitungen sind zu keiner Cautionsstellung verpflichtet. Die Verleger derselben müssen griechische Bürger sein.“ Oesterreichische Grundrechte von 1849, §. 5: „Jedermann hat das Recht, durch Wort, Schrift, Druck oder bildliche Darstellung seine Meinung frei zu äuszern. Die Presse darf nicht unter Censur gestellt werden. Gegen den Miszbrauch der Presse wird ein Repressivgesetz erlassen.“ Preuszische §. 27: „Die Censur darf nicht eingeführt werden, jede andere Beschränkung der Preszfreiheit nur im Wege der Gesetzgebung.“ Eine eigenthümliche Bestimmung über eine Art Censur in der schwedischen Verf. §. 108. Sehr günstig der Preszfreiheit ist die Bestimmung der deutschen Reichsverf. von 1849, §. 143: Die Preszfreiheit darf unter keinen Umständen und in keiner Weise durch vorbeugende Maszregeln, namentlich Censur, Concessionen, Sicherheitsbestellungen, Statsauflagen, Beschränkungen der Druckereien oder des Buchhandels, Postverbote oder andere Hemmungen des freien Verkehrs beschränkt, suspendirt oder aufgehoben werden.“ Allen diesen verfassungsmäszigen Anerkennungen der Preszfreiheit als eines Grundrechtes der civilisirten Menschheit zum Trotz hat noch Papst Pius IX. in seiner Encyclica vom 8. Dec. 1861 im Einverständnisz mit seinem Vorgänger Gregor XIV. die Preszfreiheit als einen „verderblichen Irrthum“ und als „Wahnsinn (deliramentum)“ unserer Tage zu erklären sich nicht gescheut.

die Preszfreiheit schwerlich gerettet werden.[10] Aber wir haben auch die Erfahrung gemacht, dasz der Ruhm der Censur, den Stat vor Erschütterung zu bewahren und die öffentliche Ruhe und Wohlfahrt mächtig zu stützen, nicht weniger eitel ist. Meistens hat vor dem Ausbruch einer Revolution die Censur geherrscht, und während derselben nur dem Scheine nach Preszfreiheit bestanden, in der Wahrheit aber nur zu Gunsten der siegreichen Partei. Nur in einer wirklich freien und Religion, gute Sitte und Recht achtenden Nation wird sich daher die Preszfreiheit in ihrer Würde und ihrer wohlthätigen Wirkung bewähren. Dann aber ist sie ein kostbarer Edelstein, von ursprünglichem Lichtglanz erfüllt. Der human gewordene Stat wird sie daher stets ehren und sorgsam bewahren, und die öffentliche Meinung und das ganze geistige Leben der Nation wird in ihr sichtbar und durch sie erleuchtet.

Schrankenlos aber darf auch diese Freiheit nicht sein. Nur ist die Censur nicht die rechte Weise ihrer Beschränkung; denn diese, und würde sie noch so milde und umsichtig gehandhabt, hebt jene im Princip auf, da der Wille des Censors zum Vormund gesetzt wird über die Meinungen mündiger Männer, auch wenn sie einen umfassenderen oder schärferen Blick haben in das Leben der Menschen und in das Reich der Wahrheit, als der Censor.

Die einen Schranken der Preszfreiheit sind gemeinsam für alle Veröffentlichung durch die Presse; andere beziehen sich nur auf die politische Presse im eigentlichen Sinne, insbesondere auf politische Zeitungen, Broschüren-Literatur und Placate. Bei dieser nämlich ist die Ruhe und Wohlfahrt, daher auch das Recht des Stats unmittelbar, im übrigen nur mittelbar betheiligt. Ueberdem hat die politische Presse weder die Absicht noch den Charakter, der Erkenntnisz und Verbrei-

[10] Pertz in Steins Leben I, S. 180: „Da Preszfreiheit nicht schafft, sondern nur zu Tage bringt, so erwartet man von ihr vergebens Hülfe, wo Glauben und Sitten verdorben sind.“

tung der Wahrheit als solcher zu dienen, wie die zahlreichen wissenschaftlichen Werke jeder Art, noch das Privatleben zu erheitern, zu verschönern wie die schöne Literatur, sondern sie nimmt ihrer Natur nach an den Bewegungen und Kämpfen der Politik einen vornehmlich durch diese bedingten Theil, und ist in ganz vorzüglichem Sinne auch zu einer Parteimacht geworden, die in unserem Jahrhundert, den Kriegsschaaren vergleichbar, mit allen Waffen des Geistes für bestimmte Plane und Bestrebungen streitet, und täglich ihre kleinen Scharmützel, zuweilen auch grosze nachwirkende, obwohl unblutige Schlachten liefert. Der Stat musz diese eigenthümliche Bedeutung der politischen Presse beachten, weil sie ihm ans Leben geht.

Die ganze Presse musz die allgemeinen Schranken des Rechtes, und die individuelle Freiheit musz die Rechtsordnung der Welt, in welche sie nun um ihrer Aeuszerung willen übertritt, achten. Daher darf sie weder in der Form noch in dem Inhalte der Aeuszerung die Rechtssphäre des Stats oder der Individuen verletzen. Der Gesetzgebung liegt die Sorge ob, das im Einzelnen nach den verschiedenen Richtungen zu normiren, und die Preszvergehen, je nachdem sie die Majestät und Sicherheit des States selbst oder die öffentliche Sittlichkeit oder die Ehre der Personen und die Ruhe des Familienlebens verletzen, mit Strafe zu bedrohen.

Eine umfassendere und nähere Sorge aber erfordert die politische Presse. Vor allen Dingen ist es Sache der Statsregierung, fortwährend genau und vollständig die mancherlei Richtungen, die ganze Thätigkeit und die Wirksamkeit der politischen Literatur in Gutem und Bösem zu beobachten, und je nach Umständen diese zu benutzen oder ihr zu begegnen. Die Einrichtung eines Censoramtes in solchem Sinne, einer Inspection und theilweise Direction der politischen Presse würde eher an die römische als an die nun abgeschaffte Büchercensur der letzten Zeiten erinnern. Es wäre fürwahr eine ebenso ehrenvolle als nützliche Aufgabe angesehener Männer von wissenschaftlichem Rang und politischer Einsicht, die Statsregierung fortwährend in Kenntnisz zu erhalten von den Strömungen der öffentlichen Meinung und den mannichfaltigen Bedürfnissen, die sich in derselben kund geben, und die nöthigen Entgegnungen und Aufklärungen in der Presse von ihrer Seite hinwieder vorzubereiten. Gegenwärtig fehlt es noch meistens an einer derartigen Institution, und manche Versuche, ein statliches „Preszbureau" zu bestellen, sind, weil zu enge und altpolizeilich gedacht, kläglich verunglückt. In Frankreich aber ist diese Statspflege der Presse bis zur Statsherrschaft über die Presse gesteigert und damit die Preszfreiheit unterdrückt worden.

Im übrigen kommen folgende Schranken der politischen Literatur zur Sprache.

a) Die Nothwendigkeit von Cautionen der Unternehmer von Zeitungen, ist als eine Garantie der Solidität eines für das öffentliche politische Leben bestimmten Institutes nicht gerade verwerflich aber wenig wirksam.

b) Das Concessionssystem für die Herausgabe von Zeitungen hat das ernste Bedenken gegen sich, dasz dasselbe leicht miszbraucht werden kann, um jede Oppositionspresse unmöglich zu machen, und so die Preszfreiheit auf dieser Seite vollständig zu lähmen. Es ist daher nur insofern verträglich mit der Idee der Preszfreiheit, als die Bewilligung nicht willkürlich verweigert werden darf, sondern sobald gewisse allgemeine für alle Parteien gleiche Bedingungen vorhanden sind, gewährt werden musz. Es ist schon der Vorschlag gemacht worden, dasz nur solchen Individuen gestattet werden sollte, als Redactoren einer Zeitung regelmäszig öffentlich zum Volke zu reden, welche eine wissenschaftliche Prüfung in der Jurisprudenz oder Statswissenschaft bestanden und so sich über ihre Befähigung ausgewiesen haben.[11] Allein selbst

[11] Zöpfl, D. St. R. S. 304

wenn es möglich wäre, solche Prüfungen von einem ungebührlichen Einflusse der Sympathie und Antipathie der im State herrschenden Partei frei zu erhalten, so würde doch unvermeidlich eine solche Einrichtung dem Zopfe der Schule verfallen. Eher dürften für die Zeitungsredactoren die nämlichen Eigenschaften verlangt werden, welche der Stat für die Geschwornen oder Deputirten fordert. Die Redaction einer politischen Zeitung ist zwar ein freier, aber ein so eminent politischer Beruf, der an Bedeutung und an Einflusz auf die Statswohlfahrt sehr viele öffentliche Aemter überragt, dasz nicht Jedermann für würdig und fähig gehalten werden kann ihn zu üben. Es sollten daher jedenfalls nicht geringere Ansprüche an die persönliche Tüchtigkeit und Solidität der Redactoren gemacht werden, als an die Männer, welche die genannten politischen Functionen übernehmen.

c) In neuerer Zeit hat die Statsgewalt in verschiedenen Ländern, zuerst in Frankreich mit heftig wirkendem Erfolg die Maszregel der Suspension oder Unterdrückung einer Zeitung nach vorausgegangener mehrmaliger Verwarnung eingeführt. Durch dieselbe wurde wohl dafür gesorgt, dasz die Regierung jederzeit eine wirklich gefährliche oder verderbliche Richtung der Presse unterdrücken könne; aber nicht ebenso wurden dafür Garantien gewährt, dasz die berechtigte Freiheit der Meinungsäuszerung und der Opposition fortbestehe. Wenn der Fortbestand der Journale von der Gnade der Regierung abhängt, so ist der Inhalt der Journale ebenso von dem Willen der Regierung abhängig, und die Preszfreiheit besteht nur dem Namen nach. Die wahre Aufgabe ist aber, die Sicherheit des States zu verbinden mit der freien Bewegung der Parteien und der Individuen, nicht bald jene, bald diese zu opfern.

d) Häufig werden die Zeitungsblätter mit einer Stempelgebühr belegt, sogar in dem freien England. Diese Maszregel hat voraus die fiscale Bedeutung einer Einnahmsquelle für die Statscasse. Daneben kann sie auch das Aufkommen von ganz niedrig gehaltenen für den Pöbel berechneten Zeitungen einigermaszen erschweren, zuweilen verhindern. Aber statswirthschaftlich ist sie durchaus nicht zu rechtfertigen, da sie einen einzelnen Erwerbszweig, der überdem nur in zweiter Linie von ökonomischer Natur ist, im Vergleich mit andern Berufsarten ganz übermäszig belastet und geradezu zu einer unwürdigen Besteuerung der freien Meinungsäuszerung wird.

e) Eine practisch sehr wichtige und wohlbegründete, gerade dem Wesen der Preszfreiheit zusagende Schranke derselben ist die Anerkennung des Rechtes jeder in einer Zeitung angegriffenen Person, oder Behörde, sich in dem nämlichen Blatte und vor dem nämlichen Publicum zu vertheidigen. Wer an der Spitze eines öffentlichen Journals steht und für sich selber die Preszfreiheit in ausgedehntem Sinne stets in Anspruch nimmt, soll in besonderem Masze auch die Freiheit der Andern, ebenfalls ihre Meinung zu äuszern, respectiren und hat er einen Andern in seinem Blatte öffentlich angegriffen oder angreifen lassen, so hat er gerade dadurch die öffentliche Vertheidigung desselben hervorgerufen und er ist diesem und dem Publikum gegenüber verpflichtet, diese Vertheidigung da zuzulassen, wo sie in der Regel allein möglich und wirksam ist. Die Erwiederung in andern Blättern nämlich hilft in sehr vielen Fällen wenig, weil dann die Vertheidigung nicht vor dem nämlichen Publicum geführt wird, vor welchem der Angriff geschehen ist, und ist überdem häufig nicht möglich, da andere Redactoren nicht immer ein Interesse und gewöhnlich auch nicht die Pflicht haben, ihre Spalten dem persönlichen Streite zu öffnen.[12]

[12] Ganz gut z. B. §. 17 des älteren österreichischen Preszgesetzes: „Der Herausgeber einer periodischen Druckschrift ist schuldig, jede amtliche Berichtigung der darin mitgetheilten Thatsachen in das zunächst nach deren Empfang erscheinende Blatt (Nummer) oder Heft

f) Strengere Maszregeln gegen pseudonyme Angriffe sind auch schon in einzelnen Ländern verfügt worden,[13] helfen aber wenig.

g) In Zeiten der Statsnoth, wie in Kriegszeiten oder wenn offener Aufruhr droht, werden der politischen Presse gegenüber auszerordentliche Beschränkungen nöthig und gerade darum zulässig. Werden solche Ausnahmsbeschränkungen durch die Verfassung oder die Gesetzgebung nicht vorgesehen und möglich gemacht, so ist die doppelte Gefahr unvermeidlich, dasz entweder der Stat um deszwillen groszen Schaden leidet und die Noth desselben vermehrt wird, oder dasz in Form der ungesetzlichen Willkür dennoch, sei es von oben oder von unten her, der Preszfreiheit factisch ein Ende gemacht wird. Das letztere trifft gewöhnlich ein. Zwar steht dann die Garantie der Preszfreiheit auf dem Papier. Aber wehe dem, der es wagt, im Widerspruch mit den heiszen Leidenschaften der gerade herrschenden Macht eine Meinung zu äuszern, welche dieser verhaszt ist oder gefährlich scheint. Besser daher, es werde die doch unvermeidliche Beschränkung in den Wegen des Gesetzes angeordnet.

h) Der Anschlag von Placaten politischen Inhalts darf füglich unter die unmittelbare Aufsicht der Polizei gesetzt werden, denn das ist nicht mehr einfache freie Meinungsäuszerung, sondern die Form schon spielt in das Gebiet der Proclamation über, welche der öffentlichen Autorität allein zusteht.

kostenfrei aufzunehmen. Andere Berichtigungen von Thatsachen von Seite der Angegriffenen ist der Herausgeber in gleicher Art, jedoch nur insoferne unentgeltlich aufzunehmen schuldig, als der Umfang der Entgegnung den Umfang des Artikels nicht übersteigt, auf welchen sich die Entgegnung bezieht. Ist aber diesz der Fall, so sind für die mehreren Zeilen, die nicht das Zweifache des angreifenden Artikels übersteigen dürfen, die gewöhnlichen Einrückungsgebühren zu zahlen. Im Falle der Verweigerung ist der Herausgeber durch den Statsanwalt zur Aufnahme zu verhalten."

[13] Schon der Kaiser Augustus (Sueton, Octav, 55) „censuit, cognoscendum posthac de iis, qui libellos aut carmina ad infamiam cujusquam sub alieno nomine edant."

Fünftes Capitel.

D. Schutz des Hausfriedens und des freien Verkehrs.

1. Eine der schönsten Rechtsideen, welche in den germanischen Rechten zur Verwirklichung gelangt ist, und eine der wichtigsten Freiheiten, welche der Stat dem Individuum gewähren kann, ist die Anerkennung und der Schutz des Hausfriedens.[1] Innerhalb der Umzäunung seines Hofes und innerhalb der Mauern seines Hauses soll sich Jeder völlig sicher fühlen vor fremder Gewalt, da Ruhe finden, vor der Strömung und Brandung des bewegten und feindlichen Lebens, da sein eigener Herr sein. Das Haus umgibt und schützt das Individuum und seine Familie ähnlich, wie der Leib die Seele; es ist gewissermaszen der künstlich erweiterte Leib des Menschen. Daher wird mit Recht jede Beleidigung und Kränkung einer Person und ihres Rechts, die überhaupt strafbar ist, härter gestraft, wenn sie ihr in ihrer Wohnung angethan worden ist, und dafür gesorgt, dasz auch die Organe der Statsgewalt selbst nur unter gewissen Voraussetzungen und nur mit groszer Schonung der Freiheit und Ruhe des

[1] Lex *Bajuvar.* X. 2, §. 2. „Nemo ingrediatur alienam domum per violentiam, quia hoc scandalum generat.“ Freiburger Stadtrecht von 1120, c. 42: „Si quis burgensem in propria area vi invaserit vel temere domi quesierit, quicquid ei (d. h. dem Eindringling) mali fecerit, non emendabit.“ *Asegabach* V, 2: „Thit is thi erosta kere, and thi warth mit ethon bisweren, that allera monna hwek fretho hede binna hovi and binna huse bi twam ieehtiga ielden and bi twam hundreda merkon.“ (Diesz ist die erste Kür und die wurde mit Eiden beschworen, dasz Jedermann Friede habe innerhalb des Hauses bei zwiefacher kundbarer Busze und zweihundert Marken.) Vermehrter Sachsenspiegel II, 1 pr.: „Eyn iczlich man in sinen vier pfelen und wenden sol vordirlichin vrede habin mit grosim und mit starkem rechte. Wan uswendig frieheit und frede des huses ist das nymant dem andirn des tages noch des nachtis in sin hus lauffin sal noch keinen obirlast mit Worten noch mit Werken thun sal.“

Hausherrn sein Haus betreten und darin theils Nachforschungen vornehmen, theils überhaupt amtliche Handlungen vornehmen dürfen.

Die alterthümlichen Vorschriften, welche das römische Recht aus der Zeit der Republik und das ältere deutsche Recht[2] für den Fall der Haussuchung wegen eines Diebstahls festgesetzt hatten, sind Zeugnisse für die Ehrfurcht dieser Rechte vor dem Hausfrieden. Vorzüglich aber hat das deutsche Recht die Idee des Hausfriedens ausgebildet und sogar jede Beunruhigung von auszen gegen die Hausbewohner, ja selbst das unwürdige Belauschen des inneren Lebens und Treibens an den Fenstern und Thüren als eine Verletzung des Hausfriedens betrachtet und den Hausmann gerechtfertigt, wenn er energische Mittel zur Abwehr anwendete.[3] Sogar der fremde Verfolgte konnte, wenn er von dem Herrn des Hauses aufgenommen worden, Schutz vor seinen Verfolgern finden in dem unangreifbaren Heiligthum des Hauses, und Zeit gewinnen, um selbst den Nachforschungen des Richters zu entgehen.[4] Das Asylrecht, welches die Kirche im Mittelalter auch den Verbrechern gewährte, die sich in die heiligen Räume geflüchtet hatten, beruhte auf dem nämlichen Gedanken, und nur noch höher als der Hausfriede des freien Mannes wurde der

[2] Jakob Grimm, D. Rechtsalterth. S. 639 theilt zahlreiche Belege aus den Quellen mit.

[3] Vgl. Osenbrüggen, der Hausfrieden. Erlangen 1857.

[4] Sehr deutlich in dem Freiheitsbrief von Ingolstadt v. J. 1312: „Wer einen Schaden thut, kommt er flüchtiger zu eines frommen Mannes Haus, derselbe fromm Mann durch seines Hauses Ehre soll er ihn bergen und ihm hinhelfen. Kommen seine Feind hinnach, vor denen soll er ihn bergen und beschirmen so best er mag. Kommt der Richter hinnach oder seine Bothen, dem soll er aufthun sein Haus und soll sie den lassen suchen; und soll doch jenen hinhelfen ob er mag und ist niemand darum keine Busz schuldig." — Wer aber einen „verbotenen" Mann hauset und hofet, der gibt dem Richter 5 Pfund und 60 Heller Busze.

Kirchenfriede des Gotteshauses geachtet.[5] Den hohen Werth, den die Engländer auf ihr freies Hausrecht legen, hat der grosze Chatham in einer Parlamentsrede mit den berühmten Worten geschildert: „Der ärmste Mann kann in seiner Hütte alle Streitkräfte der Krone herausfordern. Sie mag verfallen sein, ihr Dach den Einsturz drohen, der Wind durch ihre Ritze blasen, Sturm und Wetter ihr Spiel damit treiben, aber vor dem König von England ist sie sicher. Alle seine Macht scheitert an der Schwelle des elenden Bauwerks.“[6]

Auch die neueren Verfassungen haben oft wieder den alten Grundsatz dadurch geehrt, dasz sie die Haussuchung durch nähere, die Freiheit und Sicherheit des Bürgers schützende Vorschriften beschränkten.[7]

[5] Lex *Bajuvar.* I. 7, 1: „Si culpabilis aliquis confugium ad Ecclesiam fecerit, nullus eum vi abstrahere ausus sit, postquam januam Ecclesiae intraverit.“ Schwabenspiegel c. 277 (Wackernagel): „Als ein mensche zwer ez ist, iht getuot; unde kumet ez in die kirchen, da sol im nieman niht inne tuon. man sol ez ouch dar üz niht ziehen. wann man soll got an im fürhten und die kirchen an im êren durch got.“

[6] Daher das englische Rechtssprichwort: „my house is my castle.“ Vor Zeiten war: „Mein Haus meine Burg“ auch ein deutsches Sprichwort. Wiener Stadtrecht von 1221, §. 26: „Volumus ut unicuique civium domus sua sit pro munitione et commansionariis suis et cuilibet fugienti vel intranti domum.“ Graf und Dietherr Deutsche Rechtssprichwörter S. 496.

[7] Vgl. oben Cap. 3, Anm. Portugiesische Verfassung, §. 145, 6: „Jeder Bürger hat in seinem Hause ein unverletzliches Asyl: bei Nacht darf man es ohne seine Einwilligung nicht betreten, auszer im Falle einer Hülfsforderung von innen, oder im Falle einer Feuers- oder Wassernoth von auszen her; und bei Tag soll der Eintritt in das Haus nur in den durch das Gesetz bestimmten Fällen und Formen erlaubt sein.“ Holländische §. 153: „Niemand darf in die Wohnung einer Person wider ihren Willen eintreten, es sei denn auf Befehl einer Gewalt, die durch das Gesetz berechtigt ist solche Befehle zu ertheilen, und indem er die in dem Gesetze festgestellten Formen befolgt.“ Belgische §. 10: „Die Wohnung ist unverletzlich: eine Haussuchung kann nur stattfinden in den Fällen, welche das Gesetz vorausbezeichnet, und in der Form, welche es vorschreibt.“ Griechische §. 8. Norwegische §. 102: „Haussuchungen dürfen nur in criminellen Fällen stattfinden.“ Deutsche

2. Nahe verwandt und groszentheils in dem Schutze des Hausrechts inbegriffen ist die Achtung des Stats vor dem sichern und ausschlieszlichen Besitze, den das Individuum an seinen Papieren übt. Es ist das in vorzüglichem Sinne ein persönliches Recht des letztern, denn das dingliche Eigenthum an den Papieren kommt nur wenig in Betracht. Viel wichtiger ist der Inhalt derselben, welcher gewissermaszen zu der geistigen Atmosphäre des Menschen gehört. Eine Beschlagnahme läszt sich daher nur rechtfertigen, wenn ein erheblicher Verdacht eines Verbrechens vorhanden ist und nur unter Beachtung schonender Formen.[8]

3. Ebenso die Achtung des Briefgeheimnisses auch für die Briefe, welche der Statspost[9] von den Privaten zur Beförderung anvertraut sind. Die geheimen Cabinete, in welchen die Polizei den Inhalt der Privatcorrespondenzen zu erspähen suchte, waren daher durchaus verwerflich, denn sie miszbrauchten jenes Vertrauen und frevelten an der Freiheit des individuellen Verkehrs. Beides ist des Stats unwürdig, der berufen ist, die öffentliche Moral und das Recht der Personen zu schützen.[10] Nur der Krieg oder gerichtliche Unter-

Reichsverf. v. 1849, §. 138: „Die Wohnung ist unverletzlich. Eine Haussuchung ist nur zuläszig:

1) in Kraft eines richterlichen, mit Gründen versehenen Befehls,

2) im Falle der Verfolgung auf frischer That,

3) in den Fällen und Formen, in welchen das Gesetz ausnahmsweise bestimmten Beamten dieselbe gestattet.“ Preuszische Verf. §. 6 ebenso.

[8] Siehe die vorhergehende Note. Deutsche Reichsverf. §. 139: „Die Beschlagnahme von Briefen und Papieren darf auszer bei einer Verhaftung oder Haussuchung nur in Kraft eines richterlichen, mit Gründen versehenen Befehls vorgenommen werden.“

[9] Vgl. oben Buch X, Cap. 3, S. 400.

[10] Portugiesische Verf. §. 145, 25: „Das Geheimnisz der Briefe ist unverletzlich. Die Postverwaltung ist für jedes Vergehen gegen diesen Artikel streng verantwortlich.“ Holländische §. 154: „Das Geheimnisz der der Post oder andern öffentlichen Einrichtungen zur Versendung anvertrauten Briefe ist unverletzbar, ausgenommen auf Be-

suchungen im Strafprocesz können eine Beschränkung solcher persönlicher Freiheit rechtfertigen.

4. Das Ueberwachen häuslicher Gesellschaftskreise und das Ausspioniren der Privatgespräche von Seite der Polizei ist nicht weniger eine Miszachtung der individuellen Freiheit und verdient wieder die Verachtung, womit die öffentliche Meinung solche Unwürdigkeit verfolgt.

5. Ferner ist die Aufnöthigung einer dem Individuum verhaszten Gesellschaft, z. B. die polizeiliche Begleitung eines ehrbaren Reisenden mit der Achtung wahrer Freiheit unvereinbar. Die Humanität erfordert sogar, dasz Untersuchungsgefangene in dieser Beziehung, soweit es möglich ist, in ihrer Individualität geachtet und nicht ohne dringende Noth gebildete Männer mit verworfenen und rohen Kunden der Gefängnisse zusammen gesperrt werden. Es ist nicht möglich, alle Verstösze gegen das Recht der Persönlichkeit durch die Gesetzgebung zum Voraus zu untersagen, und das gesetzliche Verbot bietet überdem nur eine schwache Garantie. Ist aber der Geist humaner Freiheit in einer Nation einheimisch und kräftig geworden, so wird dieselbe auch in den mannichfaltigen Erscheinungen des practischen Lebens zur Wahrheit werden.

6. Endlich sind schützende Gesetze gegen willkürliche Beeinquartierung für die Sicherheit des Hausfriedens unerläszlich. Wenn es der Statsgewalt gestattet ist, durch Einlegung von Soldaten in die Privathäuser einen beliebigen Druck zu üben, so ist jede häuszliche Sicherheit und Freiheit in

fehl des Richters in den durch das Gesetz vorgeschriebenen Fällen." Belgische §. 22. Schweizerische Bundesverf. §. 33. Deutsche Reichsverf. §. 140. „Das Briefgeheimnisz ist gewährleistet. Die bei strafgerichtlichen Untersuchungen und in Kriegsfällen nothwendigen Beschränkungen sind durch die Gesetzgebung festzustellen." Preuszische §. 33. „Das Briefgeheimnisz ist unverletzlich." Im Uebrigen wie vorhin.

steter Gefahr. Von jeher haben despotische Regierungen durch dieses Mittel grausame Verfolgung geübt und jeden auch den berechtigten Widerspruch gewaltsam erdrückt.[11]

Sechstes Capitel.

II. Politische Freiheitsrechte.

A. Von der Rechtsgleichheit.

Der Begriff der Rechtsgleichheit ist uralt. Die Wage hat von jeher als das Symbol der Gerechtigkeit gegolten, die Wage, welche mit gleichem Gewicht miszt; und alles Recht hat einen ursprünglichen Zug nach idealer Gleichheit, wie das Wasser einen elementarischen Trieb in sich hat zu gleicher Höhe.[1] Das menschliche Recht beruht vorerst auf der menschlichen Rasse, und die ist Allen gemeinsam, als solche in Allen gleich. Diese einfache Wahrheit, welche auch der Stat in seiner Rechtsordnung achten musz, ist aber in alter und neuer Zeit durch leidenschaftliche Anschwellung und einseitige Uebertreibung häufig zu so breiter Lüge entstellt worden, dasz die-

[11] Die Engl. Bill of Rights von 1689 macht es Jakob II. zum Vorwurf, „dasz er dem Gesetz entgegen Soldaten einquartierte." Amerik. Verf. v. 1788: „Kein Soldat soll in Friedenszeiten in irgend ein Haus ohne Einwilligung des Eigenthümers eingelegt werden, und in Kriegszeiten nur in der vom Gesetz vorgeschriebenen Weise." Lieber a. a. O. S. 93.

[1] Euripides Phönicierinnen bei Schiller III. 105:

„Gleichheit knüpft
Den Blutsverwandten mit dem Blutsverwandten,
Den Freund zusammen mit dem Freund, und Länder
Mit Ländern! Gleichheit ist das heilige Gesetz
Der Menschheit."

selbe nur mit Anstrengung durch scharfe Sichtung und Reinigung wiederhergestellt werden kann. Die Ausbildung des modernen Statsrechts wird durch die wahre Rechtsgleichheit ebenso gefördert wie durch die falsche Rechtsgleichheit gestört. Daher ist es für die Theorie und die Praxis gleich wichtig, beide zu unterscheiden.

1. Die sogenannte Gleichheit vor dem Gesetz,[2] die richtiger als Gleichheit vor dem Gericht bezeichnet würde, hat einen vortrefflichen Sinn. Wir verstehen darunter, dasz das Gericht Vornehme und Gemeine, Herren und Knechte, Reiche und Arme, alle gleich je in ihrem Rechte schütze, nicht etwa die einen begünstige, die andern vernachlässige, sondern Jeden vollständig schütze. Der Niedere hat keinen geringeren Anspruch auf vollen Schutz seines Rechtes als der Vornehme. Der geringfügige Besitz des Arbeiters an Kleidern und Werkzeug ist nicht weniger heilig als das reiche Waarenlager des Kaufmanns oder die Schlösser und Domänen des

[2] Französische Verf. von 1814, §. 1: „Die Franzosen sind vor dem Gesetze gleich, ihre Titel und Rahg seien übrigens wie sie wollen.“ Dieser Satz, in welchem noch neben der Gleichheit auch der Verschiedenheit erwähnt wird, ging dann in andere Verfassungen über, aber zuweilen ohne diesen Zusatz. So in die belgische §. 6: „Es gibt in dem State keinen Standesunterschied. Die Belgier sind vor dem Gesetze gleich.“ Schweizerische Verf. §. 4: „Alle Schweizer sind vor dem Gerichte gleich. Es gibt in der Schweiz keine Unterthanenverhältnisse, keine Vorrechte des Orts, der Geburt, der Familien oder Personen.“ (Der zweite Satz stammt aus der Mediationsverfassung Napoleons.) Portugiesische §. 145, 12 nach dem Vorbilde der französischen von 1795: „Das Gesetz ist für alle gleich, es mag schützen oder bestrafen; es belohnt je nach dem Verdienst.“ Deutsche Reichsverf. von 1849, §. 135: „Vor dem Gesetze gilt kein Unterschied der Stände. Alle Standesvorrechte sind abgeschafft. Die Deutschen sind vor dem Gesetze gleich.“ Oesterreichische Grundrechte von 1849, §. 27: „Alle österreichischen Reichsbürger sind vor dem Gesetze gleich, und unterstehen einem gleichen persönlichen Gerichtsstande.“ Preuszische Verf. §. 4: „Alle Preuszen sind vor dem Gesetze gleich. Standesvorrechte finden nicht statt.“

Fürsten. Sie erfordern alle gleichen Schutz gegen jede Verletzung. Diese Gleichheit ist eine Folge des groszen Rechtsprincips: *Suum cuique.*

2. Die französische Revolution hatte den Satz als Menschenrecht proclamirt: „Die Menschen werden frei und gleich an Rechten geboren und bleiben es.“ Für diese abstracte und absolute Gleichheit[3] auch in der Art und der Zahl der Rechte glühten die Franzosen damals, und opferten dem unerreichbaren Traumbilde einer kranken Phantasie sogar die Freiheit auf, die sie auch liebten. Auf dem Gebiete des Statsrechts führt der Weg dieses Irrlichts durch die ausschweifendste Demokratie hindurch in den Sumpf der Anarchie, in welcher mit dem geläugneten Unterschiede der Regierenden und der Regierten der Stat selbst unrettbar versinken musz; auf dem Gebiete des Privatrechts zur Auflösung der Familie, in welcher die Unterschiede der Geschlechter, der Eltern und der Kinder, der Herrschaft und des Gesindes bestritten werden, und zu dem Wahnsinn des Communismus, der den unvertilgbaren Unterschied der Individuen und ihrer Vermögenskräfte aufzuheben sich vergeblich abmüdet, also auch da zum Untergange alles Rechts.

Auch im Alterthum übten ähnliche Irrthümer eine Gewalt aus, aber doch nicht eine so übermächtige wie in der neuern Zeit. Aristoteles schon hat dem Irrthum die Wahrheit in scharfer und klarer Formel entgegen gestellt, und doch begünstigt die Ausdrucksweise unserer neuen Statsverfassungen fast überall jenes Miszverständnisz: „Inwiefern die Menschen gleich sind, gebührt ihnen gleiches Recht.“ „Unter gleichen Voraussetzungen gleiches Recht.“[4]

[3] Mirabeau erklärte dieselbe ganz vernünftig: „L'égalité civile n'est pas l'égalité des propriétés ou des distinctions.“

[4] Aristoteles Pol. III. 5, §. 8: „Die Gleichheit gilt für gerecht, und sie ist es, nur nicht für Alle, sondern für die Gleichen. Auch die Ungleichheit gilt für gerecht, und sie ist es wieder, nur nicht für

Dieser Gedanke ist freilich kein Hebel, um das ganze Statsgebäude zu umstürzen und die Trümmer auf der gleichen Fläche auszubreiten. Er ist auch kein Reizmittel, um die einen wider die andern aufzuregen. Aber er ist vor allen Dingen gerecht, und würde das positive Recht und die Praxis diese natürliche Aequitas jederzeit beachten, so würde das beiden zu hohem Ruhme und den Völkern zu groszem Vortheile gereichen.

3. Alle Menschen sind als Menschen sich gleich, die Menschennatur und die Menschenwürde sind der ganzen Gattung gemeinsam. Wir sind alle mit einem wesentlich gleichartigen irdischen Körper ausgerüstet, und hinwieder alle mit einem unsterblichen Geiste, der in diesem Körper wohnt; wir alle sind mit der einen Seite unseres Wesens Geschöpfe der Erde, mit der andern Kinder des göttlichen Geistes. Daher gibt es allerdings Rechte, die Allen wirklich gleich sind, wahre aus der menschlichen Rasse folgende Menschenrechte, sei es schon angeborene, sei es erst durch die gemeine Entwickelung der Cultur der Menschheit neu erworbene oder ausgebildete. So die meisten Rechte des Privatrechts, welches daher auch in hohem Grade und wie wir deutlich erkennen können, mehr und mehr den Charakter eines allen gleichmäszig zugänglichen und gemeinmenschlichen Rechtes annimmt, wie die Rechte der Persönlichkeit, der Verwandtschaft, des Eigenthums, des gemeinen Handels und Verkehrs. Weniger allgemein und gleich sind die politischen Rechte. Das ist aber nicht ein Mangel derselben, sondern der Natur des States gemäsz, denn dieser als eine organische Ordnung der Gesammtheit selbst beruht wesentlich auf den Unterschieden

Alle, sondern für die Ungleichen. Die Menschen aber beachten das Verhältnisz der Personen nicht, und urtheilen darum falsch. Die Ursache dessen ist, dasz das Urtheil sie selber betrifft, denn wohl die meisten sind schlechte Richter in eigener Sache."

in dieser.[5] Daher tritt hier das ungleiche Recht der Geschlechter und des Alters viel bedeutender hervor als im Privatrecht, und auch unter den Organen der Statsmacht und unter den Statsbürgern zeigen sich die wichtigsten nothwendigen oder wohlbegründeten Unterschiede der Berechtigung. Auch der Stat wird, und je humaner er wird, desto vollständiger in seiner politischen Einrichtung und Gestaltung, die gemeinsame menschliche Natur aller seiner Glieder voraus ehren, und daher weder den Mächtigsten über diese Sphäre hinaus zum Gott erheben, noch den Schwächsten und Niedrigsten dem Thiere gleich stellen.[6] Im übrigen aber wird er je nach den verschiedenen Gegensätzen in der Natur und je

[5] Vgl. oben Buch IV, C. 9, S. 320. *Cicero* de Rep. I. 34: „Quum par habetur honos summis et infimis, qui sint in omni populo necesse est, *ipsa aequitas iniquissima fit.*" Auch Hegel hat das eingesehen. Werke IX, S. 150: „Vor dem Gesetz gelten allerdings alle Individuen gleich, aber Gleichheit im Statsleben ist etwas völlig Unmögliches." Vgl. auch Bentham's Werke I, S. 554, der sich über die Gleichheitswuth der französischen Revolution als über eine arge Dummheit lustig macht, so sehr radical er sonst selber ist.

[6] Die etwas unrömisch gehaltene Rede, welche Dio Cassius (LII) den Agrippa zur Verherrlichung der Rechtsgleichheit halten läszt, sagt doch im Grunde nur das: „Die Rechtsgleichheit (*ἰσονομία*) hat nicht allein einen wohlgefälligen Namen, sondern ist auch in der That ein gerechtes Verlangen. Weszhalb denn sollten die, welche dieselbe Natur empfangen haben und dem nämlichen Volksstamme angehören, die in denselben Sitten erzogen, nach den gleichen Gesetzen gebildet worden sind, und in gleicher Weise ihren Körper und ihren Geist dem Vaterlande weihen, nicht ebenso an allen Dingen gemeines Recht haben? Wie sollte sich unter diesen ein anderer Vorzug auszer der auf Tugend gegründete rechtfertigen lassen? Aus gleicher Geburt erwächst auch gleiches Recht. Wem dasselbe zu Theil geworden, der erfreut sich dessen, wer desselben entbehren musz, den schmerzt der Verlust. Die ganze Menschheit, weil von den Göttern geschaffen und hinwieder zu den Göttern zurückkehrend, blickt aufwärts, und will nicht in allen Beziehungen der Herrschaft eines Einzelnen unterworfen sein, und sträubt sich dagegen, dasz die Mühen, die Gefahren und die Verwendungen von allen gemeinsam getragen, dagegen die Vortheile einem Einzelnen vorbehalten werden."

nach der Art seiner besondern Verfassungen mehr oder weniger Verschiedenheiten des Rechtes anerkennen, ohne dadurch irgend mit dem natürlichen Princip der Aequitas in Widerspruch zu gerathen. Es ist eine Eigenthümlichkeit der demokratischen Statsform, dasz sie, die voraus auf gleichen Verhältnissen der groszen Mehrheit ruht, vorzugsweise auch allen Statsbürgern möglichst gleiche politische Rechte einräumt; und eine Besonderheit der Aristokratie, dasz sie dagegen das höhere Recht der ausgezeichneten Minderheit betont. Der wahren gleichen menschlichen Gerechtigkeit nähert sich jene aber nicht schon um ihres Strebens willen nach allgemeiner Gleichheit, sondern wie diese nur insofern an, als das natürliche Recht dort der regierten Minderheit, hier der untergeordneten Mehrheit der Bevölkerung ebenfalls je nach den wahren Verhältnissen geschützt wird. Die lauten Forderungen der objectiven Rechtsgleichheit auch in den politischen Rechten der Statsbürger sind daher nicht etwa Folgerungen aus einem natürlichen und allgemein menschlichen Rechtsprincip, sondern Zeugnisse für die Macht des demokratischen Geistes in unserer Zeit, welcher in den Verschiedenheiten der ständischen Gliederung ein Hindernisz seiner Herrschaft erkennt, und aus gleichem Grunde auch die Eintheilung und Abstufung der Bevölkerung je nach Vermögen, Alter, Bildung u. s. f. bekämpft.[7]

[7] E. Burke, Betrachtungen u. s. f.: „Glauben Sie mir, die, welche Alles nivelliren wollen, fördern die wahre Gleichheit nicht. Alle Staten sind aus verschiedenen Kreisen und Schichten der Bewohner zusammengesetzt, und ein Kreis musz übergeordnet sein. Die Nivellirer (the levellers) verändern und verkehren daher nur die natürliche Ordnung der Dinge, sie werfen das gesellschaftliche Gebäude um, indem sie, was die Solidität des Baues als festes Fundament auf dem Boden erfordert, hoch in die Luft versetzen.“ Gentz über polit. Gleichheit in den ausgew. Schriften V, S. 241: „Die Ungleichheit, welche aus den persönlichen Kräften und Talenten, aus der Erziehung, aus dem erworbenen und selbst aus dem ererbten Reichthum herstammt, wurde lange mit einer gewissen Schonung behandelt; nur die letzten Ausschweifungen des Fanatismus, nur die letzten Missethaten der Demagogie rissen sie endlich

4. Alle Menschen sind hinwieder als Individuen ungleich. Die gemeinsame Rasse verbindet die Menschen alle zu Einer Gattung, die individuelle Besonderheit unterscheidet wieder jeden von dem andern. Da sind nie zwei völlig gleich, sogar die Zwillinge nicht, die gleichzeitig erzeugt und getragen wurden. Das Recht musz die beiden Wahrheiten zugleich anerkennen und darf nicht einseitig weder die Gleichheit noch die Verschiedenheit allein beachten. Auch das Privatrecht thut das. Die Formen zwar des Vermögens z. B. sind für Alle dieselben, wie die körperliche Rasse für Alle die gleiche ist, aber diese Formen werden, wie der Körper von dem Geiste, so von der Mannichfaltigkeit des individuellen Lebens unend-

mit in den Strudel hinein. Aber die Unterschiede, welche mit der politischen Verfassung des Stats zusammenhingen, die Gradationen des Ranges, alles was äuszere Auszeichnung, erbliche Würde, Familienansehen, Rang und Titel verlieh, konnte selbst vor den gemäszigten Grundsätzen nicht Gnade finden. Die Klagen über Distinctionen dieser Art sind um so grundloser, weil es noch nie eine Verfassung gegeben hat, und vielleicht keine geben kann, worin nicht die politische Ungleichheit der Bürger ein Fundamentalartikel gewesen wäre.“ Vgl. auch die kerngesunden Sprüche in dem Buche Jesus Sirach C. 38 und 39 über diese Materie. Z. B. 38, 25: „Wer die Schrift lernen soll, der kann keiner andern Arbeit warten, und wen man lehren soll, der musz sonst nichts zu thun haben. 26. Wie kann der der Lehre warten, der pflügen musz, und der gerne die Ochsen mit der Geiszel treibt, und mit dergleichen Werken umgeht, und weisz nichts, denn von Ochsen zu reden. 27. Er musz denken, wie er ackern soll, und musz früh und spät den Kühen Futter geben. 28. Also auch die Tischler und Zimmerleute, die Tag und Nacht arbeiten. 35. Diese alle trösten sich ihres Handwerks, und ein jeglicher fleiszigt sich, dasz er seine Arbeit könne. 36. Man kann ihrer in der Stadt nicht entbehren. 37. Aber man kann sie nirgend hinschicken, sie können der Aemter auch nicht warten, noch in der Gemeine regieren.“ Der Gleichheitsdrang der neuern Zeit hat eine relative Begründung in den mannichfaltigen Ungleichheiten des Mittelalters, die ihren früheren Sinn verloren hatten. Dasz aber neben der Gleichheit der natürlichen Grundlage auch die Verschiedenheit der Entwicklung berechtigt sei, hat selbst Mirabeau wohl begriffen. Lewitz, Leben Mirabeau's I, S. 490. Vgl. Bluntschli, Art. aristokratische und demokratische Ideen im deutschen Statswörterbuch.

lich verschieden erfüllt, und so hat jeder wieder anderes Vermögen als der andere. Das Statsrecht legt einen noch entschiedeneren Nachdruck auf diese Verschiedenheit. Die individuelle Tüchtigkeit und Fähigkeit übt in demselben nicht blosz den Einflusz aus, dasz der Ausgezeichnete etwa eine gröszere Masse von Rechten erwirbt, wie der gewandte Kaufmann im Privatrecht, sondern dasz gewisse Arten von politischen Rechten selbst, z. B. Beamtungen, Deputirtenstellen u. s. f. nur den individuell Ausgezeichneten zukommen dürfen.

Die Rechtsgleichheit und die Rechtsverschiedenheit gehören somit zusammen. Unter gleichen Voraussetzungen ist jene, unter ungleichen diese gerecht.

Siebentes Capitel.

B. Recht zu Petitionen und Beschwerden.

Das Recht der Bewohner eines Stats, sowohl der Statsregierung als den übrigen verfassungsmäszigen Organen des Stats, namentlich auch dem gesetzgebenden Körper, theils ihre Bitten und Wünsche, theils ihre Beschwerden vorzutragen über Verhältnisse, welche irgendwie in deren Competenz gehören, scheint so natürlich und zugleich so unverfänglich zu sein, dasz schwer zu begreifen ist, wie dasselbe noch in neuern Zeiten in europäischen Monarchien und Republiken mit entschiedener Ungunst betrachtet, und die Uebung desselben wie eine strafbare Neuerung und Anmaszung behandelt wurde. Wirklich grosze Monarchen haben von jeher offene Ohren gehabt für die Bitten und Klagen ihrer Unterthanen, und diesen die Wege eröffnet, zu ihnen zu gelangen. Und was von diesen gilt, das steht auch unter ähnlichen Voraussetzungen allen andern Organen des Stats wohl an. Es kann diesen nur erwünscht sein, wenn sie so in Kenntnisz gesetzt werden von den Stimmungen und Begehren, durch welche die Gemüther bewegt werden, und gewisz ist es ein Uebermasz unmenschlicher Tyrannei, wenn die Regierten, für deren gemeine Wohlfahrt die Obrigkeit zu sorgen berufen ist, nicht einmal diese bitten und ihr klagen dürfen, während doch sogar der Sklave gegen den Herrn das in der Regel darf. In einem State, in welchem politische Freiheit nicht eine leere Phrase ist, versteht sich dieses Recht von selbst. Die neuern Verfassungsurkunden haben dasselbe häufig ausdrücklich nun gewährleistet.[1]

Natürliche Schranken des Petitionen- und Beschwerderechtes sind:[2]

[1] In der Bill der Rechte vom Jahr 1689 wird es als ein altenglisches Recht neu gewährleistet, „dasz es ein Recht der Unterthanen ist, ihre Petitionen an den König zu richten, und dasz alle Verhaftungen und gerichtlichen Verfolgungen für solches Petitioniren ungesetzlich sind.“ Spanische Verf. §. 3. Portugiesische §. 145, 28: „Jeder Bürger kann schriftlich der gesetzgebenden oder vollziehenden Gewalt Ansprüche, Klagen oder Bittschriften vorlegen, wenn sie irgend eine Verletzung der Verfassung aufdecken, und dabei die wirkliche Verantwortlichkeit der Uebertreter bei der gehörigen Behörde auffordern.“ Holländische §. 9: „Jeder Einwohner hat das Recht, schriftliche Bittschriften an die zuständigen Behörden einzureichen, wenn sie persönlich, und nicht im Namen Mehrerer unterzeichnet werden; das letztere kann allein von Corporationen geschehen, welche gesetzlich zusammengesetzt, oder als solche erkannt sind, und in diesem Falle nicht anders als über Gegenstände, die zu ihren gesetzlichen Wirkungskreisen gehören.“ Belgische §. 21: „Jeder hat das Recht, an die öffentlichen Behörden Bittschriften mit der Unterschrift von einer oder mehreren Personen einzureichen. Die eingesetzten Behörden haben allein das Recht, im gemeinschaftlichen Namen Bittschriften einzureichen.“ Griechische §. 7. Schweizerische Bundesverf. §. 47. Deutsche Reichsverf. von 1849, §. 157. „Jeder Deutsche hat das Recht, sich mit Bitten und Beschwerden schriftlich an die Behörden, an die Volksvertretungen und an den Reichstag zu wenden.“ Preuszische Verf. §. 32.

[2] Vgl. im Einzelnen Rob. v. Mohl, Statsrecht, Völkerrecht und Politik I, S. 222 ff.

a) dasz dasselbe nur von statsrechtlich volljährigen Personen geübt werde. Das Recht ist ein persönliches, und kann daher nur wirklichen Personen zustehen, welche eine eigene Meinung haben, und zu äuszern im Stande sind. Als solche gelten z. B. willkürlich veranstaltete Volksversammlungen nicht, wohl aber Körperschaften aller Art;

b) dasz der Inhalt der Petition oder Beschwerde in den Amtsbereich der angesprochenen Gewalt gehöre;

c) dasz die Form derselben die Achtung nicht verletze, welche die Petenten oder Beschwerdesteller der angesprochenen Gewalt schuldig sind, noch über die Schranken des öffentlichen Anstandes und der guten Sitte hinausschweife.

In neuerer Zeit sind die sogenannten Ansprachen (Adressen) häufig an die Stelle der eigentlichen Petitionen getreten. Es sind das nicht Begehren und Bitten, sondern blosze Aeuszerungen der Stimmung und Meinung, bald der Freude und des Dankes, bald der Unzufriedenheit und der Miszbilligung. Auch dagegen ist an und für sich nichts zu haben. Nur ist gerade hier, da leicht der Ansprechende das richtige Verhältnisz zu dem Angesprochenen übersieht, und in Miszachtung desselben verfällt, um so strenger auf die Form zu halten, und sind unbescheidene Zuschriften der Art nicht zu dulden.

Ein Miszbrauch dieses Rechtes ist fast nie zu fürchten, wenn nur Individuen für sich petitioniren, eher wenn die Parteien durch Aufregung eines Petitionen- oder Adressensturmes die Massen sammeln, und nach dem bezeichneten Ziele führen. Dann werden gleichartige Zuschriften von dem leitenden Ausschusse der Partei durch das ganze Land von Haus zu Haus verbreitet und um Unterzeichnung geworben. Auch eine blosze Parteimeinung kann unter Umständen so den Schein der Volksmeinung annehmen, und sogar zu solcher werden, und die Petition oder Adresse zu einer groszen Autorität und Macht heranwachsen. Eine starke Regierung und selbständige Kammern werden freilich auch dann noch mit innerer Freiheit thun können, was sie für gerecht und gut halten — das englische Parlament hat auch den Petitionsstürmen der irischen Repealer und der englischen Chartisten Stand gehalten; aber schwache Behörden werden sich auch, wo ihre eigene, vielleicht bessere Ueberzeugung dagegen spricht, vor dem Drange der öffentlichen Meinung beugen. Verbote und polizeiliche Verhinderung des Sammelns von Unterschriften können daher in groszer Gefahr vielleicht nöthig werden,[3] sind aber immer miszlich, theils weil sie eine natürliche Volksfreiheit hemmen, theils weil sie die Menge zum Beharren und zu gröszerem Eifer in der eingeschlagenen Richtung reizen. Besser ist es daher, wenn die Leiter des Stats zur rechten Zeit die geeigneten Maszregeln treffen, um das Gewitter zu zertheilen, oder, wenn es unvermeidlich ist, den Sturm würdig zu bestehen.

Achtes Capitel.

C. Das Vereinsrecht.

Das Recht der Bürger, zu Vereinen zusammenzutreten und gemeinsame Zwecke zu fördern, ist zunächst ein einfaches Privatrecht, insofern diese Zwecke dem Privatleben angehören, z. B. literarische Unternehmungen oder geselliges Vergnügen, oder Uebung der Wohlthätigkeit betreffen. Eine

[3] Rücksichten der Art hatten die eidgenössischen Stände schon 1481 veranlaszt, in dem sogenannten Stanzerverkommnisz alle „Anträge“ zu verbieten, „wovon Schaden, Aufruhr oder Unfug entstehen möchte,“ eine Verordnung, die indessen später oft zur Unterdrückung berechtigter Bitten und Beschwerden miszbraucht worden ist. Vgl. Bluntschli, schweizer. Bundesrecht I, S. 154 ff.

schon in den natürlichen Rechtsverhältnissen begründete Regel, dasz dieselben der Genehmigung des Stats zu ihrer Existenz bedürfen, gibt es nicht.[1] Die germanischen Völker haben die Freiheit solcher Vereinsbildung von jeher als ein natürliches Recht freier Männer betrachtet und fast zu allen Zeiten und überall geübt.

Eine besondere Berücksichtigung aber erfordern die politischen Vereine, insofern als ihr Dasein und ihre Wirksamkeit auf das politische Leben des Stats und des Volks nähere Beziehung hat. Auch in dieser Beziehung hat das englische und nordamerikanische Statsrecht die Vereinsfreiheit fortwährend als selbstverständlich anerkannt; indessen haben auch da die politischen Vereine thatsächlich erst in der zweiten Hälfte des XVIII. Jahrhunderts eine gröszere Bedeutung erlangt.[2] Auf dem absolut regierten europäischen Continente dagegen galten damals die politischen Vereine als unerlaubt, weil für die obrigkeitliche Gewalt gefährlich. Erst die französische Constitution von 1791 (Tit. 1) proclamirte das freie Versammlungsrecht und damit auch das Vereinsrecht der friedlichen Bürger; aber die gräulichen Wirkungen der Clubbsherrschaft, die nun in Frankreich eintrat, reizte wieder zu beschränkenden Gesetzen. Die Napoleonische und die spätere Bourbonische Gesetzgebung hielten die Regel fest, dasz politische Vereine

[1] Der französische Code pénal §. 291 hat eine solche Beschränkung aller Vereine, die über 20 Mitglieder und periodische Versammlungen haben, eingeführt. Sie wurde noch ausgedehnt durch das Gesetz vom 10. April 1834. Vgl. Klimrath in der Zeitschrift von Mittermaier VII, S. 44 ff. Ganz verkehrt ist die neue Theorie von L. Stein (Verwaltungslehre I, S. 226 ff. 539 ff.), welche die Vereine zu Organen der „Statsverwaltung" macht, und demgemäsz der Regierungsgewalt völlig unterordnet. Die Thätigkeit der Privatpersonen wird nicht dadurch schon Statsthätigkeit, dasz sie von mehreren Privaten in Verbindung geübt wird. Die Zahl der Theilnehmer ist unerheblich für den rechtlichen Charakter der Geschäfte.

[2] Vgl. Buckle Gesch. der engl. Civilis. I, S. 373. Ernest May Verf.-Gesch. Englands, übers. von Oppenheim II, S. 106.

nur mit Regierungsgenehmigung erlaubt, d. h. zunächst unerlaubt seien.[3] Das Jahr 1848 brachte für Frankreich neuerdings die Vereinsfreiheit, aber wieder nur für einen Moment; wenige Monate später wurde ein sehr strenges Vereinsgesetz vom 28. Juli 1848 erlassen, das erst im Jahre 1868 einige Milderung erfuhr. In Deutschland wurden in aufgeregten Zeiten einige Versuche von politischer Vereinsbildung gemacht, aber trafen bald auf polizeiliche Hemmnisse. Der deutsche Bundestag verbot am 5. Juli 1832 geradezu alle politischen Vereine. Erst die Revolution von 1848 führte den Grundsatz der Vereinsfreiheit auch in die deutschen Verfassungen ein.[4] Früher ist dieselbe in andern europäischen Staten anerkannt worden.[5]

[3] Constit. von 1795. §. 362: „Aucune société particulière, s'occupant de questions politiques, ne peut correspondre avec une autre, ni s'affilier à elle, ni tenir des séances publiques, — ni imposer des conditions d'admission et de l'égibilité, ni s'arroger des droits d'exclusion, ni faire porter à ses membres aucun signe extérieur de leur association.“

[4] Deutsche Reichsverf. von 1849, §. 162: Die Deutschen haben das Recht, Vereine zu bilden. Dieses Recht soll durch keine vorbeugenden Maszregeln beschränkt werden. Oesterreichische Grundrechte v. 1849, §. 7: „Die österreichischen Statsbürger haben das Recht, sich zu versammeln und Vereine zu bilden, insofern Zweck, Mittel oder Art und Weise der Versammlung oder Vereinigung weder rechtswidrig noch statsgefährlich sind. Die Ausübung dieses Rechtes, sowie die Bedingungen, unter welchen Gesellschaftsrechte erworben, ausgeübt oder verloren werden, bestimmt das Gesetz.“ Das österr. Grundgesetz vom 21. Dec. 1867 enthält nur den ersten Satz und verweist im Uebrigen auf die Gesetzgebung. Preuszische Verf. §. 30: „Alle Preuszen haben das Recht, sich zu solchen Zwecken, welche den Strafgesetzen nicht zuwiderlaufen, in Gesellschaften zu vereinigen. Das Gesetz regelt insbesondere zur Aufrechthaltung der öffentlichen Sicherheit die Ausübung des — Rechts. Politische Vereine können Beschränkungen und vorübergehenden Verboten im Wege der Gesetzgebung unterworfen werden.“

[5] Belgische Verf. §. 20: „Die Belgier haben das Recht, sich zu Gesellschaften zu vereinigen; dieses Recht darf keiner vorgreifenden Maszregel unterworfen werden.“ Holländische §. 10: „Das Recht der Einwohner zur Vereinigung und Versammlung wird anerkannt. Das Gesetz regelt und beschränkt die Ausübung dieses Rechtes in seiner Beziehung zur öffentlichen Ordnung.“ Schweizerische Bundesverf. §. 46:

Die Vereine unterscheiden sich von den Körperschaften und Gemeinden des Statsorganismus durch den Mangel statsrechtlicher Persönlichkeit. Sie bilden ein unorganisches Element im Stat, wenn gleich sie in sich organisirt und zuweilen eine politische Macht sind. Von bloszen politischen Versammlungen aber unterscheiden sie sich durch ihre Fortdauer, und von politischen Parteien durch ihre Organisation. Sie haben einen gesellschaftlichen Character, indem sie auf freiem Ein- und Austritt einzelner Individuen zu gemeinsamen Zwecken beruhen.

Die politische Vereinsbildung setzt ein bedeutendes Masz von persönlicher Freiheit der Bürger, ein lebhaftes politisches Bewusztsein auch auszerhalb der amtlichen Kreise und die verbreitete Neigung voraus, selbstthätig mitzuwirken zur Erreichung politischer Zwecke. Sie kann also nur in einer freien Nation gedeihen, welche zur Selbsthülfe entschlossen ist. Sie entbindet und entwickelt mancherlei verborgene und zurückgehaltene Volkskräfte und kräftigt das Parteileben sowohl als gemeinnützliche Strebungen. Aber unter Umständen kann sie auch eine grosze Gefahr werden für die Sicherheit des Stats, für die Autorität seiner regelmäszigen Organe und für die Rechte derer, gegen welche vielleicht die Feindschaft der Vereine sich richtet.[6]

„Die Bürger haben das Recht, Vereine zu bilden, sofern solche weder in ihrem Zweck noch in den dafür bestimmten Mitteln rechtswidrig oder statsgefährlich sind. Ueber den Miszbrauch dieses Rechtes trifft die Cantonalgesetzgebung die erforderlichen Bestimmungen."

[6] Der Republikaner Washington äuszerte sich in einem Briefe vom 30. Sept. 1786 über die politischen Vereine: „Im Allgemeinen habe ich eben so viele schlimme als gute Erfahrungen von Gesellschaften erlebt, wie die, deren Verfassung Sie mir mittheilen. Sie sind eine Art Stat im State (imperium in imperio) und behindern die öffentlichen Maszregeln eben so oft, als sie dieselben unterstützen. Ich bin kein Freund solcher Vereine, auszer wenn es sich um locale Maszregeln handelt, welche ganz oder zu gröszerem Theile von dem Bezirk der einzelnen Grafschaften umschlossen werden."

Die Hauptmittel, wodurch die neuere Gesetzgebung die Vereine in ihren Schranken zu halten versucht, sind:

a) Politische Vereine, deren Zweck oder Mittel durch die Strafgesetzgebung verboten sind, oder überhaupt schon die gemeine Rechtsordnung verletzen, sind nicht zu dulden. Diese Beschränkung wird allgemein zugestanden, ist aber offenbar ungenügend. Ueberdem darf

b) der Statsregierung das Recht nicht bestritten werden, auch solche Vereine aufzulösen, die ohne gerade dem Strafrichter zu verfallen, eine statsgefährliche Richtung verfolgen. Dem Individuum musz es frei stehen, eine Gesinnung zu haben und zu bekennen, welche mit den anerkannten Verfassungsgrundsätzen in directem Widerspruche steht; aber Vereine, die ein politisches Princip bekennen, welches unvereinbar ist mit dem Statsprincip, z. B. republikanische Vereine in der Monarchie, monarchische in der Republik, für den Communismus in einem modernen Culturstat, sind feindliche Heere, die sich unter einer Fahne sammeln, um die Statsordnung umzuwälzen. Eine Regierung, welche dieselben nicht zu bekämpfen wagt, wenn sie irgend gefährlich sind, leistet damit auf ihre Existenz im Princip Verzicht.[7] Aber es darf dieses

[7] Washington über die „demokratischen“ Vereine in einem Brief vom 26. Aug. 1794: „Ich zweifle nicht, dasz mehrere Mitglieder dieser Gesellschaften gute Absichten haben, und wenig von dem wirklichen Plane wissen, aber es ist für die, welche den Charakter der Führer kennen, und ihre Manövers beachtet haben, nichts Unerwartetes, wenn ich behaupte, dasz dieselben von listigen und intriganten Menschen mit der ursprünglichen Tendenz gestiftet wurden, den Samen des Misztrauens und des Verdachtes gegen die Regierung unter das Volk zu streuen und beifüge, dasz diese Lehren unaufhörlich Blüthen und Früchte hervorgebracht haben. Ich habe von Anfang an ausgesprochen, dasz diese Gesellschaften die Statsordnung selbst in ihren Grundlagen erschüttern werden, wenn man dieselben nicht bekämpfe (freilich nicht durch Verfolgungen, wodurch sie nur neue Kräfte gewinnen), oder wenn sie nicht bald durch die Enthüllung ihres Ursprungs und ihres Zwecks in Miszcredit kommen.“

Regierungsrecht nicht miszbraucht werden, um die politische Parteibildung und eine erlaubte Opposition unmöglich zu machen, noch um das Streben nach Reform von Verfassung oder Gesetzen zu verhindern.

c) Abgesehen von dem Zwecke kann schon die Form eines Vereins Bedenken erregen, und die Auflösung desselben rechtfertigen. Wenn derselbe nämlich die Eintheilung des Landes und die Gliederung des Volkes nachbildend sich über das ganze Statsgebiet oder ganze Provinzen verbreitet, und einen innern Organismus hervorbringt, durch welchen die überall zerstreuten Vereine wie Gemeinden einem Bezirks- oder Kreisausschusse untergeordnet, und diese hinwieder von einem Centralausschusse geleitet werden,[8] so erscheint eine derartige Verbindung wie ein Stat in dem State, und selbst wenn der Zweck des Vereins löblich, und dieser sogar der Statsregierung befreundet sein sollte, so kann die Existenz desselben doch im Widerspruch sein mit dem das ganze Volk umfassenden Stat. Die Vereinsmacht concurrirt dann mit der Statsmacht, und die Vereinsregierung ist der Rival der Statsregierung, oder mischt sich mit dieser so, dasz diese ihren reinen Statscharakter verliert, und zu bloszem parteiischem Clubbregiment herabsinkt.

d) Auch über solche politische Vereine, welche weder rechtswidrige Zwecke verfolgen, noch statsgefährlich sind, und sich auch in zulässiger Form bewegen, hat doch die Statsregierung ein natürliches Recht der Aufsicht; denn da ihr die Leitung der öffentlichen Dinge anvertraut ist, so hat sie auch das Recht, Verbindungen, welche sich damit ebenfalls befassen,

[8] Englische Gesetze von 1795 und 1798 untersagen jede Ueber- und Unterordnung in den Vereinen und alle Delegirtenversammlungen von Vereinen. Die deutsche Bundesversammlung hatte sogar „jede Verbindung mit andern Vereinen als unstatthaft" untersagt (Beschlusz vom 13. Juli 1854). Die Verbreitung des Nationalvereins über ganz Deutschland wurde aber durch diese kurzsichtige Localisirung der Vereine, wie man das nannte, nicht verhindert.

zu überwachen, und darauf zu sehen, dasz dieselben nicht die Schranken erlaubter Theilnahme überschreiten. Sie kann daher aus Gründen des öffentlichen Wohls begehren, dasz ihr die Statuten der politischen Vereine und die Namen der Vorsteher mitgetheilt werden, Einsicht in die Protokolle verlangen, und für ihre Verordneten den Zutritt zu den Verhandlungen fordern. Solche Vereine sollen die Oeffentlichkeit nicht scheuen, und geheime politische Vereine sind immer verdächtig. Wenn aber dieses Recht der Statsaufsicht zu einer fortwährenden Polizeicontrole ausgedehnt wird und die politischen Vereine wie verdächtige Menschen behandelt werden, wie solche die französische Gesetzgebung vorgeschrieben und die spätere deutsche zum Theil nachgebildet hat, dann wird dadurch das freie Vereinsleben auf einem Umwege der Luft beraubt und erstickt.

Neuntes Capitel.

D. Die Volksversammlungen.

Es ist hier nicht von organischen Volksversammlungen die Rede, wie sie in den antiken Republiken und in den germanischen Staten des frühern Mittelalters abgehalten wurden, oder wie sie noch in den Landsgemeinden einzelner schweizerischer Demokratien vorkommen, auch nicht von den constituirenden Versammlungen (Verfassungsacten), wie sie entweder durch die Verfassung selber vorgesehen oder in Zeiten der Umgestaltung eines Stats durch die freie Initiative des Volks geschaffen werden,[1] sondern von freiwilligen, nicht

[1] Ein vortreffliches Werk über diese constituirenden Versammlungen ist neuerlich in Amerika erschienen: J. Al. Jameson the constitutionel Convention. New-York 1867.

zu dem Statsorganismus gehörigen, öffentlichen Versammlungen beliebiger Volksmassen, deren Zweck die Manifestation einer politischen Meinung, eines Wunsches oder einer Forderung ist, wie wir sie in den Zeiten politischer Aufregung in verschiedenen neuern Staten sich plötzlich anhäufen sehen. Diese Volksversammlungen sind offenbar eine demokratische Erscheinung, aber eine unorganische. Sie sind ihrer Natur nach weniger Volks- als Parteiversammlungen, und gewöhnlich werden sie zur Parteidemonstration benutzt. Zwar nimmt nicht blosz die Partei Antheil, sondern oft auch gröszere Theile des übrigen Volks, das nicht zum voraus schon Partei genommen hat. Aber die Einladung und die ganze Leitung derselben geht regelmäszig von einer Partei aus. Diese ist es, welche die Anordnung bestimmt, die Vorschläge machen und begründen läszt, für die Redner, zuweilen auch für die Bravorufer sorgt, und die Ausführung des Beschlossenen übernimmt. Gewöhnlich bemächtigt sich die Partei einer populären Frage, und indem sie eine gefällige Fahne aushängt, und die ihrigen in Bewegung versetzt, sammelt sie so um sich her gröszere Schaaren. Auch eine Menge Indifferenter und nur Neugieriger wird herbeigelockt, und hilft das Gewicht der Masse vergröszern. Ist die Leitung geschickt und das Ziel klar, treten Redner auf die Bühne, welche es verstehen, das Gemüth der Menge zu ergreifen und zu stimmen, so entwickelt sich leicht während der Volksversammlung ein gewaltiger Massengeist, der alle Einzelnen erfüllt und fortreiszt, und wie ein angeschwollener Strom jeden Widerstand anders Gesinnter überfluthet und bricht. Die Menge verläuft sich zwar wieder, aber der empfangene Impuls geht mit ihr, und theilt sich in noch gröszeren Kreisen der Umgebung mit. Die Führer aber haben oft in Einer Stunde eine Autorität gewonnen, welche ihre bisherige Bedeutung vervielfältigt, und eine Macht erobert, vor der zuweilen die bestehende Statsregierung erzittert.

Es gibt keine andere Offenbarung der öffentlichen Meinung, welche an Stärke und Gewalt dieser gleichkommt. In grossen Staten freilich wird auch sie weniger gefährlich sein. Denn es wird in solchen immer nur ein kleiner Theil der Gesammtbevölkerung daran Theil nehmen, und die Regierung hat über bedeutendere Mittel zu verfügen, um einem feindlichen Streben der Art entgegenzutreten. Aber sogar in dem freien Groszbritannien, in einem State, wo die Achtung vor dem Gesetz alle Schichten des Volks durchdringt, und eine mächtige Aristokratie die öffentliche Ordnung stützt, waren die von O'Connell geleiteten groszen Repealversammlungen der Irländer (die monster meetings) zu einer so furchtbaren Macht angewachsen, dasz die Regierung genöthigt wurde, fernere Versammlungen der Art zu verbieten.

In kleinen Staten, und vorzüglich in Republiken, haben solche Volksversammlungen, wenn sie zahlreich besucht und energisch geführt werden, eine Gewalt, welche leicht die ganze Statsordnung erschüttert. Die Verwechselung liegt da sehr nahe, dasz die grosse um eine Partei geschaarte Menge das Volk selber, und dasz ihre ausgesprochene Meinung „Volkswille“ sei. Die unorganische Versammlung ist da auch geneigter, sich die oberste Macht im State anzumaszen, und der unmittelbaren Kundgebung ihres Verlangens wagt die organische Stellvertretung des Volkes selten zu widerstehen. Versucht sie es, so erfährt sie, dasz ihre Kraft gelähmt ist. Und doch ist diese Vorstellung mit jeder Statsordnung, auch der rein demokratischen, unverträglich. Hätte jede Volksversammlung der Art die höchste Gewalt, so wäre das eine anarchische Ochlokratie, kein Stat mehr. Die Schweiz hat seit 1830 eine Reihe von Erfahrungen der Art gemacht. Viele Verfassungen und viele Regierungen sind durch das Mittel solcher Volksversammlungen und in entgegengesetzten Parteirichtungen gestürzt worden, weil sie zu schwach waren, um dem Anstosz eines so concentrirten und gesteigerten Massengeistes zu begegnen.

In ruhigen Zeiten kommen sie nicht leicht vor. Eine gewisse Aufregung und Gährung ist ihre natürliche Unterlage; in kritischen Zeiten, wo die Leidenschaften der Parteien entzündet sind, und die Menge gereizt werden kann, erheben sie sich mit vulkanischer Gewalt. Auch das Verbot ist dann gefährlich, wenn ihm nicht grosze Macht Nachdruck gibt. Das Verbot des Reformbankettes in Paris hat die äuszere Veranlassung gegeben zu dem Ausbruch der Revolution, welche die Dynastie der Orleans, und das Königthum in Frankreich gestürzt hat. Das Gewährenlassen ist aber nicht weniger gefährlich. Die Schweiz und Deutschland im Jahre 1848 haben diese Erfahrung gemacht. Sind dieselben erlaubt, und werden sie von einer Partei benutzt, so haben die andern Parteien kaum ein anderes eben so wirksames Gegenmittel, als auch ihrerseits Volksversammlungen zu halten. Die Partei, die sich nicht trauen darf, der Gegenpartei auch auf diesem Gebiete gegenüberzutreten, ist für den Moment besiegt.

Zwei Systeme lassen sich den Volksversammlungen gegenüber statsrechtlich wohl begründen. Das eine ist Verbot derselben als Regel,[2] Erlaubnisz im einzelnen Fall durch die Regierung als Ausnahme. Es ist das freilich auch ein ziemlich sicheres Mittel, dieselben ganz zu beseitigen. Für kleinere und schwache Staten verdient dieses System darum den Vorzug, weil dort die Gefahr für die Sicherheit der Statsordnung, für die Autorität der organischen Stellvertretung des Volkes selbst, und für das Ansehen der gesetzlichen Statsge-

[2] Für die Schweiz Stanzerverkommnisz von 1481, §. 8: „Wir sind ouch übereinkommen, das ouch fürbashin under uns und unser eidgenoszschaft weder in stetten noch in lendern nieman dheinerlei sunderbarer gefarlicher gemeinden sammlungen oder anträg, davon jeman schaden, vfruor oder unfuog erstan möchten, weder heimlich noch öffentlich fürnemen noch thuon sol one willen und erlouben siner herren und oberen.“ In neuerer Zeit haben zwar die schweizerischen Verfassungen darüber Stillschweigen beachtet, aber factisch sind die Volksversammlungen seit 1830 als erlaubt angesehen worden.

walten ein gröszeres Uebel ist als der Vortheil, welchen die Volksversammlungen gewähren, sei es, weil sie auch als Ventil dienen können, um einer vorhandenen Gährung Luft zu machen, sei es, weil sie oft der Ausdruck einer berechtigten öffentlichen Meinung sind, wirkliche Uebel in der Statsleitung an den Tag bringen und deren Beseitigung fördern. Die organischen Mittel der Vertretung des Volkes in dem gesetzgebenden Körper, der Gerichtsverfassung, der Petitionen der Gemeinden und Individuen, und ähnliche Garantien sind so wirksam, wenn sie richtig benutzt, und mit Energie gehandhabt werden, dasz eine so gefährliche Demonstration keineswegs nothwendig erscheint.

Das andere seit langer Zeit in England und Amerika[3] geübte, in unserer Zeit auch auf dem europäischen Continente herrschend gewordene System, in groszen Staten mit starker Regierungsmacht unbedenklich — ist Freiheit der Volksversammlungen als Regel, Regierungsverbot als Ausnahme.[4] Auch diese Freiheit bedarf übrigens der Beschränkung:

[3] Erklärung der Rechte der amerikanischen Colonien vom 14. Oct. 1774: „Sie haben das Recht zu friedlichen Versammlungen, um ihre Beschwerden zu erwägen und Petitionen an den König zu richten. Alle Verbote, Proclamationen und Verfolgungen, welche diesem Rechte zuwiderlaufen, sind ungesetzlich."

[4] Belgische Verf. §. 19: „Die Belgier haben das Recht, sich friedlich und ohne Waffen zu versammeln, gemäsz den Gesetzen, welche die Ausübung dieses Rechtes bestimmen können, ohne es jedoch einer vorgängigen obrigkeitlichen Erlaubnisz zu unterwerfen. Diese Verfügung bezieht sich nicht auf die Versammlung unter freiem Himmel, welche gänzlich den Polizeigesetzen unterworfen bleibt." Deutsche Reichsverf. von 1849. §. 159: „Die Deutschen haben das Recht, sich friedlich und ohne Waffen zu versammeln, einer besondern Erlaubnisz dazu bedarf es nicht. Volksversammlungen unter freiem Himmel können bei dringender Gefahr für die öffentliche Ordnung und Sicherheit verboten werden." Preuszische §. 29: „Alle Preuszen sind berechtigt, sich ohne vorgängige obrigkeitliche Erlaubnisz friedlich und ohne Waffen in geschlossenen Räumen zu versammeln. Diese Bestimmung bezieht sich nicht auf Versammlungen unter freiem Himmel, welche auch in Bezug auf vorgängige obrigkeitliche Erlaubnisz der Verfügung des Gesetzes unterworfen sind."

a) mit Bezug auf die Form der Versammlung. Unbewaffnetes Erscheinen wird fast überall gefordert, mit Recht, weil die Partei, zum bewaffneten Heere gesammelt, und von den eigenen Parteiführern gehetzt, die gemeine Statsordnung zu heftig bedroht;

b) mit Rücksicht auf den Ort derselben. Für die Freiheit der Berathungen und Abstimmung in den organischen Versammlungen des repräsentativen Körpers (der Kammern, Nationalräthe u. s. f.) ist es in hohem Grade bedenklich, wenn in ihrer Nähe die lauten und oft leidenschaftlichen Stimmen aufgeregter Volksversammlungen sich vernehmen lassen. Daher auch in dieser Beziehung das Erfordernisz einer gewissen Entfernung von dem Sitze eines solchen Körpers.

c) Das Erfordernisz einer vorherigen Anzeige des einladenden Ausschusses bei der Polizei über Zeit, Ort und Zweck der ausgeschriebenen Volksversammlung,[5] verbunden mit der Angabe der Mitglieder des leitenden Ausschusses, und der Benennung der bestellten Redner wird ganz passend hinzugefügt; denn wo so grosze und offene Demonstrationen beabsichtigt werden, sollen die Führer weder sich noch ihren Zweck vor dem State wie Verschwörer verbergen, und dieser sich zur rechten Zeit rüsten können, um je nach Umständen zu verfügen, was die Sicherheit des States erheischt.

d) Das Recht der Aufsicht des Stats während der Versammlung, auch durch Beauftragte der Regierung an schicklicher Stelle, versteht sich von selbst.

e) Wenn irgend nach den Umständen Gefahr für die öffentliche Sicherheit der Personen, des Eigenthums und der Statsordnung zu besorgen, und doch diese nicht so grosz ist, um die Regierung zum Verbote derselben zu bestimmen, so ist die Abforderung einer Caution[6] von Seite des Aus-

[5] Zuweilen beschränkt auf Volksversammlungen unter freiem Himmel, im Gegensatze zu geschlossenen und gedeckten Räumen.

[6] In England ist der Grundsatz uralt, dasz die Bewohner eines hund-

schusses der Volksversammlung für allen Schaden, der durch die Volksversammlung oder durch die an ihr Theil nehmenden Volkshaufen verübt werden sollte, wohl eines der am meisten practischen Mittel, solchem Schaden zuvorzukommen, und die Regierung in ihrem Rechte, wenn sie sich so zum voraus sicher stellt.

Zehntes Capitel.

E. Das Recht des Widerstandes.

Ein geistreicher englischer Rechtsgelehrter hat den Wunsch ausgesprochen, die Fürsten und ihre Minister möchten den Widerstand der Unterthanen gegen tyrannische Verfügungen für Recht, die Völker aber für Unrecht halten, und so jene die Veranlassung zu offenem Widerstand, diese den Widerstand selber vermeiden. Die Erfahrung auch in neuerer Zeit beweist, dasz jener Wunsch noch zu den frommen Wünschen gehört.

Von dem einfachen duldenden Ungehorsam bis zu offener und kriegerischer Empörung gegen die Statsgewalt führt ein langer und gefährlicher Weg an den Abgründen vorbei. Einzelne Individuen sowohl als ganze Völker, die ihn gegangen, sind oft dabei verunglückt. Aber die Geschichte weisz auch von Thaten zu erzählen, die auf diesem Wege Rettung gebracht haben aus unleidlicher Noth. Das Gericht, welches die Geschichte verwaltet, hat viele Unternehmungen der Art strenge verurtheilt, aber es hat auch andere mit dem Kranze eines stets frischen Nachruhms verherrlicht.

red für den Schaden einstehen müssen, der durch Zusammenrottung verübt wird. Vgl. auch Stat. 7 und 8. Georg IV., c. 12. Französisches Gesetz v. 23. Febr. 1790 und 2. Oct. 1795 bei Mittermaier, Zeitschr. VII, S. 26 ff. angezeigt.

Das Recht des Stats ist **nicht ein absolutes** über den Menschen, daher auch der **Gehorsam**, welchen der Statsbürger der Obrigkeit, der Privatmann der Statsgewalt schuldet, kein absoluter. Wo das menschlich-irdische Recht an die Gränze seiner Macht gekommen, wo das innere unsichtbare Geistesleben in angeborener Freiheit waltet, da hat vorerst auch der statliche Gehorsam sein Ende gefunden, und kein Individuum ist verpflichtet, so zu glauben, so zu denken, so zu fühlen, wie die Statsgewalt etwa vorzuschreiben sich angemaszt hat.[1]

Aber nicht blosz diese Grenze, welche schon bei der Erschaffung des Menschen von Gott gezogen worden, hat der individuelle Gehorsam. Das Individuum ist der Statsgewalt überhaupt nur insofern zum Gehorsam verpflichtet, als die **Sphäre des States** reicht; aber nicht mehr, wenn diese in die **Sphäre des Privatrechtes** nicht aus Statsgründen noch da wo das Privatrecht dem Statsrechte in wirklichem Conflicte untergeordnet ist, übergreift. Wohl darf der Stat über das Blut und das Gut seiner Angehörigen verfügen, wenn das nöthig ist zur Erhaltung des Ganzen. Aber wenn der Regent aus Laune mit dem Leben eines Unterthanen spielen wollte, oder nach seinem Vermögen gelüstete und willkürlich auf dieses griffe, oder sein Familienrecht antastete und sein Weib oder seine Tochter frevelnd zum Genusse begehrte, so würde er hier offenbar nicht als Obrigkeit gebieten können, denn das wäre nicht Ausübung eines Regierungsrechtes, und

[1] Vgl. darüber oben Buch VIII, Cap. 2, und oben Buch IV, Cap. 14, Note 15. In der Antigone v. 730 ff., weist Sophokles wiederholt darauf hin:

„Kreon: Soll denn die Stadt mir sagen, was ich ordnen soll?
Hämon: Sieh doch, du redest allzusehr nach Knabenart.
K.: Gebeut ein andrer oder ich in diesem Land?
H.: Die Stadt, gehörend Einem nur, ist keine Stadt.
K.: Nicht eigen wäre dem die Stadt, der ihr gebeut?
H.: Wohl herrsche Du denn ganz allein im öden Land.
K.: Ich irre, wenn mein Herrscherrecht mir heilig gilt?
H.: Nicht heilig gilt dir's, wenn du höhnst der Götter Recht.“

der Bürger wäre hier in keiner Weise zum Gehorsam verpflichtet. Als Mensch tritt er hier dem Menschen entgegen, nicht als Unterthan der Obrigkeit.

Aber auch innerhalb des Bereiches der Statsmacht musz diese dem Rechte gemäsz geübt werden, und widerrechtliche Gewalt ruft gegründeten Widerspruch hervor. Auf solchem dem State eigenen Gebiete ist indessen der letzte Entscheid in der Hand des States selbst, und der Einzelne kann demselben nicht auf die Dauer widerstehen.

Die Formen des Nichtgehorsams und des Widerstands der Individuen gegen Unrecht, das ihnen von der Statsgewalt zugemuthet oder angethan wird, sind sehr verschieden. Unbezweifelt rechtmäszig ist:

1. die einfache Versagung des Gehorsams, womit passend Vorstellungen verbunden werden, welche das Recht des Individuums und das Unrecht der Statsgewalt klar machen und nicht selten diese abhalten Unrecht zu thun, ferner die Anwendung der Rechtsmittel, welche Verfassung und Gesetz zum Schutze des Individuums demselben verliehen haben,[2] endlich der Protest, der das erlittene Unrecht bezeugt und die Gerechtigkeit der Zukunft anruft. Christus selbst hat der Menschheit ein groszes Vorbild hinterlassen, welches auch die zu stärken und mit freudiger Zuversicht zu erfüllen vermag, welche ihm ähnlich für das ewige Recht ihres Wesens die herbste Pein und selbst den Tod des Verbrechers erdulden, ohne wider die höhere Gewalt der Obrigkeit zum Schwerte zu greifen.

2. Das positive römische Statsrecht blieb dabei nicht stehen. Das Tribunat wurde geschaffen, um einen rechtmäszigen und geordneten Widerstand gegen wider-

[2] *Cicero* de leg. III, 3: „Justa imperia sunto, iisque cives *modeste ac sine recusatione parento.* Magistratus nec obedientem et noxium civem multa vinclis verberibus coërceto, *ni par majorve potestas populusve prohibessit, ad quos provocatio esto.* Militiae ab eo qui imperabit provocatio ne esto.

rechtliche Gewaltübung der Magistrate nicht blosz zu Gunsten des in seinem Rechte verletzten Individuums, sondern unter Mitwirkung der gesammten Plebes zu organisiren. Die Tribunen waren berechtigt, nicht allein die drohende Gewalt durch ihr Veto zu hemmen und ihr so auch den äuszeren Schein des Rechtes zu entziehen, sondern wenn die Volksfreiheit gefährdet schien, die Plebes auch zur Verweigerung des an und für sich schuldigen Gehorsams in andern Dingen aufzufordern und zu ermächtigen, um so die herrschende Aristokratie durch die allgemeine Noth und Lähmung in die Schranken des bestehenden Rechtes zu weisen. Selbst aristokratisch gesinnte Statsmänner[3] haben diese Institution trotz ihrer Mängel zuweilen als eine Stütze des guten Rechtes und nationaler Freiheit angesehen. Es war das noch immer ein negativer Widerstand. Die Plebes griff nicht zu den Waffen, sie zwang die Obrigkeit nicht mit der Gewalt des Schwertes von dem Unrecht zu lassen. Aber sie ward der Pflicht des Gehorsams entbunden, bis jene die Autorität des Rechtes, welches den ganzen Stat zusammenhielt, wieder achtete. Aber auch die Tribunen lernten ihre Macht miszbrauchen, und statt das niedere Volk in seinem guten Rechte zu schützen, fingen sie an,

[3] Z. B. Cicero, der den Grundsatz (de Legib. III. 3:) „Plebes quos *pro se contra vim auxilii ergo* decem creassit, tribuni ejus sunto, *quodque ii prohibessint*, quodque plebem rogassint, ratum esto," näher motivirt de Legib. III, 10: „Fateor in ista ipsa potestate inesse quiddam mali. Sed bonum quod est quaesitum in ea, sine isto malo non haberemus. Nimia potestas est tribunorum plebis. Quis negat? sed vis populi multo vehementior multoque saevior, quae, ducem quod habet, interdum lenior est, quam si nullum haberet. Dux enim suo se periculo progredi cogitat: populi impetus periculi rationem sui non habet. At aliquando incenditur. — Et enim saepe sedatur. Quod enim est tam desperatum collegium, in quo nemo e decem sana mente sit? — Concessa plebi a patribus ista potestate, arma ceciderunt, restincta seditio est; inventum est temperamentum, quo tenuiores cum principibus aequari se putarent: in quo uno fuit civitatis salus. — Quamobrem aut exigendi reges non fuerunt: aut plebi re non verbo danda libertas, quae tamen sic danda est, ut — auctoritati principum cederet."

mit Hülfe seiner Leidenschaften das Recht des States und der obrigkeitlichen Gewalt ihrem Willen zu beugen, und brachten dann Unruhe und Verwirrung über den Stat.

Zu Sparta war das Ephorat, dessen nächste Bestimmung auch gewesen für die Freiheit des Volkes zu wachen und dem Miszbrauch, den die Könige von ihrer Gewalt machen würden, entgegenzutreten, noch schneller ausgeartet, und aus Wächtern für die Freiheit wurden die Ephoren bald Mitregenten der Könige. Sie waren berufen, die Verfassung zu bewahren, und machten dann selbst einen tiefen Risz in das kunstvolle Werk.

3. Auch das Mittelalter hat seine Kräfte an der Aufgabe versucht, zum Schutze des Rechts wider höhere Gewalt einen Widerstand zu ordnen. Es war aber in der Erfüllung derselben noch weniger glücklich als das Alterthum. Das Recht der Selbsthülfe schien von Alters her dem germanischen Charakter natürlich. Die Selbsthülfe war in der Vorzeit die gewohnte Form, wie der freie Germane sein Recht gegen jeden Angriff vertheidigte, die Nichtachtung desselben zu erzwingen suchte und für erlittene Unbill Rache nahm. In der fränkischen Monarchie zuerst waren die Germanen genöthigt worden, ein anderes Princip, das der statlich geordneten Gerechtigkeit als die höhere Regel anzuerkennen.[4] Aber als das Reich Karls des Groszen sich auflöste, da zeigte es sich, dasz der alte Trieb zur Selbsthülfe noch nicht erstorben und die neue von der römischen Cultur überlieferte Statsidee noch nicht in Geist und Blut der Völker übergegangen war. In dem Fehderecht des Mittelalters wurde sie wieder erneuert. Wer sich stark genug fühlte, sein geglaubtes Recht wider ungerechten Angriff mit dem Schwert in der Hand zu schützen und wider den Feind desselben die Fehde zu führen, der that es. Der Streit zwischen dem Könige und den

[4] Vgl. oben Buch VIII, Cap. 1.

Groszen, zwischen beiden und den Städten des Reichs, zwischen den Fürsten und den Ständen, über ihre gegenseitigen Rechte wurde daher nicht selten zum offenen Kriege der Parteien. Jene und diese sammelten und warben Truppen, und der Sieger in der Schlacht behielt das Recht.

4. Der moderne Stat, der sich als Ganzes fühlt, erträgt eine solche unbändige Selbsthülfe und den innern Krieg nicht, der aus jener folgt. Sie erscheinen ihm beide als Symptome der Barbarei, nicht als Schutzwehren des guten Rechts. Er musz daher im Gegensatze dazu das Princip bekennen: bewaffnete Selbsthülfe wider die Obrigkeit ist nicht erlaubt, auch dann nicht, wenn diese unrechtmäszige Gewalt übt. Aber musz er unter allen Umständen das Recht eines energischen und activen Widerstandes verdammen? Kann er nur den Widerstand zulassen, der der äuszersten Gewaltthat mit dem schlichten Worte entgegentritt und dessen ganze Gegenwehr in der moralischen Erhebung des schuldlosen Duldens besteht? einen solchen Widerstand nur, welcher brutaler und verstockter Tyrannei immer den äuszern Erfolg läszt, und ganz allein auf die Offenbarung der göttlichen Gerechtigkeit vertraut?

So lehrten allerdings die Theologen der englischen Hochkirche und die rechtsgelehrten Tories in den Zeiten Karls II. und Jakobs II. Jene beriefen sich auf die Ermahnung des Apostels Paulus: „Jedermann sei unterthan der Obrigkeit, die Gewalt über ihn hat,“ und legten die Stelle als absolutes Gebot aus. Sie betonten es mit Nachdruck, dasz Paulus die Christen so ermahnt habe, als der Tyrann Nero die Welt beherrschte und erklärten, kein Bruch des Rechts, kein Uebermasz von Grausamkeit und Willkür könne je die Unterthanen berechtigen ihrer Obrigkeit mit Gewalt zu widerstehen. Die Rechtsgelehrten aber führten überdem aus, dasz die Regel des Gehorsams schon darum durch keine Ausnahme des erlaubten Widerstandes beschränkt werden könne, weil es nicht möglich sei, eine sichere Linie zu finden zwischen den gewöhnlichen Zuständen, in denen die Regel gelte, und den auszerordentlichen Fällen, für welche die Ausnahme gefordert werde. Besser sei es daher, dasz die Gesellschaft auch ein grausames und liederliches Regiment ertrage, als dasz sie die Rebellion gutheisze, sobald nur die Rebellen den Glauben haben, dasz ihr Recht verletzt und der Druck, den sie leiden, unerträglich geworden sei, denn durch einen derartigen Grundsatz würde die Sicherheit einer jeden Statsordnung verletzt.

Da die Erinnerungen an die vorausgegangenen Gräuel der Revolution und den frühern Despotismus der Gleichmacher noch frisch waren, und so lange die Tyrannei Jakobs II. nur die Dissenters und die Republikaner drückte, fand diese Lehre ziemlich allgemeinen Beifall. Als dann aber der König auch die Aristokratie in ihren Rechten verletzte, und die Hochkirche bedrückte, da neigte sich allmählich die ganze Nation dem Princip der Whigs zu: „dasz äuszerste Unterdrückung den bewaffneten Widerstand rechtfertige;“ und selbst die wenigen Tories, welche jede Ausnahme von der Christenpflicht des duldenden Gehorsams auch da noch im Princip verwarfen, lieszen doch die Rebellion factisch gewähren und hielten sich nicht für verpflichtet, auf Seite des bedrohten Königs zu streiten. Auch der Grundsatz des Widerstandes wurde nun wissenschaftlich begründet.[5] Den Theologen wurde erwiedert, dasz die moralische Ermahnung des Paulus, der Obrigkeit zu gehorchen, weder ein Rechtsgesetz noch absolut zu verstehen sei. So sei ja auch geboten, im Frieden zu leben und nicht zu schwören, und doch sei ausnahmsweise der Krieg noch unvermeidlich und der Eidschwur unentbehrlich für die Sicherheit des Rechts. Den Juristen

[5] Die höchst interessanten Verhandlungen darüber sind von Macaulay in seiner Geschichte Englands unter Jakob II. mit vollendeter Meisterschaft dargestellt.

wurde zugestanden, dasz es schwierig, vielleicht unmöglich sei, eine scharfe für Jedermann sichtbare Linie zu ziehen zwischen den gewöhnlichen Fällen, wo der Widerstand strafbar und den auszerordentlichen, wo er erlaubt sei, aber nun auch entgegnet von andern Rechtsgelehrten, dasz überhaupt auf dem Gebiete sittlicher und rechtlicher Beurtheilung sich nicht immer so scharfe äuszere Grenzen ziehen lassen, und dasz Gutes und Schlechtes nicht so leicht sich unterscheiden lasse wie in der Geometrie das Dreieck und der Kreis. Wer wollte aber das Recht der Nothwehr des Privatmanns darum läugnen, weil es schwer und sogar unmöglich sei, zum voraus für alle Fälle das Masz von wirklicher Gefahr zu bezeichnen, welches zu jener berechtige? Aehnlich verhalte es sich mit dem Rechte eines freien Volkes zum Widerstand gegen eine tyrannische Regierung wie mit der Nothwehr des Individuums gegen einen räuberischen Angriff. In beiden Fällen müsse das widerrechtliche Uebel grosz und ernst, in beiden alle gewöhnlichen und friedlichen Mittel der Abhülfe vergeblich erschöpft sein. In beiden werde eine schwere Verantwortlichkeit übernommen, und wem es nicht gelinge, die Noth und sein Recht klar zu machen, der laufe um des Gebrauches so verzweifelter Gewaltmittel willen mit Recht Gefahr die härtesten Strafen erdulden zu müssen. Nicht leicht solle man die Ausnahme anerkennen, sie niemals zuzulassen sei aber in beiden Fällen unmöglich. Diese Lehre ist denn auch in England und Nordamerika zur allgemeinen Geltung gekommen.[6]

[6] Lord *Brougham* British constitution (angezeigt von Mohl in Mittermaiers Zeitschr. XVIII, S. 195) S. 103: ‚Immer müssen wir bedenken, wie wesentlich für die Erhaltung der Verfassung der Grundsatz des Widerstandes gegen ungesetzliche Gewalt ist; wie nothwendig für Regierende und für Regierte es ist, die Ergreifung dieses äuszersten Mittels als möglich anzusehen; allerdings eines äuszersten und deszhalb nur mit Umsicht zu gebrauchenden Mittels, allein immerhin einer im Bereich des Volkes liegenden Hülfe, eines Schutzes, zu dem dasselbe greifen kann und will, so oft seine Regenten es zu seiner Selbstverthei-

Die Jakobiner der französichen Revolution haben auch da wieder die Dinge auf den Kopf gestellt, und was nur als Ausnahme der Noth sich vertheidigen läszt, geradezu in eine regelmäszige Aeuszerung erlaubter Volksgewalt umzuwandeln versucht. Nach ihren Beschlüssen sollte so die Revolution selber als Statsprincip proclamirt und die Empörung wider die Obrigkeit als Bürgerpflicht geboten werden.[7]

Nur die wahre und ernste Noth vermag es zu rechtfertigen, dasz dem Bruch des Rechtes von Seite der Obrigkeit, welche das Recht zu schützen berufen ist, gewaltsamer Widerstand von Seite der Regierten entgegengesetzt, und so auch von unten, um die Volksfreiheit und das Volksrecht zu retten, das Grundgesetz eines jeden States, die Unterordnung der Regierten unter die Obrigkeit für den Augenblick hinwieder nicht gehalten werde.[8] Wo aber so der Gewalt die Gewalt entgegentritt, da ist die Wirksamkeit des Statsrechtes gelähmt; und wie das Nothrecht der Regierung in äuszerster Gefahr des States, so ist auch dieses Nothrecht der Regierten ein Zeichen der Unvollkommenheit aller menschlichen Rechtsordnung. Das Statsrecht kann diese äuszersten Fälle

digung hiezu nöthigen. Unsere Geschichte ist voll von Beispielen, welche uns lehren, Misztrauen in blosz gesetzliche Sicherheiten zu setzen, welche uns in Erinnerung bringen, dasz Richter, Parlamente und Minister ebenso auch die Könige, schwache Menschen sind, die Spielbälle eigensüchtiger Meinungen, leerer Furcht oder unehrlicher Parteisucht; und dasz das Volk nie sicher ist ohne den feststehenden Entschlusz bis zum Tode zu widerstehen, so oft ein Eingriff in seine Rechte gemacht wird.“

[7] Französische Verf. von 1793, §. 35: „Wenn die Regierung die Volksrechte verletzt, so ist der Aufruhr (l'insurrection) für das Volk und jeden Theil des Volks die heiligste und unerläszlichste Pflicht.“ Gemäszigter in der Verfassung für Sicilien von 1812, §. 201: „Der sicilianische Statsbürger ist berechtigt, einem Jeden Widerstand zu leisten, der ihn, ohne vom Gesetz ausdrücklich dazu ermächtigt zu sein, mit Gewalt oder durch Drohungen gegen seinen Willen etwas zu thun zwingen wollte.“

[8] Vgl. den Artikel; Gehorsam und Widerstand in Bluntschli's Statswörterbuch.

nicht wegläugnen, aber ebensowenig näher normiren. Es kann dieselben möglichst zu beschränken und die natürlichen Gefahren derselben zu vermindern suchen. Aber wenn so die Noth das Gebot durchbricht, und die Naturkräfte walten, dann ist das Statsrecht an die Grenze seiner Herrschaft gelangt, und das höhere Sittengesetz allein übt noch eine geistige Macht, die über der rohen Gewalt thront, und sie ermäszigt und richtet.[9]

[9] Unser Schiller hat im Tell dieses von der Revolutionslust durchaus verschiedene Nothrecht in den Worten Stauffachers würdig vertreten:

„Eine Grenze hat Tyrannenmacht,
Wenn der Gedrückte nirgends Recht kann finden,
Wenn unerträglich wird die Last — greift er
Hinauf getrosten Muthes in den Himmel,
Und holt herunter seine ew'gen Rechte,
Die droben hangen unveräuszerlich
Und unzerbrechlich wie die Sterne selbst. —
Der alte Urstand der Natur kehrt wieder
Wo Mensch dem Menschen gegenüber steht —
Zum letzten Mittel, wenn kein andres mehr
Verfangen will, ist ihm das Schwert gegeben —
Der Güter höchstes dürfen wir vertheidigen
Gegen Gewalt — wir steh'n für unser Land,
Wir steh'n für unsre Weiber, unsre Kinder.“

Register.

A.

Abberufung I. 511.
Abdankung II. 58.
Abfindung II. 70.
Abgeordnete I. 470. 511.
Abhängigkeit II. 495.
Abolitionsrecht II. 104.
Abrundung II. 443.
Abschoss I. 207.
Absolutismus I.291.357.358.
Abstimmung I. 500. 556.
Abtretung I. 232. 259.
Acht II. 300.
Actenversendung II. 231. Anm.
Actiengesellschaft II. 109. 220.
Activität des Monarchen I. 443.
Adel I. 104. 113. 120. 121.
deutscher I. 137. 476.
englischer I. 128.
französischer I. 117.
römischer I. 113.
ruhender I. 146.
wirklicher I. 146.
Adelsbriefe I. 125.
Adelsreform I. 145. 514.
Adelsverleihung II. 94.
Administration I. 439. II.95.
Adoption II. 23. 33 Anm.
Adressen I. 535.
Advocati fisci II. 236.
Aedilen II. 186. 195.
Aegypten I. 296.
Aethiopier I. 78. 295.
Affectionswerth I. 235.
Ahrens I. 75.
Ajournement I. 533.
Akademien II. 349. 378.
Allmacht politische I. 519.
Allodialherrschaften I. 139.
Alter I. 335. 504.
Amendements I. 554.
America I. 12.
Amt I. 38. 516.
Amtsadel I. 115. 120. 343.
Amtsaufhebung II. 145.
Amtsdauer II. 48.
Amtseid II. 136.
Amtsentsetzung II. 152.
Amtsgeheimnisz II. 141.
Amtsgehilfen II. 122.
Amtsgehorsam II. 136.
Amtsgewalt II. 102. 103.
Amtshoheit II. 91.
Amtspflichtverletzungen II. 142.
Amtsverschwiegenheit II. 141.
Amtstreue II. 139.
Amtsunfähigkeit II. 150.
Amtsverbrechen II. 142.
Anarchie I. 36. 256.
Angestellte I. 152.
Anklage der Minister I. 541.
Anklage-Jury II. 241.
Anklagesenat II. 241.
Anleihen statliche II. 423. 424.
Annexion I. 250.
Anordnungen II. 110.
Ansässigmachung I. 201.
Ansprachen I. 535.
Anstalten II. 386. 425. 437.
Anstellung II. 125.
Anstellungsdecret II. 124.
Antike Republik I. 292.
Antrittserklärung II. 30.
Antrustionen I. 118.
Antwortadressen I. 531.
Anwartschaft II. 31. 50.
Anzug I. 530.
Apanagen II. 70.
Apellationsgerichte II. 230.
Apocrisiarius I. 381.
Arbeit II. 155. 446.
Arbeiterassociation II. 446.
Arbeitshäuser II. 199.
Arbeitsnoth II. 437.
Arbeitszeit II. 449.
Archonten I. 312. 360.
Arier I. 11. 81. 99.
Aristokratie I. 346 f. 279. 497.
hellenische I. 332.
römische I. 115. 338.
Aristokratisirende Staten I. 290 Anm.
Aristoteles I. 12. 55. 278.
Armenpflege II. 197. 437.
Armenpolizei II. 195.
Armentaxe II. 198 Anm.
Arrondirung II. 443.
Aspiranten zum Statsdienst II. 128.
Assecuranzen II. 189. 438.
Assignaten II. 423.
Association II. 446.
Asylrecht II. 522.
Atheismus II. 284.
Auflösung der Kammern I. 511. 533.
Aufruhr II. 115.
Aufsichtsrecht II. 326 f.
Augurn I. 264. 369.
Aushebung II. 172.
Auslieferung I. 208.
Ausnahmsgerichte II. 210.
Ausnahmsgesetze I. 548.
Ausnahmsgewalt I. 568. II. 112. 186.

Ausnahmsregeln I. 548.
Ausschüsse I. 550. II. 475.
Ausstattung der Kirche II. 325.
Austritt aus der Kirche II. 276.
Auswanderung I. 204. 258. II. 505.
Auszeichnungen II. 94.
Autochthonen I. 240.
Autorität I. 305.
— gesetzgeberische I. 520.

B.

Baden I. 423.
Baltimore II. 275.
Bank II. 428.
Bankiers I. 516.
Banknoten II. 423. 428.
Bann I. 380. II. 110. 300.
Barone I. 119. 124. 136. 472.
Bas Sires I. 122.
Bauernstand I. 167. 483. II. 440.
Bauerschaft I. 149. II. 504.
Bayern I. 423.
Beamte I. 159. 510. II. 120.
Beamten-System I. 123. 381. II. 127.
Bedürfnisse öffentliche II. 387.
Beeinquartierung II. 525.
Befehle II. 105. 110. 120.
Begnadigungsrecht II. 104. 163.
Begutachtung II. 164. 372. 383.
Beisitzer rechtsgelehrte II. 480.
Bekenntnisz religiöses I. 212. II. 41. 292.
Bekenntniszfreiheit II. 264. 279. 284.
Bekenntniszzwang II. 272. 279.
Belagerungszustand II. 113.
Belgien I. 448.
Berathung I. 549. 554. II. 165.
Bergregal II. 394.
Berufsfreiheit II. 503.
Berufsheere II. 169.
Berufsschulen II. 362.
Berufsstände I. 106. 499.
Beschlagnahme II. 524.
Beschwerden I. 533. II. 159.
Besitz statlicher I. 22. 229. II. 60.
Besoldung II. 125. 134.
Bestätigungsrecht bei Todesurtheilen II. 105.
Bestechlichkeit II. 136.
Besteuerungsrecht gemeindl. II. 491.
Bevormundung II. 178.
Bezirke I. 227.
Bezirksamtmann II. 246.
Bezirksräthe II. 246.
Bill I. 556.
Bischöfe I. 109. 516.
Bismarck II. 160.
Blutbann II. 233.
Börsen II. 453.
Bourgeoisie I. 154.
Brahmanen I. 98. 297.
Brandversicherungen II. 438.
Briefadel I. 125.
Briefgeheimnisz II. 402. 524.
Briefpost II. 400.
Briefverkehr II. 399.
Brückengelder II. 403.
Bruderschaften II. 332.
Budget I. 539.
Bund norddeutscher I. 247. 507. 527.
Bundesfeldherr I. 247. 431.
Bundeskanzler I. 431.
Bundespräsidium I. 247. 431.
Bundesrath I. 513.
Bundesstat I. 36. 245.
Bundestag I. 247.
Bundesversammlung I. 324. 569.
Bündnisse II. 89.
Bureaukratie II. 131.
Bureaux parlamentarische I. 551.
statistische II. 108.
Burgen I. 471.
Burgenses I. 154.
Bürger I. 155.
Bürgerausschüsse II. 476. 487.
Bürgergemeinde II. 471.
Bürgermeister II. 476. 479.
Bürgerrecht I. 147. II. 472.
Bürgerschaft I. 41. 132. 147. 151.
Bürgerstand I. 147 f. 471.
Bürgerthum I. 147 f.
Bürgerverband I. 155.
Bürgerversammlungen II. 486.
Burke I. 72. 505.
Buticularius I. 381.

C.

Cabinetsjustiz I. 449. II. 106.
Caesar I. 46. 370.
Canäle II. 433.
Cancellarius I. 381.
Capitalien des States II. 388.
Capitalistenaristokratie I. 348.
Capitalsteuer II. 418.
Capitani I. 154.
Capite censi I. 341.
Caplan I. 381.
Cassation I. 545.
Cassationshof II. 232.
Castilien I. 477.
Cautionen II. 517. 548.
Cavour I. 418.
Censoramt II. 516.
Censur II. 192. 513.
Centenen I. 227.
Centgerichtsbarkeit II. 233.
Centralisation I. 408.
Centralstat I. 246.
Centurien I. 341.
Ceorls I. 129.
Ceremoniel II. 65.
Charte I. 407.
Chatelains I. 122. 124.
Chef des States II. 45.
Christenthum I. 59. 60. 194. 212.
Civilbeamte II. 123.
Civilisation I. 41.
Civilliste II. 67.
Civilprocesz I. 8.
Civilrechtspflege II. 201. 218.
Civilstellen I. 457.
Civilunrecht II. 234.
Civitas I. 41.
Classen I. 180. 501. II. 476.
aristokratische I. 183.
mittlere I. 183.
regierende I. 183.
Classenvertretung I. 502.
Clienten I. 105.
Clubregiment II. 541.
Cognaten II. 37.

Collegialregierung II. 46.
Collegien II. 46. 155.
Colonat II. 504.
Colonisation I. 244. 253.
Comes palatii I. 381.
Comitien I. 341.
Commissionen parlamentarische I. 530. 550.
Commoners I. 472.
Communen I. 153.
Communismus I. 230.
Competenz II. 127. 132.
Competenzconflicte II. 251.
Concessionen II. 110. 446. 510. 517.
Concionen I. 550.
Concordate II. 342.
Confessionalismus II. 295. 335.
Confessionen I. 212. II. 294.
Conföderation I. 153. 244.
Connubium I. 83.
Conscription II. 172.
Consiliarii II. 487.
Constitutionen I. 402. 447.
Consuln I. 151. II. 476.
Consumtionssteuern II. 416.
Contrasignatur I. 449. II. 158.
Controle I. 535. 538. II. 166.
Contumazanstalten II. 178. 508.
Convertiten II. 276.
Convivae regis I. 118.
Cooptation I. 518.
Corporationen II. 109. 210. 260. 476.
Corporationshoheit II. 317.
Correctionshäuser II. 199.
Cortes I. 413. 476.
Cours souveraines II. 3.
Coutumiers I. 163.
Creditanstalten II. 444.
Culturpolizei II. 109. 190.
Cultus II. 331.
Cultusministerium II. 155. 349.
Curiatcomitien I. 340.
Curien II. 456.

D.

Dämmerungsvölker I. 80.
Dämonokratie I. 295.
Dänemark I. 421.
Decrete I. 374.
Demokratie I. 279. 287. 313. 497.
Demokratisirende Staten I. 290.
Departemente I. 226.
Deputirtenkammer I. 408.
Despotenstat I. 299.
Despotie I. 267. 279. 292. 355.
Deutsche Staten I. 421.
Deutscher Bund I. 423. 430.
Diäten I. 486.
Dictatur II. 113.
Diebstahl II. 233.
Dienst öffentlicher II. 120.
Dienstadel I. 118.
Dienstaufwand II. 134.
Dienstbarkeiten I. 224.
Dienstboten I. 171.
Diensteid II. 136.
Dienstentlassung II. 147. 150.
Dienstgehalt II. 134.
Dienstgeheimnisz II. 141.
Dienstleute I. 143. 481.
Dienstpflicht II. 172.
Directorium II. 45.
Disciplinarverfahren II. 142. 151.
Dispensationen II. 408.
Dissidenzkirchen II. 320.
Doctorat II. 370.
Doctoren der Rechte I. 125. 144.
Domänen I. 540. II. 387.
Dorfgemeinde II. 460.
Dotation der Kirche II. 325.
Dritter Stand I. 156.
Druiden I. 103.
Duldung religiöse II. 312.
Dyarchie I. 283. 435.
Dynastien I. 139. II. 27.

E.

Earl I. 129.
Ebenbürtigkeit I. 129. 140. II. 35.
Ecuyers I. 125.
Edelknechte I. 143.
Edicte I. 425.
Ehe I. 185.
des Regenten II. 35.
morganatische I. 140. II. 34.
Ehegenossenschaft I. 83.
Ehevertrag II. 31.
Ehren akademische II. 370.
Ehrenfähigkeit bürgerliche I. 210.
Ehrenhoheit II. 94.
Ehrenlegion I. 126. II. 94.
Ehrenrechte I. 360. II. 133.
Eid II. 293.
Eigenthum I. 229. 515.
Einberufung der Kammern I. 532.
Einheimische I. 200.
Einheit des States I. 393. II. 4.
Einkammersystem I. 494.
Einkommensteuer II. 413.
Einkünfte öffentl. II. 387.
Einstellung im Amte II. 143. 152.
Eintheilung des Landes I. 224.
Einverleibung I. 250.
Einwanderung I. 204.
Einwohnergemeinde II. 470.
Einzelminister II. 155.
Einzelrichter II. 222.
Einzelstat I. 246. 358.
Eisenbahnregal II. 402. 432.
Emancipation der Frauen I. 197.
der Sclaven I. 178.
der Engländer I. 11.
Enquêtes I. 530.
Enregistrement II. 407.
Entäuszerung freiwillige I. 258.
Enteignung I. 232.
Entlassung I. 543. II. 143. 151.
— aus dem Unterthanenverbande I. 205.
Entsagung II. 58.
Entschädigung II. 235. 567. II. 244. 257.
Entscheidungsgründe II. 217.
Entsetzung II. 59. 151.
Entstehungsformen des States I. 237. 253. 260.
Entthronung II. 59. 60.
Eorls I. 129.
Ephoren I. 335. II. 552.
Erbadel I. 104. 120.
Erbämter II. 125.
Erbaristokratie I. 348. 514.

Erbfolge II. 30.
Erbfolgeordnung II. 37.
Erbfürst II. 27.
Erbhofämter II. 126.
Erblichkeit I. 350.
des Adels I. 114. 143.
der Aemter II. 125.
des Königthums I. 333. 362. 377.
Erbmonarchie II. 21. 23. 27.
Erbrecht I. 135. 518. II. 24. 29.
— politisches I. 101. 333.
Erbschaft privatrechtliche II. 38.
Erbschaftsgebühren II. 407.
Erbstände I. 103.
Erbtochter II. 38.
Erbverbrüderung II. 31.
Erbvertrag II. 31.
Erfindungspatente II. 408. 452.
Ergebung I. 258.
Erheiterung des Volkes II. 194.
Eroberung I. 242. 258.
Erpressung II. 162.
Ersatzheer II. 173.
Ersatzmänner I. 509.
Erstgeburt I. 135.
Erzeugung der Gesetze I. 549.
Erzeugung des States I. 237.
Erziehung öffentliche I. 307. 334. II. 339. 351.
Esquires I. 135.
États generaux I. 480.
Eupatriden I. 104. 312.
Ewigkeit der Statsverträge I. 15.
Excommunication II. 272. 336.
Execution der Strafurtheile II. 105.
Existenz II. 499.
Expropriation I. 232. II. 256.
Extraposten II. 401.

F.

Fabrikarbeiter I. 172.
Fabrikanten I. 516.
Fabrikation II. 440. 447.
Fabriken statliche II. 389.
Fabrikherr II. 450.
Fabrikräthe II. 451.
Fabrikzeichen II. 452.
Facultäten II. 370.
Facultätswissenschaften II. 381.
Fahrpost II. 401.
Faits accomplis I. 24.
Falkner I. 381.
Falliten I. 210.
Familie I. 34. 185. II. 351.
Familienerbfolge II. 30.
Familiengenossenschaft I. 136.
Familiengesetze I. 13.
Familienstiftungen I. 515.
Familienverbindung I. 83.
Féauté I. 385.
Fehderecht II. 205. 552.
Feste kirchliche II. 331.
Feudaladel I. 120.
Feudalmonarchie I. 384.
Feuerpolizei I. 189.
Fichte I. 68.
Fidelitas I. 385.
Fides I. 120.
Finanzgesetze I. 547.
Finanzhoheit II. 108. 386.
Finanzministerium II. 155.
Finanzwesen II. 386.
Finanzzölle II. 434.
Fiscus II. 67. 77. 253.
Förderungsbefehle II. 105.
Formenstat I. 290.
Foy I. 385.
Franc-homme I. 122.
Franzosen I. 12.
Frauen I. 196. 209.
Freeholders I. 506.
Freie I. 105. 147.
— schöffenbare 142.
Freierklärung des Bergbaus II. 395.
— der Neger I. 178.
Freiheit politische II. 526.
als Rechtsbegriff II. 492.
als Selbstbestimmung II. 495.
geistige II. 492.
individuelle I. 307. II. 499.
menschliche II. 493.
natürliche II. 492.
religiöse II. 268.
sittliche II. 492.
Freiheitsbriefe I. 487.
Freisassen I. 132.
Freizügigkeit I. 207. II. 505.
Fremde I. 200. II. 208.
Fremdlingsrecht I. 207.
Frevel II. 233.
Friedensbrecher II. 208. 233.
Friedensrichter II. 182. 221.
Friedensschlüsse I. 223. II. 87.
Friedrich der Grosze I. 71. 421.
Fürsten I. 124. 138. 361.
Fürstensouveränetät II. 12. 20.
Fürstenthümer deutsche I. 226.

G.

Gabella hereditaria I. 207.
Gallicanische Kirche II. 310.
Garibaldi I. 418.
Gaue I. 226.
Gaugrafen I. 382.
Gebietserweiterung I. 216.
Gebietshoheit I. 219.
Gebrechen körperliche II. 56.
Gebühren II. 134. 404.
Gebundenheit landwirthschaftlicher Güter II. 442.
Gedankenfreiheit II. 511.
Gefälle II. 404.
Gefolge des Königs I. 364. 385.
Gehorsam II. 136.
— verfassungsmäsziger I. 448.
Geistliche I. 150. 159. 516. II. 41.
Geld II. 423. 427.
Geldbuszen II. 143. 407.
Geldmacht I. 357.
Gelehrtenaristokratie I. 348.
Gelehrtenschulen II. 365.
Gemeindeämter I. 172.
Gemeindeausschüsse II. 475.
Gemeindebann II. 488.
Gemeindebeamte II. 476.
Gemeindebeschlüsse II. 480.
Gemeindebürger I. 210.
Gemeindebürgerrecht II. 261. 469.
Gemeindegut II. 491.
Gemeinden I. 170. 288. 503. II. 109. 260. 454.
Gemeinderäthe II. 475.

Gemeindeverfassung I. 325.
Gemeindeversammlung II. 469. 480. 486.
Gemeindevermögen II. 488.
Gemeindevorstand II. 469. 474.
Gemeine I. 472.
Gemeinfreie I. 104. 151.
Generaladvocaten II. 236.
Generalprocuratoren II. 236.
Generalstände I. 480.
Genossenschaften II. 260. 324.
Gentils-hommes I. 122. 125.
Gentlemen I. 133. 159.
Gentry I. 132. 133.
Geomoren I. 105.
Gerechtigkeit I. 70. II. 249. 552.
Gerechtsame nutzbare II. 392.
Gericht I. 461. 560. II. 111. 200.
Gerichtsbann I. 380. 389.
Gerichtsbarkeit II. 102. 207. 247.
akademische II. 369.
freiwillige II. 218.
kirchliche I. 107. 194. II. 335.
Gerichtsberathung II. 215.
Gerichtsgebühren II. 406.
Gerichtsherrschaft I. 357.
Gerichtshöfe II. 242.
Germanen I. 11.
Gerousie I. 334.
Gesammterneuerung I. 510.
Gesammtministerium II. 155.
Gesammtstat I. 49. 245.
Gesandte II. 86.
Geschichte politische I. 3.
Geschlecht I. 335.
Geschlechter I. 136. 151. 186.
Geschlechtsaristokratie I. 348.
Geschlechtskönigthum I. 356. 359.
Geschworene I. 463. II. 227.
Geschworenengericht I. 404. II. 227.
Geschworenenliste II. 238.
Geschworenenverfassung I. 325.
Gesellen I. 171. II. 446.
Gesellschaften II. 324.
Gesellschaftspolizei II. 194.
Gesellschaftsvertrag I. 68.
Gesetz I. 3. 12. 394. 522. 545. 549. II. 18.
Gesetzesantrag I. 528.
Gesetzesauslegung I. 570.
Gesetzesberathung I. 550.
Gesetzesgiltigkeit I. 556.
Gesetzesvorschlag I. 549.
Gesetzgebung I. 342. 377. 393. 445. 521. II. 90.
Gesetzgebungskörper I. 487. 511. 519. 546.
Gesindepolizei II. 194.
Gesundheitspolizei II. 187.
Gewalt I. 393. 454.
gesetzgebende I. 283. 458. 490.
innere II. 90.
obrigkeitliche II. 121.
richterliche I. 458. 461.
souveräne I. 393.
Gewalttheorie I. 267.
Gewerbeanstalten II. 388.
Gewerbefreiheit II. 445. 509.
Gewerbeordnung II. 509.
Gewerbesteuer II. 418.
Gewerbsbefugnisse II. 262.
Gewerbsconcessionen II. 408.
Gewerbsmonopole I. 548.
Gewerbsschulen II. 362.
Gewissensfreiheit II. 267.
Gewohnheit I. 17.
Gewohnheitsrecht I. 17. 20.
Gheuden I. 161.
Gildgenossenschaft I. 153.
Glaubensfreiheit II. 268.
Glaubenssachen II. 327.
Gleichheit I. 271. 317. 327. II. 527.
Goden I. 163. 241.
Godorde I. 261.
Gottesdienst II. 278. 322.
Gotteshausleute I. 162.
Grafen I. 120. 124. 138. 226.
Grand-jury II. 241.
Grenzen I. 217. 225.
Grenzzölle II. 434.
Grotius Hugo I. 66.
Groszding I. 512.
Groszrichter I. 476.
Grundaristokratie I. 514.
Grundbesitz I. 387. 471. 514.
Grundbesitzergemeinde II. 469. 470.
Grundformen statliche I. 287.
Grundgefälle II. 391.
Grundgesetze I. 547.
Grundherrschaft I. 144.
Grundholden I. 163.
Grundprincipien statliche II. 140.
Grundsteuer II. 418.
Grundzinse II. 391. 412.
Gültigkeit der Gesetze I. 557.

H.

Habeas-corpus-Acte II. 113.
Haftsbefehle II. 507.
Hagelversicherungen II. 438.
Handänderungsabgaben II. 407.
Handel II. 440.
Handelsfirmen II. 453.
Handelsgericht II. 230.
Handelskammern II. 453.
Handelsverkehr II. 452.
Handwerke statliche II. 389.
Handwerker I. 155. 161. II. 440. 444.
Hannover I. 423. 425.
Hansestädte I. 245.
Häresie II. 272.
Hauptberathung I. 551.
Hauptrassen I. 77.
Hauptstädte II. 455. 481.
Hauptstraszen II. 430.
Haus der Gemeinen und der Lords I. 475.
Hausandacht II. 278.
Hausbesitz II. 483.
Hausfrieden II. 521.
Hausgesetze I. 13. II. 31.
Haushäbigkeit I. 210.
Haushalt königlicher II. 67.
Hausirer II. 452.
Hausmeister I. 381.
Hausrecht der Kammern I. 544.
Haussuchung II. 523.
Heer I. 372. II. 97. 169.
Heerbann I. 380. 389.
Hegel I. 73.
Hegemon I. 245.

Hellenen I. 11.
Heimath I. 200.
Heloten I. 333. 349.
Herkommen I. 16.
Herren I. 139. 470.
Herrenlose Sachen I. 221.
Herrschaft II. 59. 125.
Herzoge I. 124. 137. 138. 226. 357.
Hessen I. 423.
Hobbes I. 67.
Hofadel I. 124. 144.
Hofceremoniel II. 65.
Hofleute I. 163.
Hofrecht I. 391.
Hofstat II. 65.
Hoftage I. 479.
Hoheitsrechte I. 220. 254. 393. 444. II. 250. 393.
Homagium I. 120. 385.
Honorati I. 468.
Horde I. 35.
Hörige I. 105. 151. II. 440.
Hospites I. 163.
Hulde I. 385.
Humboldt W. v. I. 68.
Hungersnoth II. 196.
Huntari I. 227. II. 232.
Hypothekarversicherung II. 425.

I.

Ideokratie I. 281. 287. 294.
Ideologie I. 29.
Idolokratie I. 281.
Idolstat I. 290.
Immunitäten I. 142. 548. II. 256.
Imperatoren I. 372.
Imperium I. 42. 220. 357. 425. 462. II. 121.
Indianer I. 79.
Indifferentismus statlicher II. 312.
Individualherrschaft I. 370.
Individualpolizei II. 186.
Individualregierung II. 46.
Individualstat I. 290.
Individuen I. 200.
Induciae moratoriae II. 106.
Industrieausstellungen II. 452.
Initiative I. 491. 528.
Inländer I. 200.
Innungen I. 161.
Inruhestandsetzung II. 146.
Insellländer I. 218.
Insignien I. 361.
Inspiration I. 306.
Instanzen II. 230. 231.
Institution eines States I. 255. 262. 522.
Institutionen I. 460. 521.
Instructionen I. 489. 551.
Intercession II. 181.
Interregnum II. 57.
Interrex I. 366.
Island I. 241.
Italien I. 416.

J.

Jagdregal II. 397.
Jägermeister I. 381.
Jarl I. 103.
Jehovah I. 301.
Jesuitenorden II. 306. 333.
Jezidi I. 295.
Juden I. 215. 300.
Judices I. 463.
Junta dos tres Estados I. 478.
Jura quaesita I. 564. II. 52.
Jurisdiction I. 424. 456. II. 121. 232.
Jurisprudenz II. 227.
Jury II. 236.
Jus aboliendi II. 104.
advocatiae II. 322.
albinagii I. 207.
cavendi II. 327.
devolutionis II. 31.
edicendi I. 368. II. 110.
jubendi II. 110.
majestatis circa sacra II. 317.
reformandi II. 339.
singulare I. 548.
Justitia (Groszrichter) I. 476.
Justitium II. 106.
Justiz II. 189. 257.
Justizbeamte II. 122.
Justizhoheit II. 101.
Justizministerium II. 154.
Justizmord II. 212.
Justizsachen II. 248.

K.

Kaiser I. 264. II. 62. 74. 295. 300.
Kaiseridee I. 46.
Kaiserthum I. 350. 358. 370.
Kaiserwürde I. 382.
Kalifornien I. 241.
Kammerauflösung I. 511. 533.
Kämmerer I. 381.
Kammergut II. 70.
Kammerpräsident I. 544. 553.
Kammern I. 494. II. 158.
Kant I. 68.
Kantone I. 227.
Kanzler I. 381.
Kapetinger I. 119.
Karl I. I. 103.
Karolinger I. 119. II. 23.
Kasten I. 96.
Kaufleute I. 155. 516. II. 436.
Kaufsaccisen II. 407.
Kellner I. 381.
Ketzer II. 272.
Khalif I. 304.
Kirche I. 8. 47. II. 192. 264. 294.
Kirchenbann II. 300. 336.
Kirchengerichtsbarkeit I. 194.
Kirchengewalt II. 330.
Kirchengut II. 338.
Kirchenhoheit II. 317.
Kirchenrecht I. 8.
Kirchenregiment II. 317.
Kirchenstat I. 304.
Kirchenzucht I. 272.
Klage II. 203.
Kleinhandel II. 436. 452.
Klerus I. 106. 469. II. 296.
Klima I. 219.
Klöster I. 332.
König II. 62.
— besondere Befugnisse I. 532.
Königsbann I. 380.
Königsfrieden I. 380.
Königthum I. 279. 336. 358.
Kopfsteuer II. 412. 418.
Kopfzahl I. 327. 500.
Körper gesetzgebender I. 323. 454. 490.
Kreise I. 226.

Krieg I. 242.
Kriegserklärung II. 87.
Kriegsfürstenthum I. 357.
Kriegshoheit I. 538.
Kriegsminister II. 154.
Kriegsordnung I. 363.
Krondomänen II. 68.
Kronländer I. 226.
Kronpflicht I. 6.
Kronrecht I. 6.
Kronvögte II. 236.
Kshatriyas I. 98.
Kunst I. 465. II. 109. 344. 350.
Künstlerakademie II. 363.
Kur I. 362. II. 23.
Kurfürsten I. 351. II. 63.
Küstenländer I. 217.

L.

Lady I. 136.
Lagding I. 420. 512.
Lakedämonier I. 333.
Land I. 35. 77. 216. 218. 225.
Landbürger I. 320.
Landesadel I. 144.
Landesherrn I. 144.
Landesherrschaft I. 357.
Landeshoheit I. 139.
Landeskirche II. 310. 311.
Landgemeinde II. 442. 458. 467. 469.
Landgerichte I. 227.
Landgrafen I. 139.
Ländlerstaten I. 220.
Landnahme I. 242.
Landschaft I. 533.
Landstandschaft I. 141. 144.
Landstraszen II. 430.
Landsturm II. 175.
Landtag I. 422. 468. 481.
— vereinigter I. 425.
Landwehr II. 173.
Landwirthschaft II. 440.
Legisten I. 393.
Legitimation II. 35.
Legitimität I. 26. 28 Anm.
Lehen I. 120.
Lehenboden I. 130.
Lehenkönigthum I. 384.
Lehensadel I. 119. 121.
Lehensherr I. 384.
Lehensmonarchie I. 383.
Lehensstat I. 129. 357.
Lehenssystem I. 120. 469.
Lehensträger I. 471.
Lehenstreue I. 130. 385.
Lehensverfassung I. 36.
Lehrfreiheit II. 372. 375.
Lehrmittel II. 361.
Leitung politische II. 95.
Lernfreiheit II. 377.
Lesung wiederholte I. 555.
Lex I. 545.
— regia I. 372.
— salica II. 33.
Liten I. 105.
Literatur II. 382.
Locke I. 68.
Loi I. 522.
Loos I. 317. II. 239.
Lords I. 132. 469. 472.
Löschanstalten II. 189.
Lossagung I. 251.
Lotterieregal II. 398.
Lucumonen I. 104.
Luther II. 308.
Luxemburg I. 423.
Luxus II. 67.
Lykurg I. 337.

M.

Macht I. 276. II. 3.
Mäcenas I. 116.
Magier I. 299.
Magistrate I. 344. II. 476.
Magna charta I. 131. 469.
Majestät II. 14. 21. 62.
Majestätsbeleidigung II. 63.
Majestätsrechte II. 63. 71. 313.
Maires I. 163. II. 474.
Mäkler II. 219. 453.
Mandat I. 488.
Mandata de administrande justitia II. 106.
Mannschaft deutsche I. 481.
Mannschaftseid I. 385.
Mannsstamm II. 34.
Mansionarius I. 381.
Markgenossen II. 469.
Markgerichtsbarkeit II. 232.
Markgrafen I. 138.
Marquis I. 124. 136.
Marschall I. 125. 381.
Mediatisirung I. 141. 259.
Medicinalbeamte II. 188.
Meere I. 218.
Mehrheit I. 279. 311. 500.
Meiningen I. 423.
Meinungsäuszerung freie II. 510.
Meister II. 446.
Menschenrassen I. 77.
Menschenrechte II. 499. 529.
Menschheit I. 77.
Merkmale historische des Stats I. 34.
Merowinger I. 117.
Mestiers I. 161.
Methoden I. 28. II. 361.
Metoiken I. 333.
Meyer I. 163.
Miethtruppen II. 171.
Militärdienstpflicht II. 172.
Militärgerichte II. 211.
Militärgewalt II. 168.
Militärhoheit II. 96.
Militärpflicht I. 523.
Militärstellen I. 457. II. 123.
Militärverwaltung II. 243.
Milites legales, literati I. 125.
Milizsystem II. 172.
Minderjährige I. 209. II. 53.
Minister I. 404. II. 92. 153.
Ministeranklage I. 541. II. 162.
Ministeria I. 161.
Ministerialen I. 143. 150. 160.
Ministerien II. 154.
Ministerpräsident II. 156.
Ministerregierung I. 405. 442.
Ministerverantwortlichkeit I. 449. II. 83. 158.
Minores I. 467.
Miszheirath I. 140.
Missi dominici I. 381.
Mission statliche I. 92.
Missionen II. 332.
Miszregierung II. 58. 160.
Mittelfreie I. 142. 151.
Mittelstand I. 160.
Modus tenendi parliamentum I. 469.
Mohamedanische Staten I. 304.
Monarchie I. 279. 284. 286. 357. 383. 392. II. 12. 20. 400.
Monogamie I. 188.
Monopolien II. 397.
Montesquieu I. 285.
Moratorien II. 106

Morganatische Ehe II. 34.
Mormonen II. 319.
Mosaische Gesetzgebung I. 300.
Motion I. 530.
Motta I. 152.
Mundherr I. 106. 173.
Mundschaft I. 379.
Mündlichkeit II. 215.
Municipalbürger I. 152.
Municipalräthe II. 475. 477.
Münzrecht II. 427.
Münzregal II. 398.

N.

Nachbarwege II. 430.
Nachfragen parlamentarische I. 530.
Nachgänger II. 236.
Nachrichter II. 236.
Nachtvölker I. 78.
Nahrungspolizei II. 186.
Napoleon I. 49. 422.
Nassau I. 423.
Nation I. 42. 83. II. 9.
Nationalbank II. 426.
Nationalcongresz I. 324.
Nationalgarde II. 172.
Nationalität I. 89.
Nationalitätsprincip I. 86.
Nationalkirche II. 298.
Nationalökonomie II. 384.
Nationalrath I. 124.
Nationalsitte I. 87.
Nationalsprache I. 86.
Nationalwerkstätten II. 438.
Nationalwirthschaft II. 415.
Naturalborn subjects I. 200.
Natur der Sache I. 17.
Naturalisation I. 202.
Naturrecht I. 20.
Naturstand I. 259.
Nebenformen I. 291.
Negersklaverei I. 177.
Nichtigkeit II. 51.
Niederer Adel I. 121. 142.
Niederlande I. 421.
Niederlassung I. 244. II. 505.
Niederschlagung II. 104. 163.
Nobiles I. 138.
Nobili I. 347.
Nobility I. 133.
Noblesse de robe I. 125.
Noblesse par lettres I. 125.
Nomadenvölker I. 35.
Nomotheten I. 310.
Nordamerica I. 321. II. 275. 311. 312.
Normalzahl I. 35.
Notare I. 159. II. 219.
Nothrecht II. 17. 112. 118. 556.
Noviciat II. 131.

O.

Obe I. 335.
Oberamtei I. 227.
Oberaufsichtsrecht II. 108. 327. 490.
Obereigenthum des Königs I. 387.
Obergewalt II. 2.
Oberhaus I. 132. 467. 512. 542.
Oberhoheit II. 307.
Oberrichter I. 473. 516.
Obrigkeit I. 36. 152.
Ochlokratie I. 279.
Occupation I. 221.
Odelsding I. 420. 512.
Oeffentliche Sachen I. 222.
Oeffentlichkeit II. 212.
Oekonomie politische II. 384.
Oesterreich I. 427. 428.
Officiere II. 137.
Oligarchie I. 279.
Omnipotence I. 519.
Opposition I. 544. II. 140.
Oppositionspresse II. 517.
Optimaten I. 339. 348.
Optimatenaristokratie I. 348.
Orden II. 94. 332.
Ordnungen I. 13.
Ordnungsstrafen II. 143.
Ordonnance I. 522.
Organische Gesetze I. 547.
Organische Natur des Stats I. 39.
Organische Natur der Völker I. 85.
Ostracismus I. 317. 548.

P.

Pächter I. 349. II. 441.
Packetpost II. 400.
Pairie I. 515.
Pairie deutsche I. 138.
englische I. 136.
französische I. 127. 408.
Pairs de France I. 124.
Papiergeld II. 423. 428.
Papst I. 108. II. 300. 328.
Paragium II. 71.
Parentelen II. 37.
Parität religiöse II. 291. 293.
Parlament englisches I. 131. 468. 469.
französisches I. 123.
sicilianisches I. 412.
Parlamentsacte I. 233.
Parlamentsadel I. 125.
Parlamentsregierung I. 390. 405. 443. 488.
Patente II. 446.
Patriarchie I. 184. 356.
Patricier deutsche I. 143.
römische I. 104.
schweizerische I. 320.
Patrimonialprincip I. 377.
Patrimonialstat I. 70. II. 68.
Patronus I. 106.
Paulus (Apostel) I. 21. 263. II. 553.
Pelaten I. 105.
Penn II. 275.
Pension II. 135. 146.
Pensionirung II. 146.
Pentarchie I. 53.
Perioden I. 510.
Perioiken I. 333.
Personae regi gratae II. 335.
Personalunion I. 248.
Persönlichkeit des Stats I. 41.
Petitionen I. 527. 531. II. 533.
Petitionsrecht I. 5. II. 533.
Pfalzgraf I. 138. 381. II. 76.
Pfleger öffentliche II. 121.
Pfründen I. 144.
Piemont I. 417.
Pietätsverhältniss II. 27.
Placate II. 520.
Placet II. 328.
Plebejer I. 105.
Plebes I. 36. 147.
Plutokratie I. 348. 357. 505.
Polen I. 259.
Police judiciaire II. 191.
Politie I. 308.
Politik I. 1. 536. II. 157. 243.

Policei II. 176. 183. 190.
Polizeibuszen II. 409.
Polizeigesetze I. 547.
Polizeigesetzbuch II. 191.
Polizeigewalt II. 183.
Polizeihoheit II. 100.
Polizeiministerium II. 154.
Polizeisporteln II. 409.
Polizeistat I. 69.
Polizeistrafen II. 190. 244.
Polizeiübertretungen II. 190. 233.
Polizeiverwaltung II. 243.
Pönitenzen II. 336.
Pontifices I. 369.
Popolo I. 152. 154.
Populares I. 152.
Populus I. 36. 147.
Posten II. 433.
Postregal II. 399.
Potestas eminens I. 568.
Praefecti I. 369. II. 246. 456.
Präfecturräthe II. 246.
Prälaten I. 111. 481.
Prärogative I. 532.
Präsentation II. 335.
Präventivpolizei II. 184.
Presse II. 510.
Preszfreiheit I. 5. 404. II. 512.
Preszpolizei II. 194.
Preszprocesse II. 239.
Prevotalstädte I. 154.
Preussen I. 425.
Priester I. 289.
Priesteraristokratie I. 348.
Priesterseminare II. 337.
Priesterstaten I. 295.
Priesterthum I. 306.
Primogenitur I. 135. II. 37.
Princeps senatus I. 371.
Principien I. 291. 388. 425. 485.
Prinzen I. 143.
Privatbanken II. 428.
Privatdocenten II. 372.
Privateigenthum I. 229.
Privatgelehrte I. 159.
Privatkasse des Regenten II. 77.
Privatrecht I. 4. 522. 566.
Privatschulden des Regenten II. 39. 52.
Privatschulen II. 360.
Privatvermögen des Stats II. 388.
— des Fürsten II. 68.
Privatwirthschaft II. 415.
Privilegien I. 547.
Privy Council I. 470.
Processkosten II. 406.
Proclamationen I. 532.
Procuratoren I. 477.
Procoureurs du roi II. 236.
Professoren II. 129. 372.
Prohibitivzölle II. 435.
Proletariat I. 168. 170. 341.
Promotoriales II. 105.
Promulgation I. 556. II. 91.
Proposition eines Gesetzes I. 528.
Prorogation der Kammern I. 533.
Prostates I. 106.
Provinzen I. 225.
Provinzialgesetzgebung I. 226.
Provinzialregierung I. 226.
Provinzialstände I. 226.
Prudhommes I. 152.
Prüfungen I. 367. 530. 551. 557.
Prytanien I. 310. 312.
Publication I. 556.
Puffendorf I. 68. II. 289.

Q.

Quarantäneanstalten II. 188.
Quartiere II. 476.
Quiescirung II. 146.

R.

Rang II. 94. 133.
Rassen I. 77. 95.
Rassenadel I. 145.
Rassensystem I. 203.
Rassenstat I. 290.
Rath athenaeischer I. 312.
Rath der Fürsten I. 362.
Rath der Gemeinde II. 487.
Räthe I. 151. 323. 468. II. 155. 487.
Realgymnasien II. 363.
Reallasten II. 443.
Realrechte I. 548.
Realunion I. 249.
Recht I. 82. 273.
Rechte individuelle I. 70.
— nationale I. 16. 86.
Rechte öffentliche I. 4. 449.
— politische I. 564.
Rechtlosigkeit II. 208.
Rechtsbewusztsein I. 20. II. 214.
Rechtsconsulent II. 480.
Rechtsfindung II. 200.
Rechtsfrage II. 237.
Rechtsgeschichte I. 3.
Rechtsgleichheit II. 526.
Rechtsideen I. 18.
Rechtsinstitutionen I. 88. 546.
Rechtsordnung I. 564.
Rechtspflege I. 325. 449. II. 207.
Rechtsregel I. 546.
Rechtssätze I. 18.
Rechtsschutz I. 22.
Rechtsstat I. 56. 69. 391.
Rechtsstillstand II. 106.
Rechtsverbindlichkeit der Gesetze I. 545. 556.
Recorders II. 480.
Recusationsrecht II. 240.
Redefreiheit I. 551.
Redner athenische I. 309.
Referendarius I. 381.
Reform I. 146. II. 16. 17.
Reformation II. 308.
Reformationsrecht II. 339.
Regale I. 222. II. 392. 415.
Regalität I. 222. II. 256.
Regentensouveränetät II. 5.
Regentinnen I. 196.
Regentschaft II. 27. 53. 61.
Regierungsbeamte I. 510. II. 122.
Regierungsbehörde II. 111.
Regierungsbezirke I. 226.
Regierungsgesetze I. 547.
Regierungsgewalt I. 283. 369. 461.
Regierungsrechte II. 85. 90.
Regierungswirthschaft II. 386.
Regiment I. 461. II. 120.
Regredienterbin II. 38.
Reichsadel I. 133. 141.
Reichsfürsten I. 110. 141.
Reichsfürstenrath I. 351.
Reichsinsignien II. 64.
Reichskammergericht I. 569.
Reichslehen I. 120.

Reichsoberhaupt deutsches I. 247.
Reichsstandschaft I. 139. 466.
Reichstag I. 247. 467. 480.
— österreichischer I. 429.
Reichsverfassung I. 569.
Reichsverwesung II. 54. 61.
Reichthum I. 506. 515.
Reisefreiheit II. 509.
Religion I. 11. 212. 465. II. 41. 264.
Religionsfreiheit I. 214. II. 268.
Religionsgesellschaft II. 313. 317.
Renten II. 425.
Repräsentation I. 379. 505.
Repräsentationsgewalt II. 85.
Repräsentationskosten II. 134.
Repräsentativdemokratie I. 319. 326. 499.
Repräsentationsrechte I. 132.
Repräsentativsystem I. 379. 398. 484.
Repräsentativverfassung I. 323. 424. 455. 466.
Repräsentativversammlung I. 323. 491.
Repressivpolizei II. 185.
Republik I. 289. II. 57.
— moderne repräsentative I. 292.
Rescripte I. 110.
Reservatrechte II. 106.
Reserven II. 174.
Residenzstädte II. 481.
Resignation II. 145.
Resolution I. 529.
Revolution II. 17.
Riches-omes I. 121.
Richter I. 510. II. 101. 226.
Richterämter II. 130.
Richtercollegien II. 223.
Richterehre II. 223.
Ritter I. 104. 142.
Ritteradel I. 126.
Ritteraristokratie I. 348.
Ritterlehen I. 142.
Ritterschaft I. 117. 133. 470. 481. II. 411.
Ritterthum I. 122. 348.
Römer I. 11.
Roturiers I. 121. 122. 126. 163.
Rousseau I. 68.
Rückwirkende Kraft der Gesetze I. 570.
Ruhegehalt II. 135.
Ruszland I. 399.

S.

Sachen herrenlose I. 221.
— öffentliche I. 231.
Sachsen I. 425.
Säcularisation I. 141.
Salus publica I. 71. II. 112.
Salzregal II. 396.
Salzsteuer II. 396.
Sammlungen II. 349.
Sanction I. 322. 378. 393. 533. II. 91.
— pragmatische II. 33.
Sapientes II. 480.
Sate I. 487.
Savigny I. 72.
Scheidung I. 193.
Schiedsgerichte II. 219.
Schiffahrt II. 432.
Schleiermacher I. 285.
Schlieszung der Kammern I. 533.
Schmitthenner I. 74.
Schöffen I. 463. II. 103. 226. 476.
Schöffenbar Freie I. 142.
Scholae I. 161.
Schriftlichkeit I. 508.
Schulbildung II. 337. 339.
Schuldentilgungsanstalt II. 425.
Schulen I. 465. II. 109. 353. 362.
Schulzwang II. 358.
Schutzherrn I. 106.
Schutzpockenimpfung II. 188.
Schutzzölle II. 435.
Schwerter, zwei II. 305.
Schwurgerichte II. 236.
Secten II. 321.
Seehäfen I. 473.
Seigneurs I. 119. 389.
Selbstbestimmung II. 463. 477. 495.
Selbsterhebung II. 23.
Selbsthilfe II. 203. 552.
Selbstrache II. 205.
Selbstständigkeit II. 207.
Selbstverwaltung II. 477. 489.
Semiten I. 11. 81.
Semperfreie I. 138.
Senat I. 342. 512. II. 456.
Senatoren I. 116. 534. 542.
Senatusconsulte I. 343. 461. 545.
Sendavesta I. 299.
Sendboten I. 381. II. 108.
Seneschall I. 381.
Seniores I. 109. 119. 467.
Sensale II. 453.
Separatio a toro et mensa I. 194.
Serduscht I. 299.
Serfs I. 163.
Sermo regis I. 379.
Sheriff II. 146.
Sieyes I. 156.
Sittlicher Gehalt des Stats I. 6.
Sicherheitspolizei II. 188.
Sittlichkeitspolizei II. 192.
Sklaven I. 173.
Sklaverei amerikanische I. 178.
— russische I. 176.
— der Schwarzen I. 177.
Socialismus I. 230.
Soldaten II. 172.
Soldtruppen I. 123. II. 174.
Solon I. 312.
Sonderrechte II. 245.
Sonderung der Gewalten I. 455. 457.
Souverain II. 12.
Souveränetät I. 393. II. 1. 15. 314.
Souveränetätsfragen II. 242.
Spartiaten I. 105. 332.
Spar- und Hilfscassen II. 447.
Specialjury II. 229.
Spielkartenregal II. 398.
Sporteln II. 134. 406.
Sprachgemeinschaft I. 84.
Spruchcollegien II. 231.
Stahl I. 74. 265.
Stat I. 17. 51. 66. 264. 287.
— Entstehung I. 237. 253.
— Functionen I. 457. 530.

Stat, Institution I. 241.
— Organe I. 457.
— Persönlichkeit I. 41.
— Privatvermögen II. 386.
— Theilung I. 250.
— Verhältnisz zur Familie I. 193.
— Verhältnisz zur Kirche I. 47. II. 109. 294.
— Verhältnisz zum Privateigenthum I. 229.
— Verhältnisz zur Religion II. 264.
— Verhältnisz zum Volk I. 86.
— Verhältnisz zur Wissenschaft II. 344.
— Wesen I. 37.
Statenbildung I. 238.
Statenbund I. 33. 245.
Statsact I. 240. II. 86.
Statsallmacht I. 396.
Statsamt II. 91. 121.
Statsangehörige I. 200.
Statsangestellte II. 122.
Statsanlehen I. 540.
Statsanwälte II. 103. 235.
Statsbeamte II. 121. 132.
Statsbediente II. 123.
Statsbehörde II. 244.
Statsbürger I. 200. 209. 463. 503. II. 5.
Statsbürgerrecht I. 164. 208. II. 49. 261.
Statsbürgerthum I. 148. 150. 492.
Statscredit II. 420.
Statscultur I. 465. II. 264. 385.
Statsdiener II. 120. 145.
Statsdienst II. 120. 145.
Statseigenthum I. 219.
Statseinheit II. 3.
Staatserziehung II. 351.
Statsform I. 245. 279.
aristokratische I. 332.
demokratische I. 307.
monarchische I. 355.
theokratische I. 263.
Statsgebiet I. 218. II. 59.
Statsgeist I. 245.
Statsgemeinschaft I. 84.
Statsgericht II. 160.
Statsgewalt I. 393. II. 1. 18. 116. 120.
Statsgut II. 386.
Statshaushalt I. 486. 522. 539.
Statshoheit I. 393. II. 1.
Statsidee I. 43.
germanische I. 61.
hellenische I. 54.
mittelalterliche I. 60.
moderne I. 64.
römische I. 56.
Statskasse II. 77.
Statskirche II. 288.
Statsklage II. 160.
Statskörper I. 460.
Statsleben I. 2.
Statsmacht I. 393. II. 1.
Statsfülle II. 2.
Statsmänner I. 20.
Statsministerien II. 153. 155.
Statsmonopolien II. 397.
Statsnothrecht II. 116.
Statsoberhaupt I. 167. 490. II. 1. 22. 62. 116.
Statsorgane I. 379. 447.
Statspapiergeld II. 423.
Statspersönlichkeit II. 9.
Statspolizei II. 186.
Statspost II. 399.
Statsprincipien I. 70.
Statsprüfung II. 128.
Statsrath I. 419. II. 163. 247.
Statsrechnung I. 540.
Statsrecht I. 1. 10.
Statsregierung I. 393. 446.
Statsreligion II. 265. 287. 291.
Statsschulden II. 420. 423.
Statsschutz I. 208.
Statssecretäre I. 419.
Statssouveränetät II. 5. 10. 11. 14.
Statssprache I. 87.
Statsstrasze II. 430.
Statsüberordnung I. 451. II. 3.
Statsunabhängigkeit II. 3.
Statsvergehen II. 162.
Statsvermögen II. 67.
Statsverträge I. 14. 525. 568. II. 23. 88.
Statsvolk I. 84.
Statswirthschaftspolizei II. 199. 384.
Statswissenschaft I. 66. II. 344.
Stadtbürger I. 320.
Stadtbürgerrecht II. 456.
Stadtbürgerthum I. 155.
Städte I. 471. 482. II. 455.
Städtestaten I. 220.
Stadtgemeinde II. 460. 467. 475.
Stadtherrn I. 479.
Stadträthe II. 476. 487.
Stadtschreiber II. 480.
Stadtverordnete II. 476. 487.
Stämme I. 94.
Stammgutssuccession II. 30.
Stand dritter I. 156.
— vierter I. 157. 165.
Stände I. 102. 339.
Ständerath I. 513.
Standesgehalt II. 134.
Standesherrn I. 138. II. 35.
Standesverhältnisse II. 261.
Standrecht II. 113. 211.
Statistische Bureaux II. 108.
Statuten I. 13.
Stellvertretung II. 485. 499. II. 85. 172.
Stempelgebühren II. 405. 518.
Steuern I. 486. II. 253. 419.
Steuerbewilligung I. 404. 448. 524. 536.
Steuerfreiheit I. 549. II. 256.
Steuergesetzgebung I. 486.
Steuerhoheit II. 410.
Steuerpflicht I. 537. II. 410.
Steuerrecht II. 393. 409.
Steuerverweigerung I. 537.
Stimmrecht allgemeines I. 172. 209. 492.
Storthing I. 420.
Strafen II. 142. 204.
Strafgesetze I. 547.
Sträflinge I. 210.
Strafmilderung II. 104.
Strafprocesz I. 8.
Strafrecht I. 8. II. 77.
Strafrechtspflege II. 203. 232.
Strafurtheile II. 105.
Straszen II. 429.
Straszenpolizei II. 199.
Straszenregal II. 403.
Streitigkeiten völkerrechtliche II 242.
Studenten II. 367.
Sudras I. 98.
Sultane I. 299.

Supremat II. 1. 297.
Suspension II. 113. 143. 152. 518.
Symmachie I. 244.

T.

Tabakregie II. 397.
Tagvölker I. 80.
Taxen II. 405.
Telegraphenregal II. 401.
Telegraphenwesen II. 433.
Tenure I. 387.
Testament des Regenten II. 31.
Thalweg I. 217.
Thane I. 129.
Thatfrage II. 229. 237.
Theilung I. 250. 259.
Theokratie I. 265. 281. 294.
Theokratisirende Staten I. 287.
Theorien I. 52. 259. 285.
Theten I. 105.
Theuerungsnoth II. 437.
Thräl I. 103.
Thronfolge II. 31.
Thronfolgefähigkeit II. 40.
Thronfolgeordnung II. 33.
Thronrede I. 531.
Tiers état I. 156.
Titulaturadel I. 128. 144.
Tod bürgerlicher II. 502.
Todesstrafe II. 501.
Todesurtheile II. 105.
Todtenbeschau II. 188.
Trennung der Gewalten I. 455. 458.
Trennung von Stat und Kirche II. 287. 311. 312.
Treuadel I. 117.
Treue I. 120. 355. II. 136. 139.
Treueeid I. 385.
Treueverbindung I. 384.
Tribunat II. 550.
Tribunus celerum I. 369.
Tributcomitien I. 340.
Truppen I. 123.
Tyrannis I. 279.

U.

Ueberordnung statliche II. 3. 301.
Uebertritt II. 276.
Uebungscollegien II. 374.
Umstand I. 479.
Unabhängigkeit der Gerichte I. 404. II. 207.
Unabhängigkeit des Stats II. 3. 14.
Unabhängigkeitserklärung I. 251.
Unabsetzbarkeit I. 548. II. 148.
Unentgeltlichkeit der Volksschule II. 359.
Unfähigkeit des Ministers I. 543.
Unfähigkeit des Regenten II. 56. 59. 117.
Unfehlbarkeit des Königs II. 80.
Ungarn I. 429.
Union I. 245. 247. 258.
Universalmonarchie I. 52.
Universitäten II. 367.
Unsichtbarer Stat I. 277.
Unterdrückung II. 554.
Untergang des Stats I. 237. 255.
Unterhalt II. 134.
Unterhaus I. 131. 402. 472.
Unterrichtsmethode II. 361.
Unterstützungspflege II. 196. 437.
Unterstützungspolizei II. 195.
Untersuchung II. 104. 163.
Unterthanen I. 36.
Unterwerfung I. 258.
Untheilbarkeit I. 223. 251. II. 34.
Unverantwortlichkeit I. 404. II. 19. 71. 78.
Unveräuszerlichkeit des Statsgebiets I. 223.
Unverletzlichkeit des Regenten II. 64.
Uradel I. 104.
Urkundsmänner II. 480.
Urtheil II. 200.
Urtheiler I. 463. II. 103. 225.
Urvölker I. 81.
Urwähler I. 503.
Usurpation I. 26. II. 23. 60.

V.

Valvassores I. 153.
Vasallen I. 119. 142. 384. 469.
Vaterland I. 42.
Vavasseurs I. 122.
Verantwortlichkeit der Fürsten I. 266. II. 71.
— der Minister I. 404. II. 83. 118. 158.
— der Stände I. 486.
Veräuszerung I. 223. II. 58.
Verbannung I. 208. II. 508.
Verbesserungsanträge I. 554.
Verbote II. 110.
Verbrauchssteuern II. 416.
Verbrechen II. 233.
Verbriefung der Verfassung I. 394. 448.
Verbum regis I. 379.
Verbündung I. 244.
Verdienstaristokratie I. 517.
Vereine politische II. 537.
— religiöse II. 332.
Vereinsrecht II. 356.
Verfassung I. 3. 394. 447. 484.
— der Kirche II. 313. 334.
Verfassungsänderungen I. 238.
Verfassungseid des Heeres II. 97.
— des Monarchen II. 79.
Verfassungsfragen II. 243.
Verfassungsgesetze I. 322. 394. 447. 546.
Verfassungswidrigkeiten I. 558. II. 139.
Verfolgung von Amtswegen II. 103. 206.
Vergehen II. 233.
Verhaftung II. 506.
Verjährung statliche I. 22. 25. II. 60.
Verkaufswerth I. 235.
Verkehr öffentlicher II. 386.
Verkündung der Gesetze I. 549. 556. II. 91.
Verlassenschaft statsrechtliche II. 38.
Verlust der Herrschaft II. 58.
Vermittlung friedensrichterliche II. 220.
Vermögen I. 211. 504.
Vermögensaristokratie I. 514.
Vermögenssteuer II. 413.

Vernunftrecht I. 20.
Verordnungen I. 13. 522. II. 110. 165.
Verrath II. 162.
Versammlungen constituirende II. 20.
Versammlungsrecht I. 404.
Versetzung II. 143. 152.
Verstoszung I. 193.
Verstümmelung II. 503.
Vertagung I. 533.
Vertheilung des Reiches I. 258.
Vertrag statlicher I. 14.
Vertragsprincip I. 486.
Vertragstheorie I. 269.
Vertretung ständische I. 501.
Veruntreuung II. 162.
Verwaltung II. 385. 480.
Verwaltungscompetenz II. 248.
Verwaltungsgerichtshof II. 247.
Verwaltungsgesetze I. 547.
Verwaltungsrecht II. 245.
Verwaltungsrechtspflege II. 242.
Verwaltungsstreitigkeiten II. 166. 247.
Verwarnung II. 518.
Verweis II. 143.
Verweisung II. 508.
Veto I. 322. 491. II. 313.
Vicinalwege II. 430.
Vicomtes I. 122. 124.
Victor Emmanuel I. 417.
Vielregiererei II. 178.
Viguiers I. 122.
Vilains I. 163.
Villici majores I. 163.
Visas I. 98.
Visitationen II. 103.
Vizgrafen I. 136.
Vladika I. 305.
Vögte I. 154. 479.
Vogtei I. 462. II. 233.
Vogteileute I. 149.
Vogtschaft des Stats über die Kirche II. 297.
Volk I. 77. 83- 167. II. 5.
Völkerfamilien I. 77.
Völkerfractionen I. 95.
Völkergeschichte II. 242.
Völkermischung I. 85.
Völkerrecht I. 7. 568. II. 19.
Volksbeschlüsse I. 310.
Volksbewusztsein I. 83.
Volkscharakter I. 84.
Volkseinheit I. 95.
Volkserheiterung II. 195.
Volksfreiheit II. 496. 497.
Volksgeist I. 84.
Volksgenossen I. 201. 204. 205.
Volkshaus I. 535.
Volksheer II. 174.
Volksherrschaft I. 287.
Volkskammer I. 499. 511.
Volksorganisation I. 240.
Volksrasse I. 84.
Volksschule II. 351. 353.
Volksschullehrer II. 357.
Volkssouveränetät II. 5. 12.
Volksthümlichkeit I. 91. 92.
Volksversammlung I. 308. 340. 362. II. 542.
Volksvertretung I. 172. 250. 491.
Volkswahl II. 47.
Volkswille I. 240. 276.
Volkswirthschaft II. 386. 427.
Volkswirthschaftspolizei II. 199.
Vollbürger II. 473.
Vollfreie I. 159.
Vollgraff I. 75.
Vollkommenheit des Monarchen II. 80.
Vollzugsverordnung I. 523.
Voranschlag I. 486. 540.
Vorberathung I. 540. II. 164.
Vormundschaft II. 54.
Vormundschaftspolizei II. 194.
Vormundschaftsrecht II. 262.
Vorort I. 245.
Vorschlagsrecht akademisches II. 372.
Vortrag mündlicher II. 373.

W.

Waitz I. 75.
Wahl I. 323. 335. 499. 503. 508. II. 22. 46.
Wahlaristokratie I. 320. 348.
Wählbarkeit I. 172. 508.
Wahlbureau I. 508.
Wähler I. 503.
Wahlfürsten II. 24.
Wahlkreise I. 227. 500.
Wahlmänner I. 503.
Wahlmonarchie II. 21.
Wahlperiode I. 510.
Wahlprincipien I. 326.
Wahlrecht II. 486.
Wahrspruch II. 237.
Waisen II. 197.
Waldungen II. 390.
Warnung II. 143.
Wasserpolizei II. 199.
Wasserregal II. 393.
Wasserstraszen II. 432.
Wegegelder II. 403.
Wegepolizei II. 199.
Wehrpflicht allgemeine II. 173.
Wehrsysteme II. 169.
Weibergemeinschaft I. 193.
Weihe kirchliche II. 326.
Weimar I. 423.
Weisthümer I. 391.
Weltgeschichte I. 11.
Weltrecht I. 8.
Weltstat I. 44.
Weltstraszen II. 430.
Werbung II. 170.
Widerspruchsrecht der Kammern I. 442. 498.
Widerstandsrecht II. 548. 550—557.
Wiederwählbarkeit II. 49.
Wirthschaft I. 465. II. 384.
Wissenschaft I. 18. 465. 517. II. 109. 344.
Witenagemot I. 131. 468.
Witzige II. 480.
Wohlfahrt I. 70. 375. II. 249.
Wohlfahrtspolizei II. 182.
Wohnort I. 202.
Wucher II. 187.
Wuchergesetze II. 426.
Würden statliche I. 516.
Württemberg I. 423.

Y.

Yeomen I. 164.

Z.

Zehnten statliche II. 391.
Zeitungsredactoren II. 518.

Zenten II. 458.
Zentgrafen I. 382.
Zertrennung I. 250.
Zinse II. 425.
Zölle II. 415. 433.
Zoroaster I. 299.
Zucht religiöse II. 335.
Züchtigung körperliche II. 503.
Züchtigungsrecht polizeiliches II. 189.
Zueignung I. 222.
Zug freier I. 207.
Zünfte II. 476.
Zunftwesen II. 445.
Zunftzwang II. 445.
Zustimmungsrecht I. 448.
Zwangsabtretung I. 234.
Zwangsanlehen II. 423.
Zwangstaufe II. 271.
Zweigbanken II. 429.
Zweikammersystem I. 472. 494.
Zwischenregierung II. 57.
Zwischenreich II. 27.

München.
Druck von C. R. Schurich.

Printed in Dunstable, United Kingdom

91222348R00328